祝智庭教育信息化学术思想素描

朴道励行 见智见人

上册

组　编　Z-Team
主　编　钟志贤　易凯谕
参加编写　王双双　王宏胜　王姝莉
　　　　　李文娟　陈佳骊　昌　娜
学术指导　祝智庭

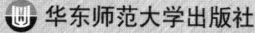
华东师范大学出版社

图书在版编目（CIP）数据

朴道励行，见智见人：祝智庭教育信息化学术思想素描 / Z-Team 组编；钟志贤，易凯谕主编. —上海：华东师范大学出版社，2020
ISBN 978-7-5760-0160-0

Ⅰ.①朴⋯ Ⅱ.①Z⋯ ②钟⋯ ③易⋯ Ⅲ.①教育工作-信息化-学术思想-思想评论-中国 Ⅳ.①G43

中国版本图书馆 CIP 数据核字(2020)第 211197 号

朴道励行　见智见人
——祝智庭教育信息化学术思想素描

组　　编　Z-Team
主　　编　钟志贤　易凯谕
责任编辑　王聪聪
责任校对　邱红穗
装帧设计　卢晓红

出版发行　华东师范大学出版社
社　　址　上海市中山北路 3663 号　邮编 200062
网　　址　www.ecnupress.com.cn
电　　话　021-60821666　行政传真 021-62572105
客服电话　021-62865537　门市(邮购)电话 021-62869887
地　　址　上海市中山北路 3663 号华东师范大学校内先锋路口
网　　店　http://hdsdcbs.tmall.com/

印 刷 者　常熟高专印刷有限公司
开　　本　787×1092　16 开
印　　张　58
字　　数　844 千字
版　　次　2020 年 11 月第 1 版
印　　次　2020 年 11 月第 1 次
书　　号　ISBN 978-7-5760-0160-0
定　　价　98.00 元（全二册）

出版人　王　焰

（如发现本版图书有印订质量问题，请寄回本社客服中心调换或电话 021-62865537 联系）

目 录

前言	1
总论	1
主题	35
主题一　教育信息化	37
主题二　电子书包	310
主题三　教师教育	372
主题四　教学设计	443
主题五　课程资源	621
主题六　智慧教育	727
索引	895

前 言

本书以"学术研究的小世界"理论为指导,以祝智庭教授阐发的"六维学宇"(关键主题、关键成果、关键会议、关键项目、关键成就、关键合作者)为构思主线,形成本书结构如下:

总论部分 以《技术赋能教育革新:从 CAI 到智慧教育——祝智庭教授的字里行间》为题,以中国知网数据库为主要来源,采用文献计量法和内容分析法,运用 Citespace、SATI、ROST 等软件,以技术赋能教育革新为主线,从"度"的视角分析了祝智庭教授的学术论文的发表度、合作度、影响度和主题聚合度;围绕祝智庭教授的八大学术研究主题:"元"研究、计算机辅助教学(CAI)、信息化教育与教育信息化、电子书包、教师教育、教学设计、课程资源、智慧教育,从"智"的角度讨论了其学术思想、学术创新和学术贡献;就"君子中庸、智者乐水、一以贯之、道不远人、尊奉理性、四句心法、传物哲学、至诚尽心"八大方面,从"道"的维度描摹了其学术特点、学术人格和人生智慧,由此展现了祝智庭教授的学术世界、学者形象和学问之道,勾勒了另一种教育技术学科发展史。

主题模块 根据文献计量法和内容分析法,从祝智庭教授 33 年来发表的 216 篇 CSSCI 学术文章、承担课题、参与会议、指导博士论文等方面,总括凝聚成六大主题模块:教育信息化、电子书包、教师教育、教学设计、课程资源、智慧教育。

每个主题模块由"论文精选"和"论文评析"两部分组成,"论文精选"收录祝智庭教授具有代表性和较大影响力的学术论文全文 26 篇;"论文评析"涉及 178 篇学术论文,由"学术卡片""看图说话""智语连珠"三个子集构成,其中"学术卡片"为学术论文的精要摘录,"看图说话"汇总其具有特别图式意义的图表,"智语连珠"是从学术论文中摘录的富有哲理的经典句段。

索引 主要包含祝智庭教授出版的学术著作、教材、发表的学术论文、参与会议以及承担的课题或项目。

本书作者分工如下：钟志贤、易凯谕负责本书构思、主撰总论、编制索引、统筹主题模块并负责编写"电子书包""教师教育""智慧教育"部分；王双双、陈佳骊负责编写"教学设计"部分，王宏胜负责编写"课程资源"部分，王姝莉、李文娟、昌娜负责编写"教育信息化"部分。全书由钟志贤、易凯谕统稿，祝智庭教授审定。

由于时间仓促，纰漏在所难免，敬请方家教正。

钟志贤

乙亥仲夏　于江西师范大学青山湖畔净觉斋

总 论

技术赋能教育革新：从 CAI 到智慧教育
——祝智庭教授的字里行间

钟志贤　易凯谕　王宏胜　陈佳骊　王双双　王姝莉

引言：彰往察来

从传播学和教育技术学角度看，人类教育发展史是一部媒介技术变革的历史，从口语、文字、印刷到电子和数字传播时代，每一次媒介技术的历史性变革都会给媒体的"符号、载体、复制、传播特征"方面带来巨大变化，产生新的社会传播生态环境，引发社会政治、经济、文化和教育的变革。[①] 如印刷术促进了现代学校制度的产生和普及，从视听广播、个人计算机、局域网、互联网到泛在计算、雾计算，促进了大众教学、个别化教学、小组化学习、虚拟教育和学习型社会的产生和发展。

20世纪90年代以来，随着计算机、互联网到大数据智能时代的快速迭代，人类千年以来"有教无类、因材施教、教学相长、教亦多术"的四句"教"梦想正日益变为现实：开环大学、密涅瓦大学；智适应学习、电子书包、智慧教育；D. School、交互式书籍……丰富多彩的信息化教育形态，映照教育信息化魅力，折射时代、科技、媒介变化和思维升级。而这些变革的根本驱动力量是"技术赋能"。诚如乔布斯

[①] 郭文革.教育的"技术"发展史[J].北京大学教育评论.2011,9(3)：137-157+192.

所说,技术是"人类智力的放大器",能够真正赋予人民权利的将是技术革命。①

从电化教育或教育信息化发展角度看,技术赋能教育革新运动在我国已有百年,先后经历了民国的起步与草创时期;中华人民共和国成立至改革开放前的调整和停滞时期;改革开放以来的重新起步并全面快速发展时期。② 改革开放以来则经历了如下几个阶段:20 世纪 70 年代后期的早期视听教育;20 世纪 90 年代中期至 21 世纪初的信息化教育;21 世纪以来的教育信息化;2016—2017 年,进入智能化阶段。③ 我国著名教育技术学家祝智庭教授亲历了改革开放以来的技术赋能革新教育阶段,数十年如一日,见几而作、极数知来、因时顺势,在计算机辅助教学(CAI)、信息化教育及教育信息化、电子书包、教师教育、智慧教育等研究领域耕耘不辍,在理论建构和实践探索方面颇有建树。

"彰往而察来,显微而阐幽。"以论文文献计量分析为基,内容分析为辅,透过祝智庭教授的字里行间,描摹其研究轨迹和学术思想,亲炙其学术创新和学术人格,可以重温改革开放以来"技术赋能教育革新"的发展之路,借此洞观"教育和技术赛跑"的现状与走势,并且勾勒另一种教育技术学科学术发展史。

一、立体速写:字里行间的"度"

"权,然后知轻重;度,然后知长短。"通过分析祝智庭教授的论文发表年度、力度、影响度、合作度以及主题聚合度,立体多维速写其学术研究概况。

(一) 发表度

在中国知网和万方数据库,以"作者=祝智庭"进行检索,共有数据 337 条(本文所有研究数据均截至 2019 年 6 月 20 日。另必须说明的是,本研究仅根据祝智庭教授国内学刊发表论文,他另有近四十项国际发表,包括 SCI/SSCI 论文及 UNESCO 专项报告,均未纳入分析),其中知网 322 条,包括期刊论文 307 篇、报纸

---

① [美]约翰·库奇,贾森·汤,栗浩洋.学习的升级[M].杭州:湛庐文化/浙江人民出版社,2019:自序.
② 南国农.中国电化教育(教育技术)史[M].北京:人民教育出版社,2013:3.
③ 任友群,顾小清.教育技术学:学科发展之问与答[J].教育研究,2019,40(1):141-152.

7篇、会议论文8篇,万方补充15篇会议论文。中国知网收录显示,祝智庭教授公开发表的文献最早出现在1986年,往后发文量总体呈波动上升趋势,期刊论文在2013年达到峰值25篇(如图1所示)。

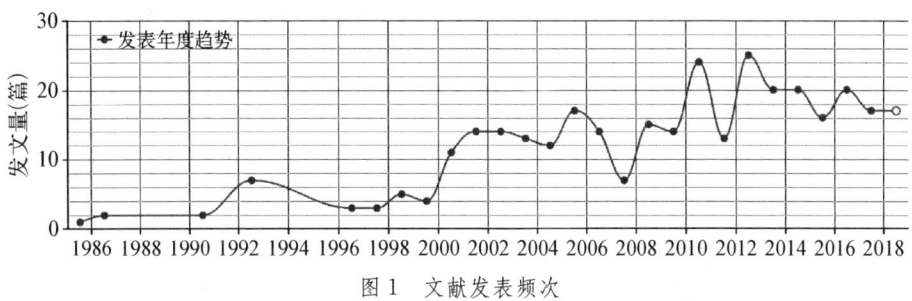

图1 文献发表频次

(二)合作度

祝智庭教授的合作学者分布如图2所示。他与国内48位学者有过合作。合作频次排名前十的学者分别是:管珏琪(22次)、吴永和(20次)、顾小清(19次)、郁晓华(16次)、闫寒冰(14次)、彭红超(13次)、胡小勇(13次)、刘名卓(13次)、林阳(11次)、王佑镁(10次)。这些合作者都是祝智庭教授的博士生,经过多年积淀和淬炼,现已形成一个以祝智庭教授为内核的,结构合理且富有开创性的研究团队——Z-Team。

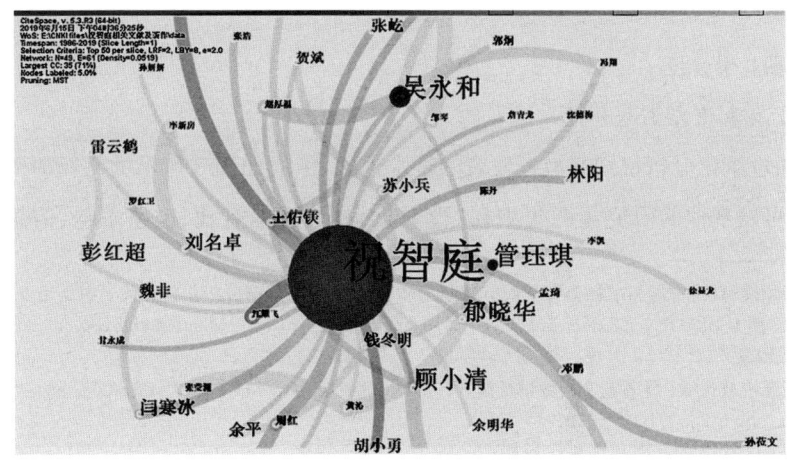

图2 合作研究者图谱

(三) 影响度

祝智庭教授的相关文献总下载数为 534 522 次,篇均下载量 1 600.37 次;总被引数为 17 893 次,篇均被引数 53.57 次,下载被引比为 29.9,见表 1 所示。他发表的期刊论文共 307 篇(含合作),分布在 52 种期刊中,其中 CSSCI 216 篇,核心期刊 240 篇。刊载量最高的是《中国电化教育》(76 篇),占总期刊论文的 24.80%;其次是《电化教育研究》(74 篇),占比 24.10%;再是《开放教育研究》(29 篇),占比 9.45%。

表 1　文献被引和下载情况

文献数	总被引数	总下载数	篇均被引	篇均下载	下载被引比
307	17 893	534 522	53.57	1 600.37	29.9

近年来,多种研究报告反映了祝智庭教授的学术影响力。2016 年,《网络教育应用教程》一书在被计量分析评价为"教育技术领域中引用最多的 50 本书籍和 50 篇文章"中排名第六,截至 2016 年 6 月 12 日,该书被引量达 838 次。2017 年祝智庭教授上榜"中国哲学社会科学最有影响力学者分学科排行榜分析报告:基于中文论文的研究"。[1] 2018 年 12 月,中国知网发布"全国高校教育学:学者论文指数排行榜",祝智庭教授以 H 指数 43、综合指数 1 971.92,在国内人文社会科学领域排名第一。[2] 同年,学术志发布了高校人文社科学者期刊论文排行榜(2006—2018),其中祝智庭教授的综合指数高达 2 028.88,排名第一。[3]

(四) 聚合度

1. 发表论文主题分析

通过量化分析祝智庭教授发表的学术论文,生成如图 3 所示的高频研究主题图谱,可发现他的研究主题集中在"智慧教育、教育信息化、电子书包、信息化教

---

[1] 教育学排行榜|中国哲学社会科学最有影响力学者分学科排行榜分析报告:基于中文论文的研究(2017 版)[EB/OL]. (2017-10-23) [2019-06-26]. http://evaluation.chd.edu.cn/info/1003/1301.htm.

[2] 全国高校教育学:学者论文指数排行榜[EB/OL]. (2018-09-11) [2019-06-26]. http://www.sohu.com/a/253091904_607269.

[3] 高校人文社科学者期刊论文排行榜(2006—2018)[EB/OL]. (2019-01-10) [2019-06-26]. https://www.sohu.com/a/288125752_683950.

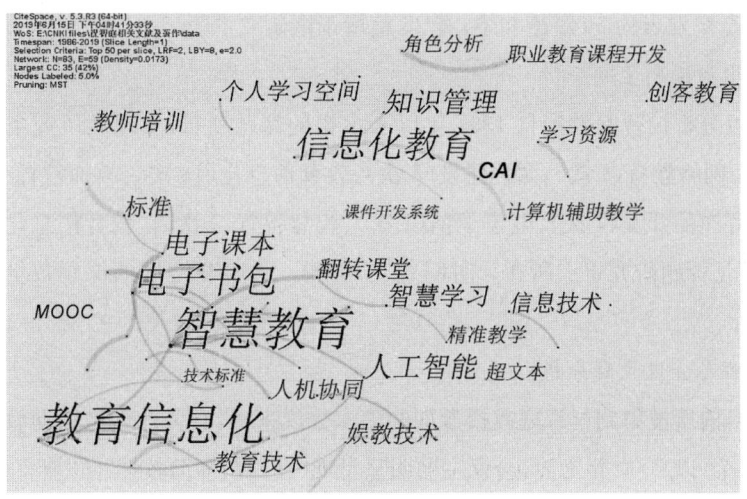

图3 高频研究主题图谱

育、CAI、知识管理、电子课本、人工智能、智慧学习、创客教育和教育技术"等方面。

将高频研究主题按照时间轴形式聚类呈现,如图4所示。三十余年来,祝智庭教授所发表的学术论文主要集中在以下7个类群:智慧教育、教育信息化、CAI、电子书包、信息技术、个人学习空间、娱教技术。

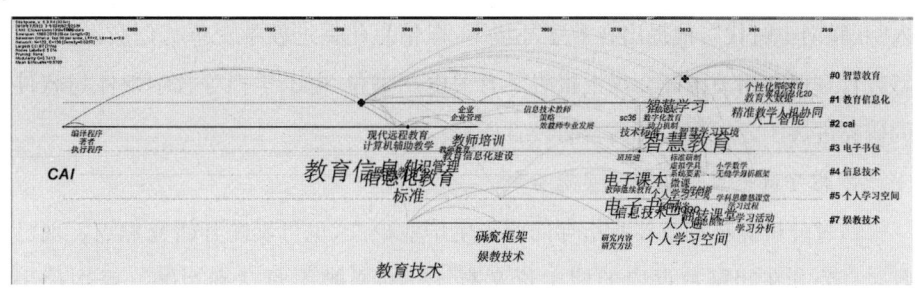

图4 研究主题聚类 Time line

同时,运用Citespace检测到排名前五的突变词有CAI、信息化教育、知识管理、电子书包、智慧教育。2001年以前,他的研究关键词集中在CAI,发表了12篇与计算机辅助教学相关学术论文,对人工智能基础理论和技术发展产生了较大影响;2001—2004年,共发表文章51篇,其中22篇属于"信息化教育"和"知识管理"主题,呼应了国家教育信息化战略;2011—2015年,共发表文章98篇,"电子书包"是研究焦点,相关论文达22篇;自2016年起,他的研究焦点转向"智慧教育",在

2016年至今发表的59篇论文中,有36篇属于该研究主题。

2. 承担课题主题分析

通过分析祝智庭教授自1997年以来承担的课题项目,发现其研究主题分布频次为:网络教育(4次)、课程建设(5次)、教育信息化(13次)、教师教育/培训(6次)、教育产品开发(1次)、电子学档(1次)、智慧教育(1次),"教育信息化"与"教师培训"是课题研究重点所在。时间线上,2000—2010年之间的课题数量占比超过50%。

3. 参与会议主题分析

从目前所搜集到祝智庭教授参加的学术会议来看,有关计算机辅助教学会议共有17个,以2000年为界,会议主题明显呈现"计算机辅助教学"向"教育信息化"转变。21世纪之初,Web 1.0概念发展到了中期,教育家们致力于教育变革,推动教育驶入信息高速公路。其间,祝智庭教授与会的主题有以下显著共性:信息化教育要与本土化研究相结合、以人为本、合理使用技术,强化不同学科融合,培养复合型人才。2006年,Web 2.0概念研究兴起,MOOC等新型网络教学方式的出现为教育注入生机。其间,他率领团队开展合作研究,致力教育信息化建设,构建网络学习生态环境。2012年,MOOC等网络平台发展进入鼎盛时期,我国教育进入"互联网+时代",他提出在数字环境下,以信息化促进教学变革与创新,走向智慧教育。他在相关国际会议上报告了有关电子书包、电子学档等教学硬件与软件的研究进展。之后重心转向智慧教育研究。

4. 指导博士生毕业论文主题分析

通过分析祝智庭教授所指导的博士生毕业论文,也可反映其研究焦点。现已收录且公开在知网数据库的博士论文有47篇,总被引量达到2 060(篇均被引43.83),单篇最高被引量达到305,总下载数超过17万(篇均下载:3 752.19),下载被引比达到85.61%。

关键词"教学设计"具有最高的频次和中心性,是47篇博士论文的主要研究主题;"设计思维""学习设计"也具有较高的中心性。由此,"设计"(教学设计、设计思维、设计研究、系统设计、环境设计等)一词在47篇博士论文中占核心地位。

如图5所示,47篇博士论文大致可分为三个研究类群:一是以信息化教学设计、信息技术与教学变革为主的教学设计与信息化相关研究;二是以教育技术研究、教师教育技术能力为主的教育技术能力与建设相关研究;三是以个人学习环境、教育资源与学习资源为主的学习环境与资源相关研究。

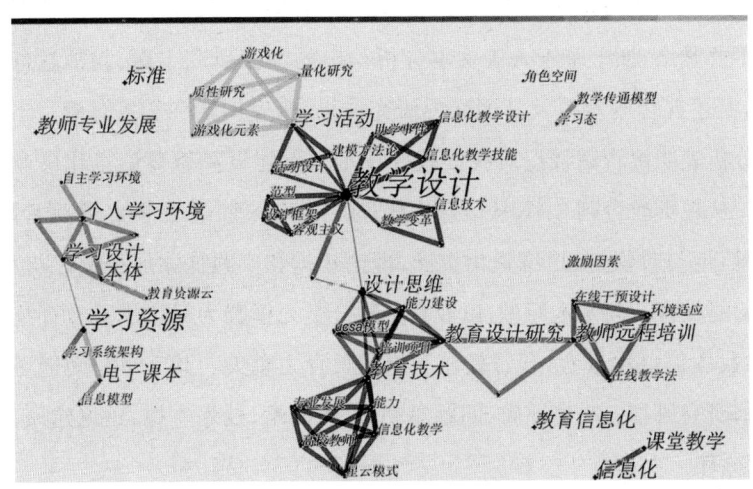

图 5 关键词共现网络

在图 3、图 4、图 5 的软件可视化分析基础上,结合文本研读,对聚类词进行整合,可初步将祝智庭教授的主要研究主题分为以下四大类,见表 2 所示。

表 2 研究主题聚类

聚类	聚类词	年　份	标　签　词
#1	计算机辅助教学(CAI)	1986—2011	著者语言、编译程序、CAI 执行程序和计算机辅助教学等
#2	教育信息化 & 信息化教育	1998—2019	信息化教学设计、设计研究、协同教学、信息技术教师、技术标准、数字化教育、网络教育、现代远程教育和信息化教育、教育信息化建设和知识管理、教师继续教育、教育技术哲学、娱教技术、微课等
#3	电子书包	2001—2016	教育云、班班通、电子书包、标准研制和虚拟学具、个人学习、MOOC、翻转课堂、智慧课堂和学习过程等
#4	智慧教育	2012—2019	个性化学习、教育大数据、人工智能、系统要素、智慧教育、智慧学习、智能教育、教育信息化 2.0、数据智慧和人机协同、数字徽章、微认证、精准教学和生态系统等

二、见微知著：字里行间的"智"

学术的立体速写是显其概貌，文献深度分析才可见其深度。以上述四大研究主题为主要脉络，加上基于人工文本分析得出的"元"研究主题、教师教育研究主题，可以概述祝智庭教授及其团队的研究成果、研究创新和学术贡献。丰实的学术文献分析表明祝智庭教授对我国教育技术学科建设和教育信息化事业发展功若丘山。从视听教育到CAI，从信息化教育到知识管理、电子书包，再到智能教育、指数思维，他与时俱进，思维逸出樊囿，理论建构和实践探索成果莫之与京，如揭橥技术赋能教育革新基本原理，以教育文化分类元框架为标志的元教育技术学研究，更为我国信息化教育、智慧教育和指数教育之嚆矢。其字里行间透溢求实创新的学术研究风格：现实导向、问题驱动、方法匹配、技术支撑、理论建模、实证探索、迭代循环。

（一）"元"研究

"元"（meta）表达的是"关于A的A"，例如"元认知"即"关于认知的认知"，"元数据"即"关于数据的数据"，以及元哲学、元教育学、元学习，等等。"元"有初始、基本、一般的含义，关注事物或学科的元问题、本质、理论结构或作为理论论证的方法与手段。祝智庭教授在"元教育技术学"做出了开创性的探索：教育文化分类元框架、教育技术研究实践场元框架、联通时代的协同学习范式元模型。

1. 在国际上率先提出了教育文化分类元框架

祝智庭教授在博士论文中指出，信息技术的教育应用具有文化敏感性，各种信息化教学模式渗透了不同的文化价值取向，应从认识论（个人主义—集体主义）和价值观（客观主义—建构主义）两个维度来考察教学模式的文化差别，构建教育文化分类元框架[①]。该框架具有国际原创的理论意义，如图6所示。

---

① ZHU Z T. Cross-Cultural Portability of Educational Software: A Communication-Oriented Approach [D]. Enschede: University of Twente, 1996: 99.

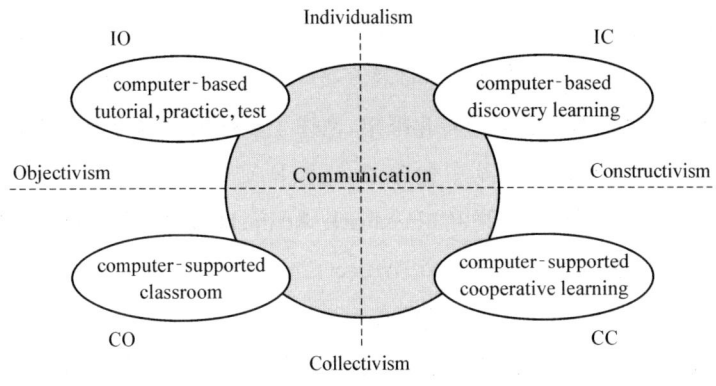

图 6　教育文化分类元框架

祝智庭教授指出,考察教育文化分类,可以把各种文化中所蕴涵的价值观和认识论看作两个基本变量,每个变量有两个不同的取值:价值观(个体主义—集体主义,Individualism vs. Collectivism),认识论(客观主义—建构主义,Objectivism vs. Constructivism)。如果将它们组合,便可产生四种不同的教育文化类型:(1) 个体主义—客观主义;(2) 个体主义—建构主义;(3) 集体主义—客观主义;(4) 集体主义—建构主义。但这种分类只能反映几种比较极端的情况,因为变量的二值化造成了分类的对立,而文化系统之间的差异不同于对立。因此,我们将每一变量看作一个连续体(Continuum),在两端之间还有不同的值分布。借用平面几何的方法,可以将个人主义—集体主义,客观主义—建构主义当作描述各种不同教育文化的二维分类模型。① 借此元框架,他提出了系列变体框架,例如,构建了具有文化弹性的网络教学传通系统模型,构建了 CAI 基本模式的文化分类框架②。由于认识论、价值观属于哲学的核心范畴,于是祝氏教育文化分类便具有哲学的依托。

更为精妙的是,他将此二维分类的变量映射到教学传统模型的系统构量上:客观主义—建构主义对应于静态学习资源空间的可控度(Controllability),亦即客观主义教学模式本质上是教师主权的,而建构主义学习模式本质上是学习者主权的;个人主义—集体主义教学模式对应于动态交互信息空间共可享性(Sharability),亦即个人学习无需与他人分享过程信息,合作/协作学习则必须分享过程信息。这种映射关系的建立,为设计柔性生态化网络学习平台提供了可靠的理论装备。

---

① 钟志贤.信息化教学模式:理论建构与实践例说[M].北京:教育科学出版社,2005:56-57.
② 闫寒冰,祝智庭.信息化教育中的 CAI 基本模式[J].外语电化教学,2001(3):59-63.

2. 构建了教育技术研究实践场元框架

以 AECT 2004 定义为依据,他将教育技术系统归纳为研究场和实践场两大场域,构建了教育技术的子场域转化框架,论述了子场域的构成及要素,提出了教育技术研究实践场元框架。其中包含了 A、F、R、C 四种子场域:A 是标的制品(Target Artifact)、F 是反馈制品(Feedback Artifact)、R 是反身制品(Reflective Artifact)、C 是境遇制品(Contextual Artifact)。①

3. 创建了联通时代的协同学习范式元模型

在系统分析信息丰富条件下的学习过程的基础上,引入多场协同的概念分析学习过程,创造性地提出了信息联通时代的协同学习元模型。该模型综合考虑观念、环境、技术、模式等方面因素,将学习的微观、中观、宏观层面有机地联系起来,将传统的学习过程优化为一种协同的信息加工和知识建构的过程。②

(二) 计算机辅助教学(CAI)

以"主题=CAI"或含"计算机辅助"and"作者=祝智庭"为检索条件,共检索到 17 条数据,时间跨度从 1986 年到 2011 年。

1986 年,发表在核心期刊《计算机科学》上的《智能 CAI 系统研究刍议》是祝智庭教授公开发表且记录在库的第一篇论文。他与万嘉若教授在这篇文章中介绍了从 CAI 到 ICAI 的发展过程,是国内首位提出网络学习文化分类模型的学者,其理论观点具有国际创新意义和发展意义。1998 年,他发表了系列文章论述 CAI 的教学策略③④⑤⑥。2001 年,他与团队又与时俱进地提出了区别于传统 CAI 的教学模式⑦,探讨了适合于信息化教育阶段的 CAI 新概念内涵及外延⑧、新特征⑨、新评

---

① 祝智庭,王佑镁,顾小清.教育技术的实践场分析[J].电化教育研究,2005(12):7-11.
② 祝智庭,王佑镁,顾小清.协同学习:面向知识时代的学习技术系统框架[J].中国电化教育,2006(4):5-9.
③ 祝智庭.CAI 的教学策略设计(之一)[J].电化教育研究,1998(1):37-41.
④ 祝智庭.CAI 的教学策略设计(之二)[J].电化教育研究,1998(2):57-62.
⑤ 祝智庭.CAI 的教学策略设计(之三)[J].电化教育研究,1998(3):48-51.
⑥ 祝智庭.CAI 的教学策略设计(之四)[J].电化教育研究,1998(4):49-52+67.
⑦ 闫寒冰,祝智庭.信息化教育中的 CAI 基本模式[J].外语电化教学,2001(3):59-63.
⑧ 闫寒冰,祝智庭.CAI 的概念及技术在信息化教育中的新发展[J].外语电化教学,2001(1):58-61+63.
⑨ 闫寒冰,祝智庭.CAI 理论在信息化教育中的新发展[J].外语电化教学,2001(2):59-63.

价机制①。

(三) 信息化教育与教育信息化

信息化教育和教育信息化是一对密切相关的概念。信息化教育是指以现代化信息技术为基础的教育形态。教育信息化是指在教育领域全面深入地运用现代信息技术来促进教育改革和教育发展的过程,其结果必然是形成一种全新的教育形态——信息化教育。②

从发表时间来看,2000—2005 年与 2009—2015 年是其"信息化教育"与"教育信息化"研究的高峰期,平均每年有 2—3 篇文章发表。宏观研究主要集中在理论建模与哲学意义辨析③④⑤。微观层面的研究,在信息化教育方面的研究主题主要包括"CAI""电子书包"两大类。在教育信息化方面主要聚焦在"智慧教育"⑥。

祝智庭教授运用技术哲学观点来考察技术对教育的影响,指出在传统教育系统中,知识的习得和传承主要是通过在本系统内的纵向信息传播过程,即濡化(enculturation)现象来进行的;而在信息化过程中,作为新兴文化系统的技术文化,将与原有的教育文化系统相互作用,从而引发原有的教育文化本体系统发生改变,形成教育文化变革的涵化(acculturation)现象。⑦

积多年研究实践,他提出了信息技术促进教育文化变革的五个基本原理:第一,由于技术改变了人类活动的时空结构,从而会改变人们的学习方式;第二,由于技术提供了丰富的信息表征或表现形式,从而会改变学习者的认知方式;第三,由于技术改变了人类信息活动的社会主体结构、参与方式以及对信息资源的拥有关系,从而会改变参与者之间的教育关系;第四,技术提供了行为主体的智能代理功能,从而会改变学习的系统生态;第五,技术使学习资源具有无限复制性与广泛

---

① 闫寒冰,祝智庭.面向信息化教育的 CAI 评价[J].外语电化教学,2001(4):59-63.
② 祝智庭.现代教育技术——走进信息化教育[M].北京:高等教育出版社,2001:84-86.
③ 祝智庭.关于教育信息化的技术哲学观透视[J].华东师范大学学报(教育科学版),1999(2):11-20.
④ 祝智庭.教育信息化:教育技术的新高地[J].中国电化教育,2001(2):5-8.
⑤ 张屹,祝智庭.建构主义理论指导下的信息化教育[J].电化教育研究,2002(1):19-23.
⑥ 祝智庭,贺斌.智慧教育:教育信息化的新境界[J].电化教育研究,2012,33(12):5-13.
⑦ 祝智庭."教育信息化带动教育现代化"的文化诠释[J].中小学信息技术教育,2007(5):20-22.

通达性,从而可以极大地增加人们的学习机会。①

(四) 电子书包

电子书包即利用信息化设备进行教学的便携式终端,国内外均有对该类设备的教育功能展开的相关研究。在对电子书包的研究初期,祝智庭教授主要关注的是系统、功能、标准体系等相关理论的研究②③④⑤,提出了电子书包的系统功能模型⑥,他认为一个完整的电子书包教学应用环境涉及物理环境(电子课桌、交互显示设备、无线网络)、软件环境(课堂交互平台、教学服务平台)、数字资源(电子课本、教学资源、学科工具)及与环境相适应的应用模式。他主持了电子书包的标准定制⑦,指出电子书包的出版、教育双重属性及其关系,指导电子书包的整体建设。研究后期,他针对国内电子书包的区域推进进行了实践考察,关注着班班通、人人通、教育云,将电子课本、电子书包、Cloud Card⑧作为云端个人学习环境的实践研究⑨,强调建设个人学习空间、构建智慧化学习环境对于学习者有效学习、终身学习的重要性,进一步提出了本土化环境下实现教育信息化的可行路径。

(五) 教师教育

通读祝智庭教授的学术论文,发现他涉及"教师"的文章有很多,同时他所指导博士生的毕业论文选题也有部分和"教师培训""教师专业发展"相关。以"主题=教师"在知网进行检索,有相关文献61篇,而以"篇名=教师"进行检索,数量

---

① 杨桂青.教育从不单纯根据技术需求来变革——访华东师范大学终身教授祝智庭[N].中国教育报,2018-05-31(8).
② 吴永和,祝智庭,何超.电子课本与电子书包技术标准体系框架的研究[J].华东师范大学学报(自然科学版),2012(2):70-80.
③ 吴永和,余云涛,祝智庭.电子课本国际标准提案[J].信息技术与标准化,2013(3):50-53.
④ 祝智庭,傅伟.电子课本研究分析与标准研制[J].中小学信息技术教育,2013(9):24-27.
⑤ 吴永和,何超,杨瑛,等.电子课本与电子书包标准规范、关键技术及应用创新的研究[J].华东师范大学学报(自然科学版),2014(2):70-86.
⑥ 祝智庭,郁晓华.电子书包系统及其功能建模[J].电化教育研究,2011(4):24-27+34.
⑦ 祝智庭.电子书包标准与应用对接"人人通"[J].中国现代教育装备,2014(13):5-10.
⑧ 郁晓华,黄沁,张莹渊,祝智庭.Cloud Card对个人学习空间建设的新启示[J].中国电化教育,2016(2):41-48.
⑨ 祝智庭.电子书包标准与应用对接"人人通"[J].中国现代教育装备,2014(13):5-10.

减至 25 篇。出现这种情况,是因为另外 36 篇文章均分散在其他的研究中,如教育信息化、智慧教育等,或是以教师为研究对象,但并非作为研究主体的文章。也正因此,Citespace 的研究主题 timeline 中没有聚类出关于"教师"的研究主题。而以"主题=教师教育"进行检索,共有相关文献 20 篇。

通过对主题为"教师教育"的 20 篇文献的分析,比对祝智庭教授承担的课题和所获荣誉,可以发现他在该主题的研究成效卓著。该主题的研究周期从 2000 年持续到 2019 年,主要围绕信息化环境下的教师专业发展、教师培训展开,集中在教师专业评价[1]、教师专业标准[2][3][4]、教师培训模式[5][6][7][8][9][10]三个方面。

尤为瞩目的是,祝智庭教授及其团队在教师专业评价研究中引入了美国"面向教育者的能力微认证系统",提出了应用微认证创建开放空间、促进教师发展的实施方略[11],围绕微认证项目设计与开发的基本流程、能力分解思路、认证框架设计、支持资源建设以及评估认证中心建设等展开了深入探讨[12];开发了由角色分析、能力分解、认证规范开发以及调研试用四阶段组成的微认证过程开发模型,构建了微认证规范框架以及包含 35 项微能力和认证规范的微认证体系[13]。在教师培训的研究中,剖析了英特尔未来教育的案例,探析了活动主线、资源特色的培训

---

[1] 张浩,祝智庭.信息时代教师专业知能发展及评价研究[J].扬州大学学报(高教研究版),2005(4):41-44.
[2] 祝智庭,闫寒冰.《中小学教师信息技术应用能力标准(试行)》解读[J].电化教育研究,2015,36(9):5-10.
[3] 赵俊,闫寒冰,祝智庭.让标准照进现实——国内外教师教育技术相关标准实施的比较[J].现代远程教育研究,2013(5):51-59.
[4] 王炜,祝智庭.解析英国《ICT 应用于学科教学的教师能力标准》[J].电化教育研究,2004(12):77-80.
[5] 祝智庭.教师教育网络课程的设计策略[J].中国远程教育,2000(12):25-27+63-64.
[6] 祝智庭,李宁.英特尔未来教育:面向信息化教育的教师培训模式[J].全球教育展望,2001(11):17-21.
[7] 顾小清,祝智庭.教师专业发展的实现模式[J].中国电化教育,2005(3):5-8.
[8] 詹艺龙,祝智庭.教师培训的新思路:培训课程活动化[J].教育发展研究,2007(22):31-34.
[9] 马立,郁晓华,祝智庭.教师继续教育新模式:网络研修[J].教育研究,2011,32(11):21-28.
[10] 祝智庭,魏非.面向智慧教育的教师发展创新路径[J].中国教育学刊,2017(9):21-28.
[11] 魏非,祝智庭.微认证:能力为本的教师开放发展新路向[J].开放教育研究,2017,23(3):71-79.
[12] 魏非,闫寒冰,祝智庭.基于微认证的教师信息技术应用能力发展生态系统构建研究[J].电化教育研究,2017,38(12):92-98.
[13] 魏非,闫寒冰,李树培,樊红岩,祝智庭.基于教育设计研究的微认证体系构建——以教师信息技术应用能力为例[J].开放教育研究,2019,25(2):97-104.

课程,半开放式的培训方式,结构化培训的管理特征①②;探究了教师专业发展策略③;开展了网络研修模式④、混合研修模式⑤的设计研究和实证研究。选题与时俱进,紧扣最新技术,紧扣技术赋能教师,较为系统地描绘了教师信息技术理论及应用能力的本土化培养路径和评价机制。

(六) 教学设计

教学设计是教育技术学的核心。祝智庭教授关于"教学设计"的研究在他指导的博士毕业论文主题中可见一斑,该主题在他多年来指导的博士毕业论文中表现得较为聚合、突出。但在其发表的学术论文中,"教学设计"并无一延续而集中的研究倾向,而是分散融合于他的其他各个研究主题中。大致可划分为以下三种:

其一,教学设计本体研究。关于教学设计理论的形而上研究,主要集中在样式研究与模型研究两方面。样式研究包括教学设计样式、教法样式以及教学样式三类⑥,并扩展性地开展了教学设计样式在翻转课堂⑦、MOOCs⑧、信息化教学⑨中的研究,此外,他还指导博士刘强展开了基于样式的教学设计方法研究⑩;在模型研究方面,他对计算机支持下的教学设计(CSCL)展开了系列研究⑪⑫⑬,对基于

---

① 祝智庭,李宁.英特尔未来教育:面向信息化教育的教师培训模式[J].全球教育展望,2001(11):17-21.
② 詹青龙,祝智庭.教师培训的新思路:培训课程活动化[J].教育发展研究,2007(22):31-34.
③ 詹青龙,祝智庭,顾小清.信息技术教师专业发展新策略架构——"携手助学"项目的实践探索[J].中国电化教育,2008(5):14-19.
④ 马立,郁晓华,祝智庭.教师继续教育新模式:网络研修[J].教育研究,2011,32(11):21-28.
⑤ 郁晓华,马立,祝智庭.信息时代的教师继续教育:走有中国特色的"混合式"研修之路[J].中国电化教育,2011(12):54-59+64.
⑥ 刘强,祝智庭.教学设计的样式方法研究[J].电化教育研究,2010(12):12-15+19.
⑦ 彭红超,陈林林,庞浩,祝智庭.创造取向的翻转课堂教学样式:理论与实践的桥梁[J].中国电化教育,2017(7):58-66.
⑧ 刘名卓,祝智庭.MOOCs教学设计样式研究[J].中国电化教育,2014(7):19-24+33.
⑨ 刘强,祝智庭.利用教法样式共享信息化教学经验[J].电化教育研究,2007(12):66-68.
⑩ 刘强.基于样式的教学设计方法研究[D].南京:南京师范大学,2008.
⑪ 郁晓华,祝智庭.CSCL应用的新研究[J].中国电化教育,2009(5):25-31.
⑫ 查冲平,顾小清,祝智庭.基于协同学习的CSCL实现机制:协同脚本与使能技术[J].中国电化教育,2010(5):27-31.
⑬ 郁晓华,祝智庭.CSCL中交互支持的新助力——多触点技术[J].电化教育研究,2011(1):64-68+73.

连通主义的双联通教学设计模型(SCCS)展开详细论述及实证研究①。在教学设计理论创新方面,他指导博士钟志贤系统研究了知识时代的教学设计框架②,指导博士胡小勇构建了信息技术支持的问题化教学设计理论③。

其二,教学设计中的教学形态研究。祝智庭教授及其团队与时俱进,对诸如翻转课堂、游戏学习、创客教育、steam教育、智慧教育等新型教学形态展开了研究。洞悉了教育游戏的国际研究动向④,并基于多元智能理论视角设计了电子游戏教育评价的标识,诠释了游戏教育的可操作性⑤。探索了我国创客教育的扩散推进策略⑥,通过设计研究从硬件结构和软件功能上系统架构了创客空间2.0⑦。提出了面向智慧学习的精准教学活动生成性设计⑧和智慧教室环境下数据启发的教学决策⑨。

其三,教学设计中的教学范式研究。随着技术的发展,教学范式也发生了相应转变。在我国教育信息化早期,还是计算机支持学习的教育大环境中,祝智庭教授及其团队提出了协同学习元模型,在信息、知识、行动、情感和价值之间建立起有机的协同关系,以应变知识时代的学习变革⑩;开发了多场域下的协同学习技术系统⑪⑫。随着教育信息化进程的深入,智慧教育占领了教育变革的新高地,祝智庭教授又对无缝学习范式展开了研究。他从时间维度、空间维度、方式维度描

---

① 李新房,刘名卓,祝智庭.基于连通主义的双联通教学设计模型(SCCS)研究[J].远程教育杂志,2016, 34(5):83-88.
② 钟志贤.面向知识时代的教学设计框架[D].上海:华东师范大学,2004.
③ 胡小勇.问题化教学设计[D].上海:华东师范大学,2005.
④ 赵海兰,祝智庭.教育游戏的国际研究动向及其启示[J].中国电化教育,2006(7):73-76.
⑤ 郁晓华,祝智庭.电子游戏教育评价的新视角:基于多元智能的设计[J].中国电化教育,2011(11): 10-13+26.
⑥ 祝智庭,孙妍妍.创客教育:信息技术使能的创新教育实践场[J].中国电化教育,2015(1):14-21.
⑦ 雒亮,祝智庭.创客空间2.0:基于O2O架构的设计研究[J].开放教育研究,2015,21(4):35-43.
⑧ 彭红超,祝智庭.面向智慧学习的精准教学活动生成性设计[J].电化教育研究,2016,37(8):53-62.
⑨ 管珏琪,孙一冰,祝智庭.智慧教室环境下数据启发的教学决策研究[J].中国电化教育,2019(2): 22-28+42.
⑩ 祝智庭,王佑镁,顾小清.协同学习:面向知识时代的学习技术系统框架[J].中国电化教育,2006(4): 5-9.
⑪ 王佑镁,祝智庭.协同学习技术系统及其多场学习效果研究[J].现代教育技术,2009,19(12): 35-41.
⑫ 王佑镁,祝智庭.学习系统的知识时代回溯及其协同模型构建[J].教育研究,2012,33(6):112-117.

摹了无缝学习的特征,从技术环境、教师、学生三要素勾勒了无缝学习系统①;以培养新型人才为宗旨架构了"互联网＋教育"的内涵,以学习者发生深度学习为目标构建了无缝学习三层结构,详细描绘了无缝学习过程和无缝学习体验过程,构建了无缝学习体验框架和基于体验式学习周期的深度学习活动模型,并提供了具体可实操的无缝学习课题活动设计②。

(七) 课程/资源

由于评价标准的动荡性、理论话语的多元化、设计与应用间的不协调等诸多原因,目前在技术与教学有效整合方面的研究成果很难为教学实践提供适用的指导。③ 为此,祝智庭教授从教育技术实用学视角探讨了学习资源从开发到应用的有效性。资源库建设一直以来都是我国支持基础教育的有力工具,然而从资源库的内容质量和使用情况来看,资源库存在以下几个方面的问题:第一,资源的更新与发展问题;第二,资源库的使用效益问题;第三,资源本身的质量问题;第四,资源库的可用性问题。④ 随着教育信息化的不断推进,数字化教育资源环境建设显得尤为重要。祝智庭教授早在2012年就分析了我国数字化教育资源建设的动力机制分析,包括国家项目引动机制、产业发展驱动机制、公众媒体推动机制、多方合作联动机制以及网众互动生成机制。从系统动力学的角度为我国数字化教育资源的可持续发展提供了新的思路:维持系统的动力来源,协调动力主体利益;建立统一的技术标准,实现资源的深度共建共享。⑤ 从微观来看,祝智庭教授团队的资源建设与开发的主要着力点在MOOCs等在线课程资源建设上。他深度剖析了慕课的生存现状,认为作为一种新型的教学与学习方法,其对促进高等教育的教学变革作出了积极贡献,但也有不容忽视的劣势:如飙高的中途退学率;教学模式

---

① 祝智庭,孙妍妍.无缝学习——数字时代学习的新常态[J].开放教育研究,2015,21(1):11-16.
② 余明华,彭红超,祝智庭."互联网＋"视域下的无缝学习体验设计[J].电化教育研究,2017,38(11):19-25.
③ 祝智庭,孟琦.教育技术实用学:诠释学习资源效用的新话语[J].电化教育研究,2006(4):3-6.
④ 闫寒冰,祝智庭,蒋敦杰.教师培训课程资源库运营模式的动力机制设计——来自C2C电子商务模式的启示[J].中国电化教育,2012(11):1-6+98.
⑤ 祝智庭,许哲,刘名卓.数字化教育资源建设新动向与动力机制分析[J].中国电化教育,2012(2):1-5.

单一;学习MOOC的终端设备单一;教育理念较之传统课堂教学没有大的突破等。因此需要强化在线学习规律研究,创新在线教学模式,拓宽在线教育的应用范畴,从而形成不同的在线学习新样式①。

此外,他对课程建设也有所关注,强调了研究性学习的重要性,并基于研究型课程设计原则的要点,构建了一套研究型课程智能支持系统以促进解决研究型课程实践中出现的问题,利用智能化技术支持中学实施大规模研究型课程的教学、管理与评价,辅助学生开展个性化研究性学习②。

(八) 智慧教育

智慧教育是数字时代到指数时代的必然变革,也是教育发展的必然选择。我国教育信息化视角下的"智慧教育"研究始于2011年12月在天津召开的教育技术国际学术会议(ETIF2011)。随后,学界便逐步出现了祝智庭教授带领的华东师范大学研究团队和黄荣怀教授带领的北京师范大学研究团队,围绕智慧教育、智慧学习环境等主题展开了相关探索。

祝智庭教授首篇有关智慧教育的文章始见于2012年,随后围绕"智慧教育"主题展开了连续的研究,发文数量持续增长,截至2019年6月20日,已有智慧教育相关学术论文36篇,2017年达到峰值11篇。36篇文章总下载量达到112 532次,总被引达到2 162次,均篇被引60.06次,均篇下载量高达3 125.89次,已然成为我国智慧教育研究领域的标杆性领军人物。

在中国知网以"主题=智慧"为检索条件进行检索,共有39篇文献,清洗数据后得到36篇与智慧教育相关的文献,用SATI3.2进行题录分析,得到关键词共现图谱如图7所示。聚类处理后得到三大类研究方向:智慧教育、智慧学习、教育数据。由此可见,祝智庭教授及其团队正力图构建一个完整的智慧教育研究生态,研究范围较广,从智慧教育的内涵、机制、标准与评价等方面架构了一个智慧教育研究体系。

---

① 祝智庭,刘名卓."后MOOC"时期的在线学习新样式[J].开放教育研究,2014,20(3):36-43.
② 张治,刘小龙,余明华,祝智庭.研究型课程自适应学习系统:理念、策略与实践[J].中国电化教育,2018(4):119-130.

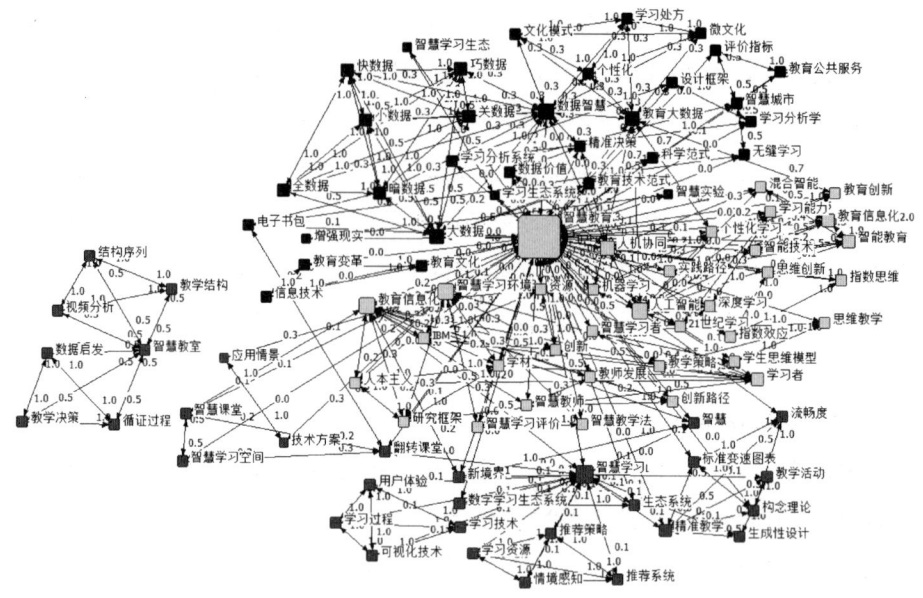

图 7 智慧教育研究关键词共现图谱

在智慧教育研究领域,祝智庭教授及其团队开展了诸多创造性工作,研究成果丰硕,产生了重要的学术影响和社会影响。可以将其概括为"智慧教育研究领域的九大学术贡献"。

1. 提出了智慧教育的祝氏定义(2012 年提出①,2017 年②、2018 年③两次优化):智慧教育的真谛就是通过构建技术融合的生态化学习环境,通过培植人机协同的数据智慧、教学智慧与文化智慧,本着"精准、个性、优化、协同、思维、创造"的原则,让教师能够施展高成效的教学方法,让学习者能够获得适宜的个性化学习服务和美好的发展体验,使其由不能变为可能,由小能变为大能,从而培养具有良好的人格品性、较强的行动能力、较好的思维品质、较深的创造潜能的人才。其根本要义是,通过人机协同作用以优化教学过程与促进学习者美好发展的未来教育范式。

2. 创建了涵括智慧环境、智慧教学法、智慧人才/评估三要素的智慧教育研究框架。④

---

① 祝智庭,贺斌.智慧教育:教育信息化的新境界[J].电化教育研究,2012,33(12):5-13.
② 祝智庭,彭红超.智慧学习生态系统研究之兴起[J].中国电化教育,2017(6):1-10+23.
③ 祝智庭.教育呼唤数据智慧[J].人民教育,2018(1):29-33.
④ 祝智庭.深度解读智慧教育[J].智慧中国,2015(4):60-62.

3. 构建了智慧教育的价值框架(智慧教育的道法术);提出了智慧教育之道:智慧教育是科学性、技术性、艺术性、人文性的有机统一,其核心价值是使学生获得美好的学习发展体验,并由此提出了智慧教育的价值框架。①

4. 探索了智慧学习生态的内涵、作用机制以及体系架构。② 从目标(理念价值的传承与发展,智慧人才的生态观、发展路线、培育路线、培育目标)、方法(培育智慧人才方法的理念、学习情境创设、生态平衡、方法生态)和手段(建构生态化学习环境,设计智慧学习圈)三个层面构建了智慧人才培养视角下的智慧学习生态。③

5. 强调了智慧教育的人本主义倾向④,确立了大数据作为智慧教育核心价值⑤⑥⑦,深度学习作为智慧教育核心支柱⑧的两大基调。

6. 制定了适合于智慧城市的教育领域应用评价指标体系,包括学习环境、学习资源、用户体验、管理服务、系统建设和市民学习六个维度。⑨

7. 提出了智慧教育环境中智慧教师培养的实践解决方案。⑩

8. 提出了智慧教育的底线思维:把适合机器(智能技术)做的事让机器去做,把适合人(师生、管理者、服务者等)做的事让人来做,把适合于人机合作的事让人与机器一起来做。⑪

9. 开创性地将指数思维(Exponential Thinking)和指数效应引入教育领域,提出指数思维赋能智慧教育,引领智慧教育研究及其应用发展的风向标。⑫

综观起来,祝智庭教授的研究主体更多涉及的是教师、学生,而非一味强调智

---

① 祝智庭.指数思维赋能智慧教育[R].北京师范大学未来教育高精尖创新中心(内部),2019.06.26.
② 祝智庭,彭红超.智慧学习生态系统研究之兴起[J].中国电化教育,2017(6):1-10+23.
③ 祝智庭,彭红超.智慧学习生态:培育智慧人才的系统方法论[J].电化教育研究,2017,38(4):5-14+29.
④ 祝智庭.智慧教育:引领教育信息化走向人本主义情怀[J].现代教育,2016(7):25-27.
⑤ 祝智庭,孙妍妍,彭红超.解读教育大数据的文化意蕴[J].电化教育研究,2017,38(1):28-36.
⑥ 彭红超,祝智庭.人机协同的数据智慧机制:智慧教育的数据价值炼金术[J].开放教育研究,2018,24(2):41-50.
⑦ 祝智庭.教育呼唤数据智慧[J].人民教育,2018(1):29-33.
⑧ 祝智庭,彭红超.深度学习:智慧教育的核心支柱[J].中国教育学刊,2017(5):36-45.
⑨ 祝智庭,余平.智慧城市教育公共服务评价指标体系研制[J].开放教育研究,2017,23(6):49-59.
⑩ 祝智庭,魏非.面向智慧教育的教师发展创新路径[J].中国教育学刊,2017(9):21-28.
⑪ 祝智庭.指数思维赋能智慧教育[R].北京师范大学未来教育高精尖创新中心(内部),2019.06.26.
⑫ 祝智庭,俞建慧,韩中美,黄昌勤.以指数思维引领智慧教育创新发展[J].电化教育研究,2019,40(1):5-16+32.

能技术环境,更多关注的是教育主体——"人"的发展,审察社会对新型人才的急切需求,关注教师专业发展的迫切需要,着力在教育改革的实践性价值上,这些研究价值取向反映了祝智庭教授中正的教育之道和浓郁的家国情怀。

三、学术燃灯:字里行间的"道"

"文如其人,文以载道。"学者的学术论文不仅折射其学识水准,反映其治学之理,也蕴含其学术人格,乃至为人处世之道。

(一) 君子中庸

以祝智庭教授指导的50篇博士论文后记(其中3篇博士论文还未收录于知网)为研究对象,截取与祝智庭教授相关的内容,汇集生成词频分析文本,使用词频分析工具共提取出55个词汇及其相应频次,通过在线词云生成工具,生成词云图,如图8所示。词云图中词汇的大小与该词出现的频次成正比。

图8　博士论文后记的祝智庭教授印象词云

词云中,表现治学或学识的词汇有:"严谨"(21次)、"渊博"(9次)、"深厚"(7次)、"扎实"(3次)、"孜孜不倦"(3次)等。"严谨"是词频最高的词汇,而且远高于其他词汇。

表现性格或修身的词汇有:"谦和"(7次)、"和蔼可亲"(7次)、"高尚"(6次)、"崇高"(5次)、"平易近人"(5次)、"无微不至"(5次)、"谈笑风生"(5次)、"严于律己"(4次)、"兢兢业业"(2次)等。

表现教育教学特点的词汇有:"言传身教"(8次)、"循循善诱"(5次)、"以身作则"(2次)、"身体力行"(2次)等。

博士论文后记通常是博士们的一种真情流露。从后记词云图中,我们可以感触祝智庭教授"学识、修身、教育"的君子之道:治学严谨、学识渊博、功底深厚、崇尚实干;谦谦君子、温润如玉,严于律己、宽以待人;言传身教、知行合一,君子之教、循循善诱。

"尊德性而道问学,致广大而尽精微,极高明而道中庸","聪明睿知、宽裕温柔、发强刚毅、齐庄中正、文理密察"是儒家的理想人格和君子画像,这在祝智庭教授身上得到充分诠释:"慎独、时中、中和、反求诸己"的知行合一,"和而不流,中立而不倚"的真正强者,"素其位而行,居易以俟命"的安分守己,"无入而不自得"的安住当下,"遵道而行,遁世不见知而不悔"的正道直行,"行远必自迩,登高必自卑"的铢积寸累,"博学之,审问之,慎思之,明辨之,笃行之"的教育之道,以及"人一能之,己百之;人十能之,己千之"的"弗措"精神。

历经人生和学术的陶冶,祝智庭教授给人以"谦冲自牧、沈著飞翥"的深刻印象,谦虚好学,自觉自主;厚重稳健,慎处时运。如果归结为两个字则是"谦冲"。谦者,"谦谦君子,卑以自牧也";冲者,虚空是也,"道冲,而用之或不盈","大盈若冲,其用不穷"。如果归结为一个字则是"谦"。此"谦"是《周易》之"谦卦"之"谦"。谦卦象是"空谷藏峰",表示虚心若愚,不断精进,善于赞叹和向他人学习。"谦谦君子"之"谦"并不是一味地退让、懦弱、谦恭,不是没有方向目标的"小人之谦",而是有目标方向、积极进取、努力不懈、坚毅强大和志存高远的"大人之谦"。[①]

(二) 智者乐水

关于祝智庭教授的印象词云及其日常生活、学习和工作,反映了他"智者乐水"的人生哲学。"子曰:'知者乐水,仁者乐山。知者动,仁者静。知者乐,仁者寿。'"(《论语·雍也》)"子在川上曰:'逝者如斯夫,不舍昼夜。'"(《论语·子罕》)"上善之人,如水之性。水在天为雾露,在地为源泉也。众人恶卑湿垢浊,水独静流居之也。水性几于道同。"(《老子河上公章句》)

[①] 钟志贤,邱娟.养心茶道[M].北京:国家开放大学出版社,2017:206-207.

管子认为,水具有"仁、诚、正、义、谦"五大德性。"水者,地之血气,如筋脉之通流者也。故曰:水,具材也……何以知其然也?曰:夫水淖弱以清,而好洒人之恶,仁也;视之黑而白,精也;量之不可使概,至满而止,正也;唯无不流,至平而止,义也;人皆赴高,己独赴下,卑也。卑也者,道之室,王者之器也,而水以为都居。"(《管子·水地》)

孔子认为,水具有"德、义、道、勇、法、正、察、善、志"九种美德。"孔子曰:'夫水,大遍与诸生而无为也,似德。其流也埤下,裾拘必循其理,似义。其洸洸乎不淈尽,似道。若有决行之,其应佚若声响,其赴百仞之谷不惧,似勇。主量必平,似法。盈不求概,似正。淖约微达,似察。以出以入,以就鲜洁,似善化。其万折也必东,似志。是故君子见大水必观焉。'"(《荀子·宥坐》)

老子认为,水有"三德七行"。三德:利、不争、谦下;七行:居善地、心善渊、与善仁、言善信、正善治、事善能、动善时。(《道德经》第八章)

日本著名企业家松下幸之助认为"率直纯朴的心"是人格最高贵的品质,它就像水一样有五种德性:(1)自己不变,而随着外物调整融通;(2)求取近路,永不休止;(3)本身保持清纯,且能洗除污秽;(4)愈受阻,其势愈增;(5)洋洋之水,气化则为蒸气,为云,为雾,下落则为雨雪霜霰,凝固则为明镜,且仍不失其本性。

"智者乐水"崇尚的是"水"的德行,将水之善涵化于修行之中:修身养性、修心炼性、明心见性。在日常中悟水之"七味":广济通达、刚柔相济、公平正义、恰到好处、光明磊落、聚集力强、承载无限。修水之"七境":为冰,越挫越勇,百折不挠;化气,大象无形,聚气生神;善下,海纳百川,有容乃大;坚韧,水滴石穿,持续精进;变形,随方就圆,能屈能伸;不争,无我利他,周济天下;时中,处时而变,功成身退。行水之"七善":守拙、齐心、坚忍、博大、灵活、透明、公平。

(三)一以贯之

透过祝智庭教授的系列学术论文,可以看到"技术赋能教育革新"或"技术促进教育变革"是其学术生涯一以贯之的研究主题。

尽管技术时代在不断变化,他不变的学术聚焦是"技术正在引起哪些教育变革、为何教育变革需要技术支撑、如何善用技术促进教育变革"三大问题;从"学习方式创新、教育资源的开放与共享、教育公共服务平台的生态化发展、学习环境变化、课堂教学变革风向、教育技术研究范式转换"等方面刻画技术正在引起的教育变革;从"改变学习方式、认知方式、参与者之间的教育关系、学习生态、增加学习机会"五大方面论述技术促变教育的基本原理;从"教育需求/问题、技术可为因素、社会—教育可为因素"构建三维空间揭示技术促进教育变革的作用点;从技术水平、心力投入二维空间建构利用技术促进教学变革的策略;倡导智慧教育引领信息化教育变革;从教育文化的视角探讨技术促进教育变革的实质。[①]

"与时消息,与时偕行,与时俱进。"把握时代的脉搏,审察现实的需求,为我国教育信息化服务,是祝智庭教授矢志不渝的学术情怀。数十年间,他的研究始终贯穿着一种"社会之责任"的学术担当,无论是理论建模,还是实证探索,其学术志趣皆在谱写"立足本土,融通世界,表达中国"的清新交响。

(四) 道不远人

"道不远人。人之为道而远人,不可以为道。"在祝智庭教授学术的字里行间充溢着"道不远人"的精神:以中国教育信息化进程中的理论和实践问题为导向,贴近现实需求,融合国际最新研究,学思结合,学以致用,注重理论联系实际,坚持潜心问道和关注社会相统一。

祝智庭教授指出,技术的核心价值不是便利性,而是给学生创造美好的学习与发展体验。本质上讲,技术首先是由人类赋能的(对技术设计者、创造者而言),而技术又反过来起到为人类赋能的作用(对普通使用者而言),让普通人由不能变为可能,由小能变为大能。技术赋能使人类教育和学习发生了"学习方式、认知方式、参与者之间的教育关系、学习生态、学习机会"五大方面的根本性变化。

技术赋能的学习组织形式将在"学生为中心"的基础上更加关注"素养为基、能力为本",将依据"个体特征""当前表现""个人需求"三个层次呈个性化生长态势,这是"人机双师"协同工作的结果。要在技术支持的环境下,重视学习者"审辩—分析性思维"、"创造—综合性思维"和"实用—情境性思维"三元思维的培育。随着人工智能深度学习技术的发展,教育将转向重视审辩思维、创造思

[①] 祝智庭,管珏琪.教育变革中的技术力量[J].中国电化教育,2014(1):1-9.

维发展。

祝智庭教授告诫教育信息化工作者,从根本上讲,技术在教育中的价值不是由技术决定的,而是由学习设计者决定的。在教育中使用合适的技术才是好的。教育创新可以有不同路径,不要迷信技术,也不要漠视技术,允许多样性实验才是可取之道。在教育信息化的进程中,要践行中和的人机关系:把适合机器做的事让机器去做,把适合人做的事让人来做,把人机结合起来能做得更好的事让人机一起来做。人工智能制品可以成为师生的助手与同伴。

(五) 尊奉理性

祝智庭教授学术论文中丰富的晶体性知识、精准的概念、严谨的推理、关系的映射、精致的图表、开放的心态等等,清晰地反映了鲜明的批判性思维(审辩思维)特点,不论是理性标准还是推理元素,抑或理性人格。

批判性思维是基于理性思维的质疑辨析、独立判断、合理推论和严格检验的认知方式,即思维心理活动方式。① 一个富有批判性思维的人是理智的人,其思维特点(观点、过程和结论)具有九大理性标准:清晰、准确、精准、切题、深度、广度、逻辑性、有意义、公正性。② 他能自觉地以理性标准规范八大推理元素:目的、推理、问题、概念、观点、意义、信息、假设。在推理实践中涵养八大理性特征/理性人格:理性的谦恭、勇气、换位思考、自主、真诚、执着、坚信、公正。③ 理性的谦恭是指谦逊和实事求是,而不狂妄自夸、自欺欺人或心存成见、偏见。理性的勇气是指公正对待不同的哪怕是自己强烈抵触的一些思想、信念和观点。理性的换位思考则清楚只有站在别人的角度考虑问题,才能真正理解他人。理性的自主是合理掌控自己的信念、价值观和推论。理性的真诚是诚实地对待自己的思想,使自己的行为与理性标准相一致。理性的执着是坚守理性的见解与真理。坚信推理可以最大限度地发挥推理的作用,培养人们的推理能力并形成自己的结论,为个人和全人类的最高利益服务。理性的公正是凡事依靠理性标准,而不受个人或集体意

---

① 钟志贤.远程学习者的自我管理[M].北京:中央广播电视大学出版社,2015:79.
② 保罗,埃尔德.批判性思维——思维、写作、沟通、应变、解决问题的根本技巧[M].乔苒,徐笑春,译.北京:新星出版社,2006:83-94.
③ 保罗,埃尔德.批判性思维工具[M].焦方芳,译.北京:人民邮电出版社,2014:23.

识的影响。①

胡适先生曾说:"菩提达摩东来,只要寻一个不受人惑的人。我这里千言万语,也只要教人一个不受人惑的方法。你们应该做些什么?你们应该努力做个不受人惑的人。"②不受人惑,反映到思维方面就是富有批判性思维或审辩思维能力。"一个头脑受过训练的人在看一件事是用批判和客观的态度,而且也用适当的智识学问为凭依。他不容许偏见和个人的利益来影响他的判断,和左右他的观点。他一直都是好奇的,但是他绝对不会轻易相信人。他并不仓卒地下结论,也不轻易地附和他人的意见,他宁愿耽搁一段时间,一直等到他有充分的时间来查考事实和证据后,才下结论。总而言之,一个受过训练的头脑,就是对于易陷入于偏见、武断和盲目接受传统与权威的陷阱,存在戒心和疑惧。同时,一个受过训练的脑筋绝不是消极或是毁灭性的。他怀疑人并不是喜欢怀疑的缘故;也并不是认为'所有的话都有可疑之处,所有的判断都有虚假之处'。他之所以怀疑是为了想确切相信一件事。为了要根据更坚固的证据和更健全的推理为基础,来建立或重新建立信仰。"③

(六) 四句心法

"无善无恶心之体,有善有恶意之动,知善知恶是良知,为善去恶是格物。"这是我国明代哲学家王阳明心法"四句教"。这四句话是王阳明的终极体悟及其哲学思想的基本总结,也是他治学的一个特色。经过多年的学术积淀,祝智庭教授逐渐形成了"祝氏风格"的四句治学心法,并且内化为 Z-Team 团队的学术文化:综合化思维、适度结构化、恰当的隐喻、可视化表达。

1. 综合化思维

祝智庭教授说"带着脑袋做事情,就是研究","做研究,要搞好对象,搞清关系。对于单个的研究对象,要搞清研究对象的每个属性;对于多个研究对象,要搞清它们之间的内在关系"。而这些都与思维能力息息相关。思维是大脑的"芯片",是主体的核心竞争力。综合化思维主要是指多样化思维的统筹发展,是左右脑思维的协同发展。

---

① 保罗,埃尔德.批判性思维工具[M].焦方芳,译.北京:人民邮电出版社,2014:25-27.
② 胡适.不受人惑——胡适谈人生问题[M].北京:当代中国出版社,2013:135-136.
③ 同②138.

左脑半球的思维方式是理性的、分析性的、聚焦的,属于智能脑,思维更倾向基于以往经验的改善;右脑半球的思维方式是感性的、直觉的、连接的,是想象力脑,思维更倾向于颠覆性的革命。左脑半球提供的是大数据性的内容(Big Data),右脑半球提供的是有创意的观念/思想(Big Idea)。左右脑整合或平衡发展即为Big Data＋Big Idea＝THINK BIG。

祝智庭教授特别重视思维发展。他强调,思维发展是智慧教育的核心使命,应当将审辩思维、发散思维、聚合思维和元认知能力统合起来。智慧学习者是哲学思维、科学思维和社交思维的和谐融合者,各级各类教育应当充分重视学习者"审辩—分析性思维"、"创造—综合性思维"和"实用—情境性思维"的三元思维培育。具有三类思维能力的人,恰好是智慧教育所说的智慧人才①。审辩与创造思维是思维教学的中心。

近来,祝智庭教授倡导指数思维(Exponential Thinking),认为指数思维创新需要摒弃零和思维、跳出线性思维、破解帕累托思维、强化多元思维②。他指出"指数思维"是人类思维大革命,指数时代需要"指数教育",21世纪学习框架引领"指数教育",MOOCs首开指数思维先河,指数思维与指数技术融入"学习生态",全球脑是人类智能大爆发的奇点;分析了社交媒体支持学习、知识图谱支持有意义学习的指数效应;探讨了自主学习、学会学习、研究性学习、生成性学习、协作性学习、问题化学习、STEM教育的指数效应;展望了指数思维赋能的智慧教育③。

2. 适度结构化

结构化思维(Structured Thinking)是科学研究者与高效能人士的核心素养,是指在面对工作任务或者难题时能深刻分析导致问题出现的原因,提炼出核心要素,并建立要素之间的相互关系,从而制定适宜的行动方案。祝智庭教授认为,作为教育研究者与实践者,应该善用结构化方法,并且在"全结构化—半结构化—非结构化"的连续体(Continuum)上收放自如,有时需要通过全结构化方法精准表达

---

① 杨桂青.教育从不单纯根据技术需求来变革——访华东师范大学终身教授祝智庭[N].中国教育报,2018.05.31(8).
② 祝智庭,俞建慧,韩中美,黄昌勤.以指数思维引领智慧教育创新发展[J].电化教育研究,2019,40(1):5-16+32.
③ 祝智庭.追寻智慧教育的理论探思[R].华南师范大学(内部),2018.11.24.

知识,有时需要采取半结构化方法给学习者"留白"(留有让学习者主动思考与自主表达的空间)。

例如,半结构化是指在对事物现象或实践活动建模中注重考虑最基本的要素,主张将具体内容或活动操作程序交由实践情境中的主体去生成,体现"使用者设计"(Design within/User Design)理念,提高研究或设计的普遍性、真实性和适用性,同时保留理论与实践循环迭代的可能性。比如,半结构化教学设计反思工具能充分考虑具体情境和中介(主体)因素。① 从教育文化分类元框架、教育技术实践场研究框架到联通时代的协同学习元框架,从电子书包系统架构到智慧教育研究框架,都能看到祝智庭教授"半开放结构"的学术心法。

在系列框架建构或建模研究中,祝智庭教授善用"结构映射理论"(Structure-mapping)。结构映射包括类比迁移和纵向映射。"类比迁移是结构映射过程,是在不同对象之间通过逐个的匹配,寻找它们结构上的相似点,从而通过图式归纳把源问题中元素间的关系提取出来,用于解决靶问题。"② "解决类比问题,先要形成基于问题的关系结构表征,即图式,再将图式应用到靶问题的解决中。"③ 概念映射法(conceptual projection)属于纵向映射,即在从文本中抽取类别核心词的基础上,借助已有的上位属性特征通过相互映射完成文本分析的一种研究方法。我国有学者通过概念映射法推演出高中信息技术学科的核心素养为信息意识、计算思维、数字化学习与创新、信息社会责任。④ 比如,在解析翻转课堂 2.0 内涵时,祝智庭教授用映射法清晰且逻辑分明地展现了教育教学中各关键要素在传统课堂、翻转课堂 1.0、翻转课堂 2.0 之间的映射关系和变换。⑤

3. 恰当的隐喻

运用恰当的隐喻,是祝智庭教授学术思维和表达的一大特点。隐喻是人类认

---

① 钟志贤.面向知识时代的教学设计框架——促进学习者发展[M].北京:中国社会科学出版社,2006:259,262.
② Gentner D. Structure-Mapping: A Theoretical Framework for Analogy[J]. Cognitive Science, 1983(7): 155 - 170.
③ 邓铸,姜子云.问题图式获得理论及其在教学中的应用[J].南京师范大学学报(社会科学版),2006(4): 111 - 115.
④ 任友群,李锋,等.聚焦数字化胜任力:"科创中心"背景下上海信息科技教育的研究与展望[M].上海:华东师范大学出版社,2018: 204 - 205.
⑤ 祝智庭,雷云鹤.翻转课堂2.0:走向创造驱动的智慧学习[J].电化教育研究,2016,37(3): 5 - 12.

知的基本方式,它通过人们较为熟悉的某一领域的事物来认识和理解另一领域不熟悉的事物,化抽象为具体,化隔膜为融合,化玄奥为晓畅,化模糊为清晰,将各种各样的传受之"沟"(如知识沟、情感沟、信息沟、数字沟)变为意义通途。比如,他用自来水管道隐喻技术带来数字教育资源的易得性及其所产生的教育关系变化,用灌注器隐喻填鸭式或满堂灌,用"鱼牛"隐喻建构主义,用蛛网隐喻联通主义的学习,用《听妈妈讲那过去的故事》隐喻教育场景的变化,用我国20世纪60年代提高农作物产量的"土、肥、水、种、密、保、管、工"的农业"八字宪法"来隐喻育人的机制,等等。

隐喻是传播者认识和理解事物的重要方式,也是比较高妙的传播艺术,有助于提升受传者感受、体验和认识事物或现象的效果和效率。它考量的是传播者深入浅出、恰到好处的信息编码能力和感同身受的"神入"本领。有效的隐喻是在隐喻源域和目标域二者之间构成意义映射关系。隐喻的源域主要指自然事物与现象、人类社会事物及其行为活动现象;目标域是指教育技术学或教育学的根本要素,如目的、作用、教师、学生、技术、媒体、思维、方法、资源、环境、评价、教育变革等。

古今中外,隐喻广泛地存在于人类的教育认识和实践活动之中,比如,"少年读书如隙中窥月;中年读书如庭中望月;老年读书如台上玩月""水滴石穿、绳锯木断""蓬生麻中,白沙在涅""跬步不休、跛鳖千里"等。又如今天关于学习场景的隐喻,"营火"隐喻一对多学习模式,"水源"隐喻多对多学习模式,"洞穴"隐喻一对一学习模式,"山顶"隐喻在实践中学习模式。① 比如,柏拉图用"太阳"、"线段"和"洞穴"的隐喻来阐释知识观、认识观和教育教学观,夸美纽斯用"太阳"、"种子"、"树木"及"鸟儿"等来隐喻教育教学问题,杜威用植物的"生长"来隐喻儿童具有内在的主动性及与环境相互作用,等等。在理论建构和信息传播中,隐喻扮演重要的认知、构词、说理和文化功能。它有利于提供认识教育的新视角,催生新的教育概念和理论。隐喻的认知价值与逻辑演绎、实证归纳相结合,有利于促进教育研究方式多元融合和教育理论创新。②

---

① 库奇・汤,栗浩洋.学习的升级[M].徐烨华,译.杭州:浙江人民出版社,2019:83-88.
② 高维,郝林玉.教育隐喻与理论创新——叶澜先生教育思想中的隐喻研究[J].基础教育,2019,16(1):5-14+62.

4. 可视化表达

祝智庭教授的学术富有"无图不成文,无表不成章"的特点,随处可见可视化表达。所谓可视化表达,就是运用系列图形组织器(Graphic Organizers)表现研究过程和结果的图形结构形式。图形组织器是建构知识、概念、观点或信息的可视化表征或视图化方式。①

可视化思维和表达固然与双重编码理论、脑科学、经验之塔、学习理论和知识管理等密切相关,但更是中国传统文化"象思维"(Xiang Thinking)的自觉传承与实践。专家认为,"象思维,是指运用直观、形象、感性的图像或符号等工具来揭示认知世界的本质规律,从而构建宇宙统一模式的思维方式。象思维以物象为基础,从意象出发类推事物规律,以'象'为思维模型解说、推衍、模拟宇宙万物的存在形式、结构形态、运动变化规律,对宇宙、生命做宏观的、整合的、动态的研究,具有很大的普适性、包容性。"②

从思维特点来看,与概念思维不同,象思维所把握的对象是非实体,属于动态整体,而概念思维所把握的是实体,属于静态局部。象思维富于诗意联想,具有超越现实和动态之特点;具有混沌性,表现为无规则、无序、随机、自组织等,在"象之流动与转化"中进行,表现为比类,包括诗意比兴、象征、隐喻等。③

(七)抟物哲学

"凡做事要用力、用脑、用心,用力求实,用脑求精,用心求善,做学问也是一样的。"祝智庭教授几十年如一日的学术专注,是对"抟物哲学"的生动诠释。抟物哲学,是与"一以贯之"和"道不远人"密切相关的价值取向、心性修炼和文化濡染。它是儒家"执事敬"的精神内核。抟,"以手圜之也"。所谓"抟物",即对物与事的深研品质与彻底洞悉的能力,是精于某一事物或技能,且乐在其中。这个世界有各种各样的专注:写诗、绘画、摄影、音乐创作、文学研究……各种手艺,几十年如一日。这些专注透溢的是一份热爱、认真、投入、坚持和一种淡定。他们精于做某

---

① 邱婷,钟志贤.论图形组织器[J].远程教育杂志,2009,17(6):61-66.
② 王树人.回归原创之思:"象思维"视野下的中国智慧[M].南京:江苏人民出版社,2005.
③ 王树人.中国哲学与文化之根——"象"与"象思维"引论[J].河北学刊,2007(5):21-25.

件事,又从中体悟特有的快乐。①

然而,注意力或专注力如今已成了我们最稀缺的能力。"在信息丰富的世界里,唯一稀缺的资源就是人类的注意力。"②但是"人的思想、记忆甚至丰富的个性取决于思维专注和集中注意力的能力"。③

传物精神,饱含坚毅(Grit)品质。这种坚毅不仅指的是毅力、勤勉和坚强,更是对长期目标的持续热情及持久耐力,是一种包涵了自我激励、自我约束和自我调整的性格特征。传物精神,是活在当下(Live in the present)的哲学实践,流注"工匠精神和职人精神"。那种"用志不分,乃凝于神"、"制心一处,无事不办"、"怀之专一,鬼神可通"的"酣畅感"、"沉浸"、"神驰"或"化境",是"对境不迷、内心不乱"的禅境,是"心注一境、物我两忘和乐在其中"的心流。④

在"传物"中,祝智庭教授体悟和践行中华心法"人心惟危,道心惟微,惟精惟一,允执厥中"的真谛。他常说:"一个人一生其实做不了多少事情,一个学者能留下几句话就不错了","学问上过于驳杂可能一事无成","工作着是美丽的"。这种一以贯之的传物哲学,辉映的是匠心之魂:精益、卓越、坚韧、专注、谦恭、省思、敬畏、入魂。

一辈子把一件事情做好,就堪称完美。一事精致,便已动人。从一而终,就是深邃。

(八) 至诚尽心

"做好人,务实事,多准备"、"清清楚楚做人"、"诚诚恳恳做事"、"老老实实干活"是祝智庭教授的口头禅,是对中国传统文化"至诚"与"尽心"的领悟和躬行。"诚"是中国文化中一个熠熠生辉的词汇,更是中国传统文化经典《中庸》的核心词汇,如"诚者,天之道也,诚之者,人之道也"、"诚之者,择善而固执之者也"、"至诚无息"、"诚者自成"、"诚者,物之始终,不诚无物。是故君子诚之为贵",等等。

---

① 周公度.传物[M].北京:国际文化出版公司,2016.
② 凯利.必然[M].周峰,董理,金阳,译.北京:电子工业出版社,2016:203.
③ 卡尔.互联网抑或使人更愚蠢?——互联网正在影响人们的深度思考能力[J].世界科学,2010(8):18-19.
④ 钟志贤.数字阅读的陷阱与规避[J].电化教育研究,2016,37(12):15-25.

国学专家认为,诚,包括"专一、安定、无私、明净"的意义,是"内明"之学的精髓所在。① 人之维度的"诚"是指诚信、诚实、诚意;老实、真实、实在。诚,一言以蔽之,就是真实无妄。② 美国汉学家安乐哲(Roger T. Ames)运用"焦点与场域的语言"和"阐释域境"理论把《中庸》里的"诚"译为"creativity"而非"sincerity"或"integrity"(Creativity is the way of tian; creating is the proper way of becoming human.诚者天之道也,诚之者人之道也),强调"诚"作为《中庸》重要主体的宇宙创造性的核心地位,人类创生力的源泉,体现了中国过程性宇宙观。③

尽心知性,是儒家倡导的修身功夫和心性之学。"尽心",是把人的本性中的"恻隐之心、羞恶之心、辞让之心、是非之心"扩充到极致;"知性",是指认识和实践人之本性中的"仁、义、礼、智"等品质。

从至诚和尽心角度看,学术论文的质量、高度或境界,是一个人的心性、品性和精神境界的反映。至诚,就是要怀着对社会和国家的责任感,怀着诚实的态度,对历史、社会和对自己的学术良知负责,以求知的真诚研究学问,使学问达到至真的境界。尽心就是怀着学术良知良心地对待研究工作。至诚和尽心,能确保学术研究的正确价值取向,坚持学术操守,追求卓越,创造非凡的学术成就。④ 以"诚"为本的学术精神主要包括科学与人文的五个维度:神圣与敬畏、怀疑与求真、严谨与认真、自由与责任、兼容与创新。⑤

祝智庭教授对历届弟子都会说:"做学位论文有三种境界:做出来的,写出来的,抄出来的。我希望研究生应该是七分做,三分写,抄则万万不可。"⑥

"唯天下至诚,为能经纶天下之大经,立天下之大本,知天地之化育。""诚者,非自成己而已也,所以成物也。成己,仁也;成物,知也。性之德也,合外内之道也。""成己"主要指向自我完善;"成物"在广义上既指成就他人,也涉及赞天地之化育。二者都以尽人之性与尽物之性为前提,其中包含对人与物的把握,从而体

---

① 南怀瑾.原本大学微言[M].上海:复旦大学出版社,2013:239.
② 姚淦铭.中庸的智慧[M].济南:山东人民出版社,2010:107-113.
③ 谢清果,等.中庸的传播思想[M].北京:九州出版社,2018:129-135.
④ 丛日云.至诚与尽心——学术论文写作与心性修炼[DB/OL](2013-07-30)[2019-06-20].http://www.aisixiang.com/data/66268.html.
⑤ 钟志贤.方法还是态度[J].电化教育研究,2009(6):60-63.
⑥ 顾小清.机会只垂顾有准备之人——祝智庭先生素描[J].信息技术教育,2006(4):21-22.

现了"知"。以诚为本,成己与成物既有不同侧重,又展开为一个统一的过程,所谓"合外内之道"。① 成己,是认识和改变自己;成物是认识和改造世界。

"悠悠的过去只是一片漆黑的天空,我们所以还能认识出来这漆黑的天空者,全赖思想家和艺术家所散布的几点星光。"② 这星光就是智慧之灯。一灯能除千年暗,一智能灭万年愚。古今道理同。

学术燃灯,薪火相传。一灯燃千百灯,则智慧之庭明无尽也,有灯,就有人。

结语: 既济未济

综上,本文从"度""智""道"三个维度摹刻和解读了祝智庭教授的学术世界,透过他的学术天地,字里相逢,我们也可回望我国改革开放以来技术赋能教育革新的各个历史阶段,重温过往的各种时势、政策、理论、主义和技术发展的浪潮,感悟起伏跌宕的一脉相承,问道当下和未来的教育信息化走势。历史与当下在此实现意义映照的"回互":从历史看当下,从当下看历史,未来在其中延展。

技术赋能教育革新是一个永恒的话题。技术的发展是几何级甚至是指数级的。若你在出生时,某个事物尚不存在,那么于你而言,它是技术(艾伦·凯)。例如,九大技术将开启新的教育和学习体验:人工智能、自适应学习、智能助理、物联网、移动技术、3D打印、交互式书籍、增强现实技术、全息图。③ 又如,大数据与学习分析、认知计算与个性化学习、智慧教室、全通道学习内容配送、感知技术与实时数据源、富媒体内容、虚拟现实成为当前促进学习变革的主流智能技术。④

与技术相融合的新型教学方法或学习模式亦如雨后春笋。混合学习、体验学习、游戏教学、具身学习、计算思维教学、脑基学习、实地学习、混龄班等尚在热身,机器人学习、基于无人机的学习、行动学习、培养同理心、虚拟工作室、让思维可见、趣悦学习、通过奇观学习、基于地点的学习、去殖民化学习等创新教学法又接

---

① 杨国荣.成己与成物:意义世界的生成[M].北京:人民出版社,2010:2.
② 朱光潜.朱光潜谈美[M].上海:华东师范大学出版社,2012:7.
③ 库奇·汤,栗浩洋.学习的升级[M].徐烨华,译.杭州:浙江人民出版社,2019:218-238.
④ 祝智庭.指数思维赋能智慧教育[R].北京师范大学未来教育高精尖创新中心(内部),2019.06.26.

踵而至①。

"单单引进技术是远远不够的,只有当新技术与做事情的新方式方法结合起来的时候,生产力方面的巨大受益才会来临!"(弗里德曼)在技术赋能教育革新的路上,教师和学习者的角色都面临刷新。面对时下日益智能的技术赋能环境,我们最担心的莫过于百年前著名教育家约翰·杜威所说,"如果我们用过去的方法教育现在的学生,就是剥夺他们的未来"。创造了"数字原住民"(Digital Native)一词的马克·普林斯基指出:"数字原住民会以和我们完全不同的方式去思考和处理信息。事实是,如今孩子们能从某个手机应用程序中发现和学习的东西,比从任何教科书中学到的东西都更多。教育面临的最大问题之一,就是老师们都在使用一种过时的、非数字时代的语言,试图去教一代几乎完全使用数字化语言的人。"②教师应在技术加持下转型为学习的设计师、帮促者、发展中的专家、课程开发者、合作学习者和研究者。而学习者应成为技术赋权的学习者、数字公民、知识建构者、创新设计者、计算思维者、创意沟通者、全球合作者,注重学习法素养,培养终身学习能力,成为新时代的学习主人③。祝智庭教授指出,若干年后,不懂人工智能的教师将无所适从,懂得人工智能的教师将如虎添翼④。

Already but not yet(既济未济)。技术赋能教育革新是一条"日新又日新"之路。控制论之父维纳曾说:"我们是如此彻底地改造了我们的环境,以至于我们现在必须改造自己,才能在这个新环境中生存下去。"⑤改造自己就是"学会改变"(Learning to change),学会接受、适应和引导改变,这是联合国教科文组织(UNESCO)倡导的教育与学习之第五大支柱的精义所在。环境变化如此之快,我们必须始终着眼于未来。而未来固然可以预测,但只能被创造。

---

① 李青,闫宇.新技术视域下的教学创新:从趣悦学习到机器人陪伴学习——英国开放大学《创新教学报告》(2019 版)解读[J].远程教育杂志,2019,37(2):15-24.
② 库奇·汤,栗浩洋.学习的升级[M].徐烨华,译.杭州:浙江人民出版社,2019:2-3.
③ 王永军.技术赋能的未来学习者——新版 ISTE 学生标准解读及其对我国中小学学生信息化学习能力建设的启示[J].中国远程教育.2019(4):17-24+92.
④ 杨桂青.教育从不单纯根据技术需求来变革——访华东师范大学终身教授祝智庭[N].中国教育报,2018-05-31(8).
⑤ 维纳.人有人的用处——控制论与社会[M].陈步,译.北京:北京大学出版社,2010:31.

主題

主题一　教育信息化

基于大数据的教育技术研究新范式*

祝智庭　沈德梅

[摘　要]　教育技术的发展包含了一系列不同的范式。随着大数据的崛起和数据密集科学的发展,学习分析学(LA,Learning Analytics)和教育数据挖掘(EDM,Educational Data Mining)成为大数据在教育领域的具体应用,基于数据的教学干预应用程序已出现并在实际教学中使用(如 Signals,Moodog 等)。文章探讨了科学范式、大数据在教育技术领域的应用以及不同的教育技术范式,提出由于能够更好地贯彻"以学习者为中心"的教育理念,个性化自适应学习系统将成为以大数据为基础的新的教育技术范式。

[关键词]　科学范式;大数据;智慧教育;教育技术范式;个性化自适应学习

一、科学范式(Scientific Paradigms)

美国著名科学哲学家托马斯·库恩(Thomas Kuhn)在《科学革命的结构》(*The Structure of Scientific Revolutions*)一书中系统阐述了关于范式的概念和理

---

* 原载于《电化教育研究》2013 年第 10 期。

论。所谓科学范式是指"在一定时间范围内,能为研究者群体提供样板问题及其解决方案的普遍公认的科学成就"(Universally Recognized Scientific Achievements That, for a Time, Provide Model Problems and Solutions for a Community of Researchers)。[1]

科学范式的概念是库恩范式理论的核心。库恩认为,科学范式具备两个方面,首先,在科学范围内,该术语指的是可以被复制或模拟的一组示例性的实验;其次,这组范例的基础是共享的先入之见(Preconceptions),这些先入之见形成于证据收集之前,并且影响证据的收集。先入之见体现于两方面,一是其隐含的假定,二是相关的形而上学的元素;个体科学家对该范式的诠释可能会有所不同。[2]因此范式界定了某一研究领域的研究方法,即研究什么,研究问题的提出,如何针对研究问题进行研究活动,以及如何对研究结果进行诠释等。同时,范式具有哲学意义,它暗示了某研究群体的研究遵循的基本理论和研究群体共享的信念和世界观等。

库恩同时认为,范式不是一成不变的,它在科学研究的进程中完善、发展,最终可能退出。随着科学的发展,新的科学范式会出现,补充或者取代旧的范式,这也就成为科学发展进程中的科学革命。在库恩看来,"科学革命"的实质就是"范式转换";在广泛接受的科学范式里,发现现有理论或者范式无法解决的"例外",因此尝试用其他理论取而代之,该理论得以发展最终成为新的范式。在自然科学领域,范式的转换比较明显,如伽利略的动力学相当于近代科学的初级阶段的范例,爱因斯坦的相对论则为当代科学的研究发展提供了模式。

库恩本人认为范式这一概念不适合社会科学范畴。原因是当他在社会学者聚集的帕洛阿尔托学者中心写《科学革命的结构》一书时,观察到社会科学学者们在诸多理论方面存在分歧。因此他在书的前言中特意指出,他之所以提出范式的概念正是为了将社会科学从自然科学中区分开来,他认为在社会科学中不可能存在任何范式。然而尽管社会科学不可能像自然科学那样在某一特定时期存在一个范式,在相对较小范围的研究领域,如社会学、人类学、教育学等或其下属领域内,可能存在支持这些领域的研究范式、研究传统、研究计划等。这些较小领域的研究特征能够激发不同领域的研究,界定什么是或不是研究证据,以及为控制与其他相似研究领域的学术争论。例如,斯金纳行为主义和个人建构理论同属于心理学和教育学研究范畴,这两个心理学子学科的一个最显著区别是对意义和意向的关注(Meanings and Intentions)。在个人建构理论中,这两个概念属于核心问题,但在行为主义中,它们不能作为科学证据,因为它们无法被直接观察到。[3] 另外,学者们认为,[4] 虽然社会科学内也存在明显的概念方面的改变,如从行为主义到认知方法,但是它们与自然科学范围内的科学革命不同,原有的理论一般不会被完全摒弃,而是仍旧在新的范式占据统治地位的情况下拥有一席之地。

Thagard 提出并阐述了理论(Theories)与方略(Approaches)的区别。理论是指"相关假定的集合,对大范围的实证研究结果和事实进行解释和归纳概括的基础",方略是"实验研究方法和诠释风格的集合"。[5] Thagard 认为,由于整个社会科学领域并不存在一个统一广泛的支持各个学科的理论基础,社会科学的变革更多的是由于研究方略的改变,而不是源自对理论统一性的评估。也就是说,社会科学范式,更多的偏重是指研究方略方面。本文之所以提出这点,是因为本文目的之一是评估新的研究方法,即大数据(Big Data)催生的数据密集科学(Data-Intensive Science)对教育技术研究范式,即教育技术研究方法的影响。

二、悄然兴起的大数据分析与应用

大数据一词出现于 1997 年,NASA 研究人员 Michael Cox 和 David Ellsworth 第一次用该词描述上个世纪 90 年代出现的数据方面的挑战,即超级计算机生成的巨大的信息数据量。当时,Cox 和 Ellsworth 对实验中产生于飞机周围的模拟气流数据无法进行处理或者将其可视化。"数据集相当大,对主内存、本地磁盘,甚至远程磁盘都造成挑战,"他们写道,"我们称此问题为大数据。"[6]

大数据的产生与信息技术、互联网等密不可分并且以越来越多的方式产生,[7] 如多媒体内容、社会网络以及各类传感器,不论是传统的数据密集型行业如基因研究、药学,还是互联网新贵,都面临着储存分析大数据的问题。例如 Facebook 拥有超过 9 亿的用户,并且用户数量仍在增长;Google 每天有 30 亿的搜索查询;Twitter 每天处理 4 亿次的短信,相当于大约 12TB 的数据量。

时至今日,大数据尚没有系统统一的定义和理论,学者们一般只是用该术语描述难以用传统软件和方法分析的超大量的复杂的数据。[8] Laney[9]首先提出用"3Vs"(Volume, Velocity, Variety)的概念,在此基础之上,IBM[10]用"4Vs"描述大数据,即大数据应该具备四个维度,大体量(Volume)、高速度(Velocity)、多样化(Variety)和真实性(Veracity)。大体量是指各种类型的不断增长的数据很容易积累到百万兆字节甚至千兆兆字节(terabytes—Even Petabytes)的信息。高速度是指及时处理大数据的必要性,例如分析大量的当日呼叫详细记录可以实时预测客户流失的程度等。多样化是指数据形式的多样性,如可以分析多种数据的变化包括文本、图像、音频等来提高客户满意度等。真实性则意味着大数据提供信息的可信度,以及据此决策的可靠程度。还有些学者[11](Quinn,2012)认为应该加入另外两个 V:Value(价值)和 Visualization(可视化)。关于类型,学者们认为数据,不论是否是大数据都分属三种类型:非结构化数据、半结构化数据、结构化数据。[12][13][14]非结构化数据指没有格式的数据,如 PDF、E-mail 和文档。结构化数据具备一定格式,便于存储、使用和从中提取信息,例如传统的事务型数据库。半结构化数据是指类似 XML 和 HTML 的有一定加工处理的数据。

  大数据的应用和影响体现在各个领域。大数据不只意味着体量的大小,它同时意味着研究方法更倾向于利用新的多种类型的数据获取信息,以数据为基础进行研究,并作出决策。在天文研究方面,美国的 The Sloan Digital Sky Survey[15](SDSS2008)成为天文学家的主要信息来源,同时,天文学家的主要工作也从包括拍摄星空图片等变为主要应用数据库查询和发现天象的变化。对企业来说大数据的应用则意味着更好的商业决策,有些公司如 Google、Amazon、Yahoo 等,分析利用此类数据,并将其结果作为扩张市场的依据或者提供个性化服务的方向,因此公司得以快速成长。大数据的出现和潜在的价值也引起了各国政府的注意。例如,奥巴马政府 2012 年宣布,每年将花费超过 2 亿美元在大数据研究应用方面,以致力于科学探索、环境、生物医学、教育和国家安全方面的研究。[16]在教育领域,随着远程教育的发展和 LMS(如 Blackboard 和 Moodle 等)的应用,大数据的潜在应用也越来越广。这些系统每天都记录大量的学生交互信息、个人数据、系统数据等。[17]这些也促进了教育界学习分析学(LA,Learning Analytics)和教育数据挖掘(EDM,Educational Data Mining)的发展应用,以及教育技术领域的研究范式的变化。

三、"数据密集科学"作为科学研究第四范式所带来的机遇与挑战

大数据作为一个通用术语,实际描述着正在发生的影响到自然科学、工程学、医学、金融、商业直至整个社会的科学革命。正是基于大数据的出现以及影响,Jim Gray[18]在2007年提出了数据密集型科学(Data-Intensive Science)的概念。Gray认为,从进行科学研究的方法的角度来看,从古至今存在的科学研究方法范式包括:

1. 实证式(实验科学)(Empirical/Experimentation)分支,开始于一千年前,主要的研究方法是对自然现象的描述论证,对自然现象进行系统归类,如对化学元素的分类;

2. 理论式(理论推演)(Theoretical)分支,当科学假设与预期结果一致时,则使得理论框架开始占有一席之地,出现于数百年前,主要采用建模方式,由特殊到一般进行推演;

3. 计算式(计算机仿真)(Computational)分支,开始于几十年前,主要方法为利用计算方式模拟复杂现象,科学数据可以用模拟的方法获得,而不再依赖于单一的实验;

4. 数据密集型科学(Data-Intensive Science),在前三种方法的基础之上,采用IT技术获取、处理、存储、统计分析大数据,从中获取知识。

数据密集科学被称之为科学研究的"第四范式",与其他三种范式一起成为科学研究的方法,它的出现与大数据密切相关。因此Gray提出的"范式",更接近于Thagard[19]提出的方略。

Gray[20]认为,数据密集型科学包含三项针对数据的活动:获取、存储维护、分析。大数据给科学研究带来巨大改变的同时,也意味着多方面的挑战。学者们认为,整个数据获取到分析的过程都存在不同的困难和挑战。[21]例如,在获取数据时,如何摒弃无用的数据,如何做到在数据收集的过程中过滤数据以免去储存之后再进行处理的麻烦;同时,如何自动产生元数据(Meta Data)对数据进行描绘。其次是数据存储,即数据库存的问题,事务性数据库不适合存储关系不明确的大数据。在分析方面,传统的统计算法的前提是数据的同质性(Homogeneity),大多

数大数据不具备此特性。针对这些挑战(大数据的非结构化,具有多样性,同时数量巨大),传统的关系数据库无法满足要求;NoSQL(Not Only SQL)数据库则为存储和检索大数据提供了可能。Google 的 Google File System、Big Table、MapReduce 代表了这方面的技术创新。

在《第四范式:数据密集型科学发现》[22]一书中,多位作者提出了各个科学领域的研究与大数据结合的必要性和数据密集科学对不同领域科学研究方法的影响,包括地球与环境科学、生命与健康科学、数字信息基础设施和数字化学术信息交流等。他们也描述了大数据以及数据密集科学影响下不同领域的科研活动、过程、方法以及成果,拓宽了不同学科领域应用大数据的思路。例如,Robertson[23]等在讨论发展中国家的医疗合作时,描述了他们以计算机和手机结合为基础的NxKM(NxOpinion Knowledge Manager)系统。该系统包括一个由专家开发的知识库、一个医疗诊断引擎和一个手机界面,用来输入患者信息并根据该信息自动产生问题(多项选择),以从患者处获得更多信息。因此,虽然患者信息可以由当地人连接输入系统,但该信息由远程专家分析,因此,多方面的合作以及信息数据的综合使用,使得诊断结果和诊治手段也将更加可靠。该书虽然涵盖了多方面内容,包括信息密集型科学研究范式对地球环境、医学、认知科学、学术信息交流等方面的深刻影响,但没有涉及大数据对教育,尤其是教育技术的影响。

四、教育技术研究范式演变轨迹

本文对教育技术不做定义方面的明确界定,它基本等同于英语的 Educational Technology、Instructional Technology 或者 Instructional Development[24](Dills & Romiszowski,1997),其研究核心是应用技术支持教学和学习。教育技术研究的核心方略是设计研究,本文从研究范式的角度出发,主要目的是看教育技术范式的特点、演变以及大数据对教育技术研究可能产生的影响。

首先,学者们认为,在教育技术领域,正如整个社会科学领域,从来都是多范式并存的。即从未有过只有一个范式存在而其他范式完全退出教育技术学术圈的情况,尽管也许在某个时期存在一个占据主要地位的范式。[25]例如当斯金纳心理学占据统治地位的时候,与之对垒的非斯金纳行为主义地位次之,同时之前影响最大的弗洛伊德心理学的影响依然在某种程度上存在,而未来的范式(认知信息加工理论)也开始崭露头角。另外,Saettler[26]认为20世纪的教育技术领域存在四种范式:物理科学或者媒体理论、传播学和系统理论、行为主义和新行为主义观点、认知理论。也有些学者描述了教育技术研究和评估领域内的范式变化,如Driscoll[27]概括了八种教育技术研究范式,Clark和Sugrue[28]描述了媒介研究(Media Research)中行为主义和认知理论范式对于研究设计和研究问题形成的影响。其次,Reigeluth[29]认为,教育技术范式的改变是从整个社会的变化开始,而且其改变的速度随着人类知识库的迅速增长和科技的高速发展越来越快。大部分的教育技术范式研究中囊括了多种的技术应用,同时很多研究更偏重于理论方面的变迁,而Koschmann则详细论述了以计算机为基础的教育技术范式演变。[30]

Koschmann认为:[31]在计算机进入教育领域后,教育技术作为一个独立的研究领域才开始出现,因此针对教育技术范式的研究也应该集中在以计算机为基础的技术方面;同时他认为教育技术研究也经历了一系列范式转换。他应用库恩的理论,主要描述了四种涉及计算机的教育技术范式,即计算机辅助教学(CAI,Computer-Assisted Instruction)、智能教学系统(ITS,Intelligent Tutoring System)、Logo-as-Latin以及计算机支持的协作学习(CSCL,Computer-Supported-Collaborative Learning)。

Koschmann强调,CAI主要是针对教学技术的设计和评估的研究范式,他在后来的研究中认为,[32] CAI并非与计算机同时出现,相反,它可能是桑代克(Thorndike)教育心理学研究范式的延伸和扩展。IBM公司开发的Coursewriter(一种课件著作软件)被认为是CAI开始的标志,即使没有任何编程经验,人们也可以用该系统开发自己的教学课件。由于CAI开发人员大部分具有教学背景,CAI系统大多反映了教育界对教和学的认知,即学习是被动获取信息的过程,而教学则是知识传递的过程。CAI系统一般贯彻如下学习策略和措施:确定学习目标,将学习目标分解为一系列学习任务,然后开发一系列学习活动,以达到预定学习目标。CAI同样以行为主义和实证主义为理论基础,因此CAI研究人员认为学习是可测量的学习成绩或者能力水平的变化,学习是CAI研究中的因变量,而学习过程中引进的技术方面的创新成为干预措施和自变量。对照组的使用在研究中很常见,研究问题通常为:使用该项技术对教学有何影响?因此,教学效验

(Instructional Efficacy)成为该范式下的核心研究问题。

第二个范式为ITS,起源于人工智能,以Carbonell[33]的博士论文的出现为标志。ITS理论认为,认知是一个计算过程,可以通过建立模拟人脑工作模式的智能型系统来研究。[34]如果智能型行为可以通过系统程序表现,那么具备经验和技能的教师的角色也可以设计出来。由于一对一教学被认为是金牌标准,[35]因此可以推断出如果每个学生都有个人的导师,那么整个社会的教育水平都会相应得到提高,这也是智能教学系统研究范式的基本理念。信息加工理论是人工智能的前提之一,它认为问题解决是定义问题空间的表征(Representations)的过程,包括初始状态/目标状态以及不同状态之间的一系列运作。在此基础上,表征成为解决问题和理解认知过程的中心问题,而学习则成为获取正确的问题空间的表征的过程,教学则是辅助学习者获取表征的活动。在此过程中技术的角色与其在CAI中并没有本质不同——然而人工智能系统更注重交互性,也更偏重于复杂技能的习得。与CAI不同,智能教学系统范式的核心研究问题是教学能力,即该系统是否完全能与娴熟的真正的导师相媲美? 因此,研究问题更看重的是系统的效果,而不是学生的成绩。

计算机辅助教学与人工智能系统尽管有所不同,但从认知论的角度说,他们都属于现实主义和绝对主义(Realist and Absolutist),即认为学习是被动获取知识,而教师是绝对权威。[36]

第三个范式为Logo-as-Latin,意指像学习拉丁语一样看待LOGO语言的学习。其中LOGO是上个世纪60年代由MIT数学教育实验室Papert教授领衔开发的程序语言,主要供儿童在编程的过程中学习。该范式以建构主义为理论基础。建构主义起源于皮亚杰的发展心理学,认为学习是新的信息与已有的知识融合同化的过程。有学者认为,计算机编程可以成为建构主义学习方式的重要角色。[37]例如学生可以建立模拟系统,在此过程中,学习者成为"教师",而计算机则开创了一个新的教育技术在学习中的角色,即成为"被辅导者"。与CAI不同的是,CAI研究关注教学效果,而Logo-as-Latin研究更专注于教学迁移。编程教学被看作干预手段,学习者在其他相关学习任务上的成绩被看作因变量。然而,在后期的文章中,Koschmann认为,[38]Logo-as-Latin与CAI同样起源于传统教育心理学,与CAI密切相关,因此应该将它看作CAI的一个变种,而不是独立的教育技术研究范式。

Koschmann提出的第四种范式是CSCL。CSCL与前三种范式有很多不同之处。首先,前三种研究范式都是建立在心理学基础之上,其本质是行为主义和认知主义。而 CSCL 的基础是人类学、社会学、语言学以及传播学等。具体说来,其理论基础包括(不限于)社会建构主义、社会文化理论以及情景认知理论等。社会建构主义认为知识的建构本质上是社会性过程;社会文化理论以维果斯基的文化—历史理论为代表,强调语言在智力发展过程中的作用;情景认知理论认为,学习是进入实践共同体(Community of Practice)的过程,"要想学会如同真正的专业从业人员那样使用一个工具,一个学生就应该像一个学徒,必须融入该社区及其文化。因而,在相当大的程度上,学习是,我们相信,一个文化熏陶的过程"[39]。因此 CSCL 范式中,学习的社会性和文化性成为核心问题。不同于前三种范式针对的问题(教学效果、教学能力、教学迁移),CSCL 被称为"演绎的实践性教学"(Instruction as Enacted Practice)。CSCL 研究范式有几个特点:(1)研究问题比较集中在学习过程而不是结果;(2)研究多倾向于描述性,而不是实验性;(3)很多研究者乐于以参与者(CSCL 成员)的角度研究合作学习的过程。因此 CSCL 研究着眼于参加者的谈话,合作过程中使用的工具,合作小组的成果等。CSCL 范式下的研究问题包括:学习如何在学习者的语言中表现出来?社会性因素如何影响学习过程?技术如何在合作学习中应用?Koschmann 将这四种范式做了简单对比,见表 1。

表 1 教育技术研究范式

教育技术研究范式	学习理论	教学模型	研究问题
CAI	行为主义	程序化教学/教学设计	教学效果
ITS	信息加工理论	一对一培训、交互性	教学能力
Logo-as-Latin	认知主义、建构主义	发现性学习	教学迁移
CSCL	社会文化理论	合作学习	实践性教学

五、数据密集科学影响下的教育技术研究范式:个性化自适应学习

数据密集型研究方法捕捉了整个信息时代带来的大数据的基本整体影响。在不同的领域,研究方法的侧重和目的不同,因此各有特点。如在工业界,商业智能系统(Business Intelligence System)体现了大数据对决策的影响。在教育领域,

美国教育部在一份简报中指出,[40]大数据在教育领域的具体应用主要为学习分析学(LA,Learning Analytics)和教育数据挖掘(EDM,Educational Data Mining)。EDM 和 LA 之间没有明确的分界线,但它们的起源、理论和目标不尽相同,并且逐渐成为泾渭分明的两个研究领域。

EDM 的目的是研究和利用统计学、机器学习和数据挖掘方法来分析教和学的过程中产生的数据。学者们认为,EDM 的研究目的包括以下几个方面:[41](1)应用多方信息如学生的知识程度、动机、元认知、学习态度等建立学生模型,并以此预测学生的学习行为;(2)发现或改进学习内容展现和最佳教学序列的领域模型;(3)研读由学习软件提供的不同的教学支持的效果;(4)建立包括学生、领域模型和教学软件的计算模型,推动关于学习和学习者的科学研究。

美国教育部的简报中总结了 EDM 针对和所要回答的问题:[42](1)什么样的教学顺序(不同学习主题)对不同特点的学生最有效?(2)什么样的行为与更好的学习成绩相关(如较高的课程学习成绩)?(3)什么样的学生的行为指标预示了学生的满意程度、参与度和学习进步,等等?(4)什么特点的在线学习环境能导致更好的学习成绩?(5)什么因素能够预测学生取得成功?

Siemens 将 LA 定义为"关于学习者以及他们的学习环境的数据测量、收集、分析和汇总呈现,目的是理解和优化学习以及学习情境"。[43]LA 的一个重要应用是监测和预测学生学习成绩,及时发现潜在问题,并据此作出干预,以预防学生在某一科目或者院系课程学习中产生风险。[44]相比于 EDM,LA 借鉴了更广泛的学科,除了计算机科学、统计学、心理学、学习科学,还引进并应用信息学和社会学的理念和技术。[45]LA 回答的问题如下:(1)什么时候学生可以进行下一个学习主题?(2)什么时候学生可能在某一门课程中落后?(3)什么时候某个学生可能有完不成一门课程的风险?(4)如果没有干预补救措施,学生可能得到什么样的成绩?(5)对特定学生来说,下一个最好的课程是什么?学生是否需要特殊帮助?

美国教育部[46]的简报中总结了应用 EDM 和 LA 的范畴:(1)用户知识模拟、用户行为分析、用户经验分析;(2)用户分类/分组(Profiling);(3)知识域模拟如学习课题分类排序等,知识元素与相应的教学原则分析;(4)趋势分析;(5)自适应和个性化学习。

应用 LA 和 EDM 数据分析结果,教师可以更好地了解学生,理解和观测学生的学习过程,发现最合适的教学方法和顺序,及时发现问题并进行干预,以提供个性化的学习服务为主旨。现在已经研发出的应用系统案例有普渡大学的"课程信号系统"(Course Signals System,以下简称 Signals)[47]、在美国加州大学圣巴巴拉分校以及亚拉巴马大学使用的 Moodog,[48] 以及美国西部州际高等教育委员会教育技术合作部(WICHE, WCET, Western Interstate Commission for Higher Education, Cooperative for Educational Technologies)的教育大数据分析项目——预测分析报告(PAR, Predictive Analytics Reporting)系统。[49]

Signals 系统通过数据挖掘和统计预测模型,根据多个变量(表现指标包括:现有平均分和努力程度,如学生 LMS 的交互频率;个性特点指标包括学术准备,如高中平均分和各项标准考试成绩;学生特点,如是否为美国居民、年龄和选修学分)来预测学生是否能够完成/通过该课程。Signals 在课程进行的过程中,以交通信号指示灯的方式,让学生了解自己的学习状况:课业良好(绿色),课业中度危急(黄色),或者课业严重危急(红色)。同时教师可以提供给学生有效的反馈信息,引导学生使用合适的资源等来提高成绩。[50] Moodog 的主要功能是跟踪记录学生在课程管理系统(CMS, Course Management System)上的学习活动,其基本目标有两个:(1) 为教师提供学生与在线学习材料交互情况;(2) 帮助学生将自己的学习行为和进程与其他学生相比较。[51]

PAR[52] 的主要目的是应用 EDM 技术,分析跨越多所高等院校的学生数据,以期发现并确认影响学生退学以及是否能够毕业的因子,并据此实施有效的教学干预。参与 PAR 的高校包括两年制和四年制高校,有公共学校和私立学校,亦有传统高校和非传统高校如网络大学。已经有 16 个 WCET 成员机构提交了 1,700,000 条匿名和去身份标识的学生记录以及 8,100,000 条课程级别数据记录。所有高校使用统一的数据模型,该数据模型包括以下核心数据元素:

- 总体元素:基本框架,描述所有 PAR 数据的基本概况。
- 学生一般元素:描述学生人口数据和学术背景信息。
- 学生课程元素:描述学生参加的课程和学生的课程成果。
- 学生的学术元素:学生级别的数据。
- 课程目录的元素:教育机构开办的 PAR 学生就读的课程细节信息。
- 学校元素:学术单位的具体信息。

应用描述、推理和预测分析技术,PAR项目初步发现32个影响学生学习以及退学的普通变量(多为学生特点变量),包括性别、种族、学位种类、多种专业、课程数量、班级人数等。其他发现如学生的性别、年龄以及种族与该生是否会退出某门课没有关系。该研究仍在继续。

这些系统目前的主要功能是分析学生的网上学习活动,判断实施干预措施的时间以及方法等;其潜在功能则可能包括教师可以根据学生使用学习资源的情况发现哪些最受学生欢迎或者哪些活动影响学习成绩,提供适合不同学生需要的学习材料;调整学习顺序或者学习活动等;最终,完善的学习系统可以根据学生的特点(学习风格、已有知识、动机情况等)引导学生使用适合自己特点的学习材料和学习路径。因此EDM和LA在教育技术领域内的应用最终指向为个性化学习和自适应学习环境的研究和开发。

美国教育部简报认为应用LA和EDM技术达成预测学生学习和干预学习过程的自适应学习环境应该包括六个部分:[53](1)自适应学习内容,通过与学生的交互活动,可以辨别学生的水平和能力,因此可以管理、维护和呈现适合特定学生的学习内容;(2)学生学习数据库,用来获取存储学生与学习内容的互动,包括时间和行为等;(3)预测模型,应用学生学习数据和人口统计数据(储存在另外的数据库中,如年龄种族等),追踪学生学习过程,预测未来行为以及成绩,如课业成绩、是否有可能辍学等;(4)可视化报告,将预测模型产生的结果用仪表盘形式表现出来;(5)自适应引擎,用来操控学习内容,确保学习内容适合学生的能力和特点;(6)干预引擎,教师、管理员、系统开发人员等可否决系统提供的建议进行人为干预。除了六个自适应系统内部组成部分外,还包括一个外部的学生信息系统。这个信息系统是由学校学区或者地区教育部门持有维护的学生背景信息资料,如年龄、性别、所学过的课程、成绩、学习风格等等。预测模型可以从中获取数据作为预测学生行为成绩等的部分依据。图1提供了自适应学习系统的概况。

图1中的箭头和数字表示自适应学习环境中的数据流的方向和顺序。整个自适应学习系统包括三个信息反馈回路数据流(Feedback Loop)。数据流的第一步是学生与学习内容的交互,交互内容被储存于学生学习数据系统里(第二步),第三步则是预测模型抽取学生学习数据和背景数据,应用LA和EDM技术进行分析,然后将结果传递至自适应引擎(第四步),自适应引擎据此针对特定学生作出学习方面的

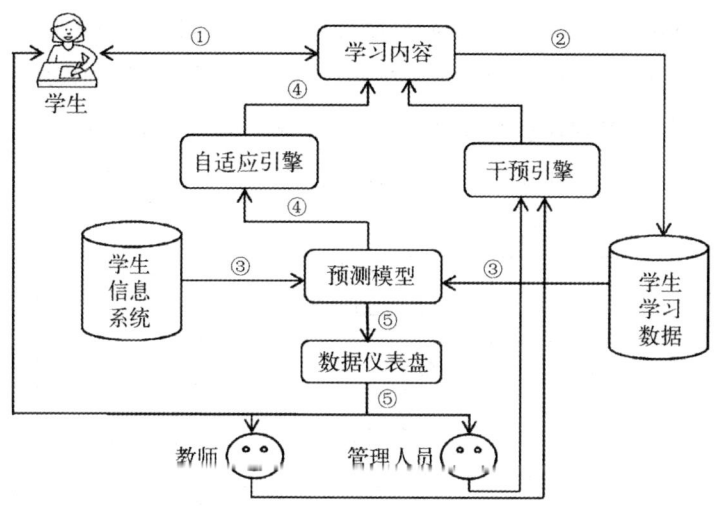

图1 自适应学习系统的构成以及数据流程

调整,而这些调整则通过学习内容策略等的改变表现出来。同时,预测结果也可以通过数据仪表盘(数据可视化面板)传达给教师和管理人员(第五步)。当学生、教师、管理人员等得到相关信息时整个反馈回路得以完成。学生通过自适应引擎获取的反馈信息包括学习活动情况、学习目标/技能完成程度、测评结果等,学生可据此更好地进行自我调节学习(Self-Regulated Learning),如在自己尚未完全掌握的学习内容上投入更多时间、改变学习策略等。教师方面获得的信息则包括学生整体学习情况以及每个学生的学习情况,教师可以根据这些信息做出课程内容以及进度方面的调整,例如决定是否对个别学生进行干预,提供更多学习资料等。管理人员获取的信息则是包括多门课程、多个学生和教师的情况。根据整体信息,管理者可以知道哪门课程的学生成绩不尽如人意、哪些特点的学生的成绩更出色等。管理层可以据此作出决策,如增加某门课程作为另一课程的先决条件(Prerequisite)等。

美国教育部简报中的自适应学习系统通过 LA 和 EDM,引导学生了解自己的学习状况,为教师的教学干预提供依据,也使得管理层更好地进行决策。然而,以数据密集科学为基础,LA 和 EDM 技术能够更好地分析学生的需要和特点,从而使得学习更倾向于个性化。因此我们认为基于数据密集科学的自适应学习系统应该体现个性化的学习特点,下一个教育技术研究范式是个性化自适应学习(Personalized Adaptive Learning,简称 PAL),即在自适应基础之上,学习内容更体现学生特点和需求。根据学生的特点(已有知识、学习风格等)和其他信息(年龄、性别、兴趣等)数据可以将学生分组(Profiling),学习系统可以根据学生特点和需要推荐学习内容,教师针对不同特点的学生提供丰富的学习材料,学生同时可以自己选择学习材料、测评方式等。图2提供了PAL系统的基本结构。

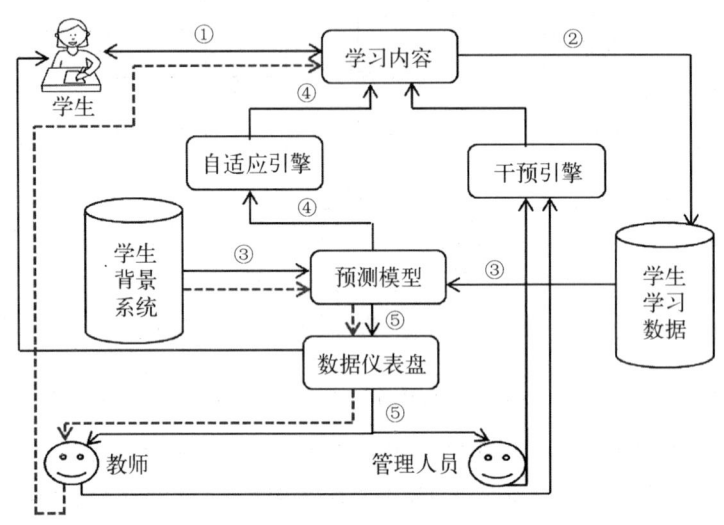

图2 个性化自适应学习(PAL)系统的构成

图2中的虚线部分代表了学习内容生成的过程:学生背景数据(以往成绩、所学课程、学习风格等)导入预测模型,分析生成可视化数据,教师据此设计适合不同特点学生组的不同学习内容。图2中的实线箭头部分代表了自适应学习过程和数据流。自适应学习过程与图1一样,由三个反馈回路组成。

不同于以往的个性化学习和自适应学习的是,PAL环境将以大数据为基础,纳入EDM和LA数据分析和结果,因此能够提供更适合特定学生的学习内容,获取更多和更精确的学习者信息及学习活动信息,更好地分析学习过程模式和学习活动有效性,更准确地进行学习评估等。

PAL与Koschmann的四个教育技术范式相比较,其独特之处在于它倾向于利用多方面数据:一方面根据已经存在的数据,提供适合学生特点和需要的学习内容;另一方面分析已有数据和学习过程中产生的数据,根据结果发现问题,并采取个性化干预措施。因此其基础为数据密集科学,同时体现了以学生为中心,根据学生的个性特点、发展潜能来进行教学的人本主义的教学观念。

六、机遇与挑战

个性化自适应学习能够体现"以学习者为中心"的学习理念,并且与智慧教育[54]的主张不谋而合,成为教育技术的一个新的研究范式。智慧教育主张借助信息技术的力量,创建具有一定智慧特性(如感知、推理、辅助决策)的学习时空环境,旨在促进学习者的智慧全面、协调和可持续发展,通过对学习和生活环境的适应、塑造和选择,以最终实现对人类的共善(对个人、他人、社会的助益)。智慧教育充分体现了"以学习者为中心"的思想,强调学习是一个充满张力和平衡的过程,揭示了"教育要为学习者的智慧发展服务"的深刻内涵。

智慧学习环境的一个基本特征是:基于学习者的个体差异(如能力、风格、偏好、需求)提供个性化的学习服务;并记录分析学习历史数据,便于数据挖掘和深入分析,数据结果用于评估学习过程、预测未来表现和发现潜在问题,并以数据分析结果进行干预。因此以大数据为基础的个性化自适应学习将成为智慧学习环境的重要组成部分。同时,EDM 和 LA 能够为高校提供有效信息,对学生进行干预,最终能够提高学生成就,降低辍学率,提升毕业率。

另外,大数据除了支持学习过程分析外,还可以在知识表征(概念提取、本体建立、可视化)与利用(自动翻译、答疑)方面大有可为,因此,除 PAL 方式外,大数据能够促进个性化学习服务与社会智慧发展,促进人本主义教育理念的实现,并且成为社会知识生态发展模式的重要组成部分。

总而言之,大数据为教育技术的发展带来很多可能性,例如创建个性化自适应学习环境、知识发现工具、管理决策平台等,同时它的应用面临诸多挑战。首先是来自数据方面的挑战:如何储存海量的非结构化数据,例如学生的讨论等文本数据?如何分析这些复杂数据?如何真正理解数据结果并传达给非数据专业人员?只有当大数据管理技术、数据分析以及数据可视化工具方面取得突破性进展,才有可能真正实现以学习者为中心,满足不同学习者的需要的个性化自适应学习环境。其次,数据密集型科学的应用在教育方面的体现主要是 LA 和 EDM,通过数据使得学习过程透明化,并以数据为基础分析学生的行为和学习成绩。这些数据可以传达"发生了什么",而不能回答"为什么",尤其是那些数据中没有体现出来的原因。因此如何将无法从数据中观察到的因素,如学生的学习动机、情感等纳入干预设计,仍有待进一步研究。

参考文献

[1] Thomas S. Kuhn. The Structure of Scientific Revolutions (3rd Edition)[M]. Chicago: University of Chicago Press,1996:10.

[2] T. S. Kuhn. The Structure of Scientific Revolutions (2nd Edition)[M]. University of Chicago Press,1970:88 and 41 respectively.

[3] Wikipedia, the free encyclopedia [EB/OL]. http://en.wikipedia.org/wiki/Paradigm.

[4][5][19] P. Thagard. Conceptual Revolutions[M]. Princeton, NJ: Princeton University Press,1992.

[6] U. Friedman (2013). Big Data: A Short History[DB/OL].[2013-05-10]. http://www.foreignpolicy.com/articles/2012/10/08/big_data?page=0,1.

[7][12] Purcell, B.. The emergence of "big data" Technology and Analytics. Journal of Technology Research[DB/OL].[2013-05-10]. http://www.aabri.com/manuscripts/121219.pdf.

[8] C. Snijders, U. Matzat, U.-D. Reips. "Big Data": Big Gaps of Knowledge in the Field of Internet Science[J]. International Journal of Internet Science, 2012,(7):1-5.

[9] Doug Laney. 3-D Data Management: Controlling Data Volume, Velocity and Variety [DB/OL]. [2013-04-10]. http://blogs.gartner.com/doug-laney/files/2012/01/ad949-3D-Data-Management-Controlling-Data-Volume-Velocity-and-Variety.pdf.

[10] IBM[DB/OL].[2013-05-10]. http://www-01.ibm.com/software/data/bigdata/.

[11] E. Quinn. The 6 Vs: The BI/Analytics Game Changes so Microsoft Changes Excel[DB/OL].[2013-05-10]. http://www.esg-global.com/blogs/the-6-vs-the-bianalytics-game-changes-so-microsoft-changes-excel/.

[13] C. Coronel, S. Morris, P. Rob. Database Systems: Design, Implementation, and Management (10th Ed.)[M]. Boston: Cengage Learning, 2013.

[14] P. Baltzan Business Driven Information Systems, (3rd ed.)[M]. New York: McGraw-Hill, 2012.

[15] SDSS-III: Massive Spectroscopic Surveys of the Distant Universe, the Milky Way Galaxy, and Extra-Solar Planetary Systems[DB/OL].[2013-01-10]. http://www.sdss3.org/collaboration/description.pdf.

[16] White House OSTP. Obama Administration Unveils "Big Data" Initiative: Announces $200 Million in New R&D Investments[DB/OL].[2012-03-29]. http://www.whitehouse.gov/sites/default/files/microsites/ostp/big_data_press_release_final_2.pdf.

[17] R. Mazza, C. Milani. GISMO: A Graphical Interactive Student Monitoring Tool for Course Management Systems[DB/OL].[2012-01-10]. http://linux3.dti.supsi.ch/~mazza/Web_area/Pubblicazioni/TEL04/TEL04.pdf.

[18][20] J. Gray. Jim Gray on eScience: A Transformed Scientific Method[R]. The Fourth Paradigm: Data-Intensive Scientific Discovery, 2009.

[21] Agrawa, et al.. Challenges and Opportunities with Big Data[DB/OL]. [2013-05-11]. http://cra.org/ccc/docs/init/bigdatawhitepaper.pdf.

[22] T. Hey, S. Tansley, K. Tolle (Eds.). The Fourth Paradigm: Data-Intensive Scientific Discovery. Redmond, Washington. UNT Digital Library.[DB/OL]. [2013-04-23]. http://digital.library.unt.edu/ark:/67531/metadc31516/.

[23] J. Robertson, D. DeHart, K. Tolle, D. Heckerman. Healthcare Delivery in Developing Countries: Challenges and Potential Solutions[A]. T. Hey, S. Tansley, K. Tolle. (Eds.).The Fourth Paradigm: Data-Intensive Scientific Discovery[C]. Redmond, Washington, 2009: 65-73.

[24][25] C. R. Dills, A. J. Romiszowski. The Instructional Development Paradigm: An Introduction [A]. C. R. Dills, A. J. Romiszowski (Eds.). Instructional Development Paradigms [C]. Englewood, NJ: Educational Technology Publications, Inc, 1997.

[26] P. L. Saettler. The Evolution of American Educational Technology[M]. Englewood, CO: Libraries Unlimited, 1990.

[27] M. P. Driscoll. Paradigms for Research in Instructional Systems[A]. In C. R. Dills, and A. J. Romiszowski(Eds.) Instructional Development Paradigms[C]. Englewood, NJ: Educational Technology Publications, Inc, 1995.

[28] R. E. Clark, B. M. Sugrue. Research on Instructional Media, 1978 – 1988[A]. G. J. Anglin (Ed.). Instructional Technology: Past, Present and Future (2ed ed.)[C]. CO: Libraries Unlimited.

[29] C. M. Reigeluth. Educational Systems Development and Its Relationship to ISD[A]. G. J. Aglin (Ed.). Instructional Technology: Past, Present and Future (2ed ed.)[C]. CO: Libraries Unlimited.

[30][31][38] T. Koschmann. Paradigm Shifts and Instructional Technology[A]. CSCL: Theory and Practice of An Emerging Paradigm[C]. Mahwah, NJ: Lawrence Erlbaum, 1996: 1 – 23.

[32] T. Koschmann. Revisiting the Paradigms of Instructional Technology[A]. Proceedings of the 18th Annual Conference of the Australian Society for Computers in Learning in Tertiary Education[C].2011: 15 – 22.

[33] J. Carbonell. Mixed-Initiative Man-Computer Instructional Dialogues [D]. Massachusetts Institute of Technology, 1970.

[34] Z. Pylyshyn. Computing in Cognitive Science[A]. M. Posner (Ed.). Foundations of Cognitive Science[C]. Cambridge, MA: MIT Press, 1989: 51 – 91.

[35] B. S. Bloom. The 2 Sigma Problem: The Search for Methods of Group Instruction as Effective as One-to-One Tutoring[J]. Educational Researcher, 1984, 13(6): 4 – 16.

[36] M. Schommer. Effects of Beliefs about the Nature of Knowledge on Comprehension[J]. Journal of Educational Psychology, 1990, 82: 498 – 504.

[37] S. Papert. Mindstorms[M]. New York: Basic Books, 1980.

[39] J. S. Brown, A. Collins, P. Duguid. Situated Cognition and the Culture of Learning[J]. Educational Researcher, 1989, 18(1): 32 – 42.

[40][42][45][46][53]　U.S. Department of Education，Office of Educational Technology. Enhancing Teaching and Learning Through Educational Data Mining and Learning Analytics：An Issue Brief，Washington，D.C.［DB/OL］.［2013－05－20］. http://www.ed.gov/edblogs/technology/files/2012/03/edm-la-brief.pdf.

[41]　R. S. J. D. Baker, K. Yacef. The State of Educational Data Mining in 2009：A Review and Future Visions［J］. Journal of Educational Data Mining，2009，1(1)：3－17.

[43]　G. Siemens. Learning Analytics A Foundation for Informed Change in Higher Education［DB/OL］.［2013－01－17］. http://www.slideshare.net/gsiemens/learning-analytics-educause.

[44]　L. Johnson, R. Smith, H. Willis, A. Levine, K. Haywood. The 2011 Horizon Report. Austin, TX：The New Media Consortium［DB/OL］.［2013－05－20］. http://net.educause.edu/ir/library/pdf/HR2011.pdf.

[47]　K. E. Arnold. Signals：Applying Academic Analytics［DB/OL］.［2013－04－18］. http://www.educause.edu/EDUCAUSE＋Quarterly/EDUCAUSEQuarterly MagazineVolum/SignalsApplyingAcademicAnalyti/199385.

[48]　EDUCAUSE. 2010. Next Generation Learning Challenges：Learner Analytics Premises［DB/OL］.［2013－04－18］. http://www.educause.edu/Resources/NextGenerationLearningChalleng/215028.

[49][52]　WCET Predictive Analytics Reporting (PAR) Framework［DB/OL］.［2013－05－11］. http://wcet.wiche.edu/advance/par-framework.

[50]　R. Ferguson. The State of Learning Analytics in 2012：A Review and Future Challenges［DB/OL］.［2012－12－11］. http://kmi.open.ac.uk/publications/pdf/kmi-12-01.pdf.

[51]　H. Zhang, K. Almeroth, A. Knight, M. Bulger, R. Mayer. Moodog：Tracking Students' Online Learning Activities［A］. World Conference on Educational Multimedia, Hypermedia and Telecommunications［C］. 2007：4415－4422.

[54]　祝智庭,贺斌.智慧教育：教育信息化的新境界［J］.电化教育研究,2012,33(12)：5－13.

教育技术前瞻研究报道*

祝智庭

[摘　要]　教育技术研究与实践需要全球视野、开放思维和战略眼光。该文通过考察国际上特别是美国的教育技术推进历程、发展走向以及部分较有参考价值的应用项目,结合我国教育信息化发展需要,从技术发展、应用发展和理论发展三个侧面选择性地介绍目前我们在教育技术研究方面的所作所为。

[关键词]　教育技术;前瞻研究;教育信息化;研究框架;文化视域

引　言

"信息技术对教育发展具有革命性影响,必须予以高度重视。"[1]教育信息化是衡量一个国家和地区教育现代化水平的重要标志。它重点关注如何全面深入地利用现代化信息技术来促进教育变革和可持续发展。

教育技术研究与实践需要全球视野、开放思维和战略眼光。多年前,笔者曾用四句话概括了全球教育信息化发展局势,即"美国一马当先,欧洲稳步前进,亚洲后来居上,中国奋起直追"[2],时至今日,这些判断依旧适用。回顾我国教育技术研究的发展路线,尤其是以"信息化"为标志的发展历程,无一不展示着我国教育技术的生命力。我国教育信息化的发展轨迹可以这样描述:"九五"期间是多媒体教学发展期和网络教育启蒙期;"十五"期间是多媒体应用期和网络建设发展期;"十一五"期间则是网络持续建设和应用普及期。经过十多年的建设,我国教育信息化已经在基础设施建设、重大应用、资源建设、标准化建设、法律法规建设和相应的管理等方面取得快速发展。

---

*　原载于《电化教育研究》2012年第4期。

在落实《国家中长期教育改革和发展规划纲要(2010—2020年)》和《教育信息化十年发展规划(2011—2020年)》的背景下,我们依然需要密切关注国际教育技术研究与应用的发展动态,以助于准确把握教育信息化发展的大方向。本文从技术、应用、理论三方面考察国际前瞻研究动态,联系国内教育信息化研究与应用实际,披露一些具有代表意义的项目。

一、技术前瞻研究

教育技术是面向未来的事业,因此有必要预测其未来发展方向,虽然作此类的预测颇为困难。早在2000年,美国教育部就发布过一份由Grove国际咨询公司和未来研究所合作编制的"教育技术发展图景"(Educational Technology Horizon Map)[3],为2000—2010年间教育技术的发展提供指导建议和决策支持。其核心要素包括多种利益相关者、四种学习场合、五类技术、各种真实应用和潜在可行的机会。作为一个前瞻研究报告,它对教育技术十年发展作出一个颇具启示意义的判断:未来的发展中机会和风险并存,关键问题和新兴技术迭出。有鉴于此,该报告提出了一条具有实践指导意义的发展路径:探索技术→调整机会→讨论问题和意义→展开行动。

自2004年起,美国新媒体联盟(NMC)每年一度发布的《地平线报告》(*Horizon Report*)[4]则成为预测教育信息技术发展趋向的权威资讯源。《地平线报告》是一份基于Horizon项目上的持续工作报告。Horizon项目是一个长期的定性研究计划,旨在确立并阐述可能会对以教育为主的组织机构里教学、学习、研究或创作产生重大影响的新兴技术。每一期Horizon报告会介绍六个在未来的一到五年期间,分三个阶段内可能成为在教育领域主流的新兴技术或实践。同时展示的还有在相同时间段内即将改变我们教育工作方法的挑战和趋势。《地平线报告》在全球均引起了很大的关注和共鸣,成为一个名副其实的全球教育改革的风向标。表1是我们将2004—2011年间《地平线报告》内容整合而形成的技术图谱。

表1 《地平线报告》的技术图谱

年份	1年内采用		2—3年采用		4—5年采用	
2004	学习对象	矢量图	快速原型	多模态界面	境觉计算	知识Web
2005	拓展学习	泛在无线	智能搜索	教育游戏	社交网/知识Web	境觉计算/增强现实
2006	社会计算	个人广播	便携电话	教育游戏	增强现实/可视化	境觉环境与设备
2007	用户自创内容	社交网	移动电话	虚拟世界	数字学术发表	众量玩家游戏
2008	草根视频	协同Web	移动宽带	数据混搭	集体智能	社会操作系统
2009	移动个人终端	云计算	数字地理	个人Web	语义觉知应用	物联网
2010高教	移动计算	开放内容	电子书	简单增强现实	姿势计算	可视化数据
2010基教	云计算	协作环境	悦趣学习	移动学习	增强现实	柔性显示
2011	电子书	移动学习	增强现实	悦趣学习	姿势计算	可视化学习分析

反观国内教育信息化中的技术研究与应用,在许多方面与《地平线报告》预测的发展方向是平行的。以下仅介绍几个代表性的项目:

(一) 电子书包与电子课本技术标准与应用示范

尽管电子书包、电子课本等概念出现已逾十年,但是先前的研究却大多关注其物理形态,关于如何提供完备的学习支持服务研究不多。随着iPad、Tablets、e-Book阅读器及其他数字化便携终端设备的日益智能化和平民化,电子书包与电子课本的应用研究逐步开始关注如何为学生课前、课堂、课后的学习活动进行一体化支持。电子课本(e-Textbook)作为一种特殊的教育专用电子书,代表电子书的教育应用方向,在功能上兼具阅读性与教学性,而电子书包(e-Schoolbag)是整合了电子课本阅读器、虚拟学具以及连通无缝学习服务的个人学习终端。[5]引入"电子书包"后,班级差异化互动学习、数字化探究实验学习、小组合作项目学习、个性化按需按兴趣学习、能力本位评估引导学习等新型学习方式将成为可能。目前,北京、上海、江苏、浙江、广东等多个省市均加入了电子课本应用试点行动,其主要形式是以区域试验为先行,分阶段、有步骤地扩大应用范围。以上海为例,虹口区第一批试点覆盖了幼、小、初、高各个阶段共计8所学校;第二批试点范围扩大至18所学校。与此同时,在国家标准化领导机构的支持下,由华东师范大学牵头,五十余家企业、出版社、学校等组织机构参与的电子书包与电子课本的标准研究工作正在紧锣密鼓地展开,其研究旨在解决电子课本与电子书包的学习内容、学习平台、学习工具和学习终端(人机交互)的互操作需求,[6]通过顶层设计与标准,先行保障电子书包和电子课本的应用研究的先进性与实用性。

(二) 精品开放课程建设

国家精品开放课程建设是落实《国家中长期教育改革和发展规划纲要(2010—2020年)》中关于教育信息化发展的具体举措,包括精品视频公开课与精品资源共享课,它是以普及共享优质课程资源为目的、体现现代教育思想和教育教学规律、展示教师先进教学理念和方法、服务学习者自主学习、通过网络传播的开放课程。精品视频公开课是以高校学生为主要服务对象,同时面向社会公众免费开放的科学、文化素质教育网络视频课程与学术讲座。[7]精品资源共享课是以高校教师和大学生为服务主体,同时面向社会学习者的基础课和专业课等各类网络共享课程。[8]"十二五"期间,计划建设5 000门国家级精品资源共享课。除了保持以往课程建设的精品理念,精品资源共享课特别强调了开放和共享的目标。2011年8月精品资源共享课建设工作研讨会上,教育部高等教育司明确提出通过制定课程资源建设标准,实现优化课程教学资源的共享共建,实现从网络有限开放转变为充分开放。目前,我团队正在研制精品资源共享课相关的技术标准,基本思路是细化课程结构,从媒体素材、知识原子、学习单元、课程模块四个层次考虑共享作用域(如图1所示)。另外,通过提炼出一批典型教学样式并提供相应的设计模板,以期达到降低精品资源共享课开发难度之目的。

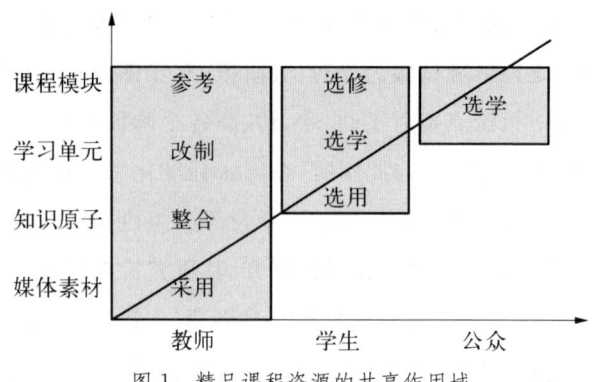

图 1　精品课程资源的共享作用域

（三）教育云的探索应用

"云计算"与教育的融合已是大势所趋,云计算是计算机科学领域中的分布式处理（Distributed Computing）、并行处理（Parallel Computing）和网格计算（Grid Computing）的新发展,旨在为基于互联网的应用程序提供虚拟化、可伸缩的计算环境,能够动态地满足应用程序不断变化的计算资源需求。[9]笔者认为基于"校园云—区域云—公共云"三层架构的教育云建设方案对"教育云"的落地研究和价值实现具有现实意义。这种分层级、有步骤的构建方式逐步促进教育云的相连与共享,最终形成公共教育云。首先,在"班班通"建设的基础上虚拟开放教室、虚拟实验室,加上虚拟图书馆、数字化校务、数字化校园文化系统等,形成云上数字化校园。此外,在构建数字化校园云基础上,以区域学校间信息共享、资源共建为目标,进一步建立区域级教育云,实现区域教育信息、教学资源的统一管理及异地远程教学。最后,将建立公共教育资源与数据的云服务中心,与各市县教育云的数据实现对接,形成公共教育云。[10]我团队与有关企业合作,正在设计面向电子书包的教育资源服务云。

（四）基于多触点游戏的儿童悦趣学习

多触点技术（Multi-touch）是一种允许单个用户或多个用户通过手势与交互界面进行对话的图形交互技术。该技术具有三个显著特征:[11]

（1）直接交互:用户无需借助鼠标、键盘等中介工具就可直接与应用界面交互,屏幕同时结合了显示和输入两种功能,带给用户快捷自然、直观的操作和反馈。

(2) 多点触摸:接触界面支持多个输入响应点,用户可以用双手同时进行多个控制点的定位和移动,使得输入方式具有无限的可能性。

(3) 多用户体验:多个用户可以站在应用界面的不同位置同时与应用程序交互,极大地拓展了对多用户活动的支持。我团队较早利用多触点互动显示技术开展儿童悦趣学习研究,开发一批幼教游戏。项目以儿童心理学、认知心理学、学习设计等相关领域的研究成果为指导,充分尊重儿童的认知特点、心智水平和成长经验,利用多触点、智能感知技术构建一种新型悦趣学习环境。由于学习内容设计充满趣味和挑战,学习界面自然舒适,游戏操纵便捷灵活,让孩子们真正体验"乐中学"、"玩中学"。因此,多触点游戏也成为儿童爱不释手的亲密学伴。

二、应用前瞻研究

美国一直是世界教育技术发展的领跑者,追踪考察其教育技术的推进历程和发展走向有助于开阔视野、合理借鉴和科学决策。自1996年以来,美国教育部教育技术办公室(Office of Educational Technology, U.S. Department of Education)每隔4—6年连续颁布了四个《国家教育技术规划》,它们所关注的应用重心由硬件设施、人与网络学习、数字资源,最后转向到整个教育系统的变革。特别是《国家教育技术规划2010》提出了"一个模型"、"五大目标"和"四大挑战",这为我国教育信息化建设带来诸多启示,如以提高学习质量和学习能力为中心,变革教育系统的结构和过程;借助现代技术力量,重构有效教学模式;关注弱势群体,促进教育公平;拓宽融资和捐赠渠道,确保财物各尽其用;跟踪新技术发展动向,逐渐研发其教育应用,等等。[12]

"21世纪技术伙伴"(P21, The Partnership for 21st Century Skills)是一个多方合作的基础教育改革实验项目,由美国信息技术产业界的大企业家组成的CEO论坛发起,得到美国教育部、国际教育技术学会等合作伙伴的支持,旨在使每一位学生做在21世纪生存与发展的准备。

P21组织描绘了学生在崭新的全球经济中获得成功的愿景:学生成果和支持系统(如图2所示)。[13]其中学生成果包括:核心学科与21世纪技能、学习技能与创新技能、生活技能与求业技能、信息/媒体/技术技能等四部分。在核心知识教学的境脉中,学生还必须学习在今天的世界要获得成功的必备技能,如批判性思维与解决问题、沟通、协作、创造与创新。为了保障学生能够获得学习成果,需要建立一个强有力的支撑体系,主要包括标准与评估、课程与教学、教师专业发展、学习环境建设四大部分。

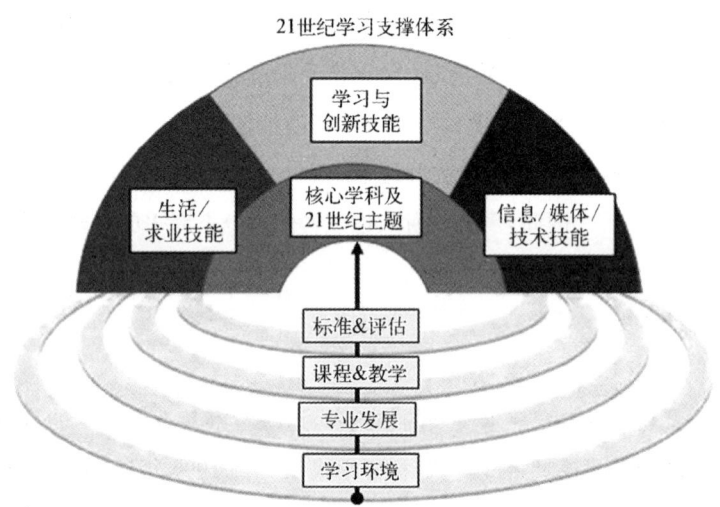

图2 21世纪学习支持体系

美国还积极推进标准化评估建设。[14]国家和各州正在严格制定新的教育标准,以明确学生应该知道什么、能够做到什么。为了帮助学生达到这些标准——衡量学生的进步,各州也正在设计和实施新的评估系统。这些系统被设计支持改善学生学业成就,但其有效性取决于许多因素。标准要足够具体以便让每个人(学生、家长、教育者、政策制定者和公众)了解学生需要学习什么;要足够精确以便作出标准是否已达到的公正和准确的判断。各州和各地区使用两种相互关联的标准:一种用于指定内容(学生应该知道什么,或者教育的不同阶段能够做到什么),另一种用于指定的学业绩效标准(能够做好的程度)。

"动手做"(hands on)科学教育起源于美国。美国的科学教育实验计划——"Hands-on"是一种由美国科学家总结出来的教育思想和方法,旨在让儿童有机会亲历探究自然奥秘的过程,让他们在观察、设想、提问、动手实验、表达、交流、反思的探究活动中,体验科学探究的过程,建构科学知识,培养科学能力和科学态度,能积极参与社会公共事务的讨论与决策。动手做的基本信条是：You hear, you forget; You see, you remember; You do, you learn(听会忘记, 看会记住, 做才学会。据说来自中国古典教育哲学, 有待查证原著)。目前, 美国最有影响的动手做项目是 HOU(hands-on Universe, http://www.handsonuniverse.org/)。它是在美国国家科学基金会(NSF)支持下由美国加州大学伯克利分校创始的、基于互联网的天文教学节目。经过近 10 年的发展, HOU 积累了大量的观测资料和教学经验, 特别是在利用现代的国际互联网络, 实现国际化的资源共建共享方面走在世界前列。目前, 广大天文研究者、教师或学生可以借助互联网络, 操纵网上开放的专业天文望远镜, 进行实际观测, 并对取得的数据、图像等资料进行分析研究, 并支持数据信息全球共享。HOU 通过新颖丰富的实践活动, 通过直接观察、亲手操作和交流协作等活动形式, 激发学生的想象力和创造力。

虚拟学校是美国信息化教育的又一亮点。它是一个在线的学习空间, 利用互联网向学生提供课程、教学、咨询、服务的学习支持系统。目前已有数十个州创办了虚拟学校, 但以佛罗里达州虚拟学校(FLVS, http://www.flvs.net)影响较著。FLVS 云集了许多大学、机构的在线学习课程, 也有与公司合作专门开发特色课程。学校本身授予文凭, 当学生顺利通过课程学习, 可获得他所选择的大学的学位。因此, FLVS 主要提供管理、咨询、电子基础设施、管理学生的注册服务等。

我国政府高度重视教育信息化战略。《国家中长期教育改革和发展规划纲要(2010—2020 年)》(简称《纲要》)正式把教育信息化纳入国家信息化发展整体战略, 要超前部署教育信息网络, 推动信息化教学深入应用与管理信息化, 反映了我国追赶教育信息化国际先进水平的决心。《教育信息化十年发展规划(2011—2020 年)》[15]的发展目标是：到 2020 年, 全面完成《纲要》所提出的教育信息化目标任务, 形成与国家教育现代化发展目标相适应的教育信息化体系, 基本实现所有地区和各级各类学校宽带网络的全面覆盖, 基本建成人人可享有优质教育资源的信息化学习环境, 教育管理信息化水平显著提高, 教育信息化整体上接近国际先进水平, 对教育改革和发展的支撑与引领作用充分显现。

在形势大好的宏观背景下, 我团队扎实开展了一系列应用研究, 并取得较好的成效。

(一) 探索教育信息化开放生态

教育信息化系统建设需要开放思维。在较长一段时间,我国的教育信息化还处于封闭的状态,各组成要素孤立发展,出现了投资不均、系统失衡、结构失范、应用肤浅、重复建设、信息孤岛、粗放发展等,以至于教育信息化无法取得进化式的进展。[16]只有开放教育信息化系统,我国的教育信息化才能走出封闭发展的思路。为了推动教育信息化的和谐发展,笔者所带领的研究团队提出了教育信息化开放生态系统框架,包括开放标准、开放源码、开放资源、开放服务、开放架构五个方面。这五个方面为教育信息化系统各用户提供了开放的机会,推动了教育信息化的进展。其次,运用生态学的观点,形成了由知识生态、教法生态、资源生态、服务生态、媒体生态、信息生态所构成的一个和谐信息化教育系统,如图3所示。从系统论的观点出发,运用系统方法研究信息化教育系统与各生态子系统之间的关系,从整体到局部,合理协调教育投资、软硬件建设、资源建设、师资培训、人才培养、机构变革、标准框架、应用服务等各方面的关系,才能促进各生态的和谐、协同发展。[17]而当前的研究中,版权技术、教育资源标准技术、互操作技术等正是教育生态系统研究的体现。

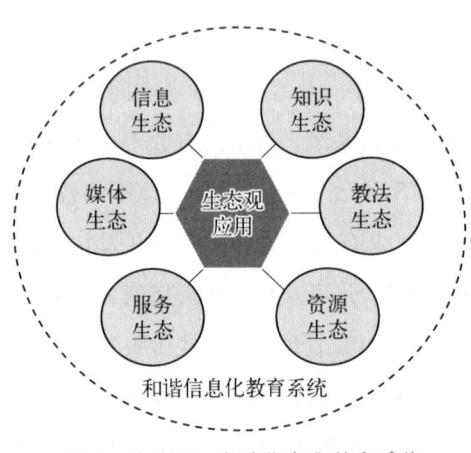

图3 生态观:和谐信息化教育系统

(二) 构建数字化布鲁姆图谱中国版

布鲁姆学习目标分类体系的修订版反映了技术整合下的教育实践。Andrew Church[18]认为目标分类体系的修订解释了很多传统教学中的实践、行为和动作,在其论著 *Bloom's Digital Taxonomy* 中描述了当教师试图在教室中整合技术时,他们所需进行的努力。Church 所理解的数字化布鲁姆主要关注课程的发展,即通过数字化技术促进协作学习。美国教育专家 Michael Fisher[19]在2009年首次提出了"数字布鲁姆"图谱,并随后对其版本进行更新,描述了25种工具与学习目标间的关系。2011年,与此对应的中国版"数字布鲁姆"[20]也随之形成,这种本地化的改造为国内的教师、学生等人员提供了一个直观、可供参考的"目标—工具"或"行为—符号"层级决策库。诚如 Marc Prensky 所说"新生代是数字化的原住民",数字化布鲁姆的提出不在于介绍各种工具,而是为了帮助人们选用适当的工具来完成"识记、理解、应用、分析、评价、创建"六个层次的目标,最大化地促进学习。

(三) 探索技术丰富条件下的有效教学模式

在 21 世纪这个信息化时代,推动教育的信息化,培养创新型信息化人才,是教育发展的必然趋势。而我们目前的教育是属于"遗传型",把知识从上一代传给下一代,与创新教育相距甚远。[21]随着信息化教育环境建设的发展,探索技术丰富环境下的有效教学模式势在必行。因此,这种单一的模式已经无法满足信息化时代的多样化需求,向多种模式的转变势在必行。信息化学习模式主要有班级差异化教学、小组合作研究型学习、个人兴趣拓展学习、网众互动生成性学习四种类型。在过去的教学中,多种模式的教学往往需要更多的"教育成本",而信息技术的使用使得这几种模式的实现成为可能。

1. 班级差异化教学

班级差异化教学以学生已有的知识体验为出发点,充分重视学生的个别差异,让每一位学生都能得到发展与提高。班级差异化教学是基于课程标准的教学,在教学前需要对学生进行学习诊断,了解学生的特性,有针对性地对学生的学习内容、学习过程进行设计,学习结束后需要对学习结果进行评价。它采用数据驱动的教学策略,通过对学生进行动态分组,根据学生的学习情况有针对性地进行干预。信息技术的发展如虚拟学习社区或者网络课程等均为学习者进行差异学习提供了条件。班级差异化教学并非是一种不公平的教学方式,而是容许尊重所有学生学习的机会和能力,让每一个学生均可以得到更广阔的成长空间。

2. 小组合作研究型学习

研究型学习的主要组织形式是通过小组开展探究学习,培养学生的学习兴趣,增强学生的自主学习意识,提高学习的积极性,发展合作学习能力。小组合作研究型学习改变了传统教育背景下的小组合作,通常可以采用问题学习和项目学习这两种学习活动形式,其关系如图4所示。问题化学习是信息时代的学习范式,其课程从内容转移到问题,教师的角色由讲授者转变为指导者,学生由接受者转变为问题解决者。问题化学习是创新教育的核心,它强调新方法的使用和新问题的解决,不仅要解决"是何"、"若何"、"如何"、"为何",还要解决"由何"。项目学习则主要是让学生根据自己的规划设计自主完成特定的项目。在2008年2月18日的美国学校教育管理者年会上,Daniel Pink[22](前美国副总统戈尔的报告起草人)在报告中说,在知识经济时代,"左脑——线性的、逻辑的、推理的思维方式主导的时光已经过去了,现在最需要的是右脑思维方式——综合性、创造性、情境化"。项目学习基本上属于右脑主导的学习方式,体现了新的"教育逻辑"——"科学探究在于求真,技术应用实现价值,设计创意提升价值,项目锻炼创新能力"。总之,无论是问题学习,还是项目学习,二者同属于小组合作研究型学习的种类,小组合作研究型学习成为学生解决问题的重要途径。

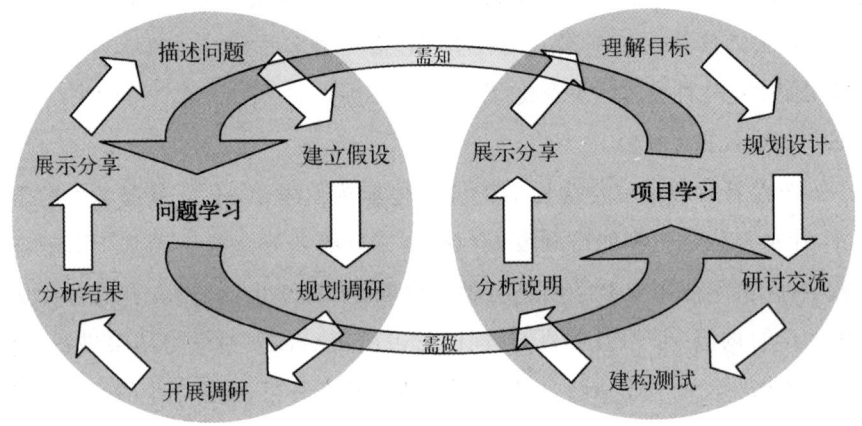

图4　问题学习与项目学习的关系

3. 个人兴趣拓展学习

在信息化条件下,个人兴趣拓展学习将成为一种普遍而有效的学习方式。在教学中,根据学生个人学习兴趣的不同,拓展学生的学习,从而使得学生的学习更加全面,以适应社会的需要,成为高素质的人才。信息技术的快速发展,使得这种拓展成为可能,学生可以借助相关的工具,从学习内容、学习方法、学习方式、学习时空等方面进行拓展,拓展的出发点是学生的学习兴趣。在学习内容方面,学生不仅可以学习教材中的固定内容,还可以借助于笔记本、手机等移动终端学习各种网络中的社会知识,拓展学生的知识范畴;在学习方法方面,学生可以自由选择适合自己的学习方法,使得学习更个性化、深度化;在学习方式方面,学生可以选择自主学习、探究学习或合作学习等,有利于培养学生的自主学习能力、协作学习能力等;在学习时空方面,信息技术的发展与提高,为学生的学习提供了便利条件,学生可以选择"教室之外的课堂",随时、随地地学习,摆脱了时空的限制。例如,美国的基教在线学习产业,主要是依托学生的个人兴趣,为学生提供泛在资源,拓展学生的学习。总之,个人兴趣拓展学习可以激发学生的学习动机,拓宽学生的知识广度,提高学生的学习效率,加强学习的深度和广度,是未来学习的重要方式。

4. 网众互动生成性学习

随着 Web 2.0 的出现与发展,互联网成为知识分享的新平台。在 Web 2.0 环境下,各种网络交流、分享、协作工具日新月异,只有将各种软件真正作为工具应用于教学(学习)才能达到更好的学习效果,才能在网络学习中生存下来。[23]尤其是博客、播客、Wiki 等社会性软件的使用,利用这些软件可以组建小组,把一定的学习知识关联起来,增强个体之间的对话与互动。从知识的角度出发,一个个体就是一个知识节点,其他节点都与该节点有着直接或间接的联系,这样,许多个体之间形成了知识点网络。Web 2.0 使得这种知识点网络的关系更加密切,而个体之间的交往也不再局限在现实生活的社会群体,借助于聊天室、博客、MSN、BBS、QQ 群等网络工具形成网络虚拟社群。在虚拟网络社群中,个人的情感、认知与价值和周围的环境相互影响,并得到了充分的认同,提高了学习者参与的积极性与主动性,形成了一种新的学习方式——社群生成学习。社群生成学习会逐渐受到社会的重视,将成为主流的学习方式。

(四)中观教学设计

在信息化环境下,教学活动可以超越传统的时空框架,在时间上应该做到课前、课中、课后学习活动一体化设计,在空间上做到班内班外、校内校外的学习活动综合平衡。笔者主持编写的《中小学教师教育技术培训教程(中级)》[24]融合了本团队多年开展信息化教学创新研究的丰富成果,创建了单元层面的中观教学设计实践方法,已经在全国培训了数十万名教师,取得了良好成效。

无独有偶,美国密歇根大峡谷大学数学教师 Robert Talbert 在大学数学教学中探索突破传统时空结构的教学模式,进行一项名为"颠倒课堂"的教学改革实验,[25]将原本在课堂中进行的以知识传授为目的的教学活动放到课前,将原本课后进行的以知识内化为目的的练习和答疑活动放到课堂中,从 2010 年在数学 MATLAB 课程教学中进行试验,取得了良好的教学效果,引起国际教育学者的兴奋。

三、理论前瞻研究

在教育技术理论界充斥着各种各样的"主义",从行为主义到认知主义,从建构主义到联通主义,虽然都各有其价值,但都有"只见树木,不见森林"之嫌,致使实际应用困难,使得应用者拿不出"主意"了。出于对这种现象的反思,国内外都有一些研究者想建立更具整体关联性和实践指导性的理论框架。

(一)"巴斯德象限"启发与设计研究的旨趣

"巴斯德象限"由美国著名学者司托克斯提出,代表着应用实践激发的基础研究,它是传统研究中"纯理论研究"和"纯技术研究"的调和,将传统上应用研究和基础研究的对立矛盾关系转化为统一协调的关系。目前,我国教育技术的研究多以经验总结式研究和思辨式研究为主,这也就导致"大多数教育研究对实践几无影响,助益甚微"[26]的结果。理论与实践相结合的呼声不绝于耳,但现状却不尽如人意,笔者认为其原因之一便是对科学研究范式的认知存在不足,而巴斯德象限则正好为这种理论联系实际的研究提供了科学的范式。我国教育技术的研究需要突破传统的单线思维方式,以解决现实问题为研究起点,在科学研究中发现规律,探索真理,从而实现"格物致用"与"格物致知"的双重价值。

近年来,设计研究(DR:Design Research 或 DBR:Design-Based Research)作为一种新兴的研究范式引起世界教育领域的高度关注。DBR 是以设计为对象的研究范式,其旨趣在于设计有效学习环境,促进有意义学习的发生。设计研究作为教育技术的创新研究范式,它主要通过迭代设计将理论与实践连接起来,重在解决与实际情境密切相关的问题和提炼出实用的理论原理,具有促进理论创新和实践创新的双重功能。[27]DBR具有或兼有建构主义的认识论特征,除了吸收传统研究方法的演绎、归纳、批判思维外,特别重视外推(Abduction)思维的运用;其核心活动是富有创新意义的设计。

审视我们正在进行的电子书包与电子课本的研究等,高校、中小学、产业界等成员的跨界合作,以推动科研、教学、产业的多赢局面,这正是"巴斯德象限"在科学研究中的体现。

(二) 联通主义学习理论

联通主义表述了一种适应当前社会结构变化的学习模式,也译为"关联主义"、"连通主义"。2004年,乔治·西蒙斯(George Siemens)[28]在《联通主义:数字时代的一种学习理论》一文中指出教学环境创设中最为常见的三大理论(行为主义、认知主义、建构主义)产生和发展于技术尚未对学习产生显著影响的时代。反观我们所处的这个时代,技术的发展已渗透入人类社会,技术对教育的推动与革新作用已被公认,而联通主义恰恰描述了网络时代的学习发生过程,为解决数字化时代的学习问题提供了理论支撑。网络时代,知识以碎片化的形式分散在各节点,知识所具备的连接点使其可以以不同的方式进行联通、重组和再造。知识碎片在不同的境脉下被赋予不同的意义,学习者基于自身学习需求和已有知识网络在各节点间进行联通汇聚,并形成更为复杂的个性化知识网络。所谓学习,即网络形成的过程。联通主义的起点是个人,个人的知识组成了一个网络,这种网络被编入各种组织与机构,反过来各组织与机构的知识又被回馈给个人网络,提供个人的继续学习。这种知识发展的循环(个人对网络、对组织)使得学习者通过他们所建立的连接在各自的领域保持不落伍。[29]学习不是简单地获取结果,它是个性化知识网络不断扩展的过程。信息时代,每个人拥有分布式知识表征的一部分,只有将这些知识节点与其他节点进行融会贯通,网络的价值才会最大化。联通主义能真正把一切教育资源和关系联结起来,构建立体的、多维的、协同的、多场合一的、弹性而有序的完整学习系统。

（三）社会—认知双连通模式

社会—认知双连通模式（Social and Cognitive-Connectedness Schemata）由美国 Marie Sontag 博士[30]于 2008 年提出，它关注学习过程中的图式形成。图式是学习者已有的知识体系和认知结构，新知识的产生有赖于已有的图式。SCCS 作为网络时代的学习设计理论基于两个假设：(1) 当代学生具有双连通学习模式，即社会连通性模式＋认知连通性模式；(2) 沉浸于数字联通时代的学生们具有社会连通模式与认知连通模式的双重变化。社会连通性模式的形成来自人们与他人或外界建立起社会联系的能力和渴求。目前人们对技术的研究引起了这一图式的巨大变革，同时也使得学生有更多的机会与外界情境进行连接。学生通过"连接、默观、捷取"一系列行为来参与社会连接，即在连接阶段，学生与拥有所需知识的其他人或群体建立连接；在默观阶段，学生对具备所需能力完成其目标的人进行观察；最后，在捷取阶段，学生在事先不寻求指导的情况下，跃跃欲试来解决新问题。学生的社会连通模式反映了他们创建和维持物理上的、虚拟的、混合的社会网络的能力。认知连通模式反映了学生如何将他们所学知识与更大的情境建立起联系的能力和渴求。认知连通模式的变化使得学生不再将知识视作分离、破碎的信息片段，而是作为一个整体。认知连通模式的变化包括：具备数字导航素养；具有对交互性—发现型学习的偏好；具有按照其对数字化资源的探索作推理判断的意愿。正如 Prensky 所说，当代学生"不仅思考不同事物，他们也以不同方式作思考"。教育理论需要进行改变以满足学生学习和获取信息方式的新发展，而 SCCS 恰恰最好地综合了当前的学习理论和方法，并为修订教学设计适应学生的新图式提供了可供参考的方法。

（四）协同学习理论与技术系统框架[31][32]

协同学习（Synergistic Learning）技术系统框架是一种面向知识时代、能够很好地适应知识与技术发展的新型学习技术系统。这种新型学习技术系统的设计，完全建立在一种全新学习理论——"协同学习理论"的基础之上。

1. 协同学习的概念

协同学习是指通过对学习技术系统中各个组成要素（包括认知主体和认知客体以及二者交互所形成的学习场）之间的协同关系与整合，以使教学获得协同增效。可见其内涵主要涉及学习系统的结构与功能。

2. 协同学习的理论基础

如果把协同学习系统看作一个具有特定结构和关系的系统,那么可以从协同学—功能层、联结观—实用层、场域论—结构层、知识管理—动力层四个角度进行分析和建构。也就是说,协同学、联结观、场域论及知识管理的有关理论,分别从不同方面为协同学习提供了理论支持。

3. 协同学习的基本原理

(1) 深度互动:在交互层面,提供内容与学习者的深度互动;

(2) 信息汇聚:在通信结构层面,提供信息聚合机制;

(3) 集体思维:在信息加工层面,提供群体思维操作;

(4) 合作建构:在信息加工层面,合作建构机制;

(5) 多场协调:在信息、知识、行动、情感和价值之间建立有机的、协同发展的联系。

4. 协同学习的发生机制

在协同学习框架中,多场协同以及个体与群体的信息加工及知识建构,构成了学习的发生机制。协同学习元模型是基于多场互动协同的,其核心就在于强调个体与集体的信息加工及知识建构。

(五) 重塑文化视域下的教育技术研究新框架

技术进步是对社会文化变革的最强大推动力,而现代信息技术则是最适合于推动教育文化变革的技术力量。[33]《地平线报告》系列除了向我们呈现了一场场技术盛宴之外,其背后所折射出的文化意蕴则更加耐人寻味。然而信息技术变化多端,教育作为文化现象却变化缓慢,因此教育信息化发展进程中人们不断遭受技术焦虑与文化迷茫的双重困扰。

从"文化"的视角研究教育技术领域中的复杂问题,尝试提出"文化视域下的教育技术研究框架"(如图 5 所示),意在通过对学科研究基础的分析,廓清教育技术研究的领域和范畴,梳理研究重点和关注视角,以探寻未来教育技术发展之道。

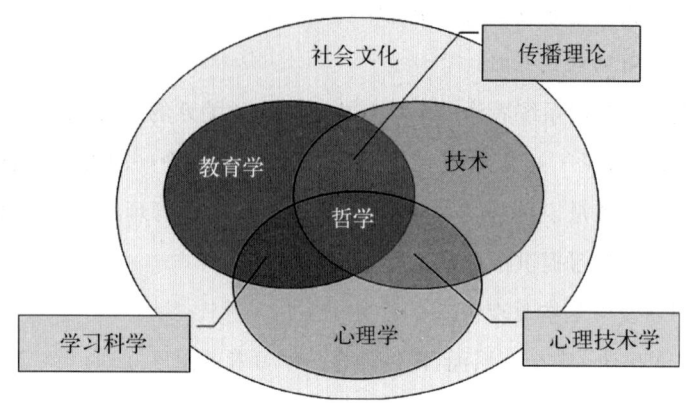

图 5　文化视域下的教育技术研究框架

1. 教育技术发展的社会文化境脉

"文化视域下的教育技术理论框架"要重视"社会文化境脉"的重要影响。任何一种技术文化、学习文化与社会境脉都有着千丝万缕的联系。它们之间相互影响、相互塑造,共同推动着文化生态的和谐发展。教育,是人类精神文化的一种传承活动,研究教育问题,只有回归到文化视域下,才能窥探其精髓和本源。然而"文化"又是世界上最难界定的概念,仅英文中就有 300 多个不同定义。Kluckhohn 和 Kelly 提出的简明定义是:"文化是历史上所创造的生存式样的系统,既包含显型式样又包括隐型式样;它具有为整个群体共享的倾向,或是在一定时期中为群体的特定部分所共享。"[34] 荷兰从事跨文化研究的专家 Greet Hofsted (1991) 曾形象地说"文化是集体的心灵软件"。[35] 正是这种"集体的心灵软件"促成了人类思维方式和价值观念的形成,继而决定着人的行为,使得每个人都成为自己文化氛围熏陶下的产物。换而言之,文化塑造了人们的理念价值,决定了人们的行为方式。

为了更加形象地理解文化的实质,笔者曾在 2004 年用"理念意识"、"制度行为"、"技术手段"解释学习文化的三个层面和演进发展,[36] 并在 2006 年明确提出了学习文化的三层结构(如图 6 所示),包括"理念价值"、"行为方式"、"制品符

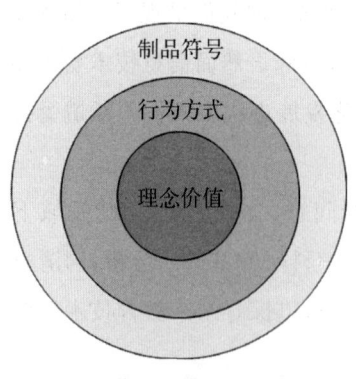

图 6　学习文化的三层结构

号"三个层面。最内隐的是理念价值层,包括社会共享的信念与价值系统,如对与错、道德规范,以及对于生活意义的理解;最外显的是制品符号层,既包括了具有实用性的制品,也包括了具有象征意义的符号;处于中间的是行为方式层,是受群体规范约束的行为模式。[37]

教育技术是一个典型的综合应用型学科,在教育信息化、远程教育、移动学习、终身教育等实践领域中,无论是开展基础环境或资源的建设,还是促进教学模式、学习手段的变革时,都需要"利用"文化的内涵,方可找到解决教育问题的实用策略。由此,回归到信息化教育中,我们可以考虑从文化的三个层面入手思考教育技术的研究空间:

(1) 制品符号层

制品符号既可以是实物,也可以是一个象征性的符号,它是技术或工具的外显产品。象征性的符号能改变人类已有的文化认知,例如广告标志、网络上的流行语等。实物改变人类的认知和行为模式的案例在信息化时代层出不穷,譬如,计算机改变了人类的工作方式、手机革新了人们的通讯方式等。当下,教育技术领域所涌现出的优秀应用实例,如班班通、电子书包、平板电脑等正是通过开发具有引领价值的实用产品改变人类教育和学习的行为。通过开发内隐先进学习理念的实用"制品"或象征"符号"助力教育变革也将是未来教育技术的价值所在。

(2) 行为方式层

技术的变革印迹贯穿了教育和学习的发展史。信息时代涌现的技术工具在改变人类的生活方式的同时,也极大地刷新了人类的教育和学习行为,同时对人类的学习行为提出了与时俱进的要求。伴随着终身学习、泛在学习理念实现的步伐,网络学习、移动学习已被人们所接受和践行,而当前颇受关注的协作探究、个人兴趣拓展学习、社群生成学习等改变人类行为方式的实践模式也将逐渐成为学习方式的主流。就像 Google 革新了人们即时搜索的方式、Facebook 赋予美国人全新的社交行为、app 创造了应用程序推广新模式一样,教育技术正通过创新教育管理、教学和学习模式改变着我们的教育行为,继而对教育文化产生着深远的影响。

(3) 理念价值层

理念价值是文化最为核心的内容。一方面,可以通过群体中成员所遵从的行为规范、一系列的实物制品方式表现出来;另一方面,则透过其秉承的信念和价值观予以传达,改变人类精神层面的内容。对于什么是符合未来社会需求的教育和学习模式,教育技术应当有一个价值判断,并将其视为自己的历史使命而为之奋斗。唯有正确且符合时代发展的理念价值,才能视为教育技术开发和应用的标准,并成为人们行动的指南、提供解决问题的答案。可喜的是,终身学习、学会学习、左右脑平衡发展等理念已逐步融入当前的教育文化。

2. 三个境域奠定研究基础

从社会文化的视角透视教育技术的研究基础,教育学、心理学和技术正为教育技术的发展提供着最为直接丰厚的给养。教育学通过研究人类教育现象和问题、解释一般教育规律来探索解决在教育活动产生、发展过程中遇到的实际教育问题;心理学从研究人类心理现象、精神功能和行为的角度寻找描述、解释、预测和控制学习行为的方法;技术改变着人类的生活方式,同时为教学创造新机会,它的进步又不断地挖掘着教育技术发展的潜力。此外,作为方法论层次的哲学为探寻学科本质提供了观察事物、研究问题与处理问题的最根本的思路,从哲学角度思考和分析教育技术的内涵和相关概念,有助于理解研究的本源和本质,把握其发展的方向和脉搏。

3. 叠加境域中发现新的研究方向

三个境域在现实中存在着很多交叉应用,这也催生了三个叠加境域,这些叠加境域中的部分理论或技术正成为教育技术研究的新方向和热点,且正好与"终身教育"、"个性化教育"、"重视教师培训"等世界教育改革趋向相呼应。

(1) 学习科学新辟了研究沃土

要"促进学习"我们首先应该了解学习是如何发生,在此前提下探讨应该怎样去促进学习。在上世纪中后期所诞生的学习科学,从人类学、语言学、哲学、发展心理学、计算机科学、神经系统科学和心理学学科等多学科全方位的视角来研究人类学习,并提供了以学生为中心、知识中心、评价中心和共同体中心等多维的视角来透视学习环境的设计和构造。学习科学不仅促进了人们对学习及学习过程的理解,更为显著的是提供了许多课程内容设计、学习活动设计、学习环境设计等内容的实践操作处方,从而为教育技术更为有效地改变教师的教学行为、优化媒体资源的设计、支持学生学习的真正发生以及开发移动学习的设备和教材提供了理论支撑。伴随着"教育技术从注重技术应用转向技术的设计",[38]学习科学与教育技术将出现更多的连接和融合。例如,社会—认知双连通模式(简称 SCCS)作为网络时代的学习理论为我们教学设计提供了全新的理论视角。

(2) 传播理论深化了文化内涵

传播过程从本质上来说是一种文化的传承过程,教育一直以来都是人类文化的重要传播方式。犹如基因揭示了人类繁衍和传承的规律一样,理查德·道金斯在《自私的基因》一书中提出的谜米(Meme)为人们理解文化的传播提供了全新的思维的把手。传统意义上,传播属于社会文化中最外显的一层,即制品符号,譬如随处可见的广告信息和 logo 标志。但是在当前环境下,我们会发现它已经升华为一种理念和情感的通道,即 logo 并非传播的最终目的,获得其代表的价值认同感和情感共鸣才是关键所在。根据《牛津英语词典》,Meme 被定义为:"文化的基本单位,通过非遗传的方式,特别是模仿而得到传递。"文化基因理论(Memetics)的出现,对于解释人类文化发展具有独特的作用。Meme 需要具备哪些要素特质、Meme 遗传与选择时遵循着哪些规律,在教学活动设计或教学环境构建时如何利用 Meme 的相关属性构建学习文化,值得我们更深入地探讨。尤其是今天,在培训领域,如何破解培训成效和影响力瓶颈正困扰着广大教育管理和教育研究者之际,以文化构建为给养的学习文化设计必将成为新型培训项目创设的旨归。

(3) 心理技术学拓展了技术效能

应用技术手段来研究和解决人类心理问题是近年来心理学中的热点研究领域。计算机技术的发展推动着心理测验、测量、统计等技术的逐步更新,应用技术解决人类情感问题的可能性也随之逐渐增大,通过技术干预人类的教育和学习行为也成了教育技术研究的自然延伸,计算机说服技术就是近几年来颇受关注的技术实例之一。斯坦福大学说服技术实验室主任 B.J.Fogg 在其影响深远的著作《说服技术:运用计算机改变思想和行为》中对计算机说服技术给出了经典的定义:"计算机说服技术是通过设计、研究和分析交互性计算机产品,以达到改变人们态度或行为为目的的一类技术;简称为 Captology(Computers as Persuasive Technologies)。"[39]说服技术通过改变人类的行为方式,继而影响其心理情感和价值观,这是心理学原理在计算机技术中的应用新课题之一,可以预见未来将在教育领域有着较大的作为,随着计算机虚拟技术、动画技术的成熟以及增强现实技术的实现和普及,计算机将能够实现与学习者有更多互动,继而也势必将拓展教育技术的研究空间。

四、结论与展望

本世纪头 20 年是我国现代化建设的战略机遇期,良好的外部环境和制度保障为我国教育信息化带来了难得的发展机遇。教育技术研究与实践需要全球视野、开放思维和战略眼光。置身于全球教育信息化浪潮之中,环视教育技术发展的风云变幻,需要冷静理智地把握全球教育信息化发展脉络与前进方向。研究发现,在人类的生产方式、学习方式、生活方式发生深刻变化的 21 世纪,教育技术在未来仍然存在着较大的发展空间。从社会发展趋势来看,随着终身学习理念的普及,个性化学习、终身学习等技术支持的新型学习形式已成为时代发展的必然需求。从信息技术发展态势来看,据美国新媒体联盟(NMC)发布的《2011 Horizon 年度报告》,在未来五年,指尖获取的丰富资源、泛在化的学习和工作、协作化的工作环境、云计算应用等四个核心趋势将对教育技术产生核心驱动力。[40] 在时代赋予的发展机遇面前,教育技术要承担起历史的使命,要稳固已有成果和学术地位,需要挑战学科发展中的禁锢,突破领域研究的瓶颈,用更敏锐的洞见和更宽广的视野来引领教育技术的发展。

参考文献

[1] 国家中长期教育改革和发展规划纲要(2010—2020 年)[DB/OL]. http://www.gov.cn/jrzg/2010-07-29/content_1667143.htm,2012-03-01.

[2][33] 祝智庭.关于教育信息化的技术哲学观透视[J].华东师范大学学报(教育科学版),1999(2):11-20.

[3] The Grove Consultants International and the Institute for Future. Educational Technology Horizon Map. [DB/OL]. http://www.grove.com/dbed/instruction.html,2000.

[4] The New Media Consortium. The Horizon Report 2009[DB/OL]. http://www.nmc.org,2012-03-01.

[5][6] 吴永和.华东师范大学:研制电子书包(课本)国家标准[J].中国教育网络,2011(7):62-64.

[7][8]　教育部.教育部关于国家精品开放课程建设的实施意见[DB/OL].2012-01-01.http://www.edu.cn/zong_he_793/20111109/t20111109_704418.shtml,2012-01-28.

[9]　祝智庭,姜昌华.教育云开启泛在学习之门[J].中国教育网络,2011(7):16-17.

[10]　祝智庭,管珏琪.我国基础教育信息化新发展:从"班班通"到"教育云"[J].中国教育信息化,2011(14):4-8.

[11]　郁晓华,祝智庭.CSCL中交互支持的新助力——多触点技术[J].电化教育研究,2011(1):64-68+73.

[12]　祝智庭,贺斌.解析美国《国家教育技术规划2010》[J].中国电化教育,2011(6):16-21+38.

[13]　Framework for 21st Century Learning[DB/OL].http://www.p21.org/storage/documents/P21_Framework.pdf,2012-02-01.

[14]　A Guide to Standards-Based Assessment.pdf[DB/OL].http://www.ecs.org/html/Document.asp?chouseid=3550,2012-03-01.

[15]　Marie Sontag. A Learning Theory for 21st-Century Students[DB/OL].http://www.innovateonline.info/index.php?view=article&id=524,2012-02-01.

[16]　祝智庭,王佑镁,吴永和.教育信息化系统建设的开放思维[J].开放教育研究,2007(2):21-25.

[17]　祝智庭.教育信息化建设与发展的生态观[J].中国教育信息化,2009(15).

[18]　Churches,A. Bloom's Digital Taxonomy[DB/OL].http://media.ccconline.cccs.edu/ccco/FacWiki/Blooms_Taxonomy_Tutorials/Churches_2008_DigitalBloomsTaxonomyGuide.pdf,2012-02-01.

[19]　Visual Bloom's[DB/OL].http://visualblooms.wikispaces.com/,2012-01-28.

[20]　陈丹,祝智庭."数字布鲁姆"中国版的建构[J].中国电化教育,2011(1):71-77.

[21]　祝智庭."遗传型"教育要向"创新型"教育转变[J].发明与创新(综合版),

2011(8):44.

[22] 'Innovation' A Buzzword at AASA Conference[DB/OL]. http://www.eschoolnews.com/2008/02/18/innovation-a-buzzword-at-aasa-conference/,2012-02-01.

[23] 梁斌.基于Web2.0的学习[J].中国远程教育,2008(2):39-42.

[24] 祝智庭.中小学教师教育技术培训教程(中级版)[M].北京:北京师大出版社,2007:11.

[25] Robert Talbert. Computers, the Internet, and the Human Touch[DB/OL]. http://chronicle.com/blognetwork/castingoutnines/author/robert/,2012-01-01.

[26] Tom Reeves. New Directions for Research in Web-Based Learning[DB/OL].http://www.iadis.org/icwi2004/ReevesICWI04.pdf,2004.

[27] 祝智庭.设计研究作为教育技术的创新研究范式[J].电化教育研究,2008(10):30-31.

[28] George Siemens. Connectivism: A Learning Theory for the Digital Age[J]. Instructional Technology & Distance Learning,2005,2(1):3-10.

[29] 王佑镁,祝智庭.从联结主义到联通主义:学习理论的新取向[J].中国电化教育,2006(3):5-9.

[30] 教育部.教育信息化十年发展规划(2011—2020年)[DB/OL].http://www.ceiea.com/html/201109/20110913154542p7fz.shtml,2012-03-03.

[31] 祝智庭,王佑镁,顾小清.协同学习:面向知识时代的学习技术系统框架[J].中国电化教育,2006(4):5-9.

[32] 何克抗.我国教育信息化理论研究新进展[J].中国电化教育,2011(1):1-18.

[34] 胡文仲.跨文化交际学概论[M].上海:外语教学与研究出版社,2004.

[35] Hofstede, G. Cultures and Organizations: Software of Mind[M]. New York: McGraw-Hill, 1991.

[36] 祝智庭,顾小清.大型教师培训项目文化建设:英特尔未来教育的案例[J].教育发展研究,2006(8):13-17.

[37] 胡小勇.技术进化:学习文化发展何处去[N].中国电脑教育报,2007-01-

08(Z4,Z5).

[38] 任友群,王觅.新世纪第一个 10 年中国教育技术学科的国际交往研究[J]. 现代远程教育研究,2011(3):3-14.

[39] Fogg, B. J. Persuasive Technology: Using Computers to Change What We Think and Do[M].San Francisco: Monan Kaufmann Publishers,2003:6-10.

[40] 陈娜.未来五年影响教育的趋势、挑战和技术——关于《2011 Horizon 年度报告》[J].电化教育研究,2011(10):11-16.

教育变革中的技术力量*

祝智庭　管珏琪

[摘　要]　瞭望世界教育变革风云,推进教育信息化已成为各国抢占教育发展的制高点。该文聚焦技术正在引起哪些教育变革、为何说教育变革需要技术支撑、如何善用技术促进教育变革三个问题,从学习方式的变迁与创新、教育资源的开放与共享、教育公共服务平台的生态化发展、学习环境从数字化走向智能化、课堂教学变革新风向、新的教育技术研究范式六个方面扫描技术正在引起的教育变革;从改变学习者学习方式、认知方式、参与者之间的教育关系、学习生态、增加学习机会五方面阐释技术促变教育基本原理;基于信息技术—社会—教育变革互动结构分析,从教育需求/问题、技术可为因素、社会—教育可为因素构建三维空间分析技术促进教育变革的作用点;构建技术水平、心力投入二维空间提出利用技术促进教学变革的策略;并主张以智慧教育引领信息化教育变革;最后从教育文化的视角阐明技术促变教育的实质。

[关键词]　信息技术;教育变革;智慧教育;教育文化

---

*　原载于《中国电化教育》2014 年第 1 期。

一、引言

当前世界教育变革风云迭起,推进教育信息化已成为各国抢占教育发展的制高点。2010年11月美国教育部教育技术办公室正式发布《美国教育技术规划2010》,题为"变革美国教育:以技术赋能学习"(Transforming American Education:Learning Powered by Technology, National Educational Technology Plan 2010,以下简称《NETP2010》),提出技术赋能的学习模型,努力寻求教育系统的整体变革,全面提升教育生产力[1]。其他一些国家和机构也相应发布了计划报告与白皮书,寄教育变革的希望于技术。如澳大利亚进行的为期7年(2008—2014年)的"数字教育改革"(Digital Education Revolution)、英国政府于2005年发布的"利用技术促进学习"(Harnessing Technology)计划。在各国高度重视信息技术应用于教育的大背景下,我国也积极开展行动。2010年5月我国颁布的《国家中长期教育改革与发展规划纲要(2010—2020年)》(以下简称《纲要》)中专列一章阐述教育信息化,并开宗明义:"信息技术对教育发展具有革命性影响",确定了教育信息化的战略地位。紧接着,2012年3月教育部发布《教育信息化十年发展规划(2010—2020年)》(以下简称《规划》),要求"以教育信息化带动教育现代化,破解制约我国教育发展的难题,促进教育的创新与变革"。回顾我国基础教育信息化发展,"九五"期间是多媒体教学发展和网络教育启蒙期;"十五"期间是多媒体教学发展期和网络建设发展期;"十一五"期间是网络持续建设和应用普及期[2]。十多年间"校校通"计划、"农远"工程、国家基础教育资源建设、中小学教师教育技术能力建设等多个项目的落实极大地促进了我国基础教育信息化的发展。进入"十二五"以来,按照教育部提出的"三通两平台"建设目标,引发新一轮教育信息化建设与应用热潮,特别是近期"电子书包"、"教育云"等新技术的应用,值得我们关注。

诚然,利用信息技术促进教育变革的观点已得到普遍认同,近年来各国教育教学改革实践都日益昭示信息化的重要性。信息技术正在引起哪些教育变革,为何说教育变革需要技术支撑,如何善用信息技术促进教育变革?围绕这三个问题,我们将扫描技术正在引起的教育变革,阐释技术何以促进教育变革,分析技术促进教育变革的作用点,提出利用技术促进教育变革的策略,为投身于教育信息化建设的相关研究者与实践者明确方向,从中发现有价值的研究课题。

二、技术促进的教育变革

关于教育教学中技术的发展及应用趋势,国际新媒体联盟(New Media Consortium,NMC)所发布的地平线报告(Horizon Report)是其显示器与风向标[3]。概览2004—2013年地平线报告中所列出的技术,其预测的发展与国内教育信息化中技术的研究与应用存在多方面的吻合。国外研究者从数百篇文章、博文和网站中提出8大教育趋势,分别是移动学习、云计算、泛在学习、BYOD(自带设备)、数字内容、翻转课堂和个性化学习等[4]。结合技术演进及以上研究、实践热点,以下将从不同的线索来谈技术促进的教育变革。

(一) 学习方式的变迁与创新

上个世纪90年代末网络教育在我国起步并快速发展起来。以技术发展为脉络,从传统的印刷技术、面授辅导等知识传播(函授教育),到广播电视、录音录像的学习媒介(广播电视教育),再到计算机网络等信息通讯技术的利用,英国开放大学、我国电视大学开放理念及创新方法的实践过程为我们展示了网络教育的变迁路线。而后高等教育领域,熟知的美国凤凰城大学、我国68所试点网络教育学院的建立;基础教育领域,各类虚拟学校、网校的建立;社会教育中层出不穷的考试辅导类、技能培训类、职业认证类网络教育机构的发展,又不禁为我们展示了网络教育的增生路线。根据2012年数据,至1999年我国网络教育学院试点以来,累计注册学生1 000余万,已毕业600余万;非学历培训1 000万多人次;开设396个专业,专业点2 292个,覆盖11个门类[5]。再看基础教育领域,根据北美在线教学协会公布的第五次年度报告调查结果,至2007年9月为止,全美有42个州提供K-12在线教学服务[6]。2011年《跟上K-12在线教育的步伐:年度政策和实践调查报告》(*Keeping Pace With K-12 Online Learning: An Annual Review of Policy and Practice*)显示,K-12在线学习的发展促成全美基础教育在线学习产品和服务产业快速发展[7]。

当前移动计算技术、泛在计算技术、移动设备的发展,形成继在线学习(e-Learning)之后移动学习(m-Learning)、泛在学习(u-Learning)研究的新趋向[8]。较之 e-Learning,m-Learning 借助移动设备和无线通讯技术,任何学习者都能够在任何时间和地点进行学习,满足知识半衰期缩减下人们快速更新知识的需求。u-Learning 在泛在计算技术支撑的环境下,能随时觉知与学习者相关的个人信息、环境信息、知识信息等,并将信息空间中与当前情境最匹配的信息反馈给学习者,学习者处于较为主动的学习状态[9]。即 u-Learning 不但支持 m-Learning 强调的与移动设备的交互、学习者通过移动设备与学习内容交互以及与其他人的社会性交互,还支持学习者与现实世界的交互[10]。从移动水平(Level of Mobility)和嵌入水平(Level of Embeddedness)两个维度[11]来看,泛在学习环境属于嵌入水平较高、移动性最高的一种。斯坦福学习实验室(Stanford Learning Lab)的一项研究表明:学习者往往是在一定"零碎"时间中进行,学习者在"移动"中,注意力是高度分散的,需要具备"碎片"式学习经验与获取知识的主动性[12]。泛在学习环境则能构建这样一种无缝学习环境[13],学习者可在不同的情景中学习,并能够通过作为媒介的移动设备,简单、快速地实现学习情景和学习方式的切换,更好地融合正式学习与非正式学习,同时基于情境感知,学习者可主动获取知识。

(二) 教育资源的开放与共享

运用信息技术推动全球知识开放与共享的理念发端于 2001 年麻省理工学院(MIT)启动的开放课件项目(OCW)。UNESCO 为推动 OCW 进一步发展,提出开放教育资源(Open Educational Resource,OER)的概念,即"希望共同发展为全人类所使用的普遍性教育资源"[14],随后 OER 的理念及实践活动引起全世界的广泛关注。知识是人类共同的财富,免费、开放地获取教育机会是人类的一项基本权利[15],开放教育资源建设可以让普通民众免费、开放地获取丰富优质的学习资源,在一定程度上促进教育的公平、民主化。英联邦学习共同体主席约翰·丹尼尔认为:迅速增长的网络互联与膨胀中的开放教育资源库的结合具有革命性的前景[16]。全球名校视频公开课、非营利组织 TED(Technology, Entertainment, Design)教育栏目"TED-ED"的课程视频、可汗学院微视频、当前兴起的大规模开放在线课程(Massive Open Online Courses,MooCs)均对推动全球知识共享具有深远意义。我国2003年成立中国开放教育资源协会(CORE),启动精品视频课程建设项目;2010年起网易、新浪等多家媒体推出全球名校视频公开课项目;2011年启动国家精品开放课程建设项目,首批20门"中国大学视频公开课"向公众免费开放;2013年清华大学、北京大学加盟edX、Coursera,这一发展轨迹也展示了我国在OER运动背景下的积极行动。

(三) 教育公共服务平台的生态化发展

教育公共服务平台是教育信息化公共支撑环境的重要组成部分。《纲要》在"教育信息化建设"重大项目中提出"建设有效共享、覆盖各级各类教育的公共服务平台"。云计算的出现,为构建新一轮信息化环境所采用的技术架构,实现系统互联、资源共享、应用互通、降低消耗提供了新的思路和解决方案。信息"公用电厂"的隐喻形象地展示了云计算在教育信息化变革时代的作用和地位。云计算引入教育领域,结合我国实际情况,适宜采取一种半虚拟化的"混合云"架构,即构建以本地云和本地数据中心为基础,同时也可与外部云进行资源与服务的"纵向整合、横向关联";基于教育管理云实现从数字化校云到市(县)教育云,再到公共教育云的纵向服务聚合;通过教育资源云实现个人云、学校云、家庭云、社会公有云的横向关联[17]。如此构筑的教育公共服务云平台将以优化的技术架构,驾驭复杂教育业务,实现教育业务整合愿景;统一储存各类用户数据,解决不同系统间数据交换问题;提供分布式存储、良好的容错能力,保障平台稳定、可靠运行;转变当前教育信息化系统"梅花桩"现象,实现教育公共服务平台的生态化发展。学习者在这样一个消弭了网址的数字化学习空间中,将突破时空界限,实现全天候、按需接入的学习。

(四) 学习环境从数字化走向智能化

1998年,美国前副总统戈尔在其题为"数字地球:21世纪认识地球的方式"的演讲中提出"数字地球"的概念,此后全世界普遍接受了数字化概念,并引出数字城市、数字校园等概念[18]。2008年,美国IBM总裁兼首席执行官彭明盛在报告《智慧地球:新一代领导议程》中提出"智慧地球"概念,随后催生出智慧城市、智慧教育等新的概念。从计算机、投影、互联网、多媒体课件等数字化技术逐步进入校园,到交互式电子白板、虚拟仿真实验等在"班班通"建设、数字化校园建设蓬勃发展中的应用,再到个人学习终端及无线网络技术发展背景下 1∶1 数字化运动的开展及 2010 年前后电子书包教学应用热潮的兴起,传感器、人工智能等技术进入课堂后对未来课堂/教室建设的思考,学习环境的研究与实践从数字化走向智能化。正如乔纳森所说的"技术的发展刺激了研究者和教育实践者去拓展学习的概念和开展学习环境的设计"[19],而构建学习环境是实现学与教方式变革的基础。如虚拟仿真成为实验教学新手段,当虚拟仿真实验应用于课堂教学,在减少传统实验室实验耗材投入的同时能替代一些不具备实际操作可能性的实验;同时强调学生的设计与实践,变以往实验教学中的操练为应用,提高学生自主探索能力。在线开放实验室更进一步,如英国开放大学的开放科学实验室(The Open Science Laboratory)[20]为学习者提供互动实践科学探究,随时随地访问互联网即可使用屏幕上的仪器,使用真实数据远程访问实验和虚拟场景。又如 Intel 推出的"未来教室"宣传片"桥梁工程"(Project Bridge)为我们提供的技术丰富环境下课堂教学创新案例。通过集成学习终端、无线网络、多屏互动、自然交互、3D 打印等技术为学习者提供智能化互动学习空间,基于项目学习过程凸显对课堂教与学活动主体智慧发展的支持。该案例展示了互动教育新的一页,把教学过程看作是一个动态发展着的教与学统一的交互影响的活动过程,而这一切离不开技术的支撑。

(五) 引领课堂教学变革新风向

得益于开放教育资源运动,尤其是微视频学习资源的应用以及数字学习环境建设发展,"翻转课堂"(Flipped Classroom)这一"混合学习"模式成为课堂教学变革新风向;被加拿大《环球邮报》评为 2011 年影响课堂教学的重大技术变革。翻转课堂将知识学习过程的知识传授与知识内化两个阶段颠倒过来,即知识传授在教室外,由学习者在课前通过观看教师微视频、完成针对性练习等方式完成;知识内化在教室内,通过协作探究完成。翻转课堂本质是借助信息技术帮助教师回归到学生最需要的本原角色,从单纯的知识传授者变为导学者、助学者、促学者、评学者。透过翻转课堂的实践我们可以看到,要进行信息化学习教学创新必须实现三个突破,即突破时空限制、突破思维限制、改变教师角色。

（六）引发新的教育技术研究范式

当前世界正进入大数据时代，大数据的应用正影响着自然科学、工程学、医学、金融等领域，在《第四范式：数据密集型科学发现》一书中将"数据密集科学"作为科学研究第四范式[21]。回顾教育技术研究范式的发展，大部分范式研究中囊括了多种技术应用，而 Koschmannn[22] 详细论述了以计算机为基础的教育技术范式演变，并主要描述了四种涉及计算机的教育技术范式：计算机辅助教学（CAI）、智能教学系统（ITS）、Logo-as-Latin，以及计算机支持的协作学习（CSCL）。其中 CAI 以行为主义和实证主义为理论基础，是针对教学技术的设计和评估的研究范式，教学效果是该范式研究的核心问题。ITS 起源于人工智能，以信息加工理论为基础；其基本理念是通过一对一交互式培训（即每个学生都有个人的导师），整个社会的教育水平会得到提高；其研究问题关注教学能力，即教学系统的效果。Logo-as-Latin 以建构主义学习理论为基础，关注于教学迁移，研究学生基于 LOGO 编程语言开展的发现性学习。CSCL 以社会建构主义、社会文化理论为基础，学习的社会性和文化性是该研究范式的核心问题，主张从参与者的角度研究合作学习过程，研究实践性教学问题。在数据密集科学影响下，教育技术研究出现新的范式。美国教育部在一份简报中指出[23]，大数据在教育领域的应用主要为学习分析学和教育数据挖掘，而两者在教育技术领域内的应用最终指向为个性化学习和自适应学习环境的研究和开发。综合这些分析，可以相信个性化自适应学习（Personalized Adaptive learning，简称 PAL）服务将成为数据密集科学影响下新的教育技术研究范式[24]，以更好地贯彻"以学习者为中心"的人本主义教育理念。

三、技术促变教育的原理

透过以上六条线索，即从网络教育到移动学习、泛在学习，从开放教育资源到大规模开放在线课程，从云计算到教育公共服务平台，从电子书包到未来教室，从微视频到翻转课堂，从大数据到个性化学习服务，展示了技术作用后学习方式、教育内容、服务平台、学习环境、课堂教学、研究范式等多方面的变革。那么，归根结底技术对教育变革性的应用与实践有何作用？以下从基本原理（即技术何以变革教育）和作用点（即技术变革教育的可为因素）两方面来阐述信息技术对教育变革的支撑作用。

(一) 技术促进教育变革基本原理

方兴未艾的信息化发展与人类学习、交往、工作和生活融为一体,数字化信息技术(以下简称"技术")成为人类赖以生存与发展的环境。对学习者而言,技术突破了时空界限,丰富了信息的表征/表现形式,改变了学习资源的分布形态与对其拥有的关系,使学习资源具有无限可复制性和广泛通达性,提供了行为主体的智能代理功能,这必将增加人们的学习机会,引起学习者学习方式、认知方式、教育关系及学习生态发生意义深远的改变。而当学习方式、认知方式、主体间关系及学习生态发生改变时,又必将对在此基础上建立的教育教学产生深远影响。

原理1:由于技术改变了人类活动的时空结构,从而会改变人们的学习方式

终身学习(Life-long Learning)和全方位学习(Life-wide Learning)从时间维度和空间维度勾勒了二维学习生活图谱。前者强调学习是贯穿于人的一生的持续活动;后者强调学习发生在不同情境中,包含正式学习与非正式学习[25]。情境在所有认知活动中都是根本性的[26],在真实情境和实际环境中学习获取的切身体验能够令学生更有效地掌握课堂学习难以达到的学习目标[27]。NETP2010指出要利用信息技术促进Life-long Learning与Life-wide Learning。信息技术改变了人类活动的时空结构,使得任何学习者在任何时间、任何地点可通过多种渠道接入学习,获取知识不再仅仅局限于学校教育阶段。同时技术的发展拓展和延伸了学习空间,为非正式学习提供了环境。知识经济时代越来越强调在非正式学习情境下获取知识与技能,连接正式学习与非正式学习以打造"全天候学习者(The 'always-on' learner)"[28],将有助于学习者在不断变化的社会中实现全人发展目标和发展终身学习能力。

原理2:由于技术提供了丰富的信息表征/表现形式,从而会改变学习者的认知方式

技术是人类的文化制品,能改变人类已有的文化认知;同时技术也参加文化过程,反作用于文化的发展。当前各类技术产品价格越来越低,性能越来越好,数字化教育装备正成为学生学习生活中不可或缺的一部分。从课堂交互显示设备的发展来看,传统教室中的黑板到投影屏幕、电子白板,再到当前人手一学习终端的1∶1

数字化学习环境,各类信息技术产品通过开发具有引领价值的实用产品提供了丰富的信息表征形式,改变了学习者对事物的认知方式及其学习行为。从分布式认知的视角来看,认知本性是分布式的,认知不仅仅发生在我们的头脑中,还发生在人和工具的交互过程中[29]。借助人与技术制品之间的交互活动,承载了一部分个体认知活动,使得个体能够获取处理更多的信息知识。当前以阐明认知活动的脑机制为宗旨的教育神经科学能理解技术这一文化制品参与学习过程后脑结构的变化,有助于选择适合每个人的技术制品;数字布鲁姆的建立[30]预示着信息化教学已经开始成为教育界的主流意识和实践行为,同时可帮助人们选用适当的技术制品来完成"识记、理解、应用、分析、评价、创建"六个层次的目标,以最大化促进学习。

原理3:由于技术改变了人类信息活动的社会主体结构、参与方式以及对信息资源的拥有关系,从而会改变参与者之间的教育关系

NETP2010提出的技术赋能学习模型凸现了当代教育以学习者为中心、以技术为支撑的时代特征。信息技术在社会各领域的广泛应用而带来信息的多源性、可选性和易得性问题,这本质是信息技术的广泛应用改变了信息在社会中分布形态和人们对它的拥有方式,即社会中信息资源分配形式的改变。信息技术应用于教育,因信息的高度对称性而打破了教育的知识传播平衡,从而引起教育者权威的削弱。正如政治经济学中,生产资料的分配方式改变,生产关系就改变了。在信息对称条件下教育关系的重构是当代教育者面临的新课题,变革中的教育关系也对教师专业发展提出了新的需求。

原理4:由于技术提供了行为主体的智能代理功能,从而会改变学习的系统生态

学习生态系统是由不同的学习共同体构成,每个学习共同体又包含许多不同身份和角色参与者。他们既是知识的"生产者",也是知识的"消费者",共同维持学习共同体/学习社区的平衡、演进和自适应[31]。网络的出现为人类提供一个虚实融合的学习环境,虚拟学习环境中虚拟导师、虚拟学伴、虚拟团队、虚拟教练、虚拟班友提供行为主体的智能代理。这些智能代理是对人脑智能的延伸、强化和补充,改变了以往学习主体之间及学习主体与学习环境的交互作用,改变了学习者的学习生态。以计算机说服技术(Computers as Persuasive Technologies, Captology)为例[32],通过交互性计算机产品作为工具、媒体和社会参与者改变人们态度或行为,此时电子交互产品或通过模拟现实情境、或创设真实生活情境与学习主体交互,

形成新的学习生态。

原理5：由于技术使学习资源具有无限可复制性与广泛通达性，从而可以极大地增加人们的学习机会

从教育公共产品的视角看，数字教育资源的共享复用过程是资源重新优化配置的过程[33]。不断发展的资源描述技术、资源制作与聚合工具、资源传送技术为资源的共建共享提供关键技术支撑[34]。透过我国数字教育资源建设新动向可以发现，网众自发贡献的资源正成为资源增长源源不断的力量[35]，学习者从学习内容消耗者转变为内容创建者。当学习者从被动接受学习资源，到主动获取，再到共享学习资源成为一种学习行为，网络上任何两个学习者之间的交互就可实现学习资源的共享复制。由此技术的支撑及当下网络上众体的力量将带来学习资源的无限可复制性，加之学习资源的广泛分布、开放共享理念的深入及网络获取、交互的便捷，极大增加了学习需求不断催生的资源使用主体的学习机会，对强调的教育公平、均衡问题以及优质教育、个性化学习和终身学习的发展需求有重要意义。

(二) 技术促进教育变革作用点

1. 信息技术—社会—教育变革三元互动结构分析

如何看待技术对教育变革的作用，存在两种分析思路。其一，教育需要在一定的社会环境下发生，不同时期的社会将对教育提出不同的目标，两者相交即形成教育发展期望；当信息技术在社会诸多领域的渗透（社会信息化发展）导致社会的深刻变革时，必将给教育带来多方面的冲击，此时教育不寻求变革和创新就会阻碍社会发展。"拒绝"或者"不满"的增加是教育需要变革的信号，当人们认识到新的社会需求，就会寻求变革的方向[36]。其二，出于对现行教育状态的不满而千方百计寻求教育变革，其中有一种思路就是以信息技术作为当代教育变革的强大支持力量，通过教育信息化变革寻求教育的创新。教育是社会发展的基础，技术在促进教育变革性发展的同时将促进社会信息化发展。不论是信息技术刺激下顺应教育变革的姿态还是运用信息技术谋求教育变革的思路，社会信息化、教育信息化变革过程中由于信息技术的广泛而深入的应用都将促进技术的不断发展。由此构成图1所示的信息技术—社会—教育变革三元互动结构，展示了信息技术、社会因素在教育变革中的作用及相互关系。

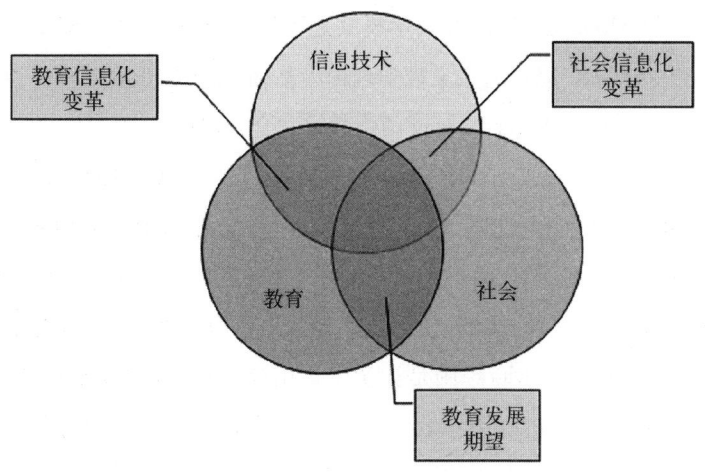

图 1　信息技术—社会—教育变革互动结构

2. 技术促变教育的可为因素分析

透过图 1 所示的信息技术—社会—教育变革互动结构,可构建教育需求/问题、技术可为因素、社会—教育可为因素三维空间分析信息技术促进教育变革的作用点。首先,《规划》提出利用信息技术破解制约我国教育发展的难题,这些难题亦是实现教育发展的期望,即可考察技术在解决这些难题中的可为因素。《规划》最终聚焦于教育的公平与均衡、教育的优质与创新、教育的个性与灵活问题。其中教育公平是最基本的公平;教育均衡发展,是关系当前和今后一个时期中国基础教育发展的整体战略问题;教育的优质与创新发展是提升教育质量的重要举措;"个性化"学习是当代国际教育思想改革的重要标志之一[37],而教育的个性化有赖于灵活的教育活动与教育体系。其次,信息技术在发挥支撑作用的同时,也凸显社会—教育因素的重要性。曾任美国国际教育技术学会主席的唐纳德·伊利在 1995 年一篇考察学校中技术应用方式方法问题的文章中以"技术是解决方案,那问题是什么?"为题,可见技术不是解决问题的完整方案。以往信息技术应用于教育教学的实践无不显示技术作用的发展需要外部环境的支持,诸如教育理念的转变、教育体制的变革等。因此唯有技术因素与社会—教育因素协同配合,才可最大化技术作用的效益以技术解决教育问题、实现教育发展期望。

以当前正在掀起一场教育风暴的 MooC 为例。2012 年 Udacity、Coursera、Edx 三大 MooC 运营机构的崛起极大地推动了 MooC 这一新型课程模式的发展,这一年也被称之为"MooC之年"。按教学模式之不同,MooCs分为xMooC、cMooC及tMooC三类。xMooC以行为主义教学理论为基础,属于知识复制型。以斯坦福大学Sebastian Thrun与Peter Norvig两位教授联合开出《人工智能导论》为例,学生主要通过观看教学视频学习内容,辅以在线测评、同伴互助及编程练习,共有来自195个国家的16万学生注册参与了学习;课程被翻译成44种不同的语言。xMooC拆除了贫富的藩篱、消融了时空界限,共享名校优质课程资源(均衡问题、优质问题);xMooC入学门槛低,任何感兴趣的人都可注册学习,且对学习者数量不做限制(公平问题)。cMooC则是让学生运用社交软件,围绕专题开展研讨,以建构主义、联通主义理论为指导,属于知识建构型,凸显互联网孕育的共享文化和Web2.0创设的用户参与环境(创新问题、个性问题)。tMooC采用基于任务的学习方式,例如在《新媒体传播》课程中,要求学习利用工具独立编写数字故事,而后在网上提交作品,整个过程教师仅起到指点作用(创新问题、个性问题)。MooC强劲来袭对高校教育产生巨大冲击,其开放共享模式也开始向基础教育领域扩展。近期我国C20慕课联盟(高中)的成立[38]即是这一扩展趋势的有力例证。然而,MooC这一新型课程模式体现着开放教育资源从单纯资源到课程与教学的转变[39],其当前对高校教育的冲击最终是否会引发教育的变革需审慎思考,这也需要适应于信息时代的创新教育文化和灵活开放的管理体系的支撑。

结合上述分析,从教育需求/问题出发,即可归纳出技术促变教育的可为因素及技术支撑下变革与创新发生所需协同配合的社会—教育可为因素(表1所示)。

表1 信息技术促进教育变革的作用点分析

教育需求/问题	技术可为因素	社会—教育可为因素
公平问题	扩大教育规模 增加学习机会	变革教育体制 增加经费投入 优化教育结构
均衡问题	资源跨域配送 优质资源共享	改善管理体制 加大政策力度 照顾利益平衡
优质问题	优质资源生成与共享 加强形成性评估 数据驱动教学决策	优化质量指标 改进评价体系 加强师资发展

(续表)

教育需求/问题	技术可为因素	社会—教育可为因素
创新问题	虚拟实验环境 跨界协作平台	革新教育文化 创新课程体系 加强实践环节
个性问题	差异化教学 客制化服务 自主学习资源	更新教育观念 创新评价体系 再造管理流程
灵活问题	移动—泛在学习 提供微型学习 诊断学习过程	建立开放教育体系 建立终身学习体系

四、技术促变教育的策略

《世界是平的》一书作者托马斯·弗里德曼曾说道：只有当新技术与新的做事情的方法结合起来的时候，生产力方面巨大的收益才会来临[40]。技术已经在一定程度上对教育产生了深远影响，但技术本身不会创造伟大，需要具体策略指引才能发挥技术对教育变革的支撑作用。

（一）利用技术促进教学变革的策略空间

1. 策略空间设计

教学过程作为教育的微观和具体的实施过程，如何利用信息技术支持教与学是教育变革的核心。笔者曾就利用技术促进教学变革的策略问题展开过讨论[41]，参考 B.Means 等在题为《用教育技术支持教育改革》报告中对教育改革核心的认识，即教育改革是使学生变被动型学习为投入型的学习（Engaged Learning），让他们在本真的（Authentic）环境中学习和接受挑战性学习任务。教育中应用技术的最终目标应该是促进学习形态由低投入（被动型，利用技术强化教学）转向高投入（主动型，利用技术创新学习）。而用于教育的信息技术从性能上讲有高低之分（暂且称为高技术和低技术）。由此可建立一个利用技术支持教学变革的策略空间（如下页图 2 所示），包括六种基本的技术应用方案。假设教育变革的起始点是

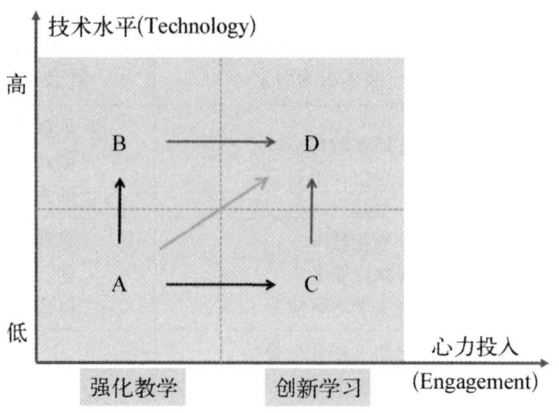

图2 利用技术促进教学变革的策略空间

低技术支持的低投入型学习,这也是目前我们的教育状态。为实现教育变革,可以选择以下变革策略:

(1)一次性简单策略(A→B):教学过程中越来越多地使用高技术来支持教师教学授递功能,但教学模式无根本改变,学生仍处于被动的学习状态;

(2)(A→C):用低技术支持投入型学习。假定教学模式有重大改革,贯彻了以学生为主体的思想,教学中应用一些比较普通的媒体技术作为辅助手段;

(3)(A→D):用高技术支持投入型学习。假定在教学中以技术为重要手段,并且教学模式有了重大改革,体现了革新教学的许多特征;

(4)二次性简单策略(A→B→D):先用高技术支持被动型学习,而后转向投入型学习;

(5)(A→C→D):先用低技术支持投入型学习,而后进化为用高技术支持投入型学习;

(6)综合性策略:突破线性思维框架,在不同教学阶段,针对不同教学目标和学生特点,采取不同的技术应用模式。

2. 电子书包教学应用推进策略解析

考察近两年国内外电子书包教学应用实践可以发现,电子书包俨然成为教育信息化革新发展的新一轮实践热点。在图2所示的策略空间内来分析电子书包教学应用推进策略具有典型性,也对推进电子书包教学应用具有现实意义。

一个完整的电子书包教学应用环境涉及物理环境(电子课桌、交互显示设备、无线网络)、软件环境(课堂交互平台、教学服务平台)、数字资源(电子课本、教学资源、学科工具)及与环境相适应的应用模式。基于电子书包创设的技术丰富环境重构了整个课堂教学环境,改变了课堂中传统的"秧田式"座位排列,丰富了课堂的教学组织形式(可根据教学需求动态调整教师讲授、独立学习、小组讨论三种教学组织形式),创设了信息对称的课堂教学空间,课堂教学环境的重构必将引发创新学习实践。就目前各地的试点工作来看,电子书包教学应用试点的重心大多聚焦于课堂教学应用层面。对于真正需要发挥学生主体能动性、体现其个性特征的"课外"、"校外"非正式学习仍没有给以足够的力度支持[42]。结合具体课堂教学应用案例的分析可以发现,当前电子书包试点工作不乏有协同探究等教学应用模式[43],但课堂应用以丰富课堂授导教学为主,如电子书包整合了各类数字化学习资源,丰富课堂教学形式,从而支持教师知识陈述、例证、呈现情景;课堂中实现了学生反馈或答题结果的快速汇总,可即时诊断学生学习情况,从而便于教师调整教学内容,开展差异化教学或为学生提供个性化学习指导;同时电子书包创设的信息对称的学习空间,方便学生获取信息,这些信息可来自网络、教师或同伴;学生也可很便利地交流信息。当前应用策略对应图2中的A→B,并未跳出传统教学流程。这在电子书包试点阶段是需要的,已在一定程度上优化了教与学。

为实现应用创新,真正发挥技术价值,推进电子书包教学应用的可行策略是在一段时间的强化教学实践后(A→B)实现基于电子书包的创新学习(B→D)。而要实现这一转变,在加强技术支持的同时,涉及社会—教育因素的多个方面。如教育理念的更新,跳出传统教学应用框架,评价体系的创新,以及实践环节的加强和透过实践的深入反思。

(二)以智慧教育引领信息化教育变革

美国教育智库组织"21世纪技能联盟"提出"21世纪学习框架"(Framework for 21st Century Learning)[44],提出信息时代学生需要掌握核心学科内容外,还包括生活与职业技能、学习与创新技能、信息媒体与技术素养。其支撑体系包括标准与评估方法、课程与教学方法、教师专业发展、学习环境建设。21世纪学习框架描绘的全球经济中获得成功的愿景表明教育需要系统性变革。近来国内外智慧教育呼声渐起,我们主张用智慧教育引领信息化教育变革。

信息时代的智慧教育(教育理念)即是通过构建智慧学习环境(技术创新),运用智慧教学法(方法创新),促进学习者开展智慧学习(教学实践),从而培养智慧型人才[45]。美国"阿波罗"集团2004年通过大量企业调研[46],得出对人才能力结构要求,即人际沟通能力第一位,团队协作精神第二位,再次分别为创造性问题解决、批判性思维和专业技能,而当前人才培养能力结构显然与此相偏离。因此智慧教育的实践,首先需要建立智慧人才观,即培养具有良好的价值取向、较高思维品质和较强实施能力的人才[45]。结合"21世纪学习框架"中涉及的支撑体系,实践智慧教育以实现教育系统性变革,需要从以下方面开展研究与实践。

(1) 智慧学习环境。智慧学习环境是以适当的信息技术、学习工具、学习资源和学习活动为支撑,以科学分析和挖掘全面感知的学习情境信息或者学习者在学习过程中生成的学习数据,以识别学习者特性和学习情境,灵活生成最佳适配的学习任务和活动,引导和帮助学习者进行正确决策[46]。当前智慧学习环境建设思路之一,即是在现有的电子书包环境建设基础上,整合创新技术支撑(物联网、二维码、多屏互动技术、自然交互技术、学习分析技术等)构建智慧学习环境。

(2) 智慧教学法。面向信息技术在教育领域应用融合阶段的要求,可从班级、小组、个人、众体四个层面提炼出具有智慧教学特征的学习样式:即通过班级差异化教学使学习者掌握核心概念及技能,课后可追加在线个别辅导,班级差异化教学是兼容标准化与个性化的良方;通过小组合作研究性学习获取项目内所用概念和技能;通过个人兴趣拓展学习延伸与个人兴趣相关的知识与技能;同时通过社会网连接建立"学习小世界",开展网众(在线的众体)互动生成性学习,实现知识信息最大程度交流与共享,促成社会知识生成和集体智慧发展。

(3) 智慧学习实践。正如图2所示,利用技术支持的教学变革最终是要实现技术支撑下的创新学习。当前实践智慧学习的路径之一,即以电子书包作为智慧学习平台,无缝连接学习者的不同学习情景。既开展课堂创新应用实践,也积极实践发挥学生主体能动性、体现其个性特征的课堂外的非正式学习,同时结合以上智慧学习环境的一个基本特征,即挖掘和深入分析学习历史数据以提供智能决策、多元评价和推送服务,实践智慧学习过程中,主张开展智慧学习分析,为学习者提供个性化自适应学习服务。

(4) 智慧学习评价。"21世纪技能联盟"认为,设计评价需要把握如下原则:

学校需要完善"总结性评价"与"形成性评价",使之更为合理化;将各种评价嵌入持续进行的学习活动中;评价应有所侧重,并非面面俱到;善用21世纪技术进行评价[47]。对智慧学习环境实际应用效果的评估要求在以上原则下重新设计和制定评估方案和量规,重点关注对促进智慧学习的相关因素的评价。

五、结语

UNESCO技术与教育应用融合路线图将技术在教育领域的应用分成四个阶段,即形成(Emergency)、应用(Application)、融合(Infusion)与革新(Transformation)[48]。《规划》提出2015年达到应用整合,力争到2020年实现全面融合、部分创新的阶段性发展目标。信息技术发展日新月异,教育作为文化现象却变化缓慢,教育信息化发展进程中人们不断遭遇着技术焦虑与文化困惑的双重困扰。技术促变教育的实质是教育文化的变革。荷兰跨文化研究的专家Greet Hofsted(1991)曾说到"文化是集体的心灵软件"[49]。这种"集体的心灵软件"将促成人类思维方式和价值观念的形成,继而决定着人的行为。笔者曾在2006年明确提出学习文化的三层结构,包括"理念价值、行为方式、制品符号"三个层面。制品符号是技术或工具的外显产品,改变了人类教育和学习行为,继而对教育文化产生深远的影响[50]。各种信息技术,特别是以电子计算机和网络通讯为基础的现代化信息技术,可以造就新的教育文化[51]。以互联网学习和当下的电子课本为例,无疑技术对于教育教学甚至文化传播都有重要的影响。信息技术无疑会给教育的各个方面带来改变,但新型教育文化的形成是一个长期的过程。当技术应用真正渗透到教育教学形成与之相适应的教育文化时,技术力量的价值才会得到完美实现。

参考文献

[1] 祝智庭,贺斌.解析美国《国家教育技术规划2010》[J].中国电化教育,2011(6):16-21+38.

[2] 祝智庭.中国教育信息化十年[J].中国电化教育,2011(1):20-25.

[3] 国际教育信息化2013地平线报告(高等教育版)[J].北京广播电视大学学报,2013(2):7-26.

[4] Stu Harris. Personalized Learning[EB/OL]. http://learn231.wordpress.com/2011/11/16/personalized-learning-trend-report-2/,2013-04-15.

[5] 李德芳.网络教育发展现状及未来趋势[DB/OL]. http://wenku.baidu.com/view/23c1ff08aaea998fcc220e42.html,2013-06-08.

[6] K-12 Online Learning: A Survey of U.S. School District Administrators[EB/OL]. http://www.library.gsu.edu/news,2012-02-11.

[7] Keeping Pace With K-12 Online Learning: An Annual Review of Policy and Practice[DB/OL]. http://kpk12.com/cms/wp-content/uploads/KeepingPace2012.pdf,2012-02-10.

[8] Ogata, H., & Uosaki, N.. A new trend of mobile and ubiquitous learning research: towards enhancing ubiquitous learning experiences[J]. Mobile Learning and Organisation,2012(6): 64-78.

[9] 贺斌.智慧学习:内涵、演进与趋向[J].电化教育研究,2013(11):24-33.

[10] 李卢一,郑燕林.泛在学习的内涵与特征解构[J].现代远距离教育,2009(4):17-21.

[11] 付道明,徐福荫.普适计算环境中的泛在学习[J].中国电化教育,2007(7):94-98.

[12] 任友群.学习科学会给教育带来什么[N].中国教育报,2008-09-27(3).

[13] Chan, T-W., Roschelle, J., Hsi, S., Kinshuk, Sharples, M., Brown, T., Patton, C, Cherniavsky, J., Pea, R. & Norris, C.. One-to-one technology-enhanced learning: an opportunity for global research collaboration[J]. Research and Practice in Technology-Enhanced Learning, 2006(1):3-29.

[14] 翁朱华.开放教育资源:实现全民教育的有效手段——2007国际开放与远程教育理事会常设校长会议综述[J].开放教育研究,2007(4):27-31.

[15] Open Educational Resources: Enabling Universal Education[DB/OL]. http://www.irrodl.org/index.php/irrodl/article/download/469/1009,2013-10-20.

[16] 约翰·丹尼尔.远程教育:目的、方式、机遇与威胁[J].现代远程教育研究,2010(6):49-52.

[17] 祝智庭,杨志和.云技术给中国教育信息化带来的机遇与挑战[J].中国电化教

育,2012(10):1-6.

[18] 黄荣怀,杨俊锋,胡永斌.从数字学习环境到智慧学习环境——学习环境的变革与趋势[J].开放教育研究,2012(2):75-84.

[19] Jonassen, D. H., & Land, M. S.. Theoretical foundations of learning environments[M]. Mahwah, NJ: Lawrence Erlbaum Associates. 2000.

[20] The Open Science Laboratory[EB/OL]. http://www.open.ac.uk/researchprojects/open-science/,2013-10-04.

[21] Hey, T., Tansley, S., & Tolle, K.. The Fourth Paradigm: Data-Intensive Scientific Discovery[DB/OL]. http://digital.library.unt.edu/ark:/67531/metadc31516/,2013-04-23.

[22] Koschmann, T.. Revisiting the paradigms of instructional technology[DB/OL]. http://www.ascilite.org.au/conferences/melbourne01/pdf/papers/koschmannt.pdf,2013-05-20.

[23] U.S. Department of Education, Office of Educational Technology. Enhancing Teaching and Learning Through Educational Data Mining and Learning Analytics: An Issue Brief[DB/OL]. http://www.ed.gov/edblogs/technology/files/2012/03/edm-la-brief.pdf,2013-05-20.

[24] 祝智庭,沈德梅.基于大数据的教育技术研究新范式[J].电化教育研究,2013(10):5-13.

[25] Mats Ekholm. Lifelong Learning and Lifewide Learning[M]. Stockholm: The National Agency for Education,2000.

[26] Green, J. G., & Moore, J. L.. Situativity and Symbols: Reponse to Vera and Simon[J]. Cognitive Science,1993(17):49-59.

[27] Wikipedia. Life-wide_Learning[DB/OL]. http://en.wikipedia.org/wiki/Life-wide_Learning,2013-10-15.

[28] Jim Pettiward. University 2.0? Using social software to enhance learner engagement[DB/OL]. http://es.slideshare.net/jimson99/university-20-using-social-software-to-enhance-learner-engagement#btnNext,2013-10-15.

[29] 余胜泉.技术何以革新教育——在第三届佛山教育博览会"智能教育与学习

的革命"论坛上的演讲[J].中国电化教育,2011(7):1-6.

[30] 陈丹,祝智庭."数字布鲁姆"中国版的建构[J].中国电化教育,2011(1):71-77.

[31] 张豪锋,卜彩丽.略论学习生态系统[J].中国远程教育,2007(4):23-26,79.

[32] Fogg B. J.. Captology Understanding How Computers Manipulate People [DB/OL]. http://www. accelerating. org/ac2004/slides/AC2004(Fogg). pdf,2013-09-28.

[33] 苏小兵,祝智庭.数字化教学资源的需求和供给模式研究——公共产品的视角[J].中国电化教育,2012(8):78-82.

[34] 祝智庭,许哲,刘名卓.数字化教育资源建设新动向与动力机制分析[J].中国电化教育,2012(2):1-5.

[35] 钱冬明,管珏琪,祝智庭.数字教育资源共建共享的系统分析框架研究[J].电化教育研究,2013(7):53-58+70.

[36] 叶澜.当代中国教育变革的主体及相互关系[J].教育研究,2006(8):3-9.

[37] 李广,姜英杰.个性化学习的理论建构与特征分析[J].东北师范大学报,2005(3):152-156.

[38] 时晓玲.C20慕课联盟(高中)成立,20余所高中联手创建在线公开课[N].中国教育报,2013-08-14(1).

[39] 焦建利.从开放教育资源到"慕课"——我们能从中学到些什么[J].中小学信息技术教育,2012(10):17-18.

[40] 关中客.电子书包:给家长的10个建议[J].中国信息技术教育,2012(10):34.

[41] 祝智庭.现代教育技术——走进信息化教育[M].北京:高等教育出版社,2001:198-199.

[42] 郁晓华,祝智庭.电子书包作为云端个人学习环境的设计研究[J].电化教育研究,2012,33(7):69-75.

[43] 胡小勇,朱龙.数字聚合视野下的电子书包教学应用模式研究[J].中国电化教育,2013(5):66-72.

[44] P21. Framework for 21st Century Learning[EB/OL]. http://www. p21. org/overview,2012-09-10.

[45] 祝智庭,贺斌.智慧教育:教育信息化的新境界[J].电化教育研究,2012,33(12):5-13.

[46] In-Demand Skills Survey[DB/OL]. http://de.slideshare.net/rjsmith123/university-of-phoenix-smart-education-presentation,2013-10-20.

[47] 贺巍,盛群力.迈向新平衡学习——美国21世纪学习框架解析[J].远程教育杂志,2011(6):79-87.

[48] Zhou Nan-Zhao, Fumihiko Shinohara & Sharon Sivert. Regional Guidelines for Teacher Development for Pedagogy-Technology Intergation[M]. Thailand: UNESCO Asia and Pacific Regional for Education,2004.

[49] Hofstede, G.. Cultures and Organizations: Software of Mind[M]. New York: McGraw-Hill, 1991.

[50] 祝智庭.教育技术前瞻研究报道[J].电化教育研究,2012,33(4):5-14+20.

[51] 祝智庭.关于教育信息化的技术哲学观透视[J].华东师范大学学报(教育科学版),1999(2):11-20.

教育信息化：教育技术的新高地[*]

祝智庭

一、关于教育信息化的概念

教育信息化的概念是在20世纪90年代伴随着信息高速公路的兴建而提出来的。美国克林顿政府于1993年9月正式提出建设"国家信息基础设施"(National Information Infrastructure,简称NII),俗称"信息高速公路"(Information Superhighway)的计划,其核心是发展以Internet为核心的综合化信息服务体系和推进信息技术(Information Technology,简称IT)在社会各领域的广泛应用,特别是把IT在教育

---

[*] 原载于《中国电化教育》2001年第2期。

中应用作为实施面向 21 世纪教育改革的重要途径。美国的这一举动引起世界各国的积极反应,许多国家的政府相继制定了推进本国教育信息化的计划。

值得指出的是,"信息化"这一概念基本上是东方语言思维的产物,我们是在 Internet 上进行信息搜索时发现这一现象的。西方国家的文献中极少使用"信息化"之类的说法,而在许多东方国家,包括中国、日本、韩国、俄罗斯等,则大量使用"信息化"的概念,并且出现了三种不同的英译法:Informatization,Informationalization,Informationization。笔者最近通过 Alta Visa 搜索引擎进行检索,得到 4893 个含有这三个名词的项目(网页),其中含 Informatization 的项目约占 90%,含 Informationalization 的项目约占 6.5%,含 Informationization 的项目约占 3.5%,可见 Informatization 是比较受国际公认的"信息化"译名。但是,"信息化"并不是西方人公认的概念。笔者曾经就"信息化"的这三种译法请教过多名英国教授,但都不被认可。与信息化教育相对应的译法应该是 IT-Based Education,但在西方的文献中也不普遍。西方人似乎不喜欢像"教育信息化"或"信息化教育"之类高度概括的概念,他们用了许多不同的名称,例如 IT in education(教育中的信息技术),e-Education(电子化教育),Network-Based Education(基于网络的教育),Online Education(在线教育),CyberEducation("赛波"教育),Virtual Education(虚拟教育)等。笔者认为 IT in education 语义范围与教育信息化相近,e-Education 与信息化教育的意义相近,而其他四个名词主要与网络化教育相关,代表着当今信息化教育实践的主流。

二、教育信息化的特征

教育信息化的特征是什么?我们可以分别从技术层面和教育层面加以考察。从技术上看,教育信息化的基本特点是数字化、网络化、智能化和多媒化。

- 数字化:从广义上讲,信息技术古而有之,但我们现在所说的信息技术,主要是指以计算机为基础的数字化技术。数字化使得教育技术系统的设备简单、性能可靠和标准统一。
- 多媒化:以计算机为基础的多媒体技术使得信媒设备一体化、信息表征多元化、真实现象虚拟化。
- 网络化:当今的数字化信息网络做到了"天网"(如数字卫星通讯系统、移动数字通讯系统)和"地网"(目前以互联网为主)合一。网络化的优点是资源共享、时空不限、多向互动和便于合作。

- 智能化:人工智能将成为信息化教学系统的核心技术,智能化将使得系统能够做到教学行为人性化、人机通讯自然化、繁杂任务代理化。

我们把教育信息化看作为一个追求信息化教育的过程。信息化教育具有以下显著特点:

(1) 教材多媒化:教材多媒化就是利用多媒体,特别是超媒体技术,建立教学内容的结构化、动态化、形象化表示。已经有越来越多的教材和工具书变成多媒体化,它们不但包含文字和图形,还能呈现声音、动画、录像以及模拟的三维景象。例如有一个关于英语词汇的儿童多媒体学习软件,有一幅画面把常用的动作名词和图片汇编在一起,当你选择 chase(追逐)一词,电脑会用声音告诉你"追逐"就是在某人或某物后面 run(奔跑)的意思,如果你在两个小孩的画面上点一下,他们就会飞快奔跑起来;如果你还想知道奔跑的确切含义,你再在 run 上面点一下,电脑又会呈现关于 run 的声音解说和动画。在这样的多媒体学习材料中,各画面之间好像有无形的链条互相串联,这种无形的链条被称为超链,这种带超链的多媒体又称为超媒体。俗话说,书是死的,人是活的。但有了超媒体"电子书",活人读死书的时代将一去不返,因为多媒体教材本身就是活的书。如何把"活书"设计好?如何把"活书"学好?这是信息化时代的教师和学生面临的新问题。

(2) 资源全球化:利用网络,特别是 Internet,可以使全世界的教育资源连成一个信息海洋,供广大教育用户共享。网上的教育资源有许多类型,包括教育网站、电子书刊、虚拟图书馆、虚拟软件库、新闻组等。对于我国教育来说,面临的一大问题是网上中文信息资源的严重不足。开发网上教育资源,不但是教育部门的任务,也是社会各部门以及知识者的义务,美国的网上基础教育资源体系就是依靠社会各界的协同努力建立起来的。

(3) 教学个性化:利用人工智能技术构建的智能导师系统能够根据学生的不同个性特点和需求进行教学和提供帮助。为了做到这一点,学生个性的测定,特别是认知方式的检测,将成为教育研究的重要研究课题。

(4) 学习自主化:由于以学生为主体的教育思想日益得到认同,利用信息技术支持自主学习成为必然发展趋向。事实上,超文本/超媒体之类的电子教材已经为自主学习提供了极其便利的条件。

（5）任务合作化：要求学生通过合作方式完成学习任务也是当前国际教育的发展方向。信息技术在支持合作学习方面可以起重要作用，其形式包括通过计算机合作（网上合作学习）；在计算机面前合作（如小组作业）；与计算机合作（计算机扮演学生同伴角色）。

（6）环境虚拟化：教育环境虚拟化意味着教学活动可以在很大程度上脱离物理空间时间的限制，这是电子网络化教育的重要特征。现在已经涌现出一系列虚拟化的教育环境，包括虚拟教室、虚拟实验室、虚拟校园、虚拟学社、虚拟图书馆等，由此带来的必然是虚拟教育。虚拟教育可分为校内模式和校外模式。校内模式是利用局域网开展网上教育，校外模式是指利用广域网进行远程教育。在许多建设了校园网的学校，如果能够充分开发网络的虚拟教育功能，就可以做到虚拟教育与实在教育结合，校内教育与校外教育贯通，这是未来信息化学校的发展方向。

（7）管理自动化：我们熟知的计算机管理教学（CMI）包括计算机化测试与评分、学习问题诊断、学习任务分配等功能。最近的发展趋向是在网络上建立电子学档，其中包含学生电子作品、学习活动记录、学习评价信息等。利用电子学档可以支持教学评价的改革，实现面向学习过程的评价。

三、我们如何面向教育信息化

教育信息化为我们展示了未来教育的美好前景。但是，我们必须清醒地认识到，信息技术的应用不会自然而然地创造教育奇迹。它可能促进教育革新，也可能强化传统教育，因为任何技术的社会作用都取决于它的使用者。我们的观点是，教育技术变了，教学方法也得相应变革。而教学方法的选择是由教师的教育观念所支配的。如果说信息技术是威力巨大的魔杖，那么教师就是操纵这个魔杖的魔术师。因此，对于我国广大教师来说，面临正在迅速到来的教育信息化浪潮，认清教育改革的大方向，更新教育观念，并且懂得如何利用信息技术来支持教育改革和促进教育发展，是十分必要的。

面对正在迅速到来的教育信息化时代，我们应该采取什么姿态和行动？本人提出如下建议：

1. 要全面地认识信息技术在教育中的作用

首先,我们应该全面地认识以计算机为基础的现代化信息技术在教育中的作用。当早期人们用计算机辅助教学时,第一个直接的想法是让计算机扮演导师的角色,从程序式教学发展了后来的智能导师系统。麻省理工学院的 S. Papert 教授提出一个截然不同的见解,他认为应该让计算机扮演学员的角色,而让学生充当老师来教计算机做事,并为此设计了一种适合于儿童使用图形程序语言 LOGO,使儿童可以从使用这种语言来指挥计算机作图绘画开始,逐步进入程序设计的抽象殿堂。既然计算机可以当老师和学员,为什么不可以当平辈的学伴呢?现在已经出现了虚拟学伴系统,可以与学习者进行互帮互学。计算机还可以充当教师和学生的助手,例如寻找和整理资料、代理通讯联络、提示事务日程等。以上这些可以当作信息技术的拟人作用。

另一方面,信息技术在教育中的拟物作用日益受到重视。我们可以用计算机和网络构造便于学生进行探索性学习的情境,如微型世界、虚拟实验室、虚拟学社、虚拟教室等。利用网上资源丰富的特点,我们可以发展基于资源的学习。更自然的做法是让教师和学生使用信息工具,包括效能工具、认知工具、通讯工具,支持他们教与学的活动。图1较好地刻画了信息技术在教育中的拟人和拟物作用。

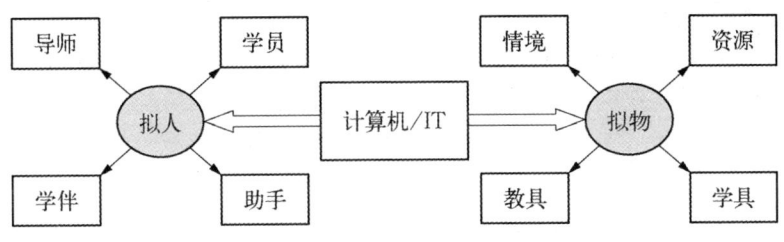

图1 现代信息技术在教育中的作用

显然,随着以学生为主体的教育思想日益深入人心,信息技术的拟物作用和从属拟人作用越发明显。

2. 要懂得如何利用信息技术支持教育改革

信息技术对于教育变革有何作用?我认为可以从两方面来分析。一方面是由于信息技术在社会各领域的广泛应用带来了信息的多源性、可选性和易得性,学生们可以轻易获得大量信息,这就使得教育者的权威受到削弱。由此迫使教育者采取两种姿态：一是趋向于比较民主的教育模式，二是教育者本身也得利用信息来强化自己。这是一种在信息技术刺激下顺应教育变革的姿态。另一方面是出于对现行教育状况的不满而千方百计地寻求教育变革之路。其中有一种思路就是相信现代化信息技术可以成为当代教育改革的强大支持力量。这是一种利用信息技术来谋求教育变革的姿态。顺应变革和谋求变革代表两种颇为不同的姿态，当然在多数情况下这两种姿态是互相交织在一起的。

并非任何教育变革都是合理和有效的。为了有效地进行教育改革，首先必须认清当前世界教育改革的大方向，清楚地认识传统教育的弊端是什么，革新的教育有什么特征。1993年美国教育部组织了十多位资深专家（B. Means等）产生了一份题为《用教育技术支持教育改革》的报告，为如何运用现代化教育技术进行基础教育改革提供了指导性框架，在很大程度上反映了国际教育界关于面向21世纪教育改革的共识，值得我们借鉴。报告提出了革新教学的若干特征，从表1中可以看出革新的教学与传统的教学之间的明显差别。

表1 传统教学与革新的教学区别

传 统 的 教 学	革 新 的 教 学
教师指导	学生探索
说教性的讲授	交互性指导
单学科、脱离情境的孤立教学模块	带务实任务的多学科延伸模块
个体作业	协同作业
教师作为知识施与者	教师作为帮促者
同质分组（按能力）	异质分组
针对事实性知识和离散技能的评估	基于绩效（面向过程）的评估

如何利用信息技术来改革教育？首先有个策略问题。按照B. Means等人的观点，现代教育改革的核心是使学生变被动型的学习为投入型的学习（Engaged Learning），让他们在务实的（Authentic）环境中学习和接受挑战性的学习任务。在教育中应用技术的最终目标是促进学习形态由低投入（被动型）转向高投入（主动型）。而用于教育的信息技术从性能上讲有高低之分（为方便起见，以下简称高技术与低技术）。在这些认识的基础上，我们可以建立一个关于利用技术支持教学

改革的策略空间(图2),其中有四种基本的技术应用方案(A、B、C、D)。从总体上说,我们目前的状态是属于低技术支持的低投入型学习(A),这可作为我们教育改革的起始点。如何改变这种局面?这就涉及教育改革策略的选择问题,好比走象棋,存在多种走步策略:

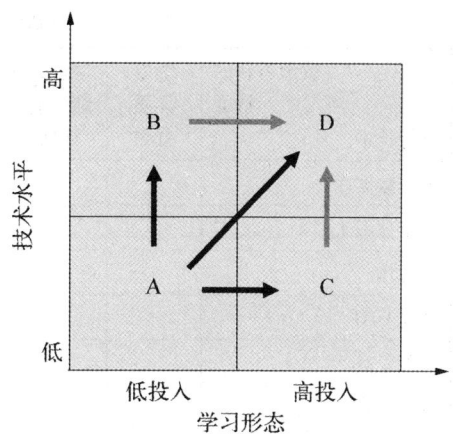

图2 利用技术支持教学改革的策略空间

(1) 一次性简单策略

A→B:教学过程中越来越多地使用高技术来支持教师的教学授递功能,但教学模式无根本变化,学生仍然处于被动的学习状态。正如人们通常批评的那样,传统课堂教学是一种灌输式的教学。那么,我们可以说方案B的作用是以"电灌"代替"人灌",假定具有提高教学效率的作用。此外,好的媒体化教学还应该具有激发学习者兴趣、增强学习动机的作用。

A→C:用低技术支持投入型学习。假定教学模式有重大改革,贯彻了以学生为主体的思想,教学中应用一些比较普通的媒体技术作为辅助手段。

A→D:用高技术支持投入型学习。假定在教学中以高技术为重要教学手段,并且教学模式有重大改革,体现了革新教学的许多特征。

(2) 二次性简单策略

A→B→D:先用高技术支持被动型学习,而后转向投入型学习;

A→C→D:先用低技术支持投入型学习,而后进化为用高技术支持投入型学习。

(3) 综合性策略

上述策略分析是以线性思维为基础的,而事物的实际发展一般不可能是直线式的。我们假设可以采取综合性策略,在不同的教学阶段,针对不同的教学目标和学生特点,而采取不同的教育技术应用模式。

关于如何选择适当的技术来支持教学改革,当然有许多复杂的因素需要加以考虑,有主观方面的,也有客观方面的。但是,在你作这类考虑前,必须懂得各类技术在支持教育改革方面的不同作用。米因斯(B. Means)等人曾提出一些建议,现概括于表2,对我们有一定参考作用。

表2 教学革新的特征及其支持技术

支持技术＼教学革新的特征	学生异质分组	基于绩效的评估	务实的多学科任务	协同作业	交互式指导	学生探索	教师作为帮促者
电子数据库		×	×			×	×
电子参考工具			×			×	
超媒体	×	×	×	×	×	×	×
智能CAI					×		×
智能工具					×		
PC实验室			×	×			
微世界与模拟		×	×	×	×	×	
多媒体工具与手段	×		×	×	×		
网络及其应用	×		×	×		×	×
双向视听远程学习	×				×		
视频摄录编系统	×	×	×				
影视光盘与CD-ROM			×	×	×		×
字处理及智能写作工具		×	×			×	×

有人可能会很自然地提出这样的疑问：既然像图2中的方案C那样，用低技术也能支持教育改革，那么方案D有必要吗？这涉及对教育技术，特别是媒体技术的教育作用的认识问题。按照行为主义的观点，教学就是通过提供一定的刺激来激起预期的学生反应，可以说利用任何媒体都可以产生满足这种需要的刺激，教学中起作用的是方法而不是媒体，这是以科拉克（美国著名的教育技术专家）为代表的学媒无关说的重要观点。但是，按照当前国际流行的建构主义教学观，没有适当的媒体很难创设允许学生自由探索和建构的学习环境。也就是说，现代信息技术在教育中的作用具有不可替代性。

3. 要学会信息化教学设计

由于教育信息化水平的发展，我们的教学设计水平也应该从经典的CAI设计进化到信息化教学设计，这里所说的信息化教学严格地说是e-learning（信息化学习）。

从目前国内的信息技术教育应用实际情况来看，存在许多片面性，一讲到计算机辅助教育似乎就是开发课件。其实课件只是信息化教育系统的一个构件，

图 3 清楚地描述了课件的地位。课件本质上是目标特定的结构化学习材料,光有课件还不能构成一个完善的教学系统。一般说来,一个完整的信息化教育系统除了课件外,还需要一个功能强大的学习管理系统,并且还需要利用多种信息工具和大量的信息资源作为教学支撑。

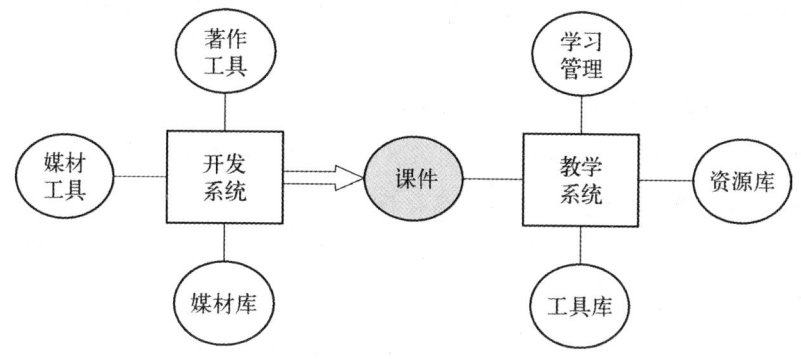

图 3 课件在信息化教育系统中的地位

信息化教学是以教学过程的设计和学习资源的利用为特征的。表 3 简要描述经典 CAI 设计与信息化教学设计的主要区别。

表 3 经典 CAI 设计与信息化教学设计的区别

	经典 CAI 设计	信息化教学设计
设计核心	教学内容设计:以课件开发为中心	教学过程设计:重视学习资源的利用
学习内容	单学科知识点	交叉学科专题
主要教学模式	讲授/辅导 模拟演示 操练练习	研究型学习 资源型学习 合作型学习
教学周期	以课时为单位	以单元为单位(短至 星期,长至学期或学年)
教学评价	依据行为反应	依据电子作品

信息化教学设计产生的结果不是传统意义上的课件,而是一个单元教学计划"包件",其中包括:

- 单元教学计划:具体地描述教学单元的主题、学习目标、学习活动(教学过程)、学习资源等,其中的学习活动和学习资源在很大程度上是由信息技术支持的,因此这种教学计划可称为信息化教案。

● 学生电子作品范例:给学生提供参考用的电子作品,可以从各种电子信息源中选取或由教师自行制作。

● 学生作品评价量规:提供结构化的定量评价标准,从内容、技术、创意等方面详细规定了评级指标。利用这种量规来评价学生电子作品,操作性好,准确性高,既可以教师评,也可以让学生自评和互评。

● 教学支持材料:为支持学生有效进行学习活动准备的各类辅助性材料,如软件工具、资料光盘、在线参考资料、参考书目等。

● 单元实施方案:包括教学活动的时间安排、学生分组办法、上机时间分配以及征求社会支持的措施等。

信息化教学设计的这些特点在互联网未来教育的教师培训课程中得到充分体现。笔者认为,信息化教学设计理念和实践的出现是现代教育技术发展的必然趋向,标示着教育技术正在从教学技术(教的技术)转变为真正意义上的学习技术(学的技术)。

创意技术: 教育技术的新境界[*]

祝智庭　吴战杰　邓鹏

[摘　要]　本文论述了教育技术的"技术困境",提出了在知识经济时代教育技术的发展趋势,即宏观层次的教学设计范式的变化与微观层次的教学工具及支持手段的革新,提出创意技术的概念与研究框架。

[关键词]　创意技术;教育技术;设计范式;研究框架

后工业时代(信息社会)的到来及人本主义的深入人心导致教育目标与教育

---

[*] 原载于《中国电化教育》2006 年第 2 期。

模式的巨大变革,从工业化的划一的教学需求转变为个性化的教学需求,强调个体个性与创造性的培养;传统教育的工具理性受到责难,教育的价值理性开始受到宣扬。教育技术的发展也需与时俱进,但它似乎先天属于工具理性流派,对技术的依赖使其在工具理性的道路上越走越远。有没有整合"理性"与"人性"的途径？本文试图对此进行探讨。

一、"共性与个性"——教育的新需求与教育技术的"技术逻辑"困境

教育的目标逐渐从工业时代的追求效率的"共性化"教育发展到目前的注重人之充分发展的"个性化"教育,而教育技术的基本价值观却滞后于教育理念的发展,到目前为止还深陷于"技术逻辑"困境——工具化特征,表现为教学可复制性的理念以及对技术的过度依赖。

(一) 创造力教育的必然发展——后工业时代的工业模式与创意技术的逻辑起点

随着数字化技术对社会的日益渗透,创造性将成为知识经济时代产品附加值提高的唯一利器(比如软件业,作为一种需要高度创造性的工业形式,其产品附加值远远高于其他工业)。英国首先提出了"创意产业"(Creative Industries,主要包括软件业、艺术设计、广告业、影视业等13个产业),主要是指根据个人创意、技巧、才能,以及可通过开发知识产权来创造财富及就业的行业[1]。其基本特征就是产品具有很高的创造性特征,要求每个从业人员都具有较强的创造性。因此对个人来说自学能力和创新能力成为两种必备生存技能,这就对教育提出了新的要求:创造力的普及化教育。

关于创造力培养的论述已经是老生常谈,结论也很明显——创新教育成为教育的一个主要趋势,在这里不再赘述。但是从教育技术的角度来考虑这个问题的时候又出现了一个新的问题:教育技术对于创造力的培养具有怎样的作用？创新教育的一个重要前提即是教育本身的创新,目前教育实践中存在一个突出的问题:创新教育的理念与实际操作经常背道而驰。而教育技术作为一种联系理论与实践的中间层其意义不言自明,这也是提出创意技术的逻辑起点。

(二) 教育技术的回归——从工具理性到价值理性

技术本身不具有工具理性与价值理性的偏向,但其进入教育领域以后曾一度把提高教学效率(最优化)作为自身的终极目标,强调可观测性与可量化,缺少对自身的审视与批判。为取得可以计算、衡量的教学效果(以考试成绩为核心),在工具理性的道路上越走越远,学生的自身发展需求、教师教学的个体经验等都得不到充分的肯定。

此种状况的一个重要成因在于源于教育价值观的偏差。在工业时代教育"量产"的大环境下,教育技术作为一种提高教学效率、扩大教学规模的手段在一定时期内有其发展的必然性。"量产"的核心理念是在同一的模式下对不同的"原材料"进行加工,出产统一的产品。姑且不论这种隐喻是否偏颇,但教育技术在一定程度上确是"同一模式"得以盛行的基础。以创造力为重要内容的素质教育促使这种量产化的教育模式的变化,教育技术的研究范式也随之逐渐改变,而创意技术是在此宏观环境下对教育技术反思的产物。

美国哲学家、社会学家芒福德通过对技术与人性的关系进行考察,认为"不是制造活动,而是思维活动使人有人性,不是工具而是精神使人有人性"。创意技术正是试图使教育技术从技术出发而回归于教育的最终价值。

二、技术的整合途径——创意技术的提出

社会进步与教育革新催生创意技术,而创意技术作为一种新的教育技术理念,则指出了教育技术的一个新的发展方向,反映教育技术的发展态势。

(一) 创意技术的基本目标与理念

提出创意技术的基本目标是:

1. 实现教育艺术与技术的整合

教育技术似乎具有科学论的"先天血统",本领域的研究人员惯以"科学"的方法和思维来审视本专业,教育应有的艺术性受到忽视甚至压制。其后果就是否定教师的自身体验,其个体创造性受到抑制,导致其对教育的"公式化"理解。创意技术试图对教育技术的研究模式与主要研究内容进行一次科学与艺术整合

的审视。

2. 教育的集体化与个性化的整合

创意技术的一个重要出发点就是实现个性化教学(非个别化教学),力图在教学实践层次为实现教学个性化提供可能性。

3. 基础知识教育与高级思维培养的整合

工具化教育的一个重要特征是教学以知识传递为主,导致"高分低能",这也是提出素质教育的原因。创意技术试图改变灌输式的教学模式,充分体现学生的个性,加强学生的实际体验与思维操作。

总之,创意技术将自觉反思教育的价值目标,构建理论假设,试图完成教育技术从工具框架体系到价值框架体系的转变。

(二) 创意技术的基本理论假设

技术从本质上是科学的,重视数理表征与经验研究,强调可重复性。教育技术与其他教育学科共享一个基本假设:教育具有基本规律,并可以利用这些规律来"执行教育"。很多教学模式与教学设计模式的提出正是基于这种假设,这种模式为工业时代的大量技术工人的培训提供了可能,但这些划一的"设计"和"模式"在提高效率的同时也带来了教育的严重同一性问题,学生的个性与创造性受到压制。教育开始回归到个性化的道路上来,"个性与艺术"和"效率与技术"又成为冲突的焦点,创意技术正是尝试解决这一冲突。

教育显然具有共性的基本规律,但也必须重视个体差异性。无论否认哪一个方面都将导致严重的后果:教育的无序化或工具化。创意技术在肯定教育的基本规律的同时充分重视人的主体地位,强调个体经验(包括教师在长期的教学实践中形成的特色的教学模式以及对学生的深刻认识等各个方面)及其创造性在教育中的作用,试图解决个体教学经验与共性经验的统一性问题。图1揭示了其主要含义:

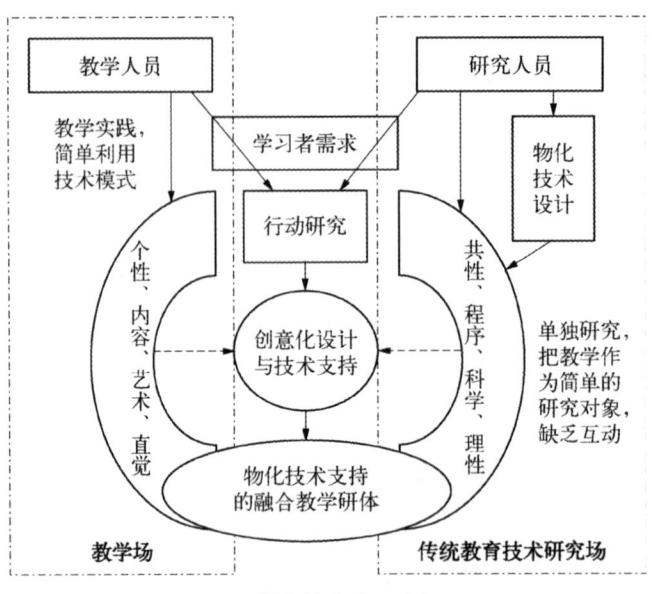

图 1 创意技术的理论假设

创意技术包含了两个层面：在广义语境中的技术层面，主要是教育的技术——教学设计；在狭义语境中的技术层面，主要是物化技术的支持。

此理论假设主要有以下几个特点：

● 加强教师与研究人员的互动；
● 充分肯定教师与研究人员的主体性与个体创造性，解决教育技术研究中以技术为核心的研究模式，到教育现场发现问题，解决问题；
● 通过创意化的设计与技术支持来实现共同经验与个体经验的互动；
● 强调个体创造性的决定性作用，体现了对个体经验的重视。

三、从设计模式到设计思维——教学设计范式转变

创意技术的两个核心是创意化的教学设计与技术支持。而创意化的教学设计则是其最本质的体现，在创意技术的理论体系下教学设计范式将有根本的变化。

（一）设计与创造的关系

要使设计的创意成为可能，在此之前需要澄清设计与创造（或者创意）的关系。

设计是人类的基本特征之一,是决定人类生活质量的核心要素,时刻影响着每一个人,因此它影响深远(Heskett,2002)[2]。J·S格鲁(J. S. Gero)将设计分为三类,即:程序型无创造性;改良型小创造性;发明型大创造性[3]。可以看出,本质上设计与创造具有很多天然的联系。

设计与创意是不可分割的两个概念。设计是用以往经验来应对目前或将来的状况(Brown and Duguid,1993)[4],强调对以往经验的借鉴和在稳定性的基础上来预见与处理相关的状况。我们认为,"经验"涵盖一切可以被接触和表征的隐喻、习俗、理论乃至文化等社会性制品。在这一过程中,有两个基本内容:(1)对以往经验的借鉴;(2)其目的是为了预见与决策。同时隐含一个基本假设:即已有经验是个体经验与集体(历史)经验的共同体,而预见与决策的过程则是利用个体的能动性进行的个体经验与集体经验的交互活动,这种活动正是创意空间。因此创意是设计的一个重要阶段,设计强调对已有经验的借鉴,创意是在此基础上的提升,设计模式保证了创意的合理性和可操作性,而创意则是设计的升华。

目前关于设计思维的研究在设计及软件领域的研究取得了很多的研究成果,其主要研究对象是设计及创造力的问题。设计思维(Design Thinking)的研究提出了设计过程中创意的几个主要阶段及每个阶段的主要行为[5],如图2所示。

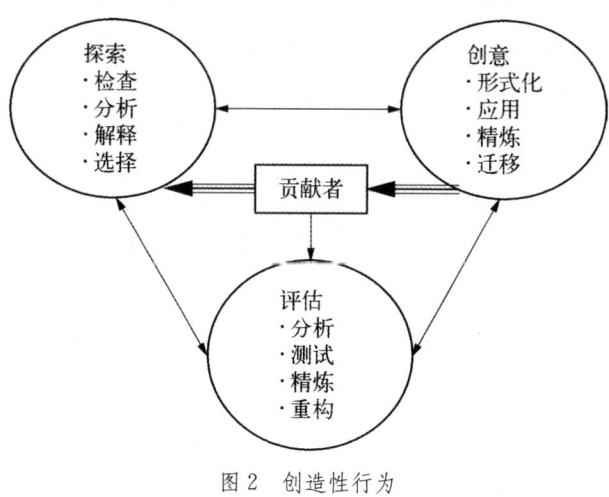

图2 创造性行为

(二）从设计模式到设计思维——集体经验与个体经验的博弈

1. 教学设计创造性空间与存在问题

教育实践领域中的集体经验集中表征为教学设计（ID）理论（集中表现为各种教学模式与设计模式）；个体经验则包含比较丰富的内涵，如特定教学领域的知识、教学情况、学生情况等。如前所述，创造来自集体经验与个人经验的交互。因此教学设计的创造性空间决定于 ID 理论、特定领域知识、教学情况以及学生情况等各个方面。教学设计的过程是教师对这些情况进行综合考察的过程，也是集体经验与个体经验的博弈过程。

对教学设计的内在过程进行分析后我们发现，目前的教学设计理论存在以下几个可能影响教师创造力发挥的问题：

- 对教师主体性地位的怀疑。根据一般的创造性理论，动机是创造性的要素之一，而对于教师主体地位的怀疑导致了教师进行创造性活动的动机缺失；
- 教学设计模式的束缚。教学设计模式作为集体经验的集中表征对教师个体的思维活动产生重要影响。设计模式是集体经验的形式化表述，这种表述本身的形式将影响教师的内部交互过程。
- 教师对教学及学生情况和特定教学领域的了解情况。

2. 教学设计范式转变

要改变目前存在的教学设计领域的问题，需要建立新的范式。设计主体、内容、模式等各方面需要进行相关的变革，以提高教学设计的创意化水平（其本质是对教师与学生个体经验的关注）为核心，以变革领域研究模式为重点的教学设计新范式应具备以下特征：

- 确立教师在教学设计中的主体地位。这其实是一个必然的问题，但是在教育技术领域内还存在不少的研究者把教育技术专业领域的专业人员作为设计的主体，而把教师作为设计的客体。
- 构建半结构化的教学设计模式。半结构的教学设计模式保持了基本的教学理念与理论，同时保持设计的开放性，保证教师的创造性，是个性与共性融合的一个必由之路。过于周全的设计模式必然包含更多的隐含或明显的约束条件，将束缚教师在设计中的发挥空间。
- 以问题设计为核心，防止过度注重程序性而减弱对内容的关注。目前的教学设计存在一个现象:不同的人员根据一定的设计模式就可以简单地机械地设计针对不同教学对象不同教学内容的教学方案。这种以程序作为设计核心的模式严重助长了惰性思想,同时也使得教学设计有形无意。创造性更多来源于内容的冲突(即教学过程中的问题),以固定程序为中心的设计方法直接导致了创意的退化。

● 隐喻的设计与使用。隐喻植根于日常生活,但又是艺术创作和科学活动的基本因素之一。保罗·利科认为隐喻既有诗的华彩又反映严肃的哲学思考[6],而许多科学术语——如:熵(entropy)和基因(gene)——也源于隐喻[7],隐喻虽然简洁,但往往包含了对某个特定情境的概括,应用恰当,很容易激发受众的共鸣。因此在教学设计中如充分重视隐喻的设计与使用,完全有可能使之成为艺术与技术之间的桥梁。

● 培养设计者的设计思维,减弱对设计模式的依赖性。设计思维是内化于设计者的一种思维模式,具有可变性与灵活性,而依赖固定的设计模式将固步自封,效果可能适得其反。

● 构建设计者共同体。在设计过程中,相同领域(相同教学内容)设计者之间的相互探讨对于创造力的激发具有举足轻重的作用。集体的创意具有更强的适用性。

● 个体经验与集体经验在教育中互为补充。从设计的角度出发,结合教学者的感性认识是构建个性化教学的重要途径。

四、创意技术的物化技术层面——超越结构的教学支持系统与工具

物化技术层面(下文涉及的技术表示物化技术)上创意技术也具有两个方面:教学支持系统与工具本身的创意化,表现为各种教学软件与教育工具在界面、功能等方面的独创性;第二个方面是教学软件及工具对于教学过程创意化的支持。前者主要与设计艺术等普遍意义上的创意相似,不再详述。下面主要对支持教学过程创意的相关系统及其结构作一些理论探讨与分析。

(一)教学技术的发展方向

结合上述对创意化教学设计过程的分析,创意技术框架下的系统应具备以下革新:

1. 从知识表征到思维表征。传统的教学系统重在知识表征,强调技术的重要性,在新的系统中则更加强调技术对思维活动的支持。表现了从技术导向到人本导向的转换。

2. 从技术结构的松耦合到内容实质的松耦合。随着技术结构松耦性逐步得到一致的认同,目前教学系统中的教学内容与教学过程也逐步有松耦合的趋势,主要是减小基本流程与基本内容的颗粒度,增强可重用性和可改造性。目前国际上对于教学活动的研究正是这种趋势的重要表征。

3. 从技术流程到内容支架。目前的教学支持系统在很大程度上是对于教学过程基本流程的再造,其目标在于提高效率。但在此过程中也必然会导致软件对于教师与学生的禁锢。因此其变革方向是从基本的技术流程转移到内容支架上来,减少对流程本身的限制,更加重视流程的可塑性以及对于每一个节点的内容支持(包括技术、资源等)。

4. 从封闭系统到开放系统。普遍采用构件技术支持教学内容、学习过程、学习环境的设计。

5. 从个人系统到社会系统。教学不仅仅是一个个体活动,在一定程度上更是一个社会活动,创造力也需要团队的支持。在新的软件体系中需要支持个人知识/经验与社会知识/经验联结,系统应从更广泛的社会建构的层次上来进行设计。随着网络技术与知识传递表征技术的成熟,教学系统从以知识呈现为主的个体学习平台向以经验传递为主的协作学习平台发展,改变知识的存储传递状态,强调教学过程的协同。其最终目标是促进个体知识/经验的有效交互与共享,形成知识经济时代的社会知识传播形态,为学习型社会的形成提供技术支持。

(二) 创意技术视角中的教学技术系统

教学技术的发展趋势要求有全新的技术方法与技术体系,下面从教学技术系统设计模式与系统结构论述之。

1. 设计模式

教育软件与系统由于教育的特殊性,其设计模式与方法在借鉴软件工程的基本理念的基础上需要有针对性地进行改变,体现在下面几个方面:

- 软件架构:以面向对象的中间件技术来应变教育的多变性,构建基于技术标准(XML,SOAP 等)的基础平台,利用中间件进行应用扩展。目前国内外的研究机构与企业已经提出了教育软件平台架构。

● 设计方法:以基于经验的"设计派式"(design pattern)作为学习过程的设计构件。

● 设计内容:以基于互操作技术标准的学习对象为设计构件,学习对象作为技术环境下教育事件的基本单位就如同建筑的基本材料,学习对象的提出有利于教学事件的细化与深入研究,是实现内容松耦合的基本要素。

● 实用导向:为教师和学习者提供用户中心设计(user-centered design)技术环境,并且使技术制品由教学行为主体的替代性技术(substitutive technology)变为使能技术(enabling technology)、增能技术(enhanced technology)和助理技术(assistive technology)。

这些变化的本质在于改变教学系统"技术核心"的现状,通过对教学的考察来改变技术状态,从原有的技术—应用—教学的模式转变为教学—抽象—技术的模式,加强对教学主体(教师、学生)的技术支持,使中观层面(如教学单元)和微观层面(如一节堂课)的教学过程能够在技术的基础上进行再设计。

2. 教学支持系统结构

创意技术的教学支持系统结构主要从个体—公共交互的视角审视教学系统,在既定的技术下对教学系统进行再分析,体现对个体的重视。图 3 表示了创意技术视角中的教学支持系统结构。

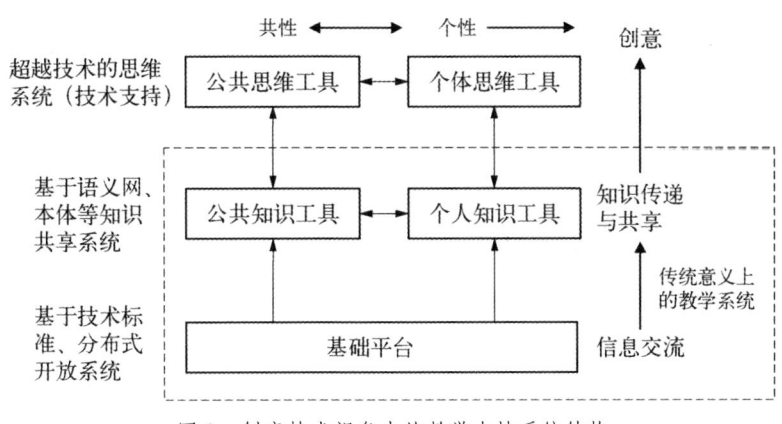

图 3　创意技术视角中的教学支持系统结构

从总体上来说,创意技术视角中的教学支持系统与传统的系统的根本区别在于技术系统的导向性变化——从技术功能导向转向为人本实用导向,强调对人的多样性需求的服务支持而不是对预设流程的固化功能配置,避免技术单纯的追求效率而放弃人本关怀。

五、结束语

创意技术基本是后现代的,强调直觉、非理性在教育中的作用及其在教育技术的引申。本文只是从注重个体意识与创造性的层次提出了创意技术的概念,并分析了对教学设计以及教学支持系统可能产生的影响。我们之所以称创意技术是教育技术的新境界,是因为无论从理念框架还是技术操作层面而言,它还处于萌芽阶段,目前尚不能成为教育技术专业的公共实践,因此我们暂时将其看作教育技术实践者的个人修为。

参考文献

[1] 创意工业导论:英国的例子与香港的推行策略[EB/OL]. http://www.hkadc.org.hk/rs/File/info_centre/reports/200005_creative_industries.pdf.

[2][4] Collaborative Design Thinking [EB/OL]. http://www.ualberta.ca/COMSPACE/coneng/html/papers/BobRoberts.pdf.

[3] 潘云鹤.工业设计:提升中国制造的内涵——中国机械工程会工业设计分会理事长、浙江大学校长潘云鹤访谈录[EB/OL].http://www.cmmo.com.cn/magazine/3/359.shtml.

[5] Representations of Design Thinking[EB/OL]. http://research.it.uts.edu.au/creative/ccrs/people/341final.pdf.

[6] 保罗·利科.活的隐喻[M].上海:上海译文出版社,2004:1-7.

[7] 汪堂家.读保罗·利科《活的隐喻》[N].文汇读书周报,2004-11-26(9).

教育技术的实践场分析*

祝智庭 王佑镁 顾小清

[摘　要] 教育技术系统是一个复杂的高度分化的领域,采用社会学研究中的场域分析视角,结合教育技术的定义,详细地分析和阐释了教育技术实践场架构,对各场域的行为主体、技术过程、技术制品及其相互关系做了较为清晰的描述,为教育技术理论与实践的整合提供了一个全新的研究框架。

[关键词] 教育技术;实践场;场域理论;研究框架;行为主体;技术过程;技术制品

一、引言

我国教育技术研究经过了几十年的发展取得了一定的成就,教育技术受到人们前所未有的关注,成为深化教育教学改革的突破口和制高点。教育技术学领域得到了空前的繁荣和重视。然而作为一个复杂系统和交叉学科,因其"舶来品"的特质,特别是与新技术新模式的相关性,其本土化过程似乎异常艰难,教育技术在其发展进程中似乎越来越显得水土不服,理论困境和实践迷失争议不断。究其原因何在?众多行动者和研究者在不断追问。最近的教育技术定义与研究表明,教育技术系统已经成为一种多领域的、复杂的、高度分化的系统,[1] 但如何结合实践将其领域清晰地进行对象化的定位,一直是教育技术从业者的困惑。本义企图运用场域理论对教育技术实践场作一分析,为教育技术的实践研究提供一个指向,也为教育技术理论研究提供一个参考性框架。

场域理论来源于法国社会学家布尔迪厄(Pierre Bourdieu)的社会研究领域,场域(field)不仅是布尔迪厄实践社会学中一个非常重要的概念,也是布尔迪厄从

---

* 原载于《电化教育研究》2005年第12期。

事社会研究的基本分析单位。在社会学研究中,布尔迪厄提出场域概念既受物理学中磁场论的启发(布尔迪厄在分析社会场域时就用过物理学中的磁场作比喻),也与现代社会高度分化的客观事实有关。布尔迪厄认为:"在高度分化的社会里,社会世界是由具有相对自主性的社会小世界构成的,这些社会小世界就是具有自身逻辑和必然性的客观关系的空间,而这些小世界自身特有的逻辑和必然性也不可化约成支配其他场域运作的那些逻辑和必然性。"[2]布尔迪厄研究了许多场域,如美学场域、法律场域、政治场域、文化场域、教育场域,每个场域都以一个市场为纽带,将场域中象征性商品的生产者和消费者联结起来,例如,艺术这个场域包括画家、艺术品购买商、批评家、博物馆的管理者,等等。布尔迪厄强调:"社会科学的真正对象并非个体。场域才是基本性的,必须作为研究操作的焦点。"[3]如果我们把教育技术系统看作一个高度分化的世界,教育技术场域也是以制品为纽带,将各级各类行动者联系起来,因此,把教育技术系统作为一个场域来分析,将有助于理清不同层面的子场域及其对象与关系,显然对于教育技术的实践具有重要的意义。

二、定义到场域的映射:从 AECT'94 定义到 AECT'04 定义(草)

何谓场域呢?在布尔迪厄看来,场域不是地理空间,不能理解为被一定边界物包围的领地,也不等同于一般的领域,而是一个相对独立的社会空间,是在其中有内含力量的、有生气的、有潜力的存在。具体地说,场域就是现代社会世界高度分化后产生出来的一个个"社会小世界"。一个"社会小世界"就是一个场域,场域是由社会成员按照特定的逻辑要求共同建设的,是社会个体参与社会活动的主要场所。[4]这个意义上的"场域"有点类似于平时讲的"领域"。同时,社会作为一个"大场域"就是由这些既相互独立又相互联系的"子场域"构成的。如何认识和把握既高度分化又连为一体的社会大场域呢?既反对"个体主义方法论"也不赞成"整体主义方法论"的布尔迪厄采取了从"中间入手"(即从场域入手)的策略。[5]教育技术作为一个发展领域繁多、多学科交叉、高度分化的"社会大场域",各个从业者按照特定的逻辑和规则共同建构,每个群体都在其中发挥重要的作用。但如何认识和区分各个子领域,又是教育技术从业人员从学科走向实践的一条必经之路。我们选择从定义入手,建构教育技术的场域及其子场域。

可能没有哪个学科发展几十年后仍然为自己的"名份"争论不已,这也可看作教育技术的一大景观!抑或"怪现状"!因为国内关于教育技术定义的研究甚至可以称之为一大特色。本文不准备从1963年起入手讨论。AECT'94定义,一个颠覆了中国电化教育理论与实践体系的定义,对中国电化教育事业影响至深,它已经比较清晰地归纳了教育技术"该做的事情",定义将教育技术的研究对象表述为关于"学习资源与学习过程"的一系列理论与实践问题,改变了以往对教学过程的关注,体现了一种以"学"为中心的教育技术思路。该定义从理论和实践两个方面把教育技术定义为五个具体的领域。我们可以把其五个"子场域"化归为两个"场":理论场与实践场。但也有研究者认为,该定义是典型的"无的放矢",没有回答"教育技术学的所作和所为究竟是为了什么"。[6]笔者认为,正因为该定义不含目的性的描述才能避开政治和社会文化纠纷而易为世界各国学者所认可。

2004年6月,AECT对教育技术定义作了进一步修订,提出了新的定义的草案,姑且也称之为AECT'04定义:教育技术是通过创建、利用、管理适当的技术过程和资源以促进学习与改进绩效的研究和合乎伦理道德的实践。[7]与94定义相比,该定义将"理论"改为"研究",表明教育技术工作者不光能够应用理论,还负有理论探究和建构的使命。从这个角度,可以把教育技术系统归纳为"研究场"和"实践场"两大场域,[8]如图1所示。

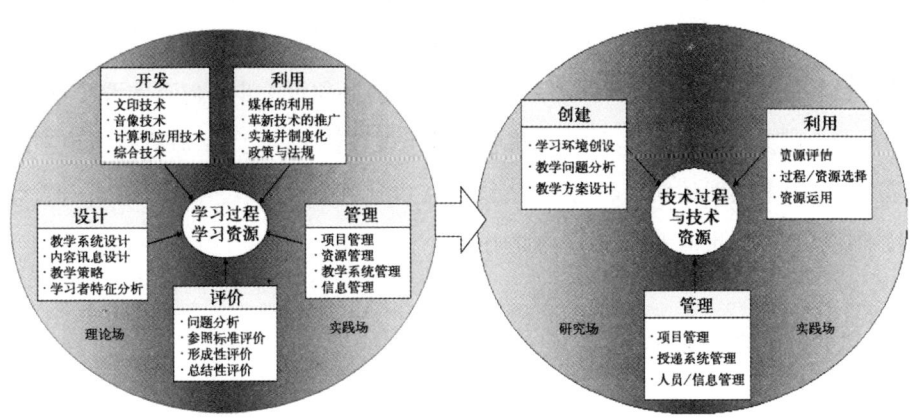

图1 教育技术子场域的转化

为清晰地分析教育技术的实践场,可以先对上述两个定义的范畴和内涵作一比较(见表1),以更清晰地解读教育技术的发展及实践走向。

表1 AECT'04 与 AECT'94 定义比较

项 目	AECT'04(草)	AECT'94
术语表达	教育技术	教学技术
研究场域	研究场、实践场	理论场、实践场
研究对象	技术性过程、技术性资源	学习过程、学习资源
研究目的	促进学习、改进绩效	促进学习
实践领域	创建、利用与管理	开发、利用、设计、管理与评价
理论基础	建构主义认识论,后现代主义价值观	客观主义认识论,现代主义价值观
运用范围	学习与工作领域	教学领域

新定义同样遭到"批判"。有研究者指出:新定义草案是"目光狭隘与主观武断的(Narrowed and Opinionated)","由于其仅强调了教育技术的应用性质,而没有像 AECT'94 定义那样勾画出教育技术领域的基本构成,整个定义根本就不是一个定义"。[9]笔者认为,如果希望从所谓定义中看到教育技术的所有内涵甚至操作思路,那将注定会失望,注定步入理论困境。从逻辑学的角度看,定义的特点是用简短的语句揭示概念所反映的对象的特有属性或本质属性。而 ACET 定义从来关注的是教育技术的领域和范畴,而不是界定教育技术是什么。[10]定义实为不定之义。按照概念的内涵与外延的反变关系,概念的外延越大,则它的内涵愈小。仅停留在定义场,我们无法获得实践指向,因此,必须进一步走向其实践子场域。但从两个定义的比较出发,我们大致可以看出教育技术的定位:教育技术更多的是一个研究和实践的领域,[11]关注实践研究和应用应为其第一使命,从国内教育技术现状及发展走向来看,似乎与此吻合。

三、教育技术的实践场架构

从定义出发我们转向实践场分析,因为实践迷失似乎越来越成为国内教育技术界的通病。在强调辩证思维的布尔迪厄看来,尽管"场域"是一种客观的关系系统,但在场域里活动的行动者并非是一个一个的"物质粒子",而是有知觉、有意识、有精神属性的人;场域不是一个"冰凉凉"的"物质小世界",每个场域都有属于自己的"性情倾向系统"——惯习(Habitus)。因此,对于辩证的布尔迪厄来说,只讲场域不讲惯习是不可想象的。[12]喜欢"开放式概念"(Open Concepts)的布尔迪厄曾经多次作过阐述,使其内涵充满了丰富性。第一,惯习"是持久的可转移的禀性系统"。第二,惯习是与客观结构紧密相连的主观性。布尔迪厄认为,惯习属于"心智结构"的范围,是一种"主观性的社会结构"。第三,惯习既是个人的又是集体的。[13]目前教育技术界的实践困惑大都源于一种个体或者群体依赖于电化教育传统界面上的"惯习"。但正如布尔迪厄指出:惯习是一个开放的性情倾向系统,不断地随经验而变,从而在这些经验的影响下不断地强化,或者调整自己的结构。它是稳定持久的,但不是永远不变的。可以在场域的社会分化和自主化当中实现变革。

布尔迪厄认为社会空间中有各种各样的场域,场域的多样化是社会分化的结果,布尔迪厄将这种分化的过程视为场域的自主化过程。自主化实际上是指某个场域摆脱其他场域的限制和影响,在发展的过程中体现出自己固有的本质。[14]作为一个复杂系统,教育技术领域在其发展过程中,必然分化出众多的领域、对象、层次和过程,这点我们在各个定义中也可以明晰,但由于"惯习"的影响,不同的主体仍然无法定位自己的研究对象和过程。与此同时,在布尔迪厄的实践理论中,布尔迪厄使用Practice一词,说明了他研究的对象乃是我们平常进行的日常的、普通的实际行为,而不是践履某种观念或者理想意义上的那种实践。他关心的主要是描述实践的逻辑,即实践是如何发生的?是按照什么方式展开的?在何种社会空间中呈现什么一般图式?[15]这一切的发生必须依赖实践场域的分化和自主化。教育技术是具有很强实践意义的应用学科,根据实践的需求和指向,按照行为主体之间的不同,可以分为面向专业工作者的教育技术,面向职业工作者的教育技术和面向学习者的教育技术。各个子场域(包含主体、过程、对象及关系)将在传统思维和实践的基础上,呈现分化和自主化趋势,它们既互相独立又互相关联,形成一个实践场体系架构(如图2)。[16]

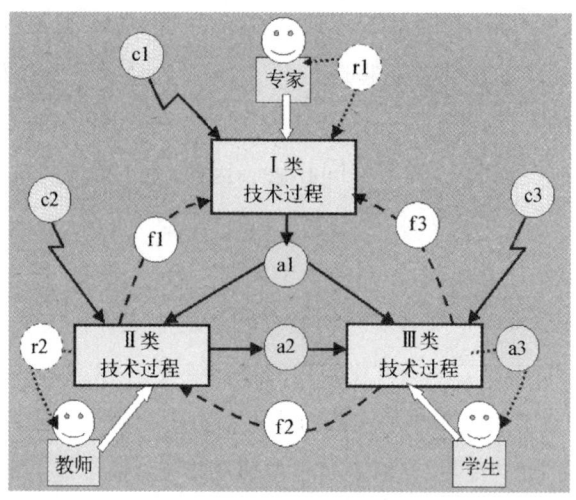

图 2　教育技术的实践场架构

（一）教育技术实践场域中的三类主体

面向专业工作者的教育技术代表教育技术专家的实践领域,借用软系统方法论的术语,其行为特征是"他用设计（Designing For）",其目标是为他人（工作者、学习者）创建技术资源。面向职业工作者的教育技术通常意义上转变为绩效技术,兼有"用与设计"（Designing With）和"他用设计"的特点。前一特点一方面表示工作者通常利用已有的技术资源进行再设计,另一方面表示经常与专家或者同事进行合作设计；教师作为一类特殊的工作者,从本质上讲,也是利用技术改进绩效。面向学习者的教育技术具有"在用设计（Designing Within）"或者用户中心设计（User-centered Designing）的特点,即身处一定的学习环境中进行的内部认知操作,属于真正意义上的学习技术（Learning Technology）。这三类主体的行为特征概括如表2。

表 2　教育技术实践场中的三类主体

主 体	技 术 过 程	行 为 特 征
教育技术专家	Ⅰ类过程	他用设计
专业工作者 （例如教师）	Ⅱ类过程	用与设计 他用设计
学习者	Ⅲ类过程	在用设计

（二）教育技术实践场域中的三类技术过程

从广义上说，技术是指人类在改造自然、改造社会、改造自身的全部活动中，所运用的一切规则、方法和工具的总和，总而言之，一切有效用的操作性体系都属于技术范畴。按照操作对象之别，技术系统可以分为物化的硬技术和软技术。硬技术系统的操作对象为自然物和人工物（作为系统输入），产生的结果是物化的技术制品（Technical/Technological Artifact）或称"硬制品"（作为系统输出）；软技术系统的操作对象为社会人文要素，产生的结果是非物化的概念制品（Conceptual Artifact）或行为制品（Behavioral Artifact），可称为"软制品"。硬技术系统与软技术系统具有交互作用：软技术需要一定的硬技术为支撑，硬技术过程和制品中大多隐含软技术的内容。教育技术是以软技术为主，硬技术为辅的系统，如表3。

表3 教育技术实践场中的三类技术过程

	对 象	结 果
硬系统	自然物和人工物	硬制品（物化技术制品）
软系统	社会人文要素	软制品（概念行为制品）

从教育技术作为一种操作性系统的角度，其本质可以表述为：经由一定的技术过程（Technological Processes），以设计（Designing）作为核心活动，产生目标导向的制品的过程；另一个重要活动是利用现有的制品资源，在现时意义上服务于设计的。因此，从教育技术实践场中的三类主体出发，我们可以把教育技术实践场中的技术过程划分为三大类：教育技术专家主导的Ⅰ类过程，专业工作者如教师主导的Ⅱ类过程，学习者主导的Ⅲ类过程。如表2所示。

（三）教育技术实践场域中的四类制品

根据上述分析，这三类主体不同的技术过程互相耦合，就产生四种不同的技术制品。下面对各个子系统之间的相互关系作一阐述：

1. 标的制品（Target Artifact）：是每类技术过程的主产品，其中面向专业工作者的技术过程之标的制品 a1 主要为工具平台、资源库、技术规范、培训系统等；面向职业工作者（以教师为例）的技术过程之标的制品 a2 主要为教案、课件资源、学习支架等;面向学习者的技术过程之标的制品 a3 为知识技能、过程方法、情感价值等精神产物(如图 3)。

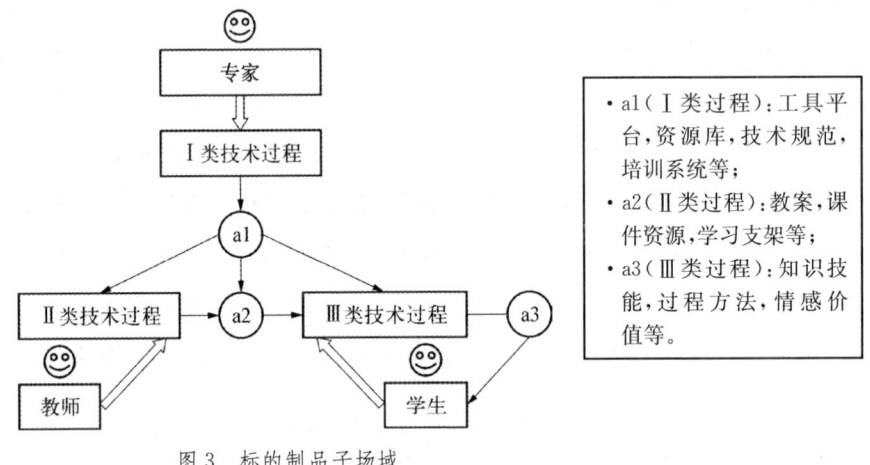

- a1(Ⅰ类过程):工具平台,资源库,技术规范,培训系统等;
- a2(Ⅱ类过程):教案,课件资源,学习支架等;
- a3(Ⅲ类过程):知识技能,过程方法,情感价值等。

图 3　标的制品子场域

2. 反馈制品(Feedback Artifact):是技术系统从下游过程获取的反馈信息,用于评估和改善本系统行为,图 4 中用 f 表示:

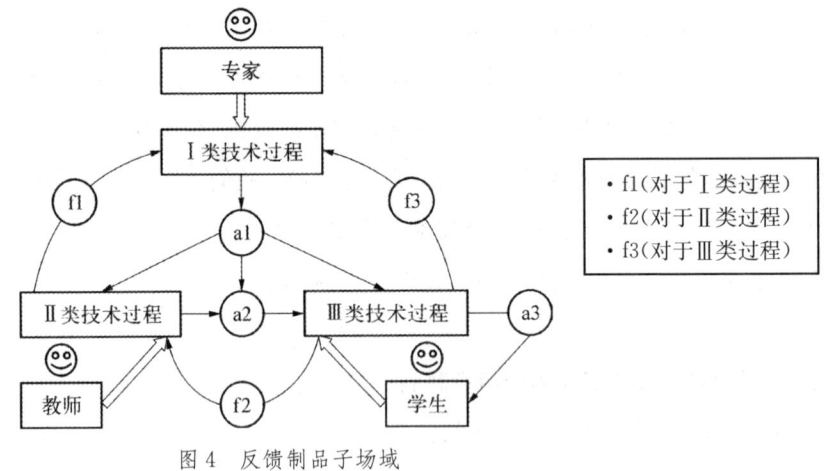

- f1(对于Ⅰ类过程)
- f2(对于Ⅱ类过程)
- f3(对于Ⅲ类过程)

图 4　反馈制品子场域

3. 反身制品(Reflective Artifact):是行为主体在技术活动中获得的经验,可以看作技术过程的副产品,具有改善主体行为的价值。但对学生而言,其标的制品兼有反思制品的属性,图 5 中 r 表示。

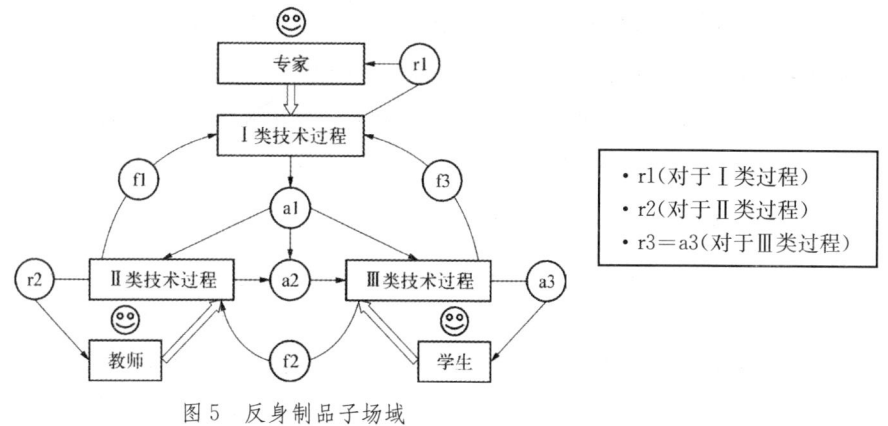

图 5　反身制品子场域

4. 境遇制品(Contextual Artifact)：是各类行为主体在行使技术过程中按需要性和可能性从工作环境中可遇可求的各种资源,图 6 中以 c 表示。

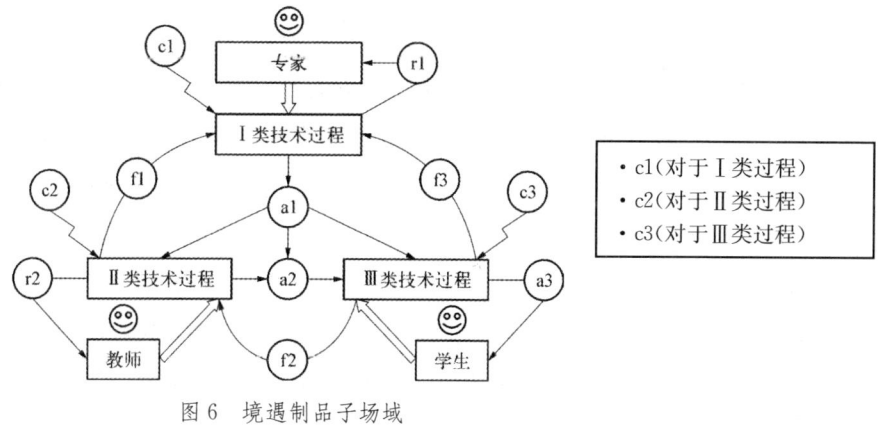

图 6　境遇制品子场域

需要指出的是,虽然在概念上区分了三类不同的教育技术,但在实践层面上往往互相交错,因为某一个人可扮演不同的角色,比如教师既是教育工作者又是终身学习者,学习者在体验真实任务的时候又变成某种工作者和研究者。因此未来的教育技术应用系统必然出现学习系统、研究系统和绩效系统的融合。[17]

四、场域视角的实践意义

本文提出的教育技术实践场分析对于教育技术的研究与实践具有多重实用价值。

首先,通过场域分析帮助我们形成了关于教育技术研究的全新框架。在布尔迪厄看来,场域是那些参与场域活动的社会行动者的实践与周围的社会经济条件之间的一个关键性的中介环节。[18]一是,对置身于一定场域中的行动者产生影响的外在决定因素,并不直接作用在他们身上,而是通过场域的特有形式和力量的特定中介环节,预先经历了一次重新形塑的过程,才能对他们产生影响;二是,各种场域都是关系的系统,而这些关系系统又独立于这些关系所确定的人群。这样,一方面个人像电子一样,在某种意义上是场域作用的产物;另一方面又并非是被外力机械地推拉扯去的"粒子"。教育技术其实就是这样一个场域。如果能够从实践场角度建立起一种指向,那么这种指向将对行为主体产生作用和影响,从而理顺教育技术领域和实践中的各种关系,共同构建和谐的和发展取向的教育技术系统,并带动与之相适应的教育技术理论体系的构建。

其次,本文提出的研究方法还能够对教育技术学科领域的功能定位与体系重构提供一种新思路。目前,教育技术系统、学科和专业建设在教育变革和信息技术支撑下,快速地发展和运行起来。但是由于各方面的影响,也包括"惯习"的作用,教育技术实践发展遇到了巨大的挑战。教育技术研究主体和对象似乎总游走于教育与技术甚至传播之中,难以得到认同和确定。而近来教育技术学专业人才就业岗位边缘化、能力遭疑、方向不明越来越突出。在大量剧增的教育技术学专业,本科专业学生的就业和出路问题已经引起了专家学者甚至教育行政管理部门的关注与探讨,从而在学科领域内引发了更深层次的专业探讨和领域定位问题。

最后,在实践层面,我们可以清晰地根据不同的主体需求来构建适用的技术平台和提供相关的资源服务。例如,我们过去在开发教师培训课程时往往无意识套用教育技术专业工作者的理论话语和技术因素,不但陡增了受训者的认知难度,在实践上也对他们无多益处。实践启示我们,今后我们需要开发分别面向教育技术专业的、面向一般教师的以及面向学习者的教育技术课程资源。

参考文献

[1][10]　[美] Barbara B. Seels. Rita C Richey.教学技术:领域的定义和范畴[M].乌美娜等译.北京:中央广播电视大学出版社,1999:110-127.

[2][3][5][12][13][18]　[法] 皮埃尔·布尔迪厄,[美] 华康德.实践与反思——

反思社会学导论[M].李猛,李康译.北京:中央编译出版社,1998:134,145,145,136,171,144-146.

[4] 毕天云.布尔迪厄·"场域—惯习"论[J].学术探索,2004(1):32-35.

[6] 钟志贤.走向知识时代的教育技术[R].上海市高等教育技术协会学术报告,2001.

[7][8][17] 祝智庭,顾小清,闫寒冰.现代教育技术——走进信息化教育[M].北京:高等教育出版社,2005:82,82-83,83-85.

[9] 郑旭东,孟红娟.对AECT2005教育技术定义的批判分析与思考[J].电化教育研究,2005(6):34-37.

[11] 李海霞.国际视野与自我超越——美国密歇根州立大学赵勇博士访谈[J].现代教育技术,2003(3):6-8.

[14] 李全生.布尔迪厄·场域理论简析[J].烟台大学学报(哲学社会科学版),2002(4):146-150.

[15] 朱国华.场域与实践:略论布尔迪厄的主要概念工具(下)[J].东南大学学报(哲学社会科学版),2004(3):41-45.

[16] 祝智庭.教育技术的研究场分析[R].北京师范大学教育技术学院学术报告,2005(6).

网络教育技术标准研究*

祝智庭

[摘　要] 网络教育技术标准化是保障学习资源共享和系统互操作的根本措施,因此,国际上有不少企业机构和学术团体开展有关网络教育技术标准的研制工作,并且已经产生了一大批标准化成果。我国的此类标准研究工作也已经开始起步。本文企图对国际、国内有关

---

* 原载于《电化教育研究》2001年第8期。

网络教育技术标准化的研制工作作一全面考察,沿着四条主线进行介绍:首先介绍美国的一些比较成熟的行业标准,接着介绍欧洲正在进行的几个标准化研究项目,然后介绍若干国际组织的标准化开发行动,最后介绍我国正在研究中的现代远程教育标准框架。

[**关键词**]　网络教育技术;现代远程教育;标准化;学习资源共享;系统互操作

网络化教育是当今国际、国内教育发展新的生长点,也是现代教育技术的主流发展方向。对于网络化教育,国外有多种不同称呼,如 e-Learning, Network-Based Education, Online Education, Virtual Education, Web-Based Instruction, Web-Based Learning, Cyber Education 等,它们虽不完全同义,但都与网络运用相关;国内则喜欢用"网络教育"、"网上教育"、"现代远程教育"之类的称呼。由于网络教育,特别是基于 Internet 的远程教育,具有地域广泛性、技术复杂性、文化多样性等特点,使得大量的网上学习资源难以实现共享,不同的教育系统也难以互相沟通。虽然现行的网络技术已为学习资源在低水平上的自治与共享(例如通过 HTTP 和 HTML)、学习活动的合作(例如通过各种网上通信工具)提供了基本技术条件,但是允许教学资源在课程知识和教学管理水平进行交换的标准却没有很好地认定,因此妨碍了网上教育资源的大范围共享与交流。解决这些问题的根本出路是制订网络教育技术标准,用标准化办法保障网上学习资源共享和系统互操作。学习资源共享是指一个学习对象可被多个学习系统利用;系统互操作性是指多个系统及组件之间能够交换与使用彼此的信息。

世界各国在发展网络教育时深刻认识到,学习资源的可共享性和系统的互操作对于教育系统的实用性和经济性具有决定性意义。因此,在国际上有不少企业机构和学术团体致力于网络教育技术标准的研究与开发,并且已经产生了一大批标准化成果。我国也于 2000 年开始投入人力开展这方面的研究工作。本文对国际、国内有关网络教育技术标准化研究工作的概况作一比较全面的介绍。

一、美国的网络教育技术标准化研究

美国的网络教育技术标准化研究工作起步最早,并且有几个标准进入了实用阶段。下面介绍几个比较有影响的标准开发组织及其成果。

1. AICC‐AGR

美国航空工业计算机辅助训练委员会(AICC：Aviation Industry CBT Committee)早在1993年就提出了CMI(计算机管理教学)互操作指导规范,使得不同开发商提供的局域网课件可以共用数据;1998年又将此规范升级成为适用于基于Web教学的CMI标准。至今,AICC已经推出了一系列统称为AGR(AICC Guidelines and Recommendations)的技术规范,主要包括：

- CBT教学平台指南(AGR‐002);
- DOS版数字音频指南(AGR‐003);
- 局网版CMI互操作指南(AGR‐006);
- Web版CMI互操作指南(AGR‐0010);
- 学生用户导航控制指南(AGR‐009)。

2. ADL‐SCORM

美国国防部于1997年启动了一个称为"高级分布式学习"(ADL：Advanced Distributed Learning)的研究项目,该研究的主要研究成果是提出了一个"可共享课程对象参照模型"(SCORM：Shareable Course Object Reference Model),其目的是为了解决如何使课程能够从一个平台迁移到另一个平台(例如从WebCT到Learning Space),如何创建可供不同课程共享的可重用构件,以及如何快速又准确地寻找课程素材。SCORM提出了用一种标准方法来定义和存取关于学习对象的信息,只要遵循这种标准,不同的教学系统之间好比有了一种共同的语言,彼此就可以互相沟通了。SCORM采取XML作为定义数据及其意义的共同语言,至今已经提出几套规范,主要有：

- 一个课程内容元数据规范,关于如何为课程、内容及媒体素材建立元数据记录;
- 一个基于XML的课程结构表示规范;
- 一组与运行环境相关的规范,包括API(应用编程接口)规范,内容到LMS之间数据交换模型以及内容分布规范。

3. IMS

IMS全球学习联合公司提出的学习技术系统规范,已经成为一个比较有影响的行业标准。1996年EDUCOM(美国大学校际交流委员会)设立了一个称为IMS

(教学管理系统)的研究项目,后来发展成为非营利性的 IMS 全球学习联合公司,专门从事教学系统技术标准制订和推广工作,现在已在英国、澳大利亚、新加坡设有分公司。至今 IMS 已经推出以下规范:

- 元数据
- 内容(与元数据联接,打包,显示)
- 提问与测试
- 企业文档互换
- 跟踪记录
- 电子商务

根据图 1 所示的学习系统架构,我们就比较容易理解这些规范在信息化教学系统中的地位和作用。

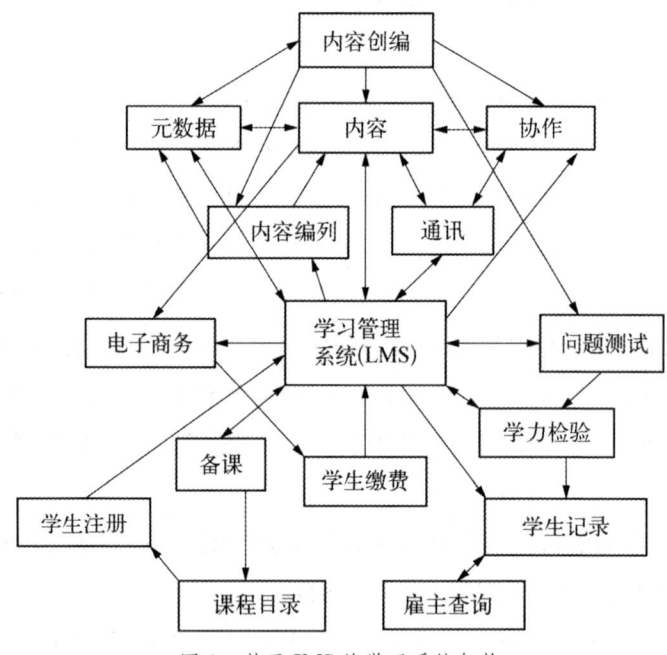

图 1　基于 IMS 的学习系统架构

4. NCES - SPEEDE/ExPRESS

美国教育部教育统计中心(NCES: National Center for Education Statistics)于 1988 年设立了一个称为"中学后教育电子数据交换标准化"(SPEEDE: Standardization of Postsecondary Education Electronic Data Exchange)和"学生与学校永久电子记录交换"(ExPRESS: Exchange of Permanent Records Electronically for Students and Schools)的研究项目,简称 SPEEDE/ExPRESS,结果产生了一套教育电子数据交换标准,并于1992年经美国国家标准研究院批准成为 ANSI ASC X12 试用标准。该标准后来又经过扩展,共包括7个规范:

编号/名称	作 用
TS130 - 学生教育记录(成绩单)	用于在教育机构之间传送学生数据
TS131 - 学生教育记录(成绩单)确认	当收到学生记录时提供智能化自动确认
TS146 - 学生教育记录(成绩单)请求	允许教育机构提交自动化的学生记录请求
TS147 - 对学生教育记录(成绩单)请求的响应	对于学生记录请求提供自动化响应
TS132 - 人力资源信息	用于在教育代理之间传送人事记录数据
TS133 - 教育机构记录	用于在教育代理之间传送关于教育机构特性的信息
TS152 - 政府统计信息	用于传送对于政府统计调查的响应信息

此外,SPEEDE 委员会还支持一批教育电子商务规范,主要包括:

- TS188 - 教育课程目录
- TS189 - 入学申请
- TS135 - 学生贷款申请
- TS139 - 学生贷款保证结果
- TS144 - 学生贷款转帐与状态验证
- TS190 - 学生注册验证
- TS191 - 学生贷款预声明和声明

5. RSAC/ICRA

美国有一个非营利性组织 RSAC(The Recreational Software Advisory Council)开发了一个 RSAC 系统,它以 W3C 的 PICS 所规范的分级格式为基础,能够针对网页内容进行分级评分,使大众,特别是教师和家长,能够根据一个公开的、客观的评分系统所提供的信息来选择他们想要的电子媒体,如电子游戏和网站。随着分级观念的普及与服务需求的扩大,RSAC 后来改名为 ICRA(Internet Content

Rating Association),以网页内容分级研究及推广为其主要目标。ICRA 的分级标准主要针对暴力、色情、语言及其他四类项目,网页作者或网站管理者可以经由浏览器连接到 ICRA 在线评分系统对他们的网页进行评分。微软浏览器 Explorer3.1 以后的版本已经整合了 ICRA 标准。

6. 其他标准

在美国,还有一些与网络教育相关的行业标准和地方标准,例如:

● Microsoft 推出了 Microsoft LRN(Learning Resource iNterchange)2.0 软件,有人称之为 MS-LRN 产业标准,实际上它是提供了一套工具组件来创建或更新基于 IMS 标准的教程;

● 学校互操作框架(Schools Interoperability Framework),旨在为北美 K-12 学校和各区域管理系统的协同工作制定相应标准;

● 加州学校信息系统工程(California Schools Information System Project),旨在为加州 K-12 学校内部以及各学校和州教育部门之间制定数据交换的标准。

还有一些教育软件产业由于历史的原因在沿用自己的内部标准,但总的趋向是向几个大的工业标准体系或国际标准靠拢。

二、欧洲的网络教育技术标准化研究

欧洲在开发与网络教育相关标准方面也有较长的历史,早在 1980 年代中后期,原欧共体就在一个名为 DALTA 的大型工程中提出研究网络化教育的联网技术标准和多语种教育平台标准的研究内容。目前还在积极开展相关标准研究的组织和项目主要有:

● 欧洲远程教学创作与销售网联盟(ARIADNE:Alliance of Remote Instructional Authoring and Distribution Network for Europe)属于欧盟"网络远程教育与培训工程"下的一个开发项目,致力于研制用于制作、管理、重用计算机化教学要素和网络化培训课程的工具与方法。在标准化研究方面,已经产生了 ARIADNE V3.0 教育元数据推荐标准,该标准以 IEEE 学习对象元数据 LOM 3.8 版为基础。

● 促进欧洲社会教育与培训中使用多媒体工程(PROMETEUS:PROmoting

Multimedia access to Education & Training in European Society),研究重点是与多媒体、多语种、学习者模型相关的标准。

● 欧洲标准委员会/信息社会标准化系统(CEN/ISSS：European Committee of Standardization/Information Society Standardization System)与 IMS、IEEE LTSC、ISO SC36 等组织广泛合作，致力于相关国际标准的本土化工作，正在征招标准化提案。

● GESTALT(Getting Educational Systems Talking Across Leading-Edge Technologies)工程是一个由欧盟资助的大型教育信息化系统研制项目，有大英电信公司及欧洲多国的十来所大学参加。在对 IEEE LOM V2.5、IMS V1.0、ARIADNE V2.0 等教育元数据标准进行分析研究的基础上，GESTALT 提出了一套在线教育系统元数据扩展标准 GEMSTONES(Gestalt Extensions to Metadata Standards for ON-line Education Systems)。

● 欧洲谅解备忘录(MoU：European Memorandum of Understanding)于 1998 年签署，作为欧盟内部的一个合作计划，内容是"在欧洲的教育和培训中使用多媒体——为了实现学习技术、内容和服务的制作与发送的共同方法而建立伙伴关系"。

● TOOMOL (Toolkit for the Management of Learning)是英国的一个研究项目，旨在创建一个客户机驻留 JAVA 应用程序规范，为学习资源、组群、会话及互动的管理提供标准化技术。

三、有关国际组织的网络教育技术标准化研究

网络教育技术标准的迫切需求引起了有关国际组织的重视，目前影响较大的主要有 DCLC－DCMI、IEEE－LTCS、ISO－JTC1/SC36、W3C 以及 ASTD。

1. OCLC－DCMI

1995 年 3 月美国在线计算机图书馆中心(OCLC：Online Computer Library Center, Inc.)与国家超级计算应用中心(NCSA：National Center for Supercomputing Applications)在俄亥俄州的都柏林(Dublin)召开了一次国际研讨会，探讨如何建立一套描述网络上电子文件特征、提高信息检索效果的方法，当时的参加单位成为都柏林核心成员(Dublin Core)，随即开始启动电子图书馆对象元数据标准的研究项目，

称为都柏林核心元数据研究行动(DCMI：Dublin Core Metadata Initiative)。

现在DCMI已经成为一个国际性的电子数据对象标准研究组织,已有来自英国、澳大利亚、芬兰、加拿大、美国等国的具有多种不同专业背景的个人和团体参加,专门从事元数据标准、实践指南、支撑技术及相关政策的研究与开发。特别是,DCMI提出的电子图书馆元数据标准被国际上广泛采用和参考。后来,DCMI成立了一个教育工作组DC-E,从电子图书馆元数据标准中筛选出15项要素作为学习对象数据要素(标题、创建者、科目、说明、出版者、贡献者、日期、类型、格式、标识码、语种、出处、关联、覆盖面、权利)。

2. IEEE-LTCS

国际电气和电子工程师协会(IEEE)成立了一个学习技术标准委员会,简称IEEE-LTCS(Learning Technology Standard Committee),组织力量开展有关标准的研究工作。已经有十几个工作小组(WG：Work Group)和研究组(SG：Study Group)正在开展各项标准的制订工作,最终将会形成IEEE 1484标准体系(见下表),特别是其中的P1484.12——学习对象元数据(LOM)已经成为一个比较成熟,而且在国际上被广泛引用和参考的标准。

总标准： ● P1484.1 架构与参考模型 WG ● P1484.3 术语 WG 数据与元数据： ● IEEE标准上层本体(SG) ● P1484.12 学习对象元数据 WG ● P148.9 本地化(SG) ● P1484.14 语义及交换绑定 WG ● P1484.15 数据互换协议 WG ● P1484.16 HTTP绑定 WG 内容相关： ● P1484.10 CBT语言互换 WG ● P1484.6 课程编列 WG ● P1484.17 内容包装 WG	学习者相关： ● P1484.2 学习者模型 WG ● P1484.4 任务模型 WG ● P1484.13 学生身份识别 WG ● P1484.5 用户界面(SG) ● P1484.19 技术化终身学习质量系统(SG) ● P1484.20 资格认定(SG) 管理系统与应用： ● P1484.11 计算机管理教学 WG ● P1484.18 平台/媒体标准引用 WG ● P1484.7 工具/代理通信 WG ● P1484.8 企业接口(SG)

IEEE 1484标准体系的特点是首先提出一个关于学习技术系统的整体架构,作为信息化教学系统的抽象模型,目前最新版本是2001年4月发布的第七稿。该

模型由过程[学习者,教练,发送,评价]、存储器[学习资源,学习者记录]和信息流[学习偏好,行为,评估信息,绩效与偏好信息(过去,现在,将来),索引(查询,目录信息,定位器),学习内容,多媒体,交互情境]三类对象构成。从这个模型中,通过改变信息流向就可以推导出各种学习模式。而 IEEE 1484 各项子标准也都是根据此架构来定位和设计的。

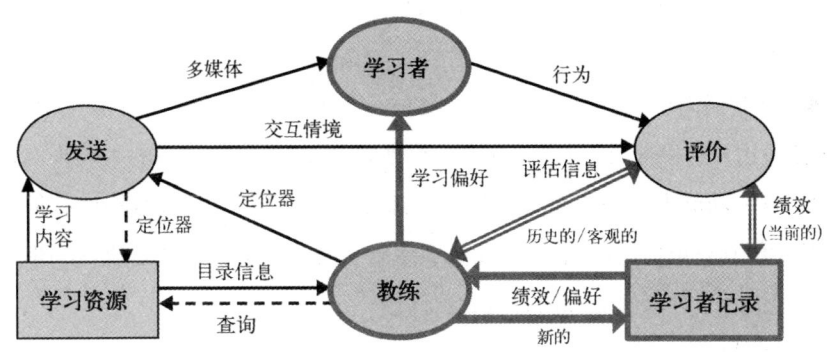

图 2　IEEE LTCS 的学习技术系统架构

3. ISO-JTC1/SC36

国际标准化组织 ISO 于 1999 年成立了一个 JTC1/SC36 委员会,专门从事学习、教育、培训技术标准的征集、修订和批准工作。目前提出了 5 类标准需求(词汇术语,系统构架,学习内容,管理系统,协作学习),已有美国、英国、德国、日本、乌克兰等国提交了标准议案。

4. W3C

万维网联盟(W3C：World Wide Web Consortium)致力于开发在 Internet 上支持资源共享和系统互操作的多种标准。这些标准虽然不是专门针对网络教育应用的,但在制订网络教育技术标准时被广泛引用,作为其支撑性标准,最主要的有：

● 扩展标记语言 XML(Extensible Markup Language)规范：XML 是一个由 SGML(Standard Generalised Markup Language——标准通用型标记语言,1986 年成为国际标准 ISO8879)派生出来万维网"方言",1996 年由 W3C XML 工作组开发成功,1998 年 10 月成为 XML 1.0 版。XML 的目标是使得通用 SGML 在网上可以通过 HTML 来实现。

● 资源描述框架 RDF(Resource Description Framework)规范：RDF 是一个

能够支持网上知识交换的轻量级本体论系统,它利用 XML 作为互换文法,综合了多种网上元数据活动,包括网站地图、内容评级、流通道设定、搜索引擎数据采集、数字图书馆集合、分布式写作等。

● 同步多媒体整合语言 SMIL(Synchronized Multimedia Integration Language)规范:SMIL 语言用于描述如何将一组本来互不相关的多媒体对象整合成为一个同步的多媒体演示节目。利用 SMIL,多媒体创编者可以描述该节目的时态行为、屏幕呈现布局以及媒体对象的相关超链。

● 互联网内容选择平台 PICS(Platform for Internet Content Selection)规范:PICS 使得用户可以通过设置数据标签(元数据)与网上内容之间的关联来实现内容选择,这一功能本来是为儿童家长和教师便于选取网上内容而设计的,但实际上标签功能具有更广泛的用途,比如数字签名和隐私保护。也就是说,在 PICS 平台上已经嵌入了分级服务和内容过滤软件。

5. ASTD

ASTD(美国培训开发协会)实际上是一个大型国际专业团体,专门从事企业培训技术研究和应用推广工作,其 7 万多名成员来自世界上 130 多个国家。目前正在制订一个网络课件证书标准,准备于 2001 年下半年开始实施。该标准分为 3 部分(可用性、技术、教学设计)共 32 条。可用性部分包括导航、定向、反馈提示、作品链接、标记链接、帮助信息、易读性、文本制作质量等;技术部分包括技术要求、媒体安装、媒体撤除、可靠性、响应性、媒体导出等;教学设计部分包括告知目的、要求应用、获得注意和保持兴趣、维持动机、引导相关知识、举例和演示、呈示内容、提供应用练习、促进近迁移学习、促进远迁移学习、提供综合练习机会、提供反馈、近迁移反馈、远迁移反馈、提供教学帮助、评估学习、使用媒体、避免认知超负等。

四、我国的网络教育技术标准化研究

国内的网络教育技术标准化研究工作也被提到议事日程上来。2000 年,教育部组织有关专家制订了一个现代远程教育资源建设技术规范,从其性质上来讲这不是一个真正的技术标准,而是应用相关国际标准的一个范例。2001 年,教育部组织有关专家成立了一个现代远程教育标准化委员会,专门从事网络教育技术标准的制订和推广工作。

我国的现代远程教育标准开发工作以国际国内网络教育的大发展与大竞争为背景,以促进和保护本国现代远程教育的发展为出发点,以实现资源共享、支持系统互操作、保障远程教育服务质量为目标,通过跟踪国际标准研究工作和引进相关国际标准,根据我国教育实际情况修订与创建各项标准,最终形成有本国特色的现代远程教育标准体系。通过此项目还能够形成一支信息化教育标准研究队伍,使我们今后有能力参与此领域的国际合作与竞争。

通过分析国际上关于教育信息技术标准的研究线索,特别是参照 IEEE 1848 的框架,我们认为作为一个比较完整的现代远程教育标准体系,应该包含以下具体标准规范的制定,通常称之为标准需求。图3显示所需的标准分类及其相互关联,其中的标准信息中心(网站)是本项目的信息服务系统。

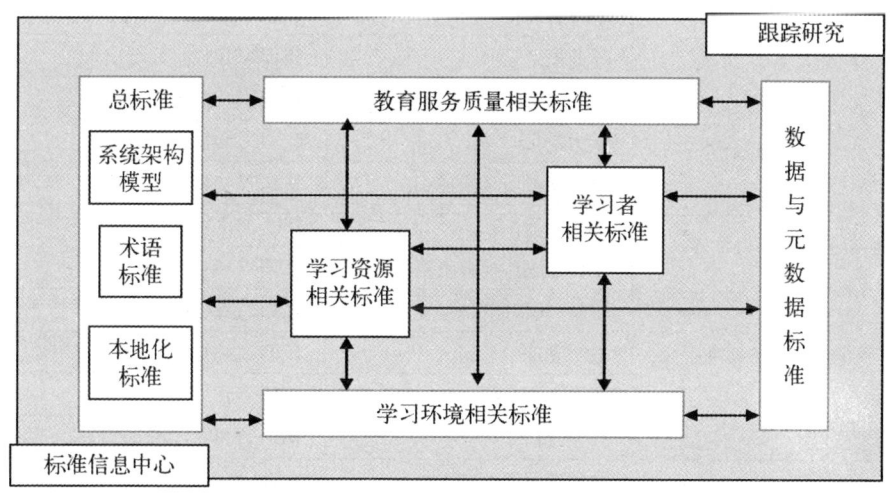

图3 我国现代远程教育标准研究框架

根据这些需求开展研究工作,是本项目的基本任务。表1提出各类标准中的具体子标准,在每一子标准项目的第三列中给出可供我们参照的国外/国际同类标准研究成果(若有的话)。标准的形式化描述称之为规范,作为标准草案的规范经论证后可作为参照标准,参照标准经过国家权威标准认证机构批准后方可成为正式标准。

表1 标准分类

标准分类	子标准	可参照的标准研究成果
总标准	系统架构与参考模型	IEEE 1484.1
	术语	IEEE 1484.3
	标准本地化	IEEE 1484.9
教学资源相关标准	学习对象元数据	IEEE 1484.12
	语义及交换绑定	IEEE 1484.14
	数据互换协议	IEEE 1484.15
	HTTP绑定	IEEE 1484.16
	课件语言互换	IEEE 1484.10
	课程编列	IEEE 1484.6
	内容包装	IEEE 1484.17
	练习测试互操作	IMS QT
	内容分级	ICRA
学习者相关标准	学习者模型	IEEE 1484.2
	任务模型	IEEE 1484.4
	学生身份标识	IEEE 1484.13
	学力定义	IEEE 1484.20
	终身学习质量描述	IEEE 1484.19
	协作学习	ISO ALIC
教学环境相关标准	平台与媒体标准引用规范	IEEE 1484.18
	工具/代理通信	IEEE 1484.7
	教学管理	IEEE 1484.11
	用户界面	IEEE 1484.5
	企业接口	IEEE 1484.8
教育服务质量相关标准	教学资源评价	ASTD
	教学环境评价	
	教育服务质量管理	ISO9000
跟踪研究课题	虚拟实验	
	自适应学习	
	标准上层本体	IEEE上层本体
标准化开发支撑系统	标委会工作网站	http://www.ambow.com.cn:8080（临时）

如果将我国的现代远程教育标准体系与国际同类标准体系相比较,我国的标准体系开发具有借鉴、整合、发展、创新四大特点。

● 借鉴是指我国标准体系在技术层面上尽量采用国际已有的比较成熟的标准。考虑到 IEEE 1484 的标准体系比较完整,因此我们在很大程度上借用了它的标准框架。

● 整合是指我国的标准体系综合吸收了国际上诸多标准研究的成果,包括 IMS、ISO 等组织的部分标准。

● 发展是指我国的标准体系考虑到了一些新兴的网络教育技术,比如虚拟实验、自适应学习、协作学习等,有些作为跟踪研究项目。

● 创新是指我国的标准体系考虑到了网上教育的非技术因素,将网上教育的服务质量纳入标准研究范畴,特别是教育服务的质量管理,使得我国的现代远程教育标准有了真正的教育意味。

在现代远程教育标准化委员会的领导下,有关专家分成四个工作组开展各项标准的制订工作,目前已产生了一批工作成果,2001 年 5 月首批发布了教学资源相关规范作为试用标准。标准的开发应当是公开、公平、务实、持久的工作,需要多方面专家、相关企业和教育机构积极参与、密切配合和长期努力,欢迎各方人士为我国现代远程教育标准的开发贡献力量。

参考文献

[1] IMS Global Learning Consortium, Inc.: Specifications[EB/OL].<http://www.imsproject.org/specifications.html>, 2001.1.

[2] AICC: Index of Available AICC Publications[EB/OL].<http://aicc.org/pages/down-docs-index.htm#WHITE>, 2000.11.

[3] ADLnet: What is the SCORM (Sharable Content Object Reference Model)? <http://www.adlnet.org/>[EB/OL].2000.12.

[4] IEEE Learning Technology Standards Committee (LTSC) [EB/OL].<http://ltsc.ieee.org/>,2000.12.

[5] ISO/IEC JTC1/SC36: Standards For: Information Technology for Learning, Education, and Training[EB/OL].<http://jtc1sc36.org/>,

2001.2.

[6] Bacsich, P. et al. The Standards Fora for Online Education, D-Lib Magazine, 5 (12), 1999 [EB/OL]. <http://www.dlib.org/dlib/december99/12miller.html>

[7] Bearman D, Miller E, Rust G, Trant J, Weibel S,: "A Common Model to Support Interoperable Metadata: Progress report on reconciling metadata requirements from the Dublin Core and INDECS/DOI Communities" in D-Lib Magazine, January 1999 [EB/OL]. <http://www.dlib.org/dlib/january99/bearman/01bearman.html>.

[8] Multimedia Access to Education and Training in Europe — Memorandum of Understanding [EB/OL]. <http://www.prometeus.org/mou/en.html<!doctype html public "-//w3c//dtd html 4.0 transitional//en">1998.11。

[9] Weibel S: The State of the Dublin Core Metadata Initiative: April 1999, in D-Lib Magazine, April 1999 [EB/OL]. <http://www.dlib.org/dlib/april99/04weibel.html>.

[10] Collett M et. al.: CEN/ISSS Learning Technology Workshop, LTWSInterimReport, November 1999 [EB/OL]. <http://www.cenorm.be/isss/Workshop/lt/>.

[11] W3C's Technology and Society Domain [EB/OL]. <http://www.w3.or/TandS/>, 2001.5.

[12] What is SPEEDE/ExPRESS? [EB/OL]. <http://nces.ed.gov/edi/speedeExp.asp>, 2001.5.

[13] Getting Educational Systems Talking Across Leading-Edge Technologies [EB/OL]. <http://www.fdgroup.com/gestalt/metadata.html>, 2001.5.

[14] ARIADNE Educational Metadata Recommendation [EB/OL]. <http://ariadne.unil.ch/Metadata/>, 2001.5.

[15] "现代远程教育标准开发计划",教育部现代远程教育标准化委员会工作文件(2001年3月第六稿)[S].

设计研究作为教育技术的创新研究范式*

祝智庭

[摘　要]　本文简要介绍国际上新兴的教育研究范式"设计研究"及"教育设计研究",此类研究以设计过程为研究对象,重在解决与实际情境密切相关的问题和提炼出实用的理论原理,具有促进理论创新和实践创新的双重功能。本文分析设计研究/教育设计研究的本质特征与效用,指出此类研究方法对于教育技术理论与实践发展和创新的重要意义。

[关键词]　研究范式;设计研究;教育技术创新

近年来,国际上在研究领域兴起了一种以设计为对象的研究范式,称为"基于设计的研究"(Design-Based Research,简写 DBR)或简称"设计研究"(Design Research,简写 DR)。这种研究范式引起了教育研究者,特别是教育技术研究者的极大兴趣,早期曾经使用"设计实验"(Design Experiment)(Collins,1992)、"形成性研究"(Formative Research)(Reigeluth,1999)、"开发研究"(Development Research)(Van den Akker,1999)等名称,后来逐渐趋同于采用"教育设计研究(Educational Design Research, EDR)"名称并得出比较公认的定义:EDR 是一种既有系统性又带灵活性的方法论,旨在通过研究者与实践者在现实世界情境中开展协作,通过迭代的分析、设计、开发和实施过程,得出情境敏感的设计原理和理论(Wang & Hannafin,2005)。

综合诸多学者的观点,EDR 具有五个关键特征:

实用性:EDR 的核心概念是"干预"(interventions)的设计,即通过设计/制定干预(解决方案、技术手段、革新措施等)来解决现实世界问题以及拓展理论和提炼设计原理。而在传统的教育研究中,通常是在施控情境下通过人为手段来检验现有理论,然后希望依据那些被认为可行的理论原理来设计教学。但在 EDR 中,目标不是去检验某理论是否可行,而是希望通过设计来炮制和不断地提炼理论,

---

* 原载于《电化教育研究》2008 年第 10 期。

使设计与理论相长，并且最终引起教育实践的持续变革。

务实性：设计研究是双重扎根于理论和现实世界情境的。理论既是EDR的输入也是EDR的输出，理论通过设计实验过程得到发展和提升，而设计实验本身又作为创新活动的框架。此外，设计研究是在富含复杂性、动态性和实限性（Limitations of Authentic Practice）的实际情境中进行的，需要研究者与实践者密切合作来产生可望有效应用的成果，与实验室中受控条件试验判然不同。

迭代性：设计研究需要研究者与实践者互动协作来设计能够引起实际世界变化的干预，并且需要经过分析、设计、评价、再设计的迭代过程来不断改进理论和干预，因此需要经历较长研究周期。设计过程的递归本质意识到EDR比传统实验方法具有更大的灵活性。

整合性：在EDR过程中，研究者视需要可综合运用各种各样研究方法与手段，定量研究法与定性研究法可兼而有之。这种做法的好处是具有数据多源性，有助于证实和增强研究发现的信度，为对于特定革新起支撑作用的理论原理提供丰富佐证，以及有助于使革新适当精进。

情境性：设计研究完全是情境化的，因为研究结果既产生于设计过程又与研究所进行的环境密不可分。所以在设计研究过程中，研究者必须作详尽记录，准确反映设计结果（例如原理）是如何起作用或未起作用的，创新本身是如何被改进的，以及发生了哪些变化等。通过这些记录文档，使得其他研究者/设计者可以确定他们所感兴趣的诸项发现是否与其情境和需求相关。为了增强研究发现转用于新情境的适调性（Adaptability），还有必要写好关于如何应用这些发现的指导书。

EDR过程通常产生两大类输出结果：理论性成果与实践性成果。理论性成果又可分为三方面：一是领域理论，描述学习情景要素及其相互关系，以及学习情境与结果之间的关系；二是设计框架或设计方案，代表对于特定类型设计问题的设计导则；三是设计方法论，本质上属于规定性的理论，告诉人们如何进行某类设计，需要什么专业知能以及谁应该提供这种知能。实践性成果包括各种形式的干预，从具体制品（例如技术工具）到教学活动、课程教材、政策规章等。

Reeves（2006）用图示方法来诠释设计研究与传统实证研究（预言性研究）的差别（图1），指出设计研究带有行动研究的取向，是一个以开发目标为起点，逐步提取设计原理的过程。

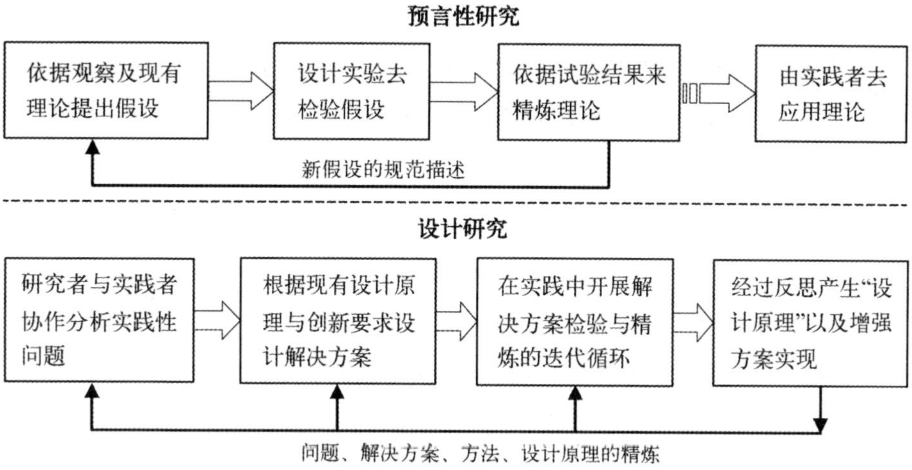

预言性研究

依据观察及现有理论提出假设 → 设计实验去检验假设 → 依据试验结果来精炼理论 → 由实践者去应用理论

新假设的规范描述

设计研究

研究者与实践者协作分析实践性问题 → 根据现有设计原理与创新要求设计解决方案 → 在实践中开展解决方案检验与精炼的迭代循环 → 经过反思产生"设计原理"以及增强方案实现

问题、解决方案、方法、设计原理的精炼

图1 教育技术的研究路线对照

根据以上分析,笔者形成以下个人观点:

(1) EDR/DBR 具有或兼有建构主义的认识论特征,除了吸收传统研究方法的演绎、归纳、批判思维外,特别重视外推(Abduction)思维的运用,这种研究方法具有促进理论创新与实践创新的双重功能。

(2) EDR 是特别适合于教育技术的研究范式,因为教育技术应用的核心活动是设计,而设计是富有创新意义的思想行为。传统的教学系统设计模式企图照搬自然科学研究的思维方法和工程设计的行动路线,相信存在着超然于情境之上的、通用的教学系统开发模型,在实践中往往遭遇失效的尴尬。而采取设计研究方法,则需要教育技术研究者与教学实践者密切协作,在实际情境中发现急需解决的问题和根据需要确定开发目标,然后可以借鉴已有的理论和方法但不照搬,通过设计干预并在真实教学境况中实施这些干预来检测设计的效用,针对设计缺陷提出设计改进方案和新的理论假设,通过迭代过程优化理论和实践,这种研究范式对于提升教育技术的理论水平和实用价值,无疑是最具威力的。因此,为了促进我国教育技术创新,我们应当努力学习和践行 EDR/DBR 方法。

(3) 教育技术研究方法应该是多样的,EDR/DBR 是研究方法生态园中的新物种,需要我们用心用力地去培植之;设计研究方法与各种传统研究方法在功能上是互补的,我们应当采取生态观来考察它们的效用关系,善于适当地综合运用多种研究方法来支撑教育技术的发展与创新。

参考资料

[1] Collins, A. (1992). Toward a Design Science of Education. In E. Scanlon & T. O'Shea (Eds.), New Directions in Educational Technology (pp.15 – 22)[C]. Berlin: Springer Verlag.

[2] Reigeluth, C. M., & Frick, F. W. (1999). Formative Research: A Methodology for Creating and Improving Design Theories[A]. In C. M. Reigeluth (Ed.), *Instructional-Design Theories and Models* (Vol. II, pp. 633 – 651)[C]. Mahwah, NJ: Lawrence Erlbaum.

[3] Van den Akker, J. (1999). Principles and Methods of Development Research[A]. In J. van den Akker, N. Nieveen, R. M. Branch, K. L. Gustafson & T. Plomp (Eds.)[C]. Design Methodology and Developmental Research in Education and Training (pp.1 – 14). The Netherlands: Kluwer Academic Publishers.

[4] Wang, F., & Hannafin, M. J. (2005). Design-Based Research and Technology-Enhanced Learning Environments[J]. Educational Technology Research and Development, 53(4), 5 – 23.

[5] Reeves, T. C. (2006). Design Research From the Technology Perspective [A]. In J. V. Akker, K. Gravemeijer, S. McKenney, & N. Nieveen (Eds.) [C]. Educational Design Research (pp.86 – 109). London: Routledge.

关于教育信息化的技术哲学观透视*

祝智庭

进入 90 年代，国际教育界出现了以信息技术（IT）的广泛应用为特征的发展趋向，国内学者称之为教育信息化现象。教育信息化的主要特点是在教学过程中

---

* 原载于《华东师范大学学报（教育科学版）》1999 年第 2 期。

广泛应用以电脑多媒体和网络通讯为基础的现代化信息技术,其发展势头之强,影响面之大,令国内许多教育者感到困惑,无所适从。教育信息化究竟会对教育产生什么影响?我们如何迎接教育信息化的挑战?这些都是中国教育者应该认真思考和面对的问题。

一、世界各国的教育信息化进程

进入90年代,世界各地的CBE蓬勃发展。由于多媒体和网络技术,特别是国际互联网(Internet)的发展,使得CBE的形式和内容都发生了深刻的变化,并且推动了面向信息社会的教育改革。应用多媒体教学和联网学习,实现教育信息化和促进教学内容与方法的变革,迎接正在到来的信息社会对于教育的挑战,已经成为当代教育的重要发展趋向。许多国家的领导人和政治家认识到在未来世纪中教育信息化对于国家发展的巨大作用,在制订他们国家的发展战略时把教育信息化作为重要因素加以考虑。综观世界各地的教育信息化发展局势,我们将之概括为四句话:美国一马当先,欧洲稳步前进,亚洲后来居上,中国奋起直追。

美国总统克林顿自1992年上任后,一直十分重视发展信息技术的教育应用。他说:"为了将信息时代的威力带进我们的全部学校,要求到2000年使每间教室和图书馆连通Internet;确保每一位儿童能够用上现代多媒体计算机;给所有教师以培训,要求他们能够像使用白板那样自如地使用计算机;并且增加高质量教育内容的享用。"在1996年1月所作的国情咨文中,他又把发展以计算机为中心的现代教育技术作为迎接信息社会对于教育挑战的重要措施之一。据统计,到1996年,美国中学已达到平均九人一台微机,而期望的标准是五人一机;在全部中小学中约有65%的学校实现了联网,但连通了Internet的教室只占14%,说明要完全实现2000年目标仍然任重道远。为此,美国政府各部门采取了一系列积极措施。总统科技顾问委员会组织了一个教育技术专家组,于1997年3月提出一个专门报告,就如何应用现代教育技术,特别是计算机与Internet联网,改革美国中小学教育提供建议。主要建议可以概括如下:(1)以计算机辅助学习为中心,而不是以学习计算机为中心,将信息技术贯穿于K-12课程(注:指从小学至高中12个年级),以提高各学科教育质量为目的;(2)强调教学内容与教法的改革,鼓励采用以学生为中心的教学方法,重视学生高阶推理与问题解决能力的培养;(3)重视师资培养,使教师们懂得如何在教学中有效地使用技术,建议将教育技术投资中的30%用于师资培训;(4)保障实际投资,至少将全国每年教育开支中的5%(约130亿美元)用于教育技术;(5)保证平等使用技术,全国学生无分地区、种族、年龄和社会经济状况,人人得以使用信息技术的权利;(6)积极开展实验研究,建议将中小学教育经费的0.5%用于进行旨在提高K-12教育效率与费用效益的研究。

欧洲各国的教育信息化程度各不相同,东欧和俄罗斯的情况不甚明朗,但西欧和北欧各国的教育信息化事业正在稳步发展。据1996年资料,欧盟国家中学拥有微机达到平均十二人一机,程度最高的是苏格兰,达到六人一机;与北美洲相比,目前欧盟国家中小学联网程度不算高,在全部320 000所学校中仅有5%的学校连通Internet。欧盟发布了一个题为"信息社会中的学习:欧洲教育创议行动规划(1996—98)",旨在加速学校的信息化进程,同时推出多项有关教育信息化和教育改革的开发计划,如计算机通讯应用计划、关于多媒体教材开发的MEDIA II与INFO2000计划、关于高校教育改革的"苏格拉底"计划与关于职业技能培训"达芬奇"计划等。同时欧盟各国先后制订了各自的学校信息化发展计划:德国教育科技部与电信部发起了一项关于在三年内使10 000所学校联网的动议;丹麦政府在1994年制订的INFO2000 IT&T行动计划中提出,到2000年时将实现全部中小学联网;芬兰教育部于1995年提出一个题为"信息社会中的教育、培训与研究:国家战略"的五年计划,规定到2000年时将使全部学校和教育机构联网;意大利教育部于1995年提出一个行动计划,打算到2005年前为20%的小学和30%的中学配备多媒体设备与软件;法国政府于1995年确定了一批有关教育信息化的课题,建立了一批网上信息资源,将13个学区的学校先行联网;英国政府于1995年推出一个题为"教育高速公路:前进之路"的动议,将400家教育机构首批联网,并为23个试验课题拨款1 200万个欧洲货币单位。瑞典于1994年建成了全国学校网,接着向议会提出了关于将新技术使用作为教师培训义务的议案。

在亚洲,一些经济比较发达的国家和地区在教育信息化方面显示出赶超美欧的强劲势头。日本文部省于1990年提出一项九年行动计划,拟为全部学校配备多媒体硬件和软件,训练教师在教学中使用多媒体,支持先进技术的教育应用;

1994年又建立了百校联网工程。新加坡在教育信息化方面可以说是一步登天,于1996年推出全国教育信息化计划,拟投资20亿美元使全国每个家庭和每间教室连通Internet,做到每两位学生一台微机,每位教师一台笔记本电脑。我国香港特区政府于1988年拨款26亿港币为每一中小学装备计算机教室;香港大学要求98级新生每人拥有一台笔记本电脑,学生个人仅出资三分之一。

我国的中小学计算机教育始于80年代初期。到1998年底,全国中小学装机总数近100万台,配置计算机机房的学校达到6万所,许多学校在开展计算机教育的同时将计算机用于教学。按照教育主管部门的计划,到2002年,全国将有15万所学校开展计算机教育(占学校总数的20%),同时在全国建设100所高水平的信息化教育示范学校和1 000所信息化教育实验学校。在高等教育方面,到1998年底全国已有450所高校接入中国教科网CERNET。

二、信息技术对教育发展的影响

以网络化、多媒体化和智能化为特征的现代信息技术(IT)在教育中的广泛应用无疑会对教育理论和实践产生巨大影响。作者认为从技术哲学视角来考察这种影响是适当的,因为技术哲学关心诸如技术的本质是什么,技术对于人的精神、社会、文化、环境等方面的影响如何之类的宏观问题(Brey,1997),有助于我们从总体上把握这些影响的程度与发展趋向。

只要简单地回顾一下现代教育技术的发展史,我们不难发现IT对于教育影响的若干规律。图1从国际上教育技术的发展进程来考察IT对于教育理论研究与应用实践的影响。当无线广播和电视技术开始用于教育时,教育理论研究的重心是众体教学(Mass Teaching),经过一段时间的研究和试验后便进入了实用阶段;当分立计算机(特别是个人机)进入教育领域后,教育理论研究的重心转向个别化教学(Individual Instruction);当计算机网络(主要是局域网)开始用于教育后,教育理论研究的重心变为小组合作性学习(Group Learning);当国际互联网(Internet)进入教育后,教育者则转向对虚拟教育(Virtual Education)的研究,出现了虚拟教室(Virtual Classroom)和虚拟学校(Virtual School)之类的新概念。这些都是我们迄今所见的情况。

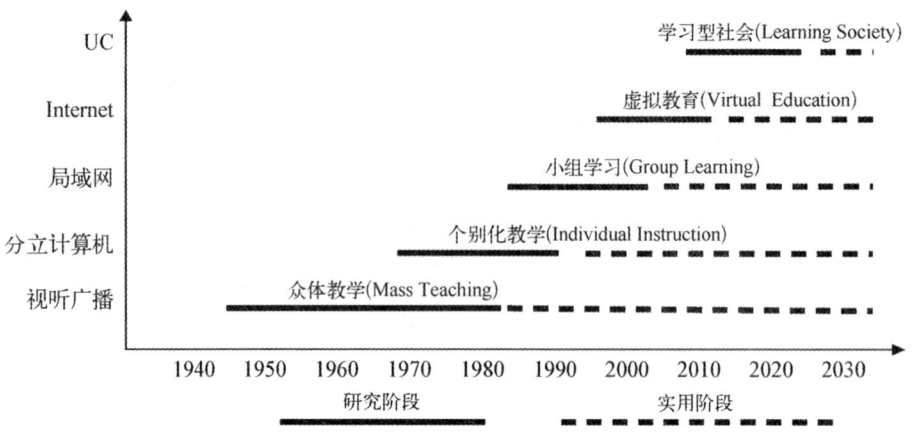

图 1　信息技术对教育理论与实践的影响

从信息技术发展角度来说,现在正是 Internet 蓬勃发展的时期。我们不禁要问,21 世纪的主流信息技术将会是什么？这是信息技术界目前正在争论的问题。多数人认为以 Internet 为基础的远程计算技术(Telecomputing)继续是下一世纪信息技术的发展趋向,一个例证是国际上正在筹建第二个 Internet。但也有少数人认为,以超微计算机和无线通讯网为基础的"泛在计算技术"(Ubiquitous Computing,简称 UC)是下一世纪信息技术的重要发展方向。这二种观点孰是孰非,莫衷一是。确实,如果仅从技术本身来看,我们无法确认哪一观点更为合理。但如果我们换一个观察角度,将人与计算机看作一个人机共生的社会,用生态学的视角来看待这个问题,其实不难产生我们的预测。如表 1 所示,早年人们使用昂贵的大型机时,利用分时办法使得许多用户可同时共用一台机器,通过硬件资源共享达到经济性,人机形成"多·一"对应关系；当 PC 机出现后,经济性已不成问题,可以做到一个人独用一台机器,人机形成"一·一"对应关系；自从出现了网络以后,许多人同时上网操作,共享许多联网计算机的硬件、软件以及信息资源,人机变为"多·多"对应关系；现在还剩下"一·多"对应关系,这就是泛在计算技术(UC)的真实含义。人们设想,将来每个人可以拥有许多超微型计算机,它们通过无线联网,时时刻刻,悄然无声地为人们服务。既然在我们的人机生态系统中潜在着这样一种对应关系,如果我们无法排除其发生的可能性的话,那么,我们就有理由相信它迟早会发生的。到了 UC 时代,任何人可以在任何地方、任何时刻获取所需的任何信息,真正的信息化社会得以实现,那时真正的学习型社会也将随之到来。

表1　信息技术发展的生态学预测

计算技术发展 \ 人—机关系	人	机
大型机	多	一
PC 机	一	一
网络	多	多
UC	一	多

由以上分析我们还看到,各种信息技术,特别是以电子计算机和网络通讯为基础的现代化信息技术,可以造就崭新的教育文化。所谓教育文化是指人们惯常的教学行为模式,突出地表现在教师、学生、教学内容及学习环境之间的交互作用方式上。古代社会中人们习惯于面对面的言传身教模式,近代学校中则以班级化讲授作为惯常的教学模式。自从有了电子化的教学媒体后,出现了多种媒体化的教学模式,从视听广播教育到计算机化教育,从众体教学到个别化教学和小组合作学习,从在校学习到网上虚拟空间中的学习。当基于技术的新颖教学模式出现并被人们尝试时,人们原有的教育文化—主体文化仍然在起作用,于是将那些由技术促生的教学模式作为教育中的"技术文化"或"第二文化"。当随着条件成熟并且人们越来越多地采用新模式时,从不习惯到习惯,由习惯变自然,这种第二文化就变为人们主体文化的一部分了。

当代世界上信息技术的发展特征是网络化、多媒体化和智能化,而 Internet 是集这些特点于一身的信息技术系统,几乎具备了以往所有教学媒体的主要功能。Internet 在教育中的广泛应用将 CAI(计算机辅助教学)的概念和应用范围扩展到前所未有的程度,以至于越来越多的人更喜欢使用计算机化教学(CBI)、计算机化学习(CBL)、在线教育(Online Education)、网上教育(Network-Based Education)等名词。为了比较全面地考察网络时代 CAI 应用发展现状,我们在图 2 中列举了可在网络上实现的大多数 CAI 模式,包括比较传统的和新生的。此图还同时提供了一个关于 CAI 模式的分类框架,将个别化教学或集体化教学、以教为中心或以学为中心作为两个分类变量。我们将计算机管理教学(CMI)作为各类教学模式的协调机制。此分类也可作为关于网上教育的技术文化分类。

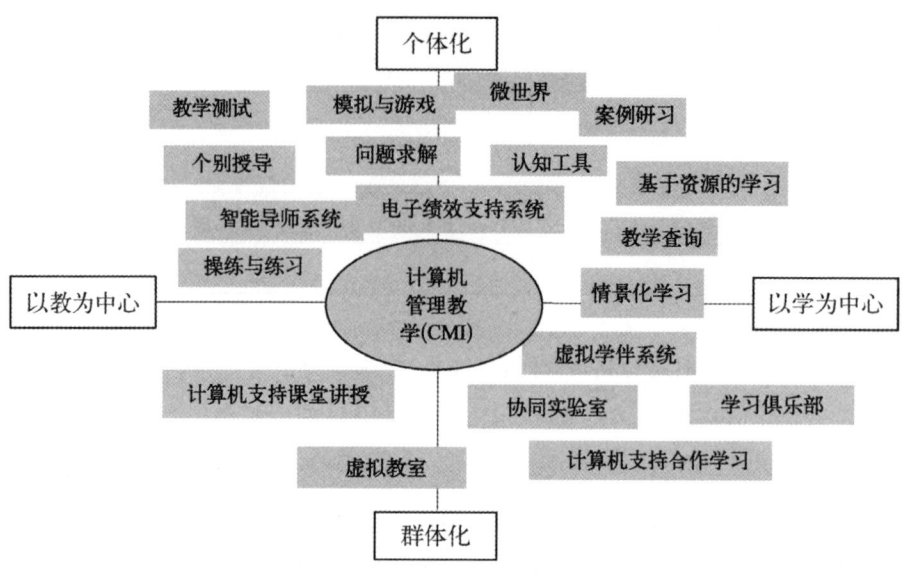

图 2　网上教育的技术文化分类

以美国为首的西方发达国家教育中的技术文化发展趋向是从个别化到群体化,从以教为中心到以学为中心,同时这种技术文化在很大程度上对整个教育的理论研究与实践产生重大影响,这就是西方国家教育信息化对于教育发展影响的主要轨迹。我国的教育信息化水平与西方发达国家存在很大的差距,目前尚处于初始阶段。我国的教育信息化将如何发展？本文接着将探讨这些问题。

三、教育文化对信息技术教育应用的影响

上面我们考察了现代化信息技术对教育带来的种种可能性,并将之作为一种新生的文化现象——技术文化来看待。现在的问题是,这种技术文化在多大程度上能够与人们的主体文化相融合,或者反过来说,主体文化对技术文化的采纳有何影响。在回答这个问题之前,我们需要明白主体文化的特征是什么。

"文化"这一概念的涵义如此广泛,以至于我们很难找到一个关于它的统一定义。布如伯与克勒库恩(Broeber & Kluckhohn,1952)分析了164个关于文化的不同定义,企图从中抽取最关键的要素,最后得出如下定义：

文化由显式和隐式的行为模式所组成,这些模式有习得的也有经符号传递的,还包括它们在人造物中的体现,成为人群的区分性成就;文化的本质核心包括传统的(即由历史派生的或选择的)观念及其附随的价值;文化系统一方面被作为人们活动的产品,而另一方面又被作为进一步活动的决定条件。

这个定义首先界定了文化的概念内涵,接着说明文化的核心内容,最后指出文化系统的功能。

如何刻画一种文化与别的文化之间的差别?许多社会文化学家致力于寻求文化"本征值"(Identity),荷兰社会学家霍夫斯戴德(Hofstede,1980)的研究成果颇受国际同行的重视,他在对 IBM 公司中来自世界 50 多个国家和地区的二万多名雇员的大量调查数据进行系统分析的基础上,提取了四个关键变量:(1) 权力距离,是指社会对于组织机构中存在的权力不平等现象的接受程度;(2) 不确定性规避,表示社会对于带各种异见及异端行为人群的宽容程度;(3) 个人主义与集体主义,刻画社会中个人与群体之间利害相关程度;(4) 阳刚与阴柔,反映社会对待男女、强弱等方面的态度。

笔者从霍夫斯戴德的模型中抽取个人主义与集体主义、权力距离两个变量来研究教育文化问题。我们定义教育的主体文化是一个教育系统中人们关于如何教与学的惯常行为模式,它体现在人们的教育思想观念中、教学活动过程中和学习材料内容中。作者认为,教育文化是一定的社会文化的反映,它是社会文化大系统的一个子系统,又在很大程度上影响着社会文化的发展。

个人主义抑或集体主义,作为一种社会价值观,是大多数社会文化学家所公认的文化本征变量,也是许多教育理论家所关心的问题。瓦特(Watt,1989)在他的专著《个人主义与教育理论》一书中不无批评地指出,在西方世界中上一代人的教育理论模式是完全由个人主义思维方式所定型的,具体表现在三方面:(1) 教育政策和法规完全站在维护学生个人权利与利益的立场上;(2) 教育机构以发展学生思想和行动中个人自主精神为目标;(3) 学生个人发展与社会发展相脱离。另一方面,集体主义则是许多东方国家和社会主义国家所奉行的教育哲学。日本是一个将集体主义精神在教育理论和实践中体现得十分彻底的国家。日本人相信群体忠诚、团结、和睦乃是真正学校教育的前提,有效的学习必须来自真正群体精神的发展,而不是反之(George,1990)。日本的小学教育不对学生成绩进行评级和排名,那些个人学习优秀的学生往往容易受到批评,有一句著名的成语"出头的钉子得用榔头敲平"。

权力距离在学校教育中与课堂中的师生角色定位密切相关:以教师为中心抑或以学生为中心。西方学者将课堂中的师生关系看作一定的社会秩序的反映,也就是说,在比较民主的社会中,课堂中就会有比较民主的师生关系。近年来,国际上许多教育研究将师生角色定位与一定的认识论相联系。基本上有两种与教育密切相关的认识论:客观主义与建构主义。按照乔纳森(Jonassen,1992)的诠释:客观主义的根本假定是,世界是实在的和有结构的,因此存在关于客体的可靠知识,这种知识不会因人而异;教师的责任是向学生传递这种知识,学生的责任是接受这种知识。与客观主义比较对立的是建构主义。建构主义认为"实在"乃是人们心中之物,是知者建构了实在,或至少是按他的经验解释了实在。因此各人有各自心中的世界,无所谓谁的比谁的更真实。学习者应该是内在驱动的,在与环境的交互过程中获得对于世界的认识。因此学生是知识建构的主体,教师不应成为知识的灌输者,而应作为学习的帮促者。由此分析我们知道,以教师为中心抑或以学生为中心的教育观念差别有其深刻的认识论基础,即客观主义抑或建构主义。

作者将价值观与认识论看作考察教育文化差别的两个基本变量。由于每个变量有两个不同的取值:价值观(个人主义,集体主义),认识论(客观主义,建构主义),如果将它们组合,我们可以得到四大类不同的教育文化:(1) 个人主义—客观主义;(2) 个人主义—建构主义;(3) 集体主义—客观主义;(4) 集体主义—建构主义(Zhu,1996)。但这种分类只能反映几种比较极端的情况,因为变量的二值化造成了对立的分类,而文化系统之间的差别不等于对立。因此我们将每一变量看作为一个连续统,在两端之间还可以有许多不同的值分布,借用平面几何方法,我们将个人主义—集体主义、客观主义—建构主义当作描述各种不同教育文化差别的两个维度,于是我们得到如图3所示的关于教育文化的二维分类模型(Zhu,1996)。对于一种具体的教育文化来说,它可以处在这个平面的某一位置上。这个分类模型还有助于刻画教育文化的变迁问题。例如,美国的教育文化传统基本上是属于Ⅰ形的,现正在向Ⅱ形迁移。日本的教育文化是非常典型的Ⅲ形文化,我国的教育文化就其本质来说也是偏向于Ⅲ形文化的。

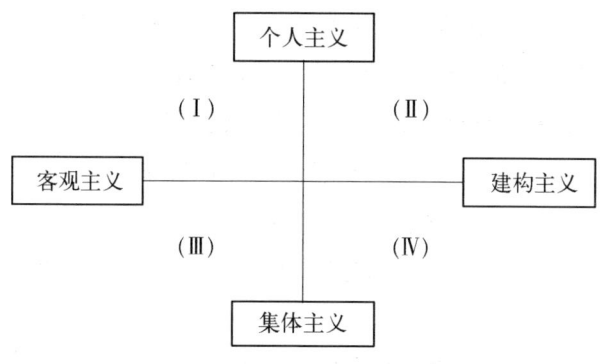

图 3　教育文化的分类模型

我们将如此定义的教育文化作为教育系统的本体文化。对于那些伴随现代化信息技术而来的学习文化来说,在其融入本体文化之前,仍然被作为一种外来文化来看待。现在我们要考虑的问题是,这种外来的技术文化与本体文化是否有冲突?换言之,本体教育文化对信息技术的教育应用模式有何影响?现代化信息技术系统就其基础结构层次来说具有功能的通用性,无非是支持信息的存贮、处理和传输,可以为任何文化系统服务(以突破语言编码障碍为前提),因此可以说是中性的。但信息系统的实用价值大多要通过二次开发才能实现,这些开发都是目标定向的,将人们的实用目标和功能要求通过编程来加以表达。而编程过程就是将人的部分思想外化,在一定意义上说就是使"灵魂脱壳",这在很大程度上是由人们的文化意识所支配的。关于应用信息系统的文化敏感性问题,国际上已有不少研究。例如,群体决策支持软件——群件系统在美国被企业界广泛用于支持"集思广益"(Brainstorming)和决策活动,因为它非常适合于西方比较民主的企业管理文化;但在新加坡和日本的文化背景下,这种软件就没有用武之地,因为上司的意见就意味着决定,下属极少发表不同于上司的看法。

信息技术的教育应用也是文化敏感的。计算机辅助教学(CAI)在美国一开始就是为个人主义的教育体系服务的,麻省理工学院的玻沃思(Bowers,1988)曾对此加以强烈抨击:由于计算机的教育应用鼓励学生接受个人作为完全自主和自导的自由形象,他们将无法懂得自己是如何作为大文化和生态系统之一部分的。本德松(Bunderson,1981)也发现,当早年他和同事们倡导并设计了以学生为中心的 CAI 系统 TICCIT 时,曾遭到教师们的怀疑和抵制。日本是东方国家中最有条件大规模开展CAI的,但其进展并不迅速,因为它的集体主义教育文化与个人主义的CAI模式发生了严重冲突。但日本毕竟是一个很善于吸收和改造外来文化的民族。日本人设法将计算机用于支持课堂集体化教学过程,研制成功了课堂信息系统,并创造了著名的学生群体反应数据的S-P分析方法。我国在发展计算机教育应用时则同时引进了集体化和个别化的应用模式,但从目前实际使用情况来看,个别化模式的应用不太成功,因为我国的教育文化本质上是集体主义的。

四、文化整合作为发展我国教育信息化的策略

现代化信息技术对于教育来说是前所未有的大机遇,但是,朝教育信息化前进必然会遭遇文化冲突。试想在通讯不发达的时代,你在一个地方如何教如何学,与外界几乎没有什么直接影响。现代化信息技术突破了时空限制,将世界连为一体,成为名副其实的"地球村",于是各种教育文化在同一"虚拟空间"中遭遇,互相影响,有时甚至互相冲突,这是不可忽视的客观存在。

如何对待教育文化之间的冲突?首先,现代人必须要有多文化意识,学会文化包容,懂得互相适应。实际上,每一种教育文化都有各自的长处和短处。一般说来,带个人主义倾向的教育系统长于培养学生的自主意识和个人创造性,但要防止走向极端。美国的教育文化是极端个人主义的,因此不时遭到许多学者的批评。雷特曼(Reitman, 1977)指出:"极端个人主义是一种阻碍学生走进就业市场的价值观。训练学生将极端个人主义当作理想的价值观乃是现代美国学校文化滞后的一个例证。"实际上,现在美国教育系统已开始重视集体主义教育,例如将阿波罗13号飞船遇险脱难的事迹当作集体主义精神的成功范例,对学生进行集体主义教育。而带集体主义倾向的教育系统长于培养学生的群体意识和合作创造能力,但要防止过于僵化。在集体主义根深蒂固的日本,已有一些教育理论家对极端的集体主义进行抨击,正在酝酿一场激烈的教育改革。日本学者Nishinisono(1991)则观点鲜明地号召"扫除过于划一和死板,建立个人主义的原则,并根据这一原则对教育系统的各方面进行彻底的检讨"。从理性思辨来说,集体主义的教育文化需要集体化的教学形式,个人主义的教育文化需要个别化的教学形式。从教育实践上看,集体化的教学形式不一定保证导致集体主义,个别化的教学形式

也不会必定导致个人主义,这涉及教育系统内外许多因素,如学习的激励机制(包括考试制度)、社会大系统的价值观等。我国的教育系统从其根本属性来说应该是属于集体主义的,但现在出现了异化现象,变成了形式上的集体主义,实质上充满了个人竞争,在中学教育中这种现象更显突出。这种形式与内容之不统一意味着虚假,而虚假的系统从本质上讲是低效的。这是值得我国教育者深思的问题。

另一方面,我们从客观主义—结构主义维度来认识教学系统的文化取向问题。带客观主义倾向的教学系统一般来说适合于"良构"(well-structured)领域中基础知识的学习,其学习结果是能够"收敛"的(学生很容易达成共识),但在知识应用能力方面通常表现为"近迁移",并且因其采取直接传递教学形式,通常具有较高的教学效率;带建构主义倾向的教学系统比较适合于"劣构"(ill-structured)领域和高级知识的学习,其学习结果往往是"发散"的(学生不易达成共识),但在知识应用能力方面通常表现为"远迁移",并且因其大多采取发现式和讨论式教学形式,一般说来耗时较多,其意义重在学生创新能力方面的实际效果。无论中国和外国,传统的教育文化是倾向于客观主义的,但现在许多西方国家的教育研究已开始将注意力转向建构主义,这与世界上的科学研究开始向那些劣构及发散领域冲击的趋向是一致的,并且现代化信息技术为建构主义学习提供了强有力的条件保证,这一现象值得我国教育界重视。图4对这两类教学系统的性质提供概括性诠解,有助于我们作教学系统选择。

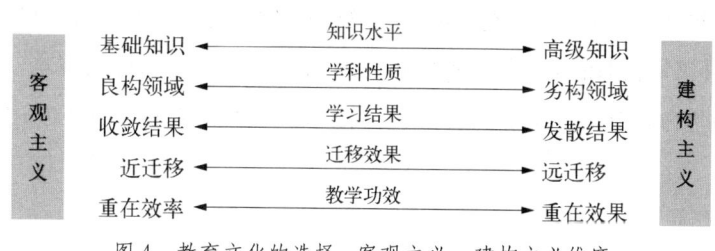

图4　教育文化的选择:客观主义—建构主义维度

由以上分析揭示了教育文化整合的必要性,因为没有哪一种教育文化可自封为最优的。当然,整合不是联合,更不是混合,而是摒弃自己文化的弱点,吸收其他文化的优点,实现系统性的教育文化更新。现在人们在广泛地讨论教育改革,我以为其本质是教育文化的更新问题。文化系统具有很大的惯性,不能用革命的办法使之短时发生变革。一种比较有效的办法是在适当的政策鼓励下,运用现代化信息技术于教学过程，促进教学模式的改革，将新的技术文化整合到本体文化中。正如前面的分析所表明的，教学模式是教育系统的文化敏感因素。而新的教学手段和模式，只要是真正有效的，还是比较容易被教育者所接受，正如看电视、上网之类的技术文化很快被人们接受一样。实际上，个别化教学、建构主义学习之类的教育实践是与现代化信息技术的应用紧密相关的。历史证明，技术进步是对社会文化变革的最强大推动力，而现代化信息技术则是最适合于推动教育文化变革的技术力量。

还需进一步指出，教育文化的整合不是去追求教育形式划一。实际上，在一个国家和民族的教育系统内部，不但允许存在而且还要鼓励多文化现象。这包含两方面意思：一方面，不同地区、不同的学校应该有自己特色的教育文化；另一方面，就教师个体来说，应该大胆尝试新的教育文化，同时体验多种教育文化，形成文化鉴识能力，这样才能为民族教育文化的更新贡献力量。

我国的教育信息化应该如何发展，这涉及技术文化的整合问题。参照图1中所示的教育信息化国际发展趋势，我国的教育信息化程度与国际先进水平存在很大的差距，估计平均在20年左右。通常的情况是，对每一新的教育技术，在美国基本上完成了研究和试验阶段而转入大规模实用时，我国才开始试验；此时由于国际上已有大量的研究成果可供借鉴，我们的研究周期可以短些。这一比较特性决定了整合是发展我国教育信息化的基本策略，因为发达国家在教育信息化方面的先行实践已经展示了信息技术教育应用的多种可能性，使我们可以对各种应用模式作比较全面的审视和系统性的选择，根据我国教育文化的特点对它们进行系统整合，并采用较新的信息技术加以实现，而不必采取步步跟随的策略。因此，技术文化的整合对于我国教育信息化的发展来说是一种后发制人的赶超策略。

五、结语

本文简要介绍了当前世界各国的教育信息化发展趋向，并从技术哲学视角考察了信息技术的教育应用与教育文化之间的相互影响。我们的观点是，信息技术在教育中的广泛应用可以创造崭新的技术文化，将这种教育的技术文化与教育的主体文化相融合，可以推动教育主体文化的更新。另一方面，在发展信息技术的教育应用时，应该充分考虑技术文化与主体文化可能冲突的问题。现代化信息技术在教育中的广泛应用促成多种教育文化在同一虚拟空间中汇合，这就要求教育者具备主体文化意识和多文化鉴识能力。最后，笔者就如何发展我国的教育信息化作了些理性思考，提出将教育文化之整合作为发展我国信息技术教育应用的基本策略。

参考文献

[1] Benton Foundation (1997). The Learning Connection: Schools in the Information Age. [Online] Available at http://www.benton.org/Library/Schools/resources12.html.

[2] Bowers, C. A. (1988). The cultural dimensions of educational computing: Understanding the non-neutrality of technology. New York: Teachers College Press.

[3] Brey, P. (1997). Philosophy of technology meets social constructivism. Society for Philosophy & Technology, 2(3-4).

[4] Brown, A. L. & Palincsar, A. S. (1989). Guided, Cooperative Learning, and Individual Knowledge Acquisition. In L. B. Resnick (Ed.), Knowing, Learning, and Instruction: Essays in Honor of Robert Glaser. Lawrence Erlbaum Associates Publishers, Hillsdale, New Jersey.

[5] Bunderson, C. V. (1981). Courseware. In H. F. O'Neil, Jr. (Ed.), Computer-based instruction: A state-of-the-art assessment (pp.91-125). New York: Academic Press.

[6] Chan, T. W., Social Learning Systems: an Overview, in B. Collis & G. Davies (Eds.), Innovative Adult Learning with Innnovative Technologies, Elsevier Science B.V., The Netherlands, 1995.

[7] European Union (1996): The Union's policies-Education, vocational training and youth. [Online] Available at http://europa.eu.int/pol/educ/en/info.html.

[8] European Union (1996): Teaching and Learning Towards the Learning Society-White Paper on Education and Training.

[9] George, P. S. (1990). A case study: The Japanese junior high school.

Educational Horizons, 68(2), 69-73.

[10] Gorokhov, V. (1998). A new interpretation of technological progress. Philosophy & Technology, 4(1).

[11] Hofstede, G. (1980). Culture's consequences: International differences in work-related values. Beverly Hills: Sage Publications.

[12] Jonassen, D. H. (1991). Objectivism versus constructivism: Do we need a new philosophical paradigm? ETR&D, 39(3), 5-14.

[13] Jonassen, D. H. (1992). What is cognitive tools? In P. Kommers, D. Jonassen, & J. Mayes (Eds.), Congnitive Tools for Learning. Springer-Verlag, Berlin.

[14] Kawkins, D. (1994). Constructivism: Some History. In P. J. Fensham, R. F. Gunstone, & R. T. White (Eds.), The Content of Science: A Constructivist Approach to its Teaching and Learning, pp. 9-13. The Falmer Press, London.

[15] Lenk, H. (1998). Advances in the philosophy of technology: New structural characteristics of technologies. Philosophy & Technology, 4(1).

[16] Nishinosono, H. (1991). Japan's national policy on computer use in its schools. Journal of Technological Horizons in Education, 19(6), 64-67.

[17] President's Committee of Advisors on Science and Technology, Panel on Educational Technology (1997). Report of the President on the Use of Technology to Strengthen K-12 Education in the United States. [Online] Available at http://www.whitehouse.gov/.

[18] Reitman, A. W. (1977). Education, society, and change. Boston: Allyn and Bacon.

[19] Starr, P. (1998). Computing our way to educational reform. [Online] Available at http://epn.org/prospect/27/27star.html.

[20] United States Department of Education (1995), Survey of Advanced Telecommunications in U.S. Public Schools, K-12. [Online] Available at http://www.ed.gov/Technology/starrpt.html.

[21] Watt, J. (1989). Individualism and educational theory. Dordrecht, NL: Kluwer Academic publishers.

[22] Zhu Z.T. (祝智庭, 1996). Cross-Cultural Portability of Educational Software: A Communication-Oriented Approach (ISBN 9036508290), pp. 98 – 166. University of Twente, Netherlands.

[23] 祝智庭: 网络化学习的哲学思考, 载于《计算机教育应用与教育革新》(97'全球华人计算机教育应用大会论文集, 1997年5月于广州)。

世界各国的教育信息化进程*

祝智庭

教育信息化是指在教育过程中比较全面地运用以计算机多媒体和网络通讯为基础的现代化信息技术,促进教育的全面改革,使之适应于正在到来的信息化社会对于教育发展的新要求。本文着重介绍世界各国在推进基础教育信息化方面的发展近况。

教育信息化对于学校教育来说是千载难逢的好机遇。人类历史上虽然曾有过无数革命性的技术,但能够直接为教育服务的却凤毛麟角。而现代化电子信息技术则是自印刷术发明以来对教育最具革命性影响的技术。

教育信息化是为实现教育现代化所必须的。其一,教育信息化有助于加快知识更新速度。书本化教材的知识落后于社会发展少则5年,多则10年或更长。而计算机网络上的电子化课程知识更新可发生在一周之内。其二,教育信息化有助于培养学生的高阶思维能力。利用网络和多媒体技术,可以构建信息丰富的、反思性的学习环境和工具,允许学生进行自由探索,极大地有利于他们的批判性、创造性思维的形成和发展。值得指出的是,目前国内许多学校应用多媒体CAI时,普遍的做法是为教学重点和难点提供演示,把信息技术的使用权控制在教师手

---

* 原载于《外国教育资料》1999年第2期。

中,实际上并未摆脱以教师为中心的教学观念的束缚。可以说,计算机的最大教育价值在于让学生获得学习自由,为他们提供可以自由探索、尝试和创造的条件。其三,教育信息化能够突破教育环境的时空限制,有助于加强课堂与现实世界的联系。利用计算机多媒体可以模拟大量的现实世界情境,把外部世界引入课堂,使学生获得与现实世界较为接近的体验。更进一步,利用计算机网络使学校与校外社会连为一体,例如:美国宇航局通过联网向中学生开放,允许他们与宇航员对话和收集关于太空的信息;在伯克利的劳伦斯国家级实验室研制了一个网上虚拟实验室软件,允许学生通过远程联网获取从专业天文望远镜收集的天文观测数据。

在教育信息化方面,我们可以借鉴国际上许多经验和教训。美国在教育信息化方面一直走在世界前列。克林顿总统自 1992 年上任后,一直十分重视发展信息技术的教育应用。他说:"为了将信息时代的威力带进我们的全部学校,要求到 2000 年使每间教室和图书馆连通国际互联网(Internet);确保每一儿童能够用上现代多媒体计算机;给所有教师以培训,要求他们能够像使用黑板那样自如地使用计算机;并且增加高质量教育内容的享用。"在 1996 年 1 月所作的国情咨文中,他又把发展以计算机为中心的现代教育技术作为迎接信息社会对于教育挑战的重要措施之一。美国政府组织了几项规模较大的中小学教育信息化工程,例如由教育部发起的"明星学校"计划(1988—1997 年)使 6 000 多所学校连通信息高速公路,并开发了 30 多门完整的信息化课程;由美国科学基金会资助的"全国学校网络试点项目"(NSNT)涉及 153 所学校和 95 个其他组织,联合进行多方面的教育改革试验。据资料,到 1996 年,美国中学已达到平均九人一台微机,而期望的标准是五人一机;在全部中小学中约有 65% 的学校建设了教育网络,但连通了 Internet 的教室只占 14%,说明要完全实现 2000 年目标仍然任重道远。为此,美国政府各部门采取了一系列积极措施。总统科技顾问委员会组织了一个教育技术专家组,于 1997 年 3 月提出一个专门报告,就如何应用现代教育技术,特别是计算机与 Internet 联网,改革美国中小学教育提供建议。主要建议可以概括如下:

1. 以计算机辅助学习为中心,而不是以学习计算机为中心。将信息技术贯穿于 K-12 课程,以提高各学科教育质量为目的。

2. 强调教学内容与教法的改革,鼓励采用以学生为中心的教学方法,重视学生高阶推理与问题解决能力的培养。

3. 重视师资培养,使教师们懂得如何在教学中有效地使用技术,建议将教育技术投资中的30%用于师资培训。

4. 保障实际投资,至少将全国每年教育开支中的5%(约130亿美元)用于教育技术。

5. 保证平等使用技术,全美国学生无分地区、种族、年龄和社会经济状况,人人得以使用信息技术的权利。

6. 积极开展实验研究,建议将中小学教育经费的0.5%(约15亿美元)用于进行旨在提高K-12教育效率与费用效益的研究。

1997年,美国联邦通讯委员会批准了一项使学校和图书馆的联网与通讯享受优惠服务的计划,降价幅度为20%至90%;克林顿总统要求国会在五年内提供20亿美元的特别拨款。同时,克林顿当局还极力敦促政府各部门发挥教育资源提供者的作用:教育部支持美国教育资源信息中心(ERIC)建立了一个容纳900个教案的图书馆,并利用全国性的专家网和数据库来解答教育者提出的问题,甚至许多国家级的实验室也通过联网向中学生开放。尽管如此,政府部门在教育信息技术方面的投入仍然是十分有限的。大量的投资来自工业界和非营利机构,例如:太平洋Telesis公司于1994年发起一项名为"一流教育"的计划,目标是到2000年使加州的9 000所学校和图书馆全部联网,以半价收费提供上网服务;IBM向十个学区的中小学免费提供硬软件和教师培训;AT&T公司投入抵值1.5亿美元建立了一个学习网,为100所学校提供五个月的免费上网服务及后继的折价上网服务。

加拿大的学校网工程(School Net)从1993年开始,原计划连通300所学校,由于进展格外顺利,继而决定在近年内使加拿大17 000所学校全部联网。

欧洲各国的教育信息化程度各不相同。据1996年资料,欧盟国家中学拥有微机达到平均十二人一机,程度最高的是苏格兰,中学达到六人一机。与北美洲相比,目前欧洲中小学联网程度不算高,在欧盟国家全部320 000所学校中仅有5%的学校连通Internet。前欧共体曾于80年代后期和90年代初分二期推出一个名叫DELTA的大型研究课题,旨在解决多国异种通讯系统的联网标准问题,并在标准通讯平台上开发可供共享的跨文化教育与培训软件。后来的欧盟发布了一个题为"信息社会中的学习:欧洲教育创议行动规划(1996—1998)",旨在加速学校的信息化进程,同时推出多项有关教育信息化和教育改革的开发计划,如计算机通讯应用计划(1994—1998),关于多媒体教材开发的 MEDIA Ⅱ 与 INFO2000 计划(1996—1999),关于高校教育改革的"苏格拉底"计划与关于职业技能培训"达芬奇"计划(1995—1999)。此外,欧盟各国先后制订了各自的学校信息化发展计划:德国教育科技部与电信部发起了一项关于在三年内使 10 000 所学校联网的动议;丹麦政府在 1994 年制订的 INFO2000 IT&T 行动计划中提出,到 2000 年时将实现全部中小学联网;芬兰教育部于 1995 年提出一个题为"信息社会中的教育、培训与研究:国家战略"的五年计划,规定到 2000 年时将使全部学校和教育机构联网;意大利教育部于 1995 年提出一个行动计划,打算到 2005 年前为 20％的小学和 30％的中学配备多媒体设备与软件;法国政府于 1995 年确定了一批有关教育信息化的课题,建立了一批网上信息资源,将 13 个学区的学校先行联网;英国政府于 1995 年推出一个题为"教育高速公路:前进之路"的动议,将 400 家教育机构首批联网,并为 23 个试验课题拨款 1 200 万个欧洲货币单位。瑞典于 1994 年建成了全国学校网,接着向议会提出了关于将新技术使用作为教师培训义务的议案。

在亚洲,一些经济比较发达的国家和地区在教育信息化方面显示出赶超美欧的强劲势头。日本文部省于 1990 年提出一项九年行动计划,拟为全部学校配备多媒体硬件和软件,训练教师在教学中使用多媒体,支持先进技术的教育应用;1994 年又建立了百校联网工程。新加坡在教育信息化方面可以说是一步登天,于 1996 年推出全国教育信息化计划,拟投资 20 亿美元使每间教室连通 Internet,做到每两位学生一台微机,每位教师一台笔记本电脑。香港特区政府拨款 26 亿港币为每一中小学装备计算机教室。香港大学要求 1998 年级新生每人拥有一台笔记本电脑,学生个人仅出资三分之一。

我国的教育信息化计划也已开始启动。国家教委于 1996 年拟订了一个关于 1 000 所学校教育手段现代化试点项目的五年计划,至今其中已有近半数学校建成了校园网,每校平均装备微机百余台,大多包括多媒体教室、电脑教学机房、电子阅览室等建设内容。在经济发达地区,还有许多学校从多种不同渠道获得资助,自发地提前进入教育信息化行列。然而,这些项目普遍存在的问题是在投资方面重硬件建设,轻软件开发和教师培训。按照欧盟国家的经验,教育信息化项目一次性投资在硬件、软件、培训方面大约各占三分之一,长期的应用开发和维持则投入更多。这种做法值得我们参考。

参考文献

[1] Benton Foundation (1997). The Learning Connection: Schools in the Information Age. [Online] Available at http://www.benton.org/Library/Schools/resources12.html.

[2] European Union (1996): The Union's policies-Education, vocational training and youth. [Online] Available at http://europa.eu.int/pol/educ/en/info.html.

[3] European Union (1996): Teaching and Learning Towards the Learning Society-White Paper on Education and Training.

[4] President's Committee of Advisors on Science and Technology, Panel on Educational Technology (1997). Report on the President on the Use of Technology to Strengthen K-12 Education in the United States. [Online] Available at http://www.whitehouse.gov/.

[5] United States Department of Education (1995), Survey of Advanced Telecommunications in U.S. Public Schools, K-12. [Online] Available at http://www.ed.gov/Technology/starrpt.html.

中国教育信息化十年*

祝智庭

教育信息化在中国经过十年发展,教育信息化与信息化教育相关概念已经获得广泛认可,已经成为我国电化教育(教育技术)领域的流行概念。

---

* 祝智庭.中国教育信息化十年[J].中国电化教育,2011(1):20-25.

一、我国教育信息化素描

纵向来看,我国"九五"期间是多媒体教学发展期和网络教育启蒙期,"十五"期间是多媒体应用期和网络建设发展期,"十一五"期间则是网络持续建设和应用普及期。

横向来看,基础教育信息化发展概貌可概括为"一个信念,两大计划,三个项目";高等教育信息化则可以从信息基础设施建设、数字化资源建设、高校现代远程教育工程三条主线来观察;职业教育信息化可从学校建设、实训基地装备、教师培训这三块信息化建设和信息管理平台建设来概览。

二、教育信息化带来学科科研繁荣

笔者统计了从"六五"到"十五"以来的全国教育科学规划课题立项数据,发现教育信息化给我国电化教育(教育技术)的科研带来了勃勃生机。在此基础上,笔者提出了未来的若干重点研究方向:

其一,加强教育信息化发展的战略研究和区域整体推进的策略研究,加强远程教育在学习型社会和终身教育体系中的作用研究;

其二,继续支持教育技术学科建设、数字化学习环境建设、数字化教育资源建设和共享机制研究、网络课程开发研究;

其三,加强以效果效益研究为导向的信息技术在各级各类教育中创新应用研究,加强信息技术环境下学习型组织建设与培训模式研究、远程教育发展与质量保证研究、农村远程教育可持续发展研究、学习者能力发展研究;

其四,重视教育信息化领导力与教师教育技术能力建设研究,教育信息化评价指标体系的建设和发展状况跟踪研究,教育信息化和现代远程教育项目管理研究、投资效益研究等。

三、教育信息化的国际比较与发展展望

笔者曾就教育信息化竞争力模型进行了建构,并与国际上已有的一些权威国际

组织的信息化指数(基本上每年发布一次)进行映射,发现我国整体教育信息化竞争力与发达国家之间差距依旧明显,主要表现在信息化竞争力中的非技术因素发展水平较低,需要重视改善政府愿景规划、人们应用态度、社会文化氛围等因素。

笔者认为,"十二五"新一轮教育信息化的发展将不再单纯是技术上的建设与应用,将更多地侧向教育技术与"人"的关系,构建教育信息化生态系统,促进技术、人、社会的和谐发展,建设具有创新意义的信息化教育文化。

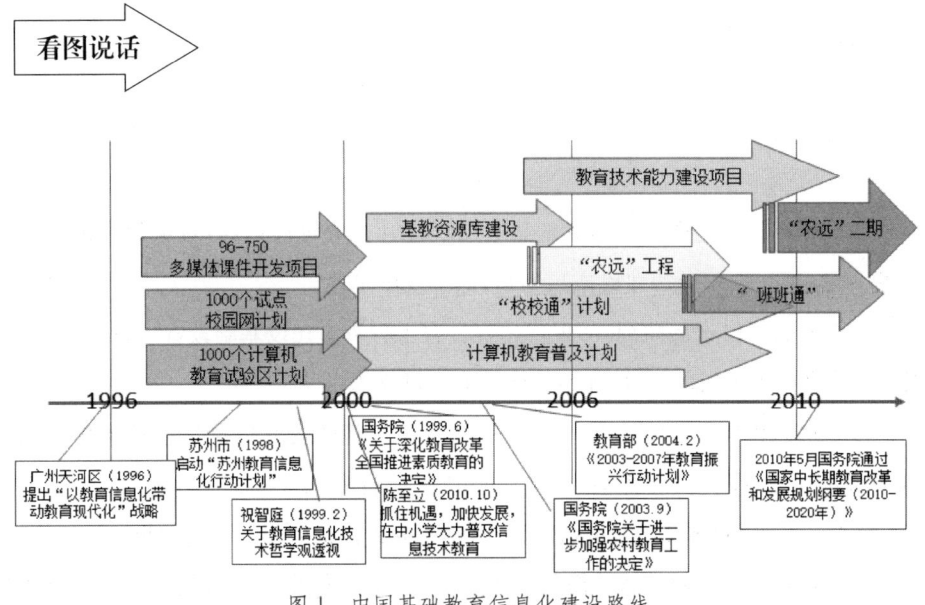

图 1　中国基础教育信息化建设路线

智语连珠

◆ 教育信息化是在教育领域广泛而深入地应用现代信息技术,促进教育变革与发展的过程,而信息化教育则是由信息技术支撑及增强的新型教育方式和形态。

◆ 政府愿景规划、人们应用态度、社会文化氛围等因素已经成为现代知识社会演进的重大作用力,如果我们不在这些方面加以重视和改善,那么这些问题必将演变成为中国教育信息化竞争力提升的障碍。

中国基础教育信息化进展报告*

祝智庭

本文对我国基础教育信息化近年来发展概况进行了回顾,分析了存在的问题,并提出了解决这些问题的建议,全文可概括为"四方进展,八个问题,十条建议"。

一、四方进展

(1) 基础设施建设发展迅速。其中"校校通"工程进展迅速,城域教育网建设效果显著,教育软件资源建设成果丰富,西部发展迅速。

(2) 配套项目进展顺利。"现代远程教育工程资源建设基础教育项目"成果丰富、进展顺利,中西部基础教育信息化若干项目收效明显。

(3) 信息化教育持续发展。2000年开始我国基础教育信息化已进入最有实质意义的实施阶段,信息技术课程、信息技术教材覆盖范围进一步扩大,教师培训、教改试点实施效果显著、贡献巨大,科学研究方面也取得了一定成果。

(4) 规章制度日趋完善。政策法规、技术标准陆续颁布实施,教师教育信息化建设不断发展。

二、八个问题

从总体发展进程和水平来看,我国基础教育信息化尚处于起步阶段,还有以下问题需要解决:(1) 观念陈旧,教学水平停留在传统模式;(2) 师资短缺,数量不足、能力不够、培训机会少;(3) 发展不均,发达地区与贫困地区在设备和资源方面都存在巨大差距;(4) 整合困难,缺乏具有革新意义的信息化教学实践;(5) 效益

---

* 祝智庭.中国基础教育信息化进展报告[J].中国电化教育,2003(09):6-12.

低下,投入之大与实际成效之间存在很大差距;(6) 资源匮乏,教育资源数量、质量不足,标准不一;(7) 安全隐患,网络不良内容的负面影响使得学校不敢让学生上网学习;(8) 教材泛滥。

三、十条建议

(1) 建立示范群体;(2) 扩大教师来源,提升教师素质;(3) 优化建设效益,探索多元化投入渠道;(4) 丰富优秀资源,加大政策、机制保障支持力度;(5) 深化教学改革,教学科研与实践,加强交流推广;(6) 开发品牌教材,兼顾我国特色的同时注意教材开发的前瞻性;(7) 加强教育科研,用研究引导实践;(8) 政府协调,调动机构和企业力量,建立服务体系;(9) 加强区域协作,加强发达地区和欠发达地区的合作互动;(10) 关注网络安全。

基础教育信息化包括信息化环境设计、信息技术教育、信息化教学、教师培训、规制建设等方面,是一个复杂的教育文化发展过程,急不得也慢不得,需要政府、教育机构、教育者和社会各方长期协同努力才能见诸成效。当前特别需要创建一批比较成功的不同类型范例,用以见证信息化教育的实效和引导教育信息化的健康发展。

智语连珠

- "校校通"不等同于"校校网","校校通"的目标并不是要每所学校都建起庞大的校园网,而是让90%以上的中小学采用多种手段和形式,用经济的成本获得丰富而优质的教学资源和课程,最终实现资源共享。
- 信息技术不能作为维持传统教学模式的手段,而应该用于创建具有革新意义的新颖教学模式,促进"教与学"方式产生根本性转变。而要实现这一目标,最基本的条件是教师应具有创新的教育理念,具备良好的信息素养,能够利用信息技术来进行教学革新。
- 教育信息化不仅仅是信息化环境建设问题,更重要的是应用问题,只有通过应用才能出效益。

◆ 在实践中发现问题,围绕问题开展研究,用研究引导实践,是信息化教育的明显特征。

基于娱教技术的体验学习环境构建*

孙莅文　邓鹏　祝智庭

娱教技术是实现娱教"将生命的体验与乐趣变为学习的目的与手段"的一套工具与方法论,本文从体验学习的研究出发,在学习设计和学习环境构建中引入游戏概念和游戏技术,为娱教技术的具体实现提供了一种可操作性的思路。

一、体验学习:一种蕴含娱教理念的学习模式

体验学习体现着娱教理念中对人之"乐"的尊重,并欲将之实现为学习的动力。按照娱教理念的提法,"乐"是学习者当前生活的目标和整个生命体验的最有价值的部分之一。而体验学习强调学习主体的主动参与、亲身经历持续探究、情感体验。这一特点吻合"学生熟悉的日常生活经验和乐趣对学习及能力的产生和发展所具有的积极、持久而深刻的影响"的娱教理念。

二、体验学习环境:支持体验学习设计和开展的平台

(一)面向使用者的体验学习环境

体验学习环境的使用者主要为学习者(学生)、学习设计者(教师)、研究者,其他还包括教育专家、教学管理者、家长,等等。体验学习环境的设计,应该满足三类主要使用者的需求,实现助教、助学、助研的功能,促进教学研的互动。

---

* 孙莅文,邓鹏,祝智庭.基于娱教技术的体验学习环境构建[J].中国电化教育,2005(7):24-27.

(二) 支持学习设计的体验学习环境

学习设计是体验学习的前提和中心,而教师是主要的学习设计者,承担着体验学习的设计和组织工作。教师需要工作在一个支持具体设计方法、提供相应工具和资源的环境中,才能专心于体验学习的设计,有效地策划、表达、组织开发学习的过程和资源。

三、游戏:体验学习环境构建的手段

(一) 社会文化发展视野

1. 游戏能够促进学习者真正的"生活的体验与乐趣"和"学习的目的与手段"的融合;
2. 游戏能够促进游戏者在游戏中表现出的积极因素的培养和发展;
3. 游戏设计、开发、运行在多种技术的帮助下取得更好的效果;
4. 游戏策划的艺术取向为教育技术向教育创意技术的发展开辟了探索空间。

(二) 方法论选择角度

1. 学习过程的设计表达层面:游戏作为体验学习的设计语言,同时游戏语言表达体验学习设计;
2. 学习过程的技术实现层面(场景工具实现)"使用者设计",即以情境化需要为核心的创造性活动。

> 智语连珠

- ◆ 学习者参与体验学习群体的共同的真实活动之中,学习发生于活动之中,使得知识成为动态学习经验的天然"副产品"。

云技术给中国教育信息化带来的机遇与挑战*

祝智庭　杨志和

学术卡片

一、中国教育信息化发展新动向

云技术打破了传统 IT 服务的交付和使用模式,教育信息化领域的云计算之路正在蓬勃发展而且潜力巨大,其在推动我国教育信息化的规划、建设、管理、应用等过程中,可谓机遇和挑战并存。

二、教育云给教育信息化带来的机遇

政策积极引导、媒体热情关注、企业倾情参与等利好因素积极推动了各个教育云平台的争奇斗艳。在教育信息化经过一轮大规模的硬件投入后,当前已进入高原期,云技术则为解决这一问题带来了希望和机遇:(1)基于云计算的多层服务体系能够构筑具有自适应能力的学习服务生态系统;(2)教育资源汇聚且易于共享;(3)云平台支持知识创建协同化;(4)教育云搭建个性化的学习环境并提供个性化的学习服务;(5)教育云学习支持服务实现终身学习泛在化。

三、发展教育云的挑战

云技术也给教育信息化带来新的问题,发展教育云还存在技术、人才、管理、教育等方面的挑战。我们认为,在我国网络带宽不充分的情况下,适宜采取一种半虚拟化的"混合云"架构,即构建以本地云和本地数据中心为基础,同时也可以与外部云进行资源与服务的"纵向整合、横向关联",学生可以通过网络在任何地

---

* 祝智庭,杨志和.云技术给中国教育信息化带来的机遇与挑战[J].中国电化教育,2012(10):1-6.

方、任何时间使用学校自己的计算云,当然也可以在没有外网的内部局域网环境下获取基于校园私有云的学习支持云服务。这种设计是针对我国网络带宽不佳的当前甚至今后较长一段时期的最佳方案。

我们可以看到,技术的发展引领着思维和生产方式的变革,云技术让人们在思考我国教育信息化发展策略上要有前瞻性眼光,它正在为我国教育信息化建设提供新的思路和解决方案。通过事实与实践证明:教育云服务代表了一种趋势,目前也迎来了很好的发展机遇,重要的是,我们要沉着冷静地面对那些发展过程中的障碍和挑战。

看图说话

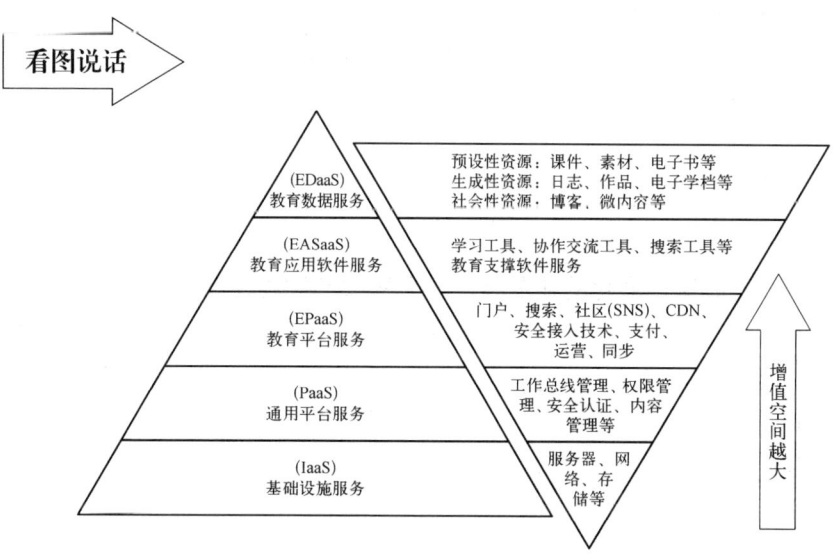

图1 教育云的增值空间

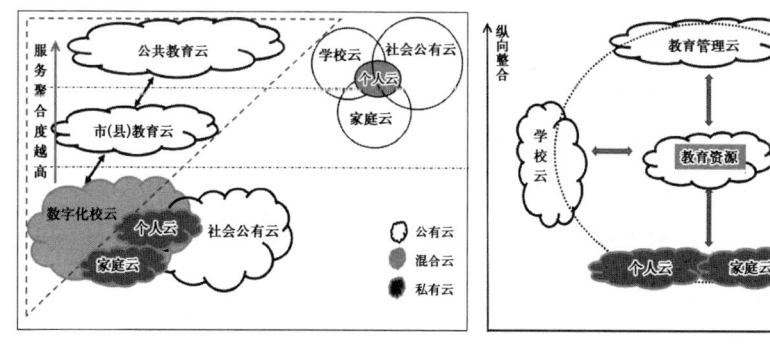

图2 教育云的生态关系(左)和云际关系(右)

> 智语连珠

- 在教育云环境下的学习可以称之为"云学习"(Cloud-Based Learning,简称 CBL),从它与正式学习相比的形态来看,我们可以更形象地将其描述为"长尾学习"。
- 在教育云建设过程中,首先要做好顶层设计,采取进化的技术路线,逐步向教育云过渡和演化,该摒弃的要摒弃,该改造的要改造,该新建的要新建,该引入外部云服务的就大胆引入。
- 教育云是基于信息技术服务的高度细化与专业化分工,成就与需求高度吻合的个性化的服务链。

教育信息化的新发展: 国际观察与国内动态*

祝智庭

一、国际观察

(一) 技术设计应用

1.《地平线报告》风向标;

2. 电子书包工程发展;

3. 开放课程建设;

4. 教育云与物联网构建;

5. 计算机说服技术教育应用;

---

* 祝智庭.教育信息化的新发展:国际观察与国内动态[J].现代远程教育研究,2012(3):3-13.

6. 平板计算教育应用。

(二) 理论创新研究

1. 巴斯德研究范式,即应用实践激发的基础研究;

2. 联通主义学习理论,强调学习是一种网络联结和网络创造物;

3. 文化基因学,即模因隐喻及其典型应用;

4. 教育神经科学发展,人脑、认知和学习的关系被重视。

二、国内动态

(一) 技术设计应用

1. 电子书包与电子课本技术标准及应用示范;

2. 探索教育信息化开放生态;

3. 国家精品开放课程建设;

4. 构建数字化布鲁姆图谱中国版;

5. 探索技术丰富的有效教学模式;

6. 基于云计算的数字化校园(教育云)探索应用;

7. 碎片化学习研究与发展。

(二) 理论创新研究

1. 协同学习理论与技术系统框架;

2. 文化视域下的教育技术研究新框架;

3. 教育设计研究用于教师培训。

三、结语

教育信息化是一项复杂的系统工程,需要全球视野、登高望远,更要立足国情、脚踏实地。通过国际前沿观察,把握世界教育信息化的最新潮流与走向,为我国教育信息化提供有益启示和吸收借鉴。要充分考虑我国教育信息化的基本现实,尊重教育信息化的规律,不断稳固已有的成果和学术地位,积极探索多元化发展道路。

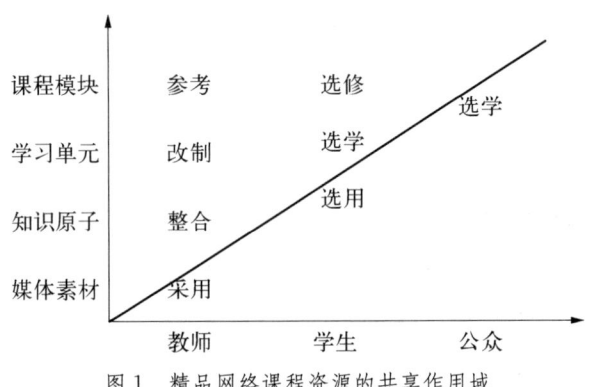

图1 精品网络课程资源的共享作用域

（智语连珠）

- 问题化学习是信息时代的学习范式,是创新教育的核心;而项目学习基本上属于右脑主导的学习方式,体现了新的"教育逻辑"——"科学探究在于求真,技术应用实现价值,设计创意提升价值,项目锻炼创新能力"。
- 碎片化学习可能更加适合较小粒度的概念、事实、新闻、通讯、某些缄默性知识以及操作程序和操作步骤的学习,而对系统的、复杂的学术性学习(尤其对高阶认知能力、辩证性思维、批判性思维和问题解决能力)支持力较弱。
- 面向21世纪的学习是一种实践参与、社会协商和意义建构的复杂过程。

学习分析：教育信息化的新浪潮*

吴永和　陈丹　马晓玲　曹盼　冯翔　祝智庭

学术卡片

一、分析与学习分析

（一）什么是分析与学习分析

借用沃森(Watson)的观点，"分析"术语的形成主要关注四点隐喻：在哪使用、谁来执行、需要的技巧和涉及的技术。从这种观点出发，在教育领域中使用，由教育者、学习者、管理者等利益相关者执行，运用分析技术对与学习相关的数据进行收集、处理和分析的过程就可以称为"学习分析"。

（二）学习分析溯源

学习分析是在多种数据挖掘和分析技术基础上发展而来的新兴应用，可以说，学习分析是商业智能、网络分析、教育数据挖掘、行为分析等领域进一步发展和融合的结果，在经历了数据挖掘和分析技术的不断发展和演变后应运而生。

（三）学习分析的概念界定

教育数据挖掘主要关注的是"如何从学习大数据集中提取有用信息"这一技术挑战，而学术/行为分析则关注"如何在国家或国际层面上最大程度地改进学习机会和教育结果"这一政治/经济挑战，学习分析则主要关注"如何优化在线学习机会"这一教育挑战。

---

* 吴永和,陈丹,马晓玲,曹盼,冯翔,祝智庭.学习分析：教育信息化的新浪潮[J].远程教育杂志,2013,31(4)：11-19.

二、学习分析成为教育信息化浪潮

（一）学习分析研究愈演愈热

对国内外学习分析的文献主题分析可以看出，目前，国际上学习分析的研究方向主要集中于学习分析服务（包括开放数据集服务）框架、分析方法、工具与可视化工具领域；而国内目前主要集中于综述和应用分析。学习分析的研究可能聚焦在如下领域：

1. 偏向于计算机科学与人工智能领域的数据挖掘、机器学习、知识工程；
2. 侧重于教育技术领域的学习分析统计模型的设计；
3. 侧重于人机交互与用户体验的学习分析结果可视化。

（二）学习分析的利益相关者

学习分析产生的报告对教学者、学生、管理者三方有着直接利益关系，而在学习分析整个生态系统中，还涉及与学习分析存在教育、金融、经济或道德等方面的间接利益关系，或者在系统中执行一个或多个功能的主体或机构，如家长、企业、投资者等。

（三）学习分析的技术策略

1. 技术是学习分析的实现手段，它完成学习分析的整个数据分析和呈现过程；
2. 企业对大数据分析的技术方案，对学习分析技术方案的提出有较大的启示和帮助；
3. 学习分析系统应该具有功能模块化、报告可视化、数据多源化的特征。

三、学习分析的挑战与愿景

在教育领域中，非结构化数据占极大一部分，而且在没有人工帮助下，这些非结构化数据难以被计算机处理和理解。除此之外，数据集研究仍在很多问题需要解决，如数据标准化、多源、收集方式等。同时对于学习者在学习管理系统外的学习行为轨迹的捕捉、不同数据系统中数据的互操作性的缺失、安全性和隐私性问题,都是学习分析中现存的挑战。未来,学习分析与数据挖掘将可以作为"三通两平台"的构建基石、电子书包的优势支撑、智慧教育云的核心组分,同时还会对智慧教育的进步和发展起到至关重要的作用。

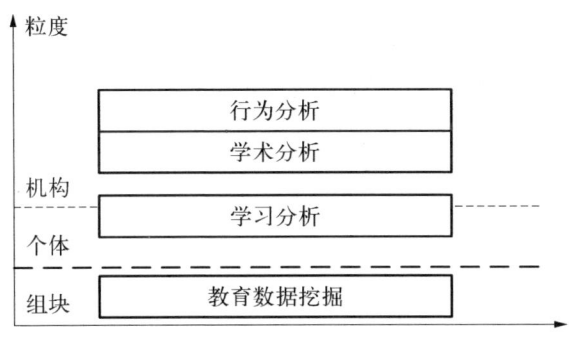

图1 学习分析相关概念粒度图示

智语连珠

- ◆ 智慧教育需以智慧学习环境为技术支撑、以智慧学习为根本基石,而智慧学习分析为智慧学习环境的构建和智慧学习的发展提供基础。
- ◆ 我们认为,学习分析的执行准则可以概括为"先理解,后行动",这就意味着学习分析的过程应该是先对数据进行"理解",之后采取一定的"行动"。
- ◆ 对于教育研究者来说,学习分析将教育研究与真实学习数据贯一起来,从一定程度上解决了传统教育研究中仅凭经验进行质性研究的不足,给现有的一系列教学信仰和观点增添了科学性和实践性。
- ◆ 学习分析是通过技术、算法、教学理论等相互协作而完成的对数据的分析。其中,教学理论催生的学习系统体现了算法的有效性,而算法则需要深度技术知识的支撑。

虚拟学习社区知识建构和集体智慧发展的学习框架*

甘永成　祝智庭

一、定义

我们将虚拟学习社区中的集体智慧理解为：在学习过程中，学习小组或集体协力加强整体性与相互联系，以便加深我们对事物的理解，使个体间的智慧达到进一步的凝聚，进而达到更高层次的整体性和密切联系，形成共同创造的能力。

二、原理分析及讨论

我们从整体性、智能、学习、知识管理四个维度来构建虚拟学习社区集体智慧发展的学习构架。

（一）整体性维度

1. 共性和差异性：共性是系统要素共同的、普遍的属性，差异性是系统要素的个体性、独特性与要素之间的差异性；

2. 系统论视角：虚拟学习社区具有层次结构性/多变性、关联性/协同性、交互性/动态性、系统效应/整体效应的特点。

（二）智能维度

从个体智能到集体智慧是一个连续统。从智能整体性和动态性两个维度考察，它包括多元智能、个体共性智能、合作智能和集体智能四个上升的层次，以及

---

* 甘永成，祝智庭.虚拟学习社区知识建构和集体智慧发展的学习框架[J].中国电化教育，2006(5)：27-32.

自我组织(发散)、相互连接(收敛)、智慧结晶(凝聚)和共同创造(创新)四种状态(见图1、图2)。

(三) 学习维度

从传统的学校教育到 e-Learning 也是一个连续统,实际上大部分的学习是混和式学习(Blended Learning)。网络教育的学习模式主要有两种:一是个别化自主学习,另一种是协作学习。虚拟学习社区正是实施这两种学习方式的最佳途径(见图3)。

(四) 知识管理维度

1. 知识管理宏观视角:包括有效的个人知识管理,构建学习型组织/社区,形成组织/社区文化,建立组织/社区记忆(知识库)来考察(见图4);

2. 知识管理微观视角:知识管理主要是通过知识的分享而达到价值倍增效应的,个体知识与集体知识经由外化、综合、内化、社会化的前后连续且螺旋上升的过程相互转化(见图5)。

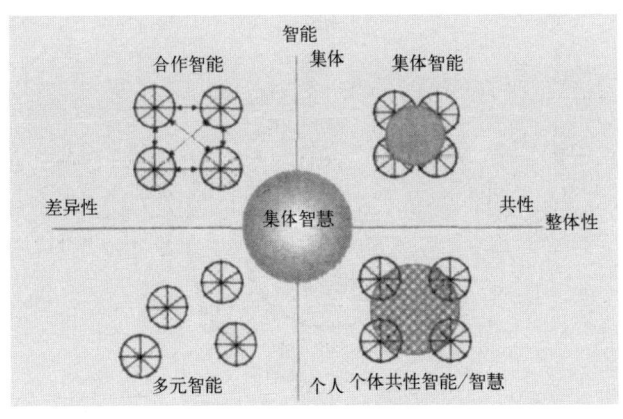

图1 智能整体性视角

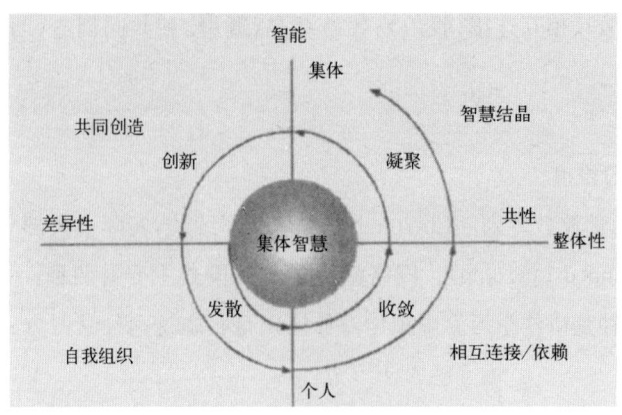

图 2　智能动态性视角

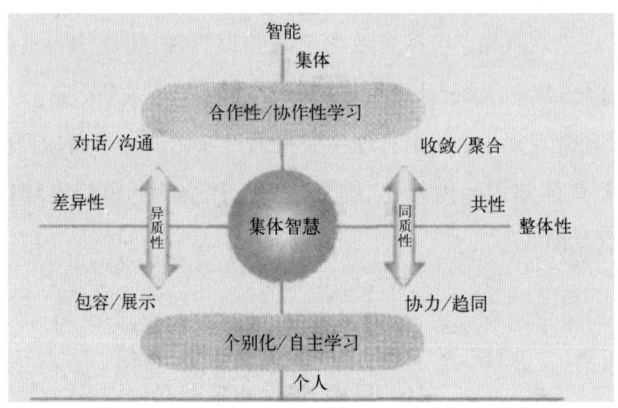

图 3　学习模式维度

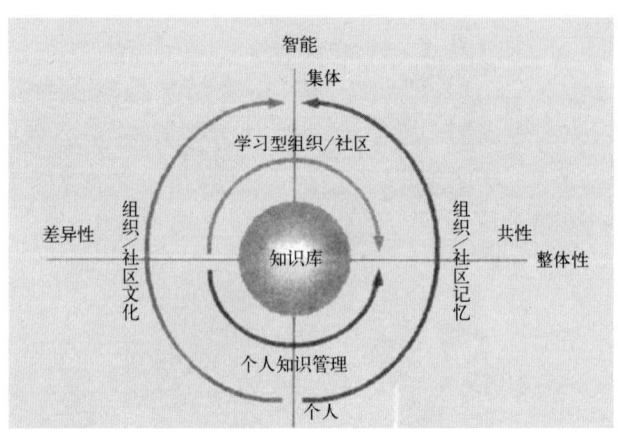

图 4　知识管理的宏观维度

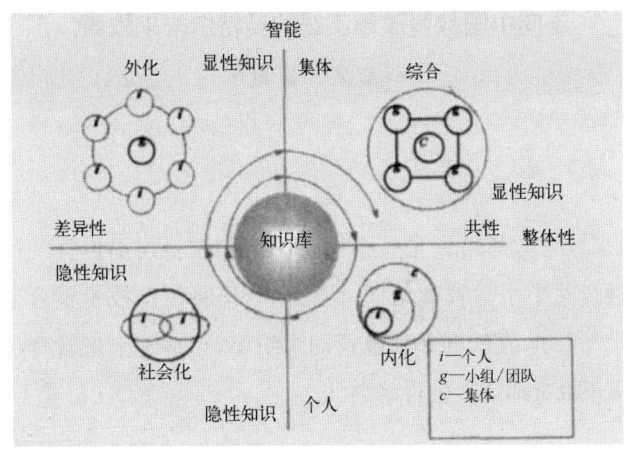

图 5 知识管理的微观视角

- 集体智慧是各种智能的凝聚,可形成深远的洞察力和远见卓识。
- 集体智能是分布式个体智能的有效组合,是个体智能的合作和凝聚,从而使整体智能得以加强和提高。
- 教育的目的不仅是要获取知识,更重要的是促进学习能力的提高,个人智慧的增长。随着时间的流逝,我们了解的许多事实都会被遗忘,但我们发现问题和解决问题的能力却永远不会消逝。这就是知识与智慧之间关系的最好说明与解读。
- 虚拟社区之所以能将成员培养成稳定的、忠实的用户,其最大特点就是由共同命运感、归属感及自我价值的实现构成的文化维系力。所以,必须十分重视变革管理,促进学习社区文化创新和学习者的观念转变。

走向中国教育改革实践的英特尔未来教育*

祝智庭　黎加厚

英特尔未来教育教师培训是一个由美国英特尔公司提供资助的大型国际合作项目,旨在通过对中小学教师培训,使他们获得将信息技术整合于学科教学的技能与方法。2003年,在教育部师范司的组织下,英特尔未来教育项目已在全国10所师范院校开始对师范生进行培训。

一、英特尔未来教育的性质与特点

(一)项目性质
英特尔未来教育项目的性质可概括为全球性、公益性、合作性和扩散性。

(二)课程特点
1. **模块化结构**:依据课堂教学过程分为10个模块,贯穿着三条主线:信息技术的使用、教学计划(教案)的设计、评价工具的使用;
2. **实用性目标**:基本目的是让教师学会如何在课堂教学中运用信息技术,强调动手实践;
3. **以教法革新为特色**:体现了当代教育教学改革的特点,包括信息技术的学科整合、合作型学习、反思型学习等;
4. **以学生为本位,以活动为中心**;
5. **信息化教学设计**:让学员学会设计以信息技术为支撑的教学过程,学会充分利用信息技术开展学习活动。

(三)课程本地化
在内容、教法、技术方面充分考虑我国实际情况进行调整和创新,在课程实施

---

* 祝智庭,黎加厚.走向中国教育改革实践的英特尔未来教育[J].电化教育研究,2003(4):3-8+13.

效果方面取得了良好的结果。

二、英特尔未来教育对中国教育改革的启示

(一) 英特尔未来教育的组织管理

1. 教育部和各省市教育部门的高度重视和领导是项目成功的根本保证;

2. 跨国大公司项目管理制度在教育上的运用,强调对培训结果负责;

3. 各级项目管理者的辛勤工作和无私奉献;

4. 各级学校的大力支持,专家组、骨干教师、主讲教师、参训教师的积极参与和创造性的工作;

5. 英特尔公司和各地教育部门的经费支持。

(二) 英特尔未来教育培训的内容设计

1. 理论联系实际,信息化教学设计;

2. 信息技术与课程整合;

3. 紧密结合国家课程标准;

4. 关注培养学生高级思维能力;

5. 丰富的全球教案资源;

6. 学习者也是教材和培训资源的建设者;

7. 不断更新和发展培训内容。

(三) 英特尔未来教育培训模式的丰富内涵

1. 研究性学习;

2. 在做中学;

3. 案例教学;

4. 以学生为中心;

5. 教法研讨;

6. 协作共享;

7. 反思学习;

8. 头脑风暴；

9. 资源型学习；

10. 面向作品集的评价。

三、令人深思的"英特尔未来教育现象"

回顾英特尔未来教育在中国的三年实践，它给中小学教师带来的大规模信息技术培训、信息化教学设计、教育观念更新等广泛的影响，可以概括为"英特尔未来教育现象"，其中包含了三个规律："震撼律"、"矛盾律"、"融合律"。

英特尔未来教育项目推广三年来的实践表明，一个国际性的教育项目要在中国成功并深入发展，必须与中国的本土相结合，在中国政府和各级教育部门的领导和支持下，通过广大教师的共同努力，创造性地融入到中国教育改革实践中。

四、英特尔未来教育在中国的进一步发展——与中国教育改革实践相结合

（一）加强项目管理，提高培训质量

（二）提高骨干教师和主讲教师的教学质量

（三）充实和发展培训内容

（四）因地制宜，区别发展

（五）项目的重心转向培训后的应用和创新

智语连珠

- 教师参加英特尔未来教育培训项目的活动中，一般都要经历迷茫、了解、困惑、反思、痛苦、兴奋、喜悦的过程。培训后，更体会到新的教育理念与工作实际和传统习惯的矛盾冲突。这种现象反映了中国教师群体在教育现代化进程中的社会、文化、心理的一种规律。

- 不同的教育观念和文化观念的碰撞将是一个长期的历史过程，整个教育现代化的历史，将是一个多种文化、观念碰撞，甚至包括行为方式和思维方式的演化过程。

区域教育信息化效益评估模型构建*

顾小清　林阳　祝智庭

教育信息化效益评估已逐步成为当前中国教育信息化研究领域的热点问题之一。本文尝试提出一种区域教育信息化效益评估模型,力图从全新视角去考察教育信息化区域层面的效益高低。

通过对教育信息化建设项目评估的国际研究现状调查,综合了国内外有关教育信息化效益研究相关成果,我们的研究团队设计形成了针对区域教育信息化的效益评估模型。

一、评估模型构建

(一)评估的指标体系

我们借用了平衡记分卡理论的全局视角的评估思路,和 StaR 指标体系的评估思路,根据教育信息化评估的需要,构建了一个三维的教育信息化效益评估指标体系(见图1)。

1. 视角维度:包含用户视角、财务视角、运营视角、变革视角;
2. 发展维度:包含起步阶段、应用阶段、融合阶段、变革阶段;
3. 角色维度:包括学生、教师、技术人员、管理人员、家长、社区、厂商。

(二)评估模型参考工具

为了供评估人员在对教育信息化效益进行评估的时候参考,本研究团队还为视角维的每个维度各提供了两个评估工具模型:

1. 用户视角:技术采纳人口分布模型、技术采纳速度模型;
2. 财务视角:财务视角总拥有成本 TCO、智力资本模型;

---

* 顾小清,林阳,祝智庭.区域教育信息化效益评估模型构建[J].中国电化教育,2007(5):23-27.

3. 运营视角：软件能力成熟度模型 CMM、信息技术服务管理模型；
4. 变革视角：变革倾向模型、教育信息化需求层次模型。

二、结论与展望

综合上述研究，本研究团队形成的指标体系可以用如图 2 所示的全景图表示。

区域教育信息化评估的目标是，利用评估指标模型，对区域在一定时期内的教育信息化发展现状进行描述，反映所取得的成效，以及在教育信息化投资方面存在的有待改进之处，从而为进一步的规划与发展提供策略建议。就我们目前提出的区域教育信息化效益评估模型来看，在描述现状、反映问题等方面发挥了作用；借助相应的评估参考模型，在预测未来发展方向，从而为区域的教育信息化发展提供策略建议方面，也能发挥一定的作用。当然，由于教育信息化发展在不同的区域面临复杂的不同问题，以目前的评估模型，是否都能描述现状、反映问题、预测发展，恐怕需要以更多的区域评估实践来证明。

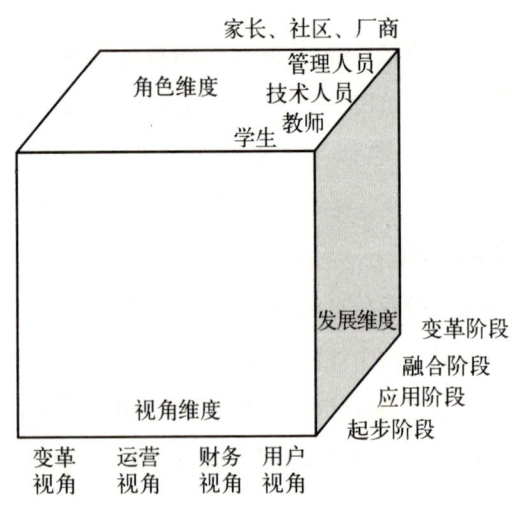

图 1 区域教育信息化效益评估模型三维结构

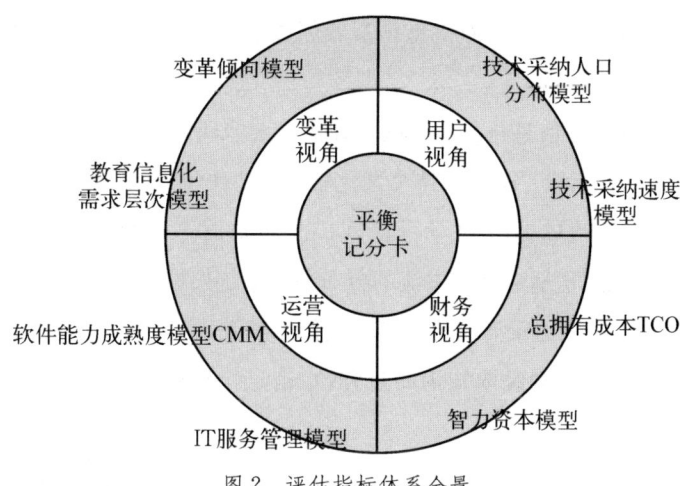

图 2 评估指标体系全景

Blog 与信息化教育范式转换*

林阳　祝智庭

Blog 是围绕某一主题,以时间条目构建的非正式的个人网站,每个条目包括 URL、个人评论以及时间。在 Blog 发展初期,有许多知名的博客将其在网上搜索到的各种优秀资源整合在一起,并加上自己的评注,再发布到网上与他人一同分享。日积月累,参与者也越来越多,就逐步形成了一种新的互联网交互形式。越来越多的人也已经发现了它在未来信息化教育中的广阔前景,国外也已经出现了许多以信息化教育为主题的 Blog。

综合来看,Blog 具有以下特点:

首先,Blog 完全是个性化的,它让网上资料的整理变得简单方便;其次,Blog

---

* 林阳,祝智庭.Blog 与信息化教育范式转换[J].电化教育研究,2004(3):49-51.

让学习者拥有了充分的自主权,学习者可以在自己的学习过程中建立完全个性化的 Blog;另外,Blog 为学生培养信息化素养创造了理想的情境;最后,Blog 促进了学生的协作精神的发展。

Blog 的出现并在信息化教育中的迅速流行绝非偶然,因为它正迎合了当前信息化教育新范式的诉求:Blog 支持个性化学习和协作学习,适应劣构知识的建构,鼓励学习者互相交流成果,关注学习者学习的过程,而不仅仅是结果,因而评价也更加准确有效,同时也适应当前主流的分布处理系统架构。

其实 Blog 的出现更重要的是代表了人们思维方式的转换,学习者意识到学习不是被动接收,而是主动吸取知识的过程,在信息化教育领域就代表了信息化教育范式的转换。

随着信息化教育的深入,一场学习革命正在形成,而 Blog 只不过是这场革命中的必然产物而已。相信在不远的将来,还会有更多类似 Blog 适应信息化教育范式转换的新的网络交互方式出现,到时我们也大可不必惊奇。

> 智语连珠

- ◆ Blog 是一个名词,也是一个动词。它既代表一种新的网络交流形式,也描述了人们苦心经营和展示自己作品的过程。
- ◆ 如果仅仅停留在形式的高度考察 Blog,那么它无非是当前众多网络交互形式的一种罢了。但是如果我们透过其时髦的外表,所体验到的将是思维方式的变革。

观照 MOOCs 的开放教育正能量*

祝智庭　闫寒冰　魏非

学术卡片

一、MOOCs 与开放教育的不解之缘

（一）从开放教育到 MOOCs

我们从麻省理工学院在开放教育中的行动发展轨迹中发现，开放教育资源运动、开放学习项目等 21 世纪早期的开放教育运动为 MOOCs 的强势来袭所做的奠基性工作。人们对"资源"和"教育"两个概念的区分深化体现了人们对于单纯的"资源"供给的不满足，以及对"开放教育"所寄予的更高期望。MOOCs 和开放教育资源虽然都是开放教育运动的分支，但内涵大不相同。开放教育资源开放的仅仅是学习资源，也就是说，它停留在内容开放的层面；MOOCs 涉及面却广得多，不仅与资源相关，还与资源背后的教师、学习支持、课程评价、证书、学分以及未来的就业紧密相联。

（二）MOOCs 的开放属性

MOOCs 将教育变革在主题、内容、对象、形式、目的"开放"的理念做了更立体、全面的诠释。

二、MOOCs 的正能量：对网络教育从斜视到正视

MOOCs 是远程教育的最新发展，但并非是全新事物。强化对网络学习规律的研究、创新在线教学模式、提升网络教育服务等命题是网络教育一直以来改进教育成效的举措，但一直并未取得实质性的进展，这个长期被"斜视"的命运在

---

* 祝智庭,闫寒冰,魏非.观照 MOOCs 的开放教育正能量[J].开放教育研究,2013,19(6)：18-27.

MOOCs 的不经意来临之际得到了极大逆转。

(一) MOOCs 成功的因素

1. 根植于开放课程资源运动的积累；
2. 得益于逐名(校)效应；
3. 归功于运作机制；
4. 归因于科学技术的运用。

(二) MOOCs 在教学模式上的创新

1. 吻合人类学习规律的视频单元设计；
2. 促进长时记忆的互动反馈设计；
3. 加深知识理解的掌握学习策略的运用；
4. 自评和互评策略的运用；
5. 学习社区的构建。

(三) 为网络教育正名

诚然，我国网络远程教育存在诸多弊端，甚至问题迭出，包括投入名师资源有限、管理机制缺失、过于简单化理想化、课程设计不合理等，但这些问题大多与商利驱使、自律不严、管理不良等非学术因素有关，而不是"网络教育"的在线学习形式所蕴含的教育本质问题。国内外相关实践已经证明了网络教育在基础教育界的有效蓬勃发展，在线学习已经渗透到传统全日制教育中，无论是学生、教师还是研究者、政府都逐步认可这种新的教育形式及其对学习和能力发展的促进作用，并将之作为现代教育的发展。

三、思考与展望

(一) MOOCs 的冷思考

技术对教育的变革过程总是挑战与机遇并存，MOOCs 在未来的发展中必须要回应并解决以下几个问题：

1. 定位及盈利模式；
2. 网络课程的精品化；
3. 课程完成率；
4. 学习者流动管理；
5. 实践场景缺失问题。

(二) 让 MOOCs 的开放精神照进高等教育

1. 加强学习规律研究,改革传统教育模式；
2. 迎接开放教育挑战,重构课程体系；
3. 适应网络学习发展,转变教师角色；
4. 借力信息技术,促进教育系统性变革。

我们认为,所有院校和教师们都应积极参与网络教育实践和研究,主动成为这场变革的主角。我们应当确信,在互联网时代,无论是学习资源还是教育形式,唯有坚持开放,才能集聚群体智慧,激发创新的动力,释放出更大的社会价值,真正推动教育的进步。

智语连珠

- "MOOCs 本身所传递的优质、开放、创新、自主的精神内核与人们对理想教育的追求高度契合",实践浪潮和学术繁荣的背后,实质是公众和教育工作者们对教育从封闭走向开放的极大兴趣追求。
- MOOCs 的创新机制蕴藏着巨大的冲击力：在教育上体现为"学生中心,服务至上",尊重学生的自由体验；在商业上体现为高度自信,海纳百川,求得"长尾效应"。MOOCs 的成功,首先是市场机制的"破坏性创新"带来的冲击力,而不是教育学意义上的根本性革新。

媒体素养教育： 现代教育新理念
——国内外媒体素养教育概览*

孙卫国　祝智庭

一、媒体素养的基本含义

媒体素养有别于过去培养媒体从业人员的媒体专业教育,媒体素养教育的宗旨是面向全体公民,使大众成为能积极地善用媒体、制造媒体产品、对无所不在的信息有主体意识和独立思考能力的信息社会的优质公民,它与提高社会文化品质与健全公民社会的发展息息相关。因此,媒体素养是信息时代大众作为终身学习者所必备的基本素质之一。

二、国外媒体素养研究和教育现状

从历史上看,媒体素养教育发轫于20世纪30年代的英国,成长壮大于加拿大、美国、澳大利亚、法国、芬兰、挪威、瑞典、瑞士等其他欧美发达国家,稍后才影响到亚洲的日本等少数国家和地区。我们发现国外的媒体素养研究和教育主要呈现出以下这样一些特点。

（一）教育对象全民化、教育主体社会化

发达国家对媒体素养教育研究早,重视程度高,普及范围广,显示教育对象全民化、教育主体社会化的趋势。

---

* 孙卫国,祝智庭.媒体素养教育：现代教育新理念——国内外媒体素养教育概览[J].电化教育研究,2006(2)：18-23.

（二）形式多样的媒体素养教育实践

善于利用各种形式、各种组织，针对家长、教师、学生等进行形式多样的媒体素养教育实践。

（三）教育内容阶梯化、教育模式多样化

善于根据不同年龄阶段的青少年和成人设计不同的课程，呈现出教育内容阶梯化、教育模式多样化的特点。

三、国内媒体素养研究和教育现状

国内媒体素养研究起步晚，研究主体主要是一些新闻传播学院的学者和有关青少年教育的社团组织，力量比较单薄。各级政府部门和社会各界对媒体素养教育在观念、政策措施、传播导向、经费投入等方面，缺乏应有的重视和有效措施，媒体素养教育没有在全社会形成合力。在研究内容、研究水平上，依然停留在对国外文献的追溯和引用上。研究方法上侧重定性分析，对公众的媒体素养状况调查主要集中在青少年，没有涉及其他包括成人在内的群体。从研究成果上看，结合国情提出有针对性的、真正有建树和有创新的观点不多。现有的未成年人教育课程中几乎没有媒体素质教育内容。迄今为止，尚没有中小学开设专门的媒体素养教育课程，也没有一本针对未成年人公开出版的媒体素养教材；媒体教育多年来一直局限于培养媒体从业者的专业教育，而非从普通公民的角度对公众进行大众化的媒体素养教育。

四、建设有中国特色的媒体素养教育

结合国外媒体素养教育的成功经验、中国台湾学者的研究以及卜卫提出的媒体素养教育的四个重点、三个途径和五个过程阶段，我们提出三个媒体素养教育的方法论观点：第一，理念先导，创设一个媒体素养教育的外环境；第二，齐头并进，研究、教育、实践一个都不能少；第三，与时俱进，立足国情，分阶段分步实施。

智语连珠

- 通过媒体素养教育，强化全民对媒体的"释放"（liberating）与"赋权"（empowerment），建立"健康媒体社区"。
- 开展媒体素养教育，是"形成全民学习、终身学习的学习型社会，促进人的全面发展"的战略举措，必须立足中国国情，面向全体公民，全社会共同努力。

《中小学教师信息技术应用能力标准(试行)》解读*

祝智庭　闫寒冰

2014年5月27日，教育部颁布了《中小学教师信息技术应用能力标准（试行）》（以下简称《标准》），该标准的实施将会对全国中小学（及幼儿园）教师信息化教学专项能力的提升、教育信息化的有效推进具有重要意义。文章将从四个方面来解读这一标准：

一、《标准》的出台背景

第一，从国家教育信息化发展需要来看，教师的信息技术应用能力至关重要；

第二，从教师的信息技术应用现状来看，各级各类的教师均有提升空间；

第三，从国际相关标准发展的情况来看，我国的相应标准已不能适应新形势的要求；

第四，从教师培训专业化的角度来看，任何培训均需要标准的引领和规范。

---

* 祝智庭，闫寒冰.《中小学教师信息技术应用能力标准（试行）》解读[J].电化教育研究，2015，36(9)：5-10.

二、《标准》的框架及特点

(一) 聚焦专项
帮助教师聚焦专项,重点突破。

(二) 面向应用
与教育教学实践吻合,便于教师理解与应用。

(三) 关注差异
关注差异,同时提出基本要求和发展性要求。

三、《标准》中的不同教学情境

《标准》对教师信息技术应用能力提出了"基本要求"和"发展性要求",对教师信息技术应用能力的要求要有合理性,而这种合理性必须考虑教师所处的信息化教学环境,因此标准从技术环境、教学模式、应用目的、应用形式、学生行为、代表技术六个比较要素对情境进行了划分,并给出了相应的教师能力要求。

四、《标准》的实施

我国此次《信息技术应用能力标准》是伴随着"能力提升工程"被提出来的,在"能力提升工程"中明确提出了要"研制标准体系"。标准体系包括《能力标准》、《培训课程标准》和《培训测评指南》。其中《培训课程标准》为《标准》的实施提供了课程建设和自主选学的依据,《培训测评指南》为标准的实施提供了保障,学习与实践相结合的培训要求为《标准》的实施奠定了基础。标准体系概念的提出具有规划的科学性,这一系统的顶层设计为标准实施创造了绝佳的平台。

> 智语连珠

- 教师的信息技术应用能力提升是破解教育信息化发展瓶颈、推进基础教育课程改革和促进教师专业发展的重要软实力。
- 与以往版本把焦点放在教师所掌握的与技术相关的知识和技能上不同，NETS新标准关注的是教师在一个日益数字化的时代里，如何提升学生有效学习的能力以及让学生如何富有成效地生活。
- 按需施训的"需"不能简单地理解为教师的需求，而要理解为教师的某项能力与应该达到的标准之间的距离。

信息化教育中的逆序创新*

祝智庭　贺斌　沈德梅

"逆序创新"是相对"顺序创新"而言的，它们共同构成一对矛盾统一体。顺序创新主要是以原有的研究成果（如产品、服务、技术等）为思维起点，通过改造、完善和精制操作来推动它基本上按原来的方向创新发展。逆序创新是从原有成果的不同思维方向或对立面去发现问题、思考问题和创造性地解决问题。由于视角不同、思路不同，看到的问题也很不相同，因此逆序创新的幅度和概率将会大大提高。

从教学系统的四要素来看，逆序创新可以针对系统要素及其时空结构进行创新，于是，我们可以得到逆序创新的基本类型：（1）教学主体逆序创新，如对教学思想、学习观念逆序创新；（2）媒体技术逆序创新，如移动技术支持户外学习；（3）内容资源逆序创新，如以大观点来组织内容；（4）教学进程逆序创新，如先学

---

* 祝智庭,贺斌,沈德梅.信息化教育中的逆序创新[J].电化教育研究,2014,35(3)：5-12+50.

后教、合法的边缘性参与;(5)教学结构逆序创新,如以学生为中心的教学;(6)混合型逆序创新,通常由前面任意两种或两种以上混合而成;(7)教学管理逆序创新,如先学习后收费管理、考试—收费—论证管理等。通常情况下,多种类型可能相互交织在一起。

本文分析了几个较有影响的信息化教学案例(见表1)。可见,在信息技术的影响和支持下,教育领域的逆序创新涉及甚广,不仅影响了教和学的过程和结构(如 Flipped Classroom、Microworld)、教学内容(如 Problem-Based Learning)、教学管理流程(如 MOOCs),还影响到人们的基本学习方式(如 Informal Learning),必将引发我们更多的关于人类如何学习(How People Learn)的思考,本文详细介绍了逆序创新在这些案例中的具体思路与做法,期待能够对如何善用技术优势促进教育教学创新有所助益。

看图说话

表1 信息化教育中技术可为的逆序创新案例比较

名 称	目标定位	逆序创新	逆序类型	理论支持
Microworld	做中学,意义建构,发现学习	从"电脑教学生"到"学生教电脑"	教学结构逆序创新	建构主义
Flipped Classroom	课外授课,课内内化,合理分布认知负荷,参与式工作坊	从"先教后学"到"先学后教"	教学流程逆序创新	认知负荷理论 混合学习理论
MOOCs	品牌效应,增加学习机会,大规模互动与参与,学习分析	从"收费后学习"到"学习后收费"	教学管理逆序创新	xMOOCs以行为主义为主;cMOOCs遵从建构主义与联通主义
Informal Learning	碎片化学习,在岗学习,移动学习	从"正规"到"非正规"	混合型逆序创新	情境学习与认知
Problem-Based Learning	高阶思维,有意义学习,实践能力	从"知识导向"到"问题导向"	内容组织逆序创新	有意义学习

> 智语连珠

- 教育创新广涉教育观念、教育体制、教育内容、教育方法、教育手段等多方面的创新,需要统筹兼顾、整体实施、协调推进。
- 情境学习认为知识是具体的、情境化的,学习者需要真实参与到知识原本应用或即将应用的情境中去学习和理解知识。学习即身份建构、意义协商和实践参与过程。

信息化教育中的知识管理*

甘永成　祝智庭

信息化社会与知识经济时代的主要标志是信息和知识的地位大大提升,信息知识与资本一样,成为一种主要资源。因此,教育面临着最大的挑战,就是如何培养大量的满足信息化社会与知识经济时代所需要的各个方面的人才。无疑,科学的、具体的应对措施就是加强信息化教育和知识管理。在信息化教育日益成为教育发展方向的今天,知识管理的作用将会越来越重要。本文就知识管理作为一项教育技术,在信息化教育中的作用、方法、应用框架、技术支持作一些探讨。

知识管理的一个重要目的在于把隐性知识转化成显性知识,这同时也是信息化教育所要解决的一个重要问题。信息化教育、网络教育是以学生自主学习为主,具有时空分离的特点,这其中知识管理的作用便在于让所有教师以合作的方式,使隐性知识转变为显性知识,不断地共享他们的教学经验,提高教学水平,把知识更好地传授给学生。同时,学生也利用个人知识管理技术,更好地获取、组

---

* 甘永成,祝智庭.信息化教育中的知识管理[J].电化教育研究,2002(7):7-9.

织、利用、存储知识,并进行知识创新。因此,信息化教育需要知识管理,知识管理促进信息化教育。

我们构建了知识管理的框架和过程(见图1),这个由八个要素组成的信息化教育知识管理模块不是孤立的,而是相互联系相互依赖的整体。需要指出的是,在我国信息化教育实施过程中,存在着教育资源库短缺、标准不一、不能共享的问题,可见,教育资源库的核心是标准化的问题。因此按照现代远程教育技术标准来进行知识资源库的建设尤为重要。

我们还构建了信息化教育中的知识管理工程,它是知识管理系统、信息技术和教师/学生等方面的协同工作与互动以期达到的效果(见图2)。此外,我们还提供了一个典型的知识管理平台和一个知识管理系统的体系结构,以提供灵活的、可伸缩的知识管理方案(见图3、图4)。

知识管理作为支持和提高教育水平的一种手段,也越来越受到重视。虽然知识管理在信息化教育中的应用才刚刚起步,无定规可循,但前途广阔。在信息化教育中实施知识管理的过程,需要注意目标明确、组织有力、文化开放、标准统一、技术支持、服务及时几个方面,以保障知识管理工程的稳定运行。

看图说话

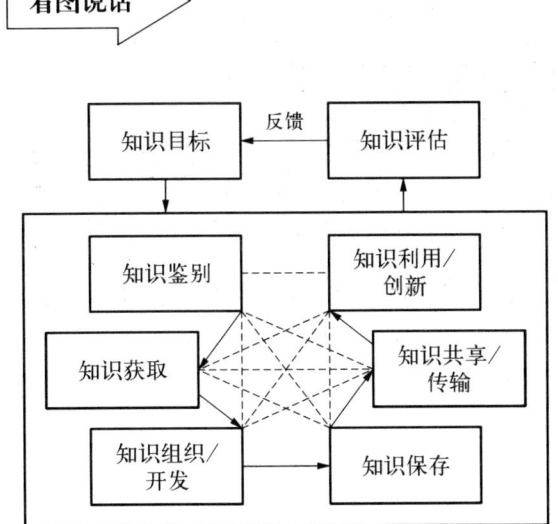

图1 知识管理的框架

图2 知识管理工程

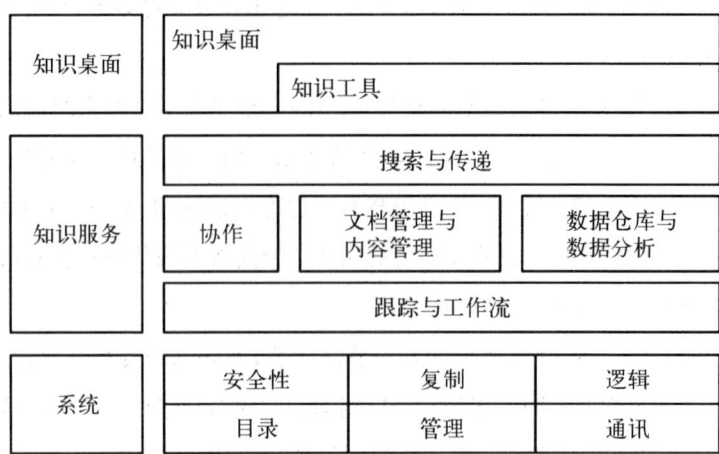

图3　知识管理平台

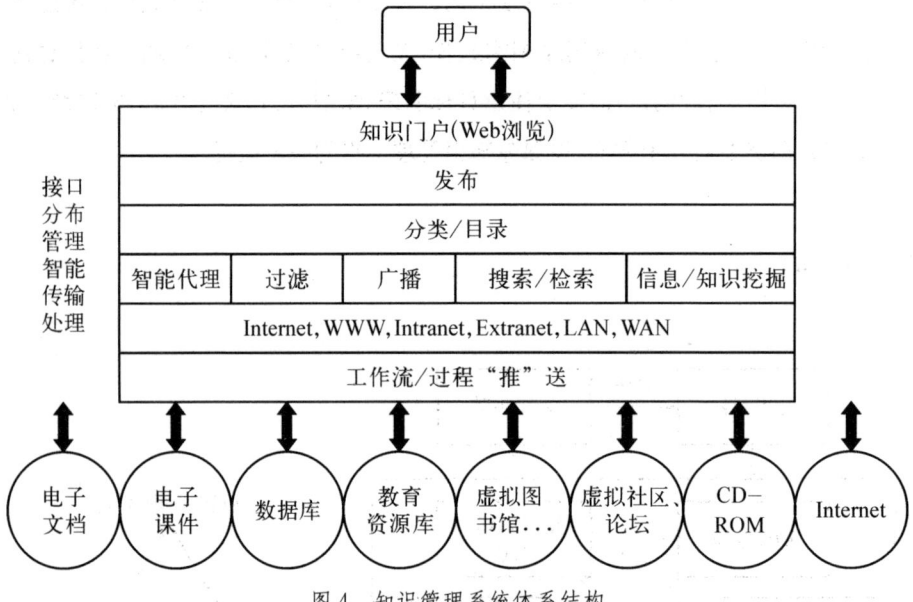

图4　知识管理系统体系结构

> 智语连珠

◆ 信息化教育的目的是要达到教育资源配置的最佳化,教与学效果的最优化。从知识管理的角度来看,其实质就是一个知识流的过程,即知识如何以最佳方式和最好的效果从教育者传播到学习者的过程。

- 隐性知识又可分为两个方面:一是技术方面的隐性知识,包括那些非正式的、难以表达的技能、技巧和诀窍;另一类是认识层的隐性知识,包括心智模式、信念、洞察力和价值观等,反映人们对现实的看法及对未来的展望,是世界观的知识。

教育技术的后现代观*

顾清红　祝智庭

教育技术的发展历史以及对教育技术的研究有两种不同的观点。第一种是相对传统的观点,将教育技术看作是研究如何通过技术来促进教学与学习,而另一种完全不同的观点,则是沿着一条不同的轨迹看待教育技术的发展历史,这一观点是尚未成型的或尚不完善的,被划为后现代一类。文章讨论了作为建构主义理论基础的后现代主义观点,提出后现代主义观点能够为教学设计实践提供建设性的批判,探讨了有助于改进教学设计实践的一些建议。

一、后现代主义

(一) 特点

1. 信仰多元;
2. 对技术的效果进行多方面审视;
3. 审视发展是否总是必然的,从而产生一个严肃的主张。

---

* 顾清红,祝智庭.教育技术的后现代观[J].电化教育研究,2001(7):3-7.

(二) 两个模型

1. 给予的世界；

2. 建构的世界。

二、后现代主义教育技术的特点

(一) 权威的形式

1. 共同参与式；

2. 对话式；

3. 多种形式。

(二) 个体的概念

1. 由文化所决定；

2. 构造出相对的、相关的主体。

(三) 物质基础

后现代主义的物质基础是信息。后现代主义认为信息本身实际上是流动的、多样的、变化的，那么，教学设计所关注的重点也就从内容转移到了过程。

(四) 团体的位置

1. 跨国超空间；

2. 有不同而没有敌对；

3. 生态型。

三、后现代主义作为另一种模式：教育鉴赏/教育批判

(一) 目的

1. 刻画；

2. 解释和评价教育材料；

3. 教育环境；

4. 课程和教学。

（二）作用

1. 从内容及其形式的关系角度解释技术目标或过程；

2. 从部分和整体的角度解释技术目标或过程；

3. 提供对主题及设计的洞察力，从而在丰富性和复杂性上把握技术目标或过程；

4. 揭示评论家对教育技术过程或产品所具有的亲身体验；

5. 揭示对教育技术过程或目标进行判断的基础，以及该目标或过程对人类经验所产生的作用；

6. 综合不同途径的研究结果，形成综合的理论。

四、后现代主义分析方法：解构

第一步：按照传统的角度确定二元对抗，前一项是正常的，后一项则相反；

第二步：将这一对抗颠倒过来，也就是，经过分析与争论，表明原来常常被贬低的第二项，实际上是应该被重视的。

五、小结

建构主义运动正逐渐地改变着我们看待教学设计的方式，即使如此，后现代主义对于教育技术的批评，还是会让我们多数人觉得太过激进。但是如果我们对后现代主义观点进行认真的研究，可以从中获得一些值得注意的思想，这些思想作为"其他的声音"，无疑对教学设计领域的实践是非常有益的。

> 看图说话

关于后现代主义教学设计的九个看法

1. 承认对于每一个教学设计问题,都可以有好几个可行的措施,而不仅仅只有一个理想的方案。

2. 预期学习者所获得的理解以及如何获得理解都是广泛多样的。

3. 不仅从预计可成功的教学设计中吸取经验,也从推测会失败的教学设计中吸取经验。

4. 要注意,所有媒体都是隐喻性的,并不能确切地表示所要传达的意思。

5. 避免提出完美的满足大脑的模式,虽然人们终身都在从事交流,但鲜有绝对一致的理解。

6. 对技术措施进行评价,不仅考察问题是否解决,还要注意是否改变了其他,是否产生了新的问题。

7. 作计划时不仅要考虑技术问题,还要考虑需要,要认识到设计所要解决的是真实世界的问题。

8. 告别传统的将教学信息的设技者作为权威的通信模式,不能忽视学习者的作用。

9. 寻找自己的信息和他人信息之间的矛盾。

图1 后现代主义教学设计

> 智语连珠

- 面对着文化的复苏,面对着霸权的覆灭,就会出现多种角度、多重视点,不同的评论家会指向不同的方向,从而产生无序。但是就像凤凰涅槃一样,正是通过解构才能获得新的结构,我们似乎是重新开始了,但是这一次是在更高的层次上开始的。

- 我们现在已经认识到每一种教学信号并不是对所有的学生和所有的教师都是相同的,实用者看到的是其使用价值,建构主义者看到的是其意义,而评论家看到的是其意识上的独断。

- 我们似乎生活在一个符号无限的世界里,但其无序状态却是非常正常的,因为我们寻求的不是最好的一条途径,而是达到不同目标的不同途径。

微博的社会网络及其教育应用研究*

郁晓华　祝智庭

微博创建了一种全新的社会关系沟通渠道,代表着社会性软件的未来。主动"关注"、"关注"扩散和双向"关注"是微博社会网络建立过程的三个核心环节,其三类最具代表意义的网络社区分别为独立网络社区、多结点联结的网络社区和单结点联结的多网络社区。在分析目前微博及其教育应用现状的基础上,文章提出了聚焦模式、关联模式和发散模式三种微博社会网络教育应用的模式。

一、微博及其应用现状

（一）微博的特征

1. 灵活便捷的沟通;
2. "表达欲"的支撑;
3. 创新的传播机制。

（二）微博的应用现状

1. 日常记录;
2. 交流沟通;
3. 信息分享;
4. 发布对当前事件的报道或评论。

---

* 郁晓华,祝智庭.微博的社会网络及其教育应用研究[J].现代教育技术,2010,20(12)：97－101.

二、微博的社会网络建立机制及其类型

(一) 社会网络建立机制
1. 主动"关注";
2. "关注"扩散;
3. 双向"关注"。

(二) 微博社会网络的类型
1. 独立网络社区;
2. 多结点联结的网络社区;
3. 单结点联结的多网络社区。

三、微博社会网络的教育应用

(一) 微博教育应用研究现状
1. 国外在微博的教育应用方面开展了大量的研究和实践,国内却尚未起步;
2. 表现在:Twitter、EDUCAUSE 分别开设了针对教育应用的栏目和微博技术专栏;一些如 Edmodo.com、Cirip.ro 等专门针对教育应用的教育微博产品被设计并开发出来。

(二) 微博社会网络的三种教育应用模式
1. 聚焦模式;
2. 关联模式;
3. 发散模式。

(三) 微博社会网络的教育应用
1. 组建班级社区;
2. 协作学习;

3. 元认知训练；

4. 学术专题讨论；

5. 会议后台交谈；

6. 项目管理工具；

7. 搭建个人学习网络。

四、结论

教育要顺应社会的变革，要满足未来的需要，如果可能最好无缝切入真实的社会大环境中。微博已经成功融入了上亿人的日常生活结构，一场深刻的社会网络变革正在发展激化。我们有理由相信微博这一新型社会网络平台必将给教育创设更加优质的交互学习环境，催生更多新颖有趣的教学方法。如何抓住这一机遇推动教育的优化和创新，正吸引着越来越多的研究者参与其中。

表1　微博社会网络的三种教育应用模式

模式类型	信息源结点的作用	设计要点	应用举例
聚集模式	引导、协调信息和情感动力的流向和分配	信息源结点用户的地位和任务	专题讨论、家校沟通、资源共建、项目管理、个人学习环境等
关联模式	充当信息交流的方向标和中转站	信息的主题以及关联的类型（合作、竞争、帮携关系等）	协作学习、在线辩论、联合科研、城乡跨区域教学经验交流等
发散模式	作为信息汇总或活动协同的中心	任务目标分配以及协同机制	协同合作、跨区域调查研究、情境式移动探究学习等

智语连珠

◆ 教育的本质之一就是人与人之间的关注，教师要关注学生的发展，学生要跟随教师的指导,以人为本,才能实现育人的价值。这一理念其实与微博关注人的构想具有异曲同工之妙。
- ◆ 总的来说,微博的核心价值在于"微",即移动简便的过程,短小精悍的发言,以点带面的传播。

知识管理的绩效评估*

甘永成　祝智庭

通过对国内外相关资料和案例的分析研究,文章对企业知识管理评估的意义及企业知识管理的误区、出现的问题进行了阐释。在此基础之上,提出了知识管理评估的几个模型和内容框架,并对每个评估模型的具体指标、内容进行了详细的说明。

一、知识管理评估的误区

（一）来自企业内部的阻力

1. 知识的评估很容易政治化;
2. 评估过程不可能完全客观,总是会产生部分有偏见的评价;
3. 评估标准如果不与奖励机制紧密联系,也会遭致失败。

（二）知识管理评估失误的表现

1. 没有评估重要方面;
2. 采用了错误的评估指标;
3. 使用了错误的评估方法;

---

* 甘永成,祝智庭.知识管理的绩效评估[J].科学学与科学技术管理,2002(9)：24-28.

4. 不能解释评估后的结果。

二、实施知识管理工程的评估

评估依据：知识目标、知识鉴别、知识获取、知识开发、知识共享和传递、知识利用、知识存储、知识评估。

三、知识管理评估指标

（一）基于实施过程的知识管理评估指标

包括现状、实施、变化和经济指标。

（二）基于知识目标的知识管理评估指标

包括评估总体知识目标、策略知识目标和可操作知识目标。

（三）知识管理评估工具

包括领导、文化、技术、评估和学习行为变化五个维度。

四、结束语

文章在基于知识管理模型的基础上，提出了几个企业知识管理评估内容框架。作为知识管理的动态评估工具，该评估体系可以为企业提供较有效的企业诊断和分析工具。值得说明的是，文章所提出的评估工具只给出了企业在知识管理过程中所要遵循的基本内容，而评估指标的具体内容应该根据企业所处的行业及企业内外部环境的变化而做相应的调整。因此，通过实证过程，通过知识管理过程不断反馈和修正，企业可以进一步改善和调整各项评估指标，达到企业知识管理的目的。

> **看图说话**

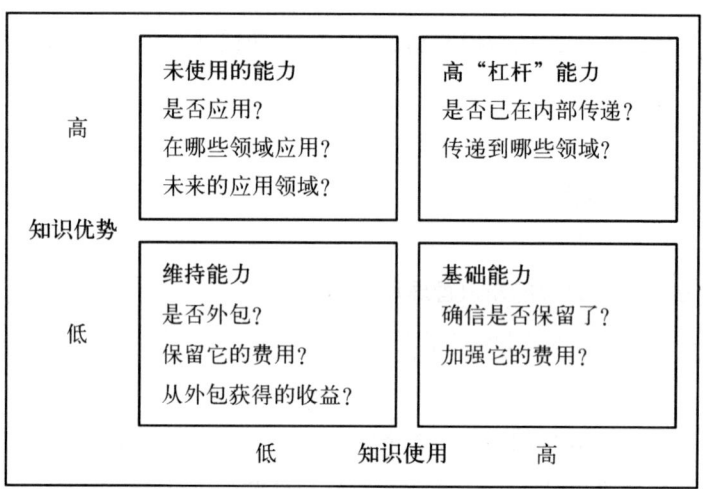

图1 评估总体知识目标

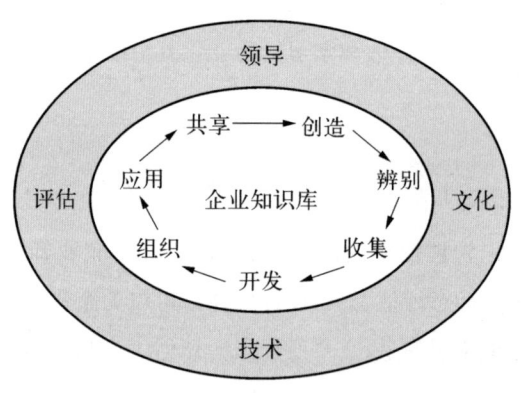

图2 知识管理评估工具

> **智语连珠**

◆ 知识管理与企业文化联系得非常紧密。企业文化是决定知识管理项目成功与否的重要因素,成功的知识管理需要企业有尊重知识的文化,高度认识到学习的价值,并且重视经验、专业技术和创新。
- ◆ 知识管理评估是有效的知识管理的开端,并贯穿知识管理过程的始终。它显示知识目标是否恰当地表述,知识管理活动是否成功地实施。

教育信息化的成本效益分析*

郭莉　祝智庭

相对于我国有限的教育资源来说,教育信息化投入巨大,它的效益如何是社会各界普遍关注的问题,更是教育系统要面对的问题。文章首先界定了成本、效益、成本效益分析的概念,然后阐明了成本效益分析的四种模式,接下来从不同层次和不同发展阶段两个角度论述了教育信息化成本效益分析的内容和形式。

一、教育信息化的成本

不仅包括数目巨大的货币化投入,而且包括参与其中的教师和学生付出的心理成本和机会成本。

二、教育信息化的效益

指由于教育信息化使教育效益增加的那部分。

---

* 郭莉,祝智庭.教育信息化的成本效益分析[J].电化教育研究,2005(6):15-18+37.

三、教育信息化的成本与效益

（一）教育信息化的出发点在于取得的效益大于成本

（二）研究目的在于要提高教育信息化的净效益

（三）途径：节约成本和提高效益

四、教育信息化成本效益分析模式

（一）成本收益分析

（二）成本效果分析

（三）成本效用分析

（四）成本可行性分析

五、教育信息化成本效益分析的三个层次

（一）区域

（二）学校

（三）微观教学系统：教师；学生；教学活动

六、教育信息化进程中不同阶段的成本效益分析

（一）教育信息化进程的五个阶段

1. 未启动阶段；

2. 显现（emerging）/硬件设备配置阶段；

3. 应用（applying）/信息技术培训阶段；

4. 浸化（infusing）/信息技术与课程整合阶段；

5. 转变（transforming）/信息技术不可见。

（二）不同阶段的学校所需要的教育信息化成本效益分析的内容和形式不同

七、小结

研究教育信息化成本效益是对我国教育信息化进程理性思考的结果，也是保证我国教育信息化可持续发展必须要做的事。这个主题涉及的因素如此复杂，覆盖的领域如此之多，与其说它是教育问题，不如说它是社会问题，研究它是任务，更是挑战。

看图说话

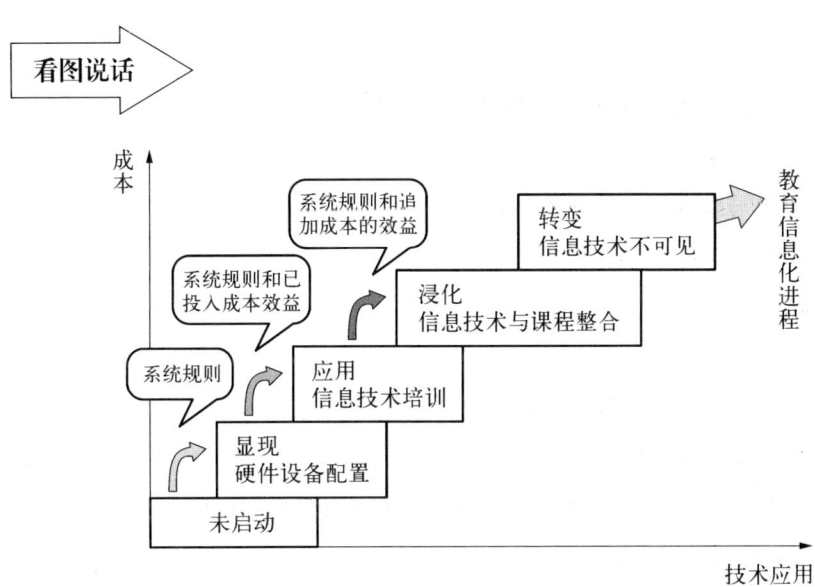

图 1　教育信息化进程

- ◆ 教育投资不仅仅是消费投资，而且还是生产投资。
- ◆ 教育领域的复杂性决定了教育成本和效益的研究远不是货币化途径能够解决的，将教育成本和教育效益表示为具体的数字也不是研究的最终目标，而是为了解决教育与经济关系中的实际问题。

解析美国《国家教育技术规划 2010》

祝智庭　贺斌

简析美国国家教育技术规划的历史演变,重在考察其关注重心的转移。文章对美国教育部发布的《国家教育技术规划 2010》做了内容分析,提炼出内容要点:一个模型、五大目标和四大挑战。研究该《规划》可以为我国拟订教育信息化系统规划提供诸多启示。

一、美国《教育技术规划 2010》(NETP2010)内容概要

(一)奥巴马政府的两个中期目标

1. 提高大学毕业生的比例;
2. 消除学生的学习差距。

(二)教育系统变革的整体要求

1. 清楚所追求的成果;
2. 为提高效果、效率和灵活性,通过协作重新设计结构和过程;
3. 继续监督和测量绩效;
4. 对沿着教育改革方向上的每个步骤的过程和结果负责。

(三)技术赋能的学习模型

《NETP2010》给出了"技术赋能的学习模型",并在五个领域——学习、评价、教学、基础设施和生产力,分别给出了易于理解、操作性强的目标和建议。

(四)教育系统整体联动,多方协同支持改革

---

* 祝智庭,贺斌.解析美国《国家教育技术规划 2010》[J].中国电化教育,2011(6):16-21+38.

（五）设立专门机构解决重大问题

二、美国教育技术规划 2010 重点解析

（一）一个学习模型
技术赋能学习模型。

（二）五大目标
1. 学习：投入与赋能；
2. 评价：测量过程要素；
3. 教学：准备与联通；
4. 基础设施：资源与共享；
5. 教育生产力：重设与变革。

（三）四大挑战
1. 设计并验证集成系统；
2. 设计并验证评价系统；
3. 设计并验证一种综合方法；
4. 明确并验证具有效率和效果的在线学习系统的设计原则。

三、规划对我国教育信息化建设的启示

（一）变革教育系统结构和过程
（二）借助现代技术力量，重构有效教学模式
（三）关注弱势群体，促进教育公平
（四）拓宽融资和捐赠渠道，确保财物各尽其用
（五）跟踪新技术发展动向，逐渐研发其教育应用

四、结语

《NETP2010》反映了美国教育变革的继承性和时代性,具有强烈的前瞻性和开拓性,可以为我国拟订具有中国教育特色、适合我国国情的教育信息化规划提供诸多启示。

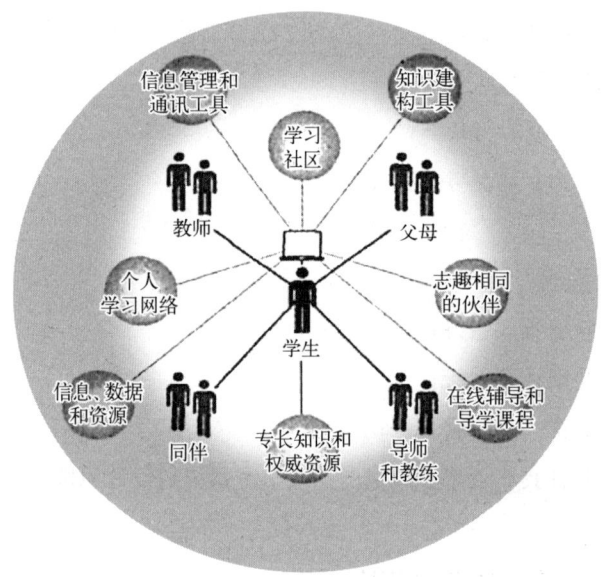

图1 技术赋能学习模型

智语连珠

◆ 当教育质量无法与其他先进国家竞争的时候,教育改革便成为美国核心利益所在。

◆ 从整个教育系统来看,教育信息技术必将会对教育系统的整体结构和过程产生深刻而久远的影响。

- 片段化的、无效的传统专业发展模式将在连通教学中被合作的、连贯的、持续的专业学习活动所取代。
- 学习生态系统是由不同的学习共同体构成,每个学习共同体又包含许多不同身份和角色参与者。他们既是知识的"生产者",也是知识的"消费者",共同维持学习共同体/学习社会的平衡、演进和自适应。

学习对象理念的发展历程*

胡小勇　祝智庭

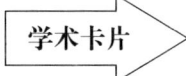

文章从术语发展史入手,探究了在不同阶段代表学习对象理念的各种术语名称,并对各种教学构件之间的异同与转化关系进行了研究。在此基础之上,文章对学习对象的重用特性进行了剖析,构建阐述了体现重用性外在表现形式和内在影响因素的模型。

一、学习对象

(一) 定义

学习对象是在结合面向对象的计算机科学思想以及有关教学理论基础之上而产生的一种新型计算机辅助教学构件。

(二) 特性

1. 可重用性;
2. 数字化;
3. 教学性;

---

* 胡小勇,祝智庭.学习对象理念的发展历程[J].电化教育研究,2002(9):14-19.

4. 自足内聚；

5. 以元数据标识；

6. 可共享、可搜索、易接触；

7. 可聚合；

8. 跨平台、兼容性；

9. 目标指向；

10. 灵活性、可改制。

二、学习对象术语的发展史

（一）知识对象

（二）教学文档

（三）教学软件构件

（四）在线学习资源

三、各种教学构件术语辨析

（一）信息对象

（二）知识对象

（三）教育对象、教学对象

（四）内容对象

（五）各种对象之间的关系

1. 相同之处：数字化、基于构件思想、可重用；

2. 不同之处：含义区别、目标指向、内部构造、应用领域。

四、对学习对象可重用性的分析

（一）影响可重用性外在表现形式的因素

1. 时间；

2. 地点；

3. 使用者；

4. 用途。

（二）保证可重用性的内在因素

1. 内容设计；

2. 技术手段；

3. 应用方法；

4. 其他因素：学习对象的主要特性（如学习风格、认知策略和教学策略等）。

五、结语

学习对象思想的产生并非空穴来风，而是经历了一个不断发展和完善的过程。良好设计开发的高质量学习对象将给学习方式，特别是网上学习带来巨大的益处。实现学习对象理念所含有的优点至少能使我们的学习方式变成按需学习、即时学习、适量学习。诚然，学习对象理念的实现有赖于更深入地研究。它涉及具体的设计、开发、应用等多重因素，这都是值得进一步研究的课题。

看图说话

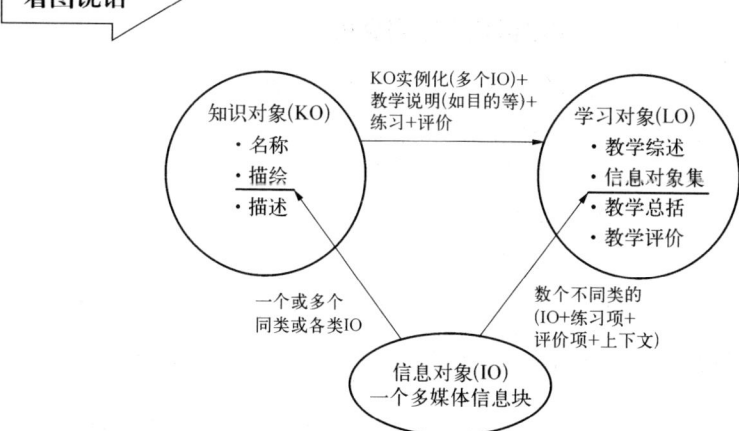

图1　IO、KO、LO之间的转化关系

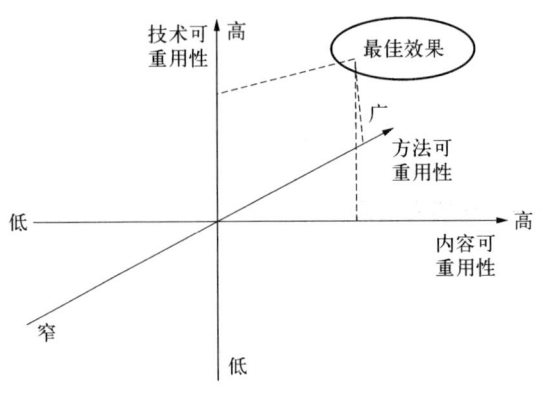

图 2　影响可重用的内容因素分析

- 知识对象是一种对同类知识结构共性的抽象描述,而知识库则是存储此种知识结构具体实例的集合。
- 学习对象最复杂的可重用状态当是:不同时间、不同地点的各种使用者出于各种目的而使用学习对象。

技术进化与学习文化

——信息化视野中的学习文化研究*

胡小勇　祝智庭

文章从技术与教学的互动关系入手,首先指明技术与学习文化的基本关系,并简要归纳了渗透技术影响的各时期学习文化的特性;随后,文章阐述了技术进

---

* 胡小勇,祝智庭.技术进化与学习文化——信息化视野中的学习文化研究[J].中国电化教育,2004(8):12-16.

化引发学习文化转变的线索和相关体现,并对由信息技术所引发学习文化转变的技术工具、制度行为、思想意识等三个层次进行论述分析,进而归纳出信息时代学习文化的重要特征,接着提出了信息时代学习文化培育的思路。文章最后,笔者从专业职责的角度进行了展望。

一、历史的纵深:技术与学习文化

(一)渗透着技术的学习文化
(二)技术进化与学习文化

二、信息化引发的学习文化转变

(一)技术手段层面
(二)制度行为层面
(三)理念意识层面

三、信息时代的学习文化剖析

(一)一个核心
以学会学习为核心。

(二)八个重要因素
1. 信息化;
2. 全民化;
3. 终身化;
4. 自主化;
5. 协作化;
6. 速度化;
7. 个性化;

8. 创新化。

四、信息时代学习文化的培育

(1) 信息时代的学习者应该对新技术、新工具和新方法抱有开放接纳、尝试融合的态度；(2) 作为信息时代的学习者，必须掌握相应的信息素养；(3) 作为学习文化的促进培养者，教师应该把"信息化教学能力"当成新时期教师专业素养发展的重点和方向；(4) 学习文化的养成是渐进式和后天性的，可以从教和学的行为模式入手加以培养。

五、展望

笔者并不把学习文化单纯看成是抽象的概念，而看成是构成和改变学习特性的存在方式，是对某一特定历史时期学习方式的总体描述，技术则在此过程中起着能动的推动作用。此外，信息时代的学习文化不只限于是教育领域的单纯表征，而是整个时代和社会的强大组成要素，顺应和推动着信息时代的社会发展。如何借信息技术之臂革新传统的教和学，促成新型学习文化的优质养成和持续演进，亦成为每位教育技术工作者的当然使命。笔者坚信：研究信息时代的教和学，虽未必是一条平坦的通衢，但必定是一条前景光明的大道。

> **智语连珠**

- 如果把语言当成是一种思想外化的准技术，它把人类从简单无声的模仿带入到有言建构的学习时空中；文字使学习时空从同步带到异步，过去延传到将来；印刷术使学习时空大面积化；广播电视使学习时空远距离化；而以数字化为特征的信息技术则把人类带入到一个虚拟的学习时空中，纵横驰骋。

- 技术是学习文化转变的诱因。学习文化的转变并非只由技术而决定，但技术却常常充当着转变进程的导火索。

从美国博士学位论文元分析看教育技术研究趋向*

祝智庭　孟琦

文章利用内容分析工具对1977—2001年间美国教育技术博士学位论文进行元分析,从研究内容和研究方法两个方面总结了分析结果,以此考察教育技术研究趋向的变化,并在一定程度上预测未来的发展。

一、研究材料

美国55所高校自1977年至2001年间产生的教育技术相关专业的3161篇博士论文目录。涉及教育技术、教学开发、教育媒体、教学技术、教学系统等专业。

二、研究方法与工具

(一) 研究方法
内容分析法。

(二) 研究工具
"SimStat"软件中的"WordStat"模块。

三、分析结果

(一) 研究内容
教育技术研究的内容涉及的范围十分广泛,从教学活动的各个方面到社会其

---

* 祝智庭,孟琦.从美国博士学位论文元分析看教育技术研究趋向[J].电化教育研究,2002(12):47-50.

他行业中的应用,体现了研究者关注取向的多元化。但是,围绕媒体及其应用与评价的研究构成教育技术研究的一条主线。

1. 关于教育媒体的研究:计算机、电影、视频、多媒体和超媒体;

2. 关于学习环境的研究;

3. 关于媒体的应用研究:关于学习的研究,关于教学的研究;

4. 关于远程教育的研究;

5. 关于教学组织形式的研究:班级教学、小组教学、个性化教学;

6. 关于媒体使用、教学方法等的效果或有效性的研究。

(二) 研究方法

1. 调查方法;

2. 案例研究方法;

3. 比较方法;

4. 定量实验方法和定性方法。

四、结论

技术发展不断发挥着引导教育技术研究的作用;在研究方法上,有明显的从注重实证研究到注重定性研究的转变,并且案例研究方法得到越来越多的应用,对比研究逐渐淡出了研究者的关注范围;在研究内容上,对学生及学习问题的关注逐渐增强。

信息时代全球化教育的知识结构*

张屹　祝智庭

信息时代的到来为全球化教育提供了机遇和挑战。文章在简要描述信息时代全球化教育的内涵、现象和特征后,讨论了全球化教育的知识构成要素:全球化知识的教育、本土化知识的教育、ICT的教育及多元智力的发展,在此基础上提出了全球化教育的知识结构模型,探讨了该模型中诸要素间的相互关系。

一、全球化教育的内涵、现象及其特点

(一) 全球化教育的内涵

教育全球化的本质是一个在全球范围内以不同形式不断扩大教育资源的共享程度并且不断增加不同教育体系的共同因素以形成一个联系更加紧密的全球教育体系的过程。

(二) 全球化教育的主要表现形态

1. 教育资源在全球范围内流动;
2. 全球性教育现象;
3. 在全球范围内进行的教育活动;
4. 其他:如在师资和学生全球性交流规模的不断发展,国际间课程、学分和学位的互认,全球化网络教育的兴起等。

(三) 特点

1. 开放性;

---

* 张屹,祝智庭.信息时代全球化教育的知识结构[J].全球教育展望,2001(11):1-7.

2. 共享性；

3. 多元性。

二、全球化教育的知识结构要素

（一）全球化知识的教育

（二）本土化知识的教育

（三）ICT 的教育

（四）多元智力的培养

三、全球化教育的知识结构模型

（一）全球化教育与各民族国家教育的特殊价值取向相结合

（二）全球化知识与本土化知识整合

（三）运用 ICT 促进多元智力的发展

四、结语

信息化社会教育和学习的一个显著特征是全球化趋势越来越迅猛。由于世界政治和经济的区域化和全球化趋势越来越明显和加快，知识经济（Knowledge-Based Economy）的兴起和发展，也由于基于 ICT 的全球电子通信网络的日新月异的发展与渗透，教育和学习的区域化和全球化趋势业已成为新世纪各国教育发展战略和决策的重点课题。新世纪是信息化社会，担负培养社会人才职责的教育工作者既面临着机遇，也面临着挑战，让我们与世界各地的教育同仁携起手来，把握全球化教育的契机，共同迎接信息时代的挑战。

看图说话

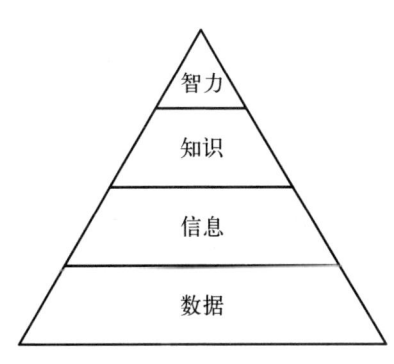

图1 知识与智力之间的关系

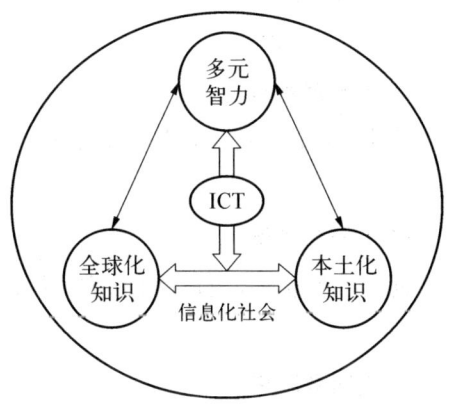

图2 全球化教育的知识结构要素之间的关系

智语连珠

◆ 学习者、教师和家长组成网络形成信息化的教室;教室联成网络形成信息化的学校;学校和社区联成网络形成信息化的社会;信息化的社会联成网络跨越民族与国家。

教育技术研究国际动态透视*

祝智庭 黄景碧 王觅

对教育技术的最新国际研究动态进行了资料收集和内容分析,从教育技术研究内容、教育技术研究方法两个方面,贯穿教育技术研究前沿项目,对教育技术的

---

* 祝智庭,黄景碧,王觅.教育技术研究国际动态透视[J].电化教育研究,2010(8):28-34.

最新研究动态进行了概括,以窥探当前教育技术研究的整体面貌。

一、研究思路与方法

(一) 研究目的
整体了解教育技术的当前研究动态。

(二) 研究对象
近五年来国内外教育技术研究资料和前沿研究项目。

(三) 研究思路
1. 教育技术研究相关信息综合;
2. 教育技术研究相关信息内容分析;
3. 教育技术研究前沿动态分析。

(四) 研究方法
学术研究"小世界"方法。

二、结果与分析

(一) 教育技术研究相关信息综合
1. 关键文献;
2. 关键会议;
3. 关键项目、关键团队、关键人物、关键网站。

(二) 教育技术研究相关信息内容分析
1. 教育技术研究相关的关键综述类学术论文专门分析;
2. 教育技术研究相关的学术论文词频分析;
3. 教育技术研究相关网页语义网络分析。

(三) 教育技术研究前沿动态分析

1. 研究内容前沿动态

主要从宏观的层次进行概述：(1) 非正式学习研究；(2) 泛在学习研究；(3) CBE 到 IBE 到 CIBE 的研究（CBE：Computer-Based Education；IBE：Internet-Based Education；CIBE：Cyberinfrastructure-Based Education）；(4) 悦趣化学习研究；(5) 虚拟世界作为新型学习环境的研究；(6) 教育设计研究。

2. 研究方法前沿动态

主要从宏观的层次进行概述：(1) 学科综合方法；(2) 教育人类学方法；(3) 教育信息生态学方法。

三、结语

结果表明，教育技术正呈现着备受学界关注的新动态！这正是当前信息技术迅猛发展和人们对教育技术认识不断深入的体现，总的看来，教育技术研究正以科学研究为横向背景，以教育研究为纵向背景，立足自身的技术特点，与生态学、脑科学、信息系统理论、情意学、计算机科学技术、统计测量学等多学科综合，为更好地揭示人类学习规律、辅助人类学习而发展着。

网络教育服务质量框架研究[*]

张屹　胡小勇　祝智庭

为了提高网络教育管理质量和服务质量，有关学习技术标准的标准化组织一直致力于网络教育相关技术标准的研究。文章在阐述构建网络教育服务质量保证标准的研究目的、现实意义、主要范畴、研究思路、工作流程的基础上，提出了网

---

[*] 张屹,胡小勇,祝智庭.网络教育服务质量框架研究[J].中国电化教育,2003(2):68-72.

络教育服务质量的概念模型和服务质量要素,并通过实证研究和统计分析,确定了网络教育服务质量框架,为进一步制订网络教育服务质量保证标准提供了依据和保障。

一、网络教育服务质量的概念模型

可靠性、响应性、保障性、学习资源的有效性、关怀性、有形性、交互性。

二、网络教育服务质量问卷调查数据分析

(一) 被试者基本情况分析

1. 性别、年龄、职业等人口统计指标;
2. 学习地点、上网学习频率等基本情况。

(二) 各因素的项目分析

1. 用户对网络教育服务质量各因素的期望程度;
2. 用户对网络教育服务质量各因素的实际感受;
3. 性别、年龄、职业、学习地点和上网频率等各因素的影响;
4. 信度和效度分析:信度分析,收敛效度分析;
5. 因素分析:经因素分析和问卷调查后,将7个因素合并重组为可靠性、保障性、响应性、关怀性、学习资源的有效性等5个因素。

三、网络教育服务质量框架

四、结束语

基于网络教育服务质量框架和全面质量管理理论(TQM),我们将形成一个动态的网络教育服务质量过程模型,制订网络教育服务质量保证标准,用以监控和评测网络教育机构的服务质量管理水平,并根据评测结果和服务质量保证标准敦

促其改进和提升网络教育服务质量,为学习者提供优质的网络教育服务,以最终保障学习者享受高质量网络教育服务的合理权益。

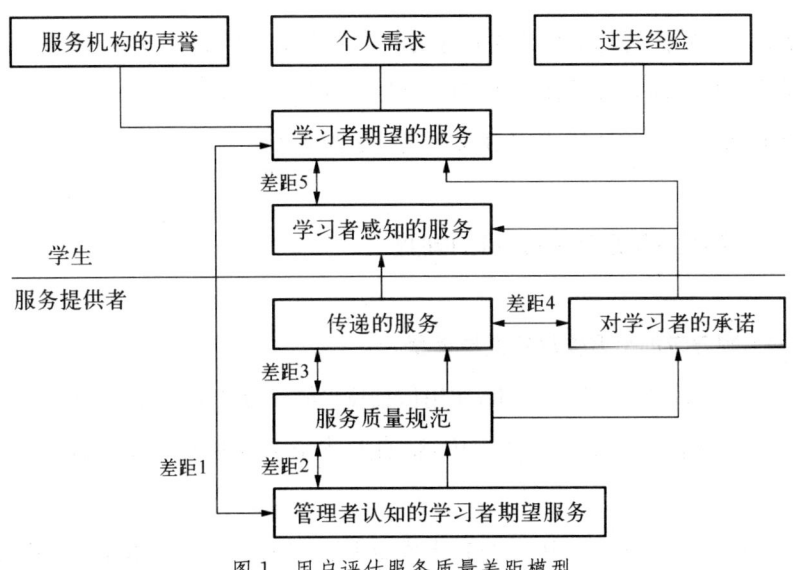

图1 用户评估服务质量差距模型

◆ 服务质量是指服务满足用户明确和隐含需要的能力的特性之总和。

促进基础教育信息化发展的领导力研究*

胡小勇　祝智庭　王佑镁　顾小清

文章通过分析当前基础教育信息化中的领导力建设需求和研究现状,阐明了领导者的教育信息化愿景与教育信息化领导力的关注维度,以及教育信息化领导力的能力发展方向和发展策略,以期通过提升领导力来促进基础教育信息化的持续发展和深入变革。最后,作者在文末进行了简要小结。

一、领导者的教育信息化愿景与关注维度

(一)领导者的教育信息化发展愿景

1. 在整个教育系统的工作中,使用信息技术的目的是实现教育目标;

2. 在学校的所有教与学活动中,信息技术成为发展每位学生能力的有力工具;

3. 在教育的管理过程中,信息技术成为决策、执行和发挥集体智慧的基础;

4. 在整个教育文化环境中,信息技术成为交流、分享与合作的有机组成部分;

5. 在整个教育信息化发展过程中,信息技术的使用始终处于一个公平合法、健康安全有序的环境中。

(二)教育信息化领导力的关注维度

1. 关注课程;

2. 关注课堂;

3. 关注学生;

4. 关注教师;

---

* 胡小勇,祝智庭,王佑镁,顾小清.促进基础教育信息化发展的领导力研究[J].中国电化教育,2007(3):19;22.

5. 关注环境；

6. 关注效益。

二、教育信息化领导力的发展策略

（一）教育信息化领导力的发展方向

1. 帮助组织成员掌握教育信息化工作战略和方向；

2. 帮助组织成员提高教育信息化工作胜任程度；

3. 使组织成员不偏离教育信息化发展目标。

（二）教育信息化领导力的发展策略

三、结束语

真正的领导力源于丰富的实践之中，提升于理论建构之上。领导者总是面对着发起变革与持续变革的挑战，并在应对变革的挑战过程中，提高系统思维能力和宏观指导水平。我们正在启动相关的理论分析和实践调研，并将努力持续完善。

> 智语连珠

- 在教育信息化领域，领导力面临着严峻的挑战：教育信息化前景光明，但从现实主义到理想主义尚需时日。

娱教技术人才培养框架*

邓鹏　祝智庭

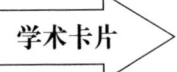

娱教技术的提出为解决当前某些教育乃至社会问题提供了一种全新的视野,作为一个新兴的领域,其研究和应用的开展无疑需要大量的专业人才。文章从较为宏观的角度对娱教技术的学科特性和属性、人才及能力结构、培养模式与课程框架等方面进行了初步探讨,并期望引起更多专家学者的研究,最终为娱教技术人才的培养找到切实可行的道路。

一、娱教技术的学科特性和属性

(一)学科特性

1. 教育性;
2. 技术性;
3. 创意性。

(二)学科属性

1. 娱教技术与教育;
2. 娱教技术与数字媒体艺术;
3. 娱教技术与社会文化关系。

二、娱教技术的人才及能力结构

(一)人才结构

包括娱教应用、数字媒体应用、娱教设计艺术、娱教策划、创意技术、创意。其

---

* 邓鹏,祝智庭.娱教技术人才培养框架[J].中国电化教育,2005(6):10-13.

中创造性思维是必不可少的。

（二）人才的能力结构

能力结构仍采用金字塔的隐喻,金字塔底部代表最基本的能力要求,往上代表更高的能力要求,并且各具体专业人才的基本能力(金字塔的底部)完全可能有所重叠;C_x代表能力集合,则每一个能力集合由若干具体能力组成,并可以由多个指标进行量化。

三、娱教技术专业方向的培养模式与课程框架

（一）培养模式

1. 学历教育；
2. 教师专业发展；
3. 项目学徒。

（二）课程框架

1. 基础理论层：娱教技术的理论基础和出发点,大致应涵盖教育、艺术及信息技术的基础理论课程；
2. 技术操作层：这一层应面向实际的软硬技术操作,大致包括由以上基础理论层交叉渗透而形成的数字媒体艺术、教学设计艺术和教育信息技术等课程；
3. 实践应用层：这一层中,实验将对理论和技能进行检验和重塑,最能体现开发和实施者的智慧和创造力；
4. 娱教评价层：对实施后的效果和成本进行及时、科学的评估。

四、结语

信息技术的发展给教育和娱乐同时注入了新的活力,既带来了一些不同层面的社会与教育问题,也给回答这一古老命题提供了新的思路和可能性。文章的初衷在于对娱教技术的可操作性进行一些较为宏观的探索,更希望能抛砖引玉,引

起更多专家和同行的重视,参与到这一研究中来,使娱教技术真正成为有实用价值的方法与工具,进而对解决实际的教育乃至社会问题有所贡献。

 **看图说话**

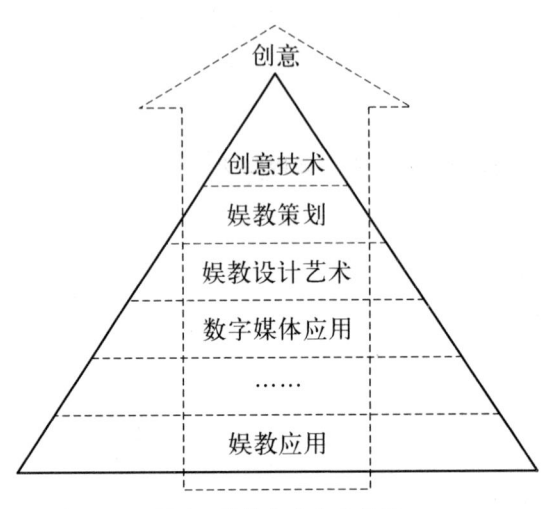

图 1 娱教技术人才结构

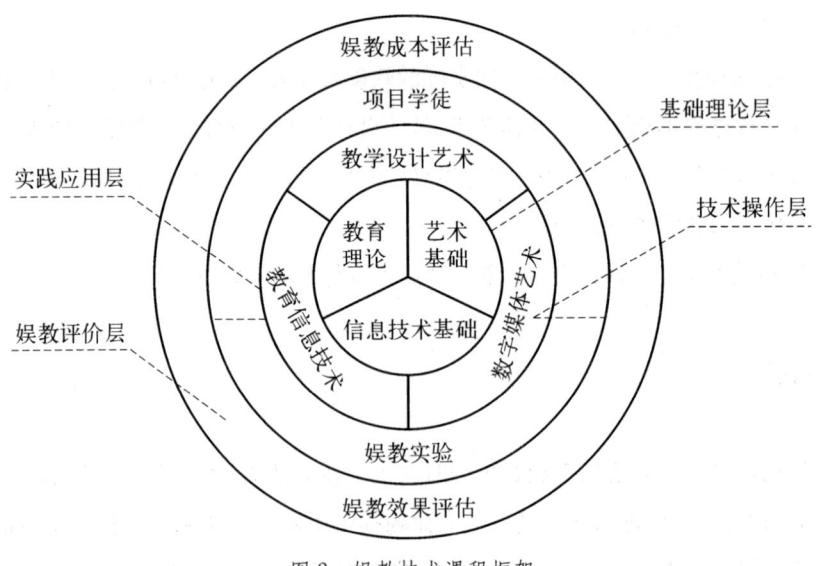

图 2 娱教技术课程框架

> 智语连珠

- ◆ 娱教技术正是这样一种思路的具体体现：以各种有益的教育和学习理论为其根基和指导，同时借助信息技术等先进手段，充分发挥人的创造性，实现教育的科学性和艺术性高度结合。
- ◆ 作为教育技术的一个新兴研究领域，娱教技术的研究与实践必须文、理、艺（术）并重，充分吸收这三大学科的营养与精华及社会文化发展的最新成果。而娱教技术人才则应兼收并蓄，既能熟练地使用信息技术，又有相当的教育、人文与艺术素养。

教育信息化系统建设的开放思维*

祝智庭　王佑镁　吴永和

ICT 的开放性与需求用户化对教育信息化的系统演进与构建提出了新的命题。教育信息化在历经封闭性的系统建设阶段之后，开放系统成为其满足教育变革和学习者需求的必然追求。文章阐述了基于开放系统新思维的教育信息化系统架构，分析了开放源码、开放标准、开放服务、开放资源、开放架构的教育信息化系统组件，为构建新型和谐的教育信息化系统提供了一种方法论与实践取向。

一、实践反思与思维重构

（一）教育信息化建设的实践反思

表现：投资不均、系统失衡、结构失范、应用肤浅、重复建设、信息孤岛、粗放发

---

* 祝智庭,王佑镁,吴永和.教育信息化系统建设的开放思维[J].开放教育研究,2007(2)：21-25.

展等。

（二）开放与开放系统新思维

开放性思维是一种创造力、连接性、获取和透明的综合——正在变革我们如何交流、联系和竞争的行为。今天，学习正在成为人们的一项基本需求，教育信息化必须为这种基本需求提供快速变革的动力。这种动力，必须以一种新的开放性，通过一种不断进化、开放效率、标准化和灵活性的开放系统思维来体现。教育信息化系统的开放性，其实就是一个教育信息系统演进的连续。一个灵活、高效的教育信息化系统，应该是一种半开放系统，而这正是一种积极的开放生态系统的演化之路。

二、开放系统的维度及其法则

（一）开放标准：统一法则

（二）开放源码：参与法则

（三）开放资源：共享法则

（四）开放服务：人性法则

（五）开放架构：兼容法则

三、结语与意义

上述开放新思维，其实是提高教育信息化整体水平的一种思考及概念框架，也是在政策层面、商业层面和实践应用层面需要考虑的框架。实践表明，教育中基于技术的系统变革是一个复杂的问题，对于决策者和实施者都异常艰难，因为我们关于信息技术教育应用的思考方法经常是不完整的、有缺陷的。当然，大面积的教育革新从来不会那么简单，但是，如果我们超越了自身关于学习、技术、平等、学校和社会的固有观念，追寻积极的开放生态效应，教育信息化的纵深推进将会变得更容易一些。

看图说话

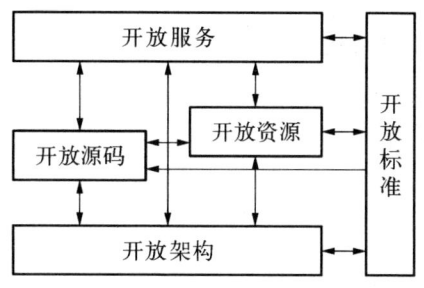

图 1　教育信息化系统开放维度的关系模型

智语连珠

◆ 我国信息化设施建设的高投入,并没有带来教育效益的高产出,教育信息化系统失衡的建设思路直接导致教育信息化应用效益低下。

◆ 系统既是相对开放的,也是相对封闭的。一个灵活、高效的教育信息化系统,应该是一种半开放系统,而这正是一种积极的开放生态系统的演化之路。

CSCL 支撑技术的新发展*

杨志和　顾小清　祝智庭

学术卡片

　　随着协作学习不断地与计算机应用交叉融合,不断有新的技术被引入到计算机支持的协作学习(CSCL)的教育应用研究当中,也给 CSCL 的发展注入了许多活力,改变了我们的学习方式。文章首先通过 CSCL 最新理论和应用研究的分析,提炼出了 CSCL 新理论对平台功能及技术提出的新需求,形成结构化功能需求模型,

---

* 杨志和,顾小清,祝智庭.CSCL 支撑技术的新发展[J].中国电化教育,2009(12):110-115.

之后分析了 CSCL 支撑技术研究的新发展,接着用案例做辅助说明,最后对 CSCL 支撑技术的发展方向进行了展望。

一、CSCL 技术现状及其新应用

(一) CSCL 技术类型
1. 校内协作学习;
2. 在线协作学习;
3. 移动协作学习。

(二) CSCL 三种类型的协作学习现状对比
1. 应用情况方面;
2. 技术特点方面;
3. 关键技术方面;
4. 平台架构方面;
5. 技术攻关方面。

(三) CSCL 平台功能要素模型及其应用
1. CSCL 功能要素模型:包括交互学习层、协作支持层、协作链路层和数据资源层。
2. 校内协作学习研究的焦点在交互学习层;在线协作学习研究的焦点在协作支持层;移动协作学习研究的焦点在协作链路层。

(四) 校内协作学习技术的新发展
互动式电子白板。

(五) 在线协作学习技术的新发展
1. 智能 Agent;
2. P2P 技术;
3. 社会性软件。

（六）移动协作学习技术的新发展

1. 移动通信技术；

2. 无线局域网技术。

二、CSCL 的新理论及其技术需求

（一）协同学习

基本原理可归纳为"深度互动，信息汇聚，集体思维，合作建构，多场协调"。

（二）联通主义学习观及 CSCL 的高阶发展（泛在协作学习）

泛在协作学习的技术特点是情境感知、泛在计算、增强性虚拟现实、泛在通讯网络，它是泛在学习和协作学习的结合体。

（三）基于联通主义的协同学习的技术需求

1. 基于语义的数据挖掘；

2. 协同脚本的设计与开发；

3. 使能技术的开发与应用；

4. 智能终端；

5. 个性化学习门户；

6. Web3.0 的应用框架；

7. 学习网格技术。

三、CSCL 支撑技术的研究热点

1. 人工智能；

2. 虚拟现实；

3. 网格；

4. Web Services；

5. 全息技术；

6. 智能终端；

7. Web3.0 框架等。

四、总结

CSCL 技术正在对学习产生重要深远的影响，学习将更大程度地迁移到教室之外，进入学习者的真实和虚拟环境，技术系统在教育中的导向也从技术功能导向转向为人本实用导向，更强调对人的多样性需求的服务支持，"技术增强学习"将获得越来越多的认同。教育者和技术开发者挑战将是：找到多种方法来确保新的学习是高度适应环境的、个人的、协同的和长期的，我们必须确保教育实践能够有效地使用这些有生命力的技术。

看图说话

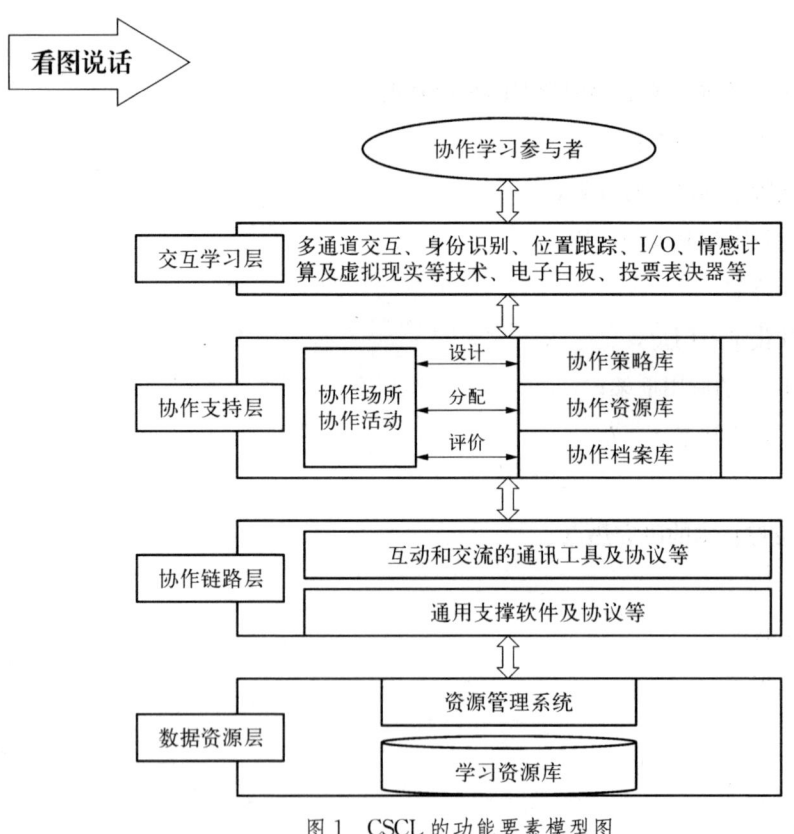

图 1 CSCL 的功能要素模型图

> **智语连珠**

- 如同社会生产力和生产关系的辩证统一的关系一样,ICT 发展到一定程度后,就会推动教与学应用的发展和理论的创新与进步,同时,教育技术与学习技术为适应时代发展而产生了新的技术需求,必须充分利用 ICT 来谋求发展和革新。

网络学习环境中的情感缺失研究
——以开放英语教学中的情感体验为例*

罗红卫　王佑镁　祝智庭

文章以开放英语多媒体学习系统为研究环境,通过调查分析样本,采用质性和量化的研究方法,分析了网络环境下英语教学设计中情感缺失的主要原因。研究发现,"情感在场在网络英语教学设计中缺乏重视"是当前网络环境下英语教学情感缺失的主要原因。此外,过于追求缩短时空距离,使学习者对现实生活缺乏了解而导致的情感交互的不到位和过分强调技术环境设计也成为产生情感缺失问题的原因。

一、研究设计

(一) 研究目的

1. 考察网络英语学习者在网络学习中情感的起伏变化;

---

* 罗红卫,王佑镁,祝智庭.网络学习环境中的情感缺失研究——以开放英语教学中的情感体验为例[J].开放教育研究,2008(3):74-78.

2. 兼顾关注网络英语学习者在网络学习中实施的自主学习策略。

(二) 研究样本

中央电大学习中心(南海)2005秋工商管理专业(专科)的学习者。

(三) 数据收集

1. 质性分析：观察日志，情境访谈；
2. 量化分析：问卷调查。

(四) 数据编码

1. 交互情感；
2. 情感在场；
3. 共享情感。

二、数据统计和结果分析

(一) 质性分析

对能够显现网络英语教学情感缺失内在规定性的具体特征进行细致而深刻的挖掘。

(二) 量化分析

对网络英语教学情感因素的构成以及可能引发情感缺失问题的程度、规模、范围等可以用数量表示的规定性进行精确的测量。

(三) 质性与量化研究结果的对比

1. 在研究取向、分析追求方面，质性分析注重质的深刻性对应着量化分析注重量的规定性；
2. 在研究结果方面，质性分析和量化分析都表明情感缺失问题已经成为网络环境中英语学习的突出问题。

(四) 情感缺失原因分析

1. 情感在场在网络英语教学设计中缺乏重视；
2. 情感交互的不到位；
3. 过分依赖技术。

三、总结

本研究的局限在于：选择的学习者在分布和数目上都比较有限,但这也是质性研究的特点。网络英语教学设计,这也符合现代网络教育"人性化"的追求,现代教育遵循"逻辑—认知"和"情感—体验"共同构成的统一的教育过程,这种教育过程能够取得高层次的教育效果,产生具有高情感的人才。因此,本研究并不旨在获得具有推广价值的结论,而是试图以生动的、翔实的网络教学实践中的事件,引起网络英语教学设计者和网络英语教学者对网络英语教学情感的重视。

基于协同学习的 CSCL 实现机制：协同脚本与使能技术*

查冲平　顾小清　祝智庭

CSCL 以各种计算设备来促进协作学习,其本身已构成一个学习技术系统,而协同学习为学习技术系统的建设、目标提出了五大原理及系列学习工具(ClassKT,ClassKB),是 CSCL 的重要发展方向之一。文章在本团队对协同学习、协同科研的协调机制,以及机制运作保障的使能技术的研究基础上,调研了大量 CSCL 文献,瞄准 CSCL 的这一发展方向,基于系统观、协同学理论,提出了协同脚本与使能技

---

* 查冲平,顾小清,祝智庭.基于协同学习的 CSCL 实现机制:协同脚本与使能技术[J].中国电化教育,2010(5):27-31.

术的机制建设、干预方法，提出 CSCL 在这种干预下向协同学习技术系统相变的实现方案，是通过外部干预来建设 CSCL 应用模式的初始性研究。

一、研究的问题

根据 CSCL 脚本和本团队对协同学习、协同科研的研究，提出协同脚本与使能技术的外部干预策略，并通过这两种技术手段来建立、保障 CSCL 协调机制，以使 CSCL 系统向更有利于学习的形式发展。

二、系统的有序相变

（一）系统的相及有序与无序
（二）系统的相变

系统总是自发地趋向无序，如果要让系统变得有序，必须施加外部参量控制。

三、CSCL 学习技术系统协同相变的参量

（一）协同脚本
（二）使能技术

四、协同脚本与使能技术协调机制的实现方案

（一）计算机运用平台的设计规划
（二）信息技术软件的组合使用规划

可以通过现有的社会性软件、学科软件、通用软件的组合搭配为一种 CSCL 应用模式。

（三）协同脚本与使能技术的协调机制

利用教学传通模型，以协调空间将教学活动中的角色情感空间、工具媒体空

间、内容资源空间和工作信息空间有机结合在一起。

1. 协同脚本设计；
2. 使能技术设计。

五、展望

文章指出了CSCL系统能够在协同脚本与使能技术干预下发生相变的规律，并初步提出了干预的实施方案。诸如什么样的协同脚本与使能技术，以及如何设计协同脚本与使能技术来建立一个协调机制，以协调学习者自身，以及学习者的工作空间、工具媒体空间、内容资源空间等更深层次的问题，有待下一步更深入的研究。

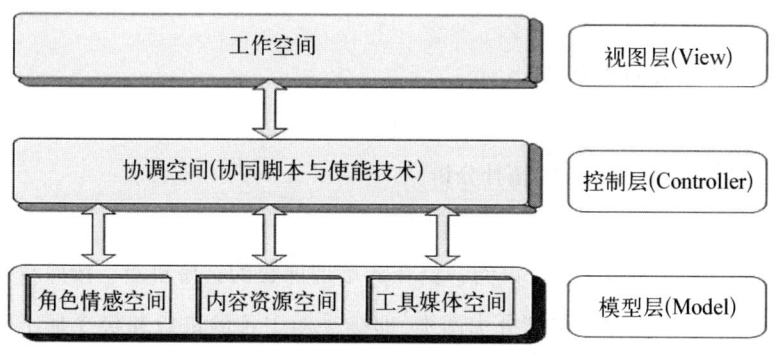

图1　协同脚本和使能技术的协调机制实现方案之一

- ◆ 协同脚本是对CSCL脚本的改进，使能技术是对协同脚本实施的保障，二者相辅相成，共同作为CSCL系统的一种外部干预手段。

在线学习者异步交互的拓扑结构研究
——一种基于复杂网络模型的分析*

张超　祝智庭

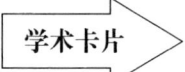

基于复杂网络模型,抽象出在线学习者异步交互的拓扑结构并进行了分析。对节点度分布和群集现象的研究发现:在弱学习干预条件下,交互网络具有无尺度结构,呈现小世界特征;在强学习干预条件下,交互网络度分布背离幂律,趋于平均化。

一、复杂网络模型

（一）随机图论模型

（二）小世界网络模型

（三）无尺度网络模型

二、在线学习者异步交互的拓扑分析

随机选取某网络学院开设的一门在线培训课程的选修班级。按照教师对学员学习过程的干预程度将其分为两类,即接受弱干预的班级和接受强干预的班级。两个班级除在开班典礼时接受一次面授外,课程学习、作业提交、讨论交流均在网络学习平台上完成。

（一）度分布特征

1. 在弱干预条件下,大多数学习者的在线异步交互不够活跃;

---

* 张超,祝智庭.在线学习者异步交互的拓扑结构研究——一种基于复杂网络模型的分析[J].电化教育研究,2009(2):59-63.

2. 教师的特殊职责使得他们与学员间的交互最为频繁，成为网络中的超级中心节点；

3. 学习者的这种交互行为使得所在班级的拓扑结构成为一个典型的无尺度网络；

4. 同时解释了无尺度网络增长和优先情结的动力学特征；

5. 在强干预条件下，学习者在线异步交互的拓扑结构发生了改变，并不遵从幂律分布。

(二) 群集特征

1. 在弱干预条件下，群集函数图像呈逐渐下降趋势，经拟合后是一条斜率为负数的直线；在强干预条件下，群集函数图像随节点所拥有的链接数的增长变化不大，几乎可以拟合为一条水平直线；

2. 在弱干预条件下，整个交互网络呈现出明显的层次拓扑结构，具有小世界特征；在强干预条件下，节点群集系数分布比较均匀，交互网络没有出现层次拓扑结构。

三、结语

对于在线学习者异步交互拓扑结构的分析，我们发现了隐藏在这些交互行为之后的一些基本规律。学习者接近自然条件下的在线交互行为构成无尺度网络，并呈现小世界特征。强学习干预手段的实施，使得学习者交互行为发生改变，交互网络背离幂律分布并趋于平均化。由此，交互拓扑结构相变的观测也为我们提供了一种检验学习干预效度的重要手段。将班级分为两类是为了探究不同程度的学习干预是否能对学习者的在线交互行为产生影响，从而改变其拓扑结构。

新兴技术在高等教育中的应用分析与对策思考

——《2016地平线报告(高等教育版)》解读*

李新房　刘名卓　祝智庭

　　2016年2月,美国新媒体联盟正式发布《地平线报告(高等教育版)》。该报告预测未来高等教育所采用的8项关键技术、6个发展趋势、6项挑战。8项关键技术:自带设备、学习分析、自适应学习、增强现实、虚拟现实、创客空间、情感计算、机器人技术。6个发展趋势:近期趋势(日益注重学习测量、混合式学习日益普及)、中期趋势(重新设计学习空间、转向深度学习方法)、远期趋势(推动创新文化、重新思考机构运行模式)。6项挑战:可解决的挑战(整合正式学习与非正式学习)、困难的挑战(应对不同的教育模式、个性化学习)、严峻的挑战(平衡线上线下生存、保持教育适切性)。文章通过解读该报告,分析新兴技术对高等教育的教学、学习和创新探索产生的影响,并提出迎接挑战的对策。

一、新兴技术应用于高等教育的关键技术

（一）自带设备

（二）学习分析与自适应学习

（三）增强现实与虚拟现实

（四）创客空间

（五）情感计算

（六）机器人技术

---

* 李新房,刘名卓,祝智庭.新兴技术在高等教育中的应用分析与对策思考——《2016地平线报告(高等教育版)》解读[J].教育发展研究,2016,36(7):31-38+51.

二、新兴技术应用于高等教育的新趋势

（一）近期趋势（未来 1—2 年）

1. 日益注重学习测量；
2. 混合式学习日益普及。

（二）中期趋势（未来 3—5 年）

1. 重新设计学习空间；
2. 转向深度学习方法。

（三）远期趋势（未来 5 年之后）

1. 推动创新文化；
2. 重新思考机构运行模式。

三、新兴技术应用于高等教育所面临的挑战及对策思考

（一）三类挑战

1. 可解决的挑战：整合正式学习与非正式学习，提升数字素养；
2. 困难的挑战：应对不同教育模式、个性化学习；
3. 严峻的挑战：平衡线上线下生存、保持教育适切性。

（二）迎接挑战的对策思考

1. 运用社会性软件促进非正式学习，建立非正式学习成果认证制度；
2. 混合应用多种教育模式，构建个性化学习环境；
3. 重新定位高校人才培养目标，创新人才培养模式。

四、结语

为了迎接挑战,在激烈的竞争中保持优势,高等教育工作者应有效整合先进的新兴技术、优化技术应用方案、科学评价技术应用效果、个性化服务于学习者,从而培养出社会所需的创新型人才。只有这样,高等教育才能在新兴技术的道路上健康发展。

智语连珠

- ◆ 情感计算与情感相关,属于认知的范畴,其本质就是"价值计算"。
- ◆ 深度学习是相对于简单学习或浅层学习而言的,简单学习的学习对象通常是基础知识与技能,不需要复杂的学习技能。而在深度学习中,学习者通过对新知识的批判性分析和与原有知识的整合,形成对学习内容的理解,以便运用所学来解决复杂问题,完成学习迁移。

多触点技术的教育应用前景分析*

郁晓华　薛耀锋　祝智庭

多触点技术正以不可阻挡之势进入大众的视野,改变着人机交互的方式,带给教育全新的交互方式、交互空间和交互关系。文章首先介绍了多触点技术的基本概念和发展历史,对几个类似的概念做了辨析,随即表达了作为一个新生事物,多触点技术的教育应用之路必不会一帆风顺的观点,并剖析了该技术在教育领域得以应用亟待解决的四个问题:认知上的转变与革新、手势标准的建立、新型学习

---

* 郁晓华,薛耀锋,祝智庭.多触点技术的教育应用前景分析[J].中国电化教育,2010(2):107-110.

空间的构架以及针对不同人群的应用设计。

一、多触点技术简介

（一）多触点技术的优点
1. 直接交互；
2. 多点触摸；
3. 多用户体验。

（二）理解和区分多触点技术
1. 多点、多触点和手势；
2. 多手指、多手和多人。

二、多触点技术的教育应用机遇

（一）Windows7 带来的机遇
（二）对触摸感知的研究
（三）触摸交互的中间过渡

三、多触点技术教育应用研究现状

（一）艾奥瓦大学计算机科学系 Juan Pablo Hourcade 教授主持的团队
（二）英国达勒姆大学的技术促进学习研究团队和 SynergyNet 项目
（三）华东师范大学教育信息化系统工程研究中心(ESERC 工程中心)祝智庭团队

四、多触点技术教育应用思考

（一）认知转变：新的交互形式
（二）手势交互：手势标准

(三) 学习空间：无缝融合

(四) 应用设计：人群及其需求

五、结语

总之，回想一下 20 世纪七八十年代初次将计算机引入教育领域，到校园网，再到当前的互动课堂，每一次变革无不经历观念的碰撞与斗争，思想从接纳到推广，应用的试点、成熟再到创新几个环节。因此，作为一个新生事物，多触点技术的教育应用之路也必不会一帆风顺。

CSCL 中交互支持的新助力
——多触点技术*

郁晓华　祝智庭

不同的 CSCL 应用中，交互的技术支持充当着不同的角色，有着不同的设计要点，但也存在一些无法避免的难题。多触点技术的出现，为解决面对面协作中交互机会不均等的问题带来新的途径，并成为 CSCL 研究的新热点。本文在分析国外相关研究的基础上，提出应从应用情境的选择、交互自由的约束、合作交互手势的设计以及设备特性的影响几个角度思考多触点 CSCL 的应用设计。

一、CSCL 中的交互及其技术支持

CSCL 主张发展新的软件和应用，提供人们共同学习和交流的环境，以支持他们共同的创造性活动。这一过程中，交互是激发和产生共同知识的基本活动单

---

* 郁晓华，祝智庭.CSCL 中交互支持的新助力——多触点技术[J].电化教育研究,2011(1): 64-68+73.

元,交流会话是协作产生的基础。在 CSCL 中,交互行为可分为两种最基本的类型:人—机交互和人—人交互。虽然研究者们更加关注人—人交互,但人—人交互通常是借助计算机环境通过人—机交互得以实现的。

二、CSCL 中交互支持遭遇的难题

（一）面对面协作中交互机会不均等问题
（二）分布式/远程协作中社会线索缺失问题

在不同应用情境中有鉴于技术的限制,这两个问题的产生似乎不可避免,只能求解于新技术的产生与引入。

三、多触点技术带来的新活力

（一）多触点技术的特点

多触点技术(Multi-Touch),中文还可称为多点触摸、多点触控、多点感应等,是一种允许单个用户或多个用户通过手势与交互界面进行对话的图形交互技术。特点:

1. 直接交互；
2. 多点触摸；
3. 多用户体验。

（二）多触点技术的 CSCL 应用研究现状

1. 协作感知支持；
2. 协作参与维度；
3. 合作交互手势；
4. 协作学习空间。

四、多触点 CSCL 的应用设计构思

（一）应用情境选择：面对面协作

（二）交互自由的约束：合作机制与规则

（三）合作交互手势设计：必要性和原则

（四）设备特性的影响：显示与交互

五、结语

多触点技术是一种全新的交互技术，多触点技术在 CSCL 中的应用研究也刚刚起步。多触点技术的功能正在不断被发展扩大，比如对于触摸来源的区分（即识别哪个接触来自具体哪个人）、对于触摸感知的发掘（即感应接触的压力、角度等），这些功能又会为 CSCL 的交互提供怎样的技术支持，前景是非常令人期盼的。

表 1　学校协作学习、在线协作学习和移动协作学习的交互支持技术比较

比较项目	学校协作学习	在线协作学习	移动协作学习
应用情境	以课堂教学为主	在线正式或非正式学习	移动非正式学习
应用方式	面对面、实时	分布式/远程、可实时也可不同步	分布式/远程、可实时也可不同步
设备配置	一个/多个输入设备，一个显示设备	多个输入设备，多个显示设备	多个输入设备，多个显示设备
技术角色	"指示锚"（Referential Anchor）的角色，用以协同群体的注意力和协作行为	担任沟通渠道的角色，支持群体共识的形成和建构	担任沟通渠道的角色，实现与现实情境的整合，支持分布式信息的汇集和聚合
社会情感支持	直接利用面对面的情感交流，教师从旁协调	通过角色扮演、交互表征、评价反馈等手段间接支持	"无缝"、体验式融入
设计要点	深度互动机制、及时反馈交流技术	深度互动、协作维持和促进机制、使能技术	分布互动机制，交互情境化、模拟仿真技术
代表工具	互动电子白板、及时反馈系统	网络交流工具、社会性软件、群件	移动概念图、移动日志共享工具

智语连珠

- 在CSCL中引进多触点技术能很好地助力面对面协作中问题的解决,既可为在同地的小组各成员提供平等的交互机会,又可同时有效利用面对面时丰富的社会线索,实现交互的极大优化。
- 从仅为个人服务到支持多人的交互,从点选的简单操作到支持手势的复杂应用,多触点技术是一种全新的交互转变,其在CSCL应用时需要打破对传统教学交互的认识,搭建新的教学交互空间,构思革新的交互应用设计。

面向基础教育信息化的产/事业互动发展观[*]

胡小勇　祝智庭

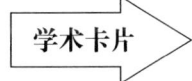

针对当前基础教育信息化蓬勃发展的趋势,本文研究指明了在该背景下如何定位学校(事业链)和企业(产业链)之间的互动发展框架。基于对该框架"一个总体模型、两条行动链"的分析阐释,文章进一步提出保证"事业链—产业链"有机结合、良性发展的机制切入:教育信息化测评,并随后论述了该机制的意义和工作要点。最后,作者进行了简要总结。

一、基础教育信息化产/事业互动发展框架

从教育服务层面上考虑整体框架,归纳成两个工作链条系列,并结合之间的关系梳理构成一个互动框架。从"教育信息化总体发展模型"出发,根据各学校在

---

[*] 胡小勇,祝智庭.面向基础教育信息化的产/事业互动发展观[J].中国电化教育,2004(2):8-11.

信息化发展过程中的"学校行动框架"进而形成学校行动的"学校—事业链"。其指导思路为"行政推动,学校需求,市场引导,用第三方测评带动教育信息化'产学研'全面发展"。

二、事业链:面向学校的信息化行动框架

教育是一个复杂"巨系统",包括方方面面的因素。中小学校的教育信息化,取决于全方位、多视角的信息化渗透。因此,针对信息化,面向基础教育各级学校的行动框架(事业链)主要包括下列工作:

(一)硬件设施建设

(二)软件资源建设

(三)应用队伍建设

(四)校本课程改制

(五)教学应用开展

(六)规章制度建设

三、产业链:面向企业的信息化行动框架

(一)建立和推行教育软件行业标准

(二)创建区域教育信息化产品需求目录

(三)实践并遵守各类教育技术标准

(四)为学校提供高品质、专业化的教育信息化服务

(五)各地政府可根据实际情况,创建教育信息化产业园

四、测评——"产业—事业"互动的保障机制

创建一个面向不同角色对象的教育信息化测评体系(模型)将能使各级政府教委部门、各中小学校、各产业从业者、各中介执行机构的工作有章可循、目标明确、任务清晰。在创建教育信息化测评体系中,可着眼于从三个维度展开,即面向

机构的测评、面向人员的测评以及面向产品的测评。

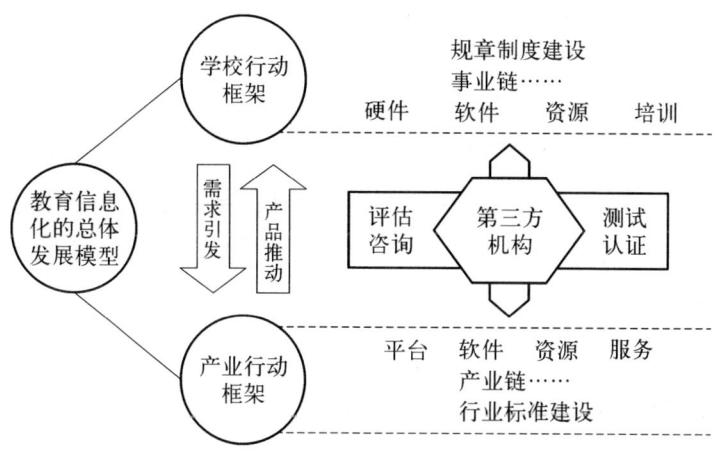

图1 基础教育信息化"产业—事业"互动发展框架

智语连珠

- 在信息化发展过程中,作为社会生态的一部分,教育信息化所引发的重大社会现象是产业界对教育信息化的极大关注和积极投入。
- 将硬件环境建设与软件环境完善相结合,进行专业化、规模化、集约化的信息化教育产品生产。
- 测试评估和认证监督在整个教育信息化进程中起着准绳的作用,创建和开展教育信息化测评体系,将能为教育信息化的持续发展助力。

风险管理：教育信息化的新课题*

谢同祥　祝智庭

教育信息化促进了教育领域在多个层面发生变革，为教育创造更多社会效益奠定可能。教育信息化也为教育过程引入更多风险，这些风险构成制约教育效益产生的重要因素。在教育信息化规划与实施中引入风险管理（Risk Management，RM）的机制，通过风险管理，有效地分析、控制、评估教育信息化中的风险，提高教育信息化的效益，保障教育信息化稳定、持久推进，这将成为未来教育信息化的一项重要研究课题。

一、教育信息化风险

近四十年来我国的教育信息化获得了较快发展，具体表现在四个方面：基础设施建设发展迅速；配套项目进展顺利；信息化教育持续发展；规制假设日趋完善。虽然在国家相关政策的带动下，教育信息化获得迅速推进，但从总体水平上看，我国的基础教育信息化仍旧处于起步阶段，许多问题尚待解决。教育信息化进程中风险的存在，已经事实地关联着我国教育现代化的发展进程。

二、教育信息化中的风险管理

（一）教育信息化中开展风险管理的理论可能

（二）教育信息化中开展风险管理的实践可能

1. 在教育信息化进程中逐渐建立风险意识；

2. 促进教育信息化进程中风险管理机制的完善；

3. 推动风险管理知识在教育信息化相关项目中的应用。

---

* 谢同祥,祝智庭.风险管理：教育信息化的新课题[J].现代教育技术,2009,19(6)：23-27.

（三）教育信息化风险管理的过程实现

在适当区域选择部门或机构,对其所涉及的过程开展以下步骤:风险识别、风险分析、风险控制以及风险监控与评价。事实上,教育信息化中风险管理与其他领域风险管理一样,不可能终止于某一个阶段,而是在过程中不断地循环往复。

三、教育风险管理的价值与意义

首先,为教育信息化进程中的种种风险提供预防机制和解决措施;

其次,有助于促进教育管理水平与管理效益的双重提高;

最后,将有力地推动教育管理学的学科发展。

四、总结

风险总处于动态变化的过程中,因此,风险管理也只能是一个动态循环的过程。对教育信息化进程中的风险进行科学分析与合理评估,寻求有效的策略以降低风险、规避风险,充分发挥教育资源的作用,最大限度地提高教育效益,这将构成教育信息化中风险管理研究的主要内容,有可能促进教育管理学作为一门学科的理论升级。

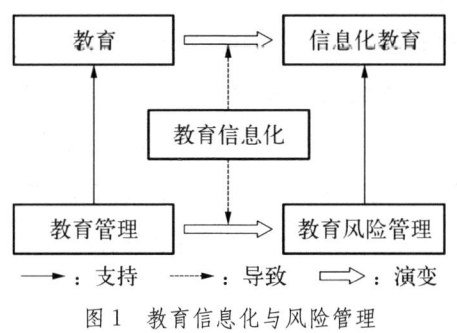

图1 教育信息化与风险管理

> **智语连珠**
>
> ◆ 以信息化带动现代化,以教育信息化助力教育现代化,促进教育的快速发展,这是我国教育进入新世纪后的一项战略选择。
>
> ◆ 只要将风险管理的思想针对性地与领域的实际情况相结合,创造出适合这一领域的管理方法和流程,就有可能完成对该领域风险某种程度的科学管理,实现对这一领域管理在思想与方法上的双重更新,教育领域存在风险,自然也不该例外。
>
> ◆ 风险管理发端于教育信息化发展的需要,发轫于信息化教育变革转折之际,发展于教育管理产生飞跃之时,在教育管理中获得推广应用,会以自身的成熟理论与方法,促进教育管理水平的改善与教育管理效益的双重提高。

协同学习技术系统的套具设计[*]

钱冬明　管珏琪　王佑镁　祝智庭

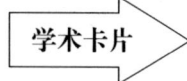

协同学习技术系统是一个面向深度知识建构的学习支持框架,这一框架通过结构化的工具套件支持个体协调发展与群体有序互动,实现"深度互动、汇聚、集体思维、合作建构、多场协调",落实面向高阶学习目标的知识建构操作理念。基于计算机支持下的协作知识建构(CKB)的基本理念,协同学习技术系统更加注重对个体和群体的学习过程中文化变量、协同机制和认知机制的支持,从而实现学习系统中个体与群体在信息和知识场域的互动与协调,指向课堂知识创新。本文系统分析了协同学习的三个基本阶段,即信息汇聚、群体思维和知识建构,阐释了

---

[*] 钱冬明,管珏琪,王佑镁,祝智庭.协同学习技术系统的套具设计[J].中国电化教育,2010(7):119-122.

协同学习技术系统的概念框架,设计并初步实现了协同学习技术系统支持套具,为技术支持的教学创新提供了创新性的解决方案。

一、协同学习系统及其技术隐喻

协同学习系统中的技术角色与作用,主要表现在学习系统的文化敏感性,建立了学习文化变量、认知变量、教学传通系统变量到学习技术系统变量之间的映射关系。在学习文化变量方面,个体与集体是一个重要的因子;在教学传通系统变量层面,传播主体和路径的双向倾向满足学习者的主体地位;在认知变量层面,分布于个体、集体和技术系统中的记忆类型在技术系统中得到支撑。

二、协同学习技术系统的概念框架

技术隐喻直接为协同学习提供给养,协同学习的基本原理可以归纳为"深度互动、信息汇聚、集体思维、合作建构、多场协调"。

三、协同学习套具的设计

协同学习系统应该是一个基于一定规范的、开放架构的、由多种计算机学习支持工具有机组成的、基于互联网架构的、具有协同学习思想的学习系统。协同学习套具分为四大主要部分:用户管理、信息管理、学习工具管理和公用交互工具管理。

四、协同学习套具的实现

开发的协同学习套具(Synergistic Learning Tool Kits1.0,SLTK1.0)是基于面向服务的架构体系(SOA),采用 Web Service 技术建立统一的数据、业务流程规范和开放式的系统架构,系统内学习工具遵循一定的规范,可以不断扩充的有很强开放共享性的学习系统套具。

五、研究展望

由于协同学习套具具有开放性和重组性,学习系统更加灵活和复杂,后续的研究中还需要考虑以下几个关键问题:(1)学习工具的规范标准;(2)群体思维工具的开发;(3)分组工具;(4)学习过程中个体信息的保存和回显。

协同学习系统是一个由社会要素和技术要素相互作用构成的、以达成个体协调发展与群体有序互动的学习支持框架。作为一种新型学习系统,协同学习系统及其技术套具的概念框架还需要在理论研究中进一步得到改进和补充,同时也需要在实际应用中得到实践和提高。

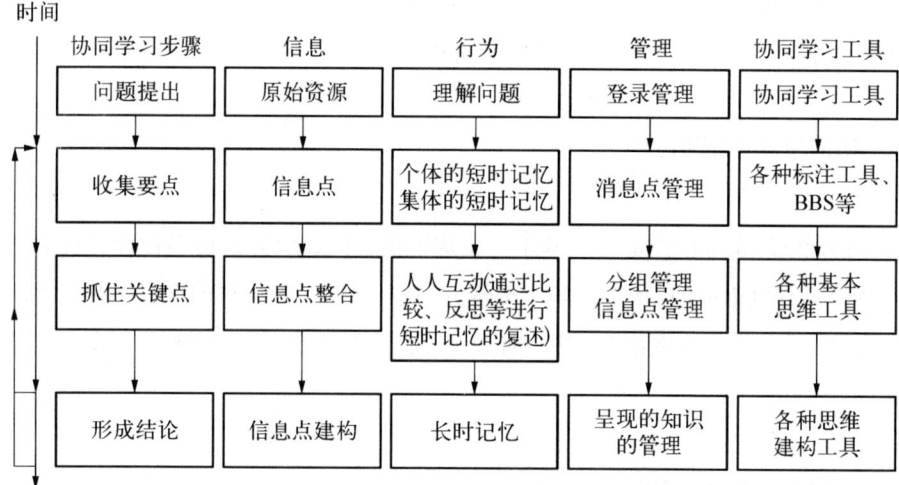

图1 协同学习套具的学习流程示意图

◆ 在信息技术工具的支持下,信息得以通过一种抽象意义的知识工具(Knowledge

Tools)平台被融为一体,以个体和集体协同的形式进行汇聚、思维与建构。
- ◆ 在协同学习技术系统中,个体意义借助知识聚合工具形成集体意义,并最终借助聚合工具形成稳定的集体记忆;个体学习通过群体思维技术与知识建构技术,达成集体智慧和知识创新。
- ◆ 基于计算机支持下的协作知识建构(CKB)的基本理念,协同学习系统通过激发学习情境中的多个场域空间,并在相关通信机制的支持下进行信息加工和思维操作,有效地实现知识建构,达成智慧生成和素质发展。

协同脚本与使能技术: 一种协同学习实现方案*

查冲平　顾小清　祝智庭

协同学认为一定的外部控制可以使自然系统或社会系统产生有序相变,协同学习理论认为多场协调的协同学习是学习系统的全新学习状态。基于上述两种理论,本文首先指出协同脚本与使能技术是一种实现学习系统有序相变到协同学习状态的外部控制技术,其次提出了如何设计、使用协同脚本与使能技术以使学习系统有序相变,之后,以此为基础设计了一个具体样例以引领后续研究工作,以实现利用协同脚本与使能技术达到知识建构与行为养成的双重目标。

一、脚本技术与使能技术

脚本技术与使能技术,是用来培养学生学习行为的两种外部干预方法。它们基于协同学的相关理论,通过外部控制参量的制约,促使学习系统内部各子系统相互作用,以达到学习者学习行为的改变,进而在学习系统中形成优秀学习行为

---

* 查冲平,顾小清,祝智庭.协同脚本与使能技术:一种协同学习实现方案[J].电化教育研究,2010(4):14－19.

支配的、有序的协同学习状态。二者相结合的融合设计,有利于学习系统中学习行为有序的养成,有利于学习者达成协同学习目标。

二、研究的系统

(一) 学习系统界定、分类与本文研究的系统

学习系统是对学习整体性的一种泛指,并非专指技术平台或者技术系统,而是一种社会—技术系统。

本文从两个维度进行分类:(1) 原子学习系统间的关联耦合情况,即学习者间联系的形式、紧密程度等。这里分为三类,即面对面、非面对面、混合式。(2) 系统规模,即根据学习者的数量进行分类。

本文将研究的系统分两层:第一层是教学班级,如远程教育中的一个教学班。第二层是教学班中的分组,如 3 人小组。

(二) 学习系统动态形成设计

1. 学习系统动态形成方法;
2. 学习系统动态形成的目的与意义;
3. 学习系统动态形成的实现方法。

三、协同脚本与使能技术的分层循环模型

(一) 分层设计模型

本设计分为两层,第一层包括学习系统建立、维护到共同完成任务,再到反思总结,可抽取为五个阶段:会话握手、对话熟悉、行为适应、任务协同、总结反思。第二层针对上一层的不同阶段分别设计,在上述五个阶段中对学习者学习行为作切实可行、详细有效的指导,是设计的重点。

(二) 循环实施模型

循环的实施是将分层设计的分阶段协同脚本与使能技术循环实施在动态变

化的学习系统上。

(三) 开放设计方法论

本研究以分层分阶段的方法设计、以动态分组循环的方法实施协同脚本与使能技术,是以协同学的理论为基础来实现协同学习。

四、小结

协同学习是符合当前时代特征的一种学习方法,利用协同脚本与使能技术的外部干预,使学习系统实现有序(学习者的学习行为表现为共性与个性的综合,共性即学习系统的有序)。

看图说话

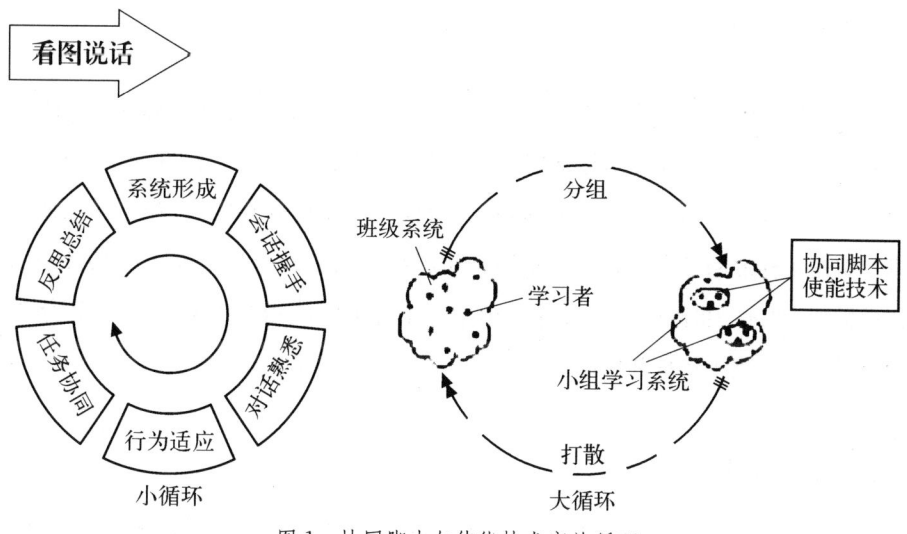

图1 协同脚本与使能技术实施循环

智语连珠

◆ 很显然,今天的学习者无一不处在这样的一个知识场中,只要学习者愿意,总能在多种多样的渠道中,找到一条达到所需知识的途径。

- 今天的学习者需要首先认识到"场"的存在,然后去有效利用它。以变化、增长的"场"的概念去认识并获取包围着我们的信息、知识、智慧,使"学习"及"如何促进学习"呈现了新的特性。
- 当前,需要学习的以及可用于学习的、学习以及如何促进学习,与以往不可同日而语,因而需要重新理解学习、重新研究如何促进学习,并充分利用可用于学习的各种各样的手段去学习需要学习的东西。

透视我国网络教育技术标准(CELTS)体系*

张屹　闫寒冰　沈中南　祝智庭

为了提高网络教育管理质量和服务质量,有关学习技术标准的标准化组织一直致力于网络教育相关技术标准的研究。本文参照国内外相关标准的研发程序,提出了网络教育技术标准的研制阶段、各阶段的主要任务和阶段成果,并在此基础上编制了标准的开发流程。文章还构建了我国网络教育技术标准(CELTS)的体系框架,并进一步阐明了标准体系框架中子标准间的相互关系,为制订网络教育技术标准提供了依据和保障。

一、标准研发阶段

为了使标准的研制和开发过程正规化,我们在参照国内外相关标准的研发流程的基础上,制定了我国网络教育技术标准的研发阶段及各阶段的主要任务和阶段成果。包括以下阶段:预备阶段、立项阶段、起草阶段、征求意见阶段、审查阶段、批准阶段、出版阶段、复审阶段、废止阶段。

---

* 张屹,闫寒冰,沈中南,祝智庭.透视我国网络教育技术标准(CELTS)体系[J].全球教育展望,2002,31(10):37-41.

二、标准开发的流程

绘制了网络教育技术标准研制开发流程图,来直观地表示我国网络教育技术标准的研发程序、步骤、过程和阶段。

三、我国网络教育技术标准的体系框架

通过分析国内外关于网络教育技术标准研究的文献材料,特别是参照 IEEE LTSC184 和 IMS 的框架,认为作为一个比较完整的 CELTS 体系框架,应该包含以下具体标准的制定,通常称之为子标准。类别有:总标准、教学资源相关标准、学习者相关标准、教学环境相关标准、教育服务质量相关标准、本地化标准以及跟踪研究课题。

四、标准体系的内在关系

由于标准的发展是一个长期的过程,而我们的认识也是逐步提高的,因此标准体系的内在关系并没有整理得十分清晰,我们根据子标准之间关系的不同性质,把它整理为三类:采纳、引用和指导。

五、总结

学习资源的可共享性和系统的互操作对于信息化教育和网络教育的实用性和经济性具有决定性意义,以促进和保护我国网络教育的发展为出发点,以实现资源共享、支持系统互操作、保障网络教育服务质量为目标,最终形成具有中国特色的网络教育技术标准体系,制定网络教学技术标准具有很强的实用价值和经济价值。

看图说话

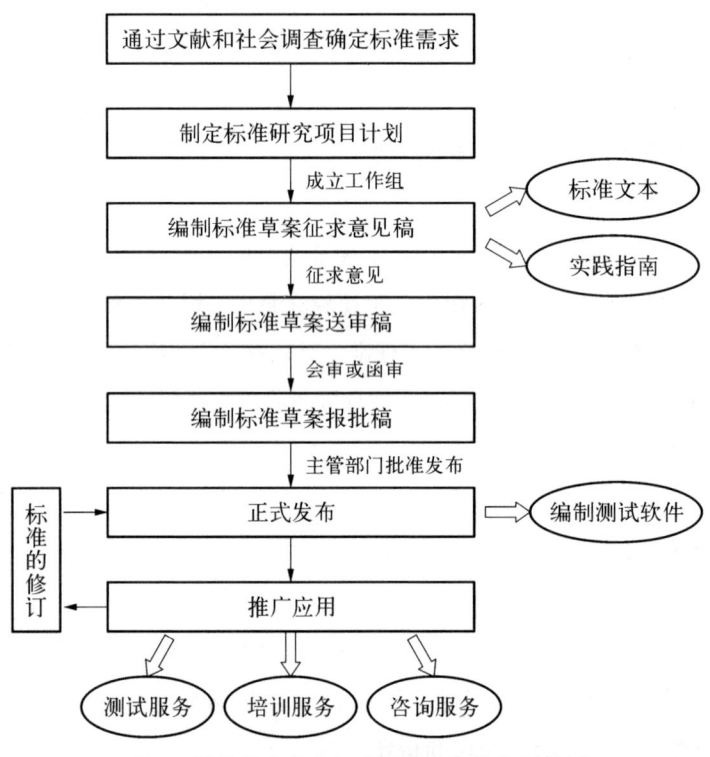

图1 网络教育技术标准研制开发基本流程图

智语连珠

◆ 理顺子标准之间的关系是一件十分有意义的工作,它能为各个子标准范围的界定提供指导,为体系的一致性和完整性提供保证,为负责子标准的各个工作组之间的协作提供依据,为标准体系一致性测试工具的开发提供指导,促进工具的复用。

◆ 网络教学技术的标准化为解决资源的共享、教学系统的互操作和教学质量的提高提供了有效的途径和有力的保障。

教育可计算化的理论模型与分析框架*

祝智庭　李锋

信息技术在教育中的广泛应用,使得教育信息已不再是一种简单的视觉和感官内容,更成为一种可捕捉、可量化、可传递的教育数据,基于数据分析的学习指导已成为个性化教育的一个重要特征。文章从发展的视角界定教育可计算化的内涵;依据现代学习理论,分析教育系统中各要素之间的相互关系,梳理出行为系统学习模型、认知系统学习模型、学习生态系统学习模型;针对不同类型的教育数据设计与之相符合的教育算法,开发(或选择)相应的计算工具,形成具有操作特征的教育可计算化分析框架。

教育可计算化超越了技术工具对教育环境的影响,更强调基于信息化的教育数据对教育实施的指导,依据提供科学的教育证据指导教育,实现教育的良性循环,确保信息技术投入的高效能产出。

一、教育可计算化的理论基础与模型建构

(一) 面向行为系统的学习模型设计

为了更清楚地理解影响学习行为发生的关键因素,以及各因素对学习结果影响的关系,美国心理学者赫尔(Clark L. Hull)对"行为系统"进行了教育实验研究和学习模型建立。

(二) 面向认知系统的学习模型设计

为了清楚地界定影响学习者认知结构的因素,理解学习者自身因素、教学准备、学习结果三者之间的相互关系,布卢姆(Benjamin S. Bloom)从"认知结构"层面构建了学习者认知发展的理论模型。

---

* 祝智庭,李锋.教育可计算化的理论模型与分析框架[J].电化教育研究,2016,37(1):5-11.

(三) 面向学习生态系统的学习模型设计

为了寻求和建构一种能够适应当前网络时代的社会结构和技术要求、满足社会变革和学习创新需要的学习理论体系，笔者从学习本体、内在价值、外在环境等三个方面分析了学习生态系统中的知识发展计算模型。

二、信息化环境下教育可计算化的实现

(一) 教育数据转换

教育数据作为一种从"精确到多样类型"的连续体，借鉴语义分析推理图谱，也可以从教育计算的行为系统、认知系统、复合系统等三个层面来理解教育数据的表现方式，并就每个层面分析内容相应的技术，确定实现教育计算的过程与方法。

(二) 教育算法设计

根据数据处理的类型、针对所需达成的目标，教育数据常用算法主要有回归分析算法、聚类分析算法和时序分析算法等。

(三) 教育可计算化的实现

教育可计算化的实现需要将教育的自然语言转换为计算机可以识别的程序语言，实现教育可计算的智能化和自动化。教育数据＋教育算法＝教育的计算机程序。

三、结束语

教育的复杂性决定了教育信息内容与形式的多样性，为了减少无意义的教育数据引发的"数据噪音"，提高数据应用的科学性，教育可计算化就需要依据教育自身的特征界定其核心概念，明确结构特征，建立动态发展的教育结构模型。设计符合教育发展规律的教育算法，研发相应的教学计算系统，从而保证教育数据的计算结果对教育指导的科学化、智能化和实效性。

看图说话

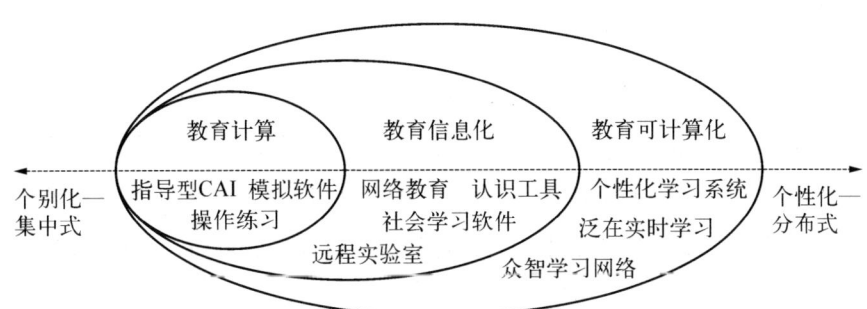

图1 教育计算、教育信息化、教育可计算化概念特征

智语连珠

- 同样,当教育在互联网等技术学习环境下变得越来越个性化时,学界的关注点也开始从"技术优化教育"走向"数据指导教育",基于信息技术的教育可计算化研究为分析教育信息、理解教育信息和应用教育信息提供了新的教育研究范式。
- 信息技术在教育中的广泛应用,使得教育过程中所产生的教育信息已不再是一种简单的视觉和感官内容,更成为一种可捕捉、可量化、可传递的教育数据。

主题一 教育信息化

协作脚本技术及其发展方向研究*

查冲平　祝智庭　顾小清

协作脚本是用类似指令的方法来规范学习者的行为以实现协作学习的一种设计技术，国外有众多研究者和成果。通过对大量协作脚本的文献研究，本文梳理了协作脚本的产生、归类及案例，进而指出了协作脚本隐现的不足，在这些基础上，提出了协同脚本与使能技术融合设计的脚本设计发展方向，并对其设计原理进行了初步论述。

一、脚本、协作脚本及其分类

（一）脚本

教育领域使用脚本的概念反映在协作（Collaborative）学习上，认为学习者间的协作过程，可以设计成脚本的形式，因此可以通过设计脚本来规范学习者的学习活动，以便协作过程发生，从而促进学习。

（二）协作脚本

协作脚本借鉴尚克和埃布尔森的方法，把协作活动脚本化，以规范协作学习者的行为来促使协作发生。协作脚本至少涉及三个领域：认知心理学、计算机科学、教育学。

（三）协作脚本分类

1. 认知脚本（Epistemic Scripts）和社会脚本（Social Scripts）；
2. 微脚本（Micro-Scripts）和宏脚本（Macro-Scripts）；
3. 内部/隐性脚本（Internal/Implicit）和外部/显性脚本（External/Explicit）。

---

* 查冲平,祝智庭,顾小清.协作脚本技术及其发展方向研究[J].中国电化教育,2011(2)：114-118.

二、协作脚本存在的缺陷

(一) 如何保证协作者一同获得学习效果

(二) 如何让协作/协同脚本"能动"起来

(三) 如何避免团队错误

三、脚本技术的发展方向

为了避免前述的协作脚本存在的缺陷,我们在协同学习视角下,以协同脚本和使能技术的融合设计作为脚本技术发展的新方向之一展开研究。

(一) 协同脚本与使能技术应用场景

协同脚本与使能技术的目的就是通过对学习者的干预、引导,使学习者最大化地互相影响、借鉴,在这过程中,使那些优秀学习行为自发地显现出来,并作用于每一名学习者。在不同的场景下,信息空间、媒体工具空间以及角色行为空间均不同,故需要分别设计。

(二) 协同脚本与使能技术的设计方法

文中初步提出了若干设想,包括设计者的协同、情感与活动并重、内化为习惯的设计目标。

四、总结

学习过程越来越多的是一种社会活动,脚本技术能有效促进学习者的社会性学习,但协作脚本对于协作学习并不总是有效的,同时也存在不足。从协同学习高度重新审视脚本技术,以协同脚本和使能技术的融合设计,能够在一定程度上克服协作脚本的不足。脚本技术、熟识技术、使能技术等在社会性计算环境下的学习中,对培养学习者的学习行为来促成学习、促成学习者向"自运行"系统过渡,具有相当意义。

看图说话

表1 协同脚本与使能技术适用的场景

协同脚本与使能技术的形式及适用的场景			特点、方法 （与具体学科相关）
（1）无软件技术参与的指令集	不考虑课内外学习者如何自发使用何种工具何种软件		语文课中如何学习别人写作文；数学课中如何学习别人解题……
软件技术参与的流程控制	软件组合（软件的挑选、使用、次序控制）	（2）课堂教学及课内外使用的软件	课内外如何控制学习者使用软件等
		（3）纯网络式	如何弥补缺乏课堂教学的不足等
		（4）混合式	上述两者的结合
	软件开发	（5）开发的软件与课堂教学的结合	开发的软件如何与知识点结合，如何在课内外使用等
		（6）纯网络式	开发的软件如何与按知识点推进等
		（7）混合式	考虑上述两种情况

智语连珠

◆ 可用交通的隐喻来看：协同脚本犹如"行人靠边走、车马靠右行""红绿灯"等规范性指令，它强制行人、车辆按部就班运作（有序的共性）；使能技术犹如巡警，目的是保证交通原则的贯彻落实，对于那些有意无意"逆行""闯红灯"现象加以制止，可通过奖惩等手段来完成，二者相辅相成，可以规范学习者的学习行为。

◆ 同时教育服务业作为现代服务业的重要组成部分和基础支撑，它的标准化发展必将推动现代服务业的快速发展。

中国信息化教育安全防范体系现状研究*

林阳 祝智庭

信息化教育内容分级标记规范开发是全国信息技术标准化技术委员会教育技术分技术委员会跟踪研究课题之一。笔者在此课题研究过程中,对我国当前信息化教育安全防范体系进行了调查研究。该文分别从政策法规、社会教育和防范技术3个方面加以阐述,最后得出若干结论性建议。

一、中国信息化教育安全防范体系的三方面解读

(一) 政策法规

中国信息化教育安全防范体系中的政策法规可进一步细分为一般性政策法规、教育政策法规和信息化教育政策法规。一般性政策法规虽不是专门针对信息化教育制定的,但对其同样具有约束力。我国出台的一些教育相关政策法规也对中国信息化教育安全防范做出了相应规定。随着我国信息化教育的蓬勃发展,我国专门针对信息化教育安全防范制订了相应的政策法规,目前全国信息技术标准化技术委员会教育技术分技术委员会也正在抓紧制订《中国信息化教育内容分级标记规范》。此外,我国还积极加强相关执法力度。

(二) 社会教育

社会教育人人参与,人人有责。为贯彻落实《公民道德建设实施纲要》中关于"要引导网络机构和广大网民增强网络道德意识,共同建设网络文明"的精神,增强青少年自觉抵御网上不良信息的意识,国内相继开展了许多大型社会公益教育活动。除此以外,我国还将陆续在全国中小学开设信息技术教育课程,其中一项教学目标就是要培养学生养成良好的信息素养,自觉遵守网上法规和道德规范。

---

* 林阳,祝智庭.中国信息化教育安全防范体系现状研究[J].中国电化教育,2004(1):61-64.

（三）防范技术

当前中国信息化教育安全防范体系中的防范技术已形成系统，由顶层、中间层和底层3个层面构成。首先考察信息化教育的上游——ICP；其次，考察信息化教育传递的中游——ISP；最后，考察信息化教育传递的下游——用户。

我国大多数防范技术产品操作较为复杂，要求用户必须具备必要的计算机和网络知识，而当前许多教师和家长这方面的知识非常薄弱，因而真正采用这些技术的人很少。

二、结论

（一）目前我国还没有制订本国的信息化教育内容分级标记标准

（二）我国用户普遍缺乏信息化教育安全意识

（三）信息化教育安全防范产品还有待革新

看图说话

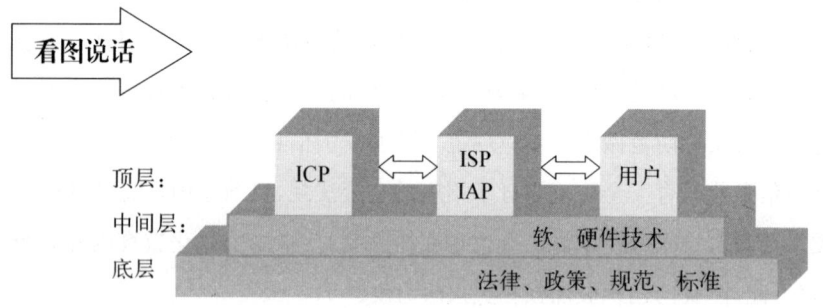

图1　中国信息化教育安全防范体系中的防范技术架构图

智语连珠

- 我国大多数防范技术产品操作较为复杂，要求用户必须具备必要的计算机和网络知识，而当前许多教师和家长这方面的知识非常薄弱，因而真正采用这些技术的人很少。

- 目前信息化教育安全防范产品的使用效果还不令人十分满意，加之许多人缺乏信息化教育安全意识，造成国内信息化教育防范产品的市场难以拓展。

全国教育信息化示范区校特征分析：智慧教育发展的视角*

李文昊　肖佳裔　祝智庭

　　教育信息化是一个不断朝着智慧教育发展的过程,本文从智慧教育发展的视角对全国教育信息化示范区校建设情况进行分析。研究者收集整理了35个教育信息化示范区及54所教育信息化示范校的资料,通过专家评价法和内容分析法分析信息化基础设施建设、教育资源建设和智慧课堂建设三方面特征。研究发现:区域教育信息化发展水平与地区人均GDP和区域人均教育投入有很强的正相关,与地方公共财政收入和区域人口流入有一定的相关性。超过三成学校通过教育信息化建设成为智慧教育先行军;东西部学校在创客空间、智慧实验室和小组合作研创型智慧课堂建设上差异较为明显;大多数示范校对以习材为中心的教学资源建设重视不足。从教育信息化示范区校的梳理分析可以明显看到当前智慧教育的发展趋势:智慧课堂更加支持精准教学;智慧教师的精细化分工越来越明显;校园管理更加致力于精致文化。

一、相关研究现状

　　许多国家都意识到信息化在教育中的重要性,纷纷制定教育信息化政策、投入教育信息化预算、对学校和教师进行教育技术培训。学者们开展了许多有关教育信息化的研究,大致可以分为以下三个方面:

（一）对教育信息化的调查研究

（二）对教育信息化的专题研究

（三）对教育信息化应用过程中出现的问题进行的案例研究

---

* 李文昊,肖佳裔,祝智庭.全国教育信息化示范区校特征分析：智慧教育发展的视角[J].中国电化教育,2017(11)：13-19.

二、研究结果的特征分析

（一）全国教育信息化示范区特征分析

（二）全国教育信息化示范学校特征分析

1. 超过三成学校通过教育信息化建设成为智慧教育先行军；
2. 东西部学校在创客空间和智慧实验室的建设上差异较为明显；
3. 大多数示范学校对以习材为中心的教学资源建设重视不足；
4. 东西部学校在小组合作研创型智慧课堂的建设上差异较为明显。

三、讨论

信息化基础设施的建设为智慧教育的教学资源建设和智慧教学建设奠定基础。以智慧教育发展的视角，从智慧教育发展的脉络对现阶段全国教育信息化示范区校进行梳理分析，我们可以明显看出当前智慧教育的发展趋势：

（一）智慧课堂更加支持精准教学

（二）"智慧教师"的精细角色分工越来越明确

（三）校园管理更加致力于精致文化

看图说话

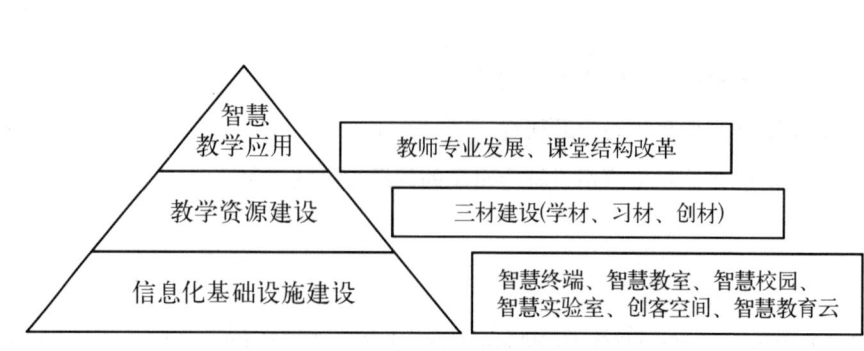

图1　智慧教育的金字塔模型

> **智语连珠**

- 我们认为教育信息化是"一个不断朝着智慧教育发展的过程,在推进教育的同时对生态化学习环境进行构建融合、对教师高成效教学方法的施展途径和学习者个性化学习体验的获得方式进行改善"。
- 多模态的教学生态使学生可以达到分析、评价、创造等高级认知层次目标,学材、习材、创材等各种资源在智慧教学生态中也都能找到相对应的使用情境。
- 差异化教学关注班级中个体基础知识与技能的掌握,对能力不同的学习者给予差异化的教学,以达到因材施教、人人皆学有所成的效果。
- 个人自主适性学习根据个人的不同特质,结合个人的兴趣,进行自主适性学习,使得个人特长、知能得到提升。

智慧实验: 教育信息化的新阵地[*]

薛耀锋　苏小兵　贺斌　祝智庭

> **学术卡片**

　　文章阐述了智慧实验的基本概念、系统架构和功能组成,介绍和分析了国外已有的代表性实例,设计和开发了智慧实验原型系统,为智慧实验的进一步发展提供参考。

---

[*] 薛耀锋,苏小兵,贺斌,祝智庭.智慧实验:教育信息化的新阵地[J].电化教育研究,2014,35(4):31-36+42.

一、智慧实验

(一) 定义和理论支撑

1. 定义

智慧实验以满足学习者和科研工作者的实际需求为最终目标,以智慧教学理论为教学指导,以情境感知(Context Awareness)、泛在计算(Ubiquitous Computing)、人工智能(Artificial Intelligence)等先进的信息技术理论为支撑,为广大学习者和科研人员提供个性化、多样化的实验教学和科研服务;

2. 理论支撑

在智慧实验范畴中,智慧教学理论、人工智能理论、情境感知理论和泛在计算理论都是紧紧围绕以人为本这一核心理念服务的。

(二) 系统组成

1. 智慧实验装备系统;
2. 智慧实验环境系统;
3. 智慧实验教学系统。

二、典型实例

智慧实验目前在国内外正处于不断发展的阶段,文中列出了七个具有代表性的智慧实验典型实例,它们分别是光合作用实验、虚拟社区合作空间科学教育实验、振荡器实验、倒立摆和蓄水池实验、氯化氢与氢氧化钠化学反应实验、X射线衍射单晶体结构分析实验以及生态系统移动户外实验。

三、应用系统原型设计

本文依据智慧实验的原理和中学地理探究性学习信息化环境设计模型,设计了一个面向中学地理实验教学的智慧实验应用系统。此实验系统已在上海市某中学的地理实验课堂上进行了教学应用,各项功能指标都达到了设计要求。

四、结语

实验教学是培养学生实践能力和创新能力的突破口,是信息技术与教学活动深度融合的领地,也是基础教育教学变革的重要阵地。随着信息技术在教学活动中的深入应用,智慧实验理论将会不断发展和丰富,智慧实验应用案例将会不断增加。同时,虚拟现实技术、远程控制技术、增强现实技术的快速发展,也将为智慧实验注入新的活力,智慧实验将会上升到新的发展阶段。

看图说话

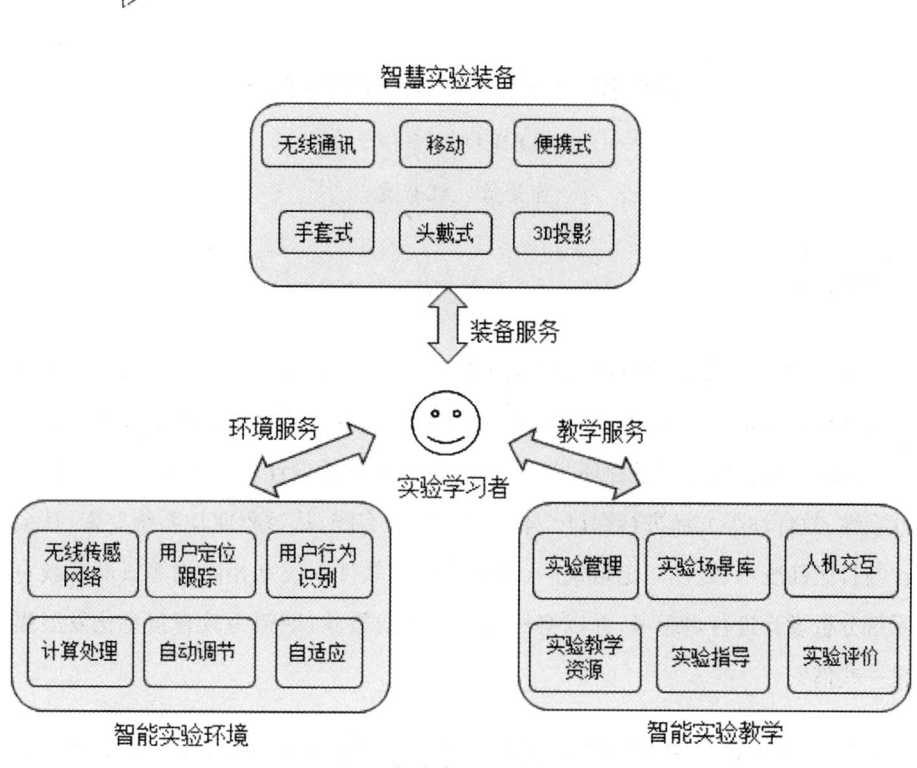

图1 智慧实验的系统组成

> 智语连珠

- ◆ 智慧教育以智慧学习环境为技术支撑、以智慧教学法为催化促导、以智慧学习为根本基石。
- ◆ 智慧教学理论根据教学情境的特点和约束条件,保持技术、学科知识和教学法三者的动态平衡,并选择应用恰当的教学法、学科内容以及支持技术,促进学习者智慧学习的发生和智慧行为的涌现。
- ◆ 环境给养是指在人与环境的交互过程,由环境的属性或属性组合所提供的、可被直接感知的、并能诱发有意图的活动或行为,以实现一定效用的动态的互惠关系。

教育信息系统分析设计的研究与实践
——以 DDEDSS 系统为例*

黄景碧　祝智庭

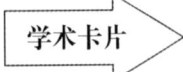

　　社会、教育的信息化发展,促进着人们以信息系统方式认识和改造教育,此时教育又称为教育信息系统,或简称为教育系统。而教育系统的分析设计则是人们认识或改造教育的必要过程环节。当前教育系统分析设计主要采用定性方法,从社会性、教育性等方面进行探讨。本文理论结合实践,从过程驱动系统要素、社会性与自然性统一、定性与定量统一、现实系统与软件系统互相隐喻等方面对教育系统分析设计进行再思考,并以案例进行了实践检验,期望为教育信息化发展提供一些借鉴。

---

* 黄景碧,祝智庭.教育信息系统分析设计的研究与实践——以 DDEDSS 系统为例[J].电化教育研究,2011(5):40-44.

一、教育信息系统分析设计的缘由

教育信息系统观,从教育系统信息交互,教育系统与环境,教育系统与子系统、要素(即重要的子系统),教育系统组成的项、类型、值,教育系统的功能、体系结构、原型等视角认识与改造教育。认识或改造教育系统时,必须将教育系统的全过程考虑其中,教育系统分析、设计、开发、实施、管理、评价六个环节,每一个环节都必须考虑教育系统的一个完整过程,前一环节是后一环节的依据,后一环节又可为前一环节提供反馈,不断迭代向前发展。

二、过程驱动系统要素的教育系统分析设计

教育系统设计在考虑过程的同时,还必须将教育系统不断迭代深入为合适的要素,即过程驱动系统要素,才能真正地解决实践问题。显然,要素的粒度迭代深入越细,认识或改造教育系统就越精确,但同时也越复杂,应根据具体实践需求划分要素的粒度。

三、社会性与自然性统一的教育系统分析设计

教育系统这一术语隐含了系统观,同时,又隐含了教育观,即从培养人世代传承社会累积的知识、技能、价值观为着眼点认识或改造教育。系统观是偏科学、技术层次的,而教育观是偏哲学、情意层次的,那么,教育系统观则是整个层次的典型统一体,具有典型的自然科学与社会科学统一的特点。

四、定性与定量统一的教育系统分析设计

从教育系统的信息交互、边界与环境、要素或子系统、结构、功能、过程、模型等为思路对教育系统进行定性分析时,还必须考虑定量因素,特别是数据项、数据类型、数据结构的分析设计。例如 DDEDSS 分析设计就是一个定性与定量统一的

典型案例。

五、现实系统与软件系统互相隐喻的教育系统分析设计

教育本质与人(脑)之间的信息交互最为密切,在一些实证研究的基础上,结合逻辑思辨研究人脑是可取的。教育现实系统决定教育软件系统,教育软件系统则可用作人们认识或改造教育现实系统的工具。应该提倡将对教育系统的认识总体偏宏观抽象与天生逻辑严密具体的隐喻教育现实系统的教育软件系统,进行互相隐喻地、互为补充地认识或改造。

六、案例:DDEDSS(数据驱动的教育决策支持系统)分析设计

首先,遵循社会性与自然性统一的原理,将数据驱动的教育决策国际标准与具体系统分析相统一进行分析,得出 DDEDSS 系统静态框架图。然后使用 XML 数据技术或关系数据库技术来实现该数据驱动的教育决策支持系统。

七、小结

教育系统分析设计是认识与改造教育系统的必要过程环节。本文从过程驱动系统要素、社会性与自然性统一、定性与定量统一、现实系统与软件系统互相隐喻等方面对教育系统分析设计进行了系统性思考,并结合 DDEDSS 案例进行了实践检验。

看图说话

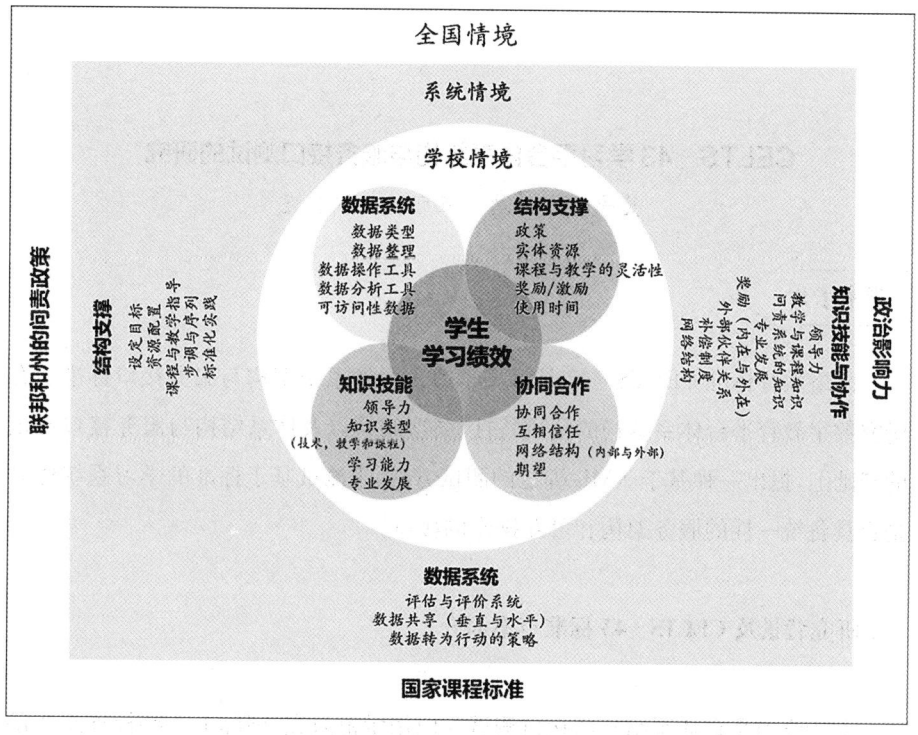

图1 数据驱动的教育决策支持系统静态框架图

智语连珠

- 教育作为客观世界的物质之一,那么,教育物质、教育能量、教育信息则是教育的要素,其中教育信息与通常的教育本质最为相关,所以,以教育信息为主线探讨教育是最为合理的。
- 既然教育肩负着人类知识文化传承的使命(人类知识文化若从学科视角又常划分为人文社会科学与自然科学),那么,具备人文社会科学与自然科学统一特征的教育系统观,也将为人们更好地认识与改造教育带来契机。
- ◆ 如同任何客观事物一样,教育系统也是质与量的统一,所以教育系统的认识与改造也是定性与定量的统一,定性→定量→新的定性→新的定量,不断螺旋式上升发展。

CELTS-43学习平台体系结构与服务接口测试的研究*

吴永和　何超　王腊梅　祝智庭

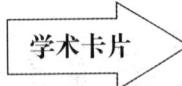

网络教育标准CELTS-43是有关学习平台的系统架构与服务接口标准。在研究数字教育平台体系结构的公用特性、层次结构以及体系结构与服务接口测试的基础上,提出一种基于XML绑定的测试方法,来测试基于标准的学习系统体系是否具备统一性的服务架构和可互操作的接口。

一、研究背景及CELTS-43标准草案简介

关于学习平台体系结构与接口测试与应用示范研究,国际上一些标准组织的做法是发布一项标准/规范的同时,开发一套测试的工具以实现对该项标准的自动化测试。国内CELTSC由华中科技大学牵头进行了研究标准测试工作。本文主要探究如何基于CELTS-43标准测试系统结构和服务接口等。CELTS-43标准草案是为了解决教育软件的组件及共享、互操作和快速集成的问题而制定的国家标准草案。该标准从多个角度描述e-Learning系统的架构,并试图定义一套服务接口标准。

---

* 吴永和,何超,王腊梅,祝智庭.CELTS-43学习平台体系结构与服务接口测试的研究[J].现代教育技术,2009,19(3):102-106.

二、基于 XML 绑定的接口测试方案的构想及实施步骤

(一) 方案构想

通常对于一个软件接口的测试包含两方面：静态数据结构及接口的测试、动态的软件功能的测试。在本文中，静态测试主要就是测试被测系统是否实现了 CELTS-43 标准所规定的服务接口以及数据字典；动态测试就是测试被测软件是否真的实现了标准中所规定的基本服务以及这些服务是否可用。

基于 CELTS-43 标准中提出的系统结构和服务描述，我们设计的测试方案思路如下：由 CELTS-43 标准给出描述平台接口的 XML 语法，包括系统体系结构的描述、服务的描述、接口和数据字典的描述等；其次，由申请平台符合标准测试的机构根据标准中给定的体系总体结构和接口描述语法撰写平台架构文档和系统接口文档，该文档中必须包括与各个服务相对应的数据定义 XML 文件；最后，通过测试软件测试申请人提交的文档来判断是否和标准相符合。

(二) 具体测试步骤

第一步：整体架构测试。要求：给出目标系统的整体结构抽象模型。
第二步：系统服务测试。要求：给出目标系统的服务描述 xml 文档。
第三步：服务结构测试。要求：给出目标系统的服务接口数据字典。

三、结束语

本文研究基于 CELTS-43 标准测试系统结构和服务接口，通过测试平台体系和接口，进而保证各个开发商在学习资源的共享和学习软件平台的互操作性上达到统一，以实现基于异构系统间的互操作和有效共享，促进未来的 e-learning 系统跨平台自由共享和信息交换，促进教育服务业的发展。

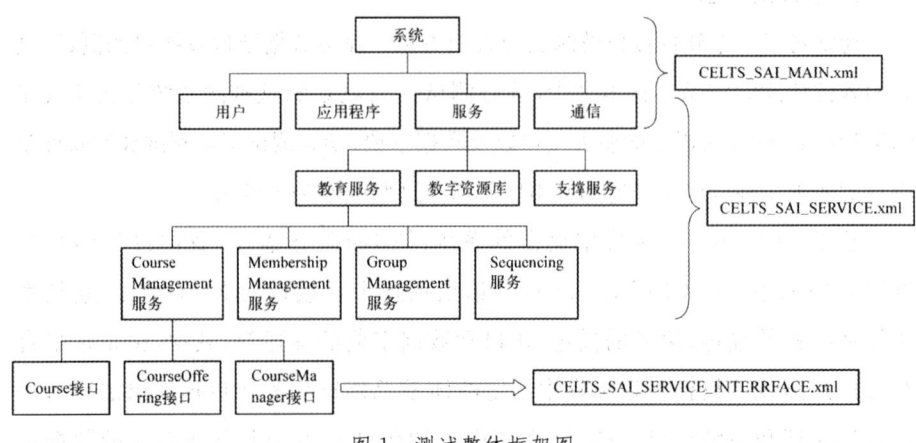

图 1 测试整体框架图

智语连珠

- 在具体应用的时候,我们应该本着实事求是的态度来撰写被测系统的体系结构与接口描述文档。
- 教育服务业作为现代服务业的重要组成部分和基础支撑,它的标准化发展必将推动现代服务业的快速发展。

技术推动　协同创新
——解析"红气球项目"引发的美国公立大学本科教育变革*
祝智庭　陈丹

　　"红气球项目"是美国州立学院和大学联合会发起的公立大学本科教育变革项目。在联通主义、社会建构主义等理论影响下,"红气球项目"以信息技术、网络、社交媒体等应用为推动力,创建了全国性的协作模式,为美国公立大学本科教育面临的挑战和困难提供了解决思路和方案,由此引发了公立大学的深刻变革。本文对由"红气球项目"引发的变革进行了阐释,并对大学变革实践案例以及"红气球项目"变革与其他教育变革的异同进行了分析,总结出"红气球项目"带来的美国本科教育变革的思路、特征及启示。

一、"红气球项目"简析

(一)"红气球项目"源起与目标

　　"红气球项目"(Red Balloon Project)是2010年由美国州立学院和大学联合会(AASCU)发起的"重塑本科教育"项目,旨在重塑美国公立大学的本科教育。"红气球项目"引发了美国公立大学本科教育的变革,在公立大学范围内产生了积极影响。该项目从"红气球竞赛"源起,逐步形成了全国公立大学的协作式对话,通过新技术的应用和创新等,为本科教育的变革提供了新的思路和参考。

　　"红气球项目"的执行目标是创建本科教育的协作模型,并要达成三个目标:第一,为促进公立学院和大学的变革建立全国性的对话、资源库以及一系列示范项目;第二,应用教育技术改善真实学习体验中的学生参与率,同时探索在网络时代知识产生、聚合和传播的新方式;第三,为学生提供他们所需的知识、技能和能

---

* 祝智庭,陈丹.技术推动　协同创新——解析"红气球项目"引发的美国公立大学本科教育变革[J]. 开放教育研究,2013,19(5):12-19.

力,帮助他们在职业生涯中成为成功的员工、民主社会中的积极市民以及帮助他们成为21世纪全球化社会中深思熟虑的领导者。

(二)"红气球项目"理论意蕴

1. 联通主义;

2. 社会建构主义;

3. 六度分隔理论。

二、引发的美国大学本科教育变革

(一)重塑本科教育内涵

1."红气球六大新模式":(1)机构组织与设计新模式;(2)学习管理新模式;(3)教师职责新模式;(4)课程设计新模式;(5)课堂设计新模式;(6)教学设计新模式;

2."下一代学习挑战"四策略:(1)开放核心课程;(2)混合式学习;(3)深度学习;(4)学习者分析。

(二)美国公立大学本科教育变革实践案例

(三)美国教育改革项目对比

三、小结

"红气球项目"不仅对根深蒂固的教学实践、院校组织和结构以及专家知识形成了挑战,也为高等院校团体及全国性组织如何协作促进和支持高等教育的变革提供了案例。吸收"红气球项目"的经验,也可以对我国高校教育改革带来有益启示:一是技术推动,协作创新;二是顶层设计,整体推进;三是聚焦学习,改革课程;四是校本特色,路径多元。

看图说话

表1 美国州立学院和大学联合会成员学校变革实践案例对比

对比项 \ 学校	加利福尼亚州立大学夫勒斯诺分校	杰克逊维尔州立大学	加利福尼亚州立大学奇可分校	印第安纳大学—普渡大学韦恩堡分校
启动时间	2010年6月	2010年秋	2010年秋	2010年7月
项目名称	红气球计划	红气球创新计划	Chico红气球项目	红气球项目
主题	技术解决方案/校园创新方案	构建学习型大学	重塑学习体验	重塑学术未来
关注点/特色	技术解决方案	学习型大学	学习空间	图书馆
组织形式	工作组	讨论组	项目团队	开放论坛
主题网站	√	√	×	√
社交媒体	√	√	×	√
阶段成果	《红气球建议报告》	《2011—2016年战略计划》	《红气球项目概念书》	"移动技术计划"/《红气球与重塑学术图书馆》

智语连珠

◆ 特别是在解决问题的途径方面,学习者已经不再是单纯的封闭式自我探索,而是开始利用数字时代的各种工具和技术,以协作式、分布式等方式来获得解决问题的方法。

◆ 教师需要降低自己在内容传递过程中的重要性,加强学习环境设计,与学生一起以新的形式开展学习,评价学习结果,与其他教师开展协作,参与教与学的学术工作。

◆ 人们获取知识的方式、聚集和共享知识的途径以及使用集体知识的方式都在改变,因此大学也正在从"提供教学"范式向"引起学习"范式改变。

未来学校已来：国际基础教育创新变革透视*

祝智庭　管珏琪　丁振月

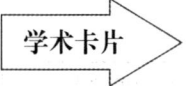

　　未来学校倡导创新方法与先进技术融合下学校的重新设计，其核心价值是为学生提供个性化学习体验，促成学生更好发展以适应未来生存。通过全景式国际调研，透过AltSchool、可汗实验学校等新式科技学校、虚拟学校、STEM课程学校、达芬奇学校、"野趣学习"学校、MTC学校等典型案例的分析，从教育理念、课程设置、教学组织、学习方式、学习空间、技术可为因素六个方面归纳各类未来学校的特征，并阐述未来学校采用的主要创新策略及成功设计模式。在此基础上，透过学校变革系统性思考、教育与技术关系的分析、AltSchool萎缩现象的析因来再思考未来学校的发展。

一、未来学校已来

（一）新式科技学校

1. AltSchool；
2. 可汗实验学校。

（二）虚拟学校

（三）STEM课程学校

（四）达芬奇学校

（五）"野趣学习"学校

（六）MTC学校

---

* 祝智庭,管珏琪,丁振月.未来学校已来：国际基础教育创新变革透视[J].中国教育学刊,2018(9)：57-67.

二、未来学校分析

(一)未来学校特征

1. 强调个性化教育理念、做中学思想;
2. 课程设置个性化、跨学科,面向真实世界问题;
3. 教学组织打破固定班级,采用弹性课表;
4. 注重基于项目的学习,突破校园边界;
5. 学习空间灵活多样,突破教室空间;
6. 技术赋能、各有所为。

(二)未来学校创新策略

1. 个性化;
2. 混龄班。

(三)未来学校创新模式

1. 未来学校推进主体:未来学校建设过程中,根据推进主体的不同,表现出自上而下的教育行政系统推进、自下而上的第三方力量推进两种方式;
2. 未来学校设计模式:新美国学校运动中出现三种学校设计模式,即核心要素设计、综合要素设计、系统要素设计。

三、未来学校再思考

(一)未来学校如何走向成功

学校的变革是一个系统性的改变,需要从学校的内部因素(组织结构、教学管理、师资队伍、服务保障)及外部因素(家庭、政府、社区、企事业、社会转型)以及创新(维持性创新和破坏性创新)等方面多维着手。

(二)最好的教育与技术何关

技术不是解决问题的完整方案。笔者认为,虽然在国内外都有一些学者与权威人士坚持"技术引领教育变革"的观点,但"技术促进教育变革"的说法更为妥当。同时,我们也不能认为信息技术的进步,将促使学校很快消亡。

(三) AltSchool 缩减的原因何在

AltSchool 作为一个科技公司对软件开发的关注优于孩子的教育;当前学生的收费仍在 2 万多美元以上,投入成本使学生家庭的教育费用支出并未下降;对于信息技术是否能提升教育质量目前并没有翔实有效的数据支撑,AltSchool 的教育质量如何也需加以跟踪评价。

四、结语

未来学校要融合创新方法与先进技术,提升学生个性化学习体验,促成学生更好地发展以适应未来生存。倡导在教育信息化实践策略上要采取问题驱动、理念引领的发展思路,既能解决学校发展的眼前问题,又要有先进教育理念指引、面向学校未来发展的前瞻性谋划。

看图说话

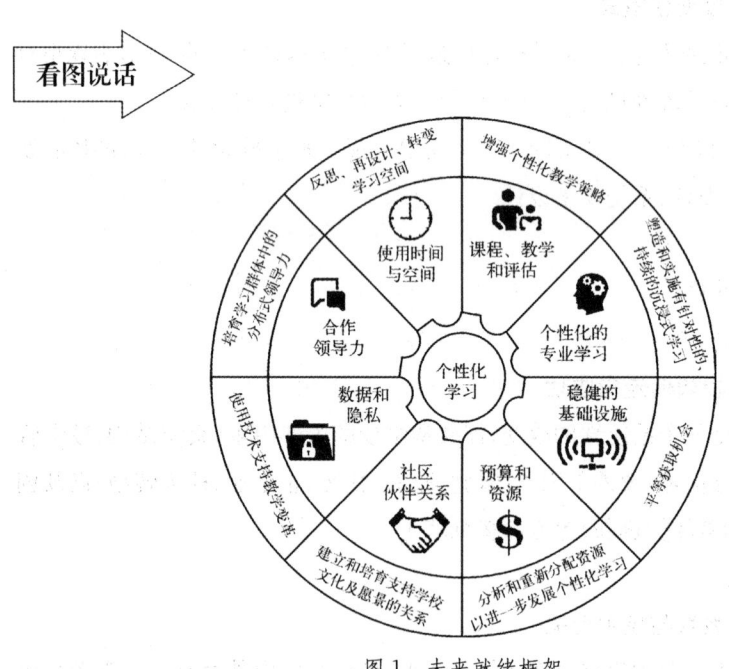

图 1 未来就绪框架

智语连珠

- 信息技术的发展与渗透正改变着我们生活的方方面面,然而信息技术对教育的促变作用却远小于其他领域。究其原因,信息技术为教育以外的服务领域带来便利性,而便利性并非教育的核心价值,教育系统面临着信息技术带来的机遇与挑战。
- 我们也必须持有这样的信念:不懂技术的教师将更容易被懂技术的替代,善用技术的教师更具职业胜任力;不用技术的学校终将无法抗拒技术,应用技术的学校比不用技术的学校更具发展前景。

教育信息化服务标准体系框架研究*

刘名卓　祝智庭　童琳

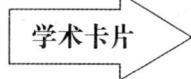

近几年,我国教育信息化呈现出由功能驱动型向服务驱动型转化的特征,"用户驱动、政府主导、企业承包、服务至上"的教育信息化服务外包与使用模式已成为教育信息化服务的重要模式。在教育信息化服务标准体系预研阶段的一些研究工作中,综合运用了文献分析、问卷调查和案例分析法,主要针对教育信息化服务的概念内涵、标准研制缘由进行了深度剖析;分析了可参引的国内外标准,针对教育信息化服务企业的服务现状与面临的问题困境进行了调查研究,最后依照教育信息化服务行业的发展特点整合典型的服务实践案例,面向该行业的未来发展趋势,提出了基础教育信息化服务标准研制的体系框架,并对该框架内容进行了阐述。

---

* 刘名卓,祝智庭,童琳.教育信息化服务标准体系框架研究[J].现代远距离教育,2018(4):28-35.

一、教育信息化服务内涵解析

对于教育信息化服务的界定,很多专家学者提出了他们自己的观点。从各位学者的界定中可以看出,目前的教育信息化服务内涵主要存在两种观点:一种是在大教育的视域下,将教育信息化本身看作是一种教育服务,主张资源即服务、软件即服务、工具即服务的观点,是一种"功能驱动型"的服务观;另一种是随着教育信息化工作逐步推向深入后,在新的历史发展期国家提出的以"服务全局(服务使命)、融合创新(服务任务)、深化应用(服务任务)、完善机制(质量保障)"为工作原则的教育信息化服务格局,是一种"服务驱动型"的服务观。

二、教育信息化服务标准体系设计

(一)可参引的国内外相关标准

目前研究教育信息化服务方面的专有标准规范还比较少,国内外可供借鉴与引用的标准主要有 4 项,国内 1 项,国外 3 项,不过这些标准主要是关于信息技术服务质量方面的。

(二)典型服务案例
1. IBM 服务科学;
2. WTO 服务贸易。

(三)服务类企业调研

(四)ETSS 标准研制的内容体系框架

1. 指导标准:指导标准中主要包括术语界定,标准体系框架及说明,以及针对该服务框架应用时涉及的人员、流程、方法和资源等进行的界定与指导;
2. 业务标准:业务标准是该标准体系的核心部分,主要包括生态环境建设层、人员能力建设层、应用发展评价层;
3. 实施指南。

三、结语

该服务标准的研制将为指导、规范教育信息化服务业的深层次发展发挥重要作用,并将有助于探索未来教育信息化服务的创新模式和架构,以及推进教育信息化相关产业的发展。

看图说话

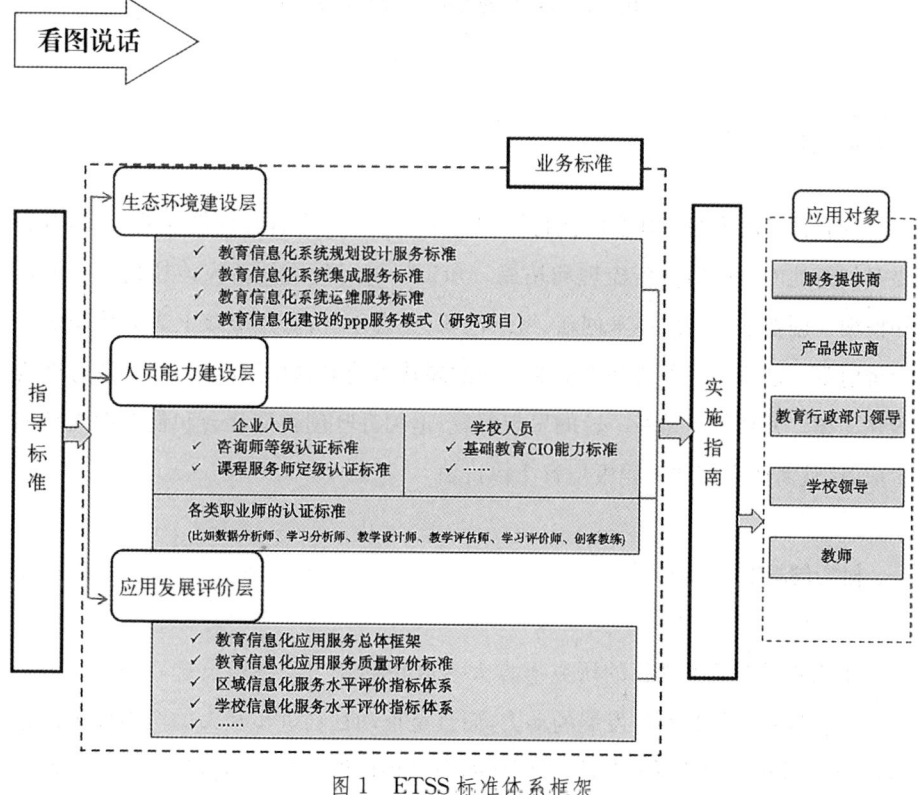

图 1 ETSS 标准体系框架

智语连珠

◆ 教育信息化服务是随着教育信息化发展而日益凸显的问题,是教育信息化和服务二者发展的集合体,是服务承接主体通过提供必要的教育信息化手段和方法,以满足教育领域中消费者需求的"过程"。

◆ 随着服务需求的多样化,教育信息化服务对应的服务内容、服务类型等也正随着时代的变化而发生转变,结合互联网等新技术优势,注重服务创新、服务绩效、服务质量、服务队伍建设等的教育信息化服务具有重要意义。

论知识技术创新的价值向度*

李凯　祝智庭

"创新"已成为当今社会的流行语和高频词。在一个言必称创新的时代,有必要对创新的内涵做出重新梳理和拓展。知识经济时代的创新应该超越既有的认知框架。创新不仅指向技术创新、组织创新、业态创新,而且应该上升为普遍的社会价值观。创新是一种奠基于个性发展的现代价值观,以开放多元的生活态度为内在支撑。万众创新是新一轮的思想解放,迫切呼吁创新型社会和创造性人格的生成,这就需要在实践中积极培育个体价值。

一、何为创新?

国内外学者关于创新的研究重点大多放在创新与经济增长这一经济学分析范式中。创新不仅是经济发展的动力,而且是推动社会进步和人的全面发展的根本途径。从更为广泛的层面看,对创新的内涵仍可做出进一步分解。其一是经济能力增长意义上的创新;其二是伦理评价意义上的创新;其三是社会价值观意义上的创新。

---

* 李凯,祝智庭.论知识技术创新的价值向度[J].上海师范大学学报(哲学社会科学版),2017,46(3):34-40.

二、技术创新的伦理条件

创新需要伦理支撑,但是这种需要主要不是前提上的需要,而是规范上的需要。对创新进行伦理评价不是伦理审查意义上的,而是对创新过程和结果的伦理评估。这种评价的意义在于规范对新事物的运用。发明创造在运用方面的转化是创新的最后环节,也正是在这里才真正有了伦理运作的空间。如何使发明创造的运用符合伦理的要求,或者这些新的发明或创造的运用要符合哪些伦理要求,这是在伦理上真正需要解决的问题,在创新的完成意义上也算是一种伦理支撑。因此,讨论创新的伦理条件,还需要对技术创新的伦理后果、风险规避做出深刻反思,深入考察创新的伦理之维,使技术创新实现伦理上的"软着陆",建构新技术与社会伦理价值体系之间的缓冲机制,实现技术创新的经济效益、生态效益和社会效益的统一。

三、技术创新的本质追问

创新的本质表现为基于人类需要而产生的制作的真实性与生成的合宜性。创新之善的特殊性就是制作真实性与生成合宜性的结合与实现,因其影响到个人利益及公共利益的实现、甚至人类生存环境的改变,因而更为重要,也更值得关注。

四、创新价值观的品格培育

一个具有高度创造性的现代社会,其最重要的特征就是一个多样性的社会,是一个能够让每个人有充分发挥自己个性和才能的自由空间。

第一个特性就是首创性(originality),注重个人的活力和多元分歧。

第二个特性就是特异性,即个人的差异性和行动的独特性。

第三个特性是独立性。所谓独立性,就是要用自己的理性去思考、去选择自己的生活方式,而不是盲从甚至依从于社会的一般观念、经验乃至风俗。

五、结语

创新要成为全社会共同的价值追求和行为习惯,需要提供试错和风险成长的试验场。创新是探求未知领域的事业,充满了风险和不确定性因素。创新文化应该提倡敢于冒险的精神和宽容失败的氛围。创新型社会就是能够涌现"创新型"的社会,让每一个人都能够发挥自己的创造力,做出自己的"创新性"。

智语连珠

- ◆ 模范是参考和刺激,而不是强加命令,刺激我们通过模仿,不断去实现创新。
- ◆ 创新要成为人人生命的自觉,成为社会的日用常行,才能更好地转化为现实中的创造力。
- ◆ 以个性充分发展为旨归的创新,才是个体快乐的源泉,也是整个人类的福祉。
- ◆ 一个具有高度创造性的现代社会,其最重要的特征就是一个多样性的社会,是一个能够让每个人有充分发挥自己个性和才能的自由空间。
- ◆ 社会崇尚的人格特征也将转向面向市场的人,社会需要一种强大的动力,去创造一种适用于创新时代的人格范型。

基于系统动力学的数字教育服务产业技术路线图研制*

徐显龙　李锡阳　顾小清　祝智庭

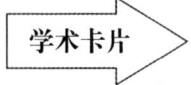

技术创新是解决当前我国数字教育服务的产业发展中资源、技术、标准等方

---

* 徐显龙,李锡阳,顾小清,祝智庭.基于系统动力学的数字教育服务产业技术路线图研制[J].中国电化教育,2018(6):59-67.

面问题的有效途径,针对其产业技术创新过程的复杂性和动态性特点,该文提出基于系统动力学的数字教育服务产业技术创新路线图研制新思路。首先,从产业自身发展、市场需求驱动和教育技术突变来说明制定数字教育产业技术路线图的动因;其次,分析了传统技术路线图制定方法应用于数字教育服务产业中的不足,提出了基于系统动力学的数字教育服务产业技术路线图研制方法,并设计了其研制流程;接着,从准备工作、分析、绘制和更新来研究数字教育服务产业技术路线图的研制过程,从市场需求、产业目标、技术壁垒和研发需求来分析技术路线图,建立数字教育服务产业技术创新因果关系图,构建数字教育服务产业技术创新的系统动力学模型,在此基础上,绘制了产业技术路线图,并提出了其更新机制;最后给出了数字教育服务产业技术路线图的实施建议。

一、制定数字教育服务产业技术路线图的动因与流程

(一) 动因分析

1. 产业自身发展;
2. 市场需求驱动;
3. 教育技术突变。

(二) 制定流程

技术路线图作为一种产业战略集成规划方法,已得到广泛应用。系统动力学是一门研究系统反馈结构与行为的科学,被广泛地应用于解决各类系统问题,在复杂系统的分析、决策和预测中具有重要作用。基于系统动力学的数字教育服务产业技术路线图研制流程,整个研制过程分为准备、分析、绘制和更新四个阶段。采用系统动力学的方法对产业技术创新系统模拟预测,结果能够为技术路线图更新提供依据。

二、数字教育服务产业技术路线图的准备与分析工作

(一) 准备工作

数字教育服务产业技术路线图需描述产业在未来竞争中取得成功需要的

路径，指导技术研发决策，明确主体的分工与合作，构建新的数字教育服务创新产业链。同时，绘制数字教育服务产业技术路线图需投入大量的资金和时间，需要协调产业内部、与其他产业以及和教育行政主管部门、相关组织等之间的关系。

（二）分析工作

1. 市场需求；
2. 产业愿景与发展目标；
3. 技术壁垒和难点；
4. 研发需求。

三、构建数字教育服务产业技术创新系统动力学模型

（一）数字教育服务产业技术创新系统因果关系分析
（二）数字教育服务产业技术创新系统 SD 模型

四、数字教育服务产业技术路线图的绘制与更新

（一）数字教育服务产业技术路线图的绘制
（二）数字教育服务产业技术路线图的更新

五、数字教育服务产业技术路线图的实施建议

（一）加快完善产业相关政策和机制
（二）尽快制定产业技术标准与规范
（三）加大力度研发产业共性支撑技术
（四）提升产业产品技术含量

看图说话

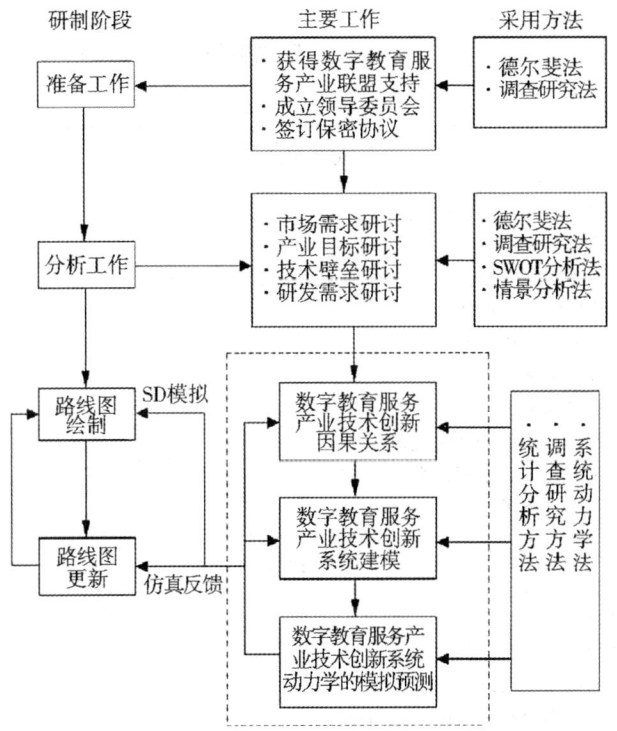

图1 基于系统动力学的数字教育服务产业技术路线图研制流程

智语连珠

- 通过技术路线图能对新技术可能出现的时间、影响以及对已有技术的替代程度做出较为准确的预测,从而有计划地进行产业资源配置,则能在很大程度上避免由于新技术突变对数字教育服务产业发展带来的消极影响。
- 数字教育服务产业技术创新是一个复杂系统,它不仅包括产业服务模式的创新,还包括资源内容加工规范与技术标准、软硬集成环境技术、过程记录与分析技术、个性化服务推送技术等技术的研发,同时,它也是从产业的技术创新投入到实现产业效益的一个完整的动态过程。

主题一　文章列表

论文精选
基于大数据的教育技术研究新范式
教育技术前瞻研究报道
教育变革中的技术力量
教育信息化:教育技术的新高地
创意技术:教育技术的新境界
教育技术的实践场分析
网络教育技术标准研究
设计研究作为教育技术的创新研究范式
关于教育信息化的技术哲学观透视
世界各国的教育信息化进程
论文评析
中国教育信息化十年
中国基础教育信息化进展报告
基于娱教技术的体验学习环境构建
云技术给中国教育信息化带来的机遇与挑战
教育信息化的新发展:国际观察与国内动态
学习分析:教育信息化的新浪潮
虚拟学习社区知识建构和集体智慧发展的学习框架
走向中国教育改革实践的英特尔未来教育
区域教育信息化效益评估模型构建
Blog 与信息化教育范式转换
观照 MOOCs 的开放教育正能量
媒体素养教育:现代教育新理念——国内外媒体素养教育概览
《中小学教师信息技术应用能力标准(试行)》解读
信息化教育中的逆序创新
信息化教育中的知识管理
教育技术的后现代观
微博的社会网络及其教育应用研究
知识管理的绩效评估
教育信息化的成本效益分析

(续表)

论文评析
解析美国《国家教育技术规划2010》
学习对象理念的发展历程
技术进化与学习文化——信息化视野中的学习文化研究
从美国博士学位论文元分析看教育技术研究趋向
信息时代全球化教育的知识结构
教育技术研究国际动态透视
网络教育服务质量框架研究
促进基础教育信息化发展的领导力研究
娱教技术人才培养框架
教育信息化系统建设的开放思维
CSCL支撑技术的新发展
网络学习环境中的情感缺失研究——以开放英语教学中的情感体验为例
基于协同学习的CSCL实现机制：协同脚本与使能技术
在线学习者异步交互的拓扑结构研究——一种基于复杂网络模型的分析
新兴技术在高等教育中的应用分析与对策思考——《2016地平线报告(高等教育版)》解读
多触点技术的教育应用前景分析
CSCL中交互支持的新助力——多触点技术
面向基础教育信息化的产/事业互动发展
风险管理：教育信息化的新课题
协同学习技术系统的套具设计
协同脚本与使能技术：一种协同学习实现方案
透视我国网络教育技术标准(CELTS)体系
教育可计算化的理论模型与分析框架
协作脚本技术及其发展方向研究
中国信息化教育安全防范体现状研究
全国教育信息化示范区校特征分析：智慧教育发展的视角
智慧实验：教育信息化的新阵地
教育信息系统分析设计的研究与实践——以DDEDSS系统为例
CELTS-43学习平台体系结构与服务接口测试的研究
技术推动 协同创新——解析"红气球项目"引发的美国公立大学本科教育变革
未来学校已来：国际基础教育创新变革透视
教育信息化服务标准体系框架研究
论知识技术创新的价值向度
基于系统动力学的数字教育服务产业技术路线图研制

主题二　电子书包

论文精选

面向"人人通"的学生个人学习空间及其信息模型*

祝智庭　郁晓华　管珏琪　黄沁

[摘　要] "人人通"建设的落脚点是要增强或改变学生的学习效果,最终指向学生个体的发展,因此学生个人学习空间(SPLS)的建设是推进"人人通"的关键与重心。SPLS是对电子学档的发展与衍生。在网络学习空间连续统分析框架下,SPLS的空间结构应该比较松散,空间中数据的公开与私有与否应由学生自控,而且能在应用场景上有效贯通正规学习与非正规学习,实现个人学习全景的一站式进入;在"通"与"达"的落实上,通过数据与资源的有机融通与协作可有效支持学生个体学习的多元化和个性化。作为"人人通"标准规范系列之一,SPLS的信息模型由学生、资源、工具、关系、活动和情境6个要素构成,各要素之间相互关联。应用此模型,Sakai、百度云、QQ空间、国家教育资源公共服务平台、AiSchool云课堂、世界大学城、人人通移动教育云平台5类共7个典型平台案例被加以分析比较,较为系统地展现了当前"人人通"建设的现状和不足,比如仍然侧重以教为中心,学生的主体意愿和能动性没能得到很好支持,工具的发展相对滞后,无法支持空间的自由选择和

---

* 原载于《中国电化教育》2015年第8期。

灵活配置,空间数据汇通与服务贯通还比较薄弱,使得活动内外、空间内外的联通受限。

[**关键词**] 人人通;网络学习空间;个人学习空间;信息模型;技术标准

一、引言

"三通两平台"是我国"十二五"教育信息化建设核心目标与标志工程。自2012年提出以来,"三通工程"成为区域教育信息化工作重点。其中,"网络学习空间人人通"(以下简称"人人通")定位于个性化学习服务层,是"三通工程"建设的目标终点,是教育信息化深入应用的未来发展方向。《美国教育技术规划2010》提出的技术赋能学习模型中,强调利用技术为学生构筑强大的、开放的和自适应的"连通小世界",最大限度地促进知识信息的交流与共享[1]。我国的"人人通"建设具有相似的愿景,基于实名制的网络学习空间将为每一个学生提供这样一个促进其个性化学习、丰富其学习经验的连通环境。

当前国内有关"人人通"、网络学习空间的研究,以介绍基于"世界大学城"的湖南职教与临沭县应用经验为主,谈及网络学习空间在教学与管理方面的应用。此外,王世曾[2]、黄利华等[3]分别介绍了基于网络教研备课平台的教师个人空间、基于国家教育资源公共服务平台的班级网络学习空间的建设与应用。吴忠良等[4]、毕家娟等[5]以联通主义学习理论为指导,分别提出基于网络学习空间平台的翻转课堂教学模式及个人学习空间概念模型。而有关"人人通"的系统分析,张世明等[6]提出一种上海基础教育"人人通"的建设目标与体系;祝智庭等[7]提出"人人通"建设的一般框架。在实践层面,自教育部2013年4月发布《教育信息化"三通工程"年度任务指标(指导性)(征求意见稿)》以来,各省市以该指标为参考,积极落实"三通工程"建设。各类面向"人人通"的教育产品也逐渐涌现,如湖南天天向上网络技术有限公司开发的"人人通移动教育云平台"。然而现有实践对"人人通"建设内涵理解不一,也未形成统一的技术规范,成果辐射效应有限。

为确保"人人通"建设合理、有序开展,制定统一标准规范是保障。为此,2013年5月笔者所在团队提交"关于制定'网络空间人人通'技术标准规范的建议"的提案,建议尽快开展"人人通"建设规范前瞻性研究工作。随后在"人人通"建设框架[8]指导下,通过征集关于网络学习空间建设与应用情况案例、召开研讨会等方式确立"网络学习空间标准体系建设框架",并在 2014 年 11 月全国信息技术标准化技术委员会,教育技术分技术委员会工作会议上确定标准研究内容,包括:网络学习空间通用规范(体系框架、标准术语、标准引用族谱等)、网络学习空间结构规范(空间的信息模型及相关数据定义等)、网络学习空间功能规范(空间的功能结构和服务配置)、网络学习空间数据治理规范(数据梳理、数据存档、数据增值规范等)、网络学习空间建设指标体系(空间结构及服务性能、接入环境、用户能力等)。

本文研究为其中网络学习空间结构规范研制工作的一部分。根据角色实体的不同,网络学习空间可划分为机构空间、班级空间、教师空间、学生空间等。"人人通"建设的落脚点是要增强或改变学生的学习效果,最终指向学生的发展,因此学生个人学习空间(Student's Personal Learning Space,以下简称 SPLS)的建设是推进"人人通"的重心与关键。本文将以 SPLS 为研究对象,在分析其建设内涵的基础上,提出其信息模型,并应用该模型对现有相关产品进行分析,旨在为 SPLS 的建设提供参考与指导。

二、SPLS 建设内涵

从数字学习环境发展演变来看,个人学习空间(PLS)现已成为数字学习环境设计新焦点[9]。我们对于 SPLS 的理解是,它是由学生个人控制的协调教与学活动、贯通正规学习与非正规学习的第三方空间环境,是"人人通"建设的核心要件。对 SPLS 建设的内涵,可从电子学档的发展、网络学习空间连续统思维以及"通""达"落实三个维度加以理解。

(一) 对电子学档的发展与衍生

早期学习平台(如 Moodle、Sakai)上通常会设置个人空间(或个人中心)一类的功能模块来汇集学习者个体的学习信息与资源,可以说是早期电子学档的雏形。回顾电子学档的发展,从作为记录教与学过程的工具,到反思和评价的工具,再到专家或职业发展计划、自我发展工具[10],经历了多个阶段,功能应用不断拓展。当前阶段,电子学档的建设强调基于内容数据的协商式应用服务。以英国联合信息系统委员会(JISC)提出的电子学档引擎(e-Portfolio Engine)概念[11]为例,它从技术层面将电子学档引申为一种应用,能够通过不同服务(如评价服务、个人发展服务等)将学习者个体的学习过程整合起来。如图 1 所示,电子学档引擎(中间区域)管理服务(右侧区域)提供的数据,同时向服务提供需要的数据;而左侧区域则用于存储数据;服务之间数据交换类型和存储数据的类型由电子学档引擎指定。将电子学档引擎的理念移植到 SPLS,即可实现学生个体不同情境下不同学习活动(数据)的整合,使得学习更具个性化。同时,通过学生的自主管控可实现个体面向不同"观众"的多样化呈现。这种思路也为信息模型设计中的信息分类与面向正规学习与非正规学习的(活动)服务之间的连接提供参考。

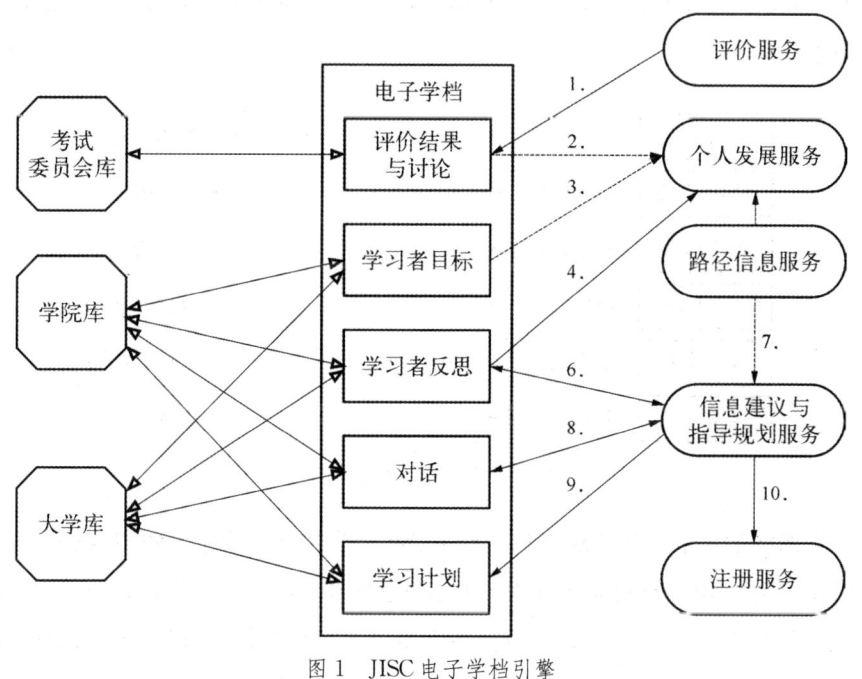

图 1　JISC 电子学档引擎

(二) 从连续统视角分析空间的结构与服务

网络学习空间是经过专门设计的,利用现代信息技术和计算机网络构建的支持学习发生的虚拟空间[12]。该虚拟空间基于一定的学习支撑服务平台,为每个学习者提供私有的和个性化的个人学习空间以及承担公共服务功能的公共学习空间[13]。基于连续统思维,可从多个角度审视网络学习空间。已有研究[14]从学习文化(个人主义—集体主义)、资源形态(静态资源—动态资源)和应用场合(非正规学习—正规学习)三个正交维度提出网络学习空间的分类框架。在此基础上,本文增加了空间的结构形态(结构松散—结构固定,即空间内配置工具是否支持灵活更改)、数据的公开层次(数据私有—数据公开,即共享权限的划分情况)、教育业务的个性化(个性化—共性、均码,即空间提供的教学功能对个性化的支持情况)三个维度,构成如图2所示的网络学习空间连续统思维,以更好地指向空间结构与服务架构以个体为中心的建设理念。在该连续统中,构建的不同网络学习空间均可找准相应的位置,继而形成不同学习文化取向的、适用于不同学习场景的、具有不同结构形态与资源形态、支持不同程度的数据共享与个性化教与学的虚拟学习空间。

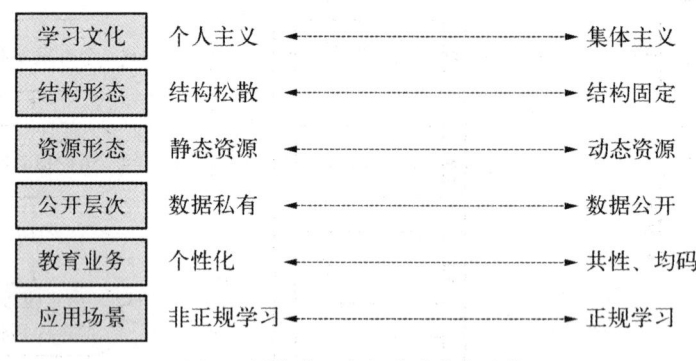

图 2 网络学习空间的连续统思维

在网络学习空间连续统分析框架下,SPLS在服务理念上既可以支持个人主义的学习文化倾向(允许学生展现个人学习意愿和兴趣爱好),也可以与体现集体主义文化的社会学习平台对接;空间由学生个人控制和使用,但学生在拥有学习管理权的同时,也会在一定程度上被"教师"所管理,感受到"教师"的控制力。在结构形态上,SPLS结构松散,支持学生个体根据需要对空间内配置工具的灵活调整和自由组合;在资源形态上,SPLS中的学习内容支持学生的自主创建和个性化建设,多为随着学生学习的进展而不断产生的生成性资源;在公开层次上,SPLS中数据的公开与私有与否应允许学生自主管控;在教育业务上,学生可随时随地借由 SPLS 获取个性化学习,在应用场景上有效贯通正规学习与非正规学习,实现个人学习全景的一站式进入。

(三)"通"与"达"的落实与体现

在已有的基于网络学习空间的实践探索中,不管是国家教育资源公共服务平台中基于学习空间的个性化资源的推送,还是湖南省基于"世界大学城"网络服务平台的课程教学与教学质量管理,"人人通"强调空间建设的同时更强调应用的开展。笔者曾从"通"(建设层)和"达"(应用实现层)两个层面阐释"人人通"的建设内涵[15]。即在接入畅通(接入网络、接入载体等)、使用畅通(支持服务、用户能力等)的前提条件下,通过数据汇通(个体相关数据的统一管理)、信息沟通(个体与教师、同伴之间的交互)、资源融通(可获取所需的内容与工具,且内容语义关联、工具使用关联)、服务贯通(整合与个体业务相关的跨平台系统),达成知识建构、个性发展及集体智慧发展。

"学习不再是一个人的活动",需要联通学生的整个学习生活社会。SPLS 的建设需要方便实现学生个体与机构、他人网络空间的连通与交流,通过不断优化内外网络,联合各方力量促进个体的发展。在这样的内外连通环境下,数据和资源在 SPLS 中有机融通与协作,再辅以学习支架和服务管理等工具的使用,从而有效支持学生个体学习多元化和个性化的实现。而以上电子学档引擎的理念为 SPLS 中的数据融通提供了借鉴思路。

三、SPLS 信息模型

信息模型可有效刻画系统的数据构成和功能需求。构建 SPLS 信息模型,可从实践层面有效指导 SPLS 的数据定义和功能架构,明确 SPLS 在"人人通"范畴下与相关实体和周边环境的关联。在明确 SPLS 建设内涵的基础上,以下将进一步分析 SPLS 的构成要素以及要素的关键属性,进而提出 SPLS 的信息模型。

(一) SPLS 构成要素

活动理论试图建立理解和分析人类活动的一般性框架,为 SPLS 构成要素分析提供了很好的理论依据。活动理论最早由维果斯基提出,产生了"中介"的概念并建立起由主体、客体和起中介作用的制品/工具等构成的基本活动结构;随后列昂捷夫突破以上仅关注个体活动的局限,进一步扩展到集体活动系统。而后恩格斯在此基础上形成了包含主体、客体、工具、共同体、规则与分工6个要素的活动系统[16]。20世纪70年代,活动理论的多样化应用开始出现。基于活动理论,在SPLS建设内涵认识的基础上,本文提出SPLS的构成要素包括:学生、资源、工具、关系、活动和情境。

1. 学生(主体):主体是活动中的个体或小组。SPLS中的主体就是空间的所有者,即学生个体。他们是SPLS中活动的主动发起者和参与者,也是空间的管控者。

2. 资源(客体):客体是主体的操作对象。在SPLS中表现为多样化、多种来源的学习资源,它们是主体开展活动的物质基础之一。

3. 工具:工具是主体应用加工客体的中介。在SPLS中,是用来帮助学生管理自身学习与空间的工具集合,也是主体开展活动不可或缺的重要物质基础。

4. 关系(共同体,分工):共同体是活动中参与个体和小组的集合,在SPLS中由主体在活动过程中与其他个体或组织发生的特定关系集加以标识;分工是共同体内成员的不同角色分配和任务分工,在SPLS中则由主体在参与活动过程中对其周边关系的管理与协调进行体现。

5. 活动:活动是主体与共同体在一定分工下对客体的作用过程。SPLS中表现为学生与他人(构成一定的关系)应用资源和工具开展学习的过程。活动的开展需遵循一定的规则,如活动阶段目标、成效评价规则等。规则的制订根据应用场景的不同而有所区分。一般而言,正规学习的规则要求比非正规学习要严谨细致。

6. 情境:任何活动都具有情境性,情境蕴含着活动的目标及开展条件。情境是可用于表征实体情形的任何信息[17]。情境的适配是SPLS个性化和智能化服务支持的重要表征。

根据以上构成要素,可将SPLS中的学习抽象描述为:在情境适配下,学生借助资源和工具,通过关系的组织与协调,在特定目标导向下和特定服务支持下开展活动的过程。

(二) SPLS 信息模型框架

整理 SPLS 各要素间的关系可形成如图 3 所示的 SPLS 信息描述框架。各要素及彼此间的关系逻辑从某种程度上展现了 SPLS 建设内涵。

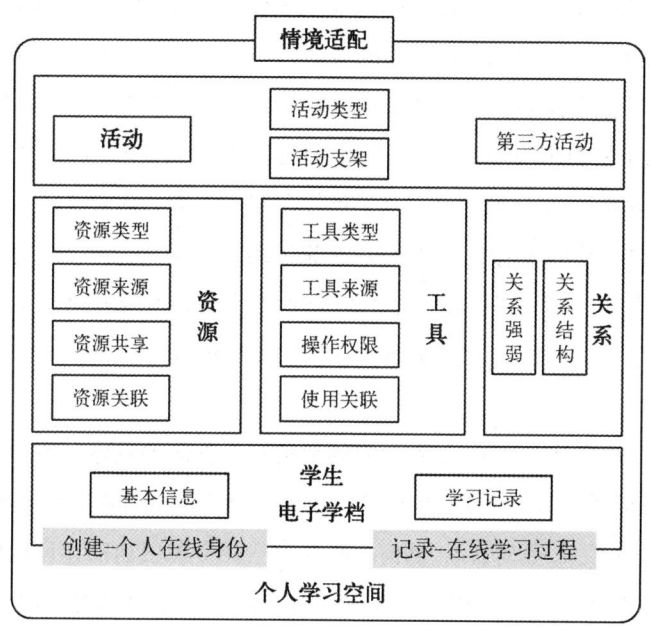

图 3　SPLS 信息描述框架

1. 学生

学生个人档案数据确立了其在网络学习空间中的特有身份。已有的《CELTS-11 学习者模型》《CELTS-12 电子学档》*IMS Learner Information Package Specification* 均对学习者信息或学习者学习档案信息进行了描述,为本部分信息描述提供了参考。SPLS 中的学生信息包括创建个人在线身份的基本信息以及记录在线学习过程的学习记录。其中基本信息用于描述个人学习空间的所有者,以下列举主要的描述内容包括:

标识:是个人学习空间所有者身份的标识信息。这类信息一般与学习过程没有直接联系,部分信息属于个人隐私,取决于个人对信息的权限管理。

兴趣与偏好:是学生个体对待特定资源与环境的偏向信息。这些信息可很好地促进人机交互或个性化服务的优化。

能力：是对学生已获得能力的描述信息。这些信息可较好地协助 SPLS 实现针对性内容与服务的推送。

学习记录：包括学生在 SPLS 上的一切活动过程和活动结果。学习记录是否公开及公开程度取决于学生的权限管理。根据记录内容的不同，学习记录包括：(1) 活动类数据：是学生在 SPLS 中的活动经历信息，由学习活动序列记录构成。对其描述需要包括活动标识、学生标识、活动名称、活动类型、活动描述、活动开始时间和活动结束时间等信息。(2) 结果类数据：是学习者在 SPLS 中参与学习活动后产生的数据，包括任何可以以电子形式存储或参考的内容。该数据的定义可参考学习对象元数据规范中"关系"和"资源"的要求。(3) 分析类数据：是根据学生学习分析模型，对学生在 SPLS 中产生的活动类数据、结果类数据分析后所产生的阶段性对学生学习态度、成效等各方面的诊断性报告。

2. 资源

资源是学生需要学习的、能够学习的承载在不管何种载体上的知识或技能的集合，对资源的描述可参考 IEEE LOM 元数据。SPLS 中对资源的描述重点在于：有哪些资源、从哪来、如何获取、如何关联等以凸显资源融通的建设内涵。资源按媒体类型分，有文档、图片、视频、音乐、外部链接等；按学习功能分，有教材、课件、试卷/练习、案例等；按创建主体的不同，资源可由个体创建，可汲取自教师/同伴/学习共同体，可通过搜索引擎、访问资源库、共享同伴资源等途径获取，也可与同伴合作共建资源，如表 1 所示。SPLS 中资源的创建需充分体现主体的多样性以及学生的主体性。按来源渠道，资源可来自平台内，也可在平台外；按资源的共享方式，包含私有（仅个人独立所有，未发布共享）、小组（资源向关系网络中的节点成员公开，根据关系强弱的不同而表现出不同的公开程度）、公开三种（如表 2 所示），共享方式的不同体现了学生对资源的自主管理。对于资源的语义关联，则可通过

表 1 资源来源

属性\资源来源	解 释
自建(By me)	用户自己创建的内容资源
他建(For me)	其他人共享给我的资源（如教师推送、同伴共享）
共建(With me)	合作共建的资源

表2 资源共享方式

属性＼资源共享方式	解　　释
私有(Private)	资源仅个人独立使用
小组(Group)	资源向关系网络中的节点成员公开
公开(Public)	资源供任何人公开获取

资源的适用对象、知识点等进行描述,亦是情境信息中的一部分。

3. 工具

工具是SPLS中支持空间教学和管理的服务功能模块,是开展教与学活动的基础。工具种类的不同意味着用户角色的不同,而种类的数量意味着空间技术特性的高低等级。工具作为一种特殊的学习资源,也可参考资源的描述。此外,SPLS中对工具的描述重点在于：有哪些工具,从哪来,作何使用,使用权限如何。按工具的功能不同,可主要分为管理工具与学习工具两大类。其中管理工具有计划与组织类、收集与感知类、联通与互动类、评价与反思类[18];学习工具则可分为学科工具和通用工具两类。从工具的来源看,有系统内部配置的工具和动态获取的工具两类;其中动态获取的工具可以是个体的主动获取,可以是学生在系统推送基础上的自主选择,也可以来自教师/同伴/学习共同体的推荐与共享。从工具的操作权限看,个体对系统内部配置的工具仅有使用权限,而对动态获取的工具既有使用权限,也有管理权限(如表3所示),决定着空间的功能服务架构形态。

表3 工具创建方式

属性＼工具来源	解　　释
初始配置(Initial)	系统内部配置的工具
个体获取(By me)	用户自己获取的工具
他人共享(For me)	其他人共享给我的工具(如教师推送、同伴共享)

4. 活动

活动是学习空间内连通内外学习网络的途径,实现不同来源学习活动的汇聚。SPLS中的活动在一定的资源与工具支持下发生,根据创建来源的不同,可分为内部学习活动与外部学习活动(即第三方活动)。内部学习活动将配合平台内的资源、工具的应用,借助关系的调节作用实现。活动开展过程中可在学习活动支架模板(如协作学习,提供支持其开展的聊天、讨论工具的配置)的引导下展开。学生参与的活动可自建(主动发起)、共建(共同发起)、参与(他人发起)和关联。外部学习活动的发生将以 Widget 或链接方式体现,即通过 Widget 或链接让学生获取相应的服务开展活动。内外活动及其过程中产生的数据将通过电子学档引擎的作用得以记录和管理。根据活动应用的教学方式的不同,有知识传授型、人际互动型及意义建构型。对应不同类型的活动,将有不同的学习步骤设计,相应地需要不同的工具配置,呈现出不同的信息架构。

5. 关系

关系是描述个体在网络学习环境中与其他个体、组织之间关系的信息。"连接"是 SPLS 中"通""达"的基础,关系影响着空间的管理与共享权限。关系具有强弱之分,美国社会学家格兰诺维特(Mark Granovetter)提出"弱关系的强势"(Strength of Weak Tie)假设[19]。关系的强弱取决于个体在真实世界的社会关系。一般而言,个体与教师、同伴、家长等建有较高强度的连接关系,个体对这种强关系具有较弱的管理权限;而通过个人兴趣、参与协作活动等,个体可与潜在连接对象建立弱联系。弱关系链的形成,既可由个体主动建立,也可由好友关注、强关系链推荐建立,也可由系统自动推荐产生。弱关系的建立,学生具有较大的自主权。通过强弱关系的连接可形成不同的关系结构,比如学校、班级、家庭等实体结构和兴趣小组、学习社区等虚拟结构。

6. 情境

情境信息记录了学习活动开展的背景和条件,情境信息的有效利用将有助于学习资源与工具的推荐以及个性化学习的服务支持。参考 IMS 学习设计规范中对学习系统中主要实体对象的描述,对情境信息的描述涉及学习者、学习资源、领域知识、学习环境等[20]。但在 SPLS 中,更为强调学习活动开展的条件环境信息,比如学生接入学习空间时所采用的装备信息以及当时所处的地点、时间等信息都属于这部分。以装备信息为例,它包括设备的操作系统、屏幕尺寸、屏幕分辨率等。不同装备将影响资源媒体支持格式、资源内容显示适应等因素,直接影响个体基于个人学习空间开展学习活动的感受与体验。

(三) SPLS 信息模型的参考标准

为保证 SPLS 信息模型的科学性与普适性,以上 SPLS 信息描述框架内所涉及要素信息的具体定义需要在已有标准参考下完成。国内外已发布的可借鉴的相关标准的归纳和梳理,如表 4 所示。

表 4　SPLS 信息定义的参考标准

结构元素	参　考　标　准
学生	IMS Learner Information Package Specification IMS e-Portfolio CELTS－11 学习者模型 CELTS－12 电子学档 CELTS－13 参与者标识符
资源	IEEE LOM,DC GB/T 21365－2008 学习对象元数据
工具	CELTS PLE 参考模型
活动	IMS Learning Design CELTS－21 学习设计 W3C Widget
关系	无
情境	学习环境——设备:W3C Composite Capability/Preference Profiles (CC/PP)

四、SPLS 信息模型框架的应用

SPLS 信息模型揭示了"人人通"下学生个人学习空间建设的内容要素以及要素之间的关联逻辑。下面内容将应用此模型对部分成熟学习平台的个人空间和当前产生的一些与"人人通"具有相似理念的产品展开对比分析研究,以进一步具象化 SPLS 的建设内涵,同时对当前"人人通"建设现状加以审视和评价。

(一) 分析案例的选取

"人人通"打造个性化学习服务的核心宗旨并不是一个全新的理念,教育信息化历来的发展建设都会有所涉及。为实现学生学习全景的全覆盖,从正式学习到非正式学习，从课程学习到社会生活，同时结合当前教育信息化发展的关注焦点和建设热点，本文精心选取了如下 5 类共 7 个典型平台案例。

1. 经典的正式学习平台——Sakai

Sakai 平台是一个自由、开源的在线协作和学习管理平台，是正式学习环境的典型代表。国内外高校广泛运用其开展网上课程教学和管理活动，虽然师生的大量教学活动是通过课程空间完成的，但平台仍然为师生个体分别提供了个人空间。

2. 流行的非正式学习平台——百度云、QQ 空间

百度云和 QQ 空间是当下学生使用频率非常高的社会性平台，它们以个体为中心提供功能与服务。在应用中，百度云侧重于资源的存储与共享，而 QQ 空间则侧重于社交与分享，两者可作为非正式学习环境的代表。

3. 优质教育资源建设的代表产品——国家教育资源公共服务平台

国家教育资源公共服务平台是教育部全面推进数字教育资源共建共享工作而建立的服务平台。它针对不同学科、年级、知识点等，汇集了大量精品学习资源。平台围绕资源的使用开设个人中心，打造在线学习环境，可作为侧重资源应用的学习平台代表。

4. 电子书包建设的代表产品——AiSchool 云课堂

天闻数媒开发的 AiSchool 云课堂作为其电子书包终端产品的配合教与学平台，聚合精准丰富的数字化内容，通过多种学科工具、测评工具、统计工具等手段，实现了与课堂教学活动的深度融合。产品为教师与学生打造的教学云空间，可作为侧重终端应用的学习平台代表。

5. "人人通"建设的代表产品——世界大学城、人人通移动教育云平台

世界大学城和人人通移动教育云平台都是响应"人人通"的建设需求而设计开发的产品的典型代表。基于对"人人通"思想的不同诠释，两者形成不同建设路线，但也存在不少相似之处。世界大学城为学习者提供大量优质教学资源，允许学习者根据自己的兴趣、认知、策略来设计自己的个人学习空间。人人通移动教育云平台则通过云平台支撑技术可支持各级教育主管部门及学校、机构轻松建设实名制学生网络学习空间。

(二）案例分析设计

基于前面所提出的 SPLS 信息模型框架，对所选取的 7 个案例从模型的 6 个构成要素展开分析，分析规则与评价标准如下：

学生：初步了解 7 个案例均支持学生基本信息的管理，因此此处分析侧重考察空间是否保存学生电子学档中的学习记录类数据及其所属类型，并依据数据细节的饱满度以及提供的操作功用（比如检索、统计、分析等）评判其支持的强弱。

资源：目前大多数平台都能支持多种媒体类型和不同教学用途的资源，因此此处分析关注于空间资源来源渠道的多样性以及是否提供共建共享方式和推荐。

工具：工具的丰富性以及选取配置的权限从某种程度上体现了空间支持个体自主学习和管理的性能优劣，因此此处分析将从这两点展开并分别从提供工具的品种数量以及是否提供工具集的自由选择和自主组合来评判其支持的强弱。

活动：活动是空间运作的重要载体，连通的空间可构建学生一站式的学习全景。此处分析内部活动主要是考察案例是否支持学生的自发性非正式学习活动，而对于外部活动主要是考察空间连通第三方学习网络的能力。

关系：空间中关系的建立反映着学生的自治权，尤其是在弱关系上。此处分析考察空间是否既能匹配真实世界中的实体结构从而契合正规学习的需要，又能支持个体在非正式学习情境下弱关系的建立及管理。

情境：多终端以及泛在学习背景下，情境适配对空间建设的重要性越发突出。此处分析主要关注空间界面对不同终端的适配情况。

具体分析时，Sakai、百度云、QQ 空间、国家教育资源公共服务平台和世界大学城均通过注册展开试用；AiSchool 云课堂和人人通移动教育云平台虽不对外提供注册，但通过沟通得到产品公司的支持，提供了试用账号。最后得到如表 5 所示的分析数据。

（三）案例分析结果

如表 5 所示，我们分析得出如下一些结论：

1. 大部分平台对学生学习的记录尚停留在"活动类""结果类"等表面数据的记录上，虽也有部分平台开始对"分析类"学习记录加以关注，比如天闻 Aischool（如图 4 所示）等，但对应的管理服务功能还比较薄弱，更不用说基于此类数据为学

表 5 基于 SPLS 信息模型的案例分析

空间类型	学生		资源			工具			活动			关系		情境
	类型	支持	来源渠道	共享方式	关联推送	品种数量	选择组合	关联推送	外部活动	内部活动	支架提供	实名要求	建立管理	设备适配
Sakai 学生空间	均有	记录在课程空间,不支持学生查看	内外皆可	不在学生空间呈现	无	少量管理工具	不支持	无	不支持	只能参与教师创建的课程	无	实名	不支持	支持
百度云	活动类	较弱	内外皆可	均可	有	学习类较少	较强	较弱	不支持	主要为分享资源活动	无	虚实结合	通过关注建立	支持
QQ空间	活动类	较强	内外皆可	个人私有/小组共建	有	学习类较少	较强	较弱	较弱	强	无	虚实结合	强	支持
国家教育资源公共服务平台一个人空间	活动类	较弱	侧重内部	个人私有/公开	有	较多	较弱	无	不支持	较弱	无	虚实结合	较弱	不支持
天闻Aischool学生空间	均有	强	侧重内部	均可	有	多	较弱	较弱	较弱	较弱	无	实名	强	支持
世界大学城学生空间	活动与结果类	较强	侧重内部	均可	有	多	较强	无	不支持	强	无	虚实结合	强	不支持
人人通教育云平台学生空间	均有	较强	侧重内部	均可	有	较多	较弱	无	较弱	强	无	实名	较强	支持

图 4　Aischool 课堂分析

生提供报告或建议等。

2. 7 类学习空间内的资源类型均非常丰富,开始注重起优质资源的推荐与个性化推送,也都支持平台内外资源的兼用,强调用户的自建与共建,实现分享,但对于自身提供资源中心的平台,它们更为强调内部资源的应用,比如国家教育资源公共服务平台(如图 5 所示)等。

图 5　国家教育资源公共服务平台空间中的资源

3. 空间提供的工具类型与其服务目标密切相关,比如作为社交平台的 QQ 空间提供了大量社交与娱乐类工具,相对学习类的较少;但不管哪类空间,在支持学生反思与评价类方面的工具都是比较缺乏的。同时,几乎所有空间对工具的分类都不够清晰,且缺乏有效的推荐机制,使得学生难以根据自己的需求对空间内的工具进行自由选择和灵活配置,而且大部分空间在工具的融合界面上也缺乏有力的表现手段。

4. 总体而言,大部分空间在活动的学生自建方面以及连通平台外学习活动方面的支持力度都还非常弱。学生在空间内的活动以参加教师的课堂或一些公开的兴趣小组或学习社区为主,学生在非正式学习方面的潜力并未得到充分发挥,也缺乏有效的模板支架协助学生自发性活动的建立。在连通外部活动上,已有的做法侧重于简单提供活动的链接,非常简陋,离贯通与整合存在较大距离。

5. 对于空间内关系的建立,现有平台主要有两类做法:一是直接遵守"人人通"所要求的实名制,反映真实世界的教学关系;另一类则提供虚与实的兼容。对于前者,空间内的活动实质就是现实学习活动的拓展与延伸。

6. 大多数平台对于空间的情境适配性还没很好关注起来。在最为简单的设备适配提供移动 APP 方面,也还有一部分平台没有跟上技术的发展和时代的需求。

(四) 基于 SPLS 信息模型的"人人通"发展现状评论

SPLS 信息模型为我们指导和评判"人人通"下学生个人学习空间的建设提供了一个很好的参考标准,基于 SPLS 的建设内涵,我们对当前个人学习空间的建设现状做出如下评论:

1. 当前"人人通"下学生个人学习空间的建设仍然侧重以教为中心的理念,意图拟合真实学校和课堂的教与学活动,即使是学生的学习空间,仍然较大程度受到教师的掌控。学生自身的能动性并未得到很有效的发挥,尤其体现在活动的选择与创设方面。平台提供可供学生自主选择的学习活动无论数量和品种都不是很多,更不用说提供活动支架支持学生自发性学习活动的建立,比如开设知识论坛、兴趣小组、学习社区等。虽然对学生学习活动的记录与分析已引发了大部分平台的关注,它们也开发相关的功能服务,但大多数工作落脚于对教师和学校的报告与咨询,反而忽略了对学生本人的反馈与建议。

2. 资源和工具是开展学习活动的基础,尤其是后者,是支持学生开展自发性非正式学习必不可少的助力,但当前"人人通"下学生个人学习空间建设中工具得到的重视程度明显不如资源。真正能服务于教与学活动的工具并不多,尤其缺乏优质的学科领域工具,工具种类细分的层次也不够。此外,大多数平台工具的配置也相对固定,学生无法自由选择或者只能在有限范围内进行调整。因此,在资源的推荐与推送服务日趋完善的良好发展势头下,要想真正实现"人人通"服务于学生个体的目标,当前工具的发展滞后从某种程度上已成为"人人通"进一步建设的瓶颈。

3."通""达"是"人人通"建设的经络。虽然当前"人人通"下学生个人学习空间的建设,大部分平台都能实现个体与教师、学校、教育行政机构之间以及平台内外的信息沟通和资源融通,但在数据汇通与服务贯通上还较为欠缺。大多数平台仅仅是对登录浏览、资源发布、活动参与等行为进行了简单的记录与频率统计,大量的学习记录没有被很好地加以描述与保存,情境信息缺失,而且空间也缺乏统一的数据管理中心,就更别提将 SPLS 中各类构成要素的数据汇集后的学习分析及决策支持了。"人人通"在实现一站式学习门户的打造上,需要打破平台系统之间的界限,实现跨平台的业务往来,但这一目标在当前的建设环境下由于各方利益的博弈还存在着比较大的困难。

五、总结与展望

"人人通"的理念在经历面世时的热捧之后,已逐步进入冷思考阶段。何为通？为何通？通什么？怎样通？通如何？虽然在现有的建设中,不同的诠释下塑造了学习空间的不同技术形态和表现形式,它们也在一定程度上实践着"人人通"的愿景,但要能真正支撑起"人人通"服务于学生个性化学习的终极目标,还存在着较大的差距,也缺乏统一的标准规范来保障成效、形成共力。本文作为"人人通"建设标准系列之一,围绕空间的构成要素及其要素之间的关系逻辑,建构了学生个人学习空间的信息模型,包含学生、资源、工具、活动、关系、情境 6 个部分,并探讨了各部分的建设内涵。接着,应用该模型对现有实践的代表产品展开分析比较,从一定程度上较为系统地揭示了当前"人人通"建设的现状：比如仍然侧重以教为中心,学生的主体意愿和能动性没能很好地得到支持；工具的发展相对滞后,缺乏优质学科领域工具,细分层次不够,无法支持空间内的自由选择和灵活配置；空间数据汇通与服务贯通还很薄弱,也缺乏统一的数据管理中心,使得活动内外、空间内外的联通受限,难以很好地支持后续的学习分析及决策支持等。这些不足正好就是"人人通"今后进一步建设潜在可行的发展方向。

参考文献

[1] 祝智庭,贺斌.解析美国《国家教育技术规划2010》[J].中国电化教育,2011(6):16-21+38.

[2] 王世曾.基于网络教研备课平台的教师个人空间建设研究[J].中国电化教育,2012(11):140-142.

[3] 黄利华,周益发,陈学军.班班通背景下班级网络学习空间的构建[J].中国电化教育,2014(3):86-90.

[4] 吴忠良,赵磊.基于网络学习空间的翻转课堂教学模式初探[J].中国电化教育,2014(4):121-126.

[5] 毕家娟,杨现民.联通主义视角下的个人学习空间构建[J].中国电化教育,2014(8):48-54.

[6] 张世明,徐和祥,钱冬明等.云架构模式下"网络学习空间人人通"体系探析[J].华东师范大学学报(自然科学版),2014(2):30-39.

[7][8][13][15] 祝智庭,管珏琪."网络学习空间人人通"建设框架[J].中国电化教育,2013,(10):1-7.

[9] 祝智庭,管珏琪,刘俊.个人学习空间:数字学习环境设计新焦点[J].中国电化教育,2013(3):1-6+11.

[10][14] Barrett, H.. Electronic Portfolio Development [DB/OL]. http://electronicportfolios.com/portfolios/SUNRAYhandoutsbw.pdf,2015-06-02.

[11] JISC. Defining an e-Portfolio Engine for Personal Learning Space[DB/OL]. http://www.nottingham.ac.uk/ciepd/documents/leap2a/annex-6.pdf, 2015-06-02.

[12] 贺斌,薛耀锋.网络学习空间的建构——教育信息化思维与实践的变革[J].开放教育研究,2013,19(4):84-95.

[16] Engeström, Y.. Learning by Expanding: An Activity-Theoretical Approach to Developmental Research[M]. Helsinki: Orienta-Konsultit Oy, 1987.

[17] Dey A K. Understanding and using context[J]. Personal and ubiquitous computing, 2001, 5(1):4-7.

[18] 郁晓华.个人学习环境设计视角下自主学习的建模与实现[D].上海:华东

[19] Granovetter, M S. The strength of weak ties: A Network Theory Revisited [J]. American Journal of Sociology, 1983(1): 201 - 233.
[20] IMS. IMS Learning Design Information Model[DB/OL]. http://www.imsglobal.org/learningdesign/ldv1p0/imsld_infov1p0.html, 2015 - 06 - 02.

电子书包系统及其功能建模*

祝智庭　郁晓华

[摘　要] 电子书包的发展已然十年后,通过对电子书包与电子书、电子课本关系的梳理,从"实"与"虚"的两种隐喻重识电子书包,认为应将其内涵真谛从以往关注"实"的硬件设备转换到关注"虚"的应用服务层面,并建议采取一种关联、开放、分级式的发展思路,提出"媒体—功能"二维建构和"核心、可选、扩展"三级配置的电子书包系统的功能建模,探讨了电子书包学生端与教师端的耦合建立,最后分别从学生、教师和教学三个角度展望了电子书包系统的应用前景。

[关键词] 电子书包;电子书;电子课本;功能建模;虚拟学具

一、重识电子书包

1. 电子书包与电子书、电子课本

电子书包这一提法从十年前就一直存在,近一年来又再度兴起并备受关注。目前虽然并没有一个特别明确的概念界定,但比较有代表性的观点有两种:一种

---

* 原载于《电化教育研究》2011年第4期。

是从数字出版领域的视角,将电子书包看成是若干电子书按照科学的结构整合而成的数字化教学资源包,包含学生学习需要的教材、教辅、工具书等;[1]另一种则是从硬件装备领域的视角,将电子书包看作一种未来型的教育电子产品(大多体现为轻便型移动终端),整合了数字阅读和上网通讯两大主要应用功能。尽管这两种观点都没能涵盖电子书包的全部范畴,却从一定程度上揭示了电子书包与电子书(数字出版领域)和学习终端(硬件装备领域)两个概念之间错综盘杂的交叉和关联。本文在此试图用图1加以梳理。

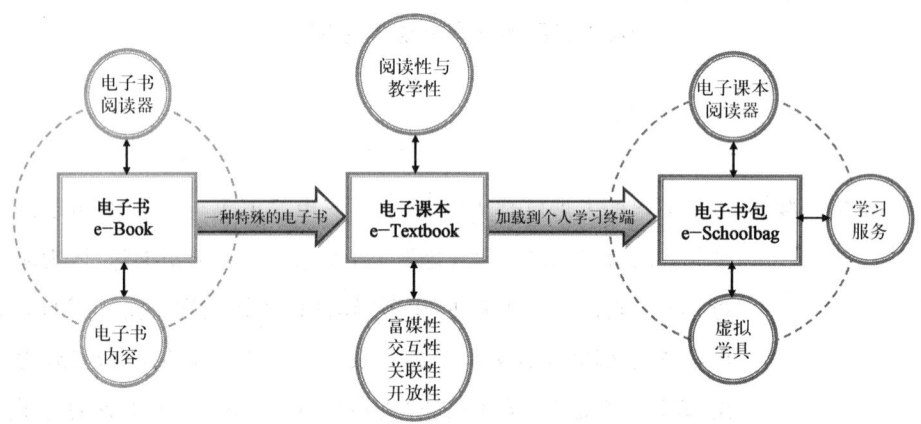

图1 电子书—电子课本—电子书包的关系

根据全球知名机构新媒体联盟发布的2010 Horizon报告,对未来五年的学习科学技术发展影响巨大的技术之一——电子书技术将在未来2—3年内发展成熟。世界正在进入"无纸书籍"学习的新时代,电子书已是未来教育应用的必然趋势。但电子书进入教育领域尤其是基础教育,除了阅读性之外还必须很好地思考其教学特性。因此,作为一种特殊的电子书,电子课本不能仅是传统印刷教材的简单电子翻版,也不能简单加点多媒体要素了事,而应从电子课本的教育功用出发,突出其富媒性(含丰富的媒体互动要素,兼具与终端互动和与平台互动的功能)、交互性(学习者通过虚拟学具展开多维多向互动)、关联性(针对教学目标内容关联及知识结构重组)以及开放性(内容的知识扩展补充以及与学具和服务的沟通)。

课本、作业等数字化后就需要放进一个类似书包式的电子"容器"中,相应的未来学习活动也将在这个"容器"平台上开展,因此作为个人学习终端的电子书包,除了提供电子课本的大容量装载和阅读笔记功能外,还必须提供学习活动所必需的虚拟学具和学习服务支持。虚拟学具可以是两种表现形式:一种是将传统物理性的学习工具以数字化、虚拟化的形式呈现,比如电子词典、虚拟直尺等;另一种则是结合认知科学和学习理论的研究成果而设计的用以支持学习活动优化的新兴工具,比如概念图工具、群件工具等。相对于前者,后者可能是今后学具发展的重点。而电子书包所需要的学习服务,对中小学教育领域而言,可以包括:高互动课堂教学应用服务,学习记录、进度管理与评价服务,家校互动服务,电子课本、虚拟学具的管理及应用关联服务,智能学伴/代理功能等。当然,学习中预防不当信息的内容过滤机制以及避免网络或游戏沉迷的管理机制的安全服务问题也将一并加以考虑。

2. 电子书包"实"与"虚"的两种隐喻

电子书包这一说法从何起源也许无从考究,但其含义明显来自学生的日常学习生活世界。将学生真实书包里的教材、作业、课内外读物、字典等学习用品全部数字化后放在一个电子设备(重量约1公斤之内)中。这样,相对于平均重量达到3.5公斤的小学生书包,平均重量达到5.5公斤的初中生书包,电子书包首先被认同的优势就是其减负作用,当然主要是身体上的减负。其实,对于电子书包的重认识,可以从"实"的硬件设备和"虚"的应用服务两个角度分别作隐喻。

从硬件设备角度上讲,电子书包就是一种个人便携式学习终端,可以体现为多种装备形态,PDA、Web PAD、Tablet PC、Notebook 都是可能的选择。据 2003 年克里夫兰市场咨询公司的调查,当时世界上至少有 50 个国家计划推广电子书包,亚洲就有新加坡、日本、马来西亚、泰国、印尼和菲律宾等。但最早付诸实用的是新加坡,它也就成为"第一个走进电子书包时代的国家",但当时的电子书包实际上只是一个手提式电脑,能够让学生储存和读取英文、数学、文学等科目的教材。而电子书包在国内的发展,主要表现为三类形态:[2]一类是比较传统的用"猫"连线上网的电子书包,主要在北京地区推广,外观似一个放大了的 PDA;另一类是比较先进的无线上网的电子书包,主要在上海地区推广,这类电子书包实际上是一个笔记本电脑;还有一类是由人民教育出版社信息技术中心与香港文传公司合作研发的"手持式电子教科书"式的电子书包,与前面两类一样具有阅读和上网等功能。这可以认为是电子书包发展的第一阶段。这一阶段主要突出的是电子书包作为装备工具的一面，用于解决知识与书包重量成正比的难题，看重的是它的数字化特性。

电子书包的发展已然十年后，随着社会数字化进程的加快以及相关技术的不断成熟，尤其是最近颁布的《上海中长期教育改革和发展规划纲要（2010—2020年）》提出"推动'电子书包'和'云计算'辅助教学的发展，促进学生运用信息技术丰富课内外学习和研究"，使得"电子书包"热又再度在国内被数字出版、IT企业和教育技术界掀起。但我们认为这一阶段电子书包的发展理念应该有所升级了，应将其内涵真谛从以往关注"实"转换到关注"虚"的应用服务层面，突出电子书包教育教学的系统功能架构，从而实现电子书包真正意义上的学生减负，一种精神上的减负。从这一视角而言，电子书包就好比学生的个人学习环境，从促进面向信息时代的新的学生能力发展（如自主学习能力、批判反思能力、知识建构能力、沟通协作能力、创新发展能力、国际理解能力与社会责任心）的创新人才培养目标出发，除了要能支持每一个学生随时随地学习连接，还要能提供满足每一个学生需求的个性化学习体验。因此，个性化、移动性、按需服务将成为新一阶段电子书包发展的关键特性。比较遗憾的是，基于这一视角开展的电子书包系统功能研究，现在相对还比较少，尚没有形成一定的理论指导体系。本文在此希冀能够抛砖引玉，开启这一研究空间，直面未来教育的发展需要。

二、电子书包系统的功能建模

1. 电子书包功能系统设计思考

电子书包第一阶段的发展除了存在硬件技术和价格上的困难之外，完善的网络支撑平台、丰富的教学资源、教育应用观念指导等的缺乏也都是其一直无法推广的原因所在。其实，电子书包的建构发展必须同时考虑"移动终端＋教育内容＋服务平台"[3]三个核心要素，相对于第一个"硬"的要素，后两个"软"的要素在今后电子书包的发展中将越来越占据核心和主导地位。在"硬"的基础上如何架构"软"的支持和应用将成为决定电子书包成败的关键。我们建议可以采取一种关联、开放、分级式的发展思路。

(1) 电子书包与 e-Publishing 和 e-Learning

电子书包最首要、核心的教育功能服务无疑应是围绕电子课本学习活动展开,但仅仅靠单一的终端产品是无法发挥出电子书包应有的潜能的。因此,作为两者应用的交集,电子书包可引进并关联 e-Publishing 的内容资源和 e-Learning 的服务平台,构建电子书包的全方位开放式支撑体系,服务于学生的整个学习生活世界。此外,e-Publishing 和 e-Learning 已有的技术标准和应用模式也可作为电子书包发展很好的借鉴蓝本。

(2) 电子书包中的学具与服务

作为未来的学习工具,电子书包越来越被看作实现教育网络信息化"校校通"、"班班通"工程深层次发展的必备终端产品之一,[4]如果继续采用以往松散式(零散装入、无关联)或套件式(预先绑定植入)的学具与服务支持架构是无法完成这一使命的。因此,为应对未来复杂的教育需要,电子书包可根据不同的学习目标、不同的学习内容、不同的学习个体、不同的学习方式和不同的学习情境而提供学具与服务的分级配置与关联推送。

2. 电子书包系统的功能建模

围绕电子书包系统的功能架构,研究者们从不同的视角出发提出了不同的设计方案。比如中国台湾从移动终端视角研究利用电子书包搭建随意课堂(Ad Hoc Classroom)以支持无所不在的学习,[5]韩国从教育内容视角提出基于 XML 的电子课本标准并关注书包的交互特性,[6]而法国则站在服务平台的视角设计建构"电子书包式"的虚拟协同工作空间。[7]但这些研究并未从全局的角度将终端、内容和服务三者的角色和功用进行有机关联和融合建立系统性的整合模型,仅能展示和指导电子书包未来发展的局部。为解决这一问题,本文基于上述设计思考,提出如图 2 所示的电子书包系统的功能建模。

(1) "媒体—功能"二维建构及拓展集成

从纵向的媒体维度建构上说,电子书包在面向学习终端层面应加强对各种虚拟学具的教育理性配置与个性化应用,在面向服务平台层面应深化学习服务的本机化应用和个性化交互。另外还应能拓展接入第三方的学具与服务,从而搭建一个开放式的集成系统。而从横向的功能维度建构上说,电子书包应借力 e-Publishing 和 e-Learning 领域的发展成果,关联相关的数字内容资源,提供电子课本学习以外

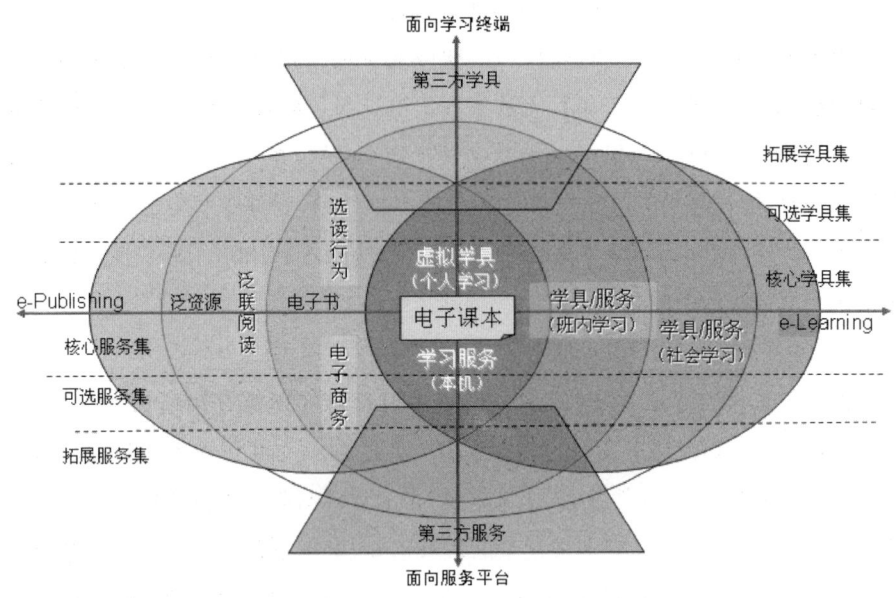

图2 电子书包系统功能建模

对电子书的选读行为,支持电子商务以及泛资源方面的关联应用;嫁接相关的数字学习服务平台,提供从个人到班级、到社会的全方位学习应用,支持真实情境和虚拟情境的无缝对接以及在线和离线状态下的无差异应用。

(2)"核心、可选、扩展"三级配置与功能关联

电子书包系统的学具与服务支持架构采用分级式的发展思路,从核心、可选、扩展三个层面实现学具集与服务集的配置和升级。核心层的装配可满足电子书包在特定条件(比如技术装备、应用情境、个人喜好等)下最基本的应用要求;而可选层和扩展层中的装配可实现电子书包功能应用的拓展和升级。这样,一方面可灵活应对不同的教育需求,另一方面还有助于电子书包从低技术到高技术的规范发展和逐步完善。

电子书包对当前学生电脑的超越,最核心的体现就在于功能关联机制(如表1所示)。从微观层面构建内容、工具、服务和用户之间的关联,从中观层面构建班级之间、课堂之间和群体之间的关联,从宏观层面构建家庭、社会和学校之间的关联。这样,电子书包实质就是一个有机的关联体系,关联建立可以基于学科逻辑、任务目标、认知活动、用户特点等。

表1 电子书包的三级配置与功能关联

	核　心	可　选	扩　展
面向学习终端	个人学具集 班级学具集 选读关联	社会学具集 选读关联 泛资源关联	社会学具集 第三方学具集 泛资源关联
面向服务平台	本机服务 班级服务	本机服务 社会服务 电子商务关联	电子商务关联 第三方服务集

3. 电子书包的学生端—教师端

电子书包的最终用户主要是教师和学生,两者的终端是不同的。现有90%的教育装备都是从教师的角度出发,主要满足教师的"教",因此对学生"学"的支持相对较弱。基于"以学生的发展为本"的教学理念,服务于创新人才培养的教育目标,电子书包的系统功能架构首要满足的是学生的"学",因此在学生端的电子书包系统中,作为核心层的是个人学具集,然后才是班级学具集和社会学具集。教师端的电子书包系统将配合和支持学生端的"学",通过班级教具集实现对学生端个人学具集的设计和组织,并与学生端的班级学具集建立耦合关系(如图3所示),因此核心层是班级教具集,然后才是服务于教师个体专业发展的个人教具集和社会教具集。

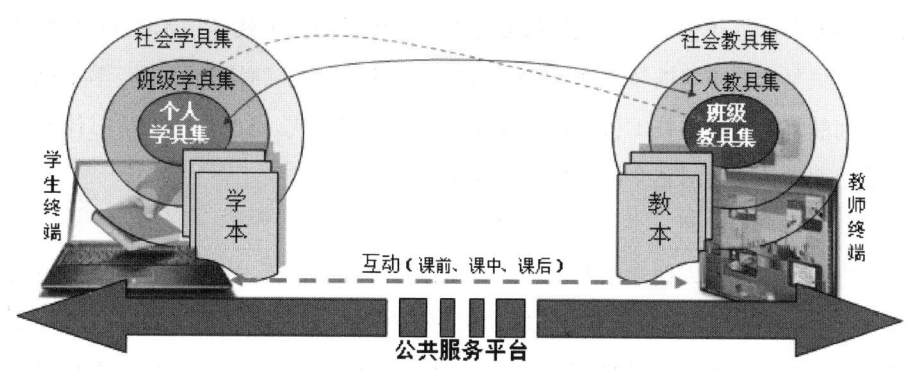

图3　学生端—教师端的耦合建立

另外,不同终端装载的电子课本也有专为教师授课所用的教本和专为学生自学所用的学本之分。教本的实现可以从已有的大量课件以及电子白板应用中借鉴技术和经验,但学本相对就复杂得多,它一方面需要能允许配合教本的使用而进行的设计和编排,另一方面还需要能支持差异化的个性表征与交互。更为关键的是围绕教本与学本所开展的教学活动中,能基于公共服务平台,借助学具集(教具集)的应用实现多维、高效的课堂互动。在这样一个由学生、机器(电子书包)、教师所构成的新型生态系统中,如何使"师—生"互动、"生—机"互动、"生—机—生"互动、"师—机—生"互动,在课前、课中、课后协调有致,将是对未来教育的重大挑战。

三、电子书包系统的教育应用展望

1. 对学生的影响

技术作为学生学习活动和思维发展的参与者与帮助者,在协助学生高阶能力的发展中的作用早在国际教育界形成共识。新时代的学生本质上就是"数字原民",技术已是他们的第二天性。虽然已有很多教师能够使用信息技术,但他们充其量是"数字移民"而已。在教育中客观上就存在着"数字原民"与"数字移民"之间的文化冲突。让学生"使用技术学习",将电子书包的使用当作穿衣穿鞋一样自然,成为一种"素养习惯(Literacy Habits)",一种"学习生活方式(Learning Lifestyle)",[8]其实并没有我们("数字移民")想象的那么困难。引入电子书包后,班级差异化互动学习、数字化探究实验学习、小组合作项目学习、个性化按需兴趣学习、能力本位评估引导学习等新型学习方式都将成为可能。孩子们天生就是技术能手,我们所要做的只是给予必要的技术条件并创设应用的环境,加以必要的引导,学生就会自然而然将生活中的技术行为转变成课堂中的学习方式,而课堂中的学习体验又会自然而然拓展为对整个社会生活的意义。

2. 对教师的挑战

电子书包的引入使学生有了一个爱不释手的智能伙伴,这个智能伙伴同时成为教师的得力助手,许多原本由教师承担的任务被机器分担了或替代了。教师要学会适应这种关系变革,把机器最擅长的事情给机器做,把人最擅长的事情留给人做。在这种电子书包所创设的新型信息化学习环境中,学生成了学习的主体,是自主探究者、问题解决者、知识建构者、协作反思者,教师应转变课堂舞台主角的传统身份,自愿充当学生的导学者、促学者、助学者、评学者。此外,对于教师来说,还应具备全新的教学时空观和教学设计理念,要关注学生的不同特点和个性差异,发展每一个学生的优势潜能,将课前、课中、课后和班内、班外,校内、校外的学习活动通盘规划,为学生的未来竞争力构筑创新的技术学习环境和学习体验。

3. 对教学的变革

从全世界来看,电子书包进入校园已成为不可逆转的趋势,[9]而电子书包也必然会带来一场学习革命。基于电子书包,"轻负担、高效益"的高互动课堂以及可随时随地发起的随意课堂不再是一句空话;借助电子书包,对学生进行持续、精准的评估(无论课内外、真实还是虚拟情境),支持个性化的普适设计并不断调整学习可达性,使每一个学生获得成功的体验;通过电子书包,教师、家长、学校、社会将形成一个紧密的关联圈,调动一切资源为每一个学生定身打造适合的学习环境,以促进学生的健康、公平发展。无论课堂内外,学生都可以获得一个有趣且强有力的个性化学习空间,优质 e-Classroom、e-School、e-Home、e-Museum、e-Library、e-Lab 随手可及;当与伙伴一起时,又转变为一个和谐且高效的协同学习空间,一流教师的虚拟课堂可以自由参加,兴趣相近的研究同伴可以无碍联络。但受现行考试制度与培养目标不协调等方面的制约,这些变革要实现起来可能不是一朝一夕的事,需要通过师生共同的试验和实践,在应用中不断探索、反思、改进与创新,更为重要的是需要产生教学改革与创新的持久内驱力。

参考文献

[1] 高志丽.电子书包将成为学习的主要工具[J].出版参考,2010(3).

[2] "电子书包"能否融入教育大市场[EB/OL].http://tech.sina.com.cn/s/n/2002-01-25/101092.shtml,2002-01-25.

[3] "新"电子书包理念:教育内容+移动终端+服务平台[EB/OL].http://www.it.com.cn/f/market/097/9/767364_pre.htm. 2009-07-09.

[4] 刘颖.电子书包已然十年[J].教育旬刊,2010(8).

[5] Chang, C. Y. & Sheu, J. P. Design and Implementation of Ad Hoc Classroom and eSchoolbag System for Ubiquitous Learning[A]. Proceedings of IEEE International Workshop on Mobile and Wireless Technologies in Education (WMTE 2002) (eds. M. Milrad, U. Hoppe & Kinshuk)[C]. 2002.8-14.

[6] Mihye Kim, Kwan-Hee Yoo, Chan Park, Jae-Soo Yoo. Development of a Digital Textbook Standard Format Based on XML[A]. Proceedings of the 2010 International Conference on Advances in Computer Science and Information Technology (Eds. T. H. Kim and H. Adeli)[C]. 2010. 363－377.

[7] G. Chabert, J. Ch. Marty, B. Caron, T. Carron, L Vignollet, C. Ferraris. The Electronic Schoolbag, a CSCW Workspace：Presentation and evaluation [J]. AI & Society, 2006(20)：403－419.

[8] David Warlick[EB/OL]. http://davidwarlick.com/wordpress/?page_id=2, 2011－04－19.

[9] 崔斌箴.国外电子书包进校园走势强劲[J].出版参考,2010(11).

论文评析

"网络学习空间人人通"建设框架*

祝智庭　管珏琪

一、初识"人人通"：政策解读与现状分析

（一）"人人通"建设目的

首先,新一代的学习者群体属于"数字土著"(Digital Natives),他们出生在信息时代,长期浸润在数字化学习环境中,信息技术重塑了他们的认知、态度及行为习惯。这类学习者对技术的期待及应用能力不同于以往学习者,他们吁求特殊的学习环境,亟待张扬其个性、体现其主动性的学习机会。其次,传统数字化学习环境中的学习面临转型。

---

* 祝智庭,管珏琪."网络学习空间人人通"建设框架[J].中国电化教育,2013(10)：1－7.

(二)"人人通"现状分析

在对"人人通"的理解方面,教育部科技司在教育信息化重点工作推进思路中从教师的视角,将网络学习空间描绘为:网络化的社交平台,汇聚优质资源的平台,向教师主动推送资源和提供开发工具的管理平台。

当前对"人人通"的理解与实践多从教师视角入手、多集中在职业教育领域,这体现了教师优先使用、职业教育优先部署的"人人通"实施原则。面向不同的角色用户"人人通"建设涉及哪些内容?面向学习者应建设怎样的网络学习空间?如何落实基于网络教与学环境的个性化应用并保证一定的应用效果?这些问题的解答是有效开展"人人通"建设的前提。

二、解析"人人通":内涵分析与框架构建

(一)"通"的建设内涵

1."通"的层次

首先"人人通"的核心是人,此时要求角色空间中每一个角色实体(如学生、教师、家长)拥有个人的学习空间,基于该虚拟学习空间可实现个体相关数据的汇通;同时角色实体之间,如学生与教师、同伴之间的交互链路是畅通的,即实现学习空间的信息沟通;其次,网络学习空间强调基于"学习网络"(一方面使用网络来支持学习,另一方面建立学习中的网络)开展学习,此时在技术构筑的连通小世界中,要求实现内容之间的语义关联及工具之间的使用关联;同时参与者与内容、工具等交互活动开展所必需的学习资源间存在通路,实现学习空间的资源融通;对单个角色实体而言,要求整合与个体业务相关的跨平台系统,如面向学生的学习管理系统、学习资源平台及各种社交应用,实现学习服务的贯通。

2."达"的层次

"达"的层次即要求在要素间建立通路的基础上,发挥各要素的效用。对学习者而言,知识被认为是除网络学习中人、技术资源要素外的又一核心要素,学习者在协调机制作用下的内外学习网络中,基于信息沟通、资源融通及服务贯通,在活动中发挥获取资源及人际交互的效用,发展关系网络、实现知识建构,达成个性发展及集体智慧发展的过程。

(二)"人人通"建设框架

提出具有四个维度的"人人通"建设框架：空间结构、接入环境、支持服务、用户能力。这四个维度反映了开展"人人通"建设时应考虑的基本因素。

三、建设"人人通"：学习者的视角

(一) 面向学习者的"人人通"建设思考

1. 数字学习环境建设与应用发展趋向

反观当前数字化学习环境的建设与应用，有以下两大发展趋向：(1) 个人学习空间成为数字化学习环境设计新焦点。(2) 以大数据为基础的个性化学习正成为数字学习环境重要组成部分。

2. 面向学习者的"人人通"建设重点

空间建设以 PLS 为要件；实践以大数据为基础的个性化学习。

(二) PLS 功能建模

该功能模型纵向贯彻"通"与"达"，以过程记录(记录学习过程/工作流程的信息以支持大数据应用)、资源利用(人、内容、工具三大核心要素的相互作用)为支撑条件，促成知识建构，最终实现个性发展和集体智慧发展二维目标；反思、协作及交互是支持知识建构与智慧发展活动的关键，为突出 PLS 的反思结构及对反思学习、协作学习的支撑，整个学习过程贯穿自评反思和协作互动两条主线。同时为实现 PLS 中异构信息管理到知识管理，促成知识建构这一目标过程，提供知识管理引擎(知识管理策略的触发)；加之学习者自主管理权限的实现和安全隐私环境的创设，提供权限管理引擎，构成 PLS 中的两大支撑体系。横向在内容个性化、环境个性化的同时，实现 PLS 中服务的个性化，提供教育接口(功能层)与技术接口(技术实现层)两层拓展功能。

(三) PLS 对学习者学习的促进作用

1. 实现正式学习与非正式学习的融合；
2. 对个性化学习和集体智慧发展具有核心支持作用；

3. 将促成异构信息管理向知识管理的转变。

四、推进"人人通"：技术规范研制是保障

基于以上"人人通"建设框架及学习者视角下"人人通"建设分析，建议开展以下标准规范研究以形成"人人通"技术规范体系：（1）网络学习空间人人通总体标准，是指网络学习空间人人通的总体性、框架性、基础性标准和规范。包括网络学习空间人人通体系框架、标准术语、标准引用族谱等。（2）个人学习空间标准，包括个人学习空间信息模型、信息交换与包装规范以及实践指南等内容。（3）网络学习空间学习服务标准，规定了网络学习空间人人通体系框架中学习服务的概念、信息模型、接口及绑定规范等。（4）网络学习空间学习分析规范，定义面向个人学习空间的学习分析模型、结果呈现方式等，以实现基于网络学习空间的个性化学习应用。（5）网络学习空间人人通建设指标体系，从应用的视角规定网络学习空间人人通建设内容及各方面性能要求，以及服务质量评测规范等。（6）网络学习空间人人通应用规范，从应用实践方面确立基于网络学习空间实施教与学的程度及效果要求。

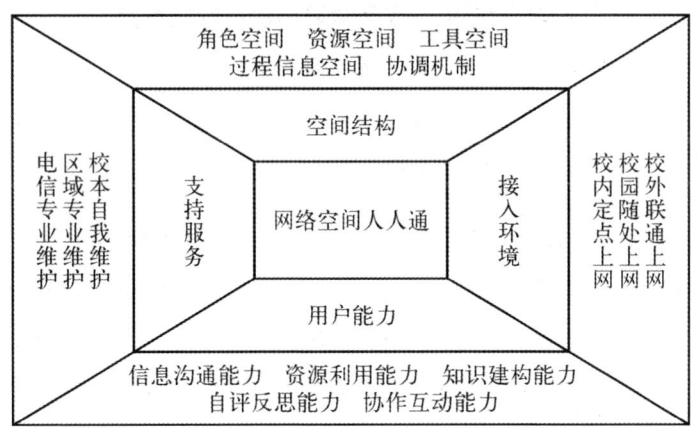

图1 "人人通"建设框架

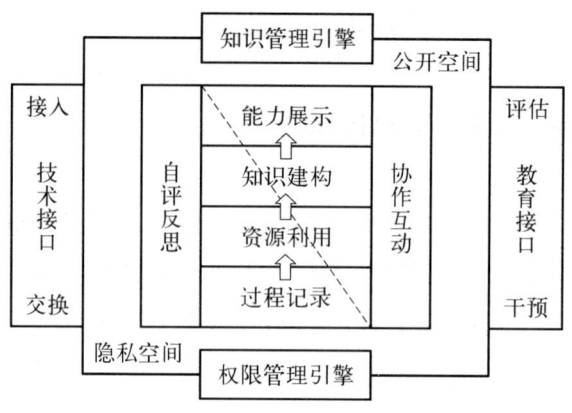

图 2　PLS(个人学习空间)功能模型

- ◆ 知识经济时代呼唤以人为本的个性化学习,基于实名制的网络空间可以更好地提供适应学习者个性特征的学习支持和服务,提供满足每一个学习者需求的个性化学习体验。
- ◆ "人人通"建设落脚点是要改变学生的学习,最终指向学生的发展。

个人学习空间：数字学习环境设计新焦点*

祝智庭　管珏琪　刘俊

虚拟环境设计(VLE)：VLE 产生于 20 世纪 90 年代中期,最初用于在线传递课程。所谓 VLE,是指基于网络的交互系统,允许学习者突破时间和空间的限制,使用不同学习工具(内容共享系统、教师支持服务、电子通信、评价等)和学习内容资源开展学习。由于 VLE 更多服务于正式学习,在终身学习、社会性学习等学习

---

* 祝智庭,管珏琪,刘俊.个人学习空间：数字学习环境设计新焦点[J].中国电化教育,2013(3)：1-6+11.

理念作用下,学习者超越了传统内容消耗,而迈入到批判性、协作性学习和内容创建阶段,VLE 的缺陷逐渐显现。

个人学习环境(PLE):PLE 作为一个新概念最早出现在 2001 年,但直到 2004 年在英国教育技术和互用性标准 JISC 中心会议上才被正式提出。其内在核心理念是:支持学习者根据自身学习需求制定学习目标,创建、管理学习环境;将管理学习的责任交付于个体,赋予学习者更大的自主控制权;支持学习者学习过程中的社会化参与。

一、两类主导设计的整合研究趋向

(一) PLE 主导设计面临的问题

PLE 中"教师"作用的缺失和学习者自组织学习能力的不足以及当前数字教育面临的新难题,使得 PLE 这种数字学习环境主导设计面临挑战。诸如 PLE 中应为学生提供怎样的支持结构?具有自组织学习能力的学生借助少量支持就能管理个体学习,那如何培养其他学生的自组织学习能力?这些问题已成为 PLE 作为主导设计需解决的问题。

(二) 整合的现实需求

VLE 是一种自上而下的正式的学习环境设计,服务于教育机构内的教与学;PLE 是一种由下而上的非正式的学习环境设计,支持不同情境下的非正式学习。为实现正式学习与非正式学习的连接,有必要考虑构建整合 PLE 与 VLE 的增强型学习系统。

(三) 系统化的研究思路

二、个人学习空间(PLS):PLE 与 VLE 的"中部空间"

从概念上将该空间描述为个人学习空间(Personal Learning Space,PLS),作为连接 PLE 与 VLE 的"中部空间"。PLS 由组织机构提供,但由个人控制,在他人指导与自主学习之间保持一种独特的平衡。较之 VLE 和 PLE，PLS 给予学生足够的空间，能够按照自己的节奏和序列去学习，拥有学习管理权，同时也感受到"教师"的作用。这种平衡对于"学好"和"好学"都相当重要。PLS 的设计初衷不是作为一种新的系统类型，其内在理念是提供 PLE 与 VLE 的整合思路，改变以往遵循 VLE 或 PLE 的一贯设计模式。

三、PLS 的关键特征

PLS 由反思结构支撑，学习者可创建持久、迭代的学习记录和体验；PLS 提供学习支架和模板，引导学习者的学习；PLS 赋予学习者自主管理权限，支持学习者最大程度参与；PLS 为学习者创设完全隐私与安全的学习环境。

四、PLS 的作用域

PLS 作为协调教与学的第三方空间，作用于 PLE 与 VLE 的中部，旨在实现"混合学习"。这里的"混合"并非指向线上与线下学习方式的混合，其特性主要体现在：(1) PLS 混合了 PLE 与 VLE 的功能特性。(2) 学习者在 PLS 中可开展不同区域内的学习活动。(3) PLS 实现正式学习与非正式学习的连接。

五、构建 PLS 的意义

PLS 对个性化学习起核心支持作用；PLS 促成正式学习与非正式学习的连接；PLS 实现"网络学习空间人人通"。

六、后续计划

下一步本团队将持续关注 PLS 的研究与实践应用，重点探索的内容：(1) 揭示 PLS 中学习的本质及发生机制；(2) PLS 与教育云的相互促进作用；(3) 个人学习空间信息建模。

> 看图说话

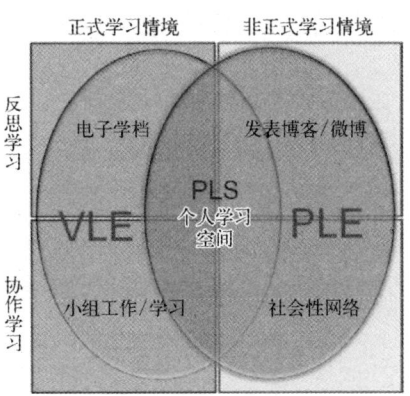

图1 PLS作为PLE与VLE的"中部空间"

图2 PLS的作用域

电子书包环境下小学数学复习课教学模式的设计*

管珏琪　苏小兵　郭毅　祝智庭

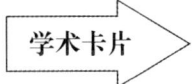

　　国内电子书包项目发展进入新一轮以区域推进为主的发展模式,而探索电子书包环境下的课堂教学模式是推进区域应用的重点建设内容。在上海市闵行区电子书包项目推进背景下,该研究聚焦小学数学复习课教学,通过分析小学数学复习课教学现状及电子书包环境对教与学的支撑作用,设计电子书包环境下小学数学复习课教学模式。该教学模式以翻转课堂的突破时空限制、突破思维限制、改变教师角色为启示,以问题情境的创设促成意义建构为指导,包括课前测验,发现问题;课堂导入,引出课题;师生活动,解决问题;变式练习,应用巩固;回顾小

---

* 管珏琪,苏小兵,郭毅,祝智庭.电子书包环境下小学数学复习课教学模式的设计[J].中国电化教育,2015(3):103-109.

结,知识梳理;布置作业,拓展迁移六个教学环节。

本研究从小学数学复习课教学基本要求与现状入手,结合电子书包环境对教与学的支撑作用,设计小学数学复习课教学模式;该教学模式突破时空限制、突破思维限制、改变教师角色,是对电子书包学科教学模式研究的一次有益探索。

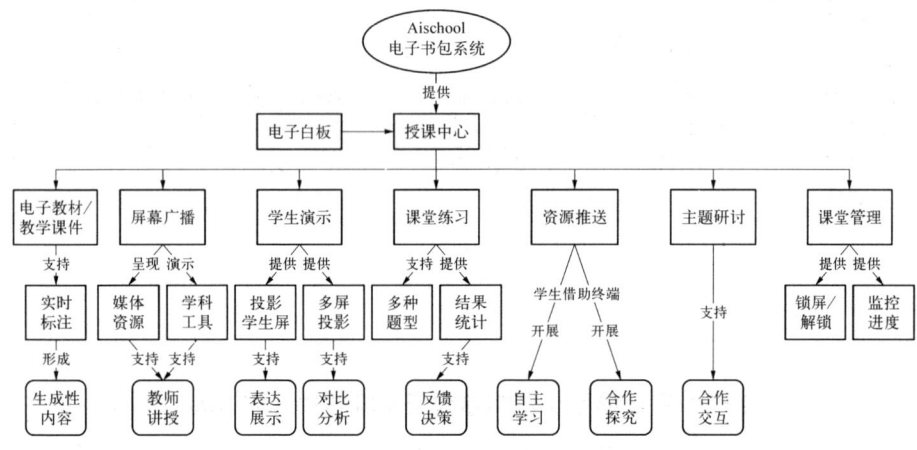

图1 电子书包提供的课堂交互功能

电子书包作为云端个人学习环境的设计研究*

郁晓华 祝智庭

笔者对国内外文献梳理后发现,以往十年来对电子书包的认知,可以从设备、内容和服务三个视角加以论述。设备角度从最初发展到现在都是最主要的一个

---

* 郁晓华,祝智庭.电子书包作为云端个人学习环境的设计研究[J].电化教育研究,2012,33(7):69-75.

认知视角,体现为电子书包的装备形态或者是后两个认知视角的硬件载体。内容角度是电子书包减负优势认知的源起。服务角度是电子书包发展中相对最不被重视又或最容易被理想化的一个认知视角。服务体现的是电子书包所承载的教育理念和教育功能,一般表现为软件系统或服务平台的支撑,也有研究直接将电子书包等同于服务系统。

这些观点和阐述中都或多或少表达了将电子书包作为一种学习环境的认知理念,学习环境是教与学活动赖以展开的条件和基础。在电子书包这个学习环境的架构中,设备作为基础、内容作为对象、服务作为动力,就好比教育信息化工程研究常用的关于"路"、"货"和"车"的比喻,只是学习环境中"驾驶员"的角色从以往的教师一方向学生一方发生了转变。祝智庭教授明确提出了电子书包作为一种个人学习环境的看法,指出个性化、移动性、按需服务将是新一阶段电子书包发展的关键所在。

一、不同视角"学习环境"的发展描绘

(一) 特征描绘空间

这一视角通过关键字来描述电子书包的发展特征:轻便、个性化、移动性、环保、可拓展、容量大、多样性(装备、内容)、高互动、软硬结合等。

(二) 角色描绘空间

电子书包也应设定在学生的数字化"学习生活世界"中充当多重的角色,在不同的应用情境中发挥不同的作用,如阅读器、资源库、课堂教学系统终端、沟通工具、定位设备/安全设备、虚拟学具、数字分析管理设备、媒体输入设备、娱乐工具。

(三) 5A 描绘空间

电子书包发展的 5A 愿景是由中文在线所提出,意思是任何人在任何时间、任何地点,以任何方式获取任何数字内容,其核心理念是"不同人群,不同媒体,不同服务",即不同终端开发不同业务,多终端服务适配。

（四）4W1H 描绘空间

这一视角以"Who、Where、When、What、How"方式对电子书包的发展应用加以描绘。

（五）应用描绘空间

基于电子书包开展的教与学活动，总的来说可分为正式学习和非正式学习两大类。

二、电子书包应用的新思路：数字课堂、协同探究、个人学习

三、构建云端个人学习环境

个人学习环境是在以学为中心的创新教育、终身学习以及 Web2.0、Web3.0 技术大量应用的时代背景下应运而生的学习环境建构的一种新理念和新技术。服务的个性化、内容的多元化、环境的开放性、活动的社会化等特性对学习环境技术支持的存储容量以及计算能力提出了巨大的挑战，而这仅仅依靠学生手中单个的电子书包肯定是无法做到的。云计算的发展为这一问题提供了很好的解决之道。云计算以用户为中心，所有的一切均围绕用户展开；云计算以任务为中心，计算的焦点是用户需要完成什么以及如何完成；云计算是智能的，强大的计算能力能挖掘和分析任何数据；云计算是易于访问的，用户不再受接入地点和方式的限制。这些特点使得在云计算支持下的学习具有无限可能，此外云计算还更加迎合电子书包移动学习、泛在学习的发展愿景。因此，将两者结合，电子书包完全可以利用提供资源、工具和服务的云端来构建一种几乎"全能"的个人学习环境。又由于云可以看做是一个不被任何教育机构所拥有的自治系统，这样学习者、教师、教育机构在云中都拥有相同的权力，使得正式学习与非正式学习更具潜在融合的可能。综上所述，笔者认为电子书包的发展其实就是搭建一种以学为中心的技术给养，构建一个云端的个人学习环境。在由电子书包所构造的云端个人学习环境中，学习活动可以通过以下两种途径展开。(1) 正规教育机构可将设计好的学习内容和服务放在云端，并按照特定的教学目标与教学计划发送（即 Push）给学生。(2) 非正式学习活动的开展是电子书包新一轮应用的重点，也是难点。学生

可自主按需定制(即 Pull)云端的学习内容,也可由云端智能分析学生的学习需求和学习规律,推荐(即 Push)适合的学习资源,再由学生选取(即 Pull)感兴趣的内容开展学习。

> 智语连珠

- 就如同书包人人都有、人人不同,技术深入教育应用的今天,电子书包的新一轮发展愿景凝结了一种对于构建一对一创新型数字化学习环境的追求,一种对于切实支持学习者主体性和个性化发挥的学习环境的呼唤。
- 希望能打破以往仅将电子书包的应用作为常规教育的补充形式或强化手段的做法,呼吁能够实实在在地进行一场教育思维的转变,回归教育的真谛以及学习的本质,从学习者的视角、面向新的学习生态来构建电子书包的发展模式,以更好地适应未来终身学习和知识时代的发展需求。

电子书包对学生学习体验与学习成绩的影响
——以上海闵行区小学数学应用为例*

管珏琪　Peter Riezebos　苏小兵　祝智庭

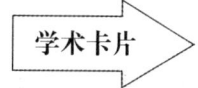

电子书包的三大核心功能协同作用于 21 世纪课堂学习环境中连续的交互过程,以满足学生动态学习需求。核心功能之一是交互呈现数字化教学资源,丰富课堂教学形式;二是教师可实时监控每一位学生的学习(通过课堂交互显示设备及交互系统查看每一位学生学习进展),在一定程度上解决了传统教室大班化环境下教师难以兼顾每一位学生的问题;三是提供即时反馈,使得教师能基于实时监控

---

* 管珏琪,Peter Riezebos,苏小兵,祝智庭.电子书包对学生学习体验与学习成绩的影响——以上海闵行区小学数学应用为例[J].中国电化教育,2015(9):56-62.

调整教学策略。已有研究发现教学中有效地应用技术工具与学生学习结果有密切联系。学习结果(Learning Outcomes)可包括心理层面(Psychological Outcomes，如自我效能、学习体验等)、行为层面(Behavioral Outcomes)、效果层面(Benefit Outcomes,如学习技能、测验成绩等)。正如Fleischer对已有实证研究的文献分析发现,与学生相关的研究聚焦于学习体验、课堂活动和学习成绩三方面。具体而言,已有研究在考察Laptops或Tablets在教学中的应用时,将学习动机、学习兴趣、学习参与、学习成绩、技术使用等作为技术应用成效的观测对象。

结论：电子书包应用对数学成绩有一定影响；电子书包应用带来学生学习体验的提升；学生已具备数字化学习实践所需的基本技术储备。

变革理念下虚拟学具标准研制现状梳理与体系框架*

郁晓华　雷云鹤　祝智庭　吴永和

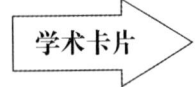

一、概念的理解：从学具、学习工具到电子书包中的虚拟学具

从字面上,我们很容易将学具作为学习工具的简称,但两者其实差异很大。学具的相关研究含义多指向感知或动手操作的材料或器具,侧重物理材质的实体工具,一般用于幼儿、小学低年级学生,强调工具的组装和摆弄特性,目的是通过学生的探索和操作体验以激发学生的学习兴趣。而学习工具的相关研究则多指向程序软件系统,体现为一种数字形态的工具,强调工具的加工与交互特性,可应用于各类人群,相应的功能目标也各种各样。对学习工具的理解比较有代表性的是学习与绩效技术中心(Centre for Learning & Performance Technology,C4LPT)的描述。他们认为学习工具是一种创建或向他人传递学习内容和学习方案、用于

---

* 郁晓华,雷云鹤,祝智庭,吴永和.变革理念下虚拟学具标准研制现状梳理与体系框架[J].现代远程教育研究,2013(2)：68-75.

个人或专业学习的工具。随着在线学习的发展,对学习工具的认知越来越偏重于网络上的应用服务。

二、范畴的界定:虚拟学具的表现形态和技术粒度

表现形态由其所涵盖的内容、运作的逻辑和外在的表征三者共同决定。按照此思路,我们经过归纳整理,抽取出如下 8 种类型:工具形态、平台形态、游戏形态、资源形态、材料形态、课件形态、实验形态、服务形态。此外,虚拟学具的表现形态某种程度上还体现出了工具实现的不同技术开发粒度。我们认为,技术开发粒度较大的是平台系统类的虚拟学具,其次是软件资源类,粒度最小的是课件服务类。基于使虚拟学具更好地与电子课本和电子书包相融合的思考,我们提倡虚拟学具的开发应偏向于小技术开发粒度。

三、关系的剖析:虚拟学具与电子课本和学习服务

在电子书包系统中,虚拟学具和学习服务的首要目标是支持以电子课本为核心开展的各类教与学活动。

四、虚拟学具发展的变革理念

我们从应用设计、服务提供、个性表现、技术实现 4 个角度提出了虚拟学具发展的变革理念。

五、虚拟学具标准的内容体系

在上述需求分析和目标凝练的基础上,我们建构出包含 5 个部分的虚拟学具标准内容体系,分别是虚拟学具分类标准、虚拟学具描述标准、虚拟学具配置规范、虚拟学具聚合规范和虚拟学具测评标准。

六、文章结构

本文首先在剖析学具、学习工具与虚拟学具概念的基础上,梳理了虚拟学具的表现形态和技术粒度,分析了当前虚拟学具的发展现状;然后深入讨论了虚拟学具与电子课本、学习服务二者的关系;继而从应用设计、服务提供、个性表现、技术实现4个角度提出虚拟学具全新的发展理念;最后分析了虚拟学具标准的服务目标,并提出虚拟学具的标准框架和内容体系。

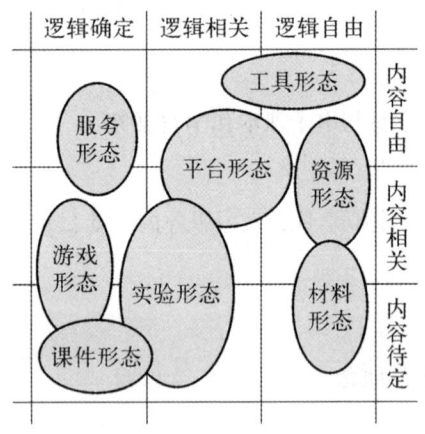

图 1 虚拟学具的表现形态定位

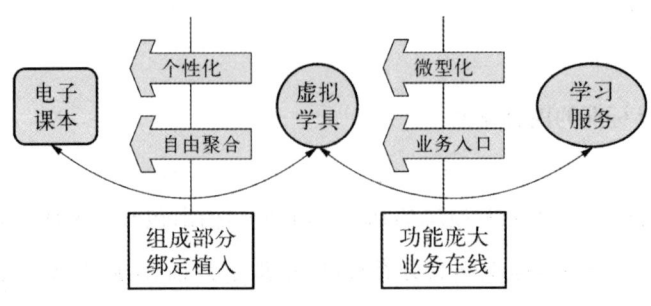

图 2 虚拟学具与电子课本和学习服务

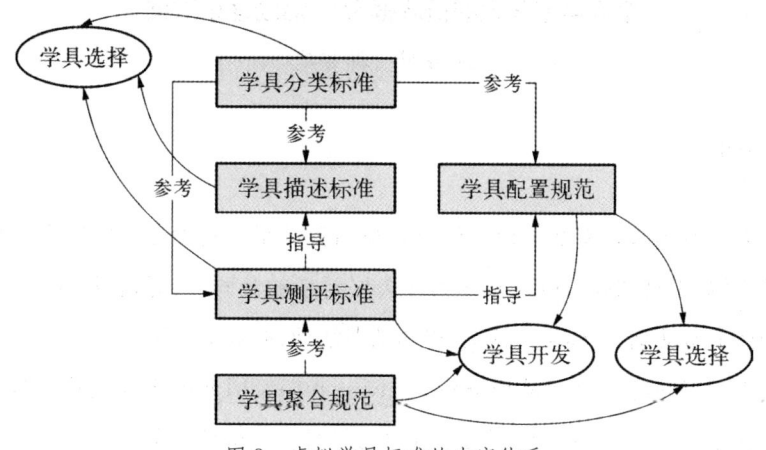

图3 虚拟学具标准的内容体系

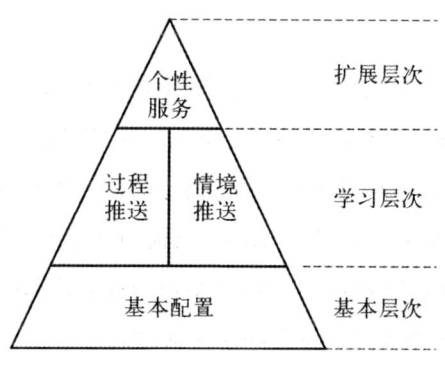

图4 虚拟学具描述的三个层次

- ◆ 新的虚拟学具服务应比以前更加智能、更为开放、更加个性化,应以用户体验为中心,建立一种过程导向、活动敏感甚至内容敏感的主动服务机制。
- ◆ 一刀切、通用性的做法显然不再适应时代发展,新的做法应在虚拟学具的外观设置、服务定制以及功能设计中加载个性化色彩的特征,使其成为每个学习者独一无二的工具。

个人学习环境的概念框架：活动理论取向*

胡海明　祝智庭

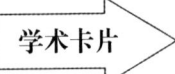

个人学习环境元模型包括六种要素与四种关系。六种要素包括作为个体层要素的主体、工具、制品，以及与作为社会层要素的共同体、规则、目标；四种关系包括个体消费活动、个体生产活动、群体消费活动、群体生产活动。

个人学习环境(Personal Learning Environment，PLE)的建构与应用基于个体参与的视角，发生于其中的学习可以理解为终身学习框架下的情境学习。终身学习作为一种概念框架与组织原则，为个人一生提供有目的、系统的学习机会。学习者可以在任何时间、地点，选择恰当的学习模式以适应其学习风格，实现学习目标。

个人学习环境是分布式、基于社会计算网络、以学习者为中心的虚拟学习环境，个人计算设备构成了其核心社会计算工具。其"分布性"表现为许多功能皆依托于社会计算的网络。不同于基于非个人设备的计算环境，它是社会计算工具的整合，以及以此为基础而构建的学习、建构、交流与共享的半开放学习环境。

个人学习环境的核心内涵：基于终身学习的社会计算环境；以学习者为中心的分布学习环境；基于个人计算设备的学习活动管理系统；聚焦于用户和服务的融合。

个人学习环境的关键特征：一是人。学习者要具备一些关键技能，如互联网的搜索和信息加工能力。二是工具。学习者可以从个人兴趣出发，选择、使用契合自身学习风格和目标的工具。三是资源。学习者不仅要消费学习资源，还要生产新资源。四是服务。学习环境一般需要各种工具的支持。

"活动"构成了活动理论的逻辑起点和核心范畴，由此可以研究和解释人的心理的发生发展过程。该理论源于维果茨基(Vygotsky)。他提出了"中介"(mediation)的概念，由此确立了作为整体的主客体的中介不可或缺。列昂节夫(Leontyev)提

---

* 胡海明,祝智庭.个人学习环境的概念框架：活动理论取向[J].开放教育研究,2014,20(4)：84-91.

出了活动的层次结构,恩格斯托姆(Engestrom,1987)在此基础上系统提出了活动模型理论。乔纳森(Jonassen)利用活动理论作为分析框架,设计了建构主义学习环境。

个人学习环境元模型各要素界定如下。(1)主体:个人学习环境中的活动者,包括学习者、教师。(2)制品:个人学习环境中活动者享用或生成的成果。(3)工具:个人学习环境中的活动者所面对的资源及其支持服务的总和,资源包括可资利用的各种学习对象。(4)共同体:个人学习环境中具备一定目标与相关规则的主体的集合,如班级、学习小组等各种聚合程度的群体。(5)规则:构成共同体的若干限制条件,如刻画活动过程的若干前提。(6)目标:共同体中主体活动的最终目标,如教学活动目标、个人以及小组活动目标等。

个人学习环境中的活动分为四种,可以概括为以下两种设计框架。个体的生产与消费活动:可以抽象为基于社会计算环境的个人知识建构与管理。群体的生产与消费活动:可以抽象为基于社会计算环境的协作知识建构与管理。

元模型要素间存在的四大关系——作为主体的活动论域——分述如下:(1)个体消费活动:指主体基于工具的消费活动。(2)个体生产活动:指主体基于工具的生产活动。(3)群体消费活动:指主体经由工具中介而参与学习共同体的生成与分享。(4)群体生产活动:指经由工具中介,主体参与学习共同体的、基于协作目标的、制品的交流与共享,或者创建制品的活动,表现为对象的群体性生产活动。

基于学习生活世界的活动设计框架:学习生活世界;活动行为层设计;活动支持层设计。

基于IMS的学习设计标准,一个学习设计包括标题、学习目标与先决条件、组件、方法。其中方法包括剧本、幕、角色分配(角色引用,活动引用);组件包括角色(学习者,员工);活动包括活动结构、学习活动、支持活动;环境包括标题、学习对象、服务、环境引用。

> 智语连珠

◆ 对个人学习环境的研究,应该放在更大的社会与教育环境中来进行观照,应该在泛在学习层面上,将个性化、情境化与以学习者为中心的学习支持进行整合,实现对学习的全面支持。

◆ 个人学习环境首先是社会计算环境,整个系统的建构与应用基于个体参与的视角,发生于其中的学习可以理解为终身学习框架下的情境学习与非正式学习。

◆ 个人学习环境是一种典型的学习技术系统,是以学习者为中心的分布式学习环境,其两个关键技术工具是所建构的社会计算模型与所整合的社会性软件。

◆ 个人学习环境从本质上说,依托于社会性软件,学习者可以利用它所提供的工具创造和消费知识,并且实现人与人之间、不同应用之间的联通。

◆ 个人学习环境是基于个人计算设备的学习活动管理系统,以活动为导向的集成应用环境。它整合了活动的主体、资源、工具支持,主要体现为个性化的应用环境与应用服务。

◆ 个人学习环境以个人能力发展为导向,广泛整合各种学习情境的学习内容、活动与体验的学习环境。

◆ 个人学习环境支持众多的学习工具,使学习者能够顺利地参与分布式学习环境。它融合了各种通信网络、学习资源乃至服务。个人学习环境是整合网络计算能力的一种新范式。

Cloud Card 对个人学习空间建设的新启示*

郁晓华　黄沁　张莹渊　祝智庭

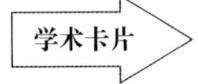

在对 Cloud Card 进行技术追溯和需求分析的基础上,详细阐述了 Cloud Card

---

* 郁晓华,黄沁,张莹渊,祝智庭.Cloud Card 对个人学习空间建设的新启示[J].中国电化教育,2016(2):41-48.

的 UI 关联展现、流线型服务组织模式、底层隐形数据传递等特点，并从工具服务的情境化组织、学习过程的追踪、面向过程的真实性评价三个方面，重点探讨了 Cloud Card 在教育应用中的可行性和关键设计要素。

基于任务情境设计而碎片化建构的 Cloud Card，能有效打破 APP 之间的联通壁垒，目前主要在物流、金融以及商业广告领域获得应用与发展，其所采用的数据隐形传输、流式思维、关联服务等设计思想与情境认知主义、关联主义等教育理论的核心理念非常契合，能有效解决大数据时代移动学习发展高度个性化的新需求，在教育中具有良好的应用潜力。

在基于 APP 的移动学习过程中，学习者通常需要反复跳转于不同的 APP 以寻求必要的支持服务，甚至需要临时下载一个 APP 以实现特定的功能。除此之外，通过搜索引擎所能获取的信息也仅仅限于网页，而无从获悉各 APP 内的信息。可以说，APP 相互割裂的特点给学习者造成了额外的认知负荷，破坏了学习过程的连贯性，很大程度上降低了学习者本应达到的学习效果。

谷歌(Google)最早将深度链接技术应用到移动广告领域，提出 Deep Linking，实现从网页搜索结果到应用软件的链接；推特(Twitter)扩展了深度链接技术在社交平台上的应用，提出了 Twitter Card，实现了 APP 深层链接内容的可视化；脸书(Facebook)提出跨平台的深层链接标准 APP Links，实现了 APP to APP 直接链接的解决方案，为跨平台用户数据整合提供了可能。而阿里巴巴通过 Cloud Card 将深度链接技术的深度链接优势最大化，彻底颠覆了传统的服务提供形式，提出了基于情境的服务流程思想。Cloud Card 有以下特点：场景化服务关联、云端共享应用服务。

Cloud Card 在以下三方面助力个人学习空间建设：基于情境组织工具和服务；学习活动的追踪；面向过程的评价。基于 Cloud Card 的教育应用案例有，正式学习：错题订正；非正式学习：参观博物馆。

Cloud Card 教育应用的关键设计要素：基于用户体验的 APP 关联；基于流式思维的学习情境组织。

目前 Cloud Card 技术在教育中的应用还面临以下挑战：(1) Cloud Card 是一种不同于现有思想操作系统模式(例如安卓、IOS)，让其被大众认识、接受再到普及还需要一定时间。(2) 基于 Cloud Card 关联情境智能化推送的特点，还需加强对基于情境式教学模式的设计研究,以提出更多教育情境。(3) Cloud Card 的分类是以工具和服务为基础(例如:计算器、手电筒),但现有大部分教育 APP 的分类以内容为基础(例如:英语、数学),适合 Cloud Card 应用的 APP 较少,还需进一步开发。

我国中小学电子学辅的供需分析及发展对策*

徐显龙　管珏琪　钱冬明　祝智庭

　　为了弥补课堂教学不能有效兼顾学生个性化学习的不足,支持课外自主学习的电子学辅应运而生。本文采用调查研究、活动流程分析和对比分析的研究方法,分析电子学辅的内涵、比较电子学辅与电子教辅的区别,并对其分类;在分析学生课外学习活动的基础上,明确电子学辅的需求,并设计电子学辅的功能;剖析电子学辅的供给链,并通过对国内外典型电子学辅网站的资源和功能的调研,分析当前我国电子学辅供给的现状;针对国内电子学辅存在的内容覆盖面不全、资源兼容性较差、缺少个性化诊断支持、互动性不足、家长参与度不够、支持政策缺失等问题,从政策制定、资源内容、技术规范、学科交叉和使用机制五方面提出针对性的策略,以促进电子学辅行业的稳步、健康、有序发展。

　　电子学辅是指数字化后的纸质学习辅导资料,包括各种同步辅导、重点难点讲解、练习题、复习题和模拟题等,学生可在各种终端设备如台式电脑、笔记本、平板电脑和智能手机等通过阅读工具打开并学习。依据电子学辅的功能,可将电子学辅分为以提供资源为主的电子学辅、以智能评判为主的电子学辅和以个性化辅导为主的电子学辅,具体如下:(1)以提供资源为主的电子学辅,这类电子学辅主要是向学生提供各种数字化课外学习辅导资源,包括系统知识讲解、同步辅导、疑

---

* 徐显龙,管珏琪,钱冬明,祝智庭.我国中小学电子学辅的供需分析及发展对策[J].中国电化教育,2015(6):17-23+46.

难解析、重难点点拨、练习题、复习题、模拟题等不同类型资源,学生通过电子学辅平台,对课内没有弄清楚的内容再学习,然后利用对应的练习题自我测验,针对错题,通过学习同步辅导、疑难解析、重点难点点拨等资源进行补救。(2)以智能评判为主的电子学辅,这类电子学辅主要是向学生提供给定学科知识学习的测评服务。(3)以个性化辅导为主的电子学辅,这类电子学辅主要是在学生课外学习过程中提供个性化辅导服务。

电子学辅的供应链是一个包含了供应商、制造商、运输商、零售商以及客户等多个主体在内的系统,相应地,电子学辅的供应链也应包括内容提供商、内容加工商、服务分销商、服务零售商和用户。

国外教育信息化的进程为网络教育提供了良好的基础设施保障,国外典型的电子学辅网站包括佛罗里达虚拟学校、French 夫人的技术进入基础教育课堂网站、可汗学院(Khan Academy)、e‐Learning for Kids 等。当前国内中小学教学中,传统教辅仍处于主导地位,但它越来越不能满足新课标下学生能力培养的需要,而以信息技术为基础的电子学辅,融入多种媒体形式,其可视化、多样化、互动性与可共享的特性,正好弥补了传统教辅不能满足学生学习需求的不足。

当前我国中小学电子学辅平台主要包括三种:一是国家和各省市教育主管部门开发的电子学辅,这类电子学辅出发点是为覆盖全国和地区的范围,所以对各个中小学校的实际需要考虑不足;二是市场上从事教育行业的公司开发的电子学辅,通常这类电子学辅可以让中小学校免费试用一段时间,等待时机成熟时,中小学校需要进行购买,但不同年级、不同学科都有相应的中小学电子学辅,导致电子学辅种类繁多,而由于学校的经费限制,只能购买其中很少部分的电子学辅资源;三是学校自行组织开发的电子学辅,这类电子学辅对学科教师的积极性和信息技术应用能力具有较高的要求,通常学校也只有少数的教师具备这样的能力。

国内电子学辅的问题分析:资源覆盖面不全;资源兼容性较差;缺少个性化诊断;支持师生互动不足;教师、家长参与不够;相关支持政策缺失。

电子学辅发展的应对策略:政策制定;资源内容;技术规范;学科交叉;使用机制。

看图说话

图 1　中小学电子学辅的供给链

智语连珠

◆ 中小学生在线学习作为一种新型的课外辅导形式,极大地促进了相关产品和服务产业的快速发展,具有广阔的市场发展空间,因此,研究面向中小学生的基于在线学习的课外学习辅导具有重要的现实意义。

◆ 通过基于在线学习的方式能够实现优质数字教育资源在最大程度上的共享,能够有效地帮助学生获取适切的资源和学习服务,能发现中小学生在特定领域中的认知缺失,为学生提供个性化的补救服务,最大程度来挖掘学生教育市场的潜力。

终身学习电子档案技术标准比较与信息模型设计*

余平　祝智庭

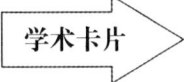

为了实现电子学档内容在终身学习体系的全覆盖,并能够在不同系统之间共享,需要对电子学档的内容组件及其描述规范进行标准化,本研究在分析电子学档在终身学习中的应用及需求后,选取 IMS、JISC 以及一些开源组织提出的与电子学档相关的技术标准,从标准的信息模型(数据模型)、标准之间的关系等角度比较各类标准的特点、使用方式和应用情况,提出一种适用于终身学习的电子学档信息模型,包含能够基本覆盖终身学习的电子学档三大类九小类内容组件。提出电子学档信息模型应用于终身学习系统的建议,包括属性设计、词汇表设计和视图设计等。

电子学档的内涵包括以下几部分：(1) 电子学档是多种格式的素材/资料的集合,包括音视频、文本、图片等多媒体格式；(2) 电子学档系统使用数字技术对学习档案进行管理,包括对档案数据的采集、存储、呈现及交互使用；(3) 电子学档内容包括学习者的学习目标描述、学习活动记录、作品、学习成果记录、学习反思记录、学习评估记录以及相关资质、认证材料等；(4) 电子学档的用途包括学习过程的跟踪记录、作品展示、知识及技能记录、学习反思、学习评估、求职、职业发展、终身学习支持等。

巴拉班等提出了终身学习应用电子学档的五种不同场景：(1) 在单个教育机构中使用；(2) 在多个教育机构的学习项目之间交换信息；(3) 在求职时使用,涉及就业机构与教育机构之间交换信息；(4) 在不同就业机构之间交换信息；(5) 在业余学习/保留工作时使用,即个人已经是职员,同时他们希望继续接受教育,因此学习和工作同时进行。这五种场景基本涵盖终身学习的各种应用环境,涉及终身学习的三种不同学习方式(正规学习、非正规学习、非正式学习)。

电子学档通常有三类信息：(1) 学档持有者建立的数字作品；(2) 学档持有者的信息,包括能力、成就、体验、活动、目标、计划等；(3) 其他学档持有者撰写的信息,包括博客、评论、反思等。适合终身学习的电子学档的内容组件包括以下几

---

* 余平,祝智庭.终身学习电子档案技术标准比较与信息模型设计[J].开放教育研究,2016,22(3)：107-115.

类:(1)个人基本信息;(2)作品信息;(3)技能和成就信息;(4)学习经历信息;(5)反思信息;(6)评估信息;(7)目标信息;(8)兴趣偏好类信息;(9)参与专业组织的隶属关系信息。

智语连珠

- ◆ 终身教育体系具有社会化、个性化和持续化的特征,支持学习者开展终身学习的项目和学习平台具有多样性和复杂性的特点,不同学习阶段的学习平台记录学习者学习过程、学习成果的具体内容和结构均有所不同。
- ◆ 如何全面连续记录终身教育参与者的学习过程,建立市民个人终身学习电子档案,是实现发展终身教育、建设学习型城市相关战略目标的重要内容。
- ◆ 电子学档的一个应用需求是能够向不同用户呈现不同内容,即可以提供不同的电子学档视图。因此在实际应用中,需要设计面向各类人群的电子学档视图。

基于 Cloud Card 的个人学习空间云架构*

郁晓华　张莹渊　黄沁　祝智庭

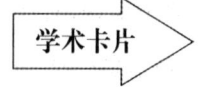

个人学习空间(Personal Learning Space)作为个人数字化学习环境的新事物,契合了国家发展、个体需求及教学变革等多方的呼吁。个人学习空间是一种面向学习者个体提供在线学习服务的网络环境。

"互联网+"技术思潮正大力冲击着各个行业领域的发展认识与观念,教育也无法避免。"互联网+教育"在尊重教育本质特性的基础上,用互联网思维及行为模式

---

* 郁晓华,张莹渊,黄沁,祝智庭.基于 Cloud Card 的个人学习空间云架构[J].中国电化教育,2016(7):11-21.

重塑教育教学模式、内容、工具、方法的过程，构建新的教育生态体系。"互联网＋"的六大特征包括跨界融合、创新驱动、重塑结构、尊重人性、开放生态、连接一切。

学习环境可以被比作生物圈，学习者与学习环境在互动中共同发展。诺曼·杰克逊(Norman Jackson)提出，学习生态能够跨越时空限制，连接同时存在的或者贯穿整个生命历程的不同空间和环境，这正体现了终身学习(Life-long Learning)和全方位学习(Life-wide Learning)的生态视角，是对新世纪社会发展和人的全面发展的必然要求。

个人学习空间的构建就是要打造一个学习生态系统，该系统时刻与外界物理环境、虚拟环境、社会环境进行着物质、能量、信息的交换。个人学习空间连接一切教与学的数据，汇集支持个体学习的工具、资源、情境、活动和关系，各要素在赖以生存的学习空间中和谐共处、协调发展。个人学习空间重新解构了传统的学习模式和教育体制，全面支持 5A 学习模式(Anyone, Anytime, Anywhere, Any device, Any form)，即任何人可以在任何时刻、任何地方，使用任何设备，通过任何方式获取所需的任何信息。

个人学习空间作为个人学习生态，联通各种工具、服务、资源和数据，聚焦于学习者个性化需求，实现内容、社区、应用的有机整合。个人学习空间需要展现一定的"智慧性"，确保服务的适时、适量与适需，从而有效规避由于多元化途径、多样化学习所带来的多、乱、杂。首席学习传播专家鲍勃·莫舍(Bob Mosher)较早提出"适时"(Just in Time)与"适量"(Just in Enough)的概念。"适时"属于严格的时间问题，是指在特定目标下，帮助学习者及时、快速获取资源，有效节省时间；"适量"即在当前任务情境下，交付给学习者适当信息容量的准确信息，而不是大量无关的内容。"适需"(Just in Need)的概念被提出，即对当前学习情境和需求的识别作为保障个体学习成效的又一特征。通过学习行为分析，及时识别学习者当下的学习偏好、认知风格、学习情境等，并借助于学习仪表盘可视化分析结果，让教师或学生能以最直观的方式了解现状与问题，做出反馈。

Cloud Card 是阿里巴巴集团推出的 YunOS 3.0 所采用的卡片式桌面。Cloud Card 基于智能终端感知的情境数据，能够自动生成符合真实情境的任务云卡，并按照事件发展的流式思维有力协助用户活动的开展，从时间流、事件流、信息流等多个领域的大数据与模型演算引擎为用户建立更好的服务逻辑，实现服务的无缝接入和自由跳转。

泛在学习这一概念最早由"泛在计算"衍生而来,它将信息空间与物理空间相融合,帮助人们透明地、随时随地获取数字化服务。而"泛在网络空间"则是指在泛在学习的环境中,将协作者、学习资源、工具服务等主要因素进行联系与整合,以提供给学习者一个可相互操作、普适、无缝的学习体系。泛在学习一共经历了泛在计算、泛在网络、泛在社会、普适学习与泛在学习五个阶段,国内外学者将泛在学习的主要特点总结为:泛在性、易获取性、交互性、学习环境的情景、以现实的问题为核心。

大数据时代,海量的学习数据具备 Volume(巨量性)、Velocity(高速性)、Variety(多样性)、Value(价值性)、Veracity(真实性)5V 特征。大数据分析从海量数据中发现教育角色之间的关系、诊断教学过程中的问题、预测教育发展趋势,为教学决策提供依据。数据驱动的教育决策,要求学习行为等相关信息记录精确,教育过程变得可量化;在此基础上得出可靠的数据依据,既能帮助学习者做出适合自身发展的决策,又能帮助教师了解每位学生的真实情况,为其提供真正个性化的学习资源、学习活动、学习路径、学习工具与服务,实现因材施教。

Cloud Card 的运作机制天然具备存储学习行为大数据的能力,可根据设定的数据处理与分析模块,研究学习者的学习轨迹数据;然后根据学习者模型和教学设计模板,对学习内容与服务提供自适应的个性化定制与推送,同时利用学习仪表盘等工具为学习者、教师提供可视化的分析数据和报告,协助他们做出有效的活动决策。

祝智庭教授的网络教学传通模型提出:在技术中介的学习环境中存在角色空间、媒体工具空间及其角色行为所需要的内容资源空间、工作信息空间,四类空间相互联通影响,并通过一个能动的协调空间进行调节,以建构一种最为契合的情境模式和支持环境,使得学习达到一种最为有效的运作状态。角色空间,即人的要素,包括一切在技术支撑下促进知识生成、增进情感交流、发挥协作能力的参与者,包括自我、学伴、教师、家长等不同角色。内容资源空间,即内容要素,是网络教学活动所需的教育资源(学习对象)实体;网络学习空间中包括各类公开的外部资源,可通过搜索引擎、访问数据库、共享角色空间中其他角色开放的资源等途径获取。媒体工具空间,即工具要素,是各种可用来帮助学习者学习的工具集合。过程信息空间,包括用户在网络空间中一切活动和活动结果的记录。

完整的行为活动是由动机(Motive)、目标(Goal)、达到目标的条件(Condition)、以及与这些成分相关的活动(Activity)、行动(Action)和操作(Operation)构成。活动理论主张活动的组成部分不是一成不变的,而是随环境和情境的变化而发生改变。随着活动的进行和主体意识的参与,活动逐渐分解为行为,进一步分解为操作,学习就是主体将一个个活动转化为行为和操作的过程。

学习设计(Learning Design)进一步说明活动过程的组织、管理和评价,为实施教学设计更加显性和明确化的操作条件与方法。

20世纪60年代,奥格登·林斯利(Ogden Lindsley)提出精准教学(Precise Teaching),该方法来源于斯金纳的行为学习理论,后发展为评估教学方法的有效性框架。精准教学通过测量"流畅度"作为数据决策来追踪学生的学习效果,是系统精准地评估课堂效果与教学策略的方法。

学习样式模板是指为实现特定任务目标,对原子级学习活动进行选择、组织与编排的样例,其序列体现了教与学活动的流程,以及彼此之间的逻辑关联与条件制约。

在技术层面,云技术支持下的泛在学习网络为空间搭建提供了必要的基础环境保障,大数据的辅助决策为实现有效的学习服务提供了重要的决策支持,智能终端的情境感知为空间满足个性化和自适应需求提供了有效路径;在理论层面,教学传通模型实现个人学习空间教与学各要素的沟通与合作,活动理论实现教与学活动的分解,学习设计理论指导教学步骤的把握,精准教学指导教与学成效的收集与评价。

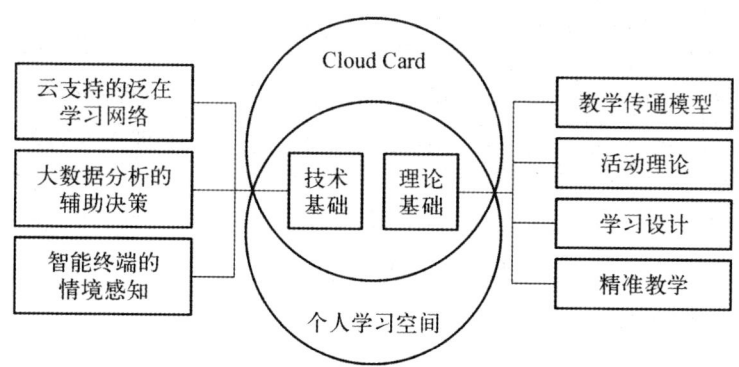

图1 Cloud Card与个人学习空间结合的技术与理论基础

> **智语连珠**

- ◆ 个人学习空间为学习者创设了相对隐私、安全可控的学习环境,通过提供学习支架与模板引导学习者学习,同时赋予学习者自主管理权限,支持其最大程度参与,学习者可以在空间中创建持久、迭代的学习记录和体验。个人学习空间的构建对个性化学习起着核心作用,是实现"网络学习空间人人通"的重要基础。
- ◆ "互联网+"时代下,个人学习空间被赋予了前所未有的认识与愿景,基于学习生态圈、学习操控台两大视角,面向未来教育的个人学习空间将面向个人、面向智慧,开放生态、连接一切。

电子书包环境下的课堂学习活动分析[*]

管珏琪　祝智庭

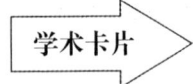

技术丰富环境是信息技术不断发展背景下出现的学习环境的新形态,主要通过各种形式的信息技术来丰富和提升学习环境;此时的"技术"直接参与教与学过程,在此环境下的教与学表现为技术增强的教学与学习,带来教与学方式、教学过程中师生关系等的改变。

国内对电子书包环境下学习活动的研究,以归纳总结为主,如电子书包在教学中的四类使用方式:内容播放、互动学习、在线学习、测试评价;一对一数字化学习环境下的七种学习活动:互动反馈活动、基于网络的互动讨论活动、基于项目的学习活动、情境体验式学习活动、自我检测学习活动、小组协作与探究学习活动、互动评价学习活动。

---

[*] 管珏琪,祝智庭.电子书包环境下的课堂学习活动分析[J].电化教育研究,2018,39(4):59-65+72.

活动理论的发展由维果斯基的"中介"思想,发展至列昂捷夫从个体与共同体之间的复杂关系来研究活动、恩格斯托姆形成活动三角模型,再扩展至包括两个低程度相互作用的活动系统。三代活动理论的发展分别突破了仅关注个体活动的局限、对文化多样性根深蒂固无知觉性这两大问题。活动五角模型对活动系统构成要素的再构,旨在模拟与一个活动相关的行为,通过角色(Roles)、组织(Organization)、使用(Use)、功能(Functionality)和操作(Operations)五个方面描述。活动理论认为,活动是有层次的。完整活动是由需要、动机、目的、达到目的的条件和与这些成分相关的活动、动作、操作组成。

电子书包环境下课堂学习活动的三层描述:操作、行为、典型行为序列。典型行为序列有:基于练习/测验的学习;基于分享的讨论;基于资源的学习;基于电子教材的学习;基于内容创作的学习;基于调查研究的学习。

看图说话

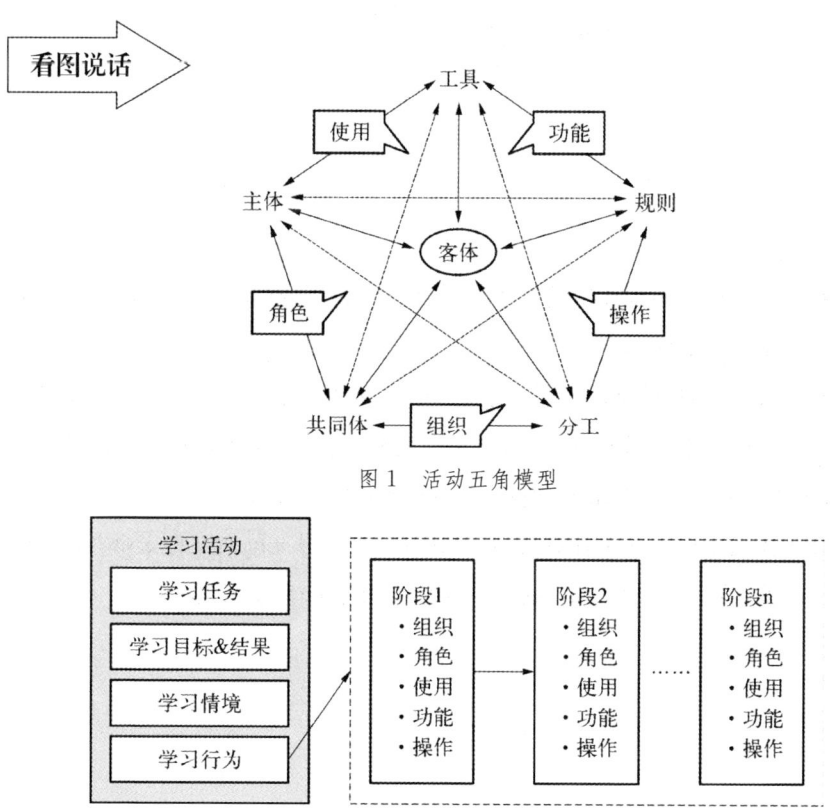

图1 活动五角模型

图2 学习活动的描述框架

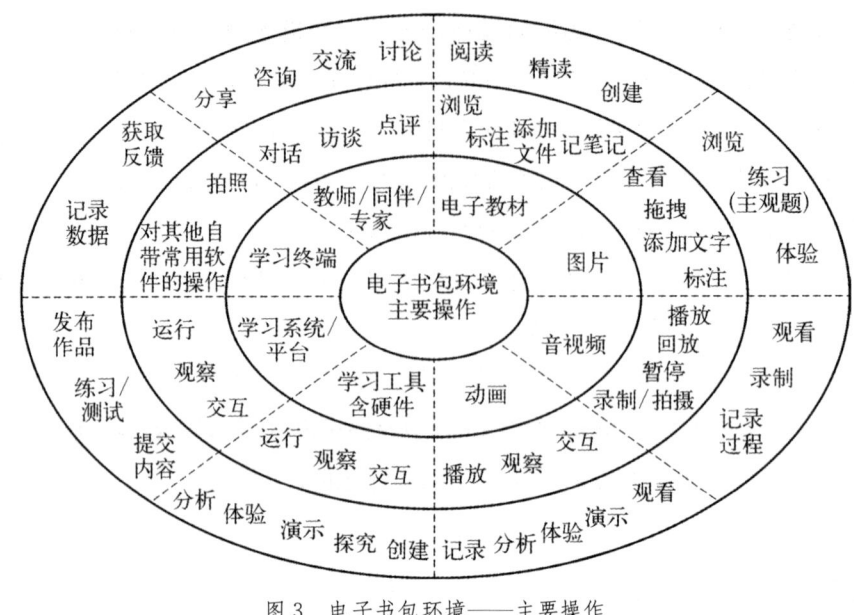

图3 电子书包环境——主要操作

> 智语连珠

- 技术丰富环境强调环境的技术丰富性、教与学的技术参与性,以及技术对教与学系统的作用。
- 从实践现况看,课堂应用是当前电子书包应用推进的重心;学习活动设计将是突破教学应用困境的基本路径。理解、解构电子书包环境下的学习活动,将为基于学习终端的学科教学应用提供实践参考。
- 技术正引发全新的生存方式,新兴教育理念指导下的信息技术整合于教学的实践,将为学习者适应"数字化生存"提供新的活动途径。

企业内知识关系与知识转移
——知识共享动机的双因素理论调节效应分析*

李凯　祝智庭

　　知识转移可分为知识共享、知识传递、知识吸收三个子过程。若从可编码的维度对知识进行分类,可将知识分为隐性知识和显性知识。隐性知识很难运用结构性概念进行描述或者表现,也不容易将知识传递转移。隐性知识指的是将其中涉及的诸如信念认同、世界观、价值体系等因素进行高度的个人化,是一种隐含的经验或者主观的体会。知识转移主要是指通过知识提供者与知识接受者之间的互动与沟通,经由知识接受者的认知重构,使知识从知识提供者转移到知识接受者。知识在跨层次转移过程中会出现"外显化"与"内隐化"特质。外显化是将隐性知识转变为显性知识的过程,外显化增强了知识的结构化特征,使知识更容易共享并被接受者接受、融入自身的体系中;内隐化是指将显性知识内化为隐性知识的过程。知识转移是实现知识共享、知识增值的必要环节。知识转移的路径大致是沿着社会网络进行的。

　　诺瓦克(Nonaka)与康诺(Konno)(1998)进一步提出了"知识创造场"理论。他们在合作研究中发现,个人、群体、组织在知识转移过程中会经历社会化、内在化、外在化、整合化这四个过程,单方面的个人是无法完成知识转移过程的。参与知识转移的个人之间就会形成"知识创造场"。

　　美国心理学家米尔格拉姆在"小世界实验"后提出的六度关系理论(又称"小世界"理论),在人际交往脉络中,任何两个陌生人之间最多只需通过6个朋友就可以建立联系。

　　社会网络理论起源于20世纪30年代,其三大理论核心是强弱连接关系理论、结构洞理论和社会资本理论。关于这一问题,格兰诺维特(Granovette)曾引入连

---

* 李凯,祝智庭.企业内知识关系与知识转移——知识共享动机的双因素理论调节效应分析[J].求是学刊,2017,44(3):53-59.

接强度的概念,从互动频率、情感强度、亲密程度、互惠交换四个方面对网络连接分别进行了研究,认为互动频繁、感情投入多、关系亲密、互惠交换多为强连接,反之则是弱连接。知识就是沿着社会网络从一个节点向下一个节点转移。在转移的过程中,知识不断地被编码、解码,在编解码的过程中,个体经验、环境因素被带入,知识的失真、遗漏、增殖和升华都在发生。

社会网络是由节点和链接这些节点的边组成的复杂结构,节点和边分别代表人和人、人与人之间的各种社会关系。中心性(Degree Centrality)即网络中指向这个节点及从这个节点发出的边的数量。中心性越高就意味着它可以跟越多的人产生联系,可以获得多方面的知识,在众多联系中将看似毫无关联的几个网络联系起来。结构洞是社会网络中的空隙,结构洞周围的成员间缺乏直接连接,填充了结构洞位置的节点起到了"桥"的作用,因而能够沟通不同的子群,往往具有较高的中介中心性。信任关系往往是促进知识成功转移和共享的决定性因素。邦纳(Bonner)将信任分为两类,基于认知的信任和基于情感的信任。

非正式社群大多是准星型结构,边缘清晰,核心人物通常是群内公认的知识专家;在核心人物周边往往存在着有相近知识储备的沉默者。这些沉默者不常在公众场合发言,但在更为私密的场合会留下记录,是社群内的潜在知识专家。"双因素理论"已成为研究激励问题的一种基本分析范式与理论工具。

以上研究表明,在双因素理论指导下,通过问卷调查找出了提升企业员工知识共享意愿的关键激励因素——兴趣动机、交往动机、声望动机。

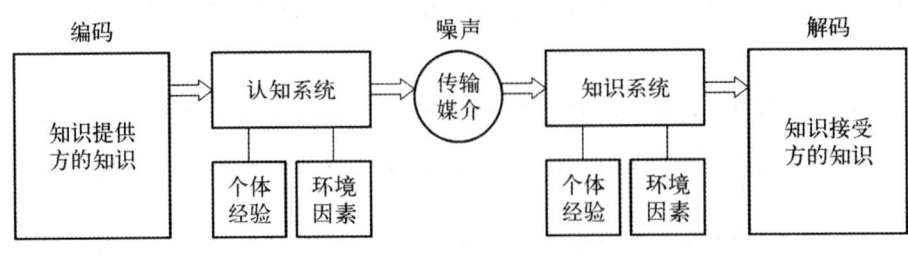

图1 知识转移过程中的失真

> 智语连珠

- 在现代信息技术主导驱动的知识经济时代,知识正日益取代土地、劳动力、资本等传统生产要素,成为企业发展中最活跃的资源。与传统的经济资源相比较,知识具有可重复利用性和累积增值性等特征,而单个组织和个人所拥有的知识总是有限的,故依赖知识转移以实现知识的增加与更新,就成为增强企业竞争力的核心任务之一。
- 知识是推动社会进步、维系组织持久竞争力的有价值的资源,而知识共享则是有效获取组织内外知识资源、实现知识增殖及价值最大化的最优路径之一。知识共享并不只是简单的知识获取或给予,它是一种创造性的学习过程,由知识分享者帮助接受者获取知识并实现知识的整合与创新。

主题二 文章列表

论文精选
面向"人人通"的学生个人学习空间及其信息模型
电子书包系统及其功能建模
论文评析
"网络学习空间人人通"建设框架
个人学习空间:数字学习环境设计新焦点
电子书包环境下小学数学复习课教学模式的设计
电子书包作为云端个人学习环境的设计研究
电子书包对学生学习体验与学习成绩的影响——以上海闵行区小学数学应用为例
变革理念下虚拟学具标准研制现状梳理与体系框架
个人学习环境的概念框架:活动理论取向
Cloud Card 对个人学习空间建设的新启示
我国中小学电子学辅的供需分析及发展对策
终身学习电子档案技术标准比较与信息模型设计
基于 Cloud Card 的个人学习空间云架构
电子书包环境下的课堂学习活动分析
企业内知识关系与知识转移——知识共享动机的双因素理论调节效应分析

主题三　教师教育

论文精选

大型教师培训项目文化建设：英特尔未来教育的案例[*]

祝智庭　顾小清

[摘　要] 英特尔未来教育在中国的五年历程，正是因其独特的项目文化，才取得了令人瞩目的成功。本文首先对文化及项目文化进行了分析，将文化的体现概括为理念、行为及制品三个层次。在此基础上，对英特尔未来教育中国项目进行了文化反思，描绘了未来教育项目在理念、行为及符号三个层次所体现出来的独具特色的文化特征。

[关键词] 英特尔未来教育；教师培训；项目文化

一、引言

举凡大型培训项目，都是经历了成长、成熟的发展历程，都是在成长、成熟中形成了特定的项目文化，项目文化在其成长、成熟乃至持续发展过程中发挥着黏合剂的作用。英特尔未来教育中国项目就是一个典型。在中国的五年发展历程，英特尔未来教育正是因其独特的项目文化，才取得了目前令人瞩目的成功。

---

[*] 原载于《教育发展研究》2006年第8期。

"英特尔未来教育"是一个大型国际合作项目,旨在通过培训增强广大教师的信息技术教学应用能力,从而提高学生的学习能力和质量。在中国,该项目是在教育部的指导下实施的。自 2000 年该项目在中国实施以来,培训活动已经遍及全国,培训了近 60 万名在职中小学教师,使他们形成了信息化教学设计能力,并促进了教学观念的转变,在国内产生了广泛的积极影响。

该项目在我国的成功实施,首先得益于其富有特色的课程,以及以活动为主线的"做中学"培训方式。但是,同样的内容,同样的培训方式,并不是在所有开展此项目的国家和地区都是成功的。除了项目本身的特性以外,实施项目的外部环境,亦是影响其成功的关键。我们看到,英特尔未来教育中国项目的成功实施,很大程度上更是得益于项目实施过程中所形成的、在项目成员中所共享的价值观、行为规范及亲密情感,也就是说,英特尔未来教育项目在实施过程中所形成的项目文化,是促进其成功的关键因素。

二、项目文化要义

1. 关于文化

所谓文化,是人类社会世代相传的社会遗产或传统(历史的角度);是指人类社会所共享的习得行为,一种生活的方式(行为的角度);是一种理念、价值观,或生活的准则(规则的角度);是人类为了共存及适应环境而解决问题的方式(功能的角度);是使人得以控制冲动、有别于动物的复杂思想及习得的习惯(精神的角度);是由相互关联的理念、符号或行为所组成的体系(结构的角度);需要借助于社会共享的赋予了意义的符号来表达(传播的角度)。

对于文化,很难有一个统一的定义,一种较为广泛接受的做法是用三类要素进行描述,即价值理念、行为规范以及技术制品,它们形成一定的层次。如图 1 所示的层次模型,最内隐的是价值理念层,包括社会共享的信念与价值系统,比如对与错、道德规范,以及对于生活意义的理解;最外显的是技术制品层,制品一方面具有实用性

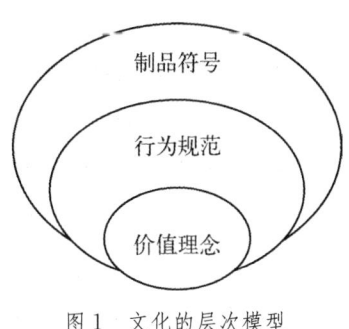

图 1 文化的层次模型

的物质属性,另一方面具有象征性的符号属性;处于中间的是行为规范层,是人们受认同的观念所支配的行事方式、行为模式和行动规约。举一个最简单的例子,任何社会都要涉及钱这个概念,钱被赋予的价值是由观念所决定的,而其价值需要通过钱物交易的"行为"得到体现,最外显的,则是由作为符号的"钱币"或由它转换而成的物品。

2. 关于项目文化

各种永久性的组织机构作为一类社会系统,也各自具有独特的组织文化,并且也存在着类似的三层结构:基本假设、价值观及制品。基本假设是组织的核心理念和行事准则,价值观是指组织公认的"应该"的行为,制品是代表组织形象的可视化物件或符号。对于企业来说,良好的组织文化对其成员具有很强的导向、规范、凝聚和激励功能。

组织文化的概念不仅适用于永久性的组织,也适用于临时性的组织。项目就是一种临时性的组织,正是作为一种临时性的组织,项目也具有组织的文化特征,项目文化就是组织文化的亚文化。

项目文化带给项目的,是一种鲜明的项目特性,是项目团队的团队精神,是其成员对项目的强烈认同感。

3. 项目文化要素

项目文化同样是三层结构组成的,一个项目的文化,其核心价值(理念层)可以通过其成员的行为(行为层),以及其成员的处事方式、交流方式表现出来(符号层)。项目文化的要素包括:

(1) 理念层:项目特定信念及价值观

项目特定信念及价值观决定了评判的标准:什么是好的、有价值的、值得的行为。这些价值观成为评判项目成员的行为的下意识的标准,也成为项目成员行动的指南。经过一段时间的磨合,就会形成项目特定的、体现项目文化的行为。以下这些问题可用来确定项目价值观:

- 该项目独特之处在哪?
- 哪些因素是对项目团队来说最重要的或不重要的?

(2) 行为层:项目特定行为方式及相关事件

对一个临时性的组织来说,形成项目特定的处事方式显得尤为重要。为此,需要形成项目特定的管理方式,建立项目特定的规则,开展项目特定的活动,并且充分运用项目特定的标志、符号、术语及其他相关物品。

项目相关事件以项目成员的行为表征项目特定的文化。这些行为可以是实务性的活动,或者仪式性的活动,这种活动可以是纯事务性的,也可以是纯情感交流型的,当然更多的情况是两种兼具的。项目相关事件是项目理念指导下的行为,经过一段时间的磨合,会形成反映项目理念的特定风格的行为。

(3) 符号制品层:项目标示性物品

简洁明晰的项目名称保证项目及其所有相关信息具有统一的标志和符号,这也是项目文化的显著特征之一。

项目标志是项目名称的符号表征,如项目名称使用相同的颜色,这使得颜色也常常是项目文化的表现形式之一:所有与项目有关的物品,都使用统一色系,项目特征鲜明而清晰。

项目口号以标语制品形式表征了项目的理念:项目的目标、核心、本阶段重点。而项目专用术语,同样也反映了项目的理念。

其他项目相关制品包括项目文件、文档、宣传册、纪念品,这些物品都刻意地、鲜明地带上项目文化的印记:项目名称、标志、颜色、口号。

项目文化的这些要素可以用冰山模型(图2)来描述。理念层深藏于冰山底部,项目团队成员可以感受到,但难以言表。行为层中的实务性行为方式至关重要,必须通过训练和辅以规范约束,转化为成员的实际行动。仪式性行为虽然是辅助性,但可以起到彰显核心理念和巩固实务性行为的作用。符号性制品具有标示性,对项目团队具有内敛认同作用,对外具有辐射传播作用。

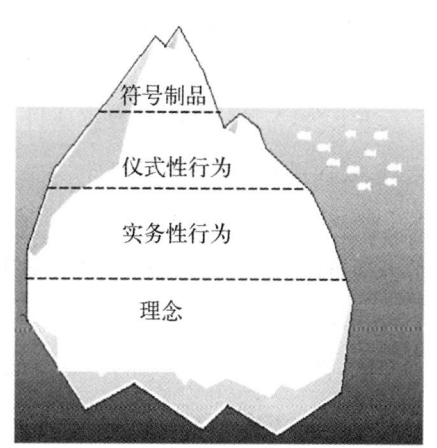

图2 项目文化的冰山模型

4. 项目文化的形成

一般而言,一种文化的形成需要较长的时间和较多的精力。但项目组织毕竟是临时性的,时间的短缺可以通过较多的资源投入来补偿:制定严格的管理规范,增加培训力度,精心准备项目文件,创建个性鲜明的项目名称、符号及专用颜色,开展风格独特的项目活动,配以项目特定的项目口号、宣传册及纪念品,最重要的,在项目进行过程中,始终要体现项目特定的行为处事风格及管理风格。

三、英特尔未来教育项目文化素描

英特尔未来教育(中国)项目作为一个临时性的组织,已经经历了近五年的发展过程,形成了独特的项目文化。可以说,正是这一独特的项目文化,赋予了该项目在中国的蓬勃发展的持久影响力,至今势头不减。

1. 项目理念

英特尔未来教育项目的理念,可以用其公司总裁克瑞格·贝瑞特的话来描述:"英特尔未来教育这个项目表明,我们整个业界都认识到,如果教师不了解如何更加有效地运用技术,所有与教育有关的技术都将没有任何实际意义。计算机并不是什么神奇的魔法,而教师才是真正的魔术师。"

这一人本主义的理念,是英特尔未来教育项目的独特印记,也是该项目的目标,以项目口号的形式,印在项目培训教材及其他相关文档上,成为项目专用术语,也在项目相关的活动中处处体现着这一印记。

2. 项目行为

在行为层,英特尔未来教育项目的鲜明文化特色表现在个体自觉性、群体和谐性、管理规范性和系统开放性。

- 个体自觉性:本项目摒弃灌输式培训模式,通过角色扮演激发创设学员主体参与机会,通过攻关问题探讨激发学习内需,通过动手设计和经常评估引导学员自我改进。
- 群体和谐性:本项目通过多种活动促进学员之间进行思想交流、协作建构和经验分享,在学员中形成一种十分融洽的气氛。
- 管理规范性:本项目制定了严格的管理规范,并对各地执行机构的管理人员进行培训,还通过项目网站辅助信息沟通。
- 系统开放性:本项目能够长期持续发展,得益于其系统开放性,首先是通过专家的努力对课程进行本地化工作,并且不断吸纳培训中取得的经验和成功案例对版本进行升级,目前已经形成 6.2 版。另外,还通过国际交流渠道吸收成功经验。英特尔未来教育项目的行为按活动性质可分为实务性活动及仪式性活动。

(1) 实务性活动

英特尔未来教育项目的实务性活动主要是培训。非常典型的,其培训活动体现了鲜明的项目特征:富有特色的课程、由活动组成的做中学的培训方式、瀑布式的培训组织方式。

围绕着培训活动的,还有一系列同样体现项目特征的辅助性活动,比如教材的本地化、培训队伍的组织、管理等。

英特尔未来教育的成功,很大程度上得益于活动式的培训教材设计,使得培训方式是可复制的,因而可采取瀑布式的培训活动组织方式,由项目专家、骨干教师、主讲教师层层向下辐射,这种可复制的培训活动方式,成为个性鲜明的务实性项目行为。

规范的管理体系,也是体现英特尔未来教育项目文化的重要方面。《英特尔未来教育项目管理手册》是在吸收其他国家的管理经验的基础上,结合中国的本土状况编写的,对组织结构、责任划分、培训教学、信息反馈等一系列项目过程作了详细的规定,成为所有参与"英特尔未来教育"项目的管理者所共享的行为指南,影响并塑造了具有特色的项目管理行为。

(2) 仪式性活动

仪式性活动最直接地创造着群体的认同感,使得成员的自觉、投入、认同成为鲜明的项目文化特色。在英特尔未来教育项目的行为中,很多时候,实务性活动与仪式性活动是结合在一起的,比如在培训活动过程中的奖励,也有专门的仪式性活动,比如竞赛。

● 奖励活动:在培训活动中,讨论、头脑风暴、案例研习、汇报等活动,常常会给学员带来意外的惊喜——记事本、凉帽、T恤,礼品虽小,却带着英特尔的标记,这种伴随着培训活动的小小奖励,加上标志性的小礼品,成为项目文化的重要组成部分。

● 竞赛活动:经常性的项目竞赛活动,使项目管理过程、培训学习过程、培训效果使用过程中的典型案例得到及时的奖励,在一定程度上满足了项目相关人员内在价值观方面的需求,并且提升了整个项目的号召力,使大部分项目参与者获得了很强的成就感,也成为不断提高团队成员满意度、认同感的重要因素,使团队成员在完成项目任务中的积极性得到充分的发挥。

3. 项目制品

未来教育项目的实质性制品是课程资源,包括书面教材、配套光盘及支持网站,贯穿项目文化的各层次,其中体现了项目的核心理念、实务性行为规范以及部分项目符号。

此外,未来教育项目的符号性制品也十分重要,包括项目名称、项目标志、项目口号及其他项目相关物品在内的项目物品,也是项目文化的显著特征之一。在英特尔未来教育项目中,这些物品经常以礼品的形式带给成员亲和力,并且以英特尔未来教育项目特有的名称、标志、颜色,体现其特色文化。

- 礼品:礼品在英特尔未来教育项目过程中起着非常重要的亲和作用,小到一块毛巾,大到一个提包,无处不体现项目对每一个参与者的关怀。当一个教师汗淋淋地站在讲台上接到一块印有英特尔未来教育标志的小毛巾,擦擦满脸的汗水;当一位老师在教师座谈会上发言之后,突然得到一把印有项目标志的小量尺;当学员们在紧张的培训之余品尝可口的咖啡和小点心时,项目倡导的人文关怀表现得淋漓尽致。
- 标记:英特尔未来教育项目标记设计很新颖,意味深长。左侧是美国自由女神的雕像,右侧是埃及法老的塑像,立于上方的是蓝色的地球远观图。给人的遐想就是英特尔未来教育如同一阵来自异域的清新的海风,轻轻吹拂着人们的心灵之窗,让来自不同国度、不同民族的教师都经受了一次头脑的洗礼,摈弃了我们根深蒂固的旧观念,取而代之的是新的思想和新的理念。
- 颜色:蓝色色系是英特尔未来教育项目主色调,项目名称、项目标志、项目文件及其他文档,甚至纪念品、宣传册,一概是统一蓝色主调,无论走到哪里,统一的标志和颜色,增加了项目成员对项目的认同。

四、英特尔未来教育项目文化的成因分析

在中国教育信息化发展的进程中,英特尔未来教育项目可谓来得恰逢其时,其培训课程本身具有非凡的魅力,因此吸收了一批国内优秀专家的全身心投入。项目

管理者充分利用了这批专家资源,使得一大批项目成员在核心专家的感召下,投身于项目活动中,渐渐形成了一支可谓庞大的项目成员队伍,再加上各级教育行政的积极支持,英特尔未来教育项目已经形成、发展了可与永久性组织媲美的,某种程度上甚至超过了永久性组织的项目管理文化。据我们分析,英特尔未来教育的独特项目文化形成基本上可归结为四种力量的协同作用:吸引力,领导力,感召力,执行力。

1. 吸引力

未来教育培训课程设计颇具特色,将理念巧妙地融合于行动过程,没有理论说教,强调培训后学员能够自己领悟出深刻的道理;学员能够体验多样性的创新学习活动,易于内化和迁移,学以致用,用之有效。因此这样的培训特别贴近教师内需,对他们具有强大的吸引力。

2. 领导力

未来教育项目一开始就得到教育部的支持,在实施过程中又得到各省市教育行政的支持,有的领导甚至亲自参加培训,作为普通学员的角色,使自身获得比较深刻的理解,因此支持更为得力,措施更加务实。

3. 感召力

未来教育项目聚集了一群优秀专家,他们承担了教材翻译和本地化改造、骨干教师和主讲教师培训、项目评估指导、发展性研究等任务,勤勤恳恳工作,不计名利报酬,既有责任心,又充满激情,形成了一个亲密和谐的专家团队。他们的这种行为模式首先影响到主讲教师,并进一步传播到广大教师。

4. 执行力

虽然各省区、县市的项目执行机构各不相同,有教育学院、师资中心、电教中心、电大等,但由于项目制定了严格的、易于操作的管理规范,并且配合一定的管理人员培训,再加上网络通讯平台辅助,基本上做到规范管理、信息畅通、操作有序,形成较强的执行力。

据此分析,吸引力是项目成功和项目文化形成的内因,领导力、感召力、执行力则是促使项目文化形成的外因。对于如此大型的培训项目而言,这些外因缺一不可(图3)。

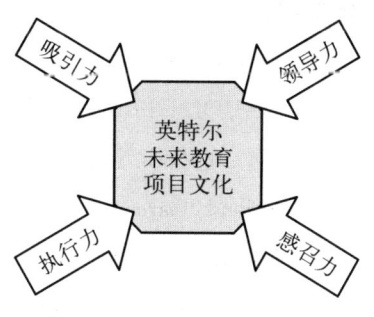

图3 英特尔未来教育项目文化的促成因素

五、英特尔未来教育项目文化的重要影响

英特尔未来教育在中国开展五年来,在中国政府的支持下,经过中国专家本土化移植和发展,这个具有外来文化性质的项目,已逐步演变为具有中国文化内涵的教师培训项目,并且形成了独具风格的英特尔未来教育项目文化。这种新型文化必将对我国正在实施的教师教育技术能力培训及其他类型的教师培训项目产生重要影响。

首先是在理念层面,我们可以吸收未来教育项目的培训理念,改变长期沿用的说教型培训模式,唤起教师的主体意识,在参与中体验,在体验中反思,在反思中感悟,在感悟中升华。其次是在方法层面,对于教育技术能力培训来说,我们可以移用许多在未来教育中证明行之有效的方法,例如以活动为主线的培训课程组织方式,针对学科单元目标的教学设计,多样性的"做中学"活动,多向互动性学习方式,以及案例教学、资源型学习、支架式教学、过程性评估等方法。最后是在管理层面,我们可以借鉴未来教育的大型项目管理经验,努力使来自教育行政、专家队伍、培训机构的力量和谐统一,并通过建立科学的管理规范和严格的监督评估机制,确保项目的最大效益。

从这些意义上讲,英特尔未来教育的项目文化不仅是一种管理文化,更重要的是它蕴含着一种充满革新意义的学习文化。愿未来教育的文化之树在中国教育土壤中扎根、开花和结果。

参考文献

[1] Edward Hoffman. High-Performance Projects and the "Culture Thing". [DB/OL] http://appl. nasa. gov/ask/issues/18/overview/18 _ resources _ directorsdesk.html

[2] Roland Gareis. Development of a Project-specific Culture: A Project Management Function[A]. IPMA World Congress'04[C]. Budapest,2004.

[3] Roland Gareis. Martina Huemann, Project Management Competences in the Project-oriented Organisation [A]. The Gower Handbook of Project

Management. JR Turner and SJ Simister (ed). Gower. Aldershot, 2000. pp. 709-721

[4] Terry E. McSween. Behavior vs. Attitudes: Achieving Lasting Improvement in Safety. [DB/OL] http://www.qualitysafetyedge.com/articles/behavior-vs-values.cfm.

[5] The Iceberg. [DB/OL] http://www3.uop.edu/sis/culture/pub/1.1.1_Activity_The_Iceberg.htm.

面向智慧教育的教师发展创新路径*

祝智庭　魏非

[摘　要]　从世界范围来看,智慧教育已经成为教育信息化发展的新目标,智慧教育的丰富内涵要求教师具备智慧教育的先进理念、重视发展学生的思维品质、具有良好的数据素养、拥有出色的终身学习能力。围绕着智慧教育的目标和理念,学校教师需要在智慧教育中扮演四种核心角色：思维教学设计师、创客教育教练员、学习数据分析师以及学习冰山潜航员,而这四种角色的培养和塑造也将成为智慧教师发展的创新路径。教师发展是外在环境与内生动力两部分因素共同作用的结果,面向智慧教育的教师专业发展体系需要从课程、工具、实践、指导、制度、文化等层面建构环境,并以学校为本提供实践解决方案。

[关键词]　智慧教育;智慧教师;教育信息化;教师发展;创新途径

智慧教育作为教育信息化发展的新目标已经得到了共识,并成为推动信息化又一轮创新发展的新浪潮。在挑战面前,硬件建设、网络配置、资源建设、体系重

---

* 原载于《中国教育学刊》2017年第9期。

构等都成为各国的行动方略。教师是教育体系中最为能动、最为活跃的因素,无论是为了应对社会发展的外在要求,还是适应教育形态变化的内生趋向,教师都应该是实现智慧教育目标的关键,不少国家和地区在智慧教育计划中关注了教师发展及教师能力建设问题,如澳洲的智慧教育计划强调用技术增强教师和管理者能力,韩国的智慧教育技术提出加强教师能力建设……在智慧教育这一新的信息化教育目标之下,我们该如何定义教师?教师发展的目标是什么?教师专业发展计划又该依循何种构建思路?这是我们制订教师发展方案的起点和依据。本文从智慧教育特征与需求角度,分析智慧教育环境中教师需要具备哪些能力,并以此为依据探讨教师的专业发展路径和发展环境的构建。当教师培训的模式与机制都深陷发展困局之时,智慧教育的视角或许能成为我们摆脱困境的有效突破口。

一、智慧教育呼唤智慧教师

(一) 实现智慧教育需要综合性、全局性的变革思考

"培养具有良好价值取向、较高思维品质和较强施为能力的人才"[1]清晰描绘并具象化了信息化教育的追求,重新诠释了人们孜孜以求的教育主张,成为信息化教育的发展旨归。目标的渐近清晰催生了较多的研究成果,从现有研究可以看到对于"智慧教育"的本质人们已经达成了共识:智慧教育不是简单的"+信息化"的概念,信息技术的介入使得教育系统和结构发生了改变,教育系统要素的角色以及要素之间的关系得以重新建构,教育环境、教育策略以及教育手段等都在被重新定义。

首先,智慧教育表达了一种教育理念,倡导与主张以发展学生的高级思维能力与创新品质为追求,帮助学生成为善于学习、善于协作、善于沟通、善于研判、善于创造、善于解决复杂问题,体现了一种新的人才观。其次,智慧教育体现为一种教育方法,通过智慧教学法的催化促导,更加强调信息技术在促进教学方式和教学过程变革,建构文化共享(伦理、责任、价值认同、利益观)的学习共同体,提供丰富的学习内容、学习工具和实践机会等方面发挥重要作用。再者,智慧教育倡导采用新的评估模式,在评估方面体现自动、智能化与发展性,不仅能使评估过程更为快速、直观,还能诊断与检测隐性的能力与素质要求,使得评估不再停留于浅层的识记、理解维度,更能发现隐藏的问题,为促进学习者进一步发展提供科学的依

据。此外,智慧教育呼吁全新的教育环境,该环境要具有智能、灵巧的特征,能够识别学习者特性和学习情境,灵活生成最佳适配的学习任务和活动,引导并帮助学习者进行正确决策。[1]简而言之,智慧教育的真谛就是通过构建技术融合的生态化学习环境,通过培植人机协同的数据智慧、教学智慧与文化智慧,本着"精准、个性、优化、共享、思维、创造"的原则,让教师能够施展高效的教学方法,让学习者能够获得适宜的个性化学习服务和美好的发展体验,使其由不能变为可能,由小能变为大能,从而培养具有良好的人格品性、较强的行动能力、较好的思维品质、较深的创造潜能的人才。

不难发现,智慧教育的实现,需要综合性的、全局性的变革思考:既需要智慧环境(或由智慧终端、智慧教师、智慧校园、智慧实验室、创客空间、智慧教育云等构成)的支撑,也需要智慧教学法(如差异化教学、个性化学习、协作学习、群智学习、入境学习、泛在学习等)的保障,还有待智慧评估(采用基于数据的、全程化、多元化、多维度、可视化等以评促学、以评促发展的评估方式等)的实践。无论是环境构建、教学法的实施还是评估方式的选择、采纳,都有赖于教育的设计者和实践者在此系统中的角色履行以及作用发挥。教师是教育改革的主力军,智慧环境下教师是智慧教育理念的传播者、智慧环境的构建者、智慧教学法的实践者、智慧评估的参与者,显然,其角色亟须重新分析,能力特征也须再次界定。

(二)智慧教育环境下的教师特征阐释

每一轮教育改革或教育环境的变化都对教师能力提出了新的要求,智慧教育的出现与渐进发展同样为教师能力构成注入了新的要素。智慧教育形态中的教师,承载着培养思维品质较高、善于解决复杂问题、创新能力突出、社会适应性强的学生任务,结合智慧教育作为信息化教育发展阶段的目标及特点,本文认为,智慧环境下的智慧教师需要具备下述多方面的特征:

1. 具备智慧教育的先进理念

智慧教育理念体现了教育中应用信息技术最为基本的价值追求和核心主张。智慧是一种高阶思维能力和复杂问题解决能力,智慧的精神内核是伦理道德和价值认同,智慧强调文化、认知、体验、行为的圆融统整,发展学习者的智慧是智慧环境的出发点和归宿。[1]智慧教师需要充分认同和理解智慧教育所体现的"以学习者为中心"的思想,强调学习是一个充满张力和平衡的过程,通过具体实践揭示"教育要为学习者的智慧发展服务"的深刻内涵,并在教育环境的创设、智慧学习的实践中表达智慧教育的主张。

2. 重视发展学生思维品质

要帮助学生善于思考和独立思考已成为教育的共识。社会的快速发展与持续进步呼唤具备复杂问题解决能力与创新创造能力的人才,因而,思维品质培养是教育的核心追求和核心任务,正如哲学家、教育家杜威(John Dewey)论述道:教育有重大责任为培养思维素质创造条件。[2]24

3. 具有良好的数据素养

数据带来了我们认识和理解教学的新视角,同时数据技术也成了我们改进教学的新手段。教学中的多样化数据能够帮助教师结合学习表现与学校环境完整而深入地理解学生,继而为形成合理、有效的决策提供科学的依据,并能实现精准干预、个性化支持。数据素养成了教育者必须在职业生涯期间掌握和发展的一项技能[3],美国的教育家培训认证协会(CAEP)、美国国家教师教育认证协会(NCATE)、专业教学标准委员会(NBPTS)都号召和支持传播教师的数据素养,而《让每一个学生成功法》法案也将教师推到了政策制订者们一直以来强调的基于证据以及数据驱动的专业发展路径上[4]。

4. 拥有出色的终身学习能力

发展学生终身学习能力是当代教育的一项重任,而教师作为人才培养者,具备良好的终身学习素养既是作为教育者的逻辑结果,也是作为终身学习时代每个成员的自然使命。然而目前多数教师继续教育或培训模式的核心任务是培养和发展教师的专业技术,使教师能够成为一位合格的专业人士,当社会变化与发展成为常态之时,这种"合格"无疑是短暂和相对的,教师持续的专业发展应该更为关注发展教师的终身学习能力,帮助教师具有良好的职业适应性,使之适应不断发展的职业需求。

二、智慧教师发展的创新路径

上述特征勾画了智慧教师的形象,丰富了我们对当前教师角色和能力的认识。角色是职能的形象化表述,也是能力的概括性提炼。当变化已经成为时代的轨迹,教师俨然不能再固守于课堂管理者和教学组织者的定位。2006 年监督和课程开发协会(Association of Supervision and Curriculum Development,ASCD)发布的一份报告认为,教师领导者承担着教学专家、课程专家、课堂支持者、学习促进者、教练员等十种广泛角色。[5]太平洋地区发展与教育组织(PRIDE)认为,在跨文化因素影响之下,教师扮演着课程计划者、课程组织者、课程评价者、学生评价者、导师、学习促进者等十二种角色。[6]以上观点尽管讨论情境以及研究目标有差别,但均揭示了数字科技的强劲浪潮对社会和教育的影响,并塑造和诠释了数字化环境下教师的角色,分化与精化已经成为"必然"。

教师专业发展重在为教师提供适应未来教育环境的支持,当智慧教育成为教育信息化发展的主旋律、新目标之时,教师专业发展就需要承担起培养智慧教师的重任。智慧教育环境中,信息技术成为破解教学难题的利器,一方面科学技术已经改变了我们的教育环境,使教育活动发生的情境更为丰富、更为多元;另一方面,技术工具在"知化(Cognifying)"环境下越发具有智能化、个性化的特征,精准干预、个性化支持、差异化学习等成为可能。教师要顺势而为,要善假于"技",要学会利用富有智慧的信息技术支持学习和实践,促进智慧学习在学习者身上有效地发生。围绕着智慧教育的目标和理念,本文认为,学校教师需要在智慧教育中体现四种核心角色:思维教学设计师、创客教育教练员、学习数据分析师以及学习冰山潜航员,而这四种角色的培养和形成也将成为智慧教师发展的创新路径。

(一) 思维教学设计师

思维是人类具有的高级认识活动,《中国学生发展核心素养》中强调"实践创新"、"科学精神"的发展要求,倘若离开了思维教学以及以提升学生思维品质为追求的教学,无疑就是一句空洞的口号。对于思维教学,研究者们早就开展过大量的理论探索与实践研究。杜威提出思维教学的五步骤:感受到的困难、难题;它的定位和定义;想到可能的答案或解决办法;对联想进行推理;通过进一步观察和实验肯定或否定自己的结论,即树立信念或放弃信念。[2]60罗伯特·斯滕伯格(Robert J. Sternberg)和路易斯·斯皮尔-史渥林(Louise Spear-Swerling)依据"批判—分析性思维"、"创造—综合性思维"、"实用—情境性思维"的思维三元论,提出了照本宣科策略、问答策略和对话策略三种教学策略。[7]

对于如何培养学生的思维能力,一直以来存在着独立课程与学科融合两种实现路径的争论。有研究者认为,思维能力的培养无法脱离具体的内容,应该渗透到学科教学内容之中,秉承"融入式"思维教学思想[8],但越来越多的研究者认同专门的思维培养是一种高效的和有价值的智育形式[9]。对于批判性思维的培养,美国加利福尼亚州立大学理查德·保罗(Richard Paul)基于强势批判性思维和弱势批判性思维的差异,提出了"提供发现、思考的机会;引出不同观点,并使之理解;指出证据与根据;确保探讨课题的时间"的思维教学方法。[10]菲利普·艾布拉米(Philip C. Abrami)、罗伯特·伯纳德(Robert M. Bernard)和叶夫根尼·博罗霍夫斯基(Evgueni Borokhovski)等人通过实证研究发现,显性教学方法(如教师教学生一些分类、识别相关信息、构建和识别有效的演绎论证、检验假设等)在批判性思维教学中最为有利。[11]

作为教师,设计和实施能够提升学生高阶思维能力的教学策略并不是一件容易的事,甚至对专家教师而言都是挑战。思维是一种内隐的极为复杂的心智操作过程,涉及分析、综合、比较、分类、概括和抽象等复杂过程,但是"技能"被"教"(准确地说应该是"教练")一般涉及示范技能、要求学生练习技能、提供绩效反馈等步骤。基于思维教学已有的研究成果,本文在综合项目学习、问题学习以及情境学习等方式的基础上,提出六步思维教学步骤:情境代入,提供真实或模拟情境,呈现问题或矛盾冲突;问题策动,定义任务、表达疑问并提炼主题;概念引导,引导学生以概念或内容作为思考的依据和线索;假设驱动,用程序的思想聚焦、解决问题;证据形成,分析、综合、比较、分类、概括和抽象等复杂过程产生观点;观点阐现,建构及产生新观点,表达个人的主张。

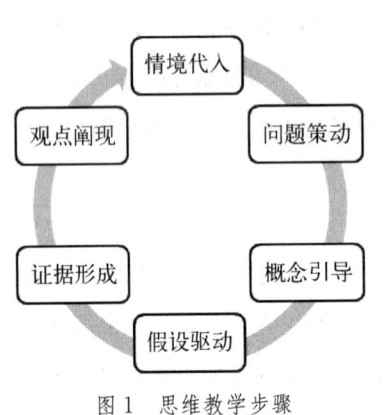

图1 思维教学步骤

在思维教学中,信息技术既能创设综合性的环境,也能融入每个环节,成为助推实现每个环节目标的强大动力。虚拟现实/增强现实(VR/AR)可以支持实现富有现场感、多维特征的问题情境;"证据形成"是一个典型的深度分析过程,思维导图、在线笔记以及大量的智能手机第三方应用程序(APP)都可以有效支持完成该流程，英特尔·未来教育的《创新思维技能课程》中推出了排序工具、因果图工具和论证工具三种思维教学的工具能够帮助学生组织想法、研究复杂系统中的关系、建立由证据支持的合理论点等；而"假设驱动"中，富有逻辑的程序思想能够在一些编程工具支持下得到较好的发展。总之，在信息技术支持下，思维过程能够实现"隐性"、"抽象"向"显性"、"具象"转变。

（二）创客教育教练员

随着创客教育浪潮的兴起，创客精神也越来越多地引起教育者的思考和共鸣，《新媒体联盟地平线报告（2014 高等教育版）》预测，学生从知识的消费者转变为创造者，将是未来三到五年内的趋势[12]。

从本质上看，创客教育得到迅速认可与传播的核心是通过信息技术工具将"动手做"的教育理念以及培养学习者"问题解决"能力的教育目标进行了较好的实践与行动转换，它的理论基础是体验教育、项目教学法、创新教育等成熟的教育理念。因而，创客教育中的教师被称为"教练（Coach）"更为恰切，事实上，"教练"是我国古代教育思想的精髓之一。《管子·心术篇》中的"无代马走，使尽其力；无代鸟飞，使弊其翼"就是朴素的教练意识，体现了以学生为中心的教育主张。

参照竞技运动中的"教练"职能，在创客教育活动中，指导者、管理者、连接者、激励者、合作者、学习者以及治疗师等角色可以初步诠释"创客教育教练"的职能：作为指导者帮助学生明确任务，为学生解决问题提供建议和支持；作为管理者，重在创设硬件环境与氛围，并提供必要的设备和资源；作为连接者帮助学生实现学习与生活、与外界世界的关联以及跨领域的思考；作为激励者激发学习动机，挖掘学生潜能，建立互动课堂，激励学生探索和创新；作为合作者参与到学生解决问题之中，和学生共同经历真实任务达成的体验，此时，教师作为学习引领者的角色就体现出来；作为治疗师帮助学生保持良好的探究状态和高涨的情绪，在学生情绪低落之时，关注情感，给予关爱。

上述职能从多个维度勾画了创客教育教练的角色要求，从角色的实现技术路径来看，要构成创客教育的"教练员"品质，必然会涉及技术工具、活动过程、活动方法以及思维方式四个要素（见图 2），具体内涵解释如下。

- 技术工具：现代技术工具是实现创客教育理念的基础和支持，计算机、互

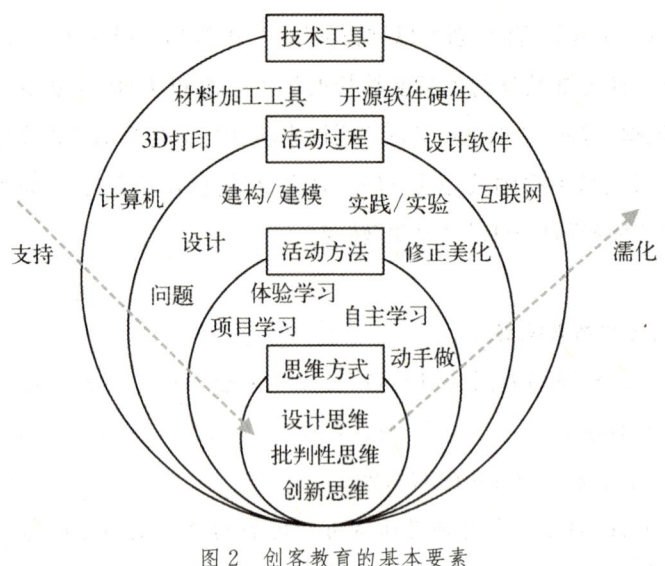

图 2 创客教育的基本要素

联网、3D 打印、材料加工工具、开源软件硬件、设计软件等都是满足创客学习项目的技术手段,掌握这些现代技术工具是教师成为创客教育教练员的基础。

● 活动过程:决定创客活动的核心精神是开放、变化以及蕴含的无限可能性,因而从理论上讲很难产生一体通用的过程模式,然而把握一些关键环节有助于彰显"创客"的精神内核,综合各类创客活动的情境,"问题—设计—建构/建模—实践/实验—修正美化"等基本流程能够较好地体现创客教育的基本思路。

● 活动方法:创客教育中渗透了多种教育理念,项目学习、动手做、体验学习、自主学习等都是创造教育中常用的学习形式,教师应当熟练运用这些学习形式,持续地支持学习者在资源丰富的环境中完成体验、建构与反思。

● 思维方式:创客教育的核心是创造活动、创新、超越限制的思考以及自我导向的学习。这种思维方式也直接决定了创客教育的特征,例如真实任务、体验学习以及关注过程的创造等。支持学生的各种思维过程(如头脑风暴、发掘创意)的方法是创客教育中实现有质量培养的前提,为此,创新思维、批判性思维、设计思维等都是创客教育的"使能"方法论。

(三)学习数据分析师

学习数据分析是教学数据素养中一个非常重要的组成部分,是对数据进行解读和诠释,实现从数据向信息、向知识再向智慧嬗变,继而发现问题、规律并预测趋势。

按照埃伦·曼迪纳契(Ellen B. Mandinach)和伊迪斯·格默(Edith S. Gummer)的研究,能够将数据转换为可执行的工作技能包括:确定实践问题并拟定问题;使用数据;将数据转换为信息;将信息转换为决策;评价结果等。[4]由美国教育部发布的研究报告指出,使用数据改进教学的主要过程包括:数据定位、数据理解、数据解释、数据使用以及问题提出[13],显然数据分析既涉及数据理解(弄清数据在说什么)和数据解释(理解数据的意义)两个环节。数据质量运动(Data Quality Campaign)推荐了由二十多个组织共同研发的教师必备的包括收集相关数据、综合与分析不同数据、了解并使用学生数据等十项关键数据素养技能。[14]

如何培养教师的数据素养？曼迪纳契和格默两位研究者认为教师自己无法发展数据素养,他们需要帮助,在职前教育阶段就开始数据素养的培养,并持续到职业生涯之中。[4]还有研究者直接指出,发展数据素养的专业发展必须是持续的。[15]古恩·贝林杰(Gene Bellinger)、瓦尔·卡斯特罗(Durval Castro)和安东尼·米尔斯(Anthony Mills)等人的研究结论为数据能力培养指明了一条清晰的实践路径(见图3)[16]。

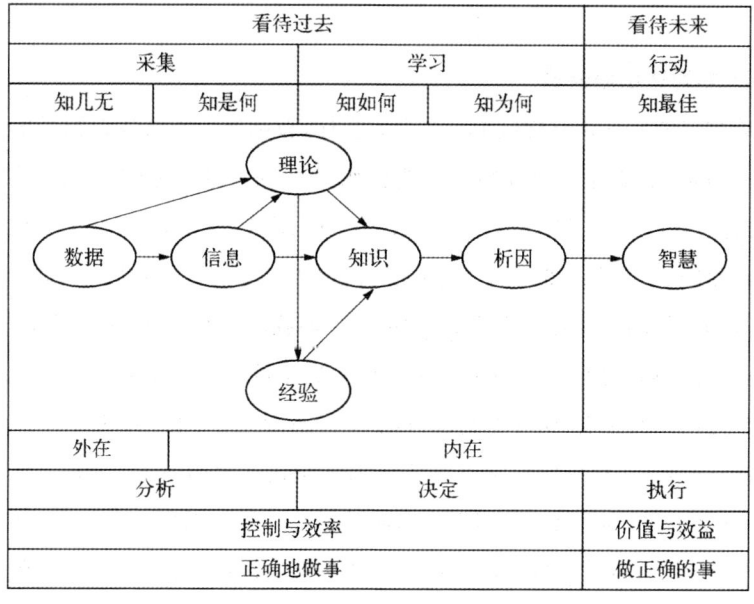

图3 数据分析能力的发展过程

该图除直观地阐明了数据、信息、知识、智慧之间的关系外,还为从数据向智慧转换提供了实现的技术路线。首先,在从数据向知识进行转换过程中,既需要诠释某些行为的理论支持,也需要在实践中形成经验获得知识。其次,对数据、信息以及转换之后的知识需要作充分的解析才能形成智慧,解析是赋予数据、信息以及知识一定的意义,阐明其中包含的道理,并将之用于分析学生行为、绩效等方面的分析。此外,智慧是鉴别、评价、领悟关于适当、善向、正确行事的准则,有助于我们在未来采取最佳的行动方案,提升做事的价值与效益,如果说数据、信息、知识以及解析结果有助于人们正确地做事,那么智慧则是确保人们能够"做正确的事"。

从图 3 可知,课程、研讨文化、应用实践以及合作探究等是学习数据分析师成长的必要支持。其中,教师培养项目必须开始提供有关数据运用的课程。学校教育必须通过学生课程、独立课程以及实践经验贯穿整合数据使用而强调教师的数据素养,而整合时必须在内容、教法以及方法中包括数据运用的内容。[4]相关单位要为教师共同浏览和学习数据提供机会,并将数据研讨会以制度的形式固定下来,形成惯例和合作探究的文化。能力的发展离不开实践应用和锤炼,学习数据分析能力必须强调在实践中的认识和应用,相关方面也需要赋予教师应用数据来改变教学的机会,明确教师在应用数据中的责任。

(四)学习冰山潜航员

持续的专业发展是时代赋予每个人的责任,教师作为智慧教育愿景推动和实现的核心力量,不能让黑板和粉笔成为驰骋的缰锁。世界范围内,很多国家、地区、地方甚至学校都为教师定义了持续专业发展(CPD)的形式和结构,例如法国要求教师每年完成 18 学时的学习、美国北加州地区要求教师每年 15 小时的学习、冰岛要求教师每年的学习时间达到 150 小时[17],而我国早在 1999 年 9 月颁布的《中小学教师继续教育规定》中就制定了五年内完成不低于 240 学时培训的要求。

从学习的意义来看,研究者们认为,学习存在着三种不同的隐喻:学习是习得(Learning as Acquisition)[18]、学习是参与(Learning as Participation)以及学习是形成(Learning as Becoming)[19],习得可以通过"认知"进行发展,"参与"必须在人际交往中形成,而"形成"强调个人内省,凸显学习的过程性与发展性。而在日常专业发展活动中,以发展"认知"为目标的学习方式往往是可见的、短时有成效的、以达成职业标准为目的的;通过"人际交往"和"个人内省"的学习方式发展的能力素质往往是不易察觉的、较长时间之后才可体现的、注重过程且以发展个人胜任素质或促进成为"真正的专业者"为目标的,如图 4 冰山模型所示,水线以下的"交往"与"内省"的学习方式更为关注成人作为自我发展、自我更新的内生性,提升教师对变化环境的适应技能和能力,这是决定一个人在较长的职业生涯中是否能够获得成功的关键因素,即职业适应性(Career Adaptability)。

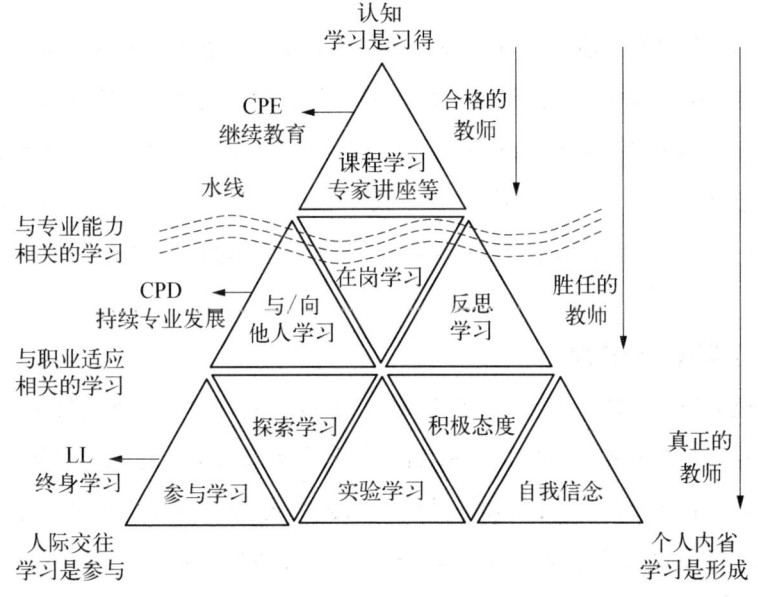

图 4 教师专业发展的冰山模型

如何才能发展这种职业适应性?显然依赖于传统的课程学习、讲座学习、在岗学习等方式已然不够。借鉴希拉里·林赛(Hilary Lindsay)面向会计师提出的参与、探索、实验、积极态度、自我信念五个职业适应性属性以及哲学家罗姆·哈瑞(Rom Harris)根据维果茨基学习理论提出的"内化—转化—外化—俗化"的成人学习生成过程[20],我们构建了适用于教师的学习冰山模型(见图4),教师倘若要成为一名跟社会发展节奏保持一致的专业人员,就要成为一名学习冰山潜航员,注重对冰山以下的专业发展方式的应用和综合。

上述四种创新发展的路径之中,思维教学设计师是由教育愿景决定,智慧教师必须清晰地识别和厘清教育的内涵意义;创客教育教练员和学习数据分析师都是智慧教育达成的路径；学习数据分析同时也是教师完善和修正教学实施计划、为学生个性化精准化服务的重要工具；学习冰山潜航员使得每一位教师具备发展自身能力的能力（即动态能力），能够帮助教师适应不断发展的教育要求，因而也是前三种能力发展的支撑。

三、智慧教师发展环境构建

在四个角色的阐述中，职业要求、素质能力、个体发展支持条件等维度共同勾勒了智慧教师的专业发展路线。但教师的培养和发展是外在环境与内生动力两部分因素共同作用的结果，教师概念塑造、认知图示和能力习得需要从所处环境中得到感知和反馈，并基于环境实现自我反思和持续实践。因而，无论指向何种教师角色，只有环境层面提供全面的给养才有助于教师角色的重塑。

（一）环境构建模型

环境既是影响教师信念的宏观体制，也是改变教师行为的细微日常，是一个能够对教师产生积极影响的综合体，智慧教师发展环境的构建既需要从制度、文化等方面进行系统思考，也需要从课程、工具、实践、指导等层面提供具体而微的支持。从"角色界定"到"常态行为"，其转换的条件如图5所示。

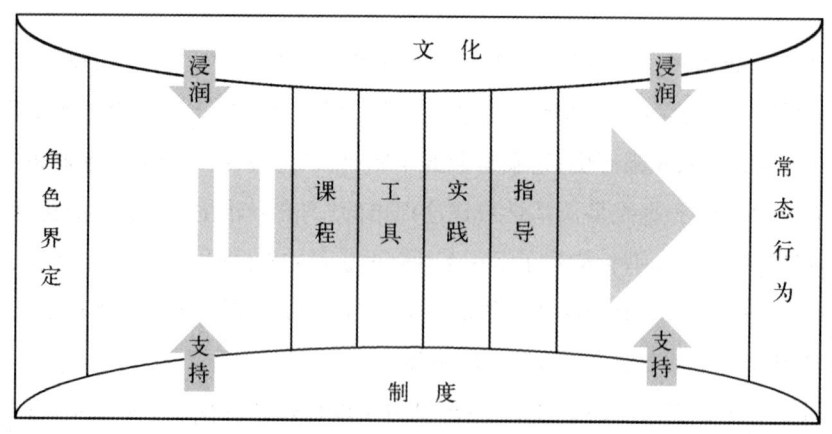

图5 智慧教师的培养环境构建模型

1. 课程

课程是教师发展新观念、掌握新技能的载体,让教师的知识和能力得到更新和持续增长,促进他们有意识地反思已有认知和习惯,从而作用于教师的教学信念和具体行为。智慧教师培养课程可分为四大类:理论类、方法类、技术类以及示范类。理论类课程旨在传递新观点与新主张,影响教师的教学信念;方法类课程重在介绍问题解决思路和方法;技术类课程提供实用性工具的操作指导;示范类课程则是结合具体的教学实践案例呈现教学的实践逻辑。

2. 工具

工具为教师能力从"概念界定"到"常态实践"转换提供了基础,具化或简化专业操作,使之成为教师能够掌握、易于使用、提升效率的形式,甚至成为一种智能化的支持系统。工具既可能是一些教学活动设计的支架、指南,如支持学生进行对象比较的韦恩图、比较矩阵等,也可能是一些有助于教师进行学生或活动分析的信息技术工具,如学习可视化分析工具、仪表盘工具等,或是能够支持教师实现专业发展的 APP、移动学习工具等。

3. 实践

实践是智慧教师能力养成的土壤。教师职业在本质上是实践性的,当我们将智慧教育的理念付诸日常教学的探索之中时,对智慧教育和智慧教师角色的理解才能从单纯的"概念"描绘中清晰起来,以一种立体、丰富而且生动的形象进行呈现,并使发现问题与解决问题形成内在统一。在专业发展环境构建中,既要为教师创造丰富的实践机会,也要坚信教师开展实践改变教学的成效。

4. 指导

及时、专业的指导在推动智慧教师能力特质快速形成过程中既具有保障意义,也有催化作用。我们更愿意将智慧教师能力形成过程中的"指导"理解为一种"教练"行为,既确保教师作为学生能力发展过程中的主导角色,同时强调指导行为的针对性和专业性,并在此过程中帮助教师保持一种良好且积极的心态。

5. 制度

以政策、管理、评估等内容构成的制度具有将教师个别的、偶发的、自觉的探索转换为集体的、持续的、自发行为的强大能量。制度还能使影响智慧教师发展的相关因素自动黏合成一个有机系统,并使得教师发展接近为一个自适应机制,当信息化环境不断释放许多新的可能性之时,由制度促成的自适应机制能够成为一种发展动力。

6. 文化

文化既是一种理念、价值观或生活的准则,也是一种问题解决的方式。[21]文化往往是一项任务或一个愿景得以达成的要旨,它尽管以一种无形的氛围存在,但却是教师角色能够实现有效转换、智慧教育的发展目标得以达成的关键,它影响着教师以及教师能力的理解、养成以及运用,并在无形中决定着整个学校、区域、社会对于智慧教育理念的认识和落实。

(二) 实践解决方案

尽管智慧教育是社会共同努力的结果,但学校作为一个相对"微观"世界却是构成宏观社会环境的关键单元,在其中环境、制度、文化等落地并产生"作用域",而且往往在智慧教师培育中起着决定作用,如何从这一相对微观的环境入手构建培育智慧教师的大环境,是学校领导者必须思考的现实问题。

图6呈现了智慧教育环境中智慧教师的多种角色在人才培养中的使能过程,由硬件设施、技术工具、终端、资源等构成的智慧环境为实施思维教学、创客教育以及个性化教学提供了现实条件。思维教学设计师、创客教育教练员、学习数据

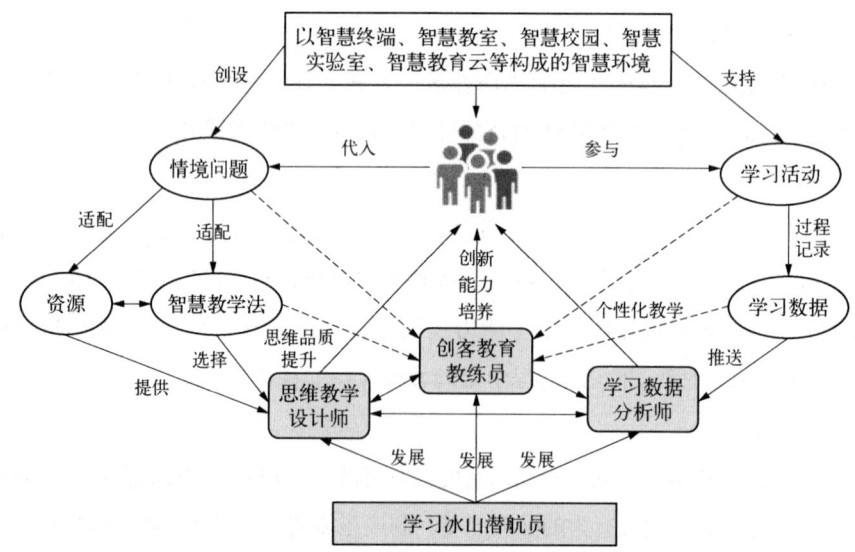

图6 以学校为本的智慧教师培养实践解决方案

分析师以及学习冰山潜航员四种角色相互促进、相互制约,与其他环境要素共同构成一个具有较好影响与促进关系的生态体系,可以作为学校支持教师实践智慧教育的参考模型。

当然,最为理想的是每一位教师能在教学实践中同时较好地诠释四种角色要求与内涵,然而,在一定时期内教师显然无法成为兼具四个方面能力的"完人",面对时间、精力以及个人风格等方面的限制,走向分工与协作,凸显"长板理论"的优势是必然的实践路线。除了作为教师终身学习时代个体责任的基本要求外,思维教学设计师、创客教育教练员以及学习数据分析师等角色都可以引入合作模式,通过积极调动各方资源、充分发挥教师能力优势、有效构建合作关系网等方式,为人才培养创设一个更为广阔的支持体系。

参考文献

[1] 祝智庭,贺斌.智慧教育:教育信息化的新境界[J].电化教育研究,2012,33(12):5-13.

[2] 约翰-杜威.我们如何思维[M].伍中友,译.北京:新华出版社,2010.

[3] MANDINACH E B, FRIEDMAN J M, GUMMER E S. How can schools of education help to build educators' capacity to use data: A systemic view of the issue[J]. Teachers College Record, 2015, 117(4): 1-50.

[4] MANDINACH E B, GUMMER E S. Every teacher should succeed with data literacy[J]. Phi Delta Kappan, 2016, 97(8): 43-46.

[5] HARRISON C, KILLION J. Ten roles for teacher leader[EB/OL]. (2007-09-30)[2017-03-20]. http://www.ascd.org/publications/educational-leadership/sept07/vol65/num01/Ten-Roles-for-Teacher-Leaders.aspx.

[6] PRIDE Australia.The PRIDE project[EB/OL].[2017-11-10]. http://www.pride.ozeconomics.com/aboutpride.php.

[7] STERNBERG R J, SPEAR-SWERLING L.思维教学-培养聪明的学习者[M].赵海燕,译.北京:轻工业出版社,2008:56.

[8] 赵国庆.思维教学研究百年回顾[J].现代远程教育研究,2013(6):39-49.

[9] 郅庭瑾,张建.我国中小学思维教学研究:进展、缺失与展望[J].教育科学研

究,2011(1):14-18.

[10] 钟启泉."批判性思维"及其教学[J].全球教育展望,2002(1):34-38.

[11] ABRAMI P C, BERNARD R M, BOROKHOVSKI E, et al. Instructional interventions affecting critical thinking skills and dispositions: A Stage 1 Meta-Analysis[J]. Review of Educational Research, 2008, 78(4): 1102-1134.

[12] JOHNSON L, ADAMS BECKER S, ESTRADA V, et al. NMC Horizon Report: 2014 Higher Education Edition[R]. Austin, Texas: The New Media Consortium, 2014.

[13] MEANS B, CHEN E, DEBARGER A, et al. Teachers' ability to use data to inform instruction: challenges and supports[EB/OL]. (2011-02-28) [2016-12-01]. https://www2.ed.gov/rschstat/eval/data-to-inform-instruction/report.pdf.

[14] Quality Implementation Roadmaps. Roadmap for Educator Licensure Policy Addressing Data Literacy: Key Focus Areas to Ensure Quality[EB/OL]. (2016-03-31)[2016-11-21]. http://dataqualitycampaign.org/wp-content/uploads/2016/03/DQC-roadmap-educator-data-literacy-April10.pdf.

[15] MEANS B, PADILLA C, GALLAGHER L. Use of Education Data at the Local Level: From Accountability to Instructional Improvement[EB/OL]. (2010-02-31)[2016-11-21]. https://www2.ed.gov/rschstat/eval/tech/use-of-education-data/use-of-education-data.pdf.

[16] BELLINGER G, CASTRO D, MILLS A. Data, information, knowledge and wisdom-systems wiki[EB/OL]. (2016-02-01)[2016-11-25]. http://www.system-swiki.org/index.php?title=Data,_Information,_Knowledge_and_Wisdom.

[17] STERN S. Emerging Continuing Teacher Education Policies in OECD Countries[EB/OL]. (2012-08-31)[2016-10-20]. http://blogs.oregonstate.edu/tobecontinued/files/2012/10/Emerging-Continuing-Teacher-Education-Policies-in-OECD-Countries-August-2012.pdf.

[18] SFARD A. On two metaphors for learning and the dangers of choosing just

one[J]. Educational Researcher, 1998, 27(2): 4 - 13.

[19] LINDSAY H. More than 'continuing professional development': A proposed new learning framework for professional accountants [J]. Accounting Education, 2016, 25(1): 1 - 13.

[20] 赵俊.教师生成性学习研究[D].上海：华东师范大学, 2016.

[21] 祝智庭, 顾小清.大型教师培训项目文化建设：英特尔未来教育的案例[J]. 教育发展研究, 2006(8): 13 - 17.

教师的信息化专业发展：现状与问题*

顾小清　祝智庭　庞艳霞

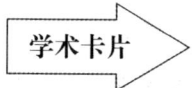

　　信息时代的公民，基本的文化素养已经不再局限于传统的读写技能，信息素养也已成为其基本的文化素质，而教师，除了基本的信息素养以外，更需要掌握信息化教学能力，这些能力包括：基本信息技能、信息化教学设计能力、信息化理念/职业道德/伦理及信息化教学实施能力。问卷中，这些方面的调查包括基本的信息素养、学科教学信息素养、科研信息素养三个方面，其中针对基本的信息素养调查的项目包括：技术概念和操作、信息意识、道德与伦理、有效利用信息资源、创设学习环境和学习经验。学科教学信息素养调查的项目包括适应信息时代的教育观念、教学和课程、评估与评价。科研信息素养调查的项目主要包括工作效率和专业实践。

　　关于教师教育信息化的现状：其一，基本的信息素养，包括技术概念和操作、信息意识、道德与伦理，有效利用信息资源，创设学习环境和学习经验；其二，学科教学信息素养；其三，科研信息素养。

　　关于教师信息化专业发展现状。学校的文化因素、机构因素、个人因素、外部

---

* 顾小清, 祝智庭, 庞艳霞.教师的信息化专业发展：现状与问题[J].电化教育研究, 2004(1): 12 - 18.

因素、专业发展项目实施情况。从教师信息化专业发展项目的现状,我们可以发现:保障因素还需跟进,教师教育信息化所必需的保障因素包括:教育革新的共同目标、信息技术条件、技术辅助和后援支持、领导和行政的支持。培训的内容需要改变。以技术操作为主的培训内容,对教师的信息化教学设计和教学实施能力不能起到有意义的影响,或者说,解决基本的信息素养是信息化专业知识能力发展的第一阶段,新的教师发展项目内容和方式的重点应转移到以信息化的教学设计和实施为主的方面来。

智语连珠

- ◆ "教师信息化专业发展"可理解为:以教师为主体的、以信息化教学设计和实施为核心的教师专业发展。影响教师信息化专业发展的因素可以归纳为学校的文化因素、机构因素、个人因素和外部因素。
- ◆ 教师教育信息化已经成为教育信息化带动教育现代化的核心要素。教师教育信息化是利用现代信息技术促进广大教师专业技能发展和实现自我完善的过程,教师教育信息化的最终目标,是培养具备信息化教学设计与实施能力的高素质教师队伍。在信息技术时代,教师不仅需要掌握关于技术的"专业知识",而且需要熟悉技术应用的"实践性知识",也就是在技术的基本知识和技能方面,以及如何将技术用于教学的实践这两方面,都需要得到发展。

教师继续教育新模式: 网络研修*

马立　郁晓华　祝智庭

网络研修是信息时代背景下教师继续教育发展的新模式,它不只是网络技术

---

* 马立,郁晓华,祝智庭.教师继续教育新模式:网络研修[J].教育研究,2011,32(11):21-28.

的引入，而且是对传统教研与培训的变革与创新。教师网络研修模式的要素框架包括网络研修平台、学习共同体、混合式学习、资源与互动、评价与管理系统。

网络研修是一种以网络协同学习平台为技术支撑而开展的有组织、有引领的教师自主研修活动的新方式，它不是对传统的教研和面对面的集中培训的取代，而是对传统的教师常规教研与培训的增容、延伸与发展。有效的网络研修必须与教师面对面研修活动有机结合。

教师网络研修平台主要有三种建设方式：与公司合作开发的专用型研修平台、利用通用开源软件自主安装的研修平台、利用 Blog 等 Web2.0 工具搭建的支撑环境。研修平台需要能支持两类主要研修活动：一是短期统一规划的集中远程培训，二是教师群体的常态网上专业研修。网络研修平台在架构时需要考虑如下因素。从服务目标角度看，平台要能同时满足教师个体研修、校本研修、区域教研与专业培训等多种研修活动的需求。从功能技术角度看，要能实现平台的自主持续成长，以应对未来教师继续教育发展变化。平台架构必须具有完备的用户服务体系、应用业务体系、技术支撑体系和监督评价管理体系。

教师学习共同体是由教师以及关注教师专业发展的社群就共同感兴趣的各种话题自主自愿结合而成的学习型组织。学习共同体产生发展的原因，发现其大致可以分为如下三种类型：外力塑造型、自主孕育型、过程衍变型。

混合式学习是在反思传统学习方式和网络学习方式的基础上出现的一种新的学习理念、学习方式。它所追求的是按照特定的任务和要求、学习目的和内容，把学习过程中各种相关但不同的要素的优势结合起来，形成一种适合教师发展状况和需求的，优势互补、成本最低、效益最高的最佳学习方式。

教师研修的资源主要分为三类。(1) 教学资源，包括教材介绍、教学课件、教案、案例、试题、媒体素材、专题讲座、文献资料、学生作品等；(2) 专题讨论话题资源，包括备课研课、观课评课、案例研讨、主题研讨等；(3) 个人日志资源，包括成长笔记、教学反思、教育叙事、教育评论、心情故事、班主任随笔等。

有效促进互动的策略主要有四种。(1) 定向引领策略：精心设计研修专题，聚焦教学真问题，引导整个活动始终围绕专题展开和延续；(2) 激励调控策略：提供贯通线上线下的及时有效反馈，并通过积分制度等多种手段进行定期评价总结；(3) 关键人物培养策略：各级骨干教师和学校中层干部必须率先垂范；(4) 技术支持策略:强化技术支持的交流互动功能,从低层次的"资源型"向"社交型"转变,充分利用技术的智能挖掘潜能,促进技术的认知伙伴参与,从而提升教师的学习绩效,改善教师的研修体验。

看图说话

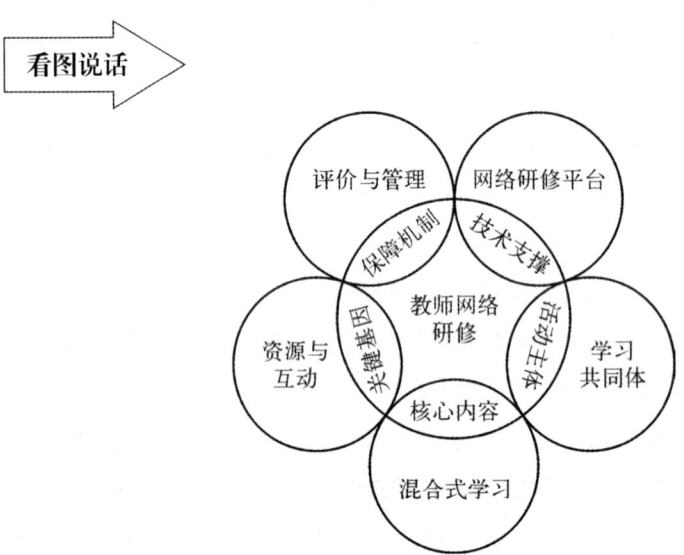

图 1　教师网络研修的要素框架

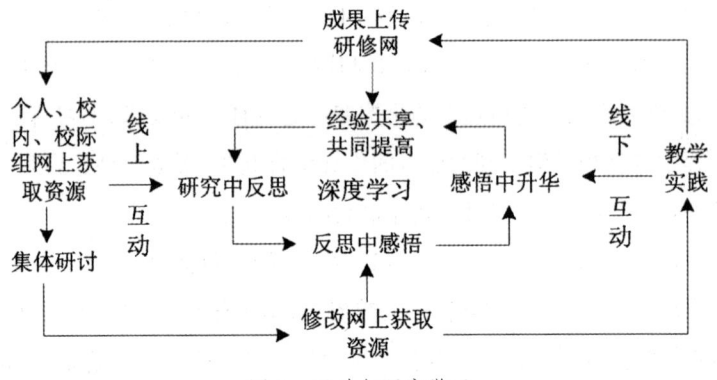

图 2　互动与深度学习

智语连珠

◆ 在现代信息技术环境下,不具备在线学习能力的教师将不再是合格的教师,而不适应信息化发展的教师进修机构也将不再是合格的教师继续教育机构。
- ◆ 教师继续教育必将走出一条具有时代特征、中国特色和地区特点的混合式研修之路,教师将成为终身学习的楷模,而教师的学习型组织和学习型社区将率先成为我国构建终身学习体系和学习型社会的重要组成部分。
- ◆ 考察世界教师继续教育发展的大环境和态势,以"最大程度地促进教师的自主学习和个性化的专业发展"为核心理念的网络发展模式正逐渐成为教师继续教育的常态。

教师专业发展的实现模式*

顾小清　祝智庭

教师的专业程度是凭借"实践性知识"来加以保障的。所谓教师的实践性知识,包括五个方面。其一,它是依存于情境的经验性知识;其二,它是作为一种"案例知识"而积累并传承的;其三,它是以实践性问题的解决为中心的综合多学科的知识;其四,它是作为一种隐性知识发挥作用的;其五,它是一种拥有个性性格的"个体性知识",这些知识是通过日常教育实践的创造与反思过程才得以形成的。

教师的专业发展是靠实践性知识作为保障的,教师成长的关键在于实践性知识的不断丰富,实践智慧的不断提升。实践智慧是一种默会的知识,隐含于教学实践过程中,更多地与个体的思想和行动过程保持着一种共生的关系。它又是情境性的和个体化的,难以形式化或通过他人的直接讲授而获得,只能在具体的教育实践中发展和完善。

教师专业发展的模式,开始由以行为科学为基础的教师教育模式,向以认知科学、建构主义和反思性研究为基础的教师教育模式转型。由以培育技术型为主的培训模式向培养专家型为主的发展模式转型。

---

* 顾小清,祝智庭.教师专业发展的实现模式[J].中国电化教育,2005(3):5-8.

教师专业发展的新愿景，一方面是革新的教育观念在教师教育领域的体现；另一方面，是教育领域开始以系统思维的角度看待教师教育。专业发展的目标，应该是帮助教师从教书匠向教学专业人员转变，教师应该是知识工作者，应该在创造专业知识方面发挥重要作用。传统的教师培训方法的致命弱点：要求学生从事体验、探究、创造和解决知识问题，进行合作，但是教师自己作为学生的时候，却完全被剥夺这种学习的机会。应该鼓励教师积极地作为学习者参与学习和发展活动，就像他们希望自己的学生做的那样。这一关于学习的理念，是新的教师发展形式的核心，也因此决定了教师发展项目的设计、实践和相关政策的制定。

培训和发展是两个不同的概念。培训是指具体的、看得见的技能的转移、获得、增加或者扩展。发展是个持续不断的自觉的学习过程，循序渐进，贯穿较长的时间，甚至终其一生。发展，说到底，是掌握学习的能力——在有老师、更重要的是没有老师时的学习能力。

表1　培训范式和发展范式的比较

比较项目	培 训 范 式	发 展 范 式
目的	技能的获得	教学行为的整体改善
理论假设	获得技能——教学行为改变	持续的学习、实践、反思，发展知能，改进教学行为
内容	结论性公共知识，实践占第二位	注重过程性经验知识，注重体验、反思
方式	传授式，培训者中心	行动参与式、实践体验式，教师中心

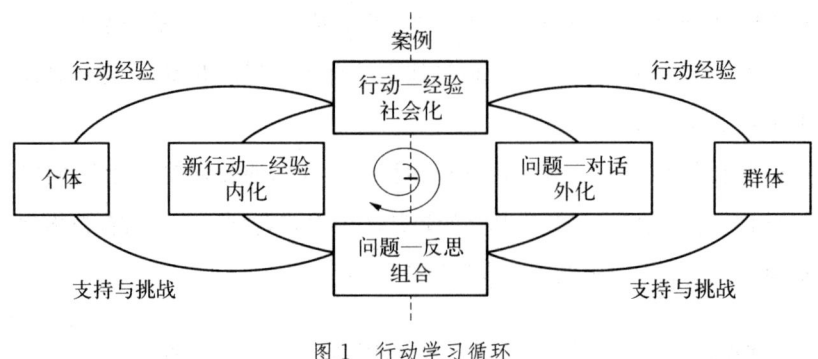

图1　行动学习循环

> **智语连珠**

- ◆ 利伯曼（Ann Lieberman）指出，教师学习和发展、成长的实践，应该从培训法（直接教学法）向"实践中的学习"转移。在教师专业发展项目中，要给教师提供机会对新的实践进行讨论、反思、尝试和内化。
- ◆ 罗杰斯（Rogers）说，掌握知识、发展能力、形成态度，这三者的统一实现，才称得上"学习"。单纯地掌握所传递的具体知识并不构成"学习"。罗杰斯（Rogers,1969）的研究，对培训和发展、学习和教学提出了听上去显得激进的看法（注意是60年代）："任何可以教给别人的东西相对来说都是不重要的，并且它对行为很少或甚至没有明显的影响"，"唯一能影响行为的学习是自我发现和自我调整的学习……这种知识是无法直接传授给他人的。"
- ◆ 当代教育专业要求教师成为反思型的教师，这意味着教师必须把教学反思、经验反思作为自身发展的手段，从实践出发，"做中学"，在教学中反思和探究、在反思和探究中教学；行动和反思的深化，对教师来说，是成为"教师研究者"，教师参与研究是提高教师自身素质的有效途径，也是教师专业发展的最佳途径。作为教师专业发展的实现模式，如果能够将实践、反思和研究密切集合起来，将是一种最佳的实现模式。

信息化视野中的教师教育*

胡小勇　祝智庭

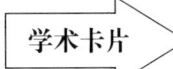

在信息化视野中，"信息化教学能力"是教师独立于其他教学参与者的核心职业素养。根据此命题，本文论述分析了命题的前因后果，并列出了作为参考的实

---

* 胡小勇,祝智庭.信息化视野中的教师教育[J].中国电化教育,2003(6):25-27.

施原则以及评价标准,并进行了总结和提议。

教师教育信息化是信息化视野中的新课题。教师质量是保证教育质量的大事,国际21世纪教育委员会曾经有过论断:教学质量和教师素质的重要性无论怎样强调都不过分。信息化教学能力是新形态下教师职业的核心素养。信息化教育中教师职业素养的变化:角色的转变;能力的提升;素养的形成。

基于IT的教师教育实施原则。教师教育信息化的核心目标就是要培育出适合信息化教育综合需求的新型教师队伍,最终目标是要以高水平、高素质的教师促进教育信息化的进程,从而提高教育的整体效果。如果说信息技术是威力巨大的魔杖,那么教师便是在教学实施中操纵这个魔杖的魔术师。国际21世纪教育委员会曾指出:"最好的技术如果没有与使用这种技术相适应的教学,它在教育环境中就毫无用处。"三条基本原则:(1)将信息技术融合到教师教育的全过程;(2)将信息技术引入到教学情境之中;(3)让教师经历新颖的信息化教学环境。

教师信息化教学能力的评价标准。《教育部关于推进教师教育信息化建设的意见》指出,教师教育信息化的目标成果主要包括:完备的教师教育信息基础设施;丰富的教师教育信息化资源;健全的教师教育信息化培训体系;具备信息化教学能力的高素质教师团体。其中后者为最高核心目标,前三者是为达到核心目标所必须实现的过程条件和附属结果。评价具备信息化教学能力的新型教师,可参照相关教育技术标准中的教师绩效指标。

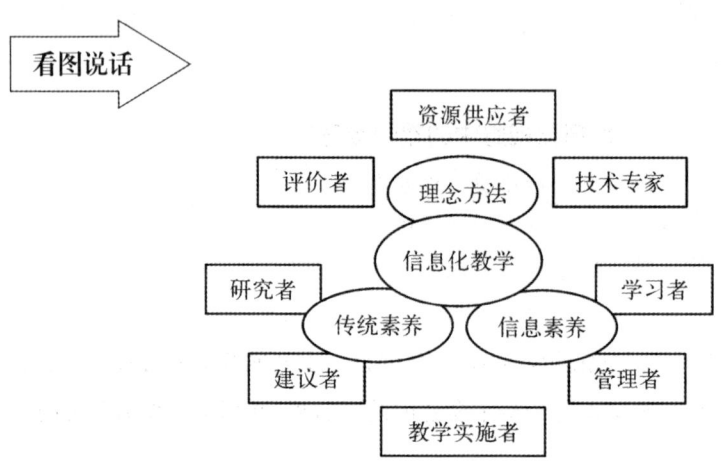

图1 教师的信息化教学能力与担当角色

> 智语连珠

- 在信息技术已经引起教育理念、内容、方法、工具等多方面变革趋势的影响下,一支高素质的教师队伍,是确保在宏观范围内实现"用信息化带动教育现代化"构想的重要力量和一线实施者。
- 只有脱离低水平的技术扫盲,将信息技术与教学理念相整合应用的信息化教学能力才是体现新型教师独特性的核心职业素养。

英特尔未来教育:面向信息化教育的教师培训模式*

祝智庭　李宁

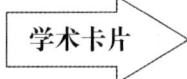

> 学术卡片

　　本文通过剖析"英特尔未来教育"这一大型国际性教师培训项目的特点来考察教师的信息化教学培训问题。在简要介绍该项目的背景后,通过对该项目所用的培训课程进行分析,展示教师信息化教学能力培训的新模式,从中引出若干对我国中小学教师信息化教学培训特别有价值的启示。

　　项目概况。英特尔未来教育教师培训是一个由 Intel 公司提供资助的大型国际合作项目,旨在通过对中小学教师进行培训,使他们获得应用信息技术改进课堂教学的技能与方法。英特尔未来教育项目具有以下特点:全球性;公益性;合作性;瀑布式。

　　课程特点。英特尔未来教育教师培训教材的主要特点是:

　　(1) 模块化结构。模块贯穿三条主线:一是信息技术的使用;二是教学计划(教案)的设计;三是评价工具的使用。

　　(2) 实用性目标。目标是开发一个单元教学计划相关支持材料包,简称"包件",含有:单元教案;学生作品范例;评价量规;教学支撑材料;单元实施计划。

---

* 祝智庭,李宁.英特尔未来教育:面向信息化教育的教师培训模式[J].全球教育展望,2001(11):17-21.

(3) 以教法革新为特色。信息技术的学科整合;研究性学习;案例教学;合作型学习;资源型学习;面向作品的评价。

(4) 以学生为本位。始终以学生为学习活动的主体,关注他们的实际需要。

(5) 以活动为中心。模块都包含的主要活动有:结对共享;教法研讨;信息获取;电子作品创作与评价;教案修订与评价。

(6) 信息化教学设计。让学生充分利用信息技术开展学习活动,例如,专题相关信息的获取与加工;问题解决方法的探索;知识的建构、展示与传播;问题研讨与互动;学习过程的评价。经典 CAI 设计与信息化教学设计有许多明显区别。具体详见经典 CAI 设计与信息化教学设计表。

(7) 经常评价,持续改进。从四个方面来评价单元作品的质量:技术是否与课程合理整合?单元活动是否有利于增进学生学习?单元计划是否易于实施?评价是否针对目标?

重要启示。英特尔未来教育项目给予的启示如下:

(1) 培训课程:以针对真实任务的活动过程为主线,以资源利用为特色。

(2) 培训方式:让学员通过结对共享、头脑风暴式的教法研讨、寻找资源、学生角色扮演、创建作品、量规评价等活动,形成信息化教学的实际能力。

(3) 培训管理:运用现代质量管理的理念,实行培训质量的全程监控。目前主要采取以评价为核心的办法,设计了十多个结构化评价工具,分为预备性评价、进行性评价、总结性评价、发展性评价、比较性评价,取得较好的成效。

(4) 培训者:通过"培训者培训"形成一支骨干教师和主讲教师队伍。

表 1 经典 CAI 设计与信息化教学设计

	经典 CAI 设计	信息化教学设计
设计核心	教学内容设计,主要关心课件产品的开发	教学过程设计,特别重视学习资源的利用
教学内容	单学科知识点	交叉学科专题

(续表)

	经典 CAI 设计	信息化教学设计
教学模式	讲授/辅导 模拟演示 操练练习	探究/研究型学习 合作型学习 资源型学习
教学周期	课时	星期/学期
教学评价	基于反应性行为	基于绩效/面向学习过程

智语连珠

- ◆ 英特尔未来教育项目的培训课程没有空洞的理论说教,而把革新的教育理念巧妙地隐含在活动过程中,让学员经历从观念冲突、思维困惑到渐入佳境,最后豁然开朗的过程,在掌握信息化教学技能的过程中逐步改变了教育观念。
- ◆ 英特尔未来教育项目在教师信息化教育培训方面开创了一种新模式,在信息技术与课程整合方面为我们提供了许多宝贵经验。

解析英国《ICT 应用于学科教学的教师能力标准》*

王炜　祝智庭

本文对英国《ICT 应用于学科教学的教师能力标准》进行了解读,并总结出相应的启示。

标准的解读。该标准分两个部分来描述教师的能力,第一部分是有效的教学与评价方法,第二部分是教师的 ICT 能力。有效的教学和评价方法部分着重于信

---

* 王炜,祝智庭.解析英国《ICT 应用于学科教学的教师能力标准》[J].电化教育研究,2004(12):77－80.

息技术应用于课堂教学后的教学方法和评价方法;在学科教学中使用 ICT 所必需的知识、理解力与技能部分着重于教师在学科教学中使用 ICT 所必需的知识、理解力和技能去支持教学。教师素质的重要性无论怎样强调都不会过分。

标准的启示。其一,学科教师信息技术能力培训的着眼点应是在学科教学中应用信息技术的能力,而不是信息技术本身。其二,教师在课堂中应用 ICT 应从课时层面上扩大到单元层面上。其三,认识 ICT 在促进教师专业发展方面的潜力,积极发挥其作用。

信息时代的教师继续教育:走有中国特色的"混合式"研修之路*

郁晓华　马立　祝智庭

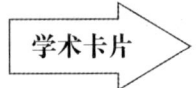

信息时代,发展高质量的教师继续教育成为提升我国教师教育质量的关键和重点,探寻教师继续教育与信息技术结合的最佳形态和发展模式成为当代教师发展的新命题。"混合式"研修强调将研修过程中的组织形式、技术手段、评价方式、保障基础等各种相关要素,根据特定的研修目的、内容、任务和条件,按照一定的适配原则,创造性地融合起来,并在实践中衍生出多种多样的发展途径。

教师继续教育的问题和中国式出路。教师继续教育发展处于不断变革之中,认知理念上,从一次性终结式教育向终身学习转变;在发展取向上,从知识技能,到实践反思,再到生态变革变迁;在培养范式上,从以"教"为中心到以"学"为中心转型;在组织形式上,从"自上而下"向"自下而上"偏移;在时空安排上,从职场外到职场内,从正式到非正式转向;等等。中国式的出路应该是结合中国的国情,走一条继承、发扬、改革和创新的变革思路。继承中变革:探索与传统教研活动的融合,实现手段和模式的创新;变革中发展:配合已有组织机制,实现体制的变革与

---

* 郁晓华,马立,祝智庭.信息时代的教师继续教育:走有中国特色的"混合式"研修之路[J].中国电化教育,2011(12):54-59+64.

优化;发展中创新:拓展整合虚拟途径,实现研修环境的优化和升级;创新中均衡:补充网上"手拉手",开辟均衡发展的新途径。

"混合式"研修之路的真谛与实践。"混合式"起源于国外企业培训对 e-Learning 的反思,强调将传统教学和网络化教学的优势互补,在"适当的"时间,通过应用"适当的"学习技术与"适当的"学习需求相契合,对"适当的"学习者传递"适当的"内容,从而取得最优化的学习效果。组织形式:混合万变,引领归序;技术方法:多元维度,凸显主体;评价方式:打破单一,过程多维。

看图说话

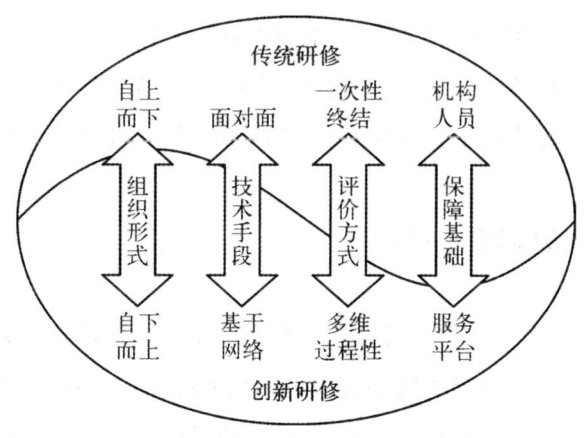

图1 "混合式"研修架构

智语连珠

◆ 教师队伍的信息化建设是新的教师教育思潮与信息技术不断渗透发展的必然结果,也是世界性的客观趋势。

◆ 教师研修活动中,无论技术手段如何,最为关键的因素是"人"。新的教师教育理念认为教师不再是被动的知识消费者,而是自主的专业学习者和实践者。要"帮助教师学习",最大程度地促进教师的自主学习和个性化的专业发展。

◆ 教师继续教育主要有两条途径：一条是面对面的、有组织的、集中进行的培训活动；另一条是贯穿教师职业生涯，融入教师日常教学的有效研修活动。

教师培训的新思路：培训课程活动化*

詹青龙　祝智庭

尼葛洛庞帝曾在《数字化生存》中讲了一个故事：一位19世纪的教师搭乘时光机器来到现代化的教室，那里除了课程内容有一些细枝末节的变动外，他可以立即从他20世纪末叶的同行那里接手教起，因为我们今天的教学方式和150年前相比，几乎没有什么根本的变化，在技术手段的应用上，也差不多停留在同样的水平。

一、培训课程活动化的内涵及原则

培训课程活动化包含以下四方面内涵：一是把培训课程处理成一系列的模块和活动，使课程组织具有模块化、活动化的结构和特征；二是把活动化的培训课程置于教师的真实生活情境，使呈现的内容和技能与实践经历产生互动；三是培训者讲座、简短指导、技能示范和教师对其展开实践不可或缺；四是多种视角、主动参与、主动体验、协作生成、辩论和反思是其重要成分，以此引导教师在学习中采取有目的的行动来建构意义。

二、培训课程活动化的设计

（一）培训活动目标设计

文策尔（Wentzel）认为，活动目标包括学习目标、绩效目标、社会目标和其他方

---

* 詹青龙，祝智庭.教师培训的新思路：培训课程活动化[J].教育发展研究，2007(22)：31-34.

面。学习目标是学习者在完成活动后应该知道什么、能做什么,例如理解、示范、设计、制作和评价,珍视这个目标的人会投入到意义生成中以达成最强的能力;具有绩效目标的人关注成就,即在习得之后就转化为示范知识或技能的愿望;社会目标包括满足特定人群或社会的愿望和期待,典型的社会目标包括社会承认、顺从和成为对社会有贡献的人。

教师培训活动目标选用盖蒙(Gammon)的学习目标分类,具体包括:

——认知的:习得和同化新知识到现有图式,应用现有知识,建立概念间的联系,引起类推;

——情感的:挑战信念和价值,鉴赏他人观点,产生兴趣、好奇心、敬畏和惊诧,把好奇和思维与愉悦的体验联系起来;

——社会的:发展协作和交流技能;

——发展性技能(智力和肢体):预测、推理、问题解决、调查、观察、测量、分类、检验理论、构造和讲述故事、决策等等;

——个人的:增加自信和自我效能,激发进一步探究。

(二) 培训活动环境设计

培训活动空间的设计有秧田式、空心 U 型、宴会或鱼骨型、圆桌型、椅子圈、三角形 6 种类型。

(三) 培训活动的结构设计

活动作为有意识的过程,它包括若干个行动序列,而行动又包括若干个操作序列。为了达到理想的活动目标,活动必须由若干个行动组成。乔纳森(Jonassen)和墨菲(Murphy)提出了一个活动结构设计的框架,即:

——定义活动自身:怎样在实践中逐步完成工作?发生于不同历史阶段的变革性质是什么?在行动和操作中被文档化的规范、规则和程序是什么?支配着工作的思想形式或理论基础是什么?

——将活动分解为成分性行动和操作:观察、分析每个活动完成的行动和完成者,如问题解决方案、呼叫和管理会议、形成可操作的方案等;观察、分析主体每个行动完成的操作,如记笔记、打电话、发信息、安装日常设备。

看图说话

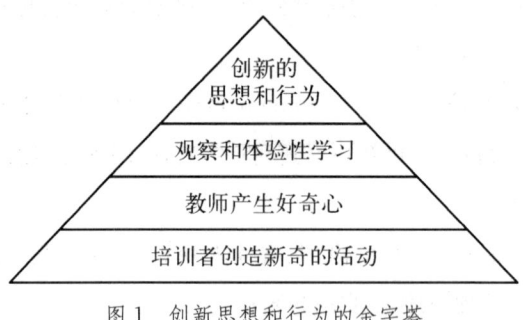

图 1　创新思想和行为的金字塔

智语连珠

◆ 教师培训上，必须打破传统的传递式培训，实现培训课程的活动化，强调以参训教师为中心，强调主动参与、积极体验和活动化内化学习，以活动促发展，这是教师培训达到预期效果的重要策略，也将逐渐成为一种培训趋势。

◆ 作为观念层面的培训活动环境设计，应使教师处于主动的、建构的、协作的和反思的学习环境。主动是指学习者主动投入到学习过程，理智地处理信息和对结果负责。建构是指学习者将新思想和先前知识结合起来，进而使其有意义或生成意义，或以此来消除矛盾、好奇或迷惑。协作是指学习者自然地工作于学习和知识建构共同体中，并通过提供社会支持、示范和观察每个成员贡献来发展彼此技能。反思是指当学习者陈述他们学了什么和反思学习过程及决策后，他们理解得更多和能更好地将他们建构的知识应用于新情境。

大规模教师远程培训的"去专家化"实现
——基于教育设计研究的成果实例*

闫寒冰　祝智庭

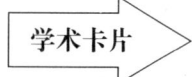

　　所谓"去专家化",其要旨并不是不要专家的参与,而是要让课程本身即具有专家智慧,使之在传递过程中,不会由于专家个体的缺位,而影响培训的效果。本文介绍了"去专家化"的理念,以及"教育设计研究"的研究路径,剖析了"去专家化"的实践模型,其核心策略是将专家的学习支持分为主动干预与应动干预,以理解、创建、讨论、分享、评价为分类依据进行梳理,继而通过"普适化处理"将更多的"应动干预"转化为"主动干预",并将两种干预以普适、灵活的方式植入网络课程,通过反复迭代循环,使植入了更多学习支持的网络课程,逐渐取代专家的位置,实现课程的"去专家化"。

一、远程培训质量管理的瓶颈

　　远程培训中的师资现实;教师培训模式的变化增加了学术助学压力;培训者培训时间不足;高期望的师生比。大规模教师远程培训的质量瓶颈,其最终还是归结到"助学"质量的保障上。从理论上讲,"助学"质量可以通过两个途径来提高:一是提高助学教师的学科专业能力与远程助学技能,使其胜任工作;二是提高课程内涵,通过减少助学教师的助学压力,使其胜任工作。

二、基于EDR的"去专家化"研究

　　"教育设计研究"(Educational Design Research,EDR),EDR旨在通过研究者

---
* 闫寒冰,祝智庭.大规模教师远程培训的"去专家化"实现——基于教育设计研究的成果实例[J].中国电化教育,2011(7):47-52+71.

与实践者在现实世界情境中开展协作,通过迭代的分析、设计、开发和实施过程,得出情境敏感的设计原理和理论,它既可以输出理论性成果,又可以产生实践性成果。(1)在某一个场景中实施较长时间;(2)实践者和研究者之间开展有效合作;(3)关注并设计情境依赖的干预;多数基于 EDR 的研究"境脉限定"(Context-Bound)的特性;(4)记录结果并将结果与发展过程和真实场景连接起来;(5)开展设计、实施、分析和再设计的迭代循环;迭代循环,即意味着对核心设计活动的重复操作,也意味着在每一个迭代周期里,对干预的理解以及"去专家化"解决方案提供的功能均会增长,因此,它是一个"增量"的过程。这个过程是一个逐步求精(Progressive Refinement)的过程,而不是简单的重复或循环。

三、"去专家化"的实践模型

(一) 主动干预与应动干预

"教学干预"辨析为"主动干预"和"应动干预"两类,进而使每一次设计、实施、分析和再设计都有了明确的指向性。所谓主动干预,即在课程进展到不同阶段时,专家根据远程培训的特点与课程内容的需要,为提高学习效果,会主动向全体学员(即"非特定群体")发出助学信息,支持学员自主学习;所谓应动干预,是由于学员的个体差异所产生不同的问题、不同的想法,专家需要针对性地给予助学支持,它是面向"特定群体"的。我们进一步将学员的学习活动分为理解、创建、讨论、分享、评价五类。

(二)"普适性"处理

Universal Design 是 20 世纪 80 年代在建筑设计领域兴起的一种新的设计理念,它的核心思想是:设计的产品和环境能够最大限度地被所有人使用,不需要再做修改或特别设计。Universal Design for Learning 理念促使人们在设计教育产品时,努力创造出对使用需求敏感,并能够服务于尽可能多使用者的设计。

看图说话

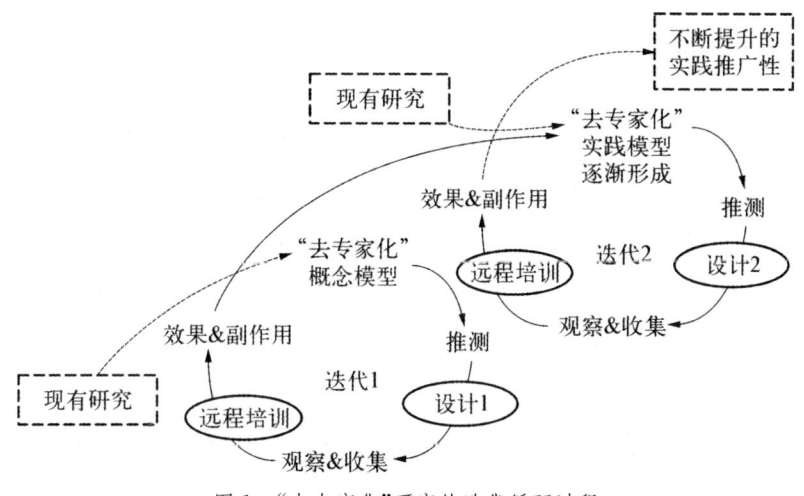

图1 "去专家化"研究的迭代循环过程

智语连珠

◆ 当前教师远程培训的质量挑战不能简单归因于"规模"——远程培训中的师资现实、教师培训模式的变化所带来的助学挑战、培训者培训的时间不足、对于远程培训的高师生比预期等都是远程培训质量的瓶颈所在。

◆ 人的学习是在互动中产生的。在一个既定的网络课程中,如果我们抛去学员之间的互动不计,学员要使学习真正发生,他要么需要与"课程材料"互动,要么需要与"助学教师"互动。

让标准照进现实
——国内外教师教育技术相关标准实施的比较*
赵俊　闫寒冰　祝智庭

　　文本形态的标准在教学实践中被理解、应用和执行,这就是"标准实施"。美国的教师教育技术标准(NETS-T2008)和联合国教科文组织(UNESCO)的教师教育信息能力框架(ICT-CFT)是国际上具有代表性的两个标准。它们的实施模式、过程及策略为破解我国教师教育技术标准的实施困境提供了思路与相关的考核认证的操作模式、项目实践的实体建模及课程资源的开发策略。

　　本文选择了国际和国内具有代表性的三个标准,即美国国际教育技术协会(International Society for Technology in Education,ISTE)的《教师教育技术标准》(*National Educational Technology Standards for Teachers*,NETS-T2008)、联合国教科文组织(UNESCO)提出的《教师教育信息能力框架》(*The Information and Communication Tools Competency Framework for Teachers*,ICT-CFT)和我国于2004年颁布的《中小学教师教育技术能力标准(试行)》。

一、标准实施的本质

(一) 标准实施的定义

　　"标准"(Standard)既可以理解为用作衡量机制或体现原则的说明,又可以理解为用以评估工作业绩的测量手段。标准的主要功能在于:为教师提出了专业发展的目标及方向,为教师的评价考核提供了依据,为整个教师质量保障体系的运作确定了起点。

---

* 赵俊,闫寒冰,祝智庭.让标准照进现实——国内外教师教育技术相关标准实施的比较[J].现代远程教育研究,2013(5):51-59.

教师教育技术标准实施，是指文本形态的教师教育技术标准，通过某些特定的形式、途径和过程，在教学实践中被理解、应用和执行，转化为教师教育技术能力的提高，继而对学习者的学习产生有效影响的过程。

（二）标准形态的变化

教育技术标准的形态可以被划分为四种：被颁布状态、被领悟状态、被操作状态及被体验状态。

二、标准特征的比较

什么是好的教师教育技术标准？标准的高品质在于能够体现社会对教师的期望与教师自身的诉求；能够为教师提供努力的目标及方向，明确告诉他们应该知道的和应该做到的；能够为实施的深度和广度提供思路，并为实施质量的评估提供依据。

上述三个标准均认可技术对教育的推动作用，致力于提高教师的教育技术水平，都使用绩效标准明确告诉教师应该知道的和应该做到的。但是这三个标准在适用对象、需求环境、价值取向、内容结构等方面有所不同，反映了技术与教育整合的不同阶段，不同的价值取向和不同程度的可实施性。

三、标准实施个案分析

（一）认证项目

美国的教师质量保障以教师专业标准为基础，建立了职前、入职及职后三位一体的认证体系，分别由美国全国教师教育评估委员会（NCATE）承担全美教师教育机构的认证、美国州际新教师评价与支持联盟（INTASC）承担新教师资格的认定、美国全国专业教学标准委员会（NBPTS）承担职后优秀教师的专业认证。弗吉尼亚州的 JMU 于 2003 年开发的 NETS-T 认证项目秉持"群体比个体更让人智慧"的理念，利用网络的优势，鼓励建立教师实践在线共同体（Peer Collaborative Virtual Community of Practice，VCOP），经过多年的完善和改进，目前已被 ISTE

认可并成为其合作伙伴。

(二) 实体模型

实体模型是指用媒体对教师的课堂实践进行记录,通常采用包含有大量情境信息的视频记录方式;实体模型并不是整个教学过程的罗列和呈现,而是根据一定的理念或结构进行组织,截取关键片段重新编辑,将技术整合于教学的关键环节呈现给教师,成为培训及自学的示范资源。教师在项目实践中是否建立了实体模型决定了教师能否获得教育技术标准实践的行动参考模型。

四、借鉴启发

(1) 转变价值取向,立足于教师专业发展和课堂实践;(2) 实施重心下移,重视学校层面的行动,让教师变被动为主动;(3) 拓展实施广度,职前职后教育一体化,让教育技术融于教师生活;(4) 拓展实施深度,深化培训考核认证环节,让标准向课堂实践延伸;(5) 修订标准,回应数字化时代对教师的要求,强调21世纪技能;(6) 专业团体评估,跟踪标准实施,为标准的修订及实施提供策略依据。

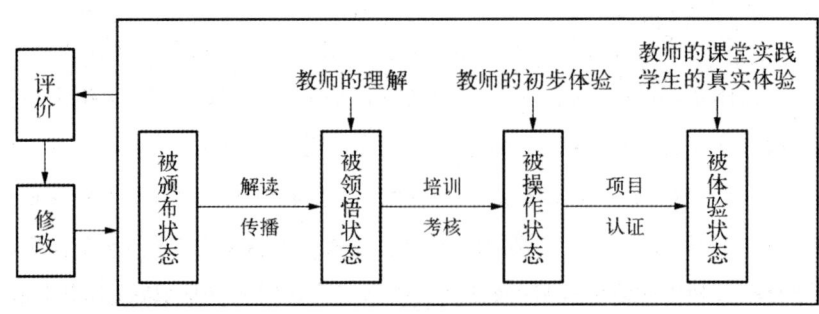

图1 标准形态的变化

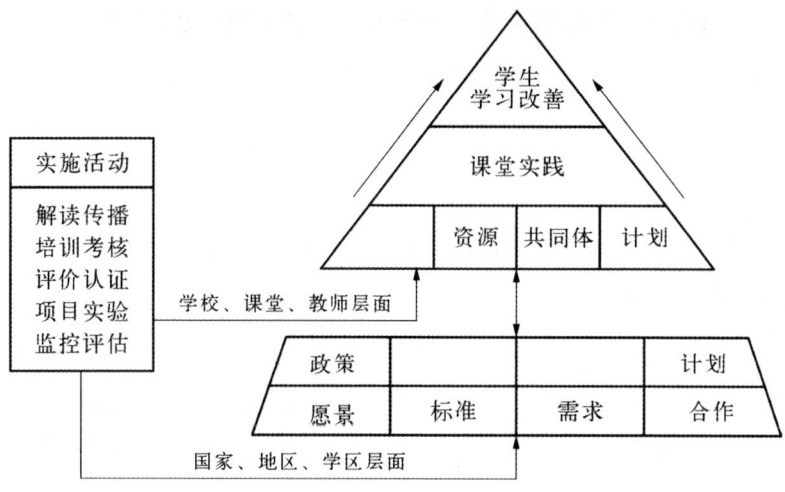

图 2　行动实施的框架

> **智语连珠**

- 当前我国教师教育技术标准实施面临的最大瓶颈是如何将标准实施从教师的认识和初步体验层面推进到课堂实践层面,使标准真正转换为教师在课堂里的常态行为。
- 数字化时代对教师和学生提出了新的要求,教育技术标准的实施也不能止步于知识技能的培训,而要本着促进教师专业发展的宗旨,将标准照进现实,将标准落实于课堂实践。
- 教育技术标准实施是标准从文本状态转化为教师实践的桥梁。
- 我国教育领域其他标准存在"抓标准研制、忽视实施可操作性"的问题,需要理清实施的行动框架,还要根据国情区情的需要,抓住核心要素,广泛借鉴国外的经验,加深和扩展标准实施的深度和广度,让标准能够切实地照进现实。

学习支持的实用价值：一个教师培训项目的案例分析[*]

孟琦　祝智庭

从教育技术实用学的视角审视教师教育培训中的情境缺失，提出重视发挥学习支持的作用，探讨了学习支持对于以信息化教学为内容的教师教育培训的实用价值。

学习支持属于应用服务，是一种服务性学习资源。学习支持的特征是与个别学生进行交互、为学生的学习提供支持。在谈及学习支持时，有必要明确"学习支持(learning support)"与"学生支持(student support)"两个概念的内涵。

学习支持是一个多变量的事物。学生支持服务强调的是管理意义上的学生，所提供的支持多不直接与学习相关；而学习支持服务，强调从学习的角度，为学习者提供支持。

学习支持包括学术性和非学术性两方面的支持，前者与教学和学习内容更相关，后者与教学管理和学习者的情感更相关。学习支持的活动可分为导学、指导两种。导学：提供专职导学教师或网上指导服务。导学教师个别地照顾学生的需要，扮演学习促进者的角色。指导：通常是指一般性的系列活动，因此是一个较宏观的概念，包括辅导和咨询。辅导：是指教学辅导人员所进行的一些活动，能够针对学生的问题或困难，适当地提出一些方案。因此，辅导人员应该拥有较多的教育学方面的专业知识。咨询：是指学习咨询人员所进行的一些活动。在这些活动当中，咨询人员可以为学习者适当地提出几种行动方案，但是具体方案的选择仍然由学习者决定。具体说来，学习支持的实用价值有以下几方面：增加交流、促进学习；提高自我效能感；产生集体归属感。

提供即时和持续的支持、为教师将所学内容应用于教学提供帮助以及探索、参与真实课堂的机会，创设良好学习环境，有效帮助教师学会将技术整合到教学中。

教师教育可分为两类：培养和培训。培养指师范大学、师专、师范等教育体系

---

[*] 孟琦,祝智庭.学习支持的实用价值：一个教师培训项目的案例分析[J].电化教育研究,2006(6)：10-14.

中的教师职前教育;培训指各地教育学院和教师进修学校等教育机构进行的教师在职教育。目前的教师在职教育中,情境缺失成为降低学习兴趣和效果的重要障碍。情境缺失主要表现在两个方面:一是学习内容方面,以讲座为主、以传授理论为主的学习,缺少足够生动和实用的情境案例,使理论学习不免显得空泛而枯燥;二是交流反馈方面,教师作为成人学习者,他们是带着各自的实践经验背景进行学习的,希望所学的内容能够马上运用到自己的工作中。

智语连珠

- ◆ 教师是教学过程中起关键作用的要素,教师的能力建设是实现有效技术整合的必然要求,而教师教育是进行教师能力建设的重要方式。
- ◆ 在以信息化教学为内容的教师教育项目中,注重情境化指导,为教师提供个性化的帮助,这正是学习支持存在的必要性和价值。
- ◆ 教育技术实用学对于技术应用情境的重视和关注,让我们意识到教师在开展技术支持的教学时,最需要的正是针对具体情境的建议和支持。因此,在教师教育信息化进程中,有必要加强学习支持活动,帮助教师解决学习和实践中遇到的问题,帮助教师提高使用技术的能力和自我效能感。

信息技术教师专业发展新策略架构
——"携手助学"项目的实践探索*

詹青龙　祝智庭　顾小清

以先进的理念、整体构想和深层次整合 IT 教师的教学效能为价值取向,提出

---

* 詹青龙,祝智庭,顾小清.信息技术教师专业发展新策略架构——"携手助学"项目的实践探索[J].中国电化教育,2008(5):14-19.

了由组建学习团队、营造专业发展文化、主题游戏激发、专业发展内容活动化和反思升华构成的策略架构,说明各种策略和揭示其相互之间的关系。

(1) 组建学习团队。学习团队是指由具有互补的知识和技能,愿意为共同的学习目的、业绩目标和方法而相互承担责任的两个或两个以上个体组成的协作学习群体。学习团队组建的方法有以下几种:自主组建、组织者组建、统计学组建、渐进式组建。

(2) 营造专业发展文化。专业发展文化渗透于 IT 教师专业发展的所有方面。IT 教师专业发展文化是一种基于专业发展的学习文化,是参与专业发展的成员能领悟、认可、遵循和体现一定专业发展特色的价值理念、行为规范、思维模式和制品符号的总和。

(3) 主题游戏激发。游戏的类型有:破冰类游戏;入题类游戏;探究性游戏;强化性游戏;评价性游戏。游戏实施的过程可分为游戏前、游戏中和游戏后三个阶段。

(4) 专业发展内容活动化。专业发展活动化原则;专业发展内容活动化的设计。活动目标设计;活动环境设计。一般来说,专业发展活动空间的设计有秧田式、空心 U 型、宴会或鱼骨型、圆桌型、椅子圈、三角形等 6 种类型,每一种活动空间设计都有一定的优势和缺陷,在具体专业发展中可以根据专业发展活动类型来合理选择与重组。活动结构设计;活动中的角色设计;活动的编列。

(5) 反思升华。反思升华是指 IT 教师依据活动的体验和活动中倡导的理论反思个人使用的理论,更加有效地拷问基本假设和实践,反思自己持有的价值和信念,重建或修正个人行动理论,实现个人使用的理论和倡导的理论相一致,形成新的理解、评价、发展知识和建立理论,产生真实变革的过程。

"携手助学"项目组经过 4 年的实践探索,提出由组建学习团队、营造专业发展文化、主题游戏激发、专业发展内容活动化和反思升华五个维度构成的变革性 IT 教师专业发展策略架构。行为层涵盖、携带着特定文化意义的行为模式、仪式或集体活动。行为层可分为仪式性行为和实务性行为。

仪式性行为作为 IT 教师专业发展的一种辅助性行为,旨在昭示核心理念和巩固实务性行为,最直接地创造着群体的认同感,使得成员自觉、投入和认同。具体包括开幕式、欢迎会、联欢会、惜别宴会、闭幕式、颁奖、统一着装、佩戴胸章等。

实务性行为是从事专业发展展开的各种学习活动,是通过训练和辅以规范约束而转化为成员实际行动的活动,具体包括主题游戏、微型讲座、教法研讨和技术实践等。符号制品是指携带着特定文化意义的符号、文字、物体,包括标语、标志、技术、产品、制服和建筑空间的物理布局等。

表1 活动目标的分类

认知的目标	习得和同化新知识到现有图式,应用现有知识,建立概念间的联系,引起类推
情感的目标	挑战信念和价值,鉴赏他人观点,产生兴趣、好奇、敬畏和惊诧,把好奇和思维与愉悦的体验联系起来
社会的目标	发展协作和交流技能
发展性技能(智力和肢体)目标	预测、推理、问题解决、调查、观察、测量、分类、检验理论、构造和讲述故事、决策、手动灵巧性、技艺技能等等
个人的目标	增加自信和自我效能,激发进一步探究

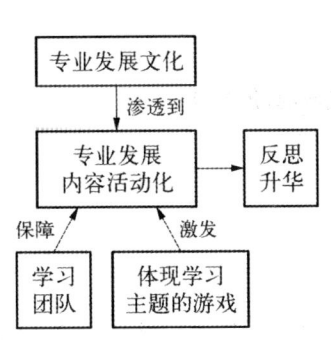

图1 IT教师专业发展的策略架构

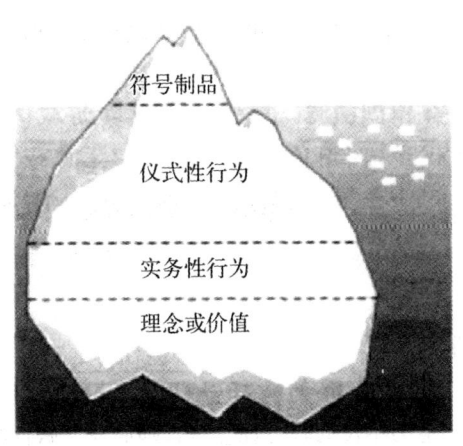

图2 IT教师专业发展文化的设计模型

主题三 教师教育

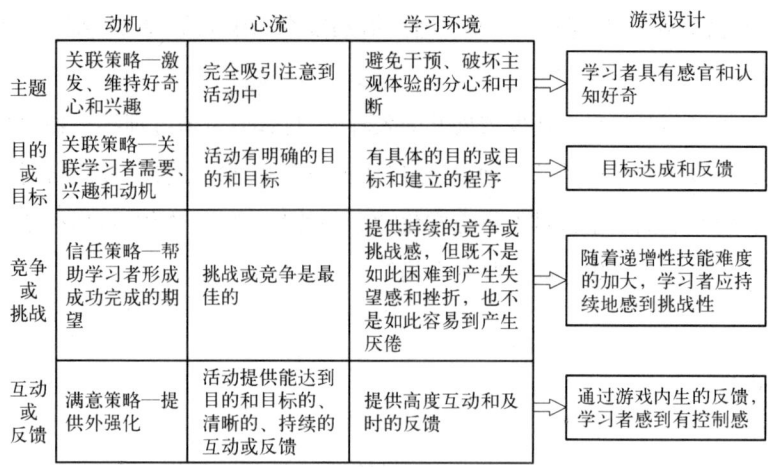

图3 IT教师专业发展中的游戏设计策略

- 游戏正变成一种内容互动的新形式,对探究学习目的具有重要价值,能帮助成人学习新概念、获得专家知识和实践知识。
- 反思升华是指IT教师依据活动的体验和活动中倡导的理论反思个人使用的理论,更加有效地拷问基本假设和实践,反思自己持有的价值和信念,重建或修正个人行动理论,实现个人使用的理论和倡导的理论相一致,形成新的理解、评价、发展知识和建立理论,产生真实变革的过程。

微认证:能力为本的教师开放发展新路向*

魏非 祝智庭

能力本位的教育理念与教师职业实践性特征和成人学习结果导向特点相吻合,

---

* 魏非,祝智庭.微认证:能力为本的教师开放发展新路向[J].开放教育研究,2017,23(3):71-79.

2014年，美国非营利组织"数字承诺"推出的面向教育者的能力微认证系统采用基于实践绩效的评估对教育者能力进行认证，在能力界定、个性适应、体系设计、应用模式等方面体现了能力为本的教育理念，有助于破解当前教师专业发展体系中的难点和瓶颈。能力本位教育（Competency-based Education）形成于20世纪60年代的美国。在质疑和批判教师的教育教学实际能力无法帮助学生适应未来生活的职业和角色时，人们主张将培养与造就教师能力作为教师教育的中心任务，继而形成将实践能力作为认证教师资格的依据、按照职业能力需求组织教学的教育思想。能力本位教育理念强调以"能力"为教育教学的核心和基准，实践是教师职业的基本属性。

一、数字承诺的微认证

数字承诺是美国一个独立的、获得两党支持的非营利组织。数字承诺的"微认证"得到很多教师专业发展实践者、研究者的认可，数字承诺也与多个组织合作开发了200多项能力的微认证。数字承诺的"微认证"是面向教育者的能力认证系统，整个体系体现了能力导向、面向需求、满足个性、方便分享等特点。

二、能力为本："微认证"促进教师发展的实践关照

（一）细化能力要求使得能力可被观察、学习与测量

"微"从汉字本意看有细小、轻微、精妙等意思，在"微认证"中，"微"体现了认证对象"教师能力"的独立、具体、明确等特征。譬如"深度学习"（Deeper Learning）包括40项系列微认证。"深度学习"是学生必须具备的在工作和公民生活中获得成功的技能、理解和心态的总称。根据现有研究，掌握核心学术内容、批判性思考和解决复杂问题、合作、有效交流、学会学习、发展学术思维六类策略有助于学生发展深度学习能力。围绕六类策略，微认证分解了教师促进学生"深度学习"的能力，并开发出40项能力微认证。

（二）弹性空间满足教师个性化学习需要
（三）向下设计提升绩效评估的外部效度

（四）灵活应用实现组织发展目标

三、"微认证"构建教师开放发展体系的实施方略

（一）明确微认证的价值和意义

微认证是一种能力的识别和认证方式，为专业教育者提供一种识别他们正在发展的能力的新方式，并使他们在整个职业生涯中掌握的技能能够得到认可。更准确地说，微认证是一种教师专业发展范式，体现了成果导向的教育理念，以能力为认证成果，推动教师的实践与应用，促进教师的自主学习和发展。微证书有可能成为教育工作者有效学习的重要来源，具有变革教师专业发展的潜力，是一种新的学习形式，是教师专业学习历程的自然延伸。

（二）构建教师发展"生态系统"

参考数字承诺的观点，本文认为微认证教师发展生态体系应由教师、行政单位、微认证机构三个核心角色构成，第三方监管机构和教师教育研究机构在这个生态体系中扮演着重要角色，合作、信息流动、影响与制约、动态平衡都将是该生态体系的基本常态。

（三）严格使用数字徽章

根据教师专业发展以及能力认证需要，一个数字徽章至少需要提供的证据信息包括：证书名称、认证能力简介、可以访问证书取得标准的 URL、证书颁发者信息、证书持有者信息、证书颁发时间等。

四、建议

微认证需要以"微能力"为认证对象，将某一综合能力"分解"为多个"微能力"，这是微认证能力界定的难题；要建立教师能力发展图谱，帮助教师理清微能力之间的关系；微认证的公信力是制约微认证持续发展的关键；对认证结果的认可采纳。

看图说话

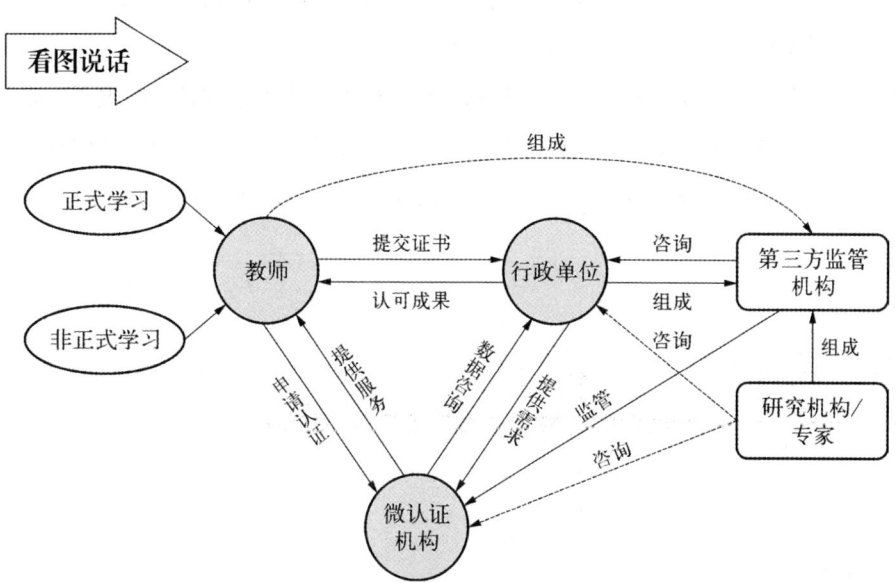

图1 基于微认证的教师发展生态系统

表1 微认证能力认证基本框架

项　　目	概　　述	子　项　目
能力概述	该项能力的概括性描述	
关键方法	体现该项能力的方法概述	
方法构成	能够发展该项能力的策略与方法	
支持的研究成果和资源	与该项能力界定与认证相关的研究成果与资源	研究支撑、资源
提交指南和评价标准	证据资料项目、要求以及通过标准	问题概述、证据/制品、学生反思、教师反思

智语连珠

◆ 与教师专业发展强调"过程参与"的思路不同,"微认证"凸显了能力本位教育理念,体现为一种"结果驱动"的专业发展范式,通过赋予教师在学习目标、学习方式、学习资源的选择权而构建教师发展的开放空间,其设计与实践思路对于破解当前教师专业发展中的问题、构建与创新教师发展环境有重要的启发意义。

◆ 以学习成果为核心设定学习目标与评价标准是能力本位教育的重要主张,其优势在于将学习与工作所需的实践能力联系起来,通过学习成果的界定以及量规、指南等具体要求,反向推动教师的主动应用,引导教师的自主学习行为和课堂教学。

价值导向的教师在线培训学习活动设计*

魏非　祝智庭

　　从探寻教师培训活动的价值导向入手,从教师专业发展、终身学习能力培养、文化基因学等维度明晰了在线学习活动的价值分析框架,并依照此框架梳理了各类学习活动的教育价值。以此为基础从价值导向出发,通过一个真实的教师培训课程,提出并解析了从工具、类型、任务、交互、评价等角度展开的在线活动设计思路,并利用价值分析框架对该课程的活动设计方案进行了评析。

一、在线学习活动的教育价值导向分析

(一) 教育价值导向分析

教师专业发展的诉求;终身学习能力培养的呼唤;文化基因学及价值模因的启示。

(二) 文化基因学(Memetics)是借用达尔文生物进化论的观点来解释文化传承规律的一种理论假设

文化基因论中的核心概念是模因(Meme),根据《牛津英语词典》,Meme 被定

---

* 魏非,祝智庭.价值导向的教师在线培训学习活动设计[J].电化教育研究,2013,34(1):102-108.

义为:"文化的基本单位,通过非遗传的方式,特别是模仿而得到传递。"价值模因(vMemes)是 value 和 meme 的复合体,其中"value 包含在既定条件下决定组织、文化或社会的行为和行动的价值观、态度、伦理标准等"。按照螺旋动力学的观点,人类的价值观念和文化精神在一生中所经历的进化历程总共表现为八种不同层次的价值,并可分别用米色、紫色、红色、蓝色、橙色、绿色、黄色、青松色进行表示。处于每个层次的人们拥有不同的价值观(价值模因)。不同的思考和行为方式,以及不同的人生感悟。同时,不同的模因/世界观同时与特定的需求和学习、教学偏好也有关。

(三)在线学习活动的价值维度

以"个人化—社会化、接受型—反思型、封闭型—开放型"等三个维度作为分析学习活动教育价值的框架。三个维度中的变量抽取出来进行对比分析,并非认为他们之间是对立关系,进行对比分析是为了更准确地把握学习活动的价值倾向,继而能根据教师培训的需求、主题以及参训教师的特点进行设计和组合。

二、在线学习活动的分类及教育价值

根据人类的学习类型将学习活动分为四大类:理解类活动,指提供文献类、讲座等数字化学习资源促进理解和认知;构建类活动,指提供案例、模板等资源和工具的操作实践;分享类活动,着重指师生之间所进行的分享交流;评估类旨在促进评价反思。

三、学习活动设计的角度和层次

(一)平台工具的选择:参考工具技术的特性
(二)活动类型的选择:以培训目标为依据
(三)活动的任务设计:探寻好任务的标准

学习活动理论认为,学习任务是学习活动中最重要的组成部分,是学生应该完成的具体事务或者主题。好的任务,参考国际知名的教育技术学者托马斯·里维斯(Thomas C. Reeves)等人总结的网络环境下真实活动(Authentic Activities)

的十个特征,可以梳理任务的标准:紧扣学习目标,反应学习内容的掌握;以实践和问题为导向,尽可能提供接近教学情境中的实践任务;能够有效地引发学习者运用高阶思维;创造更多的自评和互评的机会,促进教师的自我反思;有效地整合评价,将任务完成的过程和结果与评价挂钩。

(四)活动的交互设计:关注学习者的参与

美国远程教育专家穆尔(Moore)将交互分为三种类型:学习者与学习内容交互、学习者与教师交互和学习者与学习者之间交互三种类型。

(五)活动的评价设计:引导实现学习目标

四、活动设计中的六个关键词:价值导向、工具、类型、任务、交互、评价

"价值导向"发挥着正确而积极的引导和推动作用,"工具"奠定了活动设计的系统功能前提,"类型"保证了从目标内容到活动形式的科学推演,"任务"确保了与教学实践的贴合性,"交互"提高了学员的参与积极性,而"评价"从实施成效方面夯实了课程目标达成度。可以说"价值导向"是活动设计的准绳,也是活动设计的起点,而借助其余五个要素可以形成科学、合理、全面的活动设计方案。

看图说话

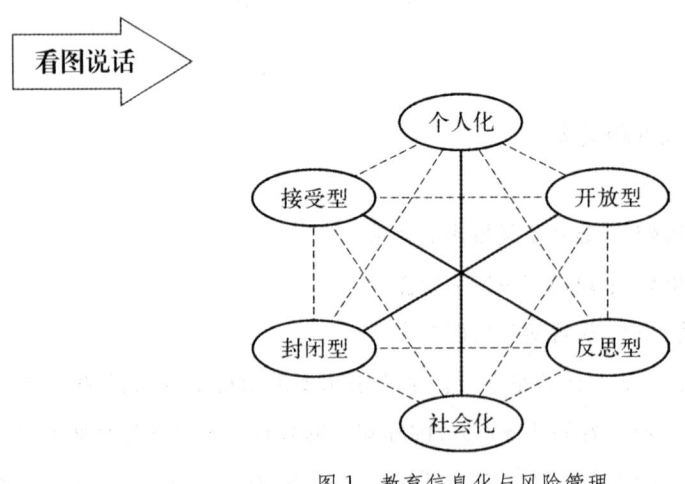

图1 教育信息化与风险管理

表1　模因与学习风格

模　因	需　　求	学习/教学风格
米　色	寻找所需要的	本能的学习,自动反应
紫　色	用仪式向神祈求	使安心,重复,以群体习俗为荣
红　色	与能够满足需求的权利适应	强化,权利关系,个人学习,奖励
蓝　色	遵循规则,而不超越角色	独裁主义,次序和纪律,正确回答
橙　色	超越,设定目标,衡量成功	建立民主,风险控制,竞争,进取心
绿　色	欣赏差异性,寻求一致	合作学习,尊重他人的观点,公正
黄　色	通过洞察整合差异性,完善认识	跨学科学习,自由发展和发现
青松色	和平表达全面的自我	整体学习,内在智慧

智语连珠

- ◆ 任何一类事物产生的原因总归是有现实的需求,学习活动得到重视和发展的原因之一在于其能实现教育目标,并能凸显培训的教育价值。
- ◆ 对于任何一个培训项目而言,外显的是微观目标,而内隐的则正是宏观目标,培训系统中的诸要素将形成合力,助力两方面价值的实现。
- ◆ 分类是认识事物的重要途径,有效分类可以使复杂无序的事物系统化,从而达到认识客观世界的目的。

教师信息技术应用能力发展的可持续方略
——学习生成的视角*

赵俊　闫寒冰　祝智庭

一、学习生成的内涵

学习生成的视角契合了教师信息技术应用能力发展本身的需求,强调让能力提升回归教师主体、回归实践,尊重并认可教师学习应用技术的动态性、发展性和创造性。总体来说,生成的视角是让学习回归主体、回归生活、回归实践;强调学习本身的动态性、发展性及创造性;重在研究生成的对象、机制、模型及其应用。

(一) 哲学的起源

所谓生成,实际上是观照世界的一种思维方式,它认为事物是在发展过程中形成的,不是所谓的"本质"既定的。与近代哲学中主张"主客二分"的"超验"本质主义不同,生成的思维主张人和客观世界的统一,强调关注过程甚于本质;强调关注差异甚于统一;强调创造甚于预定。

(二) 心理学的视角

美国教育心理学家威特罗克(Merlin C. Wittrock)吸纳了认知科学、建构主义和神经科学等相关理论成果,开展了大量实验研究,首次从生成的角度研究学习,并提出了具有影响力的生成性学习模式。生成是"核心",是"学生设置新模式和解释(Explanation),或者使用、修改旧模式和解释,把新信息组织进一个牢固的整体,这个整体会弄清楚新信息并且使之与他们的经验和知识相一致";生成性学习模式中包括四个主要成分,即生成、动机、先前的知识、学习策略。

---

* 赵俊,闫寒冰,祝智庭.教师信息技术应用能力发展的可持续方略——学习生成的视角[J].电化教育研究,2016,37(4):121-128.

(三) 教师学习的生成

教师认知研究中的生成；教师知识研究中的生成。主要有两条基本线索，其一是舒尔曼提出的学科教学知识（PCK），其二是教师个体的实践性知识。从 PCK 到融入了技术的 TPACK，提供了教师知识分类的框架，将学科、教学、技术三者及其相互融合的部分综合起来考察，避免片面地、孤立地看问题。采用现象学等方法回归教师的生活世界，去探析教师个体实践性知识的生成机制。教师知识，尤其是实践性知识通常被认为具有内隐性。

二、成人学习理论中的生成

教师学习的生成过程不只是知识和认知的形成，还包括需要、动机、信念等调控学习生成的要素。成人学习理论重视个体学习的已有经验、目标生成、动机激发和自我导向，可借鉴的理论包括嬗变理论、余力理论、熟练理论、知觉理论和自我指导学习理论。另外，教师学习的生成包含同化和顺应，顺应倾向于教师本身观念的转变、认知模式的重构，这种深度的生成过程更值得关注，成人学习理论中的转化性学习（Transformative Learning）采用批判的视角研究个体和群体的转变，为变革中的教师研究提供了指导思路。

三、学习生成：教师信息技术应用能力发展的内在需求

首先，从教师学习的自身诉求分析，生成是教师学习的建构需求，教师学习不是知识的传授，而是教师依赖于自身已有的知识积累和实践经验，与外部环境交互实践的过程中，动态完成的意义及关系建构。其次，从能力发展本身的特点分析，教师信息技术应用能力发展具有情境性、动态性和主动性等特征。

较为成功的项目包括英特尔®未来教育教师培训、信息化教学创新高级研修、教师教育技术课程开发。它们的共同点有：（1）为教师提供了生成的机会，利用模板、支架等预设工具，引导教师结合自身经验生成新的单元教学方案等成果；（2）教师学习生成的过程是转变思维方式、主动实践的过程；（3）强调教师的创造性，充分利用生成性资源。

四、学习生成机制：教师信息技术应用能力发展的内在逻辑

当学习环路从一个象限转向另外一个象限时，转化就发生了，这四个象限的交界面代表学习的四种转化过程。(1) 从第Ⅰ象限到第Ⅱ象限发生的内化过程（Appropriation），主要指个体依据已有经验进行某种社会文化活动。(2) 从第Ⅱ象限到第Ⅲ象限的转化过程（Transformation），主要指个体根据所处情境和自身需要作出适应或改变，形成新的理解和建构。(3) 从第Ⅲ象限到第Ⅳ象限的外化过程（Publication），主要指个体凭借新的理解和建构实践于外部世界。(4) 从第Ⅳ象限到第Ⅰ象限的俗化过程（Conventionalization），主要指与外部世界的观点交互碰撞，逐步形成创新的实践与文化。

五、学生生成目标

学生生成目标主要包括评价思维、情境适应性和实践性知识等三个方面。其中，评价思维表现为：能力评价的整体思路、教学过程与评价相结合的嵌入式评价思维、以学生自评互评为方向。情境适应性表现为：21世纪技能在本学科本单元中的外部表现、设计培养21世纪技能的教学活动、设计结合学科教学的评价设计方案、设计量规等有效便捷的评价工具、班组中教学评价策略的应用。实践性支持表现为：关于自身评价思维模式现状的反思、关于学科核心能力在具体单元的体现、关于特定情境评价切入点的选择、关于特定情境评价重心的选择、关于评价数据的解读。

六、学习生成的过程

首先，内化过程是指教师用已有的经验及认知图式理解外部世界，生成取决于教师自身的内部经验结构和外部世界的冲突程度。其次，转化过程是指教师思维方式的改变，相当于皮亚杰所提到的"顺应"，安德烈·焦尔当教授研究的"变构"。再次，外化过程是在具体的教学情境中检验新思维的教学实践，是教师将新

思维在学科教学中作出适应性调整、获取实践性知识的关键环节。最后,俗化过程是指生成的实践策略为外部世界所讨论、接受、效仿的过程,是教师之间、实践性知识之间形成互联互通的关键环节,是再塑教师技术应用文化、学习文化的重要契机。

 看图说话

心理学家哈瑞提出了著名的"维果茨基空间",如图1所示,这个学习环路模型呈现了"内化—转化—外化—俗化"的过程,即个体的成长依靠吸收集体或文化成分,又通过学习成果的外化和俗化,促进集体成长的学习循环。

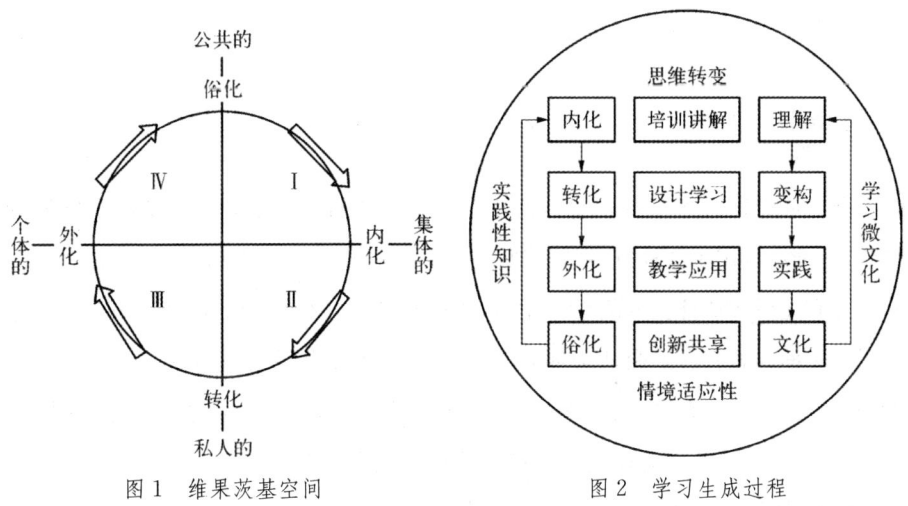

图1 维果茨基空间　　　　图2 学习生成过程

 智语连珠

- 现阶段,我国教师的信息技术应用能力水平正处于"初步应用整合"阶段,正在向"融合创新"阶段推进。
- "融合创新"意味着开放、无缝、智慧的学习环境,意味着常态、生态、创新地应用信息技术,意味着技术对教育革命性的影响。

- ◆ 人类的学习并不是知识传授的过程,是个体与外部环境进行实践活动的过程中"动态生成"的,教育教学的过程本身就是创造生命意义的生活过程。
- ◆ 把教师当作被动的接受者来灌输知识,不仅会导致低效的培训,也会伤害教师学习的热情。
- ◆ 教师信息技术应用能力发展既不是培训课程的灌输,也不是"标准既定,一切既成"的静态文本兑现,更不是被动地接受脱离具体情境的操作训练,而是教师通过主动实践生成的技术应用思维、情境适应性和实践性知识。

基于微认证的教师信息技术应用能力发展生态系统构建研究*

魏非　闫寒冰　祝智庭

微认证(Micro-credentials)为教师提供一种证明正式与非正式学习及成果的机会,教师可以用工作样例、视频或其他制品形式作为证据申请认证,并公开掌握的能力和完成的认证。近两年,美国非营利组织数字承诺(Digital Promise)已经建立了一套面向教育者的微认证体系,围绕着设计、开发和实施形成了较为完整的系统,并与30多个教育发展组织合作开发了超过200个微认证项目。微认证既是一种能力认证方式,同时还是一种新的教师专业发展范式,项目关联了教师学习、教师实践、评估与认证,凸显了能力本位的教育理念,创造了一种新的教师能力发展生态,对于构建教师信息技术应用能力的系统发展环境非常有学习与借鉴价值。

数字承诺微认证系统中的教育者,包括了一线教师、校长、图书管理员、教师发展教练等教育系统中的相关对象。认证内容是教育者需要掌握和具备的专业能力,如数据分解能力、概念生成能力、概念地图制作能力等。选择、收集、提交和分享是微认证的四个基本环节。教育者参与微认证的过程同时也是能力的学习与

---

* 魏非,闫寒冰,祝智庭.基于微认证的教师信息技术应用能力发展生态系统构建研究[J].电化教育研究,2017,38(12):92-98.

实践过程,他们不再仅仅被要求思考"能力要求",而需要在实践中证明"能力变化"。

微认证凸显了能力本位的教育理念。微认证重构了教师专业发展的生态。微认证有效串接了学习、实践、评估、反思等教师专业发展的不同方式。

微认证中教师能力获得认可的"凭证"是数字徽章。相对于传统徽章或证书,数字徽章可以方便、直接地在社交媒体上展示以证明个人具备的能力,同时可以内嵌更为丰富的数据与信息,使得这种认证形式更为真实、具体而公信力突出,且与教师信息技术应用能力的展开情境与发展目标相呼应。数字徽章核心部分是证明其有效性、真实性、来源及价值的信息,包括接受者、发布者、标准及标书、证据、授予日期、有效期、证书或声明等。

教师信息技术应用支持体系中的数字徽章元数据,至少需要包括拥有者、颁发者、能力描述、评价标准、证据及反馈、标签、日期、有效期、声明等。

基于微认证的教师信息技术应用能力发展系统体现了能力为本的教育理念,具有较好融合教师学习与教师实践的特性,契合了教师信息技术应用能力发展的需要,有望超越"培训"成为新时期教师信息技术应用能力发展的新生态。

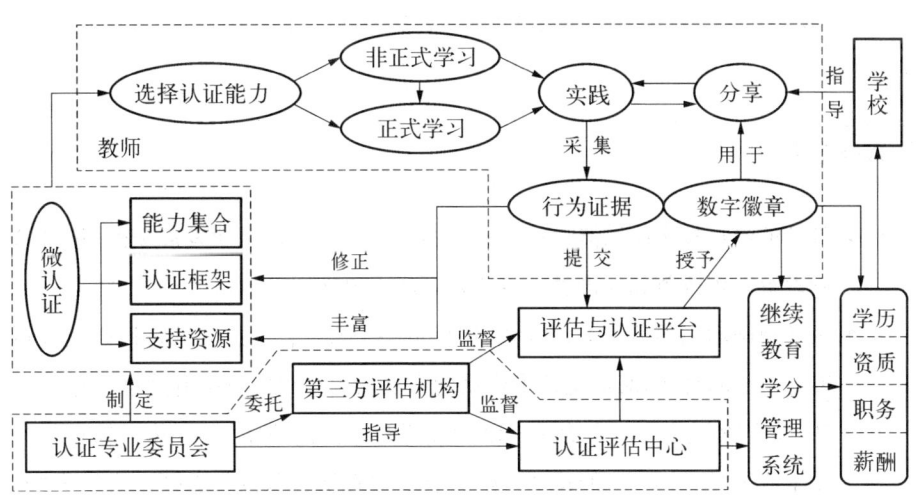

图1 基于微认证的教师信息技术应用能力发展生态系统

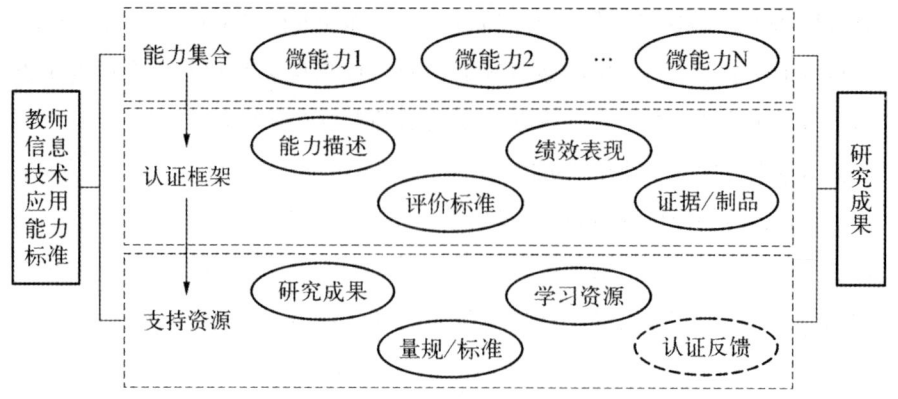

图 2　微认证项目的设计与开发框架

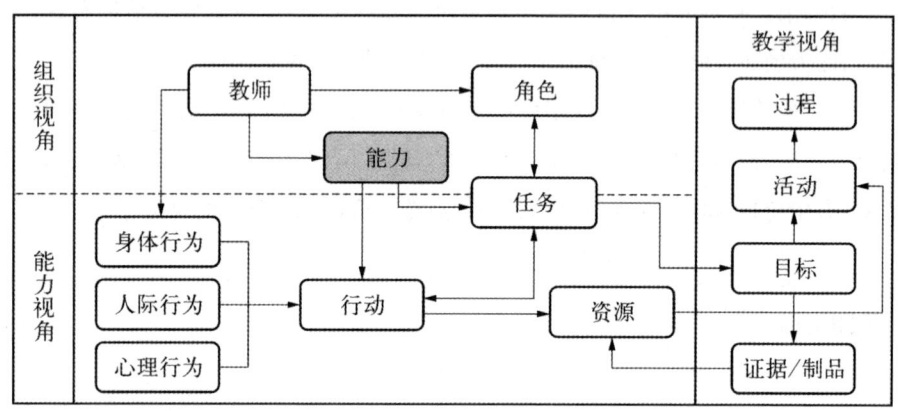

图 3　教师信息技术应用能力分解的基本思路

> 智语连珠

- ◆ 教师的信息技术应用能力提升被认为是破解教育信息化发展瓶颈、推进基础教育课程改革和促进教师专业发展的重要软实力。
- ◆ 由于教师职后培养研究的缺失,我们忽略了教师作为成人的特性以及教师能力发展的规律,对信息技术应用能力现状的忧思以及提升速度的过度关切,使得我们过分倚重"培训"和"评估"的外在推动作用,遮蔽了教师信息技术应用"能力为本"的特征、能力发展"实践情境",以及教师成人作为"能动个体"的核心意义。

◆ 从职业能力开发视角来看,能力是知识、技能和态度与具体的职位或工作情境的结合,教师信息技术应用能力是一种教育教学情境中的能力,是中小学教师运用信息技术改进工作效能、促进学生学习成效与能力发展,以及支持自身持续发展的专业能力。

基于教育设计研究的微认证体系构建
——以教师信息技术应用能力为例*

魏非　闫寒冰　李树培　樊红岩　祝智庭

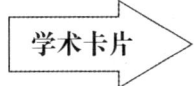

微认证是当前国际上常用的面向成人专业能力的认证方式,基于微认证开展教师能力评估可以推动教师立足真实场景开展学习与实践,继而创新教师专业发展范式。微认证开发过程模型,由角色分析、能力分解、认证规范开发以及调研试用四个阶段构成,可以作为微认证体系开发的基本方法论;微认证规范框架,包括能力类别、所属环境、能力概述、实践建议、提交指南与评价标准、开发依据等要素;教师信息技术应用能力微认证体系,包含适用于多媒体教学环境、混合学习环境以及智慧学习环境的35项微能力以及认证规范。目前国内外仍缺乏行之有效的能够构建理论学习与教学实践良性互动生态的操作模式。微认证是国际上一种面向成人专业能力的认证方式,倡导对独立、具体、明确的专业能力进行评估,同时依据实践成果对能力进行认证考核。

微认证的"微"体现为认证对象是"小而实"的能力,其吸引力之一是将复杂的教学技能分解为多个基本部分。根据微认证应用目标,我们认为能力分解需要满足"反应核心要求、体现发展需要、绩效成果导向、能力粒度相当"的基本要求。

能力模型构建方法与模式。能力分解过程本质上是提取和勾勒关键能力的过

---

* 魏非,闫寒冰,李树培,樊红岩,祝智庭.基于教育设计研究的微认证体系构建——以教师信息技术应用能力为例[J].开放教育研究,2019,25(2):97-104.

程,可以视为能力模型构建过程。国际培训、绩效、教学标准委员会(the International Board of Standards for Training Performance and Instruction,简称 IBSTPI)、国际人才发展协会(The Association for Talent Development,简称 ATD)、人力资源管理领域常将胜任力模型(Competency Model),上述三项能力标准或能力模型构建实例综合运用了以下方法:关注已有标准和研究成果;重视对当前实践活动、案例及应用数据进行分析以获得启示;采纳专家或专业人士的观点;广泛采用文献研究、案例研究、访谈调查等方法,基于数据开展实证分析。

能力取向评估设计。能力取向评估(Competency-based Assessment)是实现能力本位教育理念的必要条件,侧重于实现某些既定的结果,如学生能力或实际成就。普林斯顿大学创造领导中心的摩根·麦考儿(Morgan McCall)、罗伯特·W·艾兴格(Robert W.Eichinger)和迈克尔·M·隆巴尔多(Michael M.Lombardo)三位研究者 2000 年针对成人能力发展提出了"7-2-1 学习法则",即对成人而言,70%的能力是从工作中发展的,20%的能力是与他人交流中提升的,仅 10%的能力是通过正式培训提高的。

教师信息技术应用能力。信息技术应用能力是信息化社会教师必备的专业能力,是中小学教师运用信息技术改进工作效能、促进学生学习成效与能力发展,以及支持自身持续发展的能力。国际教育技术协会(ISTE)2017 年发布的《教育者教育技术标准》,基于深化教育工作者的实践、促进同行合作的理念,从教育者作为学习者、领导者、公民、合作者、设计者、促进者和分析师七个角色阐明了教育者如何利用信息技术成为赋权增能的专业人士。

美国数字承诺组织面向教育者的认证框架要素包括:能力概述、关键方法、方法构成、支持的研究成果和资源、提交指南与评价标准等。教育环境从多媒体教学环境到混合学习环境再到智慧学习环境的变化,体现了教育环境在技术支持下的逐步优化和改进,对教师能力要求的重点也从基于技术传递教学内容,逐渐转向创设环境与资源、支持学生解决问题、推动深度学习以及对学习过程进行监控和评估等。

构建和完善微认证体系的关键在于:第一,面向用户的敏捷设计。第二,循环往复的迭代优化。第三,理念与实践的互动共生。从教师信息技术应用能力微认证体系构建过程看,微认证体系构建分四阶段:第一阶段是从职业角色出发关注对应的绩效标准、学术研究成果、当前实践活动、相关利益者的价值观,以及对职业或领域的展望,经系统化梳理后厘清职业角色需求与能力发展目标,达成对能力内涵与意义的准确理解;第二阶段是确定能够体现职业角色并有助于达成绩效标准的知识、技能和情感态度等,分析确认履行角色所需的关键能力;第三阶段是对能力进行准确阐述,清晰说明其行为表现,并将得到确认的能力分组归入相关维度,不断修正能力分解成果,并开展认证规范的设计与开发;第四阶段是对初步形成的微认证体系进行调研试用,通过用户反馈对分解形成的微能力及认证规范进行有效性和合理性验证,收集建议并不断改进。在此过程中,本研究依据调研试用及专家访谈等反馈,重复第一到第四阶段的步骤,循环迭代不断改进开发成果。

看图说话

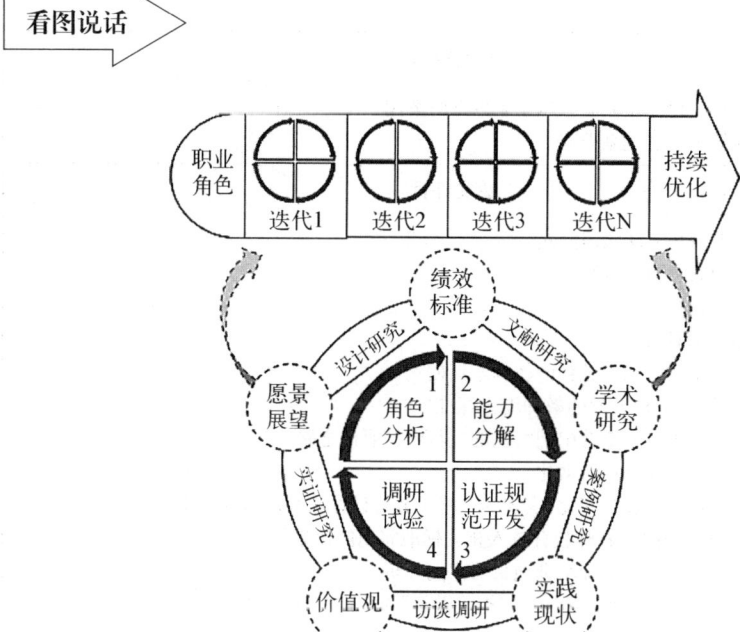

图1 微认证开发过程

智语连珠

◆ 微认证关注实践工作场景中的能力表现,能够有效推动教师立足日常工作的主动学习、应用实践和自我反思,其创新教师专业发展范式、破解教师培训与实践脱节困境的潜力逐步得到认可,被认为是促进个性化学习的方式,具有变革教师专业发展的潜力,是教育工作者有效学习的重要来源,有助于破解当前教师专业发展中的难点和瓶颈。
- ◆ 在处理理论与实践关系时,研究者应特别注意的是避免落入从研究到实践的单向思维窠臼,尽可能地彰显立足实践、面向实践、服务实践的价值主张,在理论与实践的双向互动中确保微认证目标的有效达成。

主题三　文章列表

论文精选
大型教师培训项目文化建设:英特尔未来教育的案例 面向智慧教育的教师发展创新路径
论文评析
教师的信息化专业发展:现状与问题 教师继续教育新模式:网络研修 教师专业发展的实现模式 信息化视野中的教师教育 英特尔未来教育:面向信息化教育的教师培训模式 解析英国《ICT应用于学科教学的教师能力标准》 信息时代的教师继续教育:走有中国特色的"混合式"研修之路 教师培训的新思路:培训课程活动化 大规模教师远程培训的"去专家化"实现——基于教育设计研究的成果实例 让标准照进现实——国内外教师教育技术相关标准实施的比较 学习支持的实用价值:一个教师培训项目的案例分析 信息技术教师专业发展新策略架构——"携手助学"项目的实践探索 微认证:能力为本的教师开放发展新路向 价值导向的教师在线培训学习活动设计 教师信息技术应用能力发展的可持续方略——学习生成的视角 基于微认证的教师信息技术应用能力发展生态系统构建研究 基于教育设计研究的微认证体系构建——以教师信息技术应用能力为例

祝智庭教育信息化学术思想素描

朴道励行 见智见人

下册

组　编　Z-Team
主　编　钟志贤　易凯谕
参加编写　王双双　王宏胜　王姝莉
　　　　　李文娟　陈佳骊　昌　娜
学术指导　祝智庭

华东师范大学出版社

主题四 教学设计

论文精选

创客教育：信息技术使能的创新教育实践场*

祝智庭 孙妍妍

[摘 要] 在创客运动（Maker Movement）席卷全球的影响之下，创客教育（Maker Education）融合信息技术的发展，开拓了创新教育的新园地。该文通过对中外相关文献的综述和分析，对创客教育的内涵进行了归纳，并对创客教育在我国的现状以及发展方向进行了深层次解读。在新兴科技和互联网社区的发展大背景下，创新教育以信息技术的融合为基础，传承了体验教育、项目学习法、创新教育、DIY理念的思想。创客课题的八个要素包括：课题的切身性、课题的复杂性、充足的资源、互动和合作、高强度、合理的时间安排、分享教育以及新颖性。在我国，创客教育具有贯彻以学生为中心的教学思想、促进学生间的交流合作、推进教育信息化进程、发展学生的动手能力、培育"尚技重工"的文化等优势。推进我国创客教育的方式有：设立多校共享的创客中心、提供相应的教师培训、鼓励器材的研发生产、创建社区创客中心、创建良好的激励机制。

[关键词] 创客教育；技术使能；创新教育

---

* 原载于《中国电化教育》2015年第1期。

一、创客教育概述

1. 从创客到创客教育

随着互联网热潮和 3D 打印技术、微控制器等开源硬件平台日益成熟,创客教育(Maker Education)正在掀起一股席卷全球的教育变革浪潮。虽然创客教育至今还没有一个正式的官方定义,但创客的理念已日趋成熟,在教育界引发一股新思潮。创客源自英语单词"Maker",原意是指"制造者"。现在,创客用于指代利用网络、3D 打印以及其他新兴科技,把创意转换成现实,勇于创新的一群人[1]。

到目前为止,全世界已经建立了超过 1 400 个创客空间(Maker Space),这一数字还在持续增长。在创客空间当中,创客们在一起协作,利用空间里的科技和硬件实现他们的创意[2](图 1 是位于美国罗切斯特的一家创客空间)。与此同时,世界各地的创客们还通过网络社区(例如 makespace.org)联系到一起,互相帮助,互通有无。美国最早的创客空间的联合创始人 Mitch Altman 认为,创客空间并不需要物资上的奢华,最重要的是能够为每个参与者提供一个可以自由交流思想、一起探索未知的环境[3]。

图 1　美国罗切斯特的创客空间

随着创客空间的普及,创客精神越来越多地引起了教育者的思考和共鸣。美国地平线报告(New Horizon Report)2014年高等教育版中指出,在未来三到五年之内,美国高校学生有从知识的消费者(Consumer)转换为创造者(Creator)的趋势,而创客教育在这个转变中将会起到十分重要的作用[4]。

对教育者来说,创客精神与学生们旺盛的求知欲和"在实践中教学"的教育思想不谋而合[5]。虽然创客教育不会直接教授学生基础知识,但在当"创客"的过程中,学生将有机会运用到数学、物理、化学甚至艺术等多学科的知识[6]。在创客教育中,学生不再是知识的被动接受者,而是身兼数学家、科学家、发明家[7]等多重角色。创客教育所倡导的提出问题并利用自己的创造力解决问题的过程,对学生能力的培养至关重要。

2. 教育界的创客运动(Maker Movement)

2014年高等教育版的美国地平线报告中预测,学生从知识的消费者转变为创造者,将是未来三到五年内的趋势,而在教育界日趋发展壮大的创客运动,正是这一预测的一大表现[8]。在美国的基础教育和高等教育界,创客运动正以不同的形式兴起。

2013年,美国巴尔的摩市建立了电子港科技中心(Digital Harbor Tech Center),为巴尔的摩公立学校的学生提供创客空间(中心网站:http://www.digitalharbor.org/)。巴尔的摩市公立学校的中小学生可以在电子港科技中心注册课程并使用中心设备来进行创客课题。与此同时,电子港科技中心也为广大教育者开设课程培训和研讨会,用来推广3D打印等新兴科技。电子港科技中心还鼓励社区居民们以家庭为单位,共同到科技中心的创客空间来,一起享受创造的快乐。目前,该中心正在逐渐发展壮大,为巴尔的摩的学生和居民提供了学习和创造的空间。

在美国高校里,创客运动也在蓬勃发展。目前,University of Wisconsin, Madison、University of Nevada, Reno、University of Mary Washington、Stanford等60多所高校已经陆续在校园里开设了创客空间[9]。这些创客空间和传统的科学实验室不同,它们并不隶属于任何院系,而是独立向广大师生开放。开放性是高校创客空间的一大特点,创客空间随时向各学科、各年级学生开放。在创客空间进行的实验,没有固定要求,而是以学生的具体需求和兴趣来决定。有时候教授们也会在创客空间开设课程,但这些课程往往比较随意,也不计入学分。

为促进创客运动在教育界的发展,斯坦福大学还开设了学术奖学金,鼓励广大教育者申请。每年斯坦福大学将会为十位教育工作者提供学术奖学金,用来鼓励他们实践并研究创客运动在不同教育领域的应用。

二、创客教育萌发的社会文化背景

近些年来,新兴科技和互联网社区的迅猛发展为创客教育的萌发提供了客观条件。1982年,日本名古屋市工业研究所首次公开实现实体模型的印制。在科学家不懈的努力下,自2010年商用3D打印机开始出现起,3D打印机功能不断逐渐完善,价格不断下降,产量和销量持续高涨。通过计算机建模软件,人们可以轻松地将建成的三维模型通过3D打印机打印成实物。与此同时,Arduino、BeagleBone和Raspberry Pi等开源硬件平台的发展和成熟,也和3D打印技术一起,降低了科技创新的门槛和成本。在当今的时代,创造和创新已经不是科学家的专利。在这些低价创新工具帮助下,即使是普通人,也有能力将自己的想法和创意转换为现实[10]。

除了新兴科技带来的硬件平台,互联网社区的发展也为创客运动提供了便利条件。除了实体的创客空间,很多创客团队都在网上设立了自己的社区,用于发布消息、分享资源和交流学习。这些网络社区把在现实生活中分散在各地的创客联合起来。每一个创客既有自己独立的活动,又和团队密不可分。在硬件平台为创客提供技术平台的同时,网络社区为创客提供了交流平台。不同于独自闭门造车,在网络社区里,创客可以取长补短,最大限度发挥自己的长项。

三、以学生为中心和与实践相结合的教育理念

虽然创客教育是近年来新兴的教育理念,但它的理论基础是建立在多种成熟的教育理念之上的,例如体验教育(Experiential Education)、项目教学法(Project-Based Learning)、创新教育等、DIY(Do It Yourself)理念。

体验教育(Experiential Education)的理念的源头,可以追溯到教育学家杜威(John Dewey)在20世纪初提出的"做中学"(Learning by doing)的教育思想[11]。

杜威教育学理念的广泛传播,使人们意识到在体验教育里,解决问题的能力和批判性思维的培养比死记硬背和单纯的认知能力训练更加重要。体验教育的核心是学生在主动积极参与的情况下进行学习[12]。在体验教学当中,学生是学习的中心。教师起到了一个辅导者(Facilitator)的作用,负责设计和真实世界相关的教育任务,调动起学生的积极性和加强学生的参与度。值得注意的是,在体验教育当中,重要的并不是学习成果,而是学习过程本身[13]。在体验学习的过程当中,测评和反馈是十分重要的。完成任务并不是学习的终结,随之而来的深度体验、反思和改进才是体验教育里最重要的因素[14]。

项目学习法(Project-Based Learning)理论基础和体验教育相似,认为学生能够在互相协作完成一个特定任务和解决问题的过程当中进行学习[15]。项目教学法常常以一个持续几周乃至一学期的任务为中心,让学生在分组协作完成任务的过程当中进行学习。虽然项目学习法有很多灵活的方式[16],但和体验教育一样,项目学习法并没有固定的教学大纲,并强调以学生为中心的模式,强调并培养学生的自主学习能力。

在我国,创新教育是中央教育研究院在1998年正式提出的理念,在教育学界引起了很大的反响,并有效地推动了我国教育改革的进行[17]。朱永新等在文章中指出:"创新教育也就是根据创新原理,以培养学生具有一定的创新意识、创新思维、创新能力以及创新个性为主要目标的教育理论和方法。"[18]在具体实施上,创新教育有不同的形式,但最终目的是培养学生的开创性个性[19]。

除了教育理念之外,创客教育也受到了DIY理念的影响。DIY理念对人们并不陌生,泛指不通过专家和专业人士的帮助,自己修理、改造、制造或创造一样东西的过程。DIY理念强调培养自己动手的能力和享受自己动手的成果,在创客运动中发挥了不小的影响。事实上,很多创客都是从DIY爱好者开始走上创客之路的。

不难看出,在创客教育中分别融合了体验教育、项目教学法、创新教育以及DIY理念当中的一些元素。如图2所示,展示了创客教育的理论融合。首先,创客教育强调了体验教育中的深度参与,继承了在实践中学习的思想;其次,创客教育的框架和项目学习法相似,都以一个特定的学习任务为中心,使学生能在分组协作完成任务的过程中完成学习,培养学生解决问题的能力;第三,创客教育继承了创新教育的理念,以培养学生的创新意识、创新思维以及创新能力为目标。此外,创客教育还包含了体验教育、项目教学法、创新教育的共性：即以学生为中心，强调并培养学生的自主学习能力。而DIY理念也融合在了创客教育之中，即培养学生的动手创建、精益求精、尚工重器的"工匠精神"。在已有教育思想和理念之上，创客教育融入一个新的因素——信息技术的促进作用。作为新兴的教育理念，创客教育更加依赖于科技。虽然很多教师在应用项目教学法时，也会借助于科技来辅助教学，但这并不是必要的要求。在传统课堂里，教师也可以设计项目学习法的相关活动：例如请学生计算装修房间的建材花费、为动物园设计游客中心等等。而在创客教育当中，信息技术起到的是必不可少的作用，这在后文中会加以阐述。

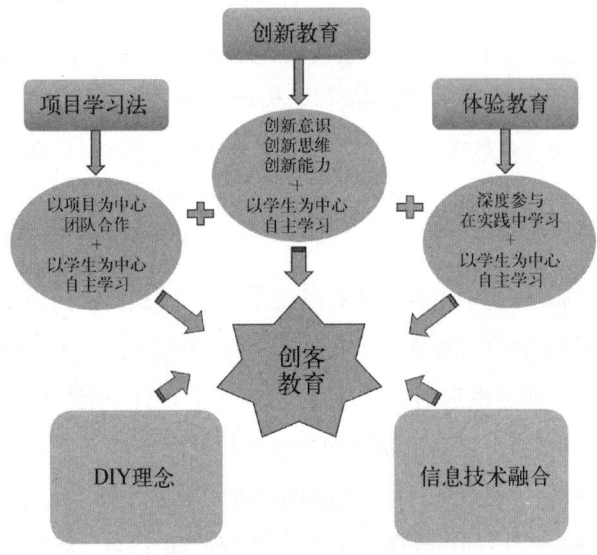

图2　创客教育的理论融合

综上所述，在新兴科技和互联网社区发展的大背景下，创新教育以信息技术的融合为基础，传承了体验教育、项目学习法、创新教育、DIY理念的思想，开始走向人们的视野，并为越来越多的教育者所青睐。

四、创客教育的特性

1. 创客课题的八个要点

虽然创客教育的方式五花八门，但成功的创客教育都有其共性。Sylvia Libow

Martinez 和 Gary S. Stage 总结了一个好的创客课题(Maker Project)所需要的八个要素[20]。笔者在这八个要素的框架下,综合多方资料加以阐述,总结出好的创客课题应该具有的八个要点,如表1所示。

表1 创客课题的八个要点

课题的切身性	调动学生积极性并与实践相结合
课题的复杂性	促使学生用多个学科的知识来合作完成
充足的资源	充分利用各种资源为学生创造条件
互动和合作	取长补短、互相学习、分享信息
高强度	激发学生的自觉性和潜能
合理的时间安排	给学生提供充裕的完成时间/充分利用课余时间
分享教育	分享资源、分享知识、分享成果
新颖性	激发学生创新精神、打破思维定式

(1) 课题的关切性

一个好的创客课题,应该能够在最大程度上调动学生的积极性,并和实践相结合。在设计课题的时候,老师应该思考这样几个问题:这个课题和学生自己的兴趣相关吗?这个课题能够引发学生的关注,让学生愿意投入大量的精力、时间和创造力吗?一种选择课题的方式,是把课题和学生的生活学习联系起来。多数人都倾向于更加关心自己身边的事情,如果能把创客课题和学生自身生活联系到一起,这种"关切性"将更容易激发学生的兴趣。然而,与生活相关的课题并不是唯一的选择。在网络时代,学生有机会接触来自多方面的信息,能够获得各界知识,并培养多方面兴趣。利用学生的兴趣来选择课题也不失为一个好办法。如果条件允许,可以让学生参与到课题的设计上来,让学生更有参与感。

(2) 课题的复杂性

一个好的课题,应该促使学生们用多个学科的知识来合作完成。虽然创客课题并没有教学大纲,但教师在设计课题的时候可以考虑学生的已有知识储备和各自擅长的领域,调动学生潜力,使学生能够最大化地利用已有知识来解决问题。

(3) 充足的资源

完成一个创客课题往往需要很多不同的资源。在学校条件的允许下,教师应该在最大程度上为学生提供硬件设施。然而,并不是只有昂贵的科技产品才能够为创客课题提供资源,教师应该因地制宜,鼓励学生发挥主观能动性,将手头资源发挥最大化的作用。除了硬件资源,教师还应鼓励学生从多种渠道获取信息,并培养甄别信息的能力。在互联网时代,人人可以轻易获得大量信息。然而,在繁杂的信息中提取有效部分,去伪存真,是在互联网时代一种新的学习能力,也是学生完成创客课题必须的能力。

(4) 互动与合作

同学间的互动和合作,是完成创客课题时必不可少的一环,而互动和合作本身也是学习的一部分。社会建构主义学派(Social Constructivism)认为,人们可以通过彼此之间的交流合作,在已有的知识储备和经验的基础上,构建新的知识[21][22]。而创客课题为新知识的构建提供了一个合适的环境。在完成创客课题的过程当中,每位同学的参与和贡献都至关重要。在一个小组中,往往每个成员都有其擅长的领域。有的同学可能比较擅长数学,有的比较擅长物理,有的比较擅长绘画,有的比较擅长统筹规划。组员们合作完成创客课题的过程,正是一个取长补短和相互学习的好时机。国外的一些创客课题组甚至由不同年级的组员组成[23]。在互动过程中,低年级组员可以向高年级组员学习,而高年级组员在向低年级组员讲授的过程中,对自己的知识也是一种巩固和复习。这种交流形成了良性的循环,让每个组员都有所获益。

除了同学间的互动和合作,网络为创客课题提供了更广阔的交流空间。网络创客们已经自发形成了许多网络社区,用来互相交流学习。创客课题也可以采用这种方式,鼓励学生寻求校外的帮助。另外,如果条件允许,教师也可邀请校外专家作为顾问,在网络上和学生一起交流。

(5) 高强度

在传统教学中,每个学生都在统一的教学大纲下学习,完成规定任务即可。很多时候,学生的潜能无法得到充分的发挥。而在创客课题当中,探索并没有止境,学生想到多远,就能够做到多远。而这个过程需要大量精力的投入,在不断地尝试之下,高强度的思考和操作往往会充分激发学生的潜能。所以,一个好的创客课题往往是高强度的。这种高强度并非来自教师的要求,而是来自学生的自觉投入。

(6) 合理的时间安排

完成一个创客课题,往往需要花费大量的时间。和简单的完成习题求解不同,创客课题是一个很复杂的过程。在完成一个创客课题的时候,学生们往往需要经历制定计划、执行计划、试运行、纠错、修改等过程[24]。因此,给学生提供充裕的时间非常必要。充裕的时间可以让学生充分地查找资料和研究问题。必要的时候,教师也可以把课外时间加以利用。

(7) 分享教育

分享是创客课题中重要的组成部分。在完成课题的过程当中,组员们在物质上需要分享资源,在精神上需要分享知识。课题的成果是集体智慧的结晶,成功的喜悦也被组员们共同分享。这种分享精神可以被学生们运用到以后的工作和生活当中去,促进团队合作,是一笔宝贵的财富。

(8) 新颖性

新颖性是创客课题的特征之一。创客课题意在激发学生的创新精神,打破思维定式。作为教师,在指导创客课题的过程当中应该时刻保持一个开放的心态,鼓励学生创新,并和学生一起学习。

2. 信息技术在创客教育实践中的作用

在创客教育实践当中,信息技术起到了必不可少的作用,可以归结为"使能(Enabling)"作用:使创客们由不能变为可能,由小能变为大能。具体如表2所示。

表2 信息技术在创客教育实践中的使能作用

搭建环境	硬件:计算机、数字传感、纵动器件 软件:资源搜索、开源软件、CAD 平台 集成器件:开源硬件平台 加工机具:CNC 机床、3D 打印
交流协作	学生间的远程交流 在线专家咨询
社会化评估	网络平台发布成果

首先,信息技术为创客教育提供了便捷的搭建环境。在硬件上,信息技术提供了计算机以及相关数控/电控器件。在软件上,互联网为学生提供了资源搜索

的条件,把获得知识的渠道从教室里扩展到无限的网络空间。实际上,很多创客项目所用的器件也是通过网上"淘宝"获得的。开源软件与电子控制硬件结合而产生了廉价的"开源硬件平台",为学生完成创客课题提供了前所未有的便利条件。免费软件的开发和发布,使学生们拥有更多的资源来完成创客课题。开源软件分享和创新的精神,也正和创客精神契合。在有些创客课题中,还需要使用一些设计制造技术平台,包括CAD(计算机辅助设计)平台、CNC(计算机数控)机床等。

其次,信息技术为创客小组成员间的交流提供了便利条件。信息技术让学生们能够开展课堂外的远程协作。通过远程即时交流和非即时交流工具,例如微信、微博、论坛、网站等,学生们可以在课外时间相互交流,利用课余时间来完成创客课题。通过远程交流工具,创客小组的成员甚至不需要在同一个班级甚至同一个学校,只要有网络,就能把组员们联系起来。此外,信息技术为创客教育提供了更多的交流途径,例如线上专家咨询。咨询专家既可以是教师和学校邀请的,也可以是学生通过互联网寻找和联络的。在信息技术的帮助之下,创客教育中的交流将不再局限在课堂,也不再受时间和空间的限制。

另外,信息技术还可以为创客教育提供社会化评估的平台。不同于传统教育,创客教育的成果往往和实际紧密结合。在检验这种成果的时候,需要不同于传统的评估方式。而信息技术提供的平台正是可能的评估方式之一。在学生完成一项创客课题之后,教师可以通过网络平台发布成果。如果是可以应用在实际当中的成果,就可以通过平台得到来自用户的评估。相较于传统的评分方式,信息技术支持下的社会化评估,为创客教育提供了更广泛、更多样、更科学的评估方式。

3. 创客教育对教师角色的影响

研究表明,科技在教育中越来越广泛的应用逐渐促进了教师角色的转变[25][26][27]。Hartnell-Young认为,在课堂中运用科技的时候,教师有以下几个角色[28]:(1)设计学习环境(Designing the Learning Environment);(2)管理人员资源(Managing People and Resources);(3)调控学生学习(Mediating Student Learning);(4)提高实践质量(Improving Practice)。这几种教师的角色,在创客教育中也适用。

在传统的课堂里,教师是权威,是知识的传播者,也是课堂的中心。然而,在创客教育中,没有固定的课程大纲,也没有规定的知识讲授。在学生探索的过程当中,甚至可能涉及教师不熟悉不了解的知识。在这种情况下,传统的教师角色显然并不能满足创客教育的需求。

在创客教育中,中心已经从教师转换到学生。创客教育鼓励创新意识和团队精神,也提倡松散自由的学习空间。在这种环境下,每一个学生都有变成某一领域专家的潜力。教师不再机械地教授知识,而是变成了课堂的设计者和组织者。在这种情况下,教师应该放开心态,不再把自己当成权威,而是和学生一同成为一个学习者。在美国一所高校进行的利用平板电脑完成翻转课堂(Flipped-classroom)的研究中,一名高校教师表示,在教学过程当中,他有时会从一个知识的教授者变成学生,从自己的学生那里学习到了很多平板电脑中教育应用程序的用法[29]。相信这种情况在创客教育当中会越来越多地发生,这就要求教师们调整心态,放开胸怀,和学生们一起探索未知。

然而,创客教育的松散性结构并不代表教师责任的减少。首先,教师仍然是教学的设计者。创建创客空间、选购相关科技产品、制定创客课题等是教师在创客教育中的责任。而这些设计的完成,依赖于教师对学生知识水平和个人能力的了解,也基于教师多年的教学经验。其次,在完成创客课题的过程中,教师充当的是一个调节者和辅助者的角色。虽然不用直接讲授知识,但教师却可以用自己丰富的知识和阅历及时对学生进行引导,给学生提供适当的支持和帮助。此外,在学生互动合作的过程中,教师也应该起到引导和鼓励的作用,让小组之内形成良好自由的合作氛围。

与此同时,教师在创客教育中也将会面临新的挑战。科技在创客教育当中起到了重要的作用,也对教师提出了新的要求。在使用新科技的时候,学生们往往会期待从教师那里得到支持和帮助[30]。这就要求教师们除了专业知识之外,也对新科技有一定的了解,以便在需要的时候对学生进行指导。

4. 创客教育实例展示

为了让读者对创客教育有更直观的了解,笔者在此选取了在美国创客展览会(Maker Faire)中的一个创客课题进行分析和展示。在这个创客课题当中,美国维尼亚地区高中(Vineyard High School)的五名学生一起协作利用有限的工具材料制作了一辆电动小型卡丁车[31]。表3简要说明了此课题的框架。

表3　创客课题示例

课题目标	利用可用工具和材料,设计并制作一台电动小型卡丁车
工具器材	电池、木板、焊接板、电锯、电线等,相关工具若干,互联网
小组组成	美国维尼亚地区高中的五名学生
时间安排	两周时间;小组在放学后下午2:00—3:00活动
专家辅助	两名学校辅导教师;麻省理工学院研究人员的义务帮助
最终成品	电动小型卡丁车一辆
评　估	经测试该卡丁车运行良好,小组成员在美国创客展览会介绍了经验

在课题开始的时候,参与课题的学生没有一人对制作卡丁车有任何的经验,也没有任何一个人会使用学校提供的工具。在课题进行当中,学生们利用放学后的一个半小时,在两位老师的指导之下,从无到有,利用电池、木板、焊接板、电锯、电线等工具完成了电动卡丁车的制作。值得一提的是,在制作过程当中,学生们独立进行了各种决策并独立用工具完成了车的拼装,老师们并没有帮忙。在制作卡丁车的过程当中,两名学生还特意造访了麻省理工学院,得到了研究人员的指导。在研究完成之后,学生们自己开着制作完成的卡丁车,参加了创客展览会。

这正是一个典型性的创客课题。在这个创客课题当中,并没有昂贵的科技产品。学生利用已有的工具,在互联网的帮助和老师的指导之下,互相合作,探索了电路的连接和工具的使用。在课题遇到难关的时候,他们还联系了麻省理工学院的专家,得到了及时的帮助。在整个过程当中,并没有一个既定的课程大纲,但学生运用到了数学、物理学和机械学的知识,并培养了动手能力。在整个过程当中,学生充分发挥了探索和创新的精神,发挥了自己的潜能。在课题结束之后,其成果并没有接受传统的分数评估,而是在教师的带领下,集体测试了电动卡丁车的性能,并在美国创客展览会上展示了自己的成果。

五、我国的创客教育

1. 国内创客教育的发展

2010年,国内创客空间的大本营"新空间"在上海正式落户。以此为始,创客运动在国内迅速发展起来。目前,全国各地均有创客团体活跃。他们来自不同的行业,利用业余时间或是全职来进行创客工作。这股风潮也影响到了国内的教育界。在清华大学深圳研究生院、哈尔滨工业大学深圳研究生院、深圳大学等一些高校已经出现了创客团体或创客社团。2014 年 6 月,清华大学举办了由 Intel 赞助举办的创客教育论坛。中国教育部和清华大学、新奥集团联合主办了中美青年创客大赛。主流媒体的关注和高校的大力支持,对创客教育的推广起了很大的作用。

除了高校,在一些中小学校里创客教育也得到了发展。浙江省温州中学早在 2008 年就由一名高三学生创建了"创客空间"。温州中学的谢作如老师以温州中学为例,讨论了如何在中小学建立创客空间。谢老师在文章中指出,中小学建设创客空间必要的条件有[32]:足够大的场所、足够全的工具以及足够长的开放时间。然而,要创办一个成功的创客空间,仅仅有硬件的支持是不够的。尽管创客教育是很容易理解的概念,但设置相关的系统课程,还需要教师对创客教育的深入理解和时间精力上的大量投入。随着创客运动的深入发展,相信会有更多的教育工作者对创客教育进行实践和研究。

2. 创客教育展望

(1) 创客教育在我国的优势

创客教育是在当今创客运动的浪潮之下,在教育界兴起的教育创新现象。创客教育继承了项目教学法、做中学、探究学习等以学生为中心的教学思想,并借助与信息技术的融合,开拓了创新教育的实践场。在我国,虽然创客教育已经在部分中小学和高校发展起来,但仍然没有广泛地得到推广,因此我们值得为之大力鼓励。针对我国的情况,创客教育有以下几个优势:

首先,创客教育贯彻了以学生为中心的教学思想。相对于传统的以教师为中心的授课方式,创客教育为中小学教育以及高等教育提供了新的教学模式。这种新模式鼓励学生发挥自己的特长并找到适合自己的学习方式。与传统模式相比,创客教育更加尊重学生个体的差异。

其次,创客教育为学生提供了互动和合作的空间。在我国,很多中小学和高校都采取了大班教学。在教师精力有限的情况下,有时学生们无法得到及时的、有针对性的反馈。而在创客教育中,团队合作是一个重要的组成部分。除了教师,学生们在合作的过程当中可以得到来自彼此的及时反馈,并相互学习。另外,完成课题的互动过程也有助于培养学生的团队精神和合作能力,同时也有助于增强班级凝聚力。

第三,信息技术在外部为创客教育提供了可为环境,在内部促进了成员交流。借助信息技术的帮助,学生能够通过网络获得更多的资源,并在不受限于空间和时间的情况下进行实时交流。创客教育的发展,将极大地促进我国教育信息化的创新发展。

创客教育强调的创新精神和综合运用知识技能解决实际问题的能力,是将来学生在求职和就业中必不可少的能力。而且,创客课题当中少不了新兴科技的应用,在完成课程的过程当中,学生有机会接触和学习新兴科技,这也是在当今科技时代的必要知识储备。

此外,创客教育有助于发展学生的动手能力,培育"尚技重工"的文化。在西方国家,人们在做事前往往会想一想是否能利用甚至发明技术工具。由于人工费的高昂,很多美国人会在自家的车库里进行DIY制作、改造甚至创造新的家具和电器。这种车库工坊和DIY的理念精神深入人心,实际上培养了一种尚技的文化。而我国在应试教育、独生子女社会背景下,长期以来存在着重脑轻手、重理轻器的现象,造成相当多学生眼高手低、无所适从的严重后果。创客教育提倡自己动手、鼓励创新开拓的思想,正好可以弥补这种缺陷。因此在我国倡导创客教育有很大的必要性。

(2) 推行创客教育的问题和建议

然而,创客教育在我国的开展和推广也面临着一些问题:第一个问题和经费有关。开展创客教育往往需要设备和工具的支持,虽然现在的科技产品的价格已经较以前低廉许多,但很多学校还是负担不起。第二个问题和教师培训有关。虽然关于创客教育的讨论已经在学界开展起来,但对于一线教师仍然是一个比较新的概念。如何开展创客教育,对教师们是一个新的课题。

在这些问题的基础上,笔者对我国创客教育的发展提出了以下几点建议:

第一是成立多校共享的创客中心作为试点。多校共享的创客中心是降低成本的一个方式。如果学校之间能够互相合作,不但能让学生享受更多的资源,也有助于增强学生和教师的跨校交流和合作。在创建创客中心时,不要一味地追求昂贵的器材,而是要因地制宜,最大化地利用已有资源。相较于昂贵的设备,创客教育中更宝贵的是探索勇于创新的精神。如果学校和教师无法提供较贵的设备，也可以在活动的设计上花费更多的心思，鼓励学生利用已有资源来完成创客课题。

第二是提供相应的教师培训。虽然创客教育已经吸引了很多教师的目光，但由于缺乏具体的指导，很多教师空有热情却找不到实践方法。提供教师培训可以帮助教师掌握创客教育的核心、了解创客教育的框架和实施方式，这将鼓励更多的教师把创客教育应用到教学当中去。教师培训可以和创客中心试点结合起来。在前文中提到巴尔的摩市建立了电子港科技中心，就为教师提供了大量的培训课程和研讨会。创客中心试点在为学生提供创客空间的同时，也可以为教师提供培训。这样既最大化地利用了中心资源，也为广大教师提供了一个教学相长的环境。

第三是鼓励器材的研发生产。除了已有的新兴科技，也要鼓励研发和生产专门针对创客教育的器材。例如由麻省理工学院两名博士研发的 MaKey MaKey 发明工具箱，能够将日常物品变成触摸板，连上电脑和网络。美国一些创客教育中心已经应用了这项成果。

第四是通过多方合作创建社区创客中心，支持亲子创客活动，也可以吸引成人参加创客活动，有助于培植全民的"尚工文化"。社区居民中蕴藏着大量工程技术专人，可以聘为义务的创客辅导员。

第五是创建良好的激励机制。对创客教育的评价和激励也十分重要，例如斯坦福大学为创客教育研究开设的学术奖学金、由公益组织支持的学生创客作品展览等等，无不对创客教育有着巨大的激励作用。在我国举行的联想创客大赛、中美青年创客大赛，对创客教育的推广有十分积极的作用。对创客教育的评价体系还在形成阶段，需要广大教育者和研究者的共同努力；而对创客教育的激励和推广，则需要政府、社会、学校的共同支持和努力。

参考文献

[1][10]　李凌,王颉."创客"：柔软地改变教育[N].中国教育报,2014-09-23(005).

[2]　Wikipedia. Hakerspace[DB/OL]. http://en.wikipedia.org/wiki/Hackerspace, 2014-10-08.

[3][6]　吴俊杰.创客运动与 STEM 教育——专访"创客教父"Mitch Altman[J].中小学信息教育,2013(12)：39-42.

[4][8] New Horizon Report: 2014 Higher Education Edition[DB/OL]. http://cdn.nmc.org/media/2014-nmc-horizon-report-he-EN-SC.pdf, 2014 - 10 - 08.

[5][7] Martinez. S & Stager. G. S. How the Maker Movement is Transforming Education. [EB/OL]. http://www.weareteachers.com/hot-topics/special-reports/how-the-maker-movement-is-transforming-education, 2014 - 10 - 08.

[9] Watters Audrey. The Case for a Campus Makerspace[EB/OL]. http://hackeducation.com/2013/02/06/the-case-for-a-campus-makerspace/, 2014 - 10 - 08.

[11] Gentry, J. W. Guide to business gaming and experiential learning[M]. East Brunswick NJ: Nichols/GP Publishing, 1990.

[12] Hoover, J. Duane & Carlton Whitehead. Simulation Games and Experiential Learning in Action: The Proceedings of the Second National ABSEL Conference, Bloomington, Indiana[C]. Austin TX: Bureau or Business Research, 1975: 25 - 30.

[13][14] Wurdinger, S. D., & Carlson, J. A. Teaching for experiential learning: Five approaches that work[M]. MD: Rowman & Littlefield Education, 2010.

[15] Donnelly, R., & Fitzmaurice, M. Collaborative project-based learning and problem-based learning in higher education: A consideration of tutor and student roles in learner-focused strategies[J]. Emerging issues in the practice of university learning and teaching, 2005, 1(1): 87 - 98.

[16] Helle, L., Tynjälä, P., & Olkinuora, E. Project-based learning in post-secondary education-theory, practice and rubber sling shots[J]. Higher Education, 2006, 51(2): 287 - 314.

[17] 华国栋.推进创新教育,培养创新人才[J].教育研究,2007(9): 16 - 21.

[18] 朱永新,杨树兵.创新教育论纲[J].教育研究,1999(8): 9 - 15.

[19] 徐辉.创新教育的理论及其哲学、人类学基础[J].教育研究,2001(1): 10 - 34.

[20] Sylvia Libow Martinez & Gary S. Stager. 8 Elements of a Good Maker Project[EB/OL].http://www.weareteachers.com/hot-topics6/special-reports/

how-the-maker-movement-is-transforming-education/8-elements-of-a-good-maker-project/,2014-10-08.

[21][22] Young, Richard & Collin, Audrey. Introduction: Constructivism and social constructionism in the career field[J]. Journal of Vocational Behavior, 2004, 64(3): 373-388.

[23][24] Gary S. Stager. What's the Maker Movement and Why Should I Care? [EB/OL]. http://www.scholastic.com.browse/article.jsp?id=3758336, 2014-10-08.

[25] Rosen, L. D., & Weil, M. M. Computer availability, computer experience and technophobia among public school teachers[J]. Computers in Human Behavior, 1995, 11(1): 9-31.

[26][27] Hartnell-Young, E. Teachers' roles and professional learning in communities of practice supported by technology in schools[J]. Journal of Technology and Teacher Education, 2006, 14(3): 461-480.

[28] Hartnell-Young, E., & Vetere, F. A means of personalising learning: Incorporating old and new literacies in the curriculum with mobile phones [J]. Curriculum Journal, 2008, 19(4): 283-292.

[29] Franklin, T., Sun, Y., Yinger, N., Anderson, J., & Geist, E. The changing roles of faculty and students when mobile devices enter the higher education classroom[A]. Keengwe, J. Pedagogical Applications and Social Effects of Mobile Technology Integration[C]. PA: Information Science Reference, 2013: 238-257.

[30] Buzzard, C., Crittenden, V., Crittenden, W., & McCarty, P. The use of digital technologies in the classroom: A teaching and learning perspective [J]. Journal of Marketing Education, 2001, 33(2): 131-139.

[31] Maker Education Initiatives. Cases for making spaces[EB/OL]. http://makerfaire.com/makers/cases-for-makerspaces/, 2014-10-08.

[32] 谢作如.如何建设适合中小学的创客空间——以温州中学为例[J].中国信息教育技术,2014(9): 13-25.

协同学习：面向知识时代的学习技术系统框架*

祝智庭　王佑镁　顾小清

[摘　要]　知识和技术领域的革新已经重组了人们的生活、交流与学习方式，进而对时下的学习技术系统提出了新的挑战。笔者提出了协同学习系统的模型，旨在创建一种适应知识时代学习需求的新型学习技术系统概念框架。系统协同观要求从整体的角度关注个体与群体在认知、情感和行动维度的发展；学习场域的构建则为学习新框架的实施提供了动力和平台；知识管理视角探讨知识的创造和寻找适宜的社会和技术条件以支持知识建构，注重学习、知识分享和合作；协同学习新框架为应对变革提供了理论上和方法上的支持。

[关键词]　学习技术系统；概念框架；协同学习；知识管理；学习场

对于学习技术系统来说，学习理论与技术发展是互为作用的。近几十年中，技术的变革已经极大地改变了我们的生活方式，但在教育领域，技术的促变作用显得颇为缓慢。其原因在于依据传统的学习理论设计的学习技术系统难以满足培养适应社会需要和个体发展的知识工作者的要求。知识复杂性及其生态演化和技术持续革新使得教学和学习转型的需求剧增，同时个人和群体知识管理成为一种新景观，时代需要个体具备多重素养、问题解决和批判性思维能力。本文中，我们提出了协同学习（Synergistic Learning）这一概念，作为一种面向知识时代的学习技术系统的新框架。协同学习以系统协同思想和知识管理为基础，适应知识与技术的发展，对传统学习理论进行了拓展。以协同学习为基础的学习技术系统，将成为一种能够适应当前网络时代社会结构和技术要求、满足社会变革和学习创新需要的新框架。

---

*　原载于《中国电化教育》2006年第4期。

一、现有学习技术系统的局限性

现有学习技术系统框架表明了一种离散的思维,教育者和学习者在一种分裂的教学框架内行动,执行的是一种孤立的教学观,难以适应社会的要求。这种"孤立"主要表现为五个方面。

1. 在交互层面,缺乏学习者与内容的深度互动

在任何一种学习技术系统中,交互都被认为是知识获取、认知与技能发展所必须的、基本的机制[1]。目前对于交互的大部分实践和研究,都强调了其中的人际取向,认为交互是学习环境中,个体为了完成学习任务或人际关系构建而进行的双向交流,通常发生在老师与学生或学生与学生之间[2]。这些观点忽略了内容与学习者之间的交流这一维度,其后果是学习技术系统的设计忽略内容的适应性,忽略内容与学习者的深度互动。内容是直接影响学习者知识获取和建构的依据,学习中真正的交互活动设计,是教学系统与学习者之间实时、动态、相互的信息交流,包括学生—教师—内容三者之间的深度互动[3]。深度互动不仅仅关注常规学习活动中的人际交互,还包括学习者对内容的选择、保存、编辑、重用等直接交互操作。从传统黑板到现代电子白板,技术上提供了这种深度互动的可能,所缺乏的是一种协同思维的系统设计。

2. 在通信结构层面,缺乏信息聚合机制

现有学习技术系统能够有效地支持内容表现、人际交互和学习反馈,却绝少关注对学习过程中所产生的信息进行收集处理及汇聚。实际上,在其系统结构上,根本就未提供相关的信息聚合机制。学习技术系统应该也是一种知识建构系统,按照知识建构的一般规律,应该能够通过一定的通信结构对个人和组织的信息进行收集、汇聚、存储、共享、创新,从而形成组织的"集体记忆"(Collective Memory)[4],并进而创造新的集体知识。从这个意义上来说,学习技术系统的通信机制应该提供支持个体学习和集体学习的"文化工具"[5]。而作为一个教育传播系统,这种聚合机制也将为维持媒体—教学信息—学习者—教育者之间的四元循环提供一种内在的自组织动力。

3. 在信息加工层面,缺乏群体思维操作

由于传统教育观念的刚性影响,现有学习技术系统及其实践中本体模糊现象

非常突出,形式上的集体教学却造成个体发展的严重孤立。另一方面,作为学习的心理学基础的信息加工和当代建构理论,也无法为群体的知识建构提供支持:信息加工理论强调学习是一种个体信息加工过程,强调记忆在信息加工中的作用;建构主义强调信息加工所发生的情景以及协作在其中的作用。但对于群体的知识建构过程,二者均无法提供阐释。因此,学习技术系统在信息加工层面缺乏足够的群体思维操作机制。但是我们应该认识到,思维应该是一种集体的现象,不能只是通过个人加以改善,应该构建群体学习机制来影响个体学习[6]。

4. 在知识建构层面,缺乏分工合作与整合工具

与合作/协作学习理念与方法相对应,理想的学习技术系统应该提供合适的知识建构工具,既能支持个人责任范围的局部性作业,又能支持多人作品的动态合成。目前虽然有一些单独的共笔(Co-Authoring)工具,但缺乏与整个学习技术系统架构的有机连接,其本身也缺乏情境相关的信息架构支持能力。

5. 在实用层面,信息、知识、行动、情感、价值缺乏有机联系

由于受传统教师中心、教材中心、课堂中心的观念影响,目前的学习技术系统在实用层面彻底走向一种孤立的教学观,将充满生命活力的学习过程变成了冷冰冰的机械训练。教育者执行一种孤立、分离的教学策略和教学观念,严重影响了个体的发展,背离了知识社会对人才的期望。在这种反素质教育的教学导向下,信息、知识、行动、情感和价值无法在教学主体身上得到均衡发展。其实,主张知、情、行协同发展的理念早已有之,罗杰斯(Carl Rogers)就曾表示,"唯有自我发现及自己喜好的学习才会有意义地影响个人行为,也因此才可成为学习"[7]。但是现有的学习技术系统并不能为此提供支持。建立这种有机的、协同发展的联系应该成为新的学习技术框架所关注的核心。

二、协同学习作为学习技术系统新框架

协同学习框架以系统协同思想和知识管理为基础,使用协同学习(Synergistic Learning)一词表明了一种协同学意义上的教学关系构建和教学结构变革。

协同学习是对现有学习技术系统框架的突破:在信息、知识、行动、情感、价值之间建立有机的、协同发展的联系;在交互层面,提供内容与学习者的深度互动;

在通信结构层面,提供信息聚合机制;在信息加工层面,提供群体思维操作和合作建构机制。简而言之,我们将协同学习的基本原理归纳为"深度互动,信息汇聚,集体思维,合作建构,多场协调"。

1. 协同学习系统元模型

图1显示了我们提出的协同学习系统元模型。在此协同学习框架内,学习过程体现为一种协同的信息加工及知识创建过程,其中个体与群体的信息加工及知识创建相互关联。在此框架中,学习的微观领域、中观领域和宏观领域被有机地连接了起来。这是一种综合考虑了观念、环境、技术、模式等方面因素以获取协同学习效果的构架,也是一种整合取向的学习元模型。元模型是对表述模型的语言进行定义的模型,更多的教学实践模型则是其例化的结果。

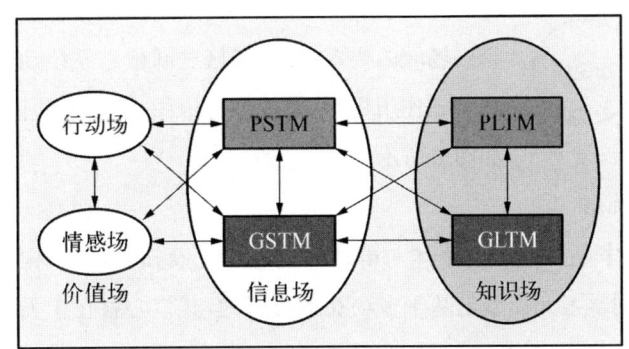

图1 协同学习系统(SLS)元模型

2. 协同学习的多场作用空间

协同学习系统中引入了"场"这一动力学概念,是指以具体的认知时空为参照系,以认知主体与周围环境的认知互动关系为核心的具体所在。也就是说,在主体—客体的认知关系中,把人类的认识、实践活动等有机地结成一个大系统——"学习场"。学习场是协同学习系统结构和功能发生和发展的具体空间。而这一学习场又是由多场协同作用而成的。在我们的协同学习框架中,互为作用的信息场、知识场、行动场、情感场和价值场,构成了协同学习的作用空间。

"场"是贯通当今各个研究领域的一个通用词汇,无论是自然科学还是社会科学,均从各自的角度借用了"场"的隐喻。如果把"场"的概念用来考察人类社会的活动,在一定程度上就可以把人类与自己的对象世界的各种活动及各种关系有机地组成一个大系统——"统一场"。当代认知交互—场理论强调个体与所知觉到的环境之间的交互作用,认为学习实质上发生在一个认知—场交互活动中,个体与他所知觉到的环境两者之间有一种目的性关系。这种学习理论描述了个体如何理解自身和周围世界是如何建构的,个体和个体的心理环境共同组成一个交互依存的共存因素的整体[8],为协同学习场构建提供了基本参照。

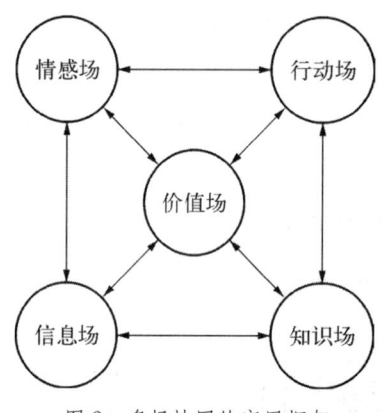

图2 多场协同的实用框架

构成学习场的五个作用域,包括信息场、知识场、行动场、情感场和价值场,取源于经典的教学目标分类,即认知、动作和情感三类目标。前四种场,是经典分类中三个领域目标的衍生,而价值场则作为一种系统导向和终极追求。五场既是学习的目标,又是实现目标的途径。场域的要素之间、场域之间依靠系统动力和相互作用机制,表现为自组织、关联和协同,如图2所示。

3. 协同学习的发生机制

在协同学习框架中,多场协同以及个体与群体的信息加工及知识建构,构成了学习的发生机制。协同学习元模型是基于多场互动协同的,其核心就在于强调个体与集体的信息加工及知识建构。

对于多场协同,众所周知,教学是一个知识、情感、行为相互作用的过程。教学活动虽然以传递认知信息为中介,却又时时离不开人所固有的情感和行为因素。教学既可看成是"一个涉及教师和学生在理性与情绪两方面的动态的人际过程",也可看成是"与个性及社会心理现象相联系的情感力量和认知力量相互作用的动力过程"[9]。可以说,知情交融,在人类的教学活动中比在人类一切其他活动中理应获得更为突出而典型的表现。而由行为和活动外化的行动场,同样在学习过程中扮演着多重角色。人类的行为和行为活动组成了人类社会的各个领域,甚至于"主体就等于它的一连串的行为"[10]。学习中个体行为与集体行动是紧密联系在一起的,共同维持学习活动的发生和实践的拓展。就其与学习的关系而言,瑞文斯(Revans,1983)一语中的:"没有缺乏行动的学习,也没有缺乏学习的(冷静的和审慎的)行动。"[11]当代情境认知观也表明,知与行是交互的,知识是情境化的，通过活动不断向前发展，参与实践促成了学习和理解。莱夫和温格（J. Lave & E.Wenger,1991）在学习的概念中强调将主动行动者、活动和世界看作是相互构成的整体，学习不再被假定为只是接受知识和信息[12]。

多场协同的目标是最终实现协同学习效果，促进知识的建构。而这是由协同学习框架中的信息—知识协同加工模型实现的。这一模型是一定活动情景下的个体与群体的协同信息加工与知识建构模型，记忆是其中的重要环节。为此，协同学习框架对记忆这一关键概念重新进行了阐释，并在此基础上对信息加工理论进行了拓展。从图1可以看到，在个体与群体的协同信息加工与知识建构过程中，个体与群体的长时记忆、短时记忆也是协同作用着的。

传统信息加工理论虽然为个体信息加工提供了支持，但限于研究取向和技术条件却忽视了群体的信息加工，更为重要的是忽视了个体—群体的协同信息加工。另一方面，学习的社会文化理论虽然能够从集体层面来了解组织学习，但对微观的信息加工过程则甚少关注。协同学习以不同层面的技术条件为支持，参照信息加工基本原理，构建了个体—群体之间的信息—知识加工模型。从加工的对象来看，信息场和知识场的信息与知识转换，表现为一个协同的知识创建过程，是借助信息技术的支持，实现信息聚合与知识构建与共享的过程；从加工的主体来看，借助知识汇聚工具，个体思维操作与群体思维操作实现协同互动；从加工的过程来看，在多场协同中，群体与个体的协同可以喻为一个"（个体短时记忆[PSTM]—个体长时记忆[PLTM]）×（群体短时记忆[GSTM]—群体长时记忆[GLTM]）"的知识协同加工的自组织过程。在这里，记忆这一概念具有了新的内涵，它涵盖了个体与群体本身的信息存储功能以及学习技术系统所提供的信息表征、存储与共享机制。学习技术系统为信息聚合、个体—群体的知识共享、个体—群体记忆的保存转换提供了可能，为知识的内化与外显提供了切实的操作通道。这样，在协同学习框架内，信息技术为不同个体、群体以及个体—群体之间的记忆转换和加工提供了协同空间，并真正从信息加工和知识建构的微观层次上把现实层面、虚拟层面、活动层面的学习融为一体。而这正是目前大部分学习技术系统所欠缺的。

协同学习的发生就在于基于多场协同的以个体—群体信息加工—知识构建为核心的意义建构过程，不同条件的技术为信息与知识的高度聚合与协同提供了可能。信息场—知识场提供了知识创新的空间,情感场为学习行为发生和维持提供了重要驱动力来源,作为知识协同加工过程的动力协调整个学习过程,而行动场则提供了行为表现、行动展开和智慧生成的空间,是学习过程的延展和迁移。价值场与集体和个人的价值、规范和道德系统相关,是主体对事物作出反应的基础,包括学习文化、社会文化、价值观等要素,表征个体和群体在学习空间中的基本取向和追求。从实践角度看,多场协同为学习技术系统构建了全新的框架。通过整合多元化资源和信息架构,建构技术协同机制,可促进内容为中介的深度互动;利用技术条件进行协同学习场的转化、生成与协同,可实现信息、知识、情感、行动和价值的有机协同;重组课堂本体,充分发挥信息技术的知识聚合作用,可实现个体与群体思维过程的协同。

4. 其他相关概念

协同学习与通常使用的协作学习(Collaborative Learning)和合作学习(Cooperative Learning)等有着上下位概念的不同和本质差异。协同这个词是从古希腊语中借用来的,它标志着开放系统中大量亚系统之间相互作用的、整体的、集体的或合作的效应。哈肯认为,协同学(Synergistics)本身就是"协调合作之学",其观念来自系统学,认为任何事物的变化实际上与其他相关事物的变化是相互关联的,即协同变化[13]。协同(Synergistic)不同于协作(Collaborative)及合作(Cooperative)。一般而言,"协作学习"是一种特殊的小组学习形式;而"合作学习"与"协作学习"的概念在广泛使用中已经变得模糊不清,并且在很多情况下并没有对二者作出明确的区分。协作学习是一个广泛的概念,囊括了我们称之为合作学习的众多形式的小组式学习。合作学习可以看作协作学习中的一类[14]。可以看出,协同学习强调的是学习技术系统各个要素,包括认知主体和认知客体及其交互形成的学习场之间的协同关系与结构,其目标在于获得教学协同增效,而后两者表明一种下位的策略含义。协同学习定位于一种新的学习框架,以支持技术条件下的课堂教与学活动。

三、协同学习系统的理论基础

如果把协同学习系统看作一个具有特定结构和关系的系统,那么可以从协同学—功能层、联结观—实用层、场域论—结构层、知识管理—动力层四个角度进行分析和建构。也就是说,协同学、联结观、场域论及知识管理的有关理论,分别从不同方面为协同学习提供了理论支持。

从协同学的角度看,社会和自然界的根本组织原则就是一种协同原则。我们的教学世界中也早已存在一种意义深远的协同秩序,这种协同学习方式在一定范围内实现了群体协作,体现了个体之间及个体与外界环境之间的生存方式。

这种方式也可以从学习理论视野找到其脉络,协同学习系统要素和各场域之间的作用机制我们概括为"联结"。联结的内涵和本质是有差异的,考虑学习发生过程中环境与个体建立联结的演化,从行为主义的联结观到认知主义的新联结观再到联通主义[15],基本上可以归纳为外部刺激—反应联结、内部神经元联结、外部知识关系联结的演进思路。而从当代建构主义认识论的角度,显然基于分布式知识库的外部联结和基于信息处理的内部神经元联结成为协同学习发生的基本取向。

在协同学习系统构架中,我们把人看作"场"的连续统一体,从而形成系统的"协同学习场"。学习作为一个"大场域"就是由这些既相互独立又相互联系的个体和集体行动者"子场域"构成的[16],个体和群体在学习活动中存在一种逻辑性的联系和相互支配。因此,在学习空间进行个体与集体的分化与整合正是协同学习展开的主要动力,"场域理论"为探究协同学习的动力系统提供了参照。

协同学习元模型核心在于强调了个体与集体的知识加工问题。是通过激发学习情境中的多个场域空间,并在相关通信机制的支持下进行知识加工和思维操作、有效地实现信息的重组与知识的聚合,从而导致智慧的生成和素质的发展。从知识管理的视角看,协同学习实质上是一个知识管理和创新过程。知识管理对于教学系统最大的启发在于:一般的教学只关注了知识冰山的外显部分,而对内隐部分关注甚少。同时,以往学习技术系统设计者只关注了知识传播这一环节,而没有从知识管理的角度提供一条完整的知识链和协同学习场以支持学习和知识创新。

四、协同学习系统的技术要素

技术是协同学习系统的关键要素。从技术层面来观察,协同学习表现了一种新的知识表征、传递、衍生模式。这种知识外在行为的变化影响了学习的形式进而改变了学习。如果没有信息技术在场,协同学习的发生是难以实现的。也就是说,信息技术的参与,为协同学习提供了可能性。

最明显的例子是课堂环境。由于各种条件所限,在课堂上,信息流的传递模式一般为一对多(教师对多个学生),这种基本模式导致了教育过程的知识流的单向性,只有个别学生在很短的时间内得到表达的机会。这也意味着课堂教学中学习者与教师的信息不对称以及地位的不对称。这种信息过程导致了灌输式的教学模式。

在新型的信息技术条件支持下,学生的个体信息得以即时表达,并能快速地汇聚到统一的"场"或"空间"进行操作,从而实现了信息场的广域(每个学生个体)多向性传播,从信息操作层次实现协同,为多个体协同学习提供保证。

我们把协同学习建立在知识管理的原理之上,在信息技术工具的支持下,所有信息得以通过一种抽象意义的平台被融为一体,被以个体和集体协同的形式进行处理。在相关信息技术工具作用下,个体意义借助知识聚合工具形成集体意义,并最终借助聚合工具形成稳定的集体记忆,这也是达成集体智慧的一条必经之路。在社会学家鲁曼德理论中(1984年),认知体系是自动生成系统[17]。因此,知识是不能被输入而只能被生产的。协同学习把群体隐喻为一个认知加工系统,在与个体加工系统协同作用中生产知识。如果这一系统要真正作为整体发挥作用,而不仅仅停留在隐喻层面,那么技术必须成为其不可分割的组成部分。

五、结论与未来工作

协同学习从认知主体的社会性、认知过程的动力论和知识建构的生态观对当下的学习技术系统进行了重构。其实,这个世界的生物和文化在协同原则的基础上自我组织、适应彼此、适应环境。正如人体中的细胞与其他细胞相互作用的过程中会发生转变一样,协同群体的成员也会通过群体内部的相互影响和协作共享而发生转变[18]。教学系统越来越演变成为一种社会—技术(Social-Technical)系统,这需要构建一种全新的学习技术来支持学习的变革。协同学习新框架在一定意义上能够应对知识时代对于教学的汇合性挑战,这些挑战与学习目标、学习需要的多样性、文化工具的合理使用、创新扩散的文化负担有关。协同学习可以看成一种尝试,看成一个全新的体系,以支持知识时代的学习建构需求。

当然,一种新体系的建构需要时间和实践。伴随着此一新框架的提出和理论架构的研究,我们也已经开始在协同学习方法体系、技术设计、工具开发、实验研究等领域展开探索,希望经过若干年的研究与实践,形成一种原创性的面向知识时代的学习技术系统新框架,以最大限度地满足学习革新的需要。我们在此首次披露这一新型学习技术系统框架,意在引发更大的集体智慧动力,欢迎国内外学术同行参加合作研究。

参考文献

[1] Barker, P. Designing Interactive Learning Systems[J]. Educational and Training Technology International, 1990, 27(2): 125 145.

[2] Shu-sheng Liaw, Hsiu-mei Huang. Enhancing Interactivity in Web-based Instruction: A Review of the Literature[J]. Educational Technology, 2000, 39(1): 41-45.

[3] Muirhead, B., & Juwah, C. Interactivity in Computer-Mediated College and University Education: A recent Review of the Literature[J]. Educational Technology & Society, 2004, 7(1): 12-20.

[4][14] Roger T. Johnson & David W. Jhonson. Difference Between Collaborative and Cooperative Learning[DB/OL]. http://www.id.ucsb.edu/IC/Resources/Collab-L/xxx.html.

[5] Iris Tabak. Synergy: A Complement to Emerging Patterns of Distributrd Scaffolding[J]. The Journal of Learning Sciences, 2004, 13(3): 305-335.

[6] [美]彼得-圣吉.第五项修炼:学习型组织的艺术与实务[M].上海:上海三联书店,1998:273.

[7] 卢家楣,情感教学心理学[M].上海:上海教育出版社,2000.

[8][17] [英]乔治·旺·科鲁夫,Lkujiro Nonaka and Toshihiro Nishiguchi.知识创新:价值的源泉[M].北京:经济管理出版社,2003.

[9] 江绍伦.教与育的心理学[M].南昌:江西教育出版社,1986.

[10] 黑格尔.法哲学原理[M].上海:商务印书馆,1961:126.

[11] [英]伊恩·麦吉尔,利兹·贝蒂.行动学习法[M].北京:华夏出版社,2002:153.

[12] J·莱夫,E·温格.情景学习:合法的边缘性参与[M].上海:华东师范大学出版社,2004.

[13] [德]赫尔曼·哈肯.协同学——大自然构成的奥秘[M].上海:上海译文出版社,2001.

[15] George Siemens. Connectivism:A Learning Theory for the Digital Age[J]. Instructional Technology & Distance Learning,2005(1):3-9.

[16] [法]皮埃尔·布尔迪厄,[美]华康德.实践与反思——反思社会学导引[M].北京:中央编译出版社,1998:134.

[18] [美]Timothy Stagich.协作领导力[M].北京:机械工业出版社,2005:3.

娱教技术: 教育技术的新领地*

祝智庭　邓鹏　孙莅文

[摘　要]　当前数字娱乐产业呈现爆发性增长趋势,对教育的冲击日益凸现。因此认真研究娱乐对教育的影响已迫在眉睫。本文从寓教于乐这一古老的命题开始,探讨了"乐"对于生命及教育的意义,提出在尊重学习者生命意义和乐趣的基础上,以促进"生活体验与乐趣"和"学习目的与手段"相融合的娱教技术这一新命题。

[关键词]　数字娱乐;寓教于乐;娱教技术;教育技术

一、教育的新挑战: 数字娱乐产业的爆发性发展

IDC的研究显示,2003年中国大陆网络游戏收入为1.596亿美元,预计到2008年将高达8.229亿美元[1];目前全国大约有网吧(合法和非法)30多万个[2][3],网络

---

* 原载于《中国电化教育》2005年第5期。

游戏用户1 380万,这一数字到2007年将达4 180万,而其中50%以上为青少年[4];目前全国每年对动画片的需求约有27万分钟[5],而国家广电总局也在相关文件中要求"少儿频道、动画频道每天要在黄金时段安排播出一定时间的国产动画片"[6]。

在此我们仅对新兴的网络游戏和动漫产业进行了简单考察,但足以说明数字娱乐产业近年来已呈爆发性增长趋势,而其消费者中有相当大的部分是正在接受学校教育的青少年,因此研究娱乐对于教育的影响已势在必行,重提寓教于乐具有现实意义。但由于实际操作中,寓教于乐的分寸往往难以把握,容易在内容上被简单化和去情境化,形式上则说教化和孤立化,难以取得良好效果。因此我们不妨把这四个字放在时代发展的大背景下,从技术哲学的角度进行一番考察,审视其应有的新内涵,以期对实践做出指导。

二、乐和教的新思考:尊重学习者的生命体验与乐趣

对"乐"的意义及其与教育的相互关系做道德判断及方法论的研究乃是寓教于乐能否实现的关键所在。表面上看,"乐"的意思似乎比较清楚,即教育的体验应该是愉悦的,应能激发学习者的兴趣进而使其产生对学习的美好向往和持续动力。基于传统价值观,人们往往认为儿童的教育是为以后成人做预备[7],教育的价值观和方法论完全取决于未来社会可能的需要,而"乐"在教育中的地位充其量只是为使儿童达到成人社会预设的道德和智力标准的若干手段中一种可能的方式,其内容(尤其在正规学校教育中)完全由施教者按其培养目标和价值标准为受教育者进行设计和指定。这样做的一个后果是可能导致受教育者真正的生活体验与教育目标之间的情境割裂,受教育者往往感受不到真正的"快乐"——即使有也是短暂的——因为社会总体价值观认为他们还不到"乐"的年纪,现在的"乐"只是手段,是为了达到成人阶段以后合理合法"乐"的目的。因此,"乐"的选择,表面上看是内容和形式的选择,实际上,其深刻的根源在于对生命的价值判断。即受教育者的当前生活阶段是否与其整个人生的其他阶段具有同等重要的地位与价值?前者和后者从道德上说是否应得到同样的尊重和待遇?如果教育者忽视受教育者当前生活的真正乐趣与意义,而只想当然地生造一些脱离情境的、苍白而肤浅的(有时是看似热闹的)"乐"施予受教育者,则后者是否愿意享受并消化吸收

它们呢？即教育者不但遇到了设计和选择"乐"的材料的难题，还可能面临着美好的愿望和辛勤的汗水被嗤之以鼻的尴尬[8]。因此要产生真正对受教育者有意义的"乐"，必须不仅要研究方法论，考察"乐"如何成为学习者学习的动力和手段，也要对其在道德层面上给予尊重，即承认"乐"是学习者当前生活的目标和整个生命体验的最有价值的部分之一。

关于如何"教"的研究和实践是每一个教育工作者（也包括家长）不能回避的问题。面对娱乐的冲击和渗透，目前教师和家长们的态度大多是无奈、回避或粗暴的，或视而不见，漠然置之，或一概不问，鞭挞封杀。这种做法至少可能产生两种消极的影响。

1. 学生在其感兴趣的娱乐活动或类似情境中表现出来的旺盛的活力、团结的品格、细致而坚韧地解决问题的能力和难能可贵的创新精神（这些不正是我们的教育所要培养的吗？）在碰到正规教育时便荡然无存。

2. 如果一方面是娱乐对生活的全面渗透与冲击，另一方面是学生必须对诱惑视而不见，恭聆与完成师长规定的枯燥教条与脱离生活经验的无尽学业，那么学生身心的疲惫甚至精神的某种程度的异化或扭曲也就不足为奇了。从以教师为中心，重视"教"，逐步演化到以学生为中心，重视"学"，无疑是人类科学精神和人文精神共同进步的一个具体表现。但是，在实际教学中如何以"学生为中心"，如何让被动地"教"转变为主动地"学"，也正是关键所在。一种有益的尝试是把上文提到的与生命的直接价值相关的"乐"渗透到教学中来，使真正能让教学中的主体——学生感受到生活乐趣的方式与技术进入教学，在他们熟悉的环境中以自己感兴趣的方式进行主动地学习和探索，提出新的有意义的观点和看法，使其不再感受到学习与生活的经验和乐趣是割裂甚至对立的，而是自然渗透、和谐互促的。

同时，这个建议的提出也可以看作是从教育的角度对人类的文明发展与由此产生的可能危及自身的副作用这样一对更深刻矛盾的思考，即：数字技术的出现和由此产生和放大的新旧社会问题。这些问题对学生的负面冲击和影响是老师和家长不愿看到甚至痛心疾首的，但的确又是人类文明发展至今的一种新的表现形式和必须正视的社会问题。如果教育者放弃对这些问题的客观研究，简单地把厌学、暴力、色情等相关社会问题产生的原因一股脑儿地归之于"低级趣味"的网络游戏、情色动漫和网吧等"文化垃圾",不但无助于问题的解决,而且容易触发学生的逆反心理,那么,当教育者对所知甚少的网游或动漫进行批评时,遭到有实践经验和批判精神的学生的嘲笑也就不足为奇了。

上述问题的彻底解决无疑需要整个社会的思考与行动,但从教育的角度进行一番系统化的研究与实践可能是一种直接而有效率的尝试。彼得·圣吉在其《第五项修炼》中提出了一系列解决系统问题的基模[9],其基本思想认为:对于一个系统问题来说往往存在症状解与根本解。一般来说,症状解容易得到,并能使得问题症状暂时缓解,但一段时间后问题反而会变得更为复杂和严重,而根本解虽能较彻底地解决问题但却较难发现,并且从施行到见效可能会有一个时间滞延。人们往往倾向于采用简便速效的办法解决问题,而不愿费时费力地去寻找根本解,这就是"舍本求末"基模的基本思想。在此我们不妨把前述问题代入此基模进行一个分析(见图1)。

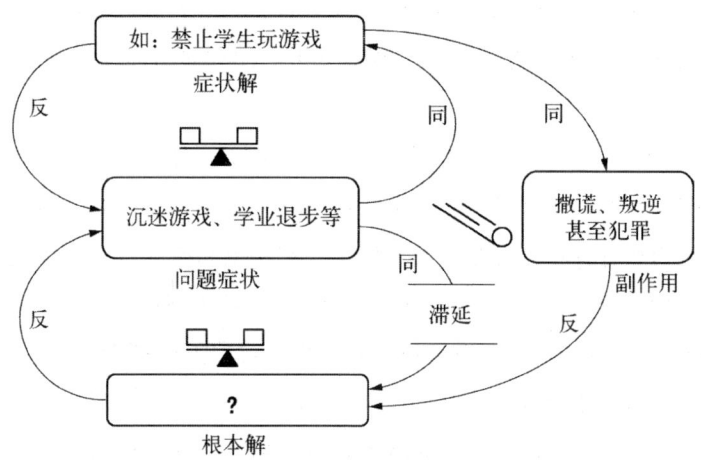

图1 利用彼得·圣吉的"舍本求末"基模的分析

可以看出,如简单地采用简便易行的"症状解",例如禁止学生玩游戏、上网、看"低俗动漫"等,虽然也许可以使沉迷游戏、学业退步等症状在一定程度上暂时得到缓解,但却无助于问题的根本解决,且其副作用可能产生更大的问题:如撒谎、性格粗暴叛逆(或懦弱),甚至犯罪等(这种例子已经很多,并非危言耸听)。

因此,应对此问题深入研究,抓住问题的根源,寻求根本解。在此我们提出一个解决问题的新途径——娱教技术,它可能是真正解决此类问题的一个有效子集。

三、教育和娱乐的新命题：娱教技术

简洁起见，我们不妨把教育与娱乐的结合称为娱教（在此，不对"娱"和"乐"做原始语义上的辨析，而是将其用做同义语）。类似概念在欧美日等国一般称为Edutainment[10]，也有学者称其为"Technotainment"[11]。英国媒介教育专家大卫·帕金翰（David Buckingham）认为"Edutainment，是一种混和式的，紧紧依靠视觉化的学习材料，以某种叙述或类似游戏的较少说教的方式展开的学习类型"[12]。目前在实践中，国外的 Edutainment 大多具有如下一些特点：

产品化：Edutainment 最主要的形式是游戏公司推出的某种探究或模拟类的电子游戏[13]，电视台制作的"有教育意义的儿童电视节目"[14]，机器人（宠物）玩具[15]和类似"夏令营"或"儿童之家"的休娱活动[16]。

孤立化：Edutainment 并没有融入主流教育界[17]。娱教产品并非为正规的学校教育所设计，其内容脱离教学内容，而且功能封闭和固定，造成学校教育中难以利用这些娱教产品。

随意化：Edutainment 的教育效果往往缺乏真正的研究和评估[18]，所以其"娱教"性越来越遭到人们的批判，被质疑其中"到底有多少是'教'，多少是'娱'"[19]。

目前国内教育界和相关业界也开展了一些将电脑游戏与教育实践相结合的积极尝试。例如，昱泉信息技术（上海）有限公司的游戏学堂[20]、深圳院仕达科技开发有限公司的网游学堂[21]、珠海奥卓尔软件公司的奥卓尔游戏世界系列[22]、首都师范大学的游戏化学习社区[23]等。上海市教委曾对"绿色游戏"进行公开招标，拟推荐给学校和学生使用。但正如将教育游戏形容成如花枝招展的女子的电子游戏和如刻板保守的教师的教育软件难以融为一体的比喻那样，娱教产品的娱乐性和教育性同时遭到质疑，的确面临"困惑与尴尬"[24]。

因此简单地以产品化的电脑游戏或动漫进行寓教于乐，不但教育效果值得怀疑，而且要么因为其形似游戏、实则说教，学习者对之不屑一顾，要么存在使学习者沉迷于娱乐本身[25]而玩物丧志甚至使教育泛娱乐化的危险，故而有必要对娱教进行认真审视与深入研究。我们认为，不应对娱教做狭义的理解，将其仅仅局限于电脑游戏或娱乐业提供的产品化的实物与活动，而应重视学习者当前阶

段的生活乐趣、意义和经验,将具有教育价值的娱乐技术和体验充分融入日常教育实践。这里的"娱"应是一切与受教育者真正的生活经验相联系的、具有教育价值(积极地促进个人发展)的,使其能体验到生命乐趣与意义的最广泛的活动和事物。对其形式不作严格的限定和分类,可以是数字技术支持的活动,例如:计算机(网络)游戏和动漫等,也可以是传统意义上的活动,如:文艺、影视、体育和传统游戏等。娱教的理想目标是将生命的体验与乐趣变为学习的目的与手段。而娱教技术(可以称为 Edutainment Technology)则是接近这个理想的一套工具与方法论(见图2)。

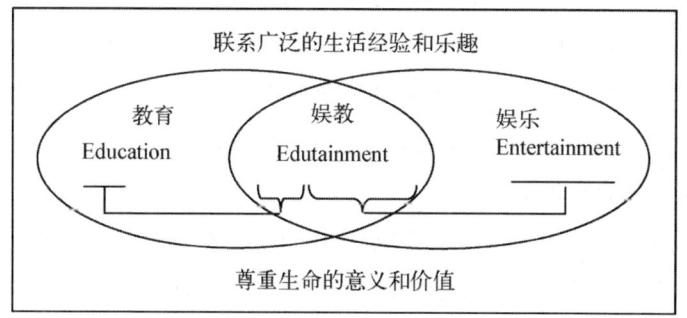

图2 娱教与教育和娱乐的关系

对娱教技术的提出是基于人性论和认识论的如下两个假设:

(一)受教育者的当前生活阶段与其整个人生的其他阶段具有同等重要的地位与价值

杜威指出"目的和手段分离到什么程度,活动的意义就减少到什么程度"[26]。学习活动最大的障碍莫过于丧失兴趣,而把教育的目的和手段割裂常常是导致这种丧失的原因之一。这种割裂的根源正在于不平等地看待受教育者当前生活阶段与其整个人生的其他阶段的地位与价值。由此提出的简单的"寓教于乐"不过是把快乐当作一种诱饵,作为促进学习的手段,即杜威所说的"把某种富有魅力的特征加到本来不感兴趣的教材,用快乐行贿,引诱儿童注意和努力"[27],此时,学习者感到的可能是一种短暂的、脱离生活情境的、与教材生硬结合并经过包装的"乐",等待他们的仍然是学海无涯的"苦",于是这种奢侈而无聊的"乐"对学习活动的意义可想而知。

（二）与日常生活经验和乐趣相关的情境将对学习起促进作用

学校（或正规）教育不可避免地带有刻板而教条的倾向，但其具有生活经验所不能比拟的准确、系统、全面和高效性，而学生熟悉的日常生活经验和乐趣对学习及能力的产生和发展所具有的积极、持久而深刻的影响又正是前者所欠缺的，如能研究和提炼娱乐活动关于兴趣和认知的积极因素，使其系统地渗透到正规教育中来，则可能有效地促进学习者道德和智力的发展。

提出娱教技术的意义在于，承认娱乐与教育结合的价值，给娱乐确立一个正式的教育地位。研究娱教技术的目的在于，促进在学校教育的主流空间和主流活动中，融入日常生活的体验与乐趣，为学习者提供完整统一的学习生活情境。通过娱教技术，延伸学校教育的空间和时间，扩展教育资源和方式，消除或模糊学校空间和生活空间的界限，打破学校教育时间的限制，为校内与校外、学习与生活、教育与娱乐的融合提供支持。

娱教技术的生命力与支持学校教育直接相关，与教育工作者的参与程度直接相关。我们的研究将从关注学校教育开始。当然，这并不意味着应用范围仅限于学校，对于教育培训、企业培训、家庭教育、自学等教育情境，娱教技术同样是有意义的。

就目前来说，要给娱教技术下一个严格定义还十分困难。作为一种抛砖引玉的策略，我们暂且提出如下定义，希望得到教育技术同仁的指教。

娱教技术是以尊重学习者当前的生活价值为基础，通过创建、使用与管理恰当的技术过程和资源以促进学习者的生活体验和乐趣与教育目的及手段相融合的理论与实践。

四、关注娱教技术，开辟教育技术新领地

对于我们教育技术工作者而言，关注并投入娱教技术研究与应用实践，则是为教育技术开辟了一个新领地，对于促进教育技术学科发展具有重大意义。

首先，娱教技术概念的引入为教育技术研究引入了新思维，大大扩展了教育技术的内涵与外延。教育从本质上讲一半是科学一半是艺术，而现有教育技术方

法则过分注重科学方面,显得过于生硬,因此容易造成实用障碍。娱教技术思路要求我们必须重视艺术性创造,做到科学性与艺术性的高度融合。如此发展下去,就可能将教育技术提升到教育创意技术的新境界。

其次,经过娱教技术扩容后的教育技术具有更广泛的社会渗透性,不但能被正规教育和培训领域所接纳,还能受到更广阔的非正规教育领域的欢迎。

最后,兼容了娱教技术的教育技术学科教育能够开辟新的人才市场,特别是数字媒体艺术。目前我国动画产业人才不到1万人,而影视动画和游戏动画人才需求至少25万人,还达不到总需求的1/25[28]。在技术、教育、艺术、人文方面得到综合训练而具备良好素质的教育技术人才必然能够在这些新领域大显身手。

参考文献

[1] Lianfeng Wu,Jun-Fwu Chin. China Online Gaming Market Sizing and Forecast,2003-2008[DB/OL]. http://www.idc.com/getdoc.jsp?containerId=AP322103L,2004-11-24.

[2] 新华网.全国网吧数量总量趋于饱和 单体网吧不再增加[DB/OL]. http://news.xinhuanet.com/it/2004-10/30/content_2157654.htm,2004-10-30.

[3] 新浪网.公安部官员称黑网吧数量至少为合法网吧两倍[DB/OL].http://games.sina.com.cn/newgames/2004/11/110156921.shtml.

[4] hc360慧聪网IT行业频道.网络游戏市场火爆势头一路高歌猛进不可挡[DB/OL]. http://info.it.hc360.com/html/001/001/004/53266.htm.

[5] 南方网动漫频道.国产动画片2005年将获更直接的政策支持[DB/OL]. http://www.southcn.com/cartoon/make/dmzt/00412081388.htm.

[6] 中华人民共和国国家广播电影电视总局.印发《关于发展我国影视动画产业的若干意见》的通知[DB/OL]. http://211.146.6.3/manage/publishfile/35/1731.html.

[7] 杜威.民主主义与教育[M].北京:人民教育出版社,2001:63.

[8] 南方网动漫频道.新动漫:一个被遮蔽的富有产业[DB/OL]. http://www.southcn.com/cartoon/make/dmzt/default.htm.

[9] 彼得·圣吉.第五项修炼：学习型组织的艺术与务实[M].上海：上海三联书店,1994.

[10][14] Kim H. Veltman. Edutainment，Technotainment and Culture. Città Annual Report 2003[R]. Florence：Giunti, 2004.

[11] Jamie McKenzie. Beyond Edutainment and Technotainment[J/OL]. issue of eSchool News, 2000(6).

[12][13] Buckingham D & Scanlon M. That is edutainment：media, pedagogy and the market place[C]. Australia：Sydney, 2000.

[15] Henrik Hautop Lund. Adaptive robotics in entertainment[J/OL]. Applied Soft Computing, 2001(3).

[16] White Hutchinson Leisure & Learning Group[DB/OL]. http://www.whitehutchinson.com/index.shtml.

[17] Marinelli, Don. Pausch, Randy. Edutainment for the College Classroom[J/OL]. Chronicle of Higher Education, 2004, 50(28).

[18] Okan, Zühal. Edutainment：is learning at risk？[J/OL]. British Journal of Educational Technology, 2003, 34(3).

[19] Mann D. Serious play[J]. Teachers College Record, 1996, 97(3)：446-470.

[20] 游戏学堂[DB/OL]. http://www.uc520.com.cn, 2004-12-28.

[21] 网游学堂[DB/OL]. http://www.sunun.cn, 2004-12-28.

[22] 奥卓尔游戏化学习世界[DB/OL]. http://game.aojoy.com, 2004-12-28.

[23] 游戏化学习社区[DB/OL]. http://cmet.cnu.edu.cn/vr, 2004-12-28.

[24] 王铁军.教育游戏,上海闯关[J].中国远程教育,2004(11)：34-41.

[25] 九国网游新闻. 15岁少年沉迷游戏以死对抗母亲劝诫[DB/OL]. http://www.9guo.com/a/20041213/122906.html.

[26] 杜威.民主主义与教育[M].北京：人民教育出版社,2001：117.

[27] 杜威.民主主义与教育[M].北京：人民教育出版社,2001：139.

[28] 河源IT资讯. 我国动画专业人才不到总需求1/25[DB/OL]. http://comic.hyd8.com/info/1043.htm.

面向学科思维的信息技术课程设计：以高中信息技术课程为例*

祝智庭　李锋

[摘　要]　信息技术革新推动了中小学信息技术课程的发展。但是，随着信息技术的"傻瓜化"和"日常化"应用，引发了学校信息技术课程究竟应该"学什么"的争论与困惑，甚至对中学开设这门课程的必要性产生了怀疑。因此，如何凸显信息技术课程的本体价值，怎样发展学生的学科思维就成为课程设计所面对的新挑战。为此，笔者提出面向学科思维发展的信息技术课程设计思路，关注学生"计算思维"、"设计思维"和"批判思维"的发展，将学科思维融合入课程观念、知识体系以及探究活动之中，通过建立科学的表现性标准、课程结构和学习活动进行有效实施，引导学生像"信息技术专家"那样深入思考信息生活中的现实问题。

[关键词]　信息技术；学科思维；课程设计

信息技术的快速发展影响着青少年的生活与学习的方方面面，其强大的辐射力不仅改变着青少年的行为方式，也改造着他们的思维品质和文化特征，学校信息技术教育也就被赋予了全新的意蕴与内涵。转变传统的信息知识传授观念，发展学生信息技术的学科思维，提升学生在信息社会生存、学习与创新的能力就成为信息技术课程改革的一项重要内容。

一、信息技术课程设计：从学科知识到学科思维

中小学信息技术课程可以追溯到 20 世纪 50 年代的计算机教育。近年来，随着计算机、网络技术的发展，以及人们对技术与社会关系认识的深入，它逐渐演变为一个目标多元、内容丰富、方法多样的现代教育领域，成为许多国家中小学的基

---

* 原载于《电化教育研究》2015 年第 1 期。

础教育课程。考察国内外信息技术课程的发展历程,它大体经历了"面向学科知识"、"面向学科工具"和"面向学科思维"的课程开发取向,每种开发取向也表现出不同的课程特征(如图1所示)。

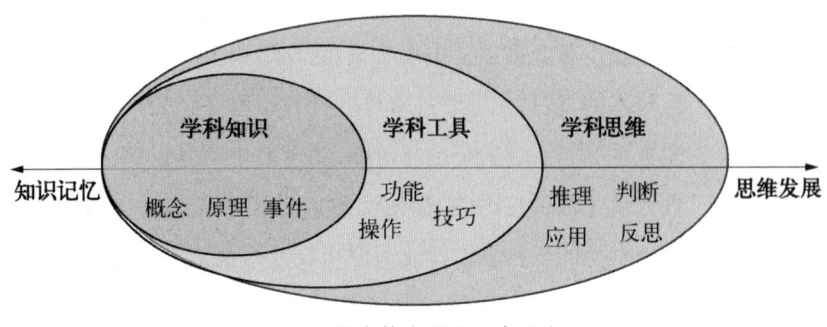

图1 信息技术课程开发取向

1. 面向学科知识的信息技术课程

以学科逻辑为根据、围绕知识结构组织起来的学习内容体系,即为面向学科知识的课程组织[1]。20世纪70年代末,微型计算机的快速普及引发了教育学界的广泛关注,为占得信息化社会发展的先机,世界发达国家纷纷开设中小学计算机课程,程序设计成为当时计算机教育的主要内容。1981年,苏联计算机教育学家叶尔肖夫(A. P. Ershov)在第三届世界计算机教育应用大会上做了《程序设计——第二文化》的报告,提出了"程序设计文化"的观点,他认为"是否具有编排与执行自己工作的程序的能力是人们能不能有效完成各种任务的关键。现代人除了传统的读、写、算能力以外,还应该具有一种可以与之相比拟的程序设计能力"。该观点反映出计算机程序学习的理念,希望学生通过程序原理的学习,了解计算机知识,掌握计算机操作过程,以适应计算机时代的生活。受程序设计观念的影响,我国中小学计算机教育初期也将"发展学生程序设计技能"作为主要教育目标,设计了"掌握基本的 BASIC 语言,并初步具备读、写程序和上机调试"的学习内容。从实施过程来看,程序设计课程为青少年创造了接触和了解计算机的机会,推动了计算机文化的普及。但是,从学生心理发展和学习过程来看,脱离了具体生活情境、忽视学生自身学习特点、抽象地向学生灌输计算机程序知识,无疑也是对青少年身心成长的一种摧残。此外,面对不断变化的信息化世界,计算机课程并不是要把每位学生培养成程序设计专家,而是希望学生能够具有信息技术学科的思维方式,正确理解计算机、人与社会的关系。因此,如何调动学生学习积极性、激发学生学习兴趣、发展学生独特的学科思维就成为信息技术课程设计的新挑战。

2. 面向学科工具的信息技术课程

20世纪80年代,计算机操作系统和应用软件日趋成熟,一些数据库管理系统(如Dbase)、电子报表系统(如Visculc)、文字处理系统(如WordStar)开始安装到微型计算机上,越来越多非专业的人员开始从事计算机应用工作。社会对计算机应用的现实需求促使中小学计算机教育从"程序设计"向"工具应用"转型,学习内容从前期的BASIC程序设计发展为计算机基础知识、计算机基本操作与使用、计算机常用软件介绍、计算机对现代社会的应用等主要内容。例如,美国东田纳西州大学科尔教授在第四届计算机教育应用大会上发表的《面向职员的计算机课程》中将计算机教育的目标界定为应用者能够在自己的教学科研、管理服务中把计算机作为一种有效的工具使用,其教学内容应该包括文字处理、电子报表处理、数据库、图像处理等应用软件的使用。这种"技术学以致用"的观点有着其存在的合理性,能够激发学生学习动机,特别是对即将毕业寻找工作的高年级学生来说,他们也非常希望学习一些实用的操作技能。但是从教育发展来看,基础教育毕竟不能等同于社会职业教育,其最主要的任务还应是促进学生综合素质的全面发展。事实上,如果过于强调信息技能操练,忽视信息技术本身所特有的解决问题的思维方法与应用策略,随着信息工具的快速发展,"当学生离开学校进入社会之前,他们所学的工具技能就已经落后于信息化社会的现实需要了"[2]。

3. 面向学科思维的信息技术课程

面向学科思维的课程设计强调学科知识与学科思维(Disciplinary Thinking)发展的结合,其目的是帮助学习者在知识学习的过程中形成独特的学科思维方式,全面理解生活中的世界[3]。近年来,信息技术的革新推动了全球信息化的发展。随之,大众传媒摆脱了传统的单向、线性、控制的信息传播模式,进化为多元、互动、开放的信息化环境。信息受众也从被动的"接受者"成为信息"发布者"。在此充满新奇、变幻乃至诱惑的信息环境中,中小学信息技术课程就不应局限于信息知识掌握和信息技能操练上,甚至也不应停留于生活问题的解决上,而是更需要帮助青少年用信息技术学科思维方式理解信息世界,正确认识技术、个人、社会的内在关系,发挥信息技术的积极因素。多元智能专家霍华德·加德纳教授(Gardner,H.)在对学生多元智能发展研究中指出,"只限于学科知识(Subject-Matter)的学习虽然可以暂时增加学生的信息量,但过于强调知识记忆也会导致学生丧失解释新问题的能力,这就需要寻求一种新的教育设计方式,即面向学科思维"[4]。美国教育技术协会在《学生教育技术标准》的修订版中就反映了信息技术学科思维的理念,增加了"批判性思考"和"数字化公民"的指标,指出学生要具有批判性选择工具和资源,理解与技术相关的人、文化、社会的相关问题,安全、合法、负责任地使用信息和技术。面向学生思维发展的信息技术课程摆脱了"纯技术"教育的狭隘观念,从社会生态学的视角来理解信息环境中各要素的关系,希冀帮助青少年在"学技术"、"用技术"的基础上,能够从现实情境中,批判性地认识技术变革给信息环境带来的整体影响,并应用学科思维解决信息生活中的现实问题。

综上可看出,信息技术课程开发的三种取向并不是截然对立的,而是随着研究者对信息技术课程认识的深入,从一个阶段向另一个阶段的发展。面向学科思维的信息技术课程是在继承信息知识、技术工具课程取向的基础上,关注学生内在思维发展,希望学生能够像"信息技术学科专家"那样深刻地思考信息化世界。

二、信息技术课程的学科思维:本质与特征

加涅((Robert Mills Gagne)在认知心理学研究中将认识领域的学习结果分为三大类,即言语信息、智力技能和认知策略[5]。其中,认识策略是指学生学习后形成的对内控制能力,以及调控认知活动的特殊认知技能,是学生内在价值的学习结果。就学科教育而言,其认知领域的教育意义既体现在外显的知识与技术学习方面,也反映在内隐的认识策略学习上。因此,信息技术课程在合理安排信息知识与技能、强调学生信息技术解决问题的应用行为时,更需要关注学生利用信息技术处理问题的内在思维发展,形成利用信息技术认识世界的独特思维方式。即计算思维、设计思维和批判性思维(如图2所示)。

1. 信息技术课程需关注学生的计算思维

算法是应用于计算机中产生特定结果的一种精确、系统的方法。从技术实现来看,它直接体现着计算机解决问题的方法与过程。[6]近年来,随着信息技术工具

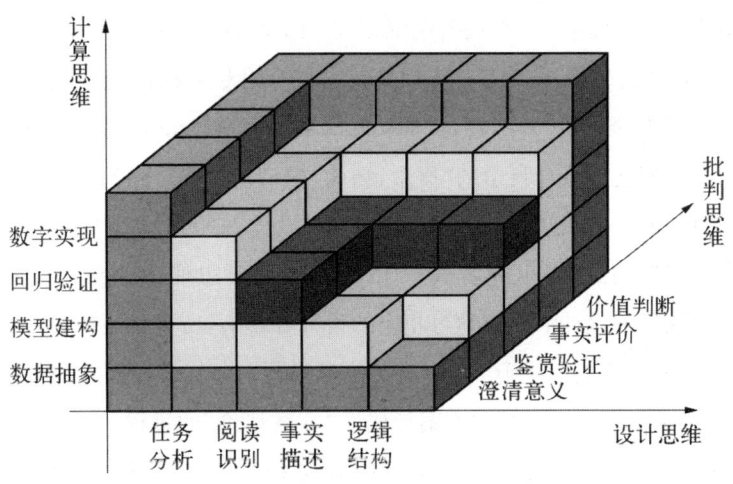

图2 信息技术课程的学科思维

的普及与推广,算法思想已广泛渗透于人们的日常生活、工作与学习之中。2006年,卡耐基梅隆大学周以真教授(Jeannette M. Wing)在计算机科学协会(ACM)年会报告中明确提出发展学习者以算法为核心的计算思维(Computation Thinking),她认为"信息化社会的思维方式应是涵盖了计算机科学领域中所采用的最广泛的心理工具,是对问题解决、系统设计、人类行为理解的综合能力反映。发展学生计算思维就是要'像计算机科学家'那样去思考信息化问题。当然,这些问题绝不只是应用于计算机科学领域,它适合信息技术所渗透的每一个角落"[7]。显然,高度信息化社会的思维方式已超越了传统计算机环境中"为计算而思维(Thinking for Computing)"的学术观念,而是将其放在信息化社会大背景下进行研究,形成"用计算而思维(Thinking with Computing)"的数字化生存的普适理念,以"算法"为核心的、关注人机互动的计算思维已成为信息化社会中处理问题的一种重要思维方式。2011年美国计算机科学教师协会(CSTA)研制的《中小学计算机课程标准》和2012年英国学校计算课程工作小组(Computing at School Working Group, CAS)研制的《学校计算机和信息技术课程》都将计算思维作为课程的核心内容。发展学生"数据抽象、模型建构、回归验证、数字实现"的计算思维方式、提高学生利用信息技术解决问题的能力是信息技术课程的一种重要的内在价值。

2. 信息技术课程需关注学生设计思维

"设计"是一种创造性的规划活动,其目的是为事件、过程、服务以及在整个活动周期中所构成的系统建立一个高效组织方式。西蒙(Simon)在《人工科学》中分析了"设计科学"的内容体系,认为设计不仅是技术教育的专业要素,更应是每个知书识字的人的核心素养。1990年,马奇(March.S)和史密斯(Smith.G)等人在西蒙理论的基础上系统阐述了设计科学的"概念、结构、模型与方法",强调设计者要通过建立行为、形成知识、使用知识、评价知识来实现设计,并突出说明"构造与评价"作为设计科学特有的活动与思维方式。[8]由此可见,设计思维(Design Thinking)正是设计者经过相应的设计活动或学习相应的设计知识后,所具备的擅长于设计的专业技巧,是一种特殊的思维形式,表现在处理问题上包括有"现象分析"、"问题识别"、"事实表征"、"概念产生"、"方案形成"、"方案评价"的过程[9]。从表现形式来看,设计思维更强调通过形象化、结构性的方式来表示设计进程中的模糊属性,以此来明确所需设计的作品和研究过程的方案。如今,随着越来越多的信息技术应用于人们的生存空间,怎样区分复杂的信息现象、如何基于现实需要合理选择技术工具,怎样制定与验证应用信息技术解决问题的可行方案,这都是对信息化社会成员设计思维的考察。通过信息技术课程发展学生的设计思维,也就有益于学生将所学习的信息知识与技能迁移于解决实际的设计问题之中。

3. 信息技术课程需关注学生的批判思维

所谓"批判思维(Critical Thinking)"是指人们对于某种事物、现象和主张能发现问题所在,根据特有的思维逻辑做出的理性思考。早在20世纪初,美国哲学家约翰·杜威(John Dewey)就在对个体反思研究的基础上概述了"批判思维"的概念,认为它是反思过程中所表现出来的解决问题的思考方式。1990年,范西昂(Peter Facione)等人开展了"批判思维特征"的研究,研究报告指出,"个体批判思维的培养并不完全在于是否知道一个批判思维的概念,最主要的还应该是明确批判思维的度量标准和习性特征。基于此,他们提出了'澄清意义、分析论证、评估证据、推理判断'的批判思维分析维度和真实情境下合理运用批判思维的'心智习惯(Mental Habit)'"[10]。近年来,青少年接触信息技术和媒体信息的频度和时间迅速增长,也引发了"迷恋电视"、"沉迷网络"等严峻的社会问题。媒体文化研究者波兹曼(Neil Postman)就曾尖锐地指出,"教育的目的本应是让学生们摆脱现实的奴役,学会独立地思考。然而,纷繁复杂的媒介信息却使得年轻人正竭力朝着相反的方向努力——为适应现实而改变自己,失去独立思考的意识"[11]。因此,青少年缺少了对信息及信息工具的批判意识与分析能力,将个人陷于信息技术固有的程序控制之中,也就很有可能成为信息技术的"奴隶",为技术所"异化"。2008年,国际教育技术协会(ISTE)分析了学生使用信息技术工具中的现实问题,重新修订"面向学生的教育技术标准(NETS·S)",将批判思维作为一项重要内容标准,明确提出要"发展学生批判思维的技能,引导学生合理地使用数字化工具和资源做出信息选择与判断,解决具体问题"。因此,发展学生的批判思维,提高学生对信息应用的自控能力是中小学信息科技教育的内在价值之一。

三、面向学科思维的信息技术课程设计:框架与结构

面向学科思维的课程设计是知识技能学习与应用情境的结合,它不仅关注学生需要学习哪些内容,同样也引导学生理解为什么要学这些内容、怎样学习这些内容以及如何用这些内容进行专业交流,即发展学生"了解学科专业的基本目的、理解学科专业的知识结构、掌握学科专业的探究方法、懂得学科专业的交流方式"四项基本能力[12]。由此可见,面向学科思维的信息技术课程设计与开发,既不能脱离"知识"而孤立地谈"学科思维",也不能忽视"学科方法"讲普遍性的"思维方式",而是在综合分析学科结构、学生特点、社会需要的基础上,对学科课程的学习缘由、知识内容、探究方法和交流方式进行一体化的架构(如图3所示)。

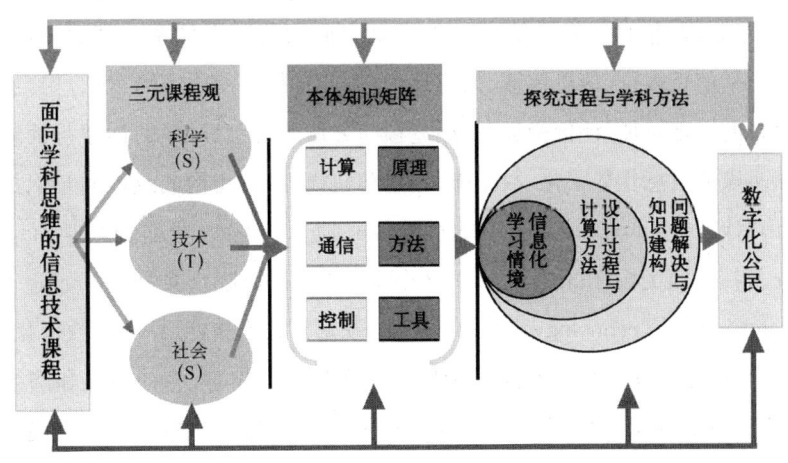

图3 面向学科思维的信息技术课程的框架与结构

1. 树立科学、技术与社会(STS)三元课程观

科学技术革命引发了生产工具的变革,同样也使得整个"科学范式(Paradigms)"发生了根本性的转换。在此过程中,如果人们缺少了对人、科学技术、社会一致性的思考,忽视技术生态"范式"的重新建构,就很有可能会引发人类生存环境的潜在危机。当前,社会存在的青少年"网络上瘾"、"沉迷手机"等社会问题,也时时提醒着信息技术课程设计者"不仅要关注信息知识与技能的学习,也要帮助学生理解技术本身与社会发展的内在关系,通过批判性思维技能分析信息现象,作出合理决定,解决信息化问题"[13]。STS课程观以综合、多样化的方式描述科学技术与社会的关系,将学生的个人生活、科学技术和社会发展有机结合起来,实现人、科学技术和社会的一体化教育。正如亚格尔(R.E.Yager)指出的那样:STS教育为学习者学习科学技术提供了一个真实的社会情境,其中既包含了各个理论上的认识,也融入了其他方面的许多因素,其课程理念本身也就具备发展学生创造性的教学环境特点。因此,承担着培养数字化公民的中小学信息技术课程就需要树立STS的科学课程观,从而实现知识学习、技能掌握、思维发展的统一。

2. 融合原理、方法与工具三类知识

一门充分发展的学科课程应有其独特的核心概念、逻辑结构和表达方式,以此反映学科课程的本体价值。中小学信息技术作为一门基础性课程,同样需要明晰知识结构,辨清逻辑关系,融合课程本身所固有的原理、方法、工具三类知识。2008年,俄罗斯联邦教育部重新修订中小学"信息与信息交流技术"课程标准,从信息过程、信息技术和信息对象三个方面构建知识体系。其中,信息过程的内容包括信息表征、信息传输、信息加工等;信息技术的内容涵盖信息交流技术主要设备的原理特征、评价指标、应用过程与方法等;信息对象的创建与处理的内容包括多媒体信息化数字化、数据库、编程和建模等,以此构成课程的知识技能体系,突出"计算(Computing)"在本学科的核心地位。再如,华盛顿大学 Lawrence Snyder 教授按照美国国家自然科学基金会研发的"通晓信息技术(Being Fluent with Information Technology)"的内容要求,从信息技术技能、算法和数字化信息、数据和信息、程序设计四个方面分析信息技术的学习内容,将计算机和网络原理知识、应用方法和工具特征融合到知识体系之中,发展学生的信息通晓能力。可见,当前无论国外教育研究部门还是专家学者,都希望通过对信息技术的原理、方

法与工具三类知识的融合,构建信息科技课程内容体系,明确核心概念,理顺要素关系,通过引导学生理解信息技术学科的本体价值,发展学生独特的信息技术思维方式。

3. 渗透信息技术学科方法与探究过程

学科课程的本质特征既取决于它特有的学科逻辑体系,也表现在它独特的研究方法和话语体系。斯卡特金(M.H.CKATKNH)在对学科结构研究中指出:"科学的学科课程既要包括重要的学科事实、概念、法则、理论,也要反映出它探究方法、认知活动的逻辑操作和思维方式。"[14]中小学信息技术课程同样需要帮助学生了解信息技术学科的话语体系和探究方法,引导学生能够用信息技术的学科方法和研究过程去理解信息现象,思考信息问题。1990年,艾森堡(Mike Eisenberg)和博克曼(Bob Berkowitz)博士在对信息技术探究过程和应用方法中发现信息能力不同于技术工具的操作技能,如果缺少了应用方法与策略的学习,这些特定的技能也不能为学生提供不同情形下的技术应用迁移,也就无法实现问题的解决。据此,他们开发出发展学生批判思维和设计思维的信息问题解决的Big6技能方案,将信息能力的发展贯穿于任务确定、策略分析、信息检索与获取、信息应用、信息生成、过程与结果评价的学习过程中[15]。2013年,英国教育部对中小学信息技术课程进行了改革,将"计算思维"和"设计思维"的发展作为信息技术学习的关键过程,要求学生通过"交流"与"合作"的方式,体验利用信息技术获取、分析、判断、加工、综合、创新、发布信息的过程,引导学生尝试使用"结构分析"、"模型设计"、"程序开发"和"调试完善"的学科方法进行信息交流[16]。显然,这种具有学科特征的、调控思维的过程与方法,也正是我国当前课程改革非常看重的学习目标。

四、面向学科思维的课程开发:高中信息技术课程的重构

随着现代信息技术的发展,我国高中信息技术课程得以建立与实施,同样随着信息技术应用的"傻瓜化"和"日常化",信息技术课程也面临着重重困惑。一方面信息技术工具的普及提高了学生的信息技术应用能力,另一方面机械的操作练习也限制了学生对信息技术课程本质特征的理解。实现知识技能与方法过程的统一,发展学生信息技术学科的思维能力,就成为信息技术课程重构的关键环节。

1. 建立信息技术学科思维的表现性标准

表现性标准(Performance Standards)解释了在一定学习水平层次上学生应表现出来的行为特征,是一种可操作性的、具有等级特征的标准体系[17]。从应用效能来看,它既可以把抽象的学习目标细化为可操作性的具体要点,也可以表述这些具体要点之间的相互关系,保持学习目标的整体特征。在面向学科思维的课程设计中,为了能明确学科思维的具体学习结果,知道学习结束后所应具备的信息技术的学科能力,就有必要建立与之相对应的表现性标准。例如,美国计算机教师协会(CSTA)制定的"学校计算机课程标准",建议10年级学生要能够"聚焦于真实世界问题,应用计算思维和批判思维完成解决问题的方案,通过信息技术工具实现这些方案"。为了达到这种学科思维的要求,他们制定了与之相对应的表现性标准:分辨利用计算科学能处理的、难处理的、不能处理的问题;对于难以解决的问题,能够解释启发式算法(Heuristic Algorithms)的近似方案;批判性地检测分类算法,并执行原算法;通过模型和模拟分析数据来确认方案。可见,建立一套清晰、具有可操作性的信息技术学科思维的表现性标准,既有利于师生对学科思维的理解,也便于组织教学内容,有针对性地开展教学。如同 CSTA 研究报告所言,"面向计算思维的计算机教育的表现性标准,不仅明确了对教师和学生教与学的期望,也建立了一个根本的等级体系,影响着教育管理者怎样选择、分配和利用教学资源"[18]。

2. 设计与表现性标准相一致的学科知识结构框架

学科思维之所以能对学科规律作出间接的、概括的反映,一定程度上在于它是以学习者自身的知识经验为基础的。没有足够的知识经验,学科思维也难以很好地发挥作用。信息技术课程的重构也需要按照信息技术科学的内在逻辑体系和学科思维的表现性标准建构与之相对应的知识结构和内容框架。2012年,英国计算课程工作小组从"语言、机器、计算;数据与数据表示、信息交流与合作;抽象与设计;宽泛的计算情境"等方面构建计算(Computing)学习的知识框架[19]。近年来,无论国外的专家学者还是教育研究部门,在中小学信息技术课程建构过程中都开始关注信息技术的本体内容,并将此贯穿于课程设计之中。借鉴国际先进研究成果和国内经验,笔者通过分析信息技术自身的原理、方法和工具特征,梳理了其中的核心概念和内在关系,从计算、通信、控制等三个领域建构了促进高中学生信息技术学科思维发展的知识结构框架(如图4所示),将此融合于学科活动情境之中,为学生提供了解决信息问题的知识支撑。

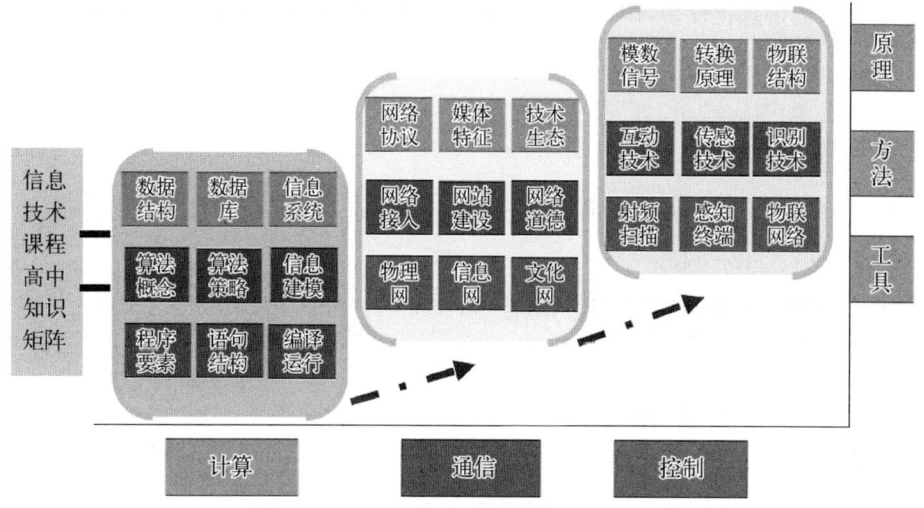

图4 面向学科思维的信息技术课程知识结构框架

3. 组织信息技术学科思维迁移的教学活动

面向学科思维的信息技术课程是期望学生将信息技术学科思维方式合理迁移至日常生活与学习之中,将信息技术的学科方法渗透到解决信息问题之中,成为信息化社会的问题解决者、革新者和创造者。从现代学习心理学理论来看,思维的发展是一种富情境化的过程,脱离了真实情境的"说教式"教育是很难真正实现学生思维能力的迁移。霍华德·加德纳教授在发展学生思维研究中,开发了面向问题的学科思维发展模式,通过"学科情境问题、专业思考与探究、情境问题表述与解决、深入交流与反思"方式将学生学科知识的建构与学科思维的发展结合在一起[20]。因此,为了促进学科思维的学习迁移,高中信息技术教学活动就不应停留于知识的讲座和技能的操练上,同样还需要创设隐含计算方法的、与学生生活学习相类似的学习情景,引导学生在其中发现计算问题,应用信息技术学科方法设计与解决问题,将学科思维迁移于真实的问题情景中,逐步完善和发展这种思维方式。

信息技术的快速发展和无处不在的搜索引擎已经使得人们意识到:具备良好的信息化思维方式比仅仅拥有繁杂无序的信息知识更为重要。因此,面向学科思维的信息技术课程设计就是要避免信息技术学习的重复记忆和机械应用,要在学生掌握信息知识与技能的基础上,引导学生用信息技术学科思维全面认识和思考这个复杂的信息化社会,作出科学、专业的信息化判断,更好地在信息化社会中生存、创新与发展。

参考文献

[1] 亚瑟·K·埃利斯.课程理论及其实践范例[M].北京:教育科学出版社,2007:112-113.

[2][13] ACM & CSTA. Running On Empty: The Failure to Teach K-12 Computer Science in the Digital Age[EB/OL].[2013-3-20].http://www.acm.org/runningonempty/.

[3] Gardner, H.. The Disciplined Mind: What All Students Should Understand [M]. New York: Simon and Schuster, 1999: 14-20.

[4][12] Boix Mansilla, V. & Gardner, H.. Teaching Students to Thinking[J]. Educational Leadership, 2008(2): 14-19.

[5] 德里斯科尔.学习心理学——面向教学的取向[M].上海:华东师范大学出版社,2008:303.

[6] Lawrence Snyder. 新编信息技术导论:技能、概念与能力[M].北京:清华大学出版社,2004:209.

[7] Jeannette M. Wing. Computational Thinking[J]. Communications of the ACM, 2006(3): 34-35.

[8] March, S. and Smith, G.. Design and Natural Science on Information Technology[J]. Decision Support Systems, 1995, 15(4): 251-266.

[9] Bryan Lawson. How Designers Think: The Design Process Demystified (The Third Edition)[M]. Oxford, UK: Architectural Press, 1997: 17-21.

[10] Facione, P.. Critical Thinking: A Statement of Expert Consensus for Purposes of Educational Assessment and Instruction[A]. Research Findings and Recommendations Prepared for the Committee on Pre-College Philosophy of the American Philosophical Association[C]. ERIC Document ED, 1990:

315 - 423.

[11] Nail Postman. The Disappearance of Childhood[M]. New York Delacorte Press, 1982:28 - 30, 123 - 125.

[14] 钟启泉.课程的逻辑[M].上海:华东师范大学出版社,2008:88 - 89.

[15] Esther S. Grassian. Information Literacy Instruction: Theory and Practice [M]. New York: Neal-Schuman Publishers, Inc. 2009, 14.

[16][18] Computing at School Working Group, Computer Science: A Curriculum for Schools[EB/OL].[2014 - 06 - 10].http://www.computingatschool.org.uk/.

[17] Harold Wenglinsky. Using Technology Wisely [M]. Teacher College, Columbia University, New York, 2005:17.

[19] Computing at School Working Group, Computer Science: A Curriculum for School[DB/OL].[2013 - 05 - 16].http://www.computingatschool.org.uk/data/uploads/ComputingCurric.pdf.

[20] Gardner, H., Boix Mansilla, V.. Teaching for Understanding in the Disciplines and Beyond[J]. Teacher College Record, 1994, 96(2):198 - 218, 199.

微型学习
——非正式学习的实用模式*

祝智庭　张浩　顾小清

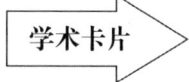

　　基于新的媒介生态环境应运而生的微型学习,适应了学习者呼唤更丰富的非正式学习体验的需求。文章通过文献分析的方式,对微型学习的形成背

---

* 祝智庭,张浩,顾小清.微型学习——非正式学习的实用模式[J].中国电化教育,2008(2):10 - 13.

景进行了分析，并在此基础上分析了微型学习的概念以及实现微型学习的设计原则。

一、学习的连续统：正式与非正式学习

学习的正式化倾向或曰所谓的正式学习主要是指通过学校组织、课堂授课等形式实现的学习形态；与之相对，非正式学习通常是非官方的。

二、新媒介生态的生成：微型内容与媒介微型化

（一）新媒介生态的构成
（二）微型内容与媒介微型化
1. 媒介终端设备的微型化；
2. 微型内容的概念与特征；
3. 媒介形态的草根化；
4. 媒介底层技术和标准对微型内容的支持。

三、微型学习设计：实现非正式学习的实用模式

在微型学习的设计中应当注意的原则：(1) 交互界面的简洁性和低技术门槛；(2) 适应学习者非连续的注意状态；(3) 隐含微型内容的结构流程；(4) 激发随机学习参与；(5) 创设自由快乐的学习体验。

四、结语

微型学习作为一种新的学习形态，它的未来发展走向以及对非正式学习有效支持等理论与实践问题还需要进一步的摸索。

> 看图说话

媒介生态由媒介技术与标准、媒介形态、媒介内容以及终端设备构成。以短信为例：SMS是一种媒介形态，它具有特定信息传播的功能；这种功能的实现是由若干底层通讯技术支持的；短信中的文字、符号或图像是短信的内容；短信这种媒介形态还需要有手机这种终端设备来实现人机操作交互。

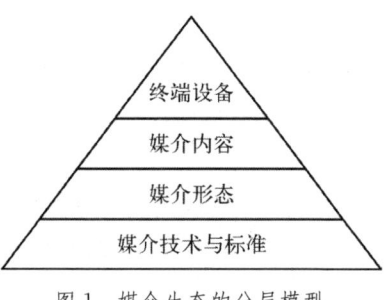

图1 媒介生态的分层模型

> 智语连珠

◆ 微型内容的涌现、媒介生态的微型化倾向，为技术支持的学习形态变革提供了足够的外部环境和内在推动力。
◆ 理解新媒体的更大意义在于从媒体发展历史的角度理解媒介形态。

翻转课堂国内应用实践与反思*

祝智庭　管珏琪　邱慧娴

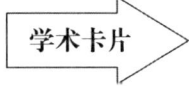

翻转课堂实践的教学流程逆序创新已成为国内外教育信息化热点。教学流程的逆序创新带来知识传授的提前与知识内化的变化，其实践本质是帮助学生实现深度学习、聚焦问题解决、培养高阶思维能力。通过对六所中小学提炼的翻转课堂过程模式的分析发现，当前国内翻转课堂实践呈现出两种模式，即中观层面

---

* 祝智庭,管珏琪,邱慧娴.翻转课堂国内应用实践与反思[J].电化教育研究,2015,36(6):66-72.

的教学过程的变化与微观层面的课内教学活动的调整;同时结合课堂教学主结构分析发现翻转课堂实现了教学流程的颠覆,随之引发师生角色的转变,最终指向学生思维品质的提升;然而翻转课堂的顺利实施有赖于一系列的准备。反思国内实践现状,微课在翻转课堂中的应用、课前学生的"先学"质量、课内学生高阶思维能力的培养、教师的专业素养储备等均成为实践面临的难题,这些都折射出翻转课堂实践的发展面。

一、翻转课堂实践内涵与智慧点

(一)翻转课堂实践内涵
(二)翻转课堂的智慧点
1. 生本思想的体现;
2. 人机劳动分工;
3. 混合学习策略。

二、翻转课堂国内应用实践分析

(一)翻转课堂实践模式
翻转课堂本土化实践是一个不断深入的过程,根据环境条件的不同,当前我国基础教育阶段翻转课堂实践呈现出不同的模式。

(二)翻转课堂"翻转"了什么
1. 教学流程的颠覆;
2. 师生角色的转变;
3. 学习者思维品质的提升。

(三)翻转课堂有效性的条件
翻转课堂的有效性依赖于一系列的准备:具备信息化教学能力的教师、具备数字化学习力的学生、便捷的学习平台设计、优质的微课开发、导学案中启发式问题设计、针对性的在线测练、课堂活动设计、多样性的学习评价、个性化学习干预等。

三、结语

以移动学习终端为载体,以微课应用为切入点,以翻转课堂为教学结构模式,已经带来了课堂教学的变化。透过国内应用实践分析与反思,折射出了翻转课堂应用的发展空间,即提升微课质量,为学生提供高效完成知识学习的内容载体;加强课堂活动与本真问题设计,发展学生高阶思维能力;改变评价内容及评价方式,促进对学生基本知识、技能、综合能力的发展评估;提升教师信息技术应用能力,促成教师从讲师到教练的角色转变。

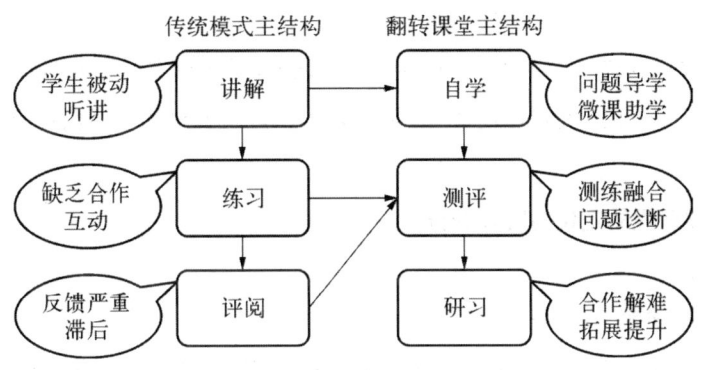

图1 课堂教学主结构分析

智语连珠

- ◆ 技术促变教育的实质是教育文化的变革。
- ◆ 本真问题是将问题置于拟真情境中,让学生解决具有情境特征的真实问题。对学习者而言,源于生活情境的真实问题将有助于提高其解决问题的兴趣,实现学生解决问题的高阶思维能力的培养。

微视频课程:演变、定位与应用领域*

王觅　贺斌　祝智庭

  微视频课程作为一种新型课程资源形态日益受到关注。该文将微视频课程资源的演变发展分为三个阶段,分析了各阶段资源的影响及特点,界定了微视频的内涵、微视频课程的结构,提出了基于知识模块的微观设计视角,比较其与传统视频课程的区别,以及分析微视频课程的核心特征;依据教学方法、制作技术和内容容量三个维度,对微视频课程进行分类,分析了不同维度下各类微视频资源的适用范围;最后对微视频课程的未来主要应用领域做了预测。

一、微视频课程资源的演变

  根据视频资源的兴起背景、应用模式和载体,视频教学资源的演变与发展大概可分为三个阶段:教育影视资源、网络视频课程资源、微视频课程资源。

二、微视频课程的定位与特征分析

(一)微视频

  本文认为,"微视频"是指富有教学意义的微视频资源,是具有完整意义的知识模块/知识点,时长为2—20分钟,是由多个"知识原子"构成的微型教学视频资源。

(二)微视频课程的界定和结构

  微视频课程是学习者在特定学习情境中,根据自我学习的需求和目标,利用微视频所进行的网络学习活动的总和。

---

* 王觅,贺斌,祝智庭.微视频课程:演变、定位与应用领域[J].中国电化教育,2013(4):88-94.

其结构是与课程内容容量相关的。如若是容量较小的微型课程（如短期培训、专题讲座等），则可由若干微视频直接构成。若课程内容较为系统化和完整化,微视频课程则可能由多个主题单元构成,或者由多个主题单元和零散微视频组合构成。

（三）微视频课程的设计视角

传统的教学设计模型致力于开发大单元的教学。作为新型的学习资源,微视频课程的设计是基于微观的教学设计。

（四）微视频课程的特征

1. 课程结构层面,松散耦合化；
2. 课程设计层面,模块化、主题化；
3. 知识内容层面,微型化、碎片化；
4. 资源获取层面,分布性、便捷性；
5. 资源的属性层面,艺术性。

三、微视频课程中微视频分类

（一）基于视频内容的教学方法
（二）基于资源的开发技术
（三）根据内容粒度容量

四、微视频课程的主要应用领域

（一）用于智慧教育的入境学习和泛在学习
（二）用于继续教育的移动学习
（三）用于教师专业发展的培训学习
（四）优质微视频信息资源系统的建设

五、结语

微视频课程资源不仅有利于打破传统固化的课程资源结构,有效实现课程资源的共建共享,提高课程资源的可用性、适应性和再生性,而且满足碎片化时代的学习文化,为智能教育提供泛在的、优质的学习资源。

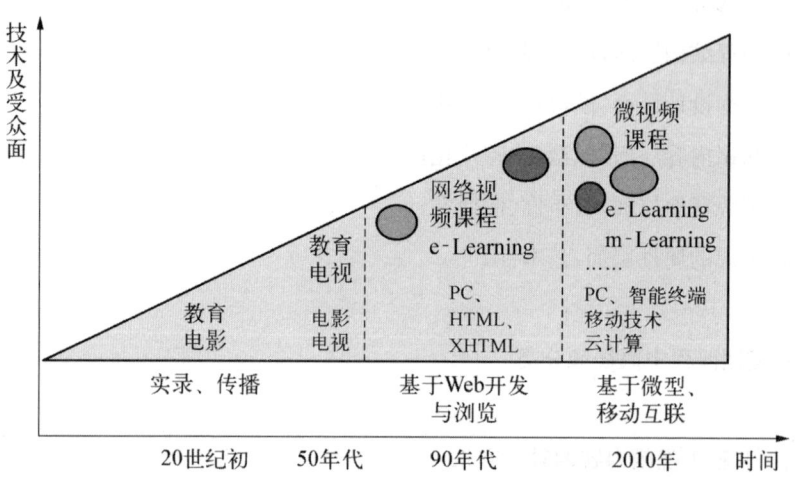

图 1 视频类教学资源的演变与变迁

视频最早期的教育应用形式是 20 世纪初的教育电影。教育电影可为学习者提供生动的视觉形象,对 20 世纪初视觉教育的推广发挥了重要作用。教育电视主要依托于电视台的教育节目,它始于 50 年代中期。如今,教育电视节目向着数字化、网络化方向快速发展。其传播渠道广泛,载体形式多样,且对多种媒体进行组合应用。网络视频课程是网络课程的重要组成内容,其早期的主要资源来自 MIT 开放课程资源中的课堂录像。网络视频课程的设计、开发与运用见证了远程网络教育的发展,是实现技术与教学相融合、技术促进教育教学的有效体现。在学习走向移动化、微型化、碎片化之时,学习资源内容面临着新的挑战。微视频课程资源是网络视频课程资源的"升级版",它有着多元化的应用载体、广域化的学习受众、多样化的应用情境,其微型化特性使其成为 m-Learning 的重要资源。

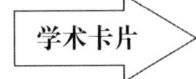

- ◆ 在教育教学领域,学习方式、学习资源亦受到"微时代"的影响,相应出现了微课程、微型学习、微视频等。
- ◆ 随着无线传输技术的发展和智能学习终端的应用,其应用载体由单一的 Web 平台走向多元化。

建构主义理论指导下的信息化教育[*]

张屹　祝智庭

本文在结构—建构论和建构主义学习理论指导下,提出了信息化教育的教学模式及其与传统教学模式的区别,进而探讨了信息化教育的若干教学方法:活动法、发现法和同伴影响法。

一、信息化教育的教学模式

教学模式是指在一定的教育观念、教学理论和学习理论指导下的教学过程的稳定结构形式。在一般的教学过程中包含教师、学生、教科书和媒体四个因素,这四个要素相互关联、相互作用所形成的稳定的结构形式便称为教学模式。

---

[*] 张屹,祝智庭.建构主义理论指导下的信息化教育[J].电化教育研究,2002(1):19-23.

二、信息化教育的教学方法

（一）活动法

1. 虚拟实验室；
2. 教学模拟法；
3. 基于资源的学习法；
4. 认知工具法。

（二）发现法

1. 探索法；
2. 问题解决法。

（三）同伴影响法

1. 计算机支持合作学习法；
2. 虚拟教室法。

三、结语

谁掌握了 21 世纪的教育，谁就掌握了 21 世纪的经济；谁掌握了信息化教育，谁就把握了 21 世纪教育发展的方向。信息化教育的教学模式和教学手段与方法的研究与实践，必将推动中国教育改革进一步向纵深发展。

信息化教育的教学模式可描述为：以学生为中心，学习者在教师创设的情境、协作与会话等学习环境中充分发挥自身的主动性和积极性，对当前所学的

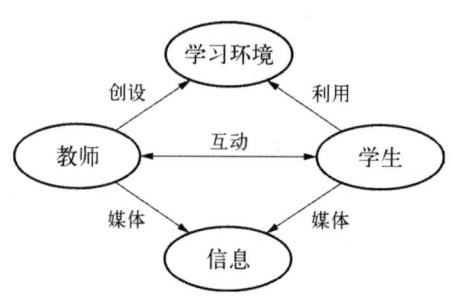

图1 信息化的教育教学模式

知识进行意义建构并用其所学解决实际问题。在这种模式中,学生是知识的主动建构者和运用者;教师是教学过程的指导者与组织者,意义建构的促进者和帮助者;信息所携带的知识不再是教师传授的内容,而是学生主动建构意义的对象(客体);学习环境包括"情境"、"协作"、"会话"等要素。情境必须有利于学生对所学内容的意义建构;协作发生在学习过程的始终;学习小组的成员之间必须通过会话协商共同完成学习任务。

智语连珠

- ◆ 运用建构主义学习理论形成全新的教学模式,促进教学内容与方法的变革和实现教育信息化,迎接正在到来的信息社会对于教育的挑战,已经成为当今教育的必然选择。
- ◆ 谁掌握了信息化教育,谁就把握了21世纪教育发展的方向。

从联结主义到联通主义: 学习理论的新取向*

王佑镁　祝智庭

学术卡片

联结成为探究和解释个体学习现象的一个视角,从行为主义学习观、认知主义学习观到新近的联通主义各个学习流派都曾把联结看成学习发生的基础。而随着信息时代个体学习的社会化和学习情景的复杂化,联结主义学习理论正面临新的挑战。有必要提出一种新的认识框架和联结主义体系来重新建构学习,这将成为指导知识时代学习设计的新基础。

---

* 王佑镁,祝智庭.从联结主义到联通主义:学习理论的新取向[J].中国电化教育,2006(3): 5-9.

一、联结主义:从行为主义到认知主义

新联结主义所谓的学习就是联结权重的变化,是原来的联结消失而产生一种新的联结关系。或者说,新联结主义所谓的学习就是对联结权重的适应性变化,通过联结权重的改变以使输出符合期望。

二、联通主义:数字时代的联结观

联通主义表述了一种适应当前社会结构变化的学习模式。学习不再是内化的个人活动。当新的学习工具被使用时,人们的学习方式与学习目的也发生了变化。联通主义建立在这样一种理解上:即知识基础的迅速改变导致决策的改变、新的信息持续被获得、区分重要信息与非重要信息的能力至关重要。联通主义的起点是个人,个人的知识组成了一个网络,这种网络被编入各种组织与机构,反过来各组织与机构的知识又被回馈给个人网络,提供个人的继续学习。

三、一种分析和比较框架:学习理论的信息时代新取向

(一)考虑学习发生过程中环境与个体建立联结的演化
(二)考虑知识的分布性
(三)考虑学习的社会本质
(四)考虑群体认知和共享
(五)对联结脉络的学习理论作进一步的系统分析

四、结语

联结主义的新取向可能成为其中一种面向学习的"解决方案",这种取向将定位于技术支撑下个体和群体的联结,目的在于实现个体与集体智慧。学习是在时

间上贯穿学习者一生的,空间上从学校扩展到家庭、社会及各个方面的过程,在学习的深度和广度上也将突破传统学习的限制。

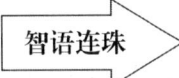

- ◆ 当新的学习工具被使用时,人们的学习方式与学习目的也发生了变化。
- ◆ 由于知识不断增长进化,获得所需知识的途径比学习者当前掌握的知识更重要。知识发展越快,个体就越不可能占有所有的知识。

从创客运动到创客教育: 培植众创文化*

祝智庭 雒亮

该研究首先分析、梳理了从创意产业大发展到 Living Lab 开放创新,再到创客运动兴起的发展全历程,从而论证了创客运动是从精英创造大众化产品到大众创造小众化产品转变的核心特征;其次详细分析、论述了创客教育、众创文化、创客精神等核心概念之间的逻辑关系,即创客教育的终极使命是培植以创客精神为实质的众创文化,创客精神是工匠精神在信息时代的继承者,创客精神包含三层特质,即针对个体的"自强进取,个性开放",针对社会的"协作分享,融合创新",和针对民族、国家的"重工尚器,民智国强";然后研究贴近创客教育,阐述了创客教育在理念、教学内容与方法、教师角色、学习者全人发展等方面与传统教育的不同之处;最后列举了创客教育可能面对的六种挑战,并尝试从现有相关研究的角度提供突破这些挑战的思路与方法,从而为创客教育的研究指明了方向,可以为具体的创客教育实践与理论研究提供参照。

---

* 祝智庭,雒亮.从创客运动到创客教育:培植众创文化[J].电化教育研究,2015,36(7):5-13.

一、创客运动：从精英创造到大众创造

（一）创意产业大发展——政府推动与精英引领

两方面特征：其一是政府推动，各国政府十分重视通过政策法规来推动和引导本国创意产业的发展。另一个特征是精英引领，在各国政府的政策扶持下一批精英企业获得较大发展，成为各国经济发展的核心引擎。

（二）Living Lab 开放创新——政府、机构引导与大众参与

由于政府、机构的引导而获得较大发展，也充分调动了普通用户参与到与自身体验有关的产品研发过程的积极性，使得产品创新过程更加开放、民主，从而为创客运动的兴起培植出了文化土壤。

（三）创客运动的兴起——精英创造到大众创造

Living Lab 及类似的创新活动体现出由政府或相关机构组织引导的特征，大众虽大规模参与创新过程，但多为被动。

二、众创文化：用创客教育培育创客精神

（一）从工匠精神到创客精神——创客运动背后的文化内涵
（二）培植众创文化——创客教育的终极使命

1. 自强进取，个性开放；
2. 协作分享，融合创新；
3. 重工尚器，民智国强。

三、创客教育：重塑全人发展的成功教育

（一）理念的融合——真实情境中的手脑并用
（二）教学内容与方法——从内容到项目，从教学到活动

（三）教师角色之重构——从教师到教练

（四）学习者的全人发展——从学习者到挑战者

四、创客教育的挑战

突破传统课程壁垒，获得合格创客导师，评价创客教育绩效，搭建开放创客平台，建立创客教育理论，培植大众创造文化。

五、结语

2010年颁布的《国家中长期教育改革和发展规划纲要（2010—2020年）》中也明确提出要提高学生勇于探索的创新精神和善于解决问题的实践能力。创客教育为实现这一美好愿景提供了一条前景光明的实践路径。

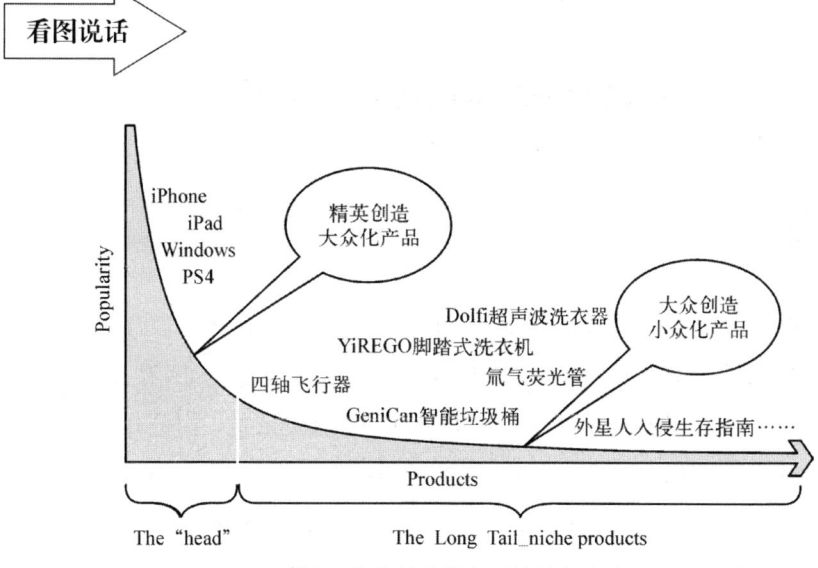

图1 长尾理论视角下的创客运动

原有的精英主导创新过程的模式尚未改变，直到创客运动的兴起，才使得创新不再由少数精英企业或个体垄断，草根大众第一次可以主导创新活动的整个过程。创客运动兴起的直接原因可归结为两方面，一方面是新世纪以来互联网与跨境电子商务的飞速发展，充分地释放了大众市场；另一方面是包含 3D 打印、3D 扫描、CNC 激光蚀刻等在内的制造技术，和包含开源硬件、开源软件、社交网络等在内的信息技术的飞速发展，为草根创客降低了将创意转化成为原型产品的门槛，他们用很低廉的成本即可完成传统由精英企业或个体垄断的研发创造过程。

- 有关创客空间学习环境构建、资源建设与使用机制等具体内容的研究实践，还可在一定意义上为大力促进教育公平，让亿万孩子同在蓝天下共享优质的教育作出贡献。
- 科学研究发现真理，技术应用实现价值，创意设计提升价值，但最终还要靠文化来影响价值取向。

教育游戏的国际研究动向及其启示*

赵海兰　祝智庭

在国内外，很多学者和教育专家一直试图把教育游戏运用在教育活动中，他们的不断探索已取得了一些有影响力的成就。但是，到目前为止，有关教育游戏的研究，大部分是以游戏和教育分离的形式，在两个独立的范围内分开进行的，并且一直在游戏的范围内进行关于教育游戏的边缘性研究。这种狭隘的研究视角阻碍着丰富多彩的研究思维的扩散与展开，也影响了教育游戏向独立学科体系的发展。在本研究中，笔者分析了国外教育游戏的研究视角、研究类型和几种主要研究框架，并探讨了这些研究对于我国教育游戏研究和实践的启示，希望能够为

---

* 赵海兰,祝智庭.教育游戏的国际研究动向及其启示[J].中国电化教育,2006(7)：73-76.

我国教育游戏的研究和运用归纳出可供借鉴之处。

一、从游戏领地之外考察教育游戏

二、国际上教育游戏的研究领域

（一）教育基本理论研究

（二）教育游戏的设计与开发研究

（三）基于游戏的学习科学研究

（四）教育游戏的社会文化影响力研究

（五）教育游戏的商业模型研究

三、对于我国教育游戏研究和实践的启示

（一）教育游戏的研究和实践的宏观指导方面

1. 鉴于游戏产业，尤其是数字化游戏产业是一个新兴的 IT 产业，建议构建国家层次上的，从宏观上指导和规划数字化游戏产业发展的专门机构，来引领我国游戏产业的发展；

2. 建议国家游戏产业指导部门、研究教育游戏的教育技术专家和有关大学研究机构，以及专门开发教育游戏的 e-Learning 企业等部门以"产学研一体"的形式形成一条线来研究和开发教育游戏；

3. 建议教育一线的教师以教育技术专家的有关运用教育游戏的教学模式的研究结果为基础，在教学中积极地运用教育游戏，由此谋求教学方法的改善和教学效果的提高。

（二）教育游戏的理论研究方面

1. 应优先开展仿真型教育游戏的教育效果性研究，因为此类游戏比较容易整合教学资源和教学策略；在知识建构性的学习中，仿真型游戏可以当作体验各种经验的学习工具来运用；

2. 需要进行基于游戏的学习科学研究;游戏并不仅仅是指作为媒体的游戏,它还包括作为学习系统或学习环境的游戏;

3. 有必要拓展教育游戏的研究视角;

4. 教育技术专家应积极开展运用教育游戏的教学模型的研究;

5. 提出有助于消除对于电脑游戏的否定认识的科学研究结果。

(三) 教育游戏的开发和运用方面

1. 开发课程教育游戏和益智、能力发展游戏以及成人职业训练游戏;

2. 教育一线的教师根据教学模式,在教学环节中运用教育游戏来提高课堂教学效果;

3. 企业、公众服务机构及军队等机关积极运用成人教育游戏来进行职业训练,提高训练的模拟性与效果性。

- ◆ 游戏不仅可以作为一类教学媒体来看待,而且也可作为一种学习环境来进行研究,因为游戏本身具备了发生学习活动必备的基本要素。
- ◆ 教育游戏研究视角的多样化,决定了研究教育游戏的主题和研究领域也随之多样化。

创客空间 2.0: 基于 O2O 架构的设计研究*

锥亮　祝智庭

本文研究分析、梳理了创客空间的概念、历史脉络与发展现状,并对实践中的

---

* 锥亮,祝智庭.创客空间 2.0:基于 O2O 架构的设计研究[J].开放教育研究,2015,21(4):35-43.

创客空间的结构与功能开展研究，提出教育创客空间包含"材料加工与手工制造"、"设计与3D打印"、"开源硬件设计与开发"三个结构域，存在"常态课程"、"创客工作坊"、"挑战赛"、"体验营"四种学习活动范型的观点，还提出建立虚实融合的2.0升级版创客空间的建议，并最终基于O2O架构设计出虚实融合的2.0版创客空间，生成了空间结构模型与功能模型。本研究可以为创客教育实践者与理论研究者提供实践指导和理论参照。

一、教育中的创客空间：结构及功能

广义上的创客教育是一种以培育大众创客精神为导向的教育形态。狭义上的创客教育则是一种以培养学习者，特别是青少年学习者的创客素养为主要导向的教育模式。

（一）教育创客空间结构域功能分析

1. 材料加工与手工制造；
2. 设计与3D打印；
3. 开源硬件设计与开发。

（二）创客空间的学习活动分析

现有的发生在创客空间中的学习活动主要分为四种范型：
1. 常态化课程教学；
2. 创客工作坊；
3. 挑战赛；
4. 体验营。

二、创客空间2.0：从实体空间到虚实融合

创客空间2.0从三方面提升创客教育实践绩效。

（一）打通虚实空间实现无缝化按需学习

（二）学习过程服务监控与管理

（三）跨校跨区域整合创客教育资源，促进教育均衡

三、基于 O2O 架构的创客空间设计

（一）基于 O2O 的创客教育空间结构

（二）基于 O2O 的创客教育空间功能实现

四、结语

基于 O2O 架构构建的 2.0 版创客空间，将创客空间视作线上虚拟空间与线下实体空间相互融合形成的个人—集体交互学习空间，实体空间负责项目实践，虚拟空间围绕实体空间提供各种支持服务，这在一定程度上拓展了人们对创客空间的概念认识，也解放了实体创客空间，使之能够承担更多实践工作，吸引更多的"准创客"加入。

看图说话

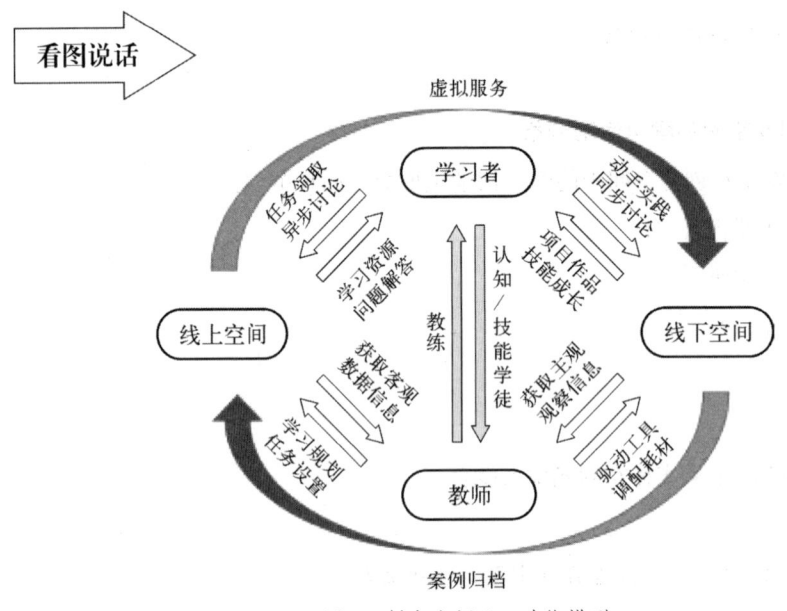

图 1　创客空间 2.0 功能模型

基于O2O的创客教育空间主要分为线上虚拟空间和线下实体空间两部分。其中,学习者和教师形成强依赖关系,学习者是主体;线上和线下形成强依赖关系,线下实体空间是主体。

- 活动理论将一切形式的学习过程视作活动分析、建模,由此可以明晰每种活动范型的特征、功能与用途。
- 当下,教育信息化飞速发展,以微课、翻转课堂为代表的信息化教学模式正在颠覆传统的课堂教学模式与课程实践范式,推动传统单一、低效的面对面课堂,转向融合线上线下优势,方便学习者随时随地接入,按需学习的高效智慧学习环境。

教学问题设计研究: 有效性与支架*

胡小勇　祝智庭

基于对问题类型的研究,本文分析了教学问题设计的现状,并归纳出教学问题的各种有效性特征。接着,文章结合教学实践案例系统阐述了教学问题设计支架及其使用方法。

一、教学问题的类型与特性

教学问题的类型与特性可以从以下角度进行阐述。

(一)是何/为何/如何/若何/由何

---

* 胡小勇,祝智庭.教学问题设计研究:有效性与支架[J].中国电化教育,2005(10):49-53.

（二）基本/单元/内容问题

（三）老问题/新问题/疑难题

（四）把问题类别分为"识记/理解/应用/分析/综合/评价"6 类

二、教学问题设计现状分析

当前教学现状中问题设计质量存在着不足。

（一）缺乏能够促进深度理解知识、促发认知迁移的问题设计

（二）缺乏满足不同学习阶段，面向创新的教学问题设计

三、教学问题的有效性特征

（一）教学问题有效性概述

在教学问题的设计与实施中，并非所有的教学问题设计都是有效的，更不是所有的教学问题都指向高级思维技能。

（二）单个教学问题的有效性特征

单个教学问题应该尽可能满足的 6 条有效性特征：(1) 问题符合课程标准中对教学内容的目标层次要求；(2) 问题与课程的教学内容相联系；(3) 问题能引起学生的认知冲突，使学生感到有认知难度，但又不会超脱于其临近发展区的认知阈限；(4) 问题能引起学生的参与热情和学习动机；(5) 问题能培养学习者的问题意识，拓展学习者的思维空间；(6) 问题的陈述应该清晰、具体、完整。

（三）教学问题集的有效性特征

教学问题集应该完全满足下列三条有效性特征：(1) 问题类型分布均衡丰富，具有层次性、系统性；(2) 指向或引发思维策略和方法；(3) 问题集设计带有情境特征。

四、教学问题的设计支架

(一) 教学问题设计支架的必要性

通过应用教学问题设计支架,能使教师们在设计教学问题时迅速上手,并能较为系统全面地设计出符合问题有效性要求的系列问题。

(二) 教学问题设计支架的形式

设计了3个模板表格,作为教学问题设计的支架:(1)面向人文领域的教学问题设计模板;(2)面向理科领域的教学问题设计模板;(3)面向各科的教学引导问题设计模板。

(三) 教学问题设计支架使用方法

参照下列步骤:(1)教学设计者根据课程内容自由设计教学问题;(2)选择相应的教学问题设计支架进行问题类型的质量验证,将所设计的教学问题依次定位于表格之中;(3)通过分析单个教学问题和问题集的有效性,发现教学问题设计所存在的缺陷;(4)针对支架模板中所发现的教学问题不足之处进行再设计;(5)循环(2)(3)(4)步骤,直至设计者认为达到了理想的教学问题设计水平。

(四) 对问题设计模板的深入说明

在使用和认识上述设计支架时,必须指出:(1)教学问题设计表的问题类型分布检验,是为给各种教学问题提供定位提示与检验参照;(2)教学问题的设计数量是一个艺术问题;(3)教学问题设计的结束,以设计者的满意程度为止。

五、结论

上述教学问题设计支架从构思提出到实用完善,并非一蹴而就,而是由无数的实践检验与行动反思所成。

> 智语连珠

- ◆ 通过应用教学问题设计支架,能使教师们在设计教学问题时迅速上手,并能较为系统全面地设计出符合问题有效性要求的系列问题。
- ◆ 科学的一面使它能够参照一定的流程或支架来进行设计;艺术的一面则提醒我们,问题设计只有更好,没有最好。

信息技术支持的高效知识教学: 激发精准教学的活力[*]

祝智庭　彭红超

精准教学是一种高效的面向知识教学的方法,然而在教育信息化带动教育变革的潮流下,精准教学却因为信息技术的缺失而受到教育工作者的冷落,逐渐失去了活力。对此,将信息技术引入高效的精准教学中,并设计一种信息技术支持的精准教学模式,以实现人机合理分工,功能优势兼收的目的,激发精准教学的活力,更好地为教师与学生提供服务。

一、信息技术支持的精准教学模式设计

在教育信息化带动教育变革的潮流下,精准教学在国内也因为信息技术的缺失而受到教育工作者的冷落,逐渐失去了活力。对此,可打破精准教学作为评估方法的陈规,设计信息技术支持的精准教学模式。

---

[*] 祝智庭,彭红超.信息技术支持的高效知识教学:激发精准教学的活力[J].中国电化教育,2016(1):18-25.

二、精准确定目标

精准教学最大的价值在于能够精准地针对学生在学习某一知识或技能的具体问题进行教学,从而在准确度方面实现百分百教学。

三、开发材料与教学过程

在精准确定目标环节,构建了精准目标树,并确定了短板知识或技能,接下来,需要针对短板知识或技能开发学习材料。精准教学可与现有的教学方法(如直接教学、程序教学、翻转课堂、创客教育等)兼容,教师可根据自己的喜好与习惯,将精准教学融于现有的教学方法,设计开发高效性教学过程。然而,对于融于信息技术支撑下的智慧学习方法开发教学过程时,需要考虑作用域的问题。

四、计数与绘制学习表现

每天测量学习表现是精准教学重要的特征之一。

五、数据决策

数据决策不仅能够分析学生表现的频率,而且能为精准教学解决其他较为复杂的决策问题,如分类问题、决策分析问题、优化问题。

六、结语

信息技术支持的精准教学模式,打破了精准教学只作为评估方法的陈规,并引入信息技术,从而实现了人机合理分工,功能优势兼收的目的,激发精准教学的活力。

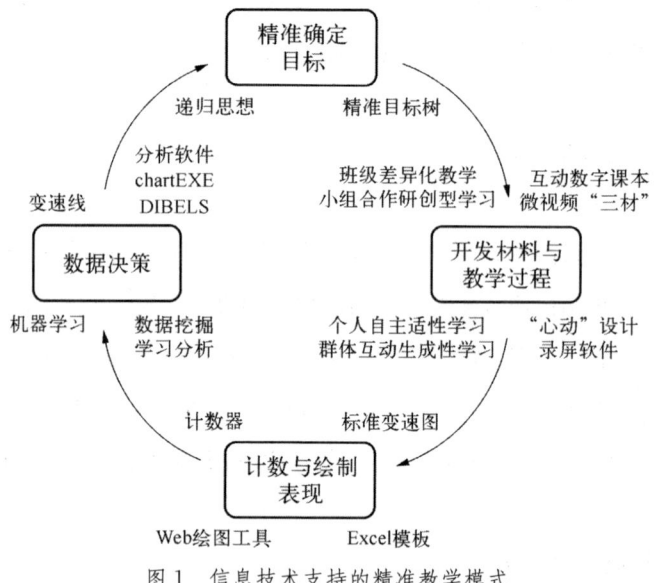

图1 信息技术支持的精准教学模式

信息技术支持的精准教学模式包括精准确定目标、开发材料与教学过程、计数与绘制表现和数据决策四个环节。在精准确定目标环节,采用递归的思想来确定目标:递进过程中,针对学生个体生成精准目标树;回归过程中,确定每一次教学循环需要解决的具体短板知识或技能是什么。在开发材料与教学过程环节,将传统教材扩展为集"学材"、"习材"、"创材"("三材")为一体的智慧学习材料,并提倡从"心动"设计角度进行微视频与互动数字课本设计。

◆ 信息技术时代的学习材料突破了传统的教材概念,扩展成为"学材"+"习材"+"创材",表现形式也已经从纸质材料扩展到了数字化材料。

体验学习研究框架
——与娱教技术结合的视角*

孙莅文　祝智庭

一、体验学习研究框架的形成

什么是体验学习？如何进行体验学习？如何用技术支持体验学习？体验学习的研究围绕这三个问题展开，形成不同层面的相互支撑的三类工作。

二、体验学习的学习理论

对学习的认识将直接影响研究者和教学者对教学的规划和实施，以及对教学模式和教学策略的探索、选择和运用。

三、体验学习：为学习者提供积极参与的社会场景

体验学习是指"一种以学习者为中心的、通过实践与反思相结合来获得知识、技能和态度的学习方式"。这是一种广义的、以学习者为中心的学习观。

四、教学实践：社会场景与教学情境的结合

为了与各种教学条件相适应，提出相应的教学建议、发展建议，必须进一步提取教学条件的特征量，分析体验学习与教学条件之间的关系，分析体验学习的适应性。同时，还需要研究体验学习与知识性学习的结合。

---

* 孙莅文,祝智庭.体验学习研究框架——与娱教技术结合的视角[J].中国电化教育,2005(9)：24-27.

五、技术支持：社会场景的游戏化表达

（一）用技术支持体验学习的设计
主要从两方面进行：学习设计的工程化分解与学习设计的表达。

（二）用技术支持体验学习环境的构建
从体验学习自身的特性出发，我们采取娱教技术的思路来构建体验学习环境。主要体现在两方面：一是对学习设计的支持，主要是支持场景创建、支持活动设计，其关键技术是场景与过程的半自动产生机制；二是对动态学习过程的支持，其关键技术是动态过程的记录、管理机制。

（三）用技术支持与学习情境的结合
教学实践中，具体的教学条件、教学情境各不相同。场景形式、技术的角色、技术的支持程度和支持方式等也不尽相同。

看图说话

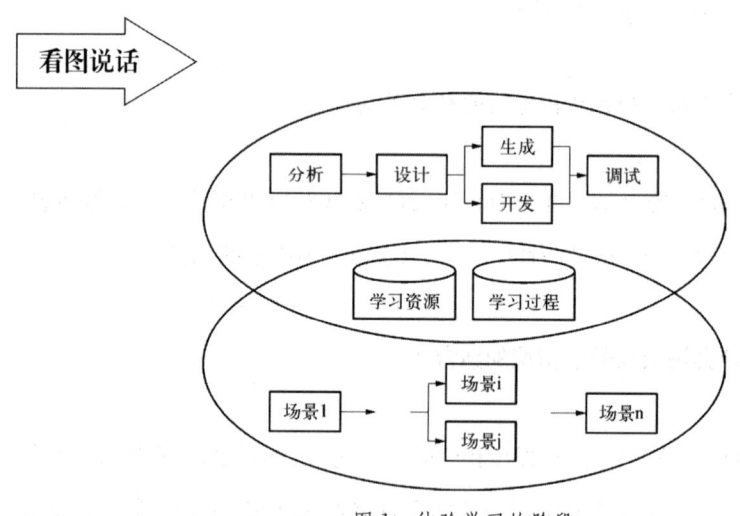

图1 体验学习的阶段

按照工作主体的不同，把体验学习的过程划分为两个阶段：学习设计和学习开展。"学习设计"阶段，主要由学习设计者为体验学习的发生和开展作规划，即

为学习者构造学习环境;"学习开展"阶段,指学习者参与到各场景的活动中,活动轨迹构成动态的学习过程。需要说明的是,由于在学习开展的阶段,学习设计者仍然可以进行学习设计,因此,这两个阶段有交替和重叠,实践流程不是线性的。

智语连珠

- ◆ 知识、学生经验、学习情境、应用情境之间的相互割裂,造成学生难以理解学习的内容和目的,难以运用所学知识,难以主动积极地学习。
- ◆ 学习理论的新进展为教育教学的研究与实践提供了新的视角,而新技术(尤其是计算机与网络技术)的发展,则为之提供了可能。

MOOCs 教学设计样式研究*

刘名卓　祝智庭

MOOCs 发展至今,取得了一些研究和实践成果,但比较而言,对 MOOCs 教学设计层面研究不足,这必然会影响 MOOCs 生态的良性发展。本文首先阐述了主流 MOOCs 的教学局限性,然后分析了主流 MOOCs 的教学结构与教学活动,发现当前主流 MOOCs 教学模式单一,活动设计主要以获得学习为主,而对探究学习和协作学习重视不足。依此思路,本文作者一方面努力汲取传统教育框架下教学法、认知科学和教学设计等方面的经验,另一方面根据多年来在网络课程建设方面积累的经验和研究成果,提出了多种 MOOCs 教学样式。

一、主流 MOOCs 的教学局限性

MOOC 的劣势也不容忽视,除了"飚高的中途退课率"和"学习 MOOC 的终端

---

* 刘名卓,祝智庭.MOOCs 教学设计样式研究[J].中国电化教育,2014(7):19-24+33.

设备单一"之外,比较突出的还有以下两方面:(1)教学模式单一。(2)教育理念较之传统课堂教学没有大的突破。

二、MOOCs教学设计新视域——在线教学样式

一方面,我们努力汲取传统教育框架下教学法、认知科学和教学设计等方面的经验,这些知识为我们提供了丰富的养料,如优质的教学设计模式和案例。另一方面,根据多年来在网络课程建设方面积累的经验和研究成果,以及对我国网络精品课程、精品资源共享课和主流MOOCs的设计分析,我们提出了七种MOOCs在线教学样式,分别是理论导学型(基于内容的设计)、技能训练型(基于技能的设计)、问题研学型(基于问题的设计)、情景模拟型(基于情景的设计)、案例研学型(基于案例的设计)、自学探究型(基于探究的设计)和实验探究型(基于实验的设计),这些设计样式适用于对整门课程、学习模块、学习单元或者某一知识点的教学设计。在同一门课程中,各种设计样式可混合使用。各种设计样式有统一的结构,均由名称、解释、信息结构模型几部分组成。

三、结语

今天,在教育领域,MOOCs依然是一个热词,但人们的教学设计视域不再仅仅局限于知识授递(获得)层面,而将目光投射到关注学生的协作探究和问题解决能力的培养上。具体表现在MOOCs的教学法出现了新动向,教学方式/学习方式正由xMOOCs的完全自主在线学习向混合学习、翻转课堂、协作授课、协作学习、研究性学习等转变;由xMOOCs基于内容的教学向基于问题解决的一系列活动转变;由xMOOCs侧重于知识传播与复制向基于问题解决和知识建构转变;由xMOOCs强调视频、作业和测试等学习活动向强调学习者创造、自治等转变。

智语连珠

◆ 教学设计是现代教学过程中不可或缺的重要环节,有效的教学设计是提高

教学质量的可靠保证,若对 MOOCs 的教学设计没有系统的科学研究,势必影响 MOOCs 生态的良性发展。
◆ 网络环境为探究学习和协作学习提供了更好的空间和条件,强化对在线学习的规律研究、创新在线教学模式,将是改善 MOOCs 教育成效的不变命题。

"数字布鲁姆"中国版的建构*

陈丹　祝智庭

"数字布鲁姆"的出现意味着信息化教学已经开始成为教育界的主流意识和实践行为。本文在布鲁姆教育目标分类学的基础上,对新版"数字布鲁姆"的24种信息化实体工具进行资料文献收集和比较分析,并尝试利用国内的信息化工具来进行对应和替代,建构出中国版的"数字布鲁姆",以期能为国内学习者和教育用户提供一些技术支持,使他们在进行信息化教育时能够快速方便地选择到合适的信息化工具,提高学习和工作成效。

一、新版"数字布鲁姆"信息化工具分析

从识记、理解、应用、分析、评价、创建等层次进行介绍。

文章从识记、理解、应用、分析、评价、创建六个层面介绍了不同的信息化工具。在识记层面,介绍了 Firefox、YouTube、Flickr、Delicious;在理解层面,介绍了 Skype、Twitter、Google Reader、Ning、Blogger、Gmail、Evernote;在应用层面,介绍了 Prez、Jing、iTunes、iGoogle;在分析层面,介绍了 Mindomo、Voicethread、ZOHO、Dimdim、Elgg;在评价层面,介绍了 Moodle、Camtasia Studio、Lectora;在创建层面,介绍了 Wikispaces。

---

* 陈丹,祝智庭."数字布鲁姆"中国版的建构[J].中国电化教育,2011(1):71-77.

二、中国版的"数字布鲁姆"

尝试运用一些相似功能的工具来进行替代,由此得出中国版"数字布鲁姆",希望能给国内教育用户提供一些帮助,起到一个抛砖引玉的作用。

三、结语

"数字布鲁姆"的出现喻示信息化教学已经开始成为教育界的主流意识和实践行为。"数字布鲁姆"中国版的建构目的是为了给国内学习者和教育用户提供一个技术参考,使他们在进行信息化教育时能够快速方便地选择到合适的信息化工具,以提高学习成效。

一对一环境下的学习变革*

张浩 祝智庭

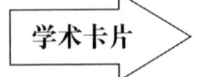

随着数字终端设备的普及和移动便携性能的提升,在数字化网络环境正朝向泛在无缝接入的时代背景下,一对一数字化学习(G1∶1)成为全球教育界关注的热点。本文通过透视 G1∶1 概念及实质,描绘一对一环境的生态与构成,分析教育关系、认知方式和学习方式三方面的变化,力图追踪这场深具跨时代意义的学习变革的趋势与走向。

一、一对一环境的结构与生态

一对一环境从不同的角度描述呈现出不同的面貌,从媒介进化发展的视角

---

* 张浩,祝智庭.一对一环境下的学习变革[J].远程教育杂志,2008(4):25-28.

看,它是一种支持 WEB2.0 应用的新媒介环境,从支持个体学习的角度出发,它指向一种个人学习环境(PLE)和虚拟学习环境(VLE),以通讯技术的联通性能衡量,它与全球卫星网络、移动通讯 3G 网络相关,也是无缝空间(Seamless Space)和泛在网络(Ubiquitous Network)的某种表征。

二、一对一引发的学习变革

(一) 教育关系变化

教育者与学习者之间的关系因为人机关系的进一步亲密而可能呈现相对疏远的态势。教育者如何感知并积极应对这种关系变化是未来教育领域值得深入探讨的新课题。

(二) 认知方式变化

1. 联通主义(Connectivism)认知观

面对知识结构即知识的形态不是以静态层级化而是动态网络化存在的情境下,事实上,联通主义表达了一种"关系中学"和"分布式认知"的观念。

2. 萌发式学习(Emergent Learning)

萌发学习观对"理解"的独到见解在于将其置于网络联通的情境中加以描述,"信息是节点,知识是联结,理解是若干网络节点间联通时浮现的'财宝'"。

(三) 学习形态变化

1. 非正式学习

伴随着技术继续发展和人类知识观的进步,网络学习、移动学习、泛在学习的出现,学习空间得到拓展和延伸,学习资源更加丰富与易获取,非正式学习已不可能再被简单地认为是一种补充性学习,各种非正式的、非在场式的学习形态已经在学习谱系中占着越来越重要的位置。

2. 微型学习

微型学习被看作一对一环境下实现非正式学习的一种实用学习模式。它的出现与一对一环境下学习媒介终端和内容的微型化有着密切的联系。联通主义所表达的与分布式知识交互及在社会网络关系中学习等理念对于微型学习实践都具有针对性的指导意义。

智语连珠

- ◆ 一对一环境中的学习变革实质正是全球信息化发展到一个新的阶段给学习者带来的新的机遇和挑战。
- ◆ 从进化论的角度来看,学习就是一种对生存环境能动性的适应;可看作一种本能,它是个体为求生和改善生活的自发行为。

无缝学习
——数字时代学习的新常态*

祝智庭　孙妍妍

随着无线网络、便携终端在教育中日益广泛的应用,"无缝学习"成为新兴的研究热点。近年来出现的一系列教学创新,从视频微课、翻转课堂到MOOC(大众公播课,国内简称"慕课"),都在强化无缝学习的发展趋向,使其成为数字时代学习的新常态。本文在考察无缝学习发展起源的基础上,提炼出无缝学习的三维特征,无缝学习系统的构成要素,最后分析了实施无缝学习带来的新挑战。

一、无缝学习之维度

(一) 时间维度

1. 课堂学习和课外学习的融合

多媒体技术和即时通讯技术的发展使得教师可以突破时间的限制,在课外进

---

* 祝智庭,孙妍妍.无缝学习——数字时代学习的新常态[J].开放教育研究,2015,21(1):11-16.

行知识的讲授。

2. 即时交流和非即时交流的结合

随着互联网的普及和 Web2.0 的发展,线上非即时交流已成常态。博客、微博、网上论坛等技术允许人们上传资料到线上空间,进行非即时交流。

(二) 空间维度

1. 跨越空间的学习

在科技融入教学以前,人们默认学习是在固定的时间(上学)和地点(学校)进行的。然而,随着科技的发展以及互联网的普及,学习时间和地点的概念发生了转变。学习不再局限于学生的在校时间,也不再局限于校园。

2. 真实世界和虚拟世界的融合

表现在两方面:一是真实世界的虚拟化,二是虚拟世界的真实化。

(三) 方式维度

1. 正式学习和非正式学习的融合

无缝学习环境突破了时空限制,这种转变也影响了正式学习和非正式学习的界定。在无缝学习环境中,正式学习不再限定于学校,并融合了非正式学习开放性强和强调学生自主学习能力的特性。

2. 多种教学法和教学活动的结合

无缝学习环境对多种教学法和教学活动的结合提供了两个便利条件:一是学习资源的泛在性,二是强大的连通性。

二、无缝学习系统要素

从宏观上说,无缝学习系统主要由三部分组成,即技术环境、教师和学生。技术环境为无缝学习提供科技支持,教师是无缝学习的设计者和助学者,学生是无缝学习的主体。

三、无缝学习之优势和挑战

(一) 无缝学习之优势

与传统学习相比,无缝学习有以下优势:优化了学习资源,推进了个性化教育,提高了学生自主学习能力,有更多的机会掌控学习进度和学习目标。

(二) 无缝学习之挑战

无缝学习也对技术环境、教师和学生提出了挑战:需要技术知识,大量资金的支持,平台维护,教师学习新的教学方式和教学理念、适应新的角色和技术培训,教师的角色的转化,学生该如何成为自主学习者和如何合理使用科技等挑战。

- 在使用科技辅助教学的过程中,科技不应当是核心,无论科技如何变化,教育的核心都是学生。
- 学生的数字化学习力发展成为无缝学习成功与否的关键要素。

面向智慧学习的精准教学活动生成性设计*

彭红超　祝智庭

预设的教与学活动无法较好地满足智慧教育境域中精准教学的需求。针对该问题,本研究对四类智慧学习方略进行了详细解析,并以此为基础提出了面向智慧学习的精准教学活动生成性设计模型,以期更好地服务于智慧学习。最后以

---

* 彭红超,祝智庭.面向智慧学习的精准教学活动生成性设计[J].电化教育研究,2016,37(8):53-62.

"中国地图拼板 3D 建模"课程为例,详细论述了面向小组合作研创型学习的精准教学活动生成过程,以便为教师设计具体的教与学活动提供参考。

一、精准教学概述

(一) 精准教学模式与内涵

信息技术支持的精准教学是一种旨在借助信息技术实现高效减负的个性化教学方法,属于人本主义指导的教学实践。

(二) 精准教学与智慧学习

在智慧教育境域中,智慧学习是精准教学的教与学的方法论,促使精准教学得以应用与实施;智慧学习是精准教学的母体基因,决定着精准教学活动的表现形式。

二、精准教学的教与学的方法论:智慧学习

(一) 班级差异化教学:培育基础知识与技能

班级差异化教学注重因人而异,是因材施教教学思想的继承与发展,也是学校最容易应用的一种智慧学习方略。

班级差异化教学旨在培育基础知识与技能,其教学包含五个学习活动:差异测查、动态分组、实施并列式教学计划、个别指导和多元评价。

(二) 小组合作研创型学习:培育综合运用能力

小组合作研创型学习是问题学习和项目学习相融合,采用小组合作的形式学习的一种智慧学习方略,旨在培育学习者的综合运用能力。

(三) 个人自主适性学习:培育个人特长知能

个人自主适性学习的学习流程包括六大学习活动:确定兴趣主题、规划行动方案、选择适切资源、开展偏好活动、观察"仪表盘"和评估学习成果。

(四)群体互动生成性学习：培育集体智慧

在网络延展的社会化环境中，个体与其所拥有的知识和工具的关系构成了个人网络，以个体为起点，关联相关领域的个体、群体形成学习共同体，联通对应的个体网络和群体网络生成社交网络，学习共同体在社交网络中通过群体互动实现知识的创造、成长与流通，从而促使集体智慧的持续发展，促成自己知识网络的不断生长。

(五)智慧学习透析

智慧学习透析模型从技术支持度、目标灵活度和学习者素养三个维度解析智慧学习。

三、精准教学的活动生成性设计模型

(一)精准教学活动生成性设计模型的建构依据

活动理论包括六个要素，三个核心要素：主体、客体和共同体；三个次要要素：工具、规则和劳动分工。其中工具要素包含了环境的范畴，为了避免混淆，在精准教学的活动生成性设计模型中特意将环境从工具中分离出来。

(二)精准教学的活动生成性设计模型建构

精准教学的活动生成性设计模型分为四层：资源层、操作层、行为层和活动层。精准教学的活动生成性设计模型以学习者的学习风格为根本，以操作对象为依据，以学习目标为导向，强调活动之间的相关性、层次性和整合性，注重活动间自然与恰当的切换。

四、结语

面向智慧学习的精准教学活动生成性设计模型从"资源层"、"操作层"、"行为层"和"活动层"四个层面规划了精准教学活动的生成过程。其中资源层是学习者活动的操作对象，融入了学习资源生态理念；操作层是对资源的具体操作，该层中的微操作通过关联操作对象生成；行为层中的微活动通过关联与聚合的方式生成微操作;活动层中的教与学活动通过组合或排列的方式生成微活动。精准教学的活动是"问题精准"的核心作用域;操作层和行为层是"干预精准"的核心作用域;活动层是"服务精准"的核心作用域。面向智慧学习的精准教学活动生成性设计模型为精准教学模式中的"设计活动"提供了指导方案,也为智慧教育境域中精准教学更好地服务智慧学习提供了前提基础。

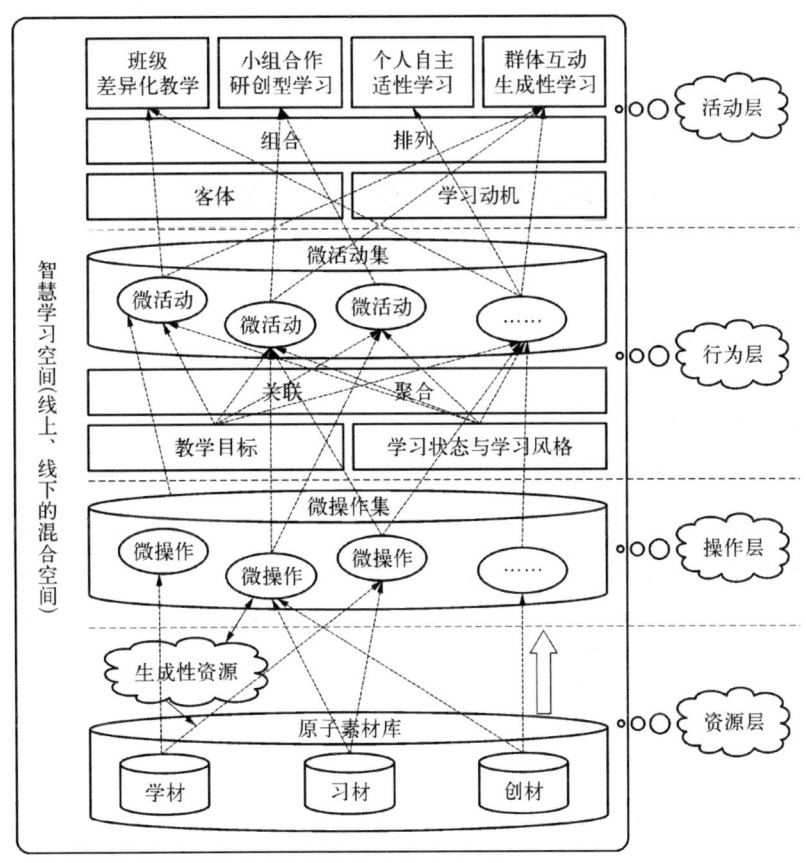

图1 精准教学的活动生成性设计模型

通过采用适当的技术,生成个性化的精准教学目标,开发适切的教学材料,设计适宜的教学活动进行教学,并且频繁地测量与记录学习者的学习表现,以精确判定学习者存在的当前问题及潜在问题,针对判定的问题,采用适当的数据决策技术以对教学策略进行精准的优化和干预。

- ◆ 群体互动生成性学习的目标是促使集体智慧的发展,促成自己知识网络的生长,确保知识的时代性。
- ◆ 学习过程中,"需知"与"需做"的双驱转换需要师生准确把握,这是研创型学习成功与否的关键。

问题化教学研究纵揽:理论与流派[*]

胡小勇　祝智庭

针对问题的教学研究一直备受研究者的关注。在简要阐述之后,本文作者首先提出梳理这些与问题相关教学理论的必要性,并在对各类教学设计模式的问题性比较、对提问教学与PBL进行分析的基础之上,进一步分析了近十年来问题化教学相关理论的研究新动向。接着,文章对各类理论的结构特点与异同优劣进行了研究论述。最后,作者简要提出构建一种新型问题化教学PRL的重要性,并作出研究展望。

一、教学设计理论的"问题性"

(一)教学设计理论特征简述

受不同时期学习理论影响,教学设计主要经历了行为主义、认知主义、建构主义为指导的三代教学设计。

---

[*] 胡小勇,祝智庭.问题化教学研究纵揽:理论与流派[J].中国电化教育,2005(2):18-22.

(二)"问题性"比较与发展趋势

以行为主义和建构主义作为 ID 演进的两端来考察,可以发现:无论是哪一方,问题都是各种教学模式的共有特征,即问题是各种教学模式中的特征不变量。因此,即使是不同代的教学设计模式,在问题性上也存在着共通之处:都含有对解决问题能力的培养,力图培养出能解决问题的学习者;都认为知识的获取,对于解决问题有着重要的作用。

二、面向启发的提问教学

关于提问教学的研究与实践,可谓悖论明显。一方面,几乎很少有教学设计研究者把提问教学当成一种教学模式或方式来加以细致研究;而另一方面的情况是,在当前基础教育领域中,几乎所有教师都在重复着各式各样的以提问为显著特征的教学活动。

三、面向劣构问题的 PBL

PBL 强调问题情境的真实性。

PBL 通过让学生产生问题定义、信息收集、数据分析、创建假设和测试等策略来促进学习者的元认知发展和自主学习能力,培养高级思维能力。通过应对各种疑难劣构问题的场景,使学习者产生出批判性思维与创造性思维。

四、问题化教学研究新动向

近年来,国外教学设计者们越来越重视教学中的问题性,并把目光投向了内涵广阔、以问题和问题解决为教学设计焦点的研究。其中的典型代表包括:以问题编列来满足不同学习风格学习者全面发展的 4MAT 设计模式,直接面向不同类型问题解决的设计理论,以及力图抽取蕴藏于各种教学设计模式之后基本原理的第一教学原理集等。

五、各类理论的结构异同

各类理论有着各自的独特优点和偏重,同时又因为偏向的不同导致了在强调问题研究上的结构性差异。各类理论模式的可操作性差:如果要真正指导课程改革和教学实践,就必须具备明晰可行的操作性,来供教师参照或进一步发挥。但从目前来看,即便 PBL 有相对较为突出的操作特点,仍无法满足广大普通教师的操作需求。

- ◆ 大脑的形态会影响学习,应该确保左右脑平衡发展。
- ◆ 各类学习风格所感兴趣的问题有所不同,编列对于学习至关重要。

基于新课改的发展性教学评价设计探讨*

李君丽　祝智庭

本文从探讨强调能力评价的发展性评价提出的背景出发,归纳出发展性评价的特点,为发展性评价设计提供可行性依据,然后阐述了发展性教学评价设计的原理,最后给出评价设计案例,为开展发展性教学评价设计提供具有操作性的参考。

一、发展性教学评价的提出

教学评价是对教学效果进行的价值判断,它直接作用于教学活动的各个方

---

* 李君丽,祝智庭.基于新课改的发展性教学评价设计探讨[J].电化教育研究,2007(4):66-68+72.

面,是教学工作的一个重要组成部分。教学评价的理论与方法对提高教学质量、促进教学改革正起着日益显著的作用。

由于发展性评价是一种融合了过程性评价和多元性评价的新教育理念,对教师素质、教学环境、教学工具、评价手段必然有新的要求,必须对已有的和新课改不相适应的教学评价模式、评价方法进行改造。

二、新课改环境下发展性教学评价的特点

(一) 开放性

新课改非常强调学生能力的培养,而能力的衡量尺度必然是多元的,所以发展性教学评价目标的设计必然要突破传统的以认知为导向的评价目标的设计,融入更多非认知的能力衡量维度。即使在认知目标中,也要求加强理解、综合、应用等高级思维技能的培养,这使得发展性教学评价目标的确定具有开放性的特点。

(二) 诊断性

选拔性评价最大的特点是它的评价目的只是为了评价实践个体之间的差距并作出排序,而发展性教学评价要求实践主体在教/学过程中通过不断的评价和反思,确定自己或他人的教/学状态,找出存在的问题,制定解决问题的方案等。

(三) 过程性

发展性教学评价是一种循序渐进的、逐层深入的、关注学习者学习过程的评价模式,是贯穿于教学活动始终的。

(四) 可控性

发展性评价的目标、主体、时空环境、工具等都比传统教学评价要复杂,有利的一面是评价方法和评价模式比传统教学评价丰富,不利的一面是控制因素比传统教学复杂。

三、发展性教学评价的对象

发展性教学评价的对象和发展性教学评价的客体是不同的。发展性教学评价的客体是和主体相对的，一般是教师、学生、团体等具有教/学过程和产品生产能力的实体。而发展性教学评价对象是指教/学过程和产品的载体。

四、发展性教学评价流程设计

（一）评价目标设计

与传统教学评价相区别的是，发展性教学评价目标变得更加丰富多彩而不仅仅局限在某些知识点的掌握程度，教学评价的目标可以是认知的、情感的、态度的、语言技能的、逻辑技能的等等，很多是相互交错的，从而形成了一个教学目标域。

（二）评价标准设计

发展性教学评价的标准的创建也是依赖于教学活动情境的，随着评价的不断深入、评价者水平的不断提高或者其他评价约束条件的变化，评价标准也要进行相应的调整，而不是一成不变地应用于整个教学任务的始终。

（三）评价流程设计

教学活动设计细化了教学模式中的学习任务，提供了详细的活动流程，设置了活动发生的教学情境。依附于教学活动的教学评价也同时具有流程性。

五、发展性教学评价工具

发展性评价对评价主体的评价素养有一定的要求，如果在评价中应用一些评价工具帮助组织评价活动、展示评价过程、解释评价结果等，降低发展性评价的操作难度，将大大提高发展性教学评价的效率和效果，如电子学档、量规、任务清单等。

六、小结

随着新课程改革的深入,发展性评价日益受到重视,它能使实践主体通过各种形式的评价和反思来提高自学的能力。本文主要探讨了发展性教学评价设计的可行性、设计流程和一些工具应用,为教学实践提供可操作的参考。

- ◆ 评价不仅要关注学生的学业成绩,而且要发现和发展学生多方面的潜能,了解学生发展中的需求,帮助学生认识自我,建立自信,促进学生在原有水平上的发展,发挥评价的教育功能。
- ◆ 能力的形成是具有过程性的,以评价能力目标完成情况为主要内容的发展性评价也必然是在过程性完成的情况下才能起到以评促教、以评促学的目的。

STEM 教育的国策分析与实践模式*

祝智庭　雷云鹤

本文对实用主义哲学背景下的美国 STEM 教育溯因探源,从国家教育理念与政策取向、实施方略、课程建设、教学探索和 STEM 生态发展等视角归纳分析国际上 STEM 教育的主要实践模式,并提出针对中国 STEM 教育发展的四层架构、整合机制、学科建设方法论、能力建设和学习生态系统发展等方面建议。

---

* 祝智庭,雷云鹤.STEM 教育的国策分析与实践模式[J].电化教育研究,2018,39(1):75-85.

一、STEM 教育的政策分析：溯因探源

从国策层面强烈关注 STEM 的现象发端于美国，并历经三十余年发展到现在，这主要根源于深入美国的实用主义思维，即美国认为实施 STEM 教育能够从一定程度上解决其所面临的国家安全和经济安全问题，保持领先的国际地位。

二、STEM 教育的实践模式：国际观察

（一）国家教育理念：能力为本

STEM 教育表现出"能力为本"的特征，即在跨学科的基础上，培养学生的问题解决能力、自主创新能力、深度学习能力和适应未来能力。

（二）实施策略方法：整合为要

STEM 教育涉及科学、技术、工程和数学四门学科，从相互关系看，四者具有内在关联性。

（三）实践应用层面：项目引领

美国的 STEM 教育不仅从国家政策上做好保障，更重要的是在全国和区域范围支持开展了多个 STEM 教育项目。

（四）课堂教学探索：继承创新

STEM 教育具有跨学科、整合性的显著特征，这要求教师继承已有的教学成果和经验，如探究式教学、项目式学习、5E 教学模式、多元智能理论等，在此基础上完成创新式的整合，从而开展有效的 STEM 课堂教学，培养学生的科学素养、数学知识、工程思维和技术能力。

（五）STEM 生态发展：多方合力

STEM 学习生态系统行动计划明确提出：STEM 教育需要所有人联合起来共

同努力。

三、中国 STEM 教育策略：发展建议

我国的 STEM 教育研究和实践有两大特点：一是受美国已有 STEM 研究实践的启发和影响，二是我国处于大力提倡创造力和创新能力的经济转型关键时期。

本文将从 STEM 教育发展四层架构、STEM 教育的整合机制、学科建设方法论、STEM 教育能力建设、学习生态建设等方面进行探讨，仅作抛砖引玉，希望扩宽国内 STEM 教育理论和实践研究的思路。

- ◆ 从 STEM 教育变革协同论视角看，技术对教育有替代、强化、调整和重构作用。
- ◆ STEM 学科建设需要从国家政策、从小学到高校的课程设置、企业产品以及完善的社会环境等多方面进行努力。

基于个人学习环境的自主学习模型
——层级式碎片化关联的设计视角*

郁晓华　祝智庭

学术卡片

实现基于个人学习环境的自主学习需要从学习者角色、内容组织、社会性参与、组织文化、技术互操作等多方面进行全面的设计转变，因此新的自主学习模型采用了活动的层级式结构、资源的碎片化聚合、社会参与的关联共享的设计视角，

---

* 郁晓华，祝智庭.基于个人学习环境的自主学习模型——层级式碎片化关联的设计视角[J].开放教育研究，2013，19(3)：103－112.

提炼出自主学习活动的五类构成元素、三级逻辑组织和关联共享关系。基于该模型,自主学习环境建设可通过自建、共建、关联和向导四种方式实现,学习的关联涉及知识网络、社会网络和情境网络三种类型。本研究讨论了该模型在不同风格自主学习者中的应用案例,并通过原型系统 PLE‐SRL 平台进行模型试用检验,验证了该模型的合理性和可行性。

一、个人学习环境与自主学习

(一) 终身学习视角下的广义自主学习

自主学习应是学习者能完全自由地决定学什么、何时学、在哪学以及如何学,从而主动通过多种手段和途径,进行有目的、有选择的学习活动,实现自主发展。

(二) 个人学习环境与自主学习结合的必然

自主学习活动的开展需要环境加以承载与支持。显然,主流的遵循"课程"和"课堂"的操作隐喻突出以"教"为中心,由教师主控,内容和模式固有、组织和结构比较封闭,只能服务于特定学习时段和学习情境的技术环境,已无法很好应对未来学习者的高度"主动性"。

(三) 个人学习环境中开展自主学习的转变

在个人学习环境中要使学习者个体的自主学习意识和能力得到很好地发挥,需要从学习者的角色、个性化、内容组织、社会性参与、所有权和安全、教育/组织文化和技术互操作等多方面进行全面的设计转变。

二、自主学习设计新视角

个人学习环境的灵活性和开放性超过以往任何一种系统,而且还将学习的所有权和控制权交由学习者,极大地释放了学习者对自主权的渴望。本文从活动的组织、资源的组织、社会性参与三个视角分别对个人学习环境中自主学习的组织与开展进行重新审视与设计。

三、自主学习模型

（一）学习组织的三层结构体系

本文形成了基于个人学习环境的自主学习的三层结构体系，包含了五类资源对象、三层逻辑组织、关联共享关系。

（二）学习环境的建设与学习的关联实现

1. 学习环境的建设

当环境的建构切换到学习者视角时，整个设计将从根本上发生转变：首先，学习空间的创建依赖于学习者所能掌握的材料，他拥有什么，从网上能获取什么，从他参与的其他机构组织中又能获取怎样的支持；其次，每个学习者有着不同的学习空间规划，不存在统一的解决方案，有多少学习者就有多少种不同的设想；最后，环境的建构还极大地依赖于学习者自身能力的强弱。因此，学习环境的建设方式可分为自建、共建、关联和向导四种。

2. 学习的关联实现

关联实现的不同方式会形成元素对象间的不同关系，涉及不同的网络类型。

（三）在不同风格自主学习者中的学习开展

对于不同风格的自主学习者，模型都可提供相应的应用策略加以支持。

四、结论

基于个人学习环境的自主学习模型并不与当前主流教学设计模式一样直接映射"课程"、"课堂"操作隐喻下的教与学过程逻辑，而是以学习活动的层级组织作为支架，将自主学习的调控过程和个人学习环境的建构以一种半结构化的方式进行整合。

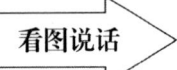

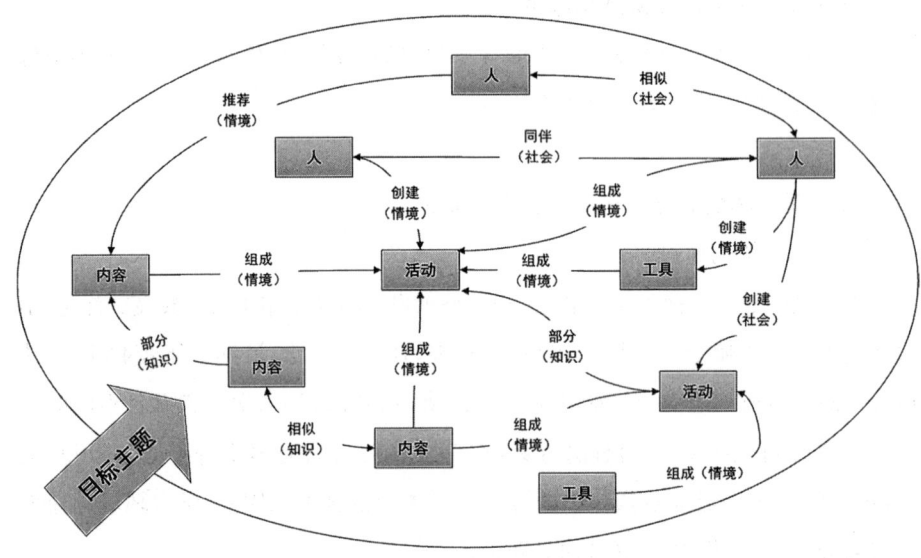

图 1　不同学习者视角下的学习网络

知识网络的关系类型：主要描述内容对象之间的关联；社会网络的关系类型：主要描述人与人之间的关联，可形成同伴、教师、访客等关系，通过角色定位确定；情境网络的关系类型：主要描述内容、工具、人的对象与活动对象间的关联，包括组成、支持、创建、参与、使用等，这一系列的关系大多通过创建和链接行为建立。这些关联的建立并不存在对与错的判定，也不需要像传统教学设计一样要求具有严格合理的组织逻辑，它们的建立更多依赖于学习者的主观判断与认知习惯。而对于建立的这些关系，不同学习者从不同的需求出发，形成不同的解读和理解，因而重构出不同的学习网络。

智语连珠

◆ 随着学习者自主学习技能的提升，其学习风格也会发生改变，从而转变对模型的应用方式。

◆ 由于在学习者一生中,更多的学习是由个人掌控的,为了获取成功,学习者会积极、主动地对知识进行筛选、吸纳、加工、整合、改造和建构,从而自主调节和改造整个学习环境,使其更适合自己的学习和发展。

电子阅读方式分类研究*

张浩　钱冬明　祝智庭

本文在调查体验各种电子阅读设备、软件以及收集分析相关案例的基础上,对电子阅读概念进行研究,并从读者组态和内容结构两个维度构建新型电子阅读分类表,梳理出富媒体沉浸式阅读、虚实间穿越式阅读、杂志型聚合式阅读、智能化个性式阅读、主题性调查式阅读、共同体推荐式阅读、社交网研论式阅读 7 种新型电子阅读方式。这些新的阅读方式某种程度上重塑着人们对于传统意义上阅读的理解。最后针对电子阅读发展趋势,提出电子阅读屏显技术多元化、载体全媒体化、内容和呈现方式分离、社交元素和游戏化机制将进一步融入等若干观点。

一、电子书与电子阅读

现实发展的趋势是随着阅读和电子阅读概念内涵的不断变化,电子书的外延还在扩展,从更宽泛的视角看,如果阅读本身已不仅仅只是指向静态的图文,当视频、动画、三维互动等形式的资源也是电子时代阅读的内容时,电子书自然还应包括这些封装了多种媒体内容的新的阅读对象,它们也已开始大量地以各种独立应用程序的形态出现,这完全突破了传统意义上对书的定义和描述。

---

* 张浩,钱冬明,祝智庭.电子阅读方式分类研究[J].中国电化教育,2011(9):25-29.

二、电子阅读工具的发展

在硬件设备层面,除了 PC 机作为常用的电子阅读设备之外,随着移动互联网的发展,手机也成为时下电子阅读的重要工具。

三、电子阅读的新方式

笔者梳理归纳出以下包括富媒体沉浸式阅读、虚实间穿越式阅读、杂志型聚合式阅读、智能化个性式阅读、主题性调查式阅读、共同体推荐式阅读、社交网研论式阅读 7 种电子阅读已经或正在形成中的新型方式及其相应分类。

四、电子阅读的发展趋势

电子阅读行为将更加体现社会化的特征,社交元素将进一步融入电子阅读内容,读者与读者之间、与作者以及发行方之间的联系互动将更加方便密切。随之,游戏化机制(Gamification)也将被更多地引入到电子阅读和学习中,通过获得积分、勋章、荣誉以及完成任务等游戏机制在阅读学习活动中的移植,使读者或学生在阅读中获得更多的快乐和更即时的反馈,并能持续地投入其中。

五、结束语

不断出现的各种新型电子阅读设备和应用软件在实现电子书对纸质书数字化完美模仿的基础上又为读者提供了不同以往的阅读体验,与此相对应,新型阅读方式正在形成。笔者试从读者组态即个体阅读者或群体阅读的学习共同体,以及三种不同的阅读内容结构(稳定、聚合和穿越)这两个维度构建新型电子阅读的分类框架,并从相关阅读实例中梳理出富媒体沉浸式阅读、虚实间穿越式阅读、杂志型聚合式阅读、智能化个性式阅读、主题性调查式阅读、共同体推荐式阅读、社交网研论式阅读等若干种新型电子阅读方式。

> 智语连珠

- ◆ 随着电子科技以及网络和移动通讯技术的发展,人类开始进入读屏的时代,电脑屏、电视屏、手机屏、平板屏,我们正处在纸版书阅读和电子书阅读时代更替的过渡中,而现状及各种调查结果显著地表明电子阅读作为一种趋势已势不可挡。
- ◆ 媒体技术和设备的发展一直在改变着人类的阅读方式。

全球人人电脑运动与学习革命新浪潮*

祝智庭　胡海明　顾小清

> 学术卡片

伴随着数字技术的发展,便携的个人学具与无线网络技术开始进入学习者的生活,从而在数字化学习领域产生了移动学习、泛在学习、无缝学习、微型学习等新的学习方式变革,预示着学习革命的新浪潮即将到来。随着数字化学习技术变革的演进,世界将进入一个人人有电脑、处处可上网、时时能学习的新时代,无疑将对学习革命和人类文明发展产生深刻的影响。本文出于对全球一对一数字化学习(G1∶1数字化学习)运动的关注,将其引申为全球人人电脑运动,对该运动的起因及其对学习变革的影响进行介绍与分析,并就该运动将为我们带来的挑战进行适当讨论。

一、人人电脑的特点

随着无线网络技术的发展,1∶1的计算设备为学生创设连接课堂与课外、正式与非正式等学习模式进而创设"无缝学习"环境提供了充分的技术保障。从目

---

* 祝智庭,胡海明,顾小清.全球人人电脑运动与学习革命新浪潮[J].中国电化教育,2007(7):1-4.

前研制出来的原型机来看,在人人电脑概念下产生的数字化学习机具有以下功能特征:便携性、社会化互动、个性化支持、内容感知、互联性、情境发现、内容管理与表示自适应、离线操作。

二、人人电脑引发学习变革

为大众所拥有的技术之所以能够引发学习革命,是源于学习技术能够改变教育关系,教育关系的改变必然带来学习的变革。

(一) 机网变人网,社会学习成必然

(二) 无缝学习环境,自由学习想当然

(三) 微格学习环境,学习儿戏也自然

(四) 随意学习环境,个性学习归本然

三、机遇与挑战

人人电脑运动为数字学习带来了变革的各种可能性,而对发展中国家来说,机遇与挑战并存,如低价位的信息化设备有助于缩小数字鸿沟,让教育信息化为国家带来更加深刻的教育公平,同时也让每位学习者从人人电脑可能带来的学习革命中充分受益。然而,在具体的实现过程中,有诸多问题值得思考,需要我们从技术开发、数字化课程教材建设、相关产业启动与发展等方面综合进行研究,以真正受益。

(一) 技术的坚持完善

人人电脑本身在硬件、软件等方面还存在许多需要改进的地方,其实施过程中需要教师的技术与教育思想的革新以及符合教育技术本身规律的教学设计,更加重要的是需要有针对儿童学习本身的指导,这些方面都缺少实证的研究与较长时间的追踪调查,其盲目的大规模引入风险的确很大。

(二) 教育与社会革新

这方面的最大障碍是我国发展很不平衡,数字鸿沟依然不容乐观。但是近几年中国经济取得了举世瞩目的成就,人人电脑推广的硬件障碍大为减小,其主要问题是需要庞大的维护网络的支撑,在软件方面探索适合儿童需要的活动与资源设计是最大的问题。

(三) 教育技术的转向

笔者认为,1∶1数字化学习所引发的学习革命的关键在于教育技术的转向:从教学技术转向学习技术。迄今为止,学生的学习方式还比较陈旧,所涉及的教育技术基本上以教学技术为主,还没有转移到以学生学习共同体为主体的学习设计技术方面来。

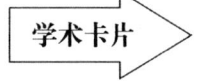

- ◆ 我国有不少大量投资于数字教育的实例,它们都有一个持续的演化模式:思考引入、教育应用和良性互动,使之成为生活文化的一部分,并且与科技发展共同演进,建立良性循环,才能使之成为我国学生学习生活世界的不可分割的一部分。
- ◆ 技术之所以引发学习革命,是源于这一规律:技术的大众普遍拥有会改变人们的行为方式。

游 戏 化
——让乐趣促进学习成为教育技术的新追求*

刘俊 祝智庭

本文从游戏化的发展、相关理论和核心概念三个方面对游戏化在教育情境下

---

* 刘俊,祝智庭.游戏化——让乐趣促进学习成为教育技术的新追求[J].电化教育研究,2015,36(10):69-76+91.

的应用进行了阐述,并且列举了两个教育应用的游戏化项目。在总结部分分析了针对游戏化的批判,并且阐述了游戏化设计和实施过程应该注意的问题。

一、游戏化探源

游戏化在国外已然成为市场的大热门,答案是一系列复杂的因素相互作用的结果,心理学上有很多理论都分别从各自的角度解释游戏化的原理。以下就从三个主要的理论进行分析。

(一)游戏化中的行为主义
探讨游戏化中的行为主义,我们应该重点关注三个方面:(1)重视和收集人们可能表现出来的行为。(2)重视反馈。人们在做出行为后,立刻就可以得到相应的反馈,以了解进展情况,这一点对于游戏化非常重要。(3)辩证地看待奖励的作用。

(二)游戏化中的动机
我们在游戏化中的动机设计需要思考以下三个问题:(1)什么事情可以激励人们的行为?(2)选择的动机是否合适?(3)激励效果和程度如何?

(三)自我决定理论
自我决定理论将外部动机分为以下四种类型:外在调节型、摄入调节、认同调节、整合调节。

自我决定理论有两个重要的观点:奖励未必总能激励人们。内在动机作用非常的强大,它能有效激励人们的某些行为。通过对自我决定理论的研究,可以帮助游戏化的设计和实施,让游戏化更加符合教育的要求,让学生的发展更加深入。

二、游戏化的核心概念

(一)乐趣
乐趣是游戏化的核心,游戏化希望通过游戏机制将乐趣带到不同的情境中。

首先我们需要知道的是，乐趣是可以并且必须进行设计的，其次乐趣必须是具有挑战性的，最后是我们需要不同的乐趣。

（二）奖励机制

游戏化从其行为主义的表现形式来看，与奖励的联系非常紧密。游戏化提供不同形式的奖励，从而以不同的方式改变用户的行为。

（三）过程追踪

在游戏过程中，对完成目标的过程追踪是非常重要的，因为没有过程追踪就不能确定剩下的任务要胜利完成还缺少哪些条件。

三、游戏化的教育应用

游戏化的迅速发展依赖于严肃游戏运动的推动，因此从发展的过程中，游戏化与教育就不可分割。许多与教育相关的游戏化项目都得到了投资基金的青睐，可以看出社会各界对游戏化在教育方面的应用前景是非常看好的。

四、总结

玩耍是一个很强大的学习方式，而游戏化就是利用游戏元素和游戏机制去促进和影响人们。游戏化学习能够进行跨学科学习，并且对学生的评价更加全面，最重要的是，游戏化学习能够将学习过程和评价结合在一起。游戏化学习只是教师教学方式的丰富，并不能代替所有的教学方式，游戏化成功的关键在于，融合新老教学法，让孩子们对学习内容感兴趣，并且帮助他们更好地学习。

> **智语连珠**
>
> ◆ 游戏被越来越多的人接受，同时它也影响着人们的生活、思维和行为方式。

◆ 游戏已经不单单是娱乐,利用游戏机制和游戏元素,进行非游戏事务的方式也渐渐被人们接受。

论信息技术在基础教育新课程教学中的支持作用*

祝智庭　顾小清

本文首先概述信息技术在教育中的基本作用,接着论述新课程的重要理念和对其教学实施带来的挑战,并进一步探讨信息技术在支持新课程教学中的具体作用。

一、信息技术在教育中的基本作用

为了考察信息技术在教育中的基本作用,我们可以采取三种观点:传媒观、工具观、环境观。

二、新课程的新理念和新挑战

新课程在实施中必然会遇到前所未有的问题和挑战。比如关于教育民主化和个性化,且不说传统的教育观念如何突破,在传统的课堂环境中能给学生提供自主学习的时间和支持个性发展的空间吗?关于使学生学会学习,学习的内容显然不限于教科书上的知识,如果光凭借传统的教学手段能够培养学生的创新学习能力吗?关于学习评价,如果还是使用一纸试卷能够检测学生的个体差异和发展特征吗?

---

* 祝智庭,顾小清.论信息技术在基础教育新课程教学中的支持作用[J].全球教育展望,2004,33(3):47-49.

三、信息技术支持的新课程教学

(一) 促进教育民主化

信息技术对教育民主这一理念的实现,无论从社会学视角还是教学法视角来看,均具有独到的贡献。其根本原理是,因为信息技术的广泛应用改变了信息资源在社会中的分布形态和人们对它的拥有关系,造成了信息资源的多源性、易得性和可选性,信息资源从过去被少数人拥有变为人人拥有,这就从客观上破坏了人们之间的传统教育关系,极大地促进教育民主化的进程。

(二) 支持探究性学习

信息技术能够为学习者提供允许他们自主探究的信息空间、合作交流人际互动空间以及自由建构的知识空间。

(三) 创建个性化教育

利用网络,我们还可以为学生提供很大的个人发展空间。目前网络虚拟空间的大小是由硬盘存储容量决定的,根据当前的经济技术条件,我们可以为每个学习者提供体量足够的虚拟空间,允许他们自由进行知识建构和展现个性。在信息化教学系统中,还可以借助人工智能技术,为学习者提供多风格、多路径的多种学习选择,使学生经历个性化的学习过程。

(四) 创设拟真学习情境

让学生在比较贴近自然的、社会的、生活的情境中去体验、获取、理解知识。利用信息技术,教师们可以创设拟真的学习情境,支持知识的境域化学习。笔者将境域化方法归纳为原型化(针对现象)、角色化(针对人物)、案例化(针对事件),信息技术在不同程度上可以支持这些境域化方法的实现。

(五) 实现发展性评价

信息技术在支持发展性评定方面可以起到独特的作用,我们可以利用学习管理系统跟踪记录学生的学习过程,让学生利用电子学档展示个人学习成果和知识作品,还可以利用量规工具进行个人自评和同伴互评。

四、结语

无论如何,教师的信息化教学能力的发展对于信息技术在新课程的成功实施都是至关重要的因素。如果说信息技术是威力巨大的魔杖,那么广大教师就应该成为操纵此魔杖的高明魔术师。他们不但要能够掌握信息技术的操作技能,更需要懂得如何在教学过程中有效地利用技术,利用技术支持多种创造性的教学与评价活动。

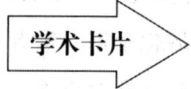

- ◆ 新课程理念的实现,新课程在内容、结构、学习方式和评价方式等方面的改革,都是教育信息化所追求的目标。
- ◆ 在新课程的教学实施中必然会遭遇前所未有的挑战,应对这些挑战可以有不同的对策,其中利用信息技术支持新课程教学便是重要对策之一。

电子游戏教育评价的新视角: 基于多元智能的设计[*]

郁晓华　祝智庭

> 学术卡片

文章从教育的积极视角刻画游戏,发掘游戏本身潜在的教育价值,并加以教育目标的引导。教育评价的实现需要权衡教育性和游戏性两个核心要素,并选择

---

[*] 郁晓华,祝智庭.电子游戏教育评价的新视角:基于多元智能的设计[J].中国电化教育,2011(11):10-13+26.

适合的教育参考依据；同时评价还应充分展示游戏的正负双面因素，明示其内在的游戏机制和承载的内容主题对青少年成长的"弊"和"利"。文章以游戏性为基准，探讨了基于多元智能的电子游戏教育评价的设计框架，介绍了多元智能培养潜能量规、推荐年龄段划分和评价标识的设计思路。

一、电子游戏教育评价的意义

发掘电子游戏本身潜在的教育价值；帮助孩子形成正确的游戏观；为企业设计与开发游戏提供教育性引导和指南。

二、电子游戏教育评价的实现思路

以游戏性为基准，在现有关于游戏软件评价规范的基础上，补充或强化教育性评价维度；充分体现游戏的正负双面因素，明示其内在的游戏机制和承载的内容主题对青少年成长发展的"弊"和"利"；选取多元智能作为教育评价依据，展示各游戏类型在多元智能培养方面的潜能优势。

三、电子游戏教育评价的设计框架

电子游戏所具备的教育潜能也可体现为对智能发展的多维支持上，支持的程度由易到难，可划分为表现、交互和创作三个层次，各层次再由不同评价项目描述加以细化。

表现层次：侧重对玩家知识的呈现，对玩家行为或态度的影响是潜移默化式的；

交互层次：支持玩家对知识的应用，能直接与玩家行为展开对话并提供反馈，但对话和反馈的支持一般依赖于预先设计好的用户行为库以及对策库；

创作层次：强调玩家能力的提升，提供能支持玩家创作行为的工具或环境，是一种高阶智慧培养的手段体现。

电子游戏教育潜能的优势评价就通过各层次上与评价项目描述的匹配程度判断，从而划分为不明显、一般和显著三个等级。

推荐年龄段的划分基本参照皮亚杰的认知发展阶段理论及其他一些因素,如幼儿操作电脑的最低年龄要求等。文章暂拟划分为五个推荐年龄段:3—6岁(K),6—12岁(P),12—16岁(J),16—18岁(H),18岁以上(A)。评价结果借鉴国外以图标形式呈现。本文设计了九边彩环图标。九块分区分别表示电子游戏在九个智能分项上的教育潜能。

四、结语

电子游戏已成为一种不可回避的社会文化现象,极易对青少年的学习和健康产生重要的影响。因此,以多元智能理论为教育评价的理论基点,设计出电子游戏的潜能量规以及评价标识,对发掘电子游戏本身潜在的教育价值,正确引导青少年具有重要的启示意义。

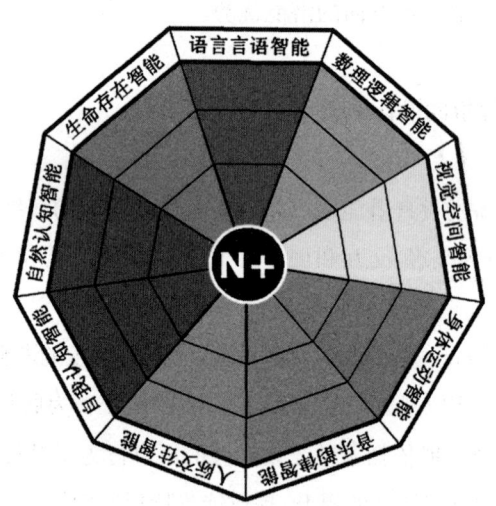

图 1　基于电子游戏评价标识(九边彩环图标)

文章设计了九边彩环图标,九块分区分别表示电子游戏在九个智能分项上的教育潜能,各分项可被评价为三个优势等级。九个智能分项的色彩可选择参照色彩的隐喻以及情感表达。彩环的中心再以数字标示电子游戏推荐的最佳用户群体。

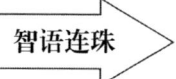

- 电子游戏现已不单单是一种娱乐活动,而已成为一种社会文化现象。
- 拓展游戏的教育性评价就是要从教育的积极视角刻画游戏,提升教育性评价项目的分量,以充分挖掘和分析游戏中潜在的教育因素,彰显游戏的教育意义并加以教育目标的引导。

CSCL 应用的新研究*

郁晓华　祝智庭

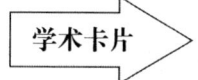

计算机支持的协作学习(以下简称 CSCL)研究人们如何借助计算机共同学习。文章采用一种新的研究方法——学术研究"小世界"(即六个关键：关键期刊、关键会议、关键人物、关键团队、关键项目、关键网站),对当前 CSCL 应用的最新研究进行了介绍和分析,并重点从学校协作学习、在线协作学习和移动协作学习三个维度介绍了 ITCOLE、VMT、MoULe 三个应用项目的特点。最后探讨了应用的发展对理论创新、支撑技术、评价方法以及实践环境各方面的要求。

一、关键会议及期刊

(一) 关键会议

最具权威性的会议：国际 CSCL 会议(国际学习科学协会主办,至少每两年举办一次);

---

* 郁晓华,祝智庭.CSCL 应用的新研究[J].中国电化教育,2009(5)：25-31.

研究问题与趋势：研究步入具体的教育应用和生活实践中，强调能够应对社会学习的变革，能够与多种学科结合以切实解决实实在在的应用问题。

（二）关键期刊

CSCL 学科的主要出版物：CSCL 国际会议论文集；

起重要作用的期刊：学习科学期刊、CSCL 国际期刊（由国际学习科学协会主办）；

研究问题与趋势：关注 CSCL 的教育、商业和社会应用，重点关注协作学习情境下学习的发生以及如何用技术加以支撑。

二、关键人物及团队

（一）关键人物

1. 皮埃尔·狄隆伯格（Pierre Dillenbourg）

应用技术设计的典型代表；

身份：瑞士洛桑联邦理工大学培训及其技术研究与支持中心主任；

近期 CSCL 研究项目：互动式家具的设计和实验、群体创作与建模的感知工具、CSCL 脚本创作以及 CSCL 任务分析的眼动仪方法等。

2. 蒂莫西·科斯曼恩（Timothy Koschmann）

应用模式研究的典型代表；

身份：美国南伊利诺斯大学医学教授；

研究成果：(1)《CSCL：一个新兴样式的理论与实践》（*CSCL: Theory and Practice of an Emerging Paradigm*, 1999）；(2)《CSCL2：推进对话》（*CSCL2: Carrying Forward the Conversation*, 2002）；

最新研究项目：直示系统（Deixis）和 PBL 等。

（二）关键团队

1. 德国知识媒体研究中心；

2. 英国混合现实实验室；

3. 瑞士洛桑联邦理工大学培训及其技术研究与支持中心；

4. 美国斯坦福研究院学习技术中心；

5. 加拿大多伦多大学知识创新与技术研究所。

三、关键项目及网站

按照 CSCL 的应用范畴，可以将其划分为学校协作学习、在线协作学习和移动协作学习三个维度。从三个维度分别介绍了 ITCOLE、VMT、MoULe 三个应用项目。

（一）学校协作学习维度

ITCOLE（Innovative Technology for Collaborative Learning and Knowledge Building，协作学习和知识建构的技术创新）项目

网站：http://www.euro-cscl.org/site/itcole/

（二）在线协作学习维度

VMT（Virtual Math Teams，虚拟数学小组）项目

网站：http://vmt.mathforum.org/vmt/

（三）移动协作学习维度

MoULe（Mobile and Ubiquitour Learning，移动和泛在学习）项目

网站：http://moule.pa.itd.cnr.it/index.htm

四、结语

当前 CSCL 应用的研究越来越强调对具体教育应用和生活实践中问题的解决，并呈现出两大非常明显的走向：一是不断引进新发展的理论和技术，设计开发新的应用模式；二是利用已有的技术和模式在新发展的理论指导下重新加以改造和整合。CSCL 从理论研究到技术规划，到应用实践，再到普遍发展之间的落差，不能仅靠研究人员的单方面研究就能解决问题，而是需要研究人员、教师、学生以及教育领导的合力推进，才能呈现良好效果。

> **智语连珠**

- ◆ 较高层次的协作应用可体现在构建和探索模拟或表达上,即对一个科学模型的模拟或是共享的交互性的表达。
- ◆ 情境化意味着学生地理位置的改变不仅引起学习情境的变化,相应学生的学习体验也发生了改变。

班级社会网分析: 一种观察课堂学习的新技术[*]

李文昊　祝智庭

> **学术卡片**

文章首先从社会网络的视角提出分析班级和课堂的基本框架,接着运用社会网分析的方法研究这类特殊组织中两种基本结构:课堂社会网和班级关系网。然后就运用该框架分析了协作学习中的分组、班级中的小团体以及学习共同体中的知识传播模式等问题,同时结合个案进行了讨论,最后对其应用前景做出了展望。

一、从社会网角度看班级和课堂

从社会网的角度透视课堂基于一个假设、两个结构和三个概念。

一个基本假设:指课堂中的社会结构和个体在该结构中的位置共同决定了个体的绩效,同时个体和结构的互动也反过来改变结构关系。

两个基本结构:班级关系网和课堂社会网。

三个概念:中心性、中介性以及小团体。

---

[*] 李文昊,祝智庭.班级社会网分析:一种观察课堂学习的新技术[J].中国电化教育,2009(6): 10-13.

二、运用班级社会网分析方法透视课堂学习

（一）解决协作学习中的分组问题

（二）利用小团体提升个体学习绩效

（三）微观层次上理解知识在学习共同体中的分享和传播模式

三、个案分析

（一）研究设计

研究采用纵向和个案研究相结合的设计，时间跨度5个月，选取华中师范大学2006级教育技术学专业的学生（49人）为研究对象，在课程上选择《信息技术教学法》。在数据收集和处理过程中，采用社会网分析工具Ucient软件和SPSS软件。收集的数据主要包括：班级学生干部名单、班级学生寝室分布名单、两次问卷调查结果、课程网上讨论记录、课程教学计划和大纲、学生小组作品、学生本课程期末成绩和学生前两个学年必修课程的平均成绩。

（二）分析结果

（1）班级社会网成员的中心性与他是否为学生干部情况不相关；在与成绩的相关性分析中，班级社会网各维度的中心性与学生成绩之间存在相关性，教学维度的中介性与成员的成绩具有极大的相关性。

（2）学生在情感维度上的团体分布情况与宿舍分布情况基本对应；交往维度上的小团体与宿舍分布情况无关。在教学维度中，技术子类小团体分布情况与班级关系网中的宿舍分布情况基本吻合。

（3）在随机分组中，完成任务得到分数的差异性大；而在小团体分组中，由于小组中成员的密切关系提高了合作和参与的积极性，从而可能导致成绩的差异减小。

四、展望

运用社会网分析去透视班级层次的学习共同体,从结构的角度去观察个体行为,是一种研究学习共同体的新思路。通过班级社会网分析,对课堂上学习者社会关系有一个充分的了解,教师可以随时改变教学设计,修正教学过程,最终会极大地提高教学效果。教育工作者和家长可以采取措施改变小团体的构成,促进学习者各方面的发展。

看图说话

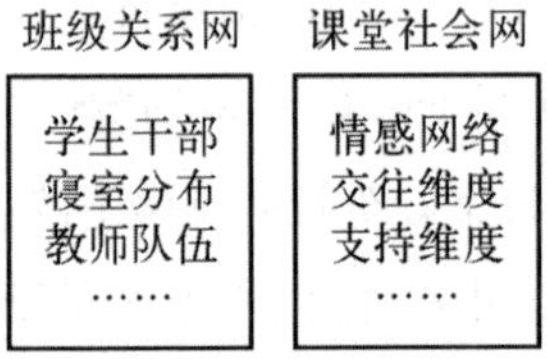

班级关系网	课堂社会网
学生干部 寝室分布 教师队伍 ……	情感网络 交往维度 支持维度 ……

图1 班级社会网中的两个基本结构

班级社会网络有两个基本结构,分别是班级关系网和课堂社会网。作为一个班级,有其基本的结构:班干部组成班委会;每个班的同学分散在不同的宿舍(作为住宿的学生);不同的教师组合在一起完成某个班级的教学。在课堂中的个体行为有许多不同的维度,比如:情感网络、网络交往、支持维度等等。

智语连珠

- 在班级社会网中,"质"赋予了新内涵,它既可以指学习成绩、兴趣爱好,又可以指寝室、邻桌、小团体等社会网络的不同维度。
- 社会网包括自我中心社会网和整体社会网,这两类社会网的差异主要表现在:自我中心社会网主要分析个体的社会连带,其资料收集可以随机抽样;而整体社会网则是分析网络的结构,需要在封闭群体内开展研究。
- 中心性是评价一个人重要与否,衡量他在社会网中地位优越性或特权性的指标。在班级社会网分析中,中心性所反映的指标体现出中心(核心)人物。中介性是用来衡量一个人作为媒介者的能力,也就是占据在其他两人快捷方式上重要位置的人,占据这样的位置越多,就越代表他具有很高的中介性。在班级社会网中作为媒介者的人通常也称之为"桥"。在班级中一部分学习者关系比较紧密形成了小团体。

学习环境给养设计研究透视*

贺斌　祝智庭

"给养"一词被 Gibson 用来描述环境对有机体行为的影响。随着给养设计研究与应用的持续深入，文章对给养内涵的演变脉络及其新的内涵进行梳理。结合 Hartson 与 Kammer 等人的研究成果，提出具有创新意义的环境给养生态框架，为学习环境设计（包括其他人工制品设计）提供一种通用的描述语言。提炼出给养设计的6大原则以及给养设计的技术过程，为学习环境设计实践提供有益参考。

一、环境给养的重要特征

环境给养：在人与环境的交互过程中，由环境的属性或属性组合所提供的、可被直接感知的、并能诱发有意图的活动或行为，以实现一定效用的动态的互惠关系。

环境给养的显著特征：给养是"人—环境"之间的关系，是环境的属性，能够诱导行为；具有感知特性、交互性、进化性、整体性、情境性、互惠性和共存性等。

二、给养设计研究分析

（一）设计与给养设计

设计是指有目的、有意图地创建和改变制品的给养，而非纯自然的给养。其中，制品可分为硬制品（物化技术制品）和软制品（文化概念制品）两种。

---

* 贺斌,祝智庭.学习环境给养设计研究透视[J].电化教育研究,2012,33(11):30-38.

基于给养的设计(ABD,Affordance-Based Design,简称"给养设计")的核心思想是:设计是系统结构的详细规定(Specification),它具有以某种特定的给养来支持预期行为,但不具有某种非预期给养来避免某种非预期行为。

(二) 给养设计的基本原则

1. 设计过程可被视为对具有某种预期给养的制品的详细规定;
2. 对任何设计项目的促进可从创建与改变给养方面得到理解;
3. 制品具有更多正面的、积极的给养就越好;
4. 制品具有更多负面的、消极的给养就越差;
5. 给养理论可用于支持广泛的设计活动;
6. 保持物理给养、认知给养、感觉给养、操纵给养、情境给养之间的生态互动关系。

(三) 给养设计的基本过程

给养设计的基本过程主要包括六个环节,可归纳为:
1. 给养设计过程始于动机与目标;
2. 确定给养;
3. 构思系统架构概念;
4. 分析与精制给养;
5. 选择偏好的架构;
6. 设计给养。

三、给养设计的应用分析

从互惠关系视角,对日常用品、人机交互和学习环境的给养进行重新定位与设计,强调利用给养设计改善生活品质以及提高学习效果。

四、结论与展望

"给养"是来自生态学的概念,其丰富内涵及其独特的生态学意义,与当前国内和国际所倡导的学与教的理念保持高度一致。文章总结了给养设计的 6 大原则以及给养设计的技术过程,为学习环境设计实践提供有益参考。预计今后将给养设计理论引入到学习环境设计实践中来,为推动 21 世纪创新型、智慧型、生态型学习环境设计提供重要的实践经验和参照案例。

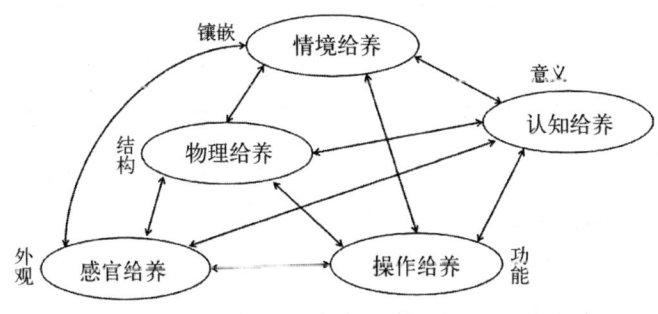

图 1　环境给养的生态框架

结合前人研究成果,将环境给养分为物理给养、认知给养、感觉给养、操纵给养、情境给养,并提出环境给养的生态框架。五种给养不是割裂的,而是以整体形式出现的。每种给养发挥不同作用,运用不同的机制,对应不同类型的用户行为,表现不同的特点,有不同的设计要求,以及包括不同的评估和诊断内容。

智语连珠

- 回溯历史,探求本源,其目的有三:一是把握脉络,加深理解;二是观点碰撞,消除误解;三是实践应用,借鉴发展。
- 情境是主体(如学生)进行有意义活动(如学习活动)时所依赖的时空、"舞台"和场域。
- 给养是人机交互的本质,人机交互的目标就是创建那些让用户用以成功工作(to Work with Successfully)的东西。

应用现代管理思想确立现代远程教育质量管理原则*

张屹　祝智庭

学术卡片

论文首先应用知识管理论的思想,把远程教育的研究视角从单纯的教育信息传播和学习资源与学习过程的管理提升到知识管理层面并作了深入的探讨,以图拓展现代远程教育领域的研究视野;其次应用全面质量管理的思想,建立现代远程教育服务质量管理的新观念;最后应用ISO(国际标准化组织)9000的思想和过程方法模式,确立现代远程教育质量管理的基本原则,包括以学习者的需求为中心、领导作用重新定位、全员参与、基于知识的管理、过程方法、自我评价、持续改进与组织学习、互惠的伙伴关系等8条原则。

一、应用知识管理的思想,拓展现代远程教育领域的研究视野

从教育信息化发展和现代远程教育的发展角度来看,知识管理是研究人类对知识进行生产、加工、传播、共享、应用和创新等连续的管理活动的规律,以提高现代远程教育质量管理水平,促进教育信息化的理论与实践的发展。

现代远程教育系统可看作是一个由许多信息对象、知识对象和学习对象所构成的知识系统。在这个知识系统中,为了提高系统运作的效率和系统的质量管理水平,必须以学习目标为导向,以人(包括学习者、教师、管理者等)为核心,以信息化的教学方法和评价机制为手段,以服务为宗旨,进行全面的知识管理与质量管理。为此,文章提出基于知识管理思想的现代远程教育质量管理模式:

知识对象＝信息对象＋相互关系;

学习对象＝知识对象＋教育信息＋应用评价;

知识系统＝信息对象＋知识对象＋学习对象。

---

* 张屹,祝智庭.应用现代管理思想确立现代远程教育质量管理原则[J].中国电化教育,2002(6):60-63.

二、应用全面质量管理思想,树立现代远程教育服务质量管理的新观念

按照 ISO(国际标准化组织)的定义,全面质量管理是指"一个组织以质量为中心,以全员参与为基础,达到长期成功的管理途径,其目的在于让顾客满意和本组织所有成员及社会受益"。

现代远程教育的质量管理更要强调"服务"的意识,在现代远程教育中,教师的主导地位逐渐淡化,学习者的主体意识逐步增强,学习者可以按照自己的需求来选择学习的内容、方式、进度、时间和地点。现代远程教育的应用将从产品方式走向服务方式,构建以学生为中心的教育信息化服务体系。

三、应用 ISO9000 的思想和过程方法模式,确立现代远程教育质量管理的基本原则

ISO9000 是国际标准化组织 1987 年颁布的 ISO9000—ISO9004 五个标准的总称,是 ISO9000 系列标准。依据 ISO9000 的管理原则,结合知识管理和全面质量管理的思想,提出现代远程教育质量管理的基本原则:(1)以学习者的需求为中心。(2)领导作用重新定位。(3)全员参与。(4)基于知识的管理。(5)注重过程评价。(6)自我评价。(7)持续改进与组织学习。(8)互惠的伙伴关系。

根据以上原则,将现代远程教育中的主要原则加以整合,可以得出:(1)树立以学习者的需求为中心的观念和为学习者服务的思想。(2)充分发挥领导者的指导作用。(3)强调全员参与的重要性。(4)注重知识管理的实效性。(5)重视过程评价。(6)在过程评价的同时,还要注重自我评价的引导作用。(7)保证远程教育系统是一个持续改进的、具有自我学习功能的生态组织。(8)保持互惠的伙伴关系。

▷ 智语连珠

- ◆ 教育中的"质量"是指使学习成为一件快乐和高兴的事情。
- ◆ 学校考试的真正意图是确定如何改进学生的教育过程,换言之就是,师生共同决定下一步该干什么。

◆ 学习过程的质量是学习结果质量的反映。

基于 Moodle 平台的在线学习深度分析研究*

张家华　邹琴　祝智庭

本文以 Moodle 平台中一门混合式课程的在线学习活动为例,通过统计、可视化、聚类、社会网络分析等方法,从学习资源利用、学习活动参与、学习时间分布、师生互动模式、易错试题等方面展开了较为全面的分析,在此基础上总结了在线学习的若干特点和规律,并针对后续教学调整和优化提出了若干建议。

一、研究方法

本文以浙江师范大学"现代教育技术"公共课程作为研究对象,采取线上与线下相结合的混合式教学模式。线下活动主要完成课堂操作实践和实验的任务,线上活动则以 Moodle 平台提供的学习资源为支撑。选取了同一教师授课、相同专业的 2 个班级共 97 名学生展开在线学习行为分析。利用 Moodle 自带的报表和第三方插件,综合运用统计、社会网络分析、可视化等方法,对研究样本的在线学习数据进行挖掘和分析。

二、数据分析

(一)课程总体访问量分析

数据表明:学生能按要求参与各类活动,但是对学习资源的重视程度不够。

---

* 张家华,邹琴,祝智庭.基于 Moodle 平台的在线学习深度分析研究[J].电化教育研究,2016,37(12):46-51.

（二）学习资源利用分析

研究表明：不同主题的教学内容受重视程度与学习任务和考核要求有密切联系；学生对教学内容的重视程度与成绩呈现一定程度的正相关，但不少学生却对学习资源"视而不见"。

（三）学习活动参与分析

研究分别分析了课程作业、自测题以及主题讨论三项任务的完成情况；另外发现，学习活跃度和资源利用率较高的学生，在期末取得的综合成绩也较高，反之活跃度低、资源利用少的学习者其综合成绩也较低。

（四）学习时间偏好分布

学生的在线学习时间呈现一定的规律，即主要集中在开学初和期末的一个月。特别是临近期末，在线学习时间明显增加且集中，甚至达到了顶峰。

（五）互动模式分析

由统计可知，本课程不同类型的讨论区中师生、生生之间呈现了多样化的互动模式：独立中心模式、小群体模式、孤立个体模式、多中心模式。由互动模式表明，师生之间的互动交流受讨论主题的类型和任务要求影响较大。

（六）易错试题分析

通过分析学生期末考试情况，发现存在少数学生成绩不理想的情况。经对比答卷情况，找出错误率最高的10道题目，将试题进行分类，并对错误率高的试题从容易度指数、区分度指数、区分效率等方面展开分析。

三、研究结论

（一）在线学习的若干特点和规律

1.在学习时间方面，学习者在线学习活动频次先上升后下降，课程快结束时又快速上升；

2. 在资源利用方面,学习者对资源的访问频率与其成绩存在正相关性;

3. 在师生交互方面,任课教师大多数情况下处于交互网络的领导者位置;

4. 在学习结果方面,学习者的综合成绩与资源点击量、课程点击量、登录天数等呈正相关性。

（二）后续教学决策和优化的建议

1. 提供多样化、适切性的学习资源;

2. 采取有效的在线学习干预策略;

3. 设计恰当的学习讨论主题;

4. 发布及时、精确的在线学习反馈。

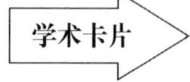

◆ 学习反馈能够让学习者明确自己的学习状况和问题,是及时调整学习进度和方法的重要依据。

◆ 学习分析能及时识别高风险学生群体,明确影响学习过程或结果的主要因素,为实施个性化学习提供一定的指导。

网络英语教学的情感设计框架*

罗红卫　祝智庭

本研究采用软系统方法论,在活动理论、情感过滤理论基础上,分析了语言习得过程中五种主要情感变量,试图构建面向网络时代的英语教学情感设计框架,为英语网络教学提供方法,提供学习源动力驱动策略。

---

* 罗红卫,祝智庭.网络英语教学的情感设计框架[J].外语电化教学,2008(1):14-18.

一、研究方法论及理论基础

(一) 研究方法论

本情感研究采用的是软系统方法论,是一项基于系统工程、系统分析方法,运用系统思考解决非系统问题——非结构化问题——的定性研究手段,是整个情感设计问题的基点。其涉及的研究对象是:网络环境、英语教学和情感。整个设计思维调动了4种智力活动:感知、判断、比较、决策。

(二) 理论基础

1. 活动理论

活动理论是一个复杂、抽象的理论框架,用以提供分析和理解人类社会活动的概念和词汇。强调外显性,十分适合英语学科自身特点,语言的交际功能注重外显的交际运用,通过活动,语言知识可内化于学习者。

2. 克拉申(Krashen)情感过滤假说

该理论肯定了第二语言教学中认知过程中的情感因素的作用,明晰了情感在网络英语教学中的地位和运作机制。

二、网络英语情感设计框架

(一) 概念模型

具体详见网络英语教学情感设计概念框架图。

(二) 影响语言习得的情感变量分析

作者梳理了麻省理工学院、雷曼(Lehman)、O'Regan、Kato等关于情感因素的研究,结合实践网络英语教学,认为情感变量按由普遍到具体的逻辑顺序排列,可分为五大类:沮丧、恐惧—焦虑—担心、兴奋、信任和信心,其中恐惧—焦虑—担心归于同一类情感,程度上由强至弱。

(三) 情感变量的组织、协调

五大类情感变量,实际上是两种情感:正面情感与负面情感。负面情感是妨碍顺利语言习得的关键,可采取四个阶段进行克服:(1) 防止负面情感发展。(2) 控制管理负面情感,遏制发展。(3) 去除缓解负面情感。(4) 改变负面情感为正面情感。

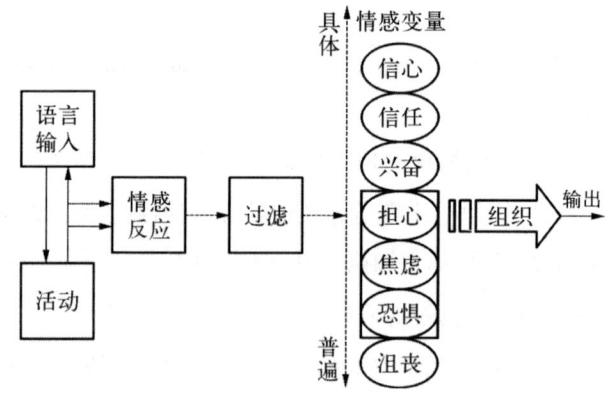

图1 网络英语教学情感设计概念框架

语言输入与活动的渗透、融合刺激学习者的情感反应,经过情感过滤,得出五种主要情感变量。语言输入,抑或可称为基于活动的语言输入或者受到情感变量的助力自由通过,或者受到情感变量阻碍而停滞。只有对情感变量重新组织、协调,语言输入方可顺利进入大脑中的语言习得机制,最终获得语言习得能力。

- ◆ 情感不是一种知觉能力,而是对知觉的反应,情感由环境中被评价的知觉对象衍生。
- ◆ 情感设计就是要发现网络英语教学中各相关因素的关系,试图构建结构化的情感解决模型。

◆ 组织、协调情感变量,本质上是组织负面情感,使之向正面情感转化。

上海市中学数字化实验教学现状抽样调查与分析*

薛耀锋　祝智庭　陈汉军　陆李杨　王美

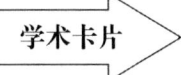

本文抽样调查了上海市 Q、F 两区中学数字化实验教学情况,从学生和教师两个层面着手,调研对象的背景信息、学生数字化实验学习情况、教师数字化实验教学情况等多个维度。研究结果表明,Q、F 两区大部分学校已按照教育管理部门的指导意见有序规范地开展了数字化实验教学活动,但数字化实验教学内容完成率、教师对数字化实验系统的熟悉度、实验教学方法等方面还有待提高并给出了建设性意见。

一、调研情况概述

本文对上海市 Q、F 两个行政区的中学就数字化实验教学情况进行了详细调研,调查时间范围为 2012 年 3—4 月,共收到有效调查问卷 866 份,其中学生问卷 812 份,教师问卷 54 份。参与调研的学生人数为 812 人,教师人数为 54 人。

二、调研题目设计量表

此次学生调研问卷包含 23 个问题。从参与调研学生的基本背景、数字化实验学习情况、反馈教师数字化实验教学情况等五个方面 15 个维度进行了题目设计。

---

* 薛耀锋,祝智庭,陈汉军,陆李杨,王美.上海市中学数字化实验教学现状抽样调查与分析[J].中国电化教育,2013(1):88-93.

教师调研问卷包含 27 个问题。从参与调研教师的基本背景、实验教学情况等四个层面 20 个维度进行了题目设计。

三、学生数字化实验学习情况分析

从学生学习情况、学生反馈教师教学的情况、学生使用虚拟实验或仿真实验软件情况、学生建议四个方面进行统计分析，可得出：很多数字化实验课程没按照教学大纲要求完成；大部分学生都能够比较独立地完成实验操作；希望使用虚拟实验软件或仿真实验软件来辅助学科知识学习等。

四、教师数字化实验教学情况分析

从教师教学情况、使用虚拟实验或仿真实验软件情况、教师建议三方面进行统计分析，可得出：部分学校数字化实验设备配置不到位；教学以教材为主，缺乏教学创新的动力；迫切需要成熟的教学案例，以帮助改进教学；强烈建议提高现有数字化实验系统的开放性等。

五、建议

在分析调查结果的基础上，结合访谈，提供以下建议：创新模式，提高科学素养；开放接口，共享资源；增加一线教师的专业培训；提供更多的成熟教学案例；传统实验与数字化实验的有机融合。

> **智语连珠**
>
> ◆ 数字化实验教学是信息技术在中学实验教学活动中的具体应用。
> ◆ 数字化实验教学这一新型教学活动将会改变现有教学模式，推动教学模式创新，开展探究式和启发式教学，形成以学习者为中心的教学新模式。

协同学习技术系统及其多场学习效果研究*

王佑镁 祝智庭

本研究基于试验研究和量化统计,分析了协同学习技术系统情境中的学习效果。结果表明,协同学习技术系统能够支持学习者之间或学习者与辅导者之间形成良好的交互,实现有较高程度的共享;并且支持培养学习者良好的团队合作精神,提高学习者的群体思维操作能力和多场协同学习的意识。

一、研究设计

(一) 量表设计

根据协同学习的五个基本原理"深度互动,信息汇聚,集体思维,合作建构,多场协同"分别进行量化,并对综合学习效果进行相应的量表设计。协同学习研究量表由六个分量表组成,每个分量表依次研究使用建构工具进行协同学习。

(二) 量表信效度分析

通过分析可知,该量表各维度的内部一致性信度系数 Alpha 值均大于 0.7,说明各项目基本上较好地反映其所在维度。并且整个量表的 Alpha 值达到 0.951 0,说明量表的信度很高。

效度分析包括分析内容效度和结构效度。数据显示,量表的每一项相关系数值都大于 0.3,达到显著水平,说明都能较准确地反映所要表达的内容;其 Bartlett 球度检验给出的相伴概率为 0.000,小于显著性水平 0.05,因此认为适合于因子分析。

二、协同学习效果分析

由于样本数量不多,以分量表为单位,取 50% 分为高低二组进行 T 检验。协

---

* 王佑镁,祝智庭.协同学习技术系统及其多场学习效果研究[J].现代教育技术,2009,19(12):35-41.

同学习效果分析主要围绕着协同学习研究量表的六个分量表展开。综合分析内容可知,协同学习技术系统能够支持学习者之间或学习者与辅导者之间形成良好的交互,实现有较高程度的共享;并且支持培养学习者团队合作精神,提高学习者群体思维操作能力和多场协同学习的意识等。

三、问题讨论

研究发现,在使用协同建构工具进行教学的过程中还存在以下问题:学习者之间的直接连接较少;学习者参与协同知识建构的意识不高;实验对象、实验中讨论主题、实验时间等因素存在不稳定性。

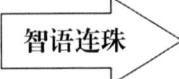

- ◆ 课堂信息包括学习者在学习过程中产生的疑问、概念、规则、过去经验的回忆、情感体验等内心的制品。
- ◆ 协同建构工具实现了知识的集体建构和集体记忆的图式化呈现。

教学设计的样式方法研究*

刘强　祝智庭

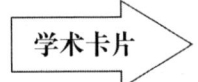

文章提出了一种新的教学设计方法——样式方法(Pattern-Based Approach,简称PBA)。PBA是一种以教师的实践性知识为基础的教学设计方法,运用PBA可以实现使用者设计,体现生成性思维,鼓励跨学科设计,分享实践智慧,表达教育价值以及支持复杂设计。解决了传统教学设计方法存在的简单化、难以应对真实复杂问题的弊端,体现出设计过程的共谋性特征,对于推动教学设计的实践应用具有积极意义。最

---

* 刘强,祝智庭.教学设计的样式方法研究[J].电化教育研究,2010(12):12-15+19.

后探讨了应用的发展对理论创新、支撑技术、评价方法以及实践环境各方面的要求。

一、PBA 的基本要素——教学样式

样式方法强调劣构问题的解决,强调设计过程的共谋性,强调设计的整体性和生成。

样式方法(PBA)的基本要素是教学样式。

教学样式的定义:是一种简洁的获取和记录教学实践中专家知识的方法,目的是使需要这些知识的人可以方便地获得。

教学样式的特点:情境化、弹性化、结构化、故事化和共享化。

教学样式的七个组成部分:样式名、所属模式、情境、问题、解决方案、具体案例以及相关样式。

二、PBA 的应用层次和应用实践

(一) PBA 的应用层次

PBA 以教师的实践性知识为基础。

教师实践性知识的表示主要有三种形式:教学模式、教学样式和教学案例。三者的层级关系:教学模式过于抽象和简约,教学案例过于具体和零散,而教学样式恰恰是融合两者优点、弥补两者缺陷的中间层次。

教学模式、教学样式和教学案例从抽象到具体、从整体到局部、从理论到实践形成了教师实践性知识的完整表达。

(二) PBA 的应用实践

1. 实践背景

教育部于 2005 年 4 月启动实施了"全国中小学教师教育技术能力建设计划"。

2. 实践途径

(1) 在教育技术能力培训中应用 PBA;(2) 介绍 PBA,引导参训教师在实践中应用推广;(3) 开发教学样式库,支持一线教师教学。

三、PBA 的优势特点

1. 实现使用者设计；
2. 体现生成性思维；
3. 鼓励跨学科设计；
4. 分享实践智慧；
5. 表达教育价值；
6. 支持复杂设计。

四、结语

教学设计是课堂教学的灵魂。采用以教师实践性知识为基础的样式方法，对革新教学设计以及凝练实践智慧具有推动作用。样式语言为设计团队所有成员提供了一个共享的工具，使研究者、实践者和学习者都可以找到合适的方式表达他们的教育信念，并且共享和探索他们对有效教与学的方法。

看图说话

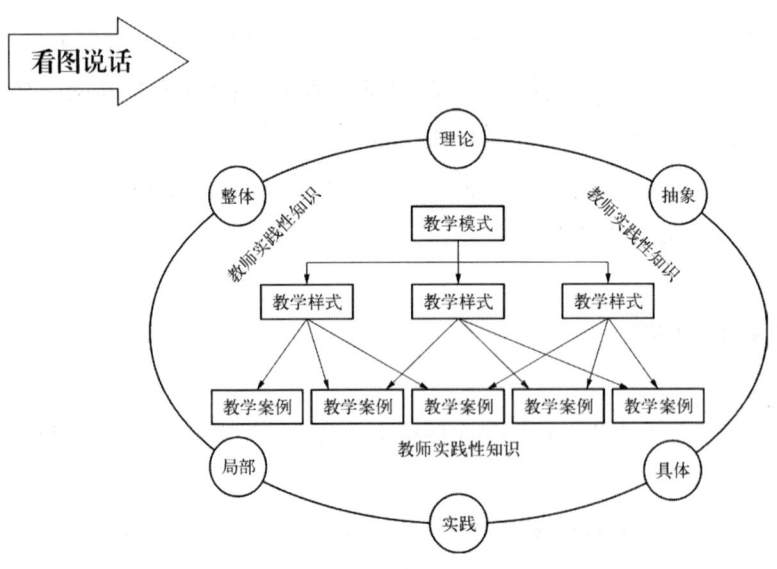

图 1 教师实践性知识的表示体系

教学模式是实践性知识在理论层面的抽象总结,它超越了具体实践的有限性,提供具有普遍性的理论形式,具有整体性和简约性的特点;一个教学模式可以包括多个教学样式,教学样式承载的实践性知识达到了抽象与具体的和谐平衡,具有弹性化和结构化的特点;一个教学样式可以通过几个具体的教学案例来举例和验证,教学案例描述的是具体鲜活的教学实践,它以丰富的叙述形式向人们展示了一些包含有教师和学生的典型行为、思想、感情在内的故事,具有真实性和典型性的特点。

智语连珠

- 教学设计方法就是教学设计者把设计问题转化为解决方案的过程中所使用的手段的总和。
- 为教育而设计的任何教学系统都支持某种特定的知识观和价值观。
- 教不是引起学的必要条件,同时学也不可能被教预先决定。
- 教学实践智慧是在教学实践活动中形成的、有关教学整体的真理性的直觉认识。

学习系统的知识时代回溯及其协同模型构建*

王佑镁　祝智庭

协同学习系统构建有三个基本取向:整观思维、协同机制、场域联动。协同学习系统以协同观与知识管理为基础,观照知识社会中个体与集体的知识建构和协调发展,为知识时代的教育教学系统变革提供了理论和方法的支持。

---

* 王佑镁,祝智庭.学习系统的知识时代回溯及其协同模型构建[J].教育研究,2012,33(6):112-117.

一、离散思维：现有学习系统批判

现有学习系统大多表现为一种离散思维，主要存在以下五个层面：在交互层面，缺乏内容的深度；在通信结构层面，缺乏信息聚合机制；在信息加工层面，缺乏群体思维操作；在知识建构层面，缺乏分工合作与整合工具；在实用层面，信息、知识、行动、情感、价值缺乏有机联系。

二、多维解构：学习系统的知识时代回溯

研究从数据到智慧、从习得到建构、从个体到群体以及从认知到发展四个方面对学习系统进行了回溯，通过多维解构剖析了知识创新的多维构面、学习过程的多重隐喻整合、教学主体的双向互动回归以及学习系统的整观取向诉求，重返了学习的多维性与整体性，回溯了学习情境中的文化变量、技术变量和认知变量。

三、场域联动：学习系统的协同模型及其建构

通过对学习系统要素与机制的分析，提出并建构协同学习系统，将其描述为一种创新型的学习系统新框架，具体详见协同学习系统（SLS）模型图。协同学习系统是对现有学习系统框架的突破：在信息、知识、行动、情感、价值之间建立有机的、协同发展的联系；交互层面，提供内容与学习者的深度互动；通信结构层面，提供信息聚合机制；信息加工层面，提供群体思维操作和合作建构机制。协同学习系统过程的基本原理归纳为深度互动、信息汇聚、集体思维、合作建构、多场协调，其构建有三个基本取向：整观思维、协同机制、场域联动。

四、整观取向：协同学习系统模型的实践路线

在实践取向层面，协同学习系统以系统协同观和知识管理为基础，从场域

互动的视角整合三种学习隐喻;在具体操作层面,通过不同场域的交互协同,由教学目标的不同维度实现不同的教学方式,建构性学习、体验性学习以及反思性学习;在技术设计层面,协同学习系统表现了一种新的知识表征、传递、衍生模式。

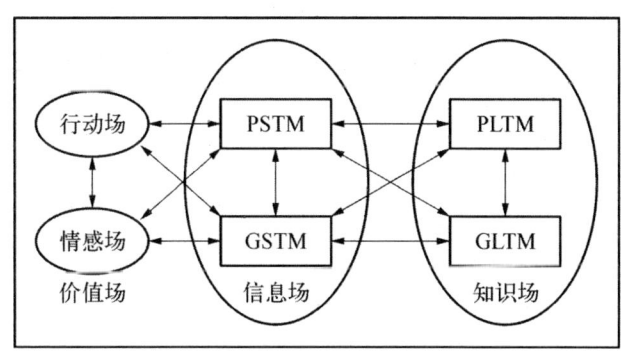

图1 协同学习系统(SLS)模型

该模型以协同学思想和知识创新为基础,引入了"场"的概念,协同学习场是学习发生的重要空间,信息场、知识场、行动场、情感场和价值场,前四者源于经典目标分类中各个领域的衍生,价值场则作为一种系统导向和终极追求。长时记忆与短时记忆的加入完善了学习最基本的大脑作为认知变量参与学习过程,场域之间的互动通过技术变量或者技术支持的活动变量得以实现。

◆ 协同学习表明了一种协同学意义上的教学关系构建和教学结构变革。
◆ 场域的要素之间、场域之间依靠系统动力和相互作用机制,表现为自组织、关联和协同。
◆ 协同学习系统是一个由社会要素和技术要素相互作用构成的以达成个体协调发展的有机整体和框架,对于教学实践具有重要的干预价值。

创造取向的翻转课堂教学样式：理论与实践的桥梁*

彭红超　陈林林　庞浩　祝智庭

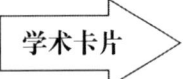

论文在翻转课堂2.0理论基础上，融合体验学习和创造驱动的学习理念，提出了创造取向的翻转课堂教学样式模型，该模型的三阶段六环节可为创意设计到创造实现提供支架。之后，该研究结合上述的教学样式模型设计了一个指导性和操作性更强的翻转课堂教学样式信息结构。最后，以《创意围棋盘3D建模》为例，详细论述了所设计的教学样式的课题教学流程部分的制作过程，以便为教师进行翻转课堂创造驱动的教与学活动设计提供参考。

一、翻转课堂概述

研究追溯了翻转课堂的兴起，简述了翻转课堂1.0转向2.0的跨越式转变，提出翻转课堂2.0融汇了翻转课堂1.0和创造驱动的学习理念，认为教学样式上联理论、下接实践，是联系理论和实践的桥梁，为创造取向的翻转课堂的教与学活动提供理论指导和实践依据。

二、创造取向的翻转课堂教学样式

通过对比翻转课堂2.0理念发现，尼尔森的逆向思维模型理念和翻转课堂2.0的教学理念是吻合的，两者都是源于布鲁姆的教育目标层级分类，采用逆向思维进行教学实践。借鉴逆向思维教学过程模型，融合体验学习和创造驱动学习的理念，构建了创造取向的翻转课堂教学样式模型，具体详见创造取向的翻转课堂教学样式模型图1。在模型的基础上，进一步建构了教学样式的信息结构图，其结构

---

* 彭红超,陈林林,庞浩,祝智庭.创造取向的翻转课堂教学样式：理论与实践的桥梁[J].中国电化教育,2017(7)：58-66.

图的主体是课题教学流程,教学流程包括三个阶段,每个阶段均有两个学习活动,此处的学习活动只起辅助、引导作用,每个活动的具体行为及行为编列需根据具体课题自行确定。

三、创造取向的翻转课堂教学样式的教学流程

根据绘制的翻转课堂教学样式模型以及信息结构图,文章提出创造取向的翻转课堂教学样式的教学流程为:设计创造主题→建立学习评估标准→制定学习路线→选取环境与资源→开展体验学习活动→评价总结,并对每一环节展开论述。

四、创造取向的翻转课堂教学样式的制作案例

以 3D 打印《创意围棋盘 3D 建模》为例,详细介绍了创造取向的翻转课堂教学样式的课题教学流程部分的具体制作,使用时需要根据采用的教学结构和模式的不同来灵活处理。

五、结语

该文构建的教学样式是否有用、好用,离不开教学实践的检验,因此下一步工作是将构建的教学样式应用到翻转课堂的教学实践中,从而对所设计的教学样式进行进一步评估和修正,使其不断完善。

看图说话

创造取向的翻转课堂教学样式模型包括三个学习阶段六个活动环节。三个学习阶段为:规划阶段、准备阶段和实现阶段。其中,规划阶段包括"设计创造主题"和"建立学习评估标准"两个环节,准备阶段包括"制定学习路线"和"选取环境与资源"两个环节,实现阶段包括"开展体验学习活动"和"评价总结"两个环节。

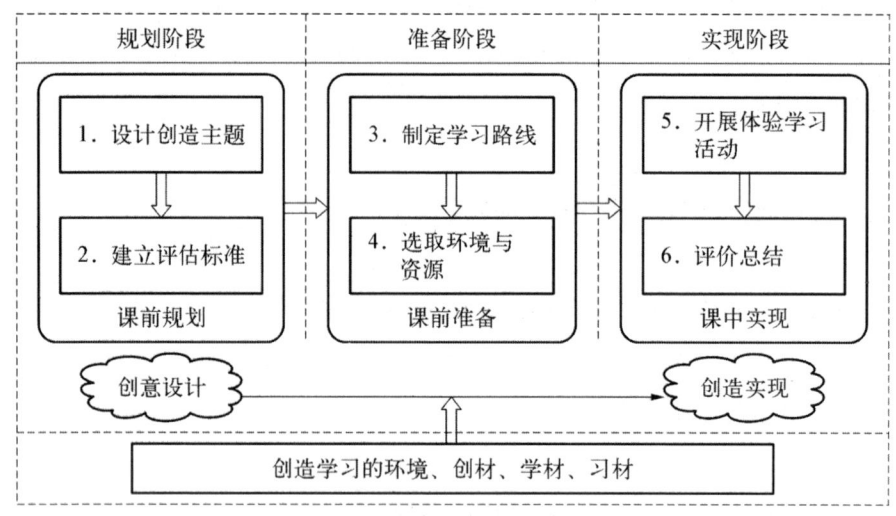

图 1 创造取向的翻转课堂教学样式模型

- 翻转课堂 2.0 直指"创造",通过"自上而下"的思维创新和"自下而上"的认知提升,提升学生创新素养以及创造思维能力。
- 翻转课堂 2.0 理念强调学习活动直接从"创造"开始,帮助学习者实现主动学习和深度学习。

利用教法样式共享信息化教学经验*

刘强 祝智庭

文章介绍了教法样式的历史渊源、结构组成、功能特点以及写作格式,提出了

---

* 刘强,祝智庭.利用教法样式共享信息化教学经验[J].电化教育研究,2007(12):66-68.

利用教法样式共享信息化教学经验的三点建议。

一、教法样式的历史渊源

"样式"这个概念来源于建筑学。样式是教法样式的历史缘起,文章总结了"样式"发展到"教法样式"的历程,揭示了教法样式的目的是记录和共享面向对象技术的教学经验。

二、教法样式的组成与特点

教法样式的核心由四个部分组成:样式名、情境、问题、解决方案。

教法样式的特点包括五个方面:情境化、弹性化、结构化、故事化、共享化。

三、教法样式的格式与示例

教法样式项目使用的是亚历山大的散文风格,这种描述风格的结构化程度不高,不利于教师的检索和利用。因此,文章采用了结构更为清楚的模板风格,并且确定了样式的六个组成部分:样式名、情境、问题、解决方案、应用实例以及相关样式。

"反馈三明治"就是一个简单的教法样式。文章按照模板风格对它进行了改写。这个样式和其他 22 个样式一起构成了教法样式项目的反馈样式语言,记录了教师如何向学生提供适当反馈的成功经验。

四、利用教法样式共享信息化教学经验的几点建议

(一)充分发挥一线教师的作用

(二)将教法样式与教学模式、教学案例有机地结合起来

(三)通过网络进行教法样式的撰写与共享

看图说话

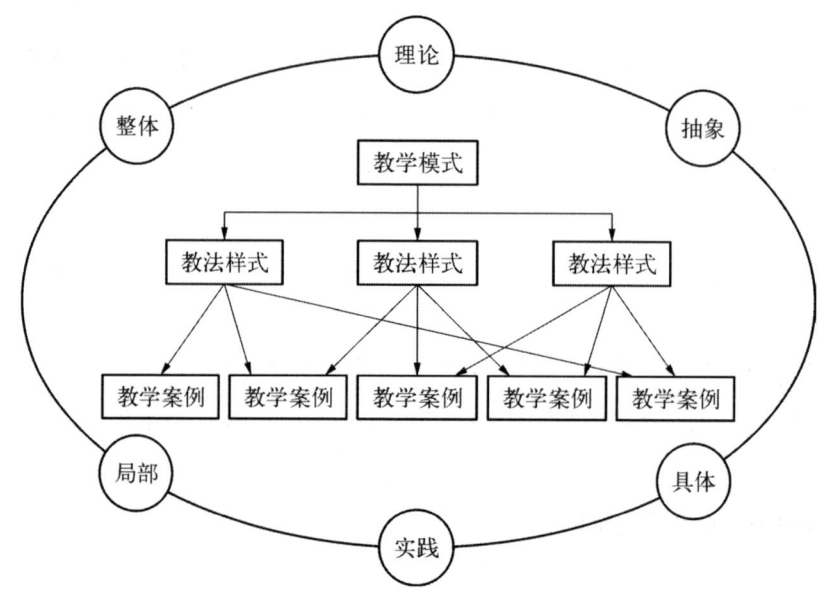

图1 教法样式与教学模式、教学案例的关系

一个教学模式可以包括多个教法样式。教法样式承载的教学经验达到了抽象与具体的和谐平衡,一个教法样式可以通过几个具体的教学案例来进行举例和验证。这样,教学模式、教法样式和教学案例就从抽象到具体、从整体到局部、从理论到实践形成了教学经验的完整表达。

智语连珠

- ◆ 教法样式不追求普适性的教学规律,它解决的都是具体情境中的教学问题。
- ◆ 教法样式的积累和改进过程就是教师共同发展的过程,这个过程对一个教育组织的能力提升具有巨大作用。
- ◆ 维客(一种基于 Web 的协同编写工具)将形成一个开放的和不断扩充的信息化教学教法样式语言,任何人都可以从中找到自己需要的教法样式。

从关注结果的"学会",走向关注过程的"会学"
——网络学习者在线学习力测评与发展对策研究*

李宝敏　祝智庭

本研究借鉴国外学习力测评工具,利用实证研究方法,对网络学习者在线学习力现状进行测评,针对当前网络学习者动机多元、问题意识弱、意志力缺乏,互惠性学习关系尚未真正建立等学习力现状,有针对性地提出重视学习体验,激发内源动力;加强学法指导,重视问题生成与解决过程;重视元学习过程,提高网络学习者的学习规划管理、评价反思与自主调节能力;构建激励性与支持性的学习共同体文化,促进互惠式学习等对策与建议。

一、研究依据

(一) 学习力概念界定及相关研究

在梳理国内外研究的基础上,提出网络学习者在线学习力是指在线学习环境下,能够有效促进学习者学习动力、认知能力、学习策略与方法、学习结果相互作用的动态能力系统。

(二) 在线学习力框架及关键要素

文章借鉴国内外的相关研究成果,将在线学习力分为五个维度:学习驱动力、学习顺应力、学习策应力、学习反省力、学习互惠力,分别体现学习的五大系统:动力系统、情意系统、认知系统、调节系统、社会及自我互动系统,体现在通过在线学习行为所表现出来的五种力量:驱动力、顺应/顺应力、策应/策应力、反省/反省力、互惠/互惠力。

---

* 李宝敏,祝智庭.从关注结果的"学会",走向关注过程的"会学"——网络学习者在线学习力测评与发展对策研究[J].开放教育研究,2017,23(4):92-100.

二、研究设计与实施

测评工具设计以英国克拉克斯顿教授提出的学习力要素及测评工具设计框架为依据,在该框架的基础上进行了本土化的修改与调整。本次测评从 2016 年 10 月开始,历时 2 个月;测评对象为华东师范大学开放教育学院 2 181 名网络学习者。为了增强样本的代表性,本次测评采用随机抽样的方法选择样本,并通过对样本数据的分析,选取 23 个样本进行抽样测评。

三、研究结论

通过问卷调查与分析,可得出如下结论:
(1)学习驱动力:动机多元,源于外在的发展需要多于内在兴趣驱动。
(2)学习策应力:网络学习者具有学习策略意识,但需要在线学法指导,强化问题意识。
(3)学习顺应力:网络学习者能够正确认识学习困难,需要增强排除干扰的意志品质。
(4)学习反省力:网络学习者具有一定的反思与调节能力,需要提高规划意识与评价能力。
(5)学习互惠力:网络学习者愿意表达自我,但不愿意接受他人的质疑,没有真正建立互惠性学习关系。

四、讨论与建议

鉴于以上分析,为促进网络学习者在线学习力提升,本文提出如下建议:
(1)丰富学习体验,激发学习兴趣,促进网络学习者由外在需要转向内在兴趣,发展内源动力。
(2)加强学法指导,鼓励质疑与提问,从封闭性的知识学习走向问题解决的开放式学习。

（3）重视元学习过程，提高网络学习者的评价反思与自主调节能力，尤其是提升他们克服干扰与困难的意志品质。

（4）构建激励性与支持性的学习共同体文化，促进互惠式学习，实现自我发展与专业共同体发展的融合。

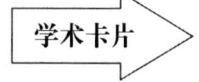

- 具有学习力的网络学习者是内驱力强、有预见性、能规划与反思、会进行学习调节与管理、具有互惠与合作精神的主动学习者。
- 学习力是网络学习者在学习动力与毅力的驱动下，不断发展在线学习经验，生成学习智慧，逐渐内化形成相对稳定的认知与能力结构，形成专业化思维品质，有效解决实践问题。

中小学课堂教学中技术应用的有效性研究元分析[*]

孟琦　祝智庭

文章运用元分析方法考察了20世纪70年代末至今的主要相关研究，共选定研究文献108篇，从研究特征和技术特征两方面分析了研究发展的趋势和动态，并比较了中外研究的特点，提出了今后研究的设想。

一、元分析方法介绍

元分析是对既有资料的研究，属于非介入性研究方法，它借助测量和统计分析方法，对关于某一主题的已有大量研究的统计资料进行再统计、分析和综合。

---

[*] 孟琦，祝智庭.中小学课堂教学中技术应用的有效性研究元分析[J].电化教育研究，2007(9)：89-93.

二、元分析的资料来源

为保证文献的准确性和代表性,文章选择资料来源为领域权威期刊、权威数据库。综合国内外的资料来源,最终选定 108 篇文章作为研究对象,其中中文文献 11 篇。

三、研究设计与实施

(一)设定分析变量
分析变量主要分为两个方面:一部分针对研究自身特征,一部分针对技术特征。

(二)确定指标体系
在对研究方法制定指标时,借鉴了美国托马斯·里夫斯(Thomas C.Reeves)的研究;制定"内容领域"变量的指标时,借鉴了外文文献中其他元分析研究者已有的指标内容,然后根据本研究的需要在一定程度上加以简化和加工;确定技术类型和技术效果时,采用的方法是先阅读文献,确定其研究选择的技术类型,后阅读表格中得到的技术类型、技术效果,将它们进行归类、合并并赋值,整理成指标编码体系,建立了编码的指标体系后,下一步就是正式编码。

四、结果分析与讨论

(一)文章数量的变化
"中小学教学中的有效性研究"占很大比重,且从 20 世纪 70 年代起研究数量整体呈上升趋势,尤其是 20 世纪 90 年代后,技术在中小学教学中的有效性研究数量的上升表现得更为明显。

(二)年级水平
技术有效性研究针对小学阶段的研究数量最多,其次是初中,数量最少的是高中。这体现出对于初等教育的重视。

(三) 学科内容领域

技术在教学中的有效性问题,更多的关注焦点放在数学、科学、社会科学、阅读和计算机素养方面,尤其对于数学学科最为重视。

(四) 研究方法

国外的研究以定量研究为主,而国内的研究以理论探讨为主。这表明我们对于社会研究方法的重视和应用不够。

(五) 技术类型

有关 CAI 的有效性研究数量最为众多且持续时间很长;研究者关注比较多的技术类型是音像、教学软件和 Internet,分别代表着 K12 教学中的媒体应用的几个重要发展阶段。

(六) 技术效果

国内的技术有效性研究大多提及技术对于学生学习兴趣的效果或影响,而国外的研究在探讨类似问题时,都讨论技术对于学生学习动机的影响。

五、结语

本研究主题所关注的范围十分广泛,涉及多种技术类型、效果类型、学科领域和年级水平,显示出研究的丰富性。这项文献元分析存在的局限是:由于缺少足够证据的信息,在一定程度上会影响编码的准确性。

语言教学领域教育技术发展：一个国际视角的考察[*]

罗红卫　祝智庭

本研究对近十年来国际语言教学领域教育技术研究状况进行了综合，从研究内容、研究方法方面，对当前国际语言教学领域教育技术研究的特点及未来发展趋势进行概括与分析，以期勾勒出当前国际语言教学领域教育技术研究的整体轮廓。

一、研究方法

本研究运用祝智庭（2006）提出的学术研究"小世界"方法，即通过关键文献、关键会议、关键人物、关键项目、关键社群、关键网站研究国际语言教学领域教育技术研究动态。具体分为三个步骤：(1) 通过"六个关键"获得综合信息；(2) 相关信息内容分析；(3) 通过综合数据结果，概括当前国际语言教学领域教育技术研究前沿动态。

二、内容分析

（一）国际语言教学领域教育技术研究综合信息

以学术研究"小世界"为理论依据，确定了国际语言教学领域教育技术研究领域的关键文献、关键会议、关键社群、关键项目、关键网站等。

（二）语言教学领域教育技术研究相关信息内容分析

1. 研究相关的关键综述类论文概要分析

在所查询的147篇关键文献中，含有语言教学领域教育技术研究内容分析的综述类论文多篇，根据综述类论文，做出语言教学领域教育技术研究发展动态直

---

[*] 罗红卫,祝智庭.语言教学领域教育技术发展：一个国际视角的考察[J].外语电化教学,2011(6):52-58.

接数据的论文概述。

2. 研究相关的学术论文关键词词频数分析

本文进一步对147篇中非综述类文献进行关键词词频分析，采取的方法是：以每篇文章的关键词为分析单元，手工合并同义、近义词项，获得代表性的关键词词频数并分析，得出当前语言教学领域教育技术研究的主要内容是基于网页的（网络的）二语（外语）教学，外语教育中的技术，以及针对CALL的研究；移动学习是目前凸显的研究主题，发展势头迅猛等结论。

（三）国际语言教学领域教育技术研究前沿动态分析

在国际语言教学领域，研究内容前沿动态主要包括：从CBSLA到IBSLA再到CIBSLA的发展研究、语言移动学习研究、网络语言教学中的情感研究、混合语言学习研究。

在研究语言教学领域教育技术的过程中，质化研究正日益受到重视。质化研究常用方法为访谈、民族志、案例研究、观察、视听交互录音（录像）、日记等，形式常为半结构化。

三、我国语言教学领域教育技术发展现状

目前，我国语言教学领域教育技术发展现状具有如下特点：

（1）从研究内容看，人们的关注焦点已逐渐扩大到对由多学科理论支持的基于教育技术的整个语言教学系统的设计、实施、评价的研究，即主要涉及五大类：计算机辅助英语教学的理论探讨、课堂实践、计算机网络环境下的师生研究、计算机辅助语言测试、计算机多媒体网络技术与软件。

（2）从研究方法看，在计算机辅助英语教学的研究中，非材料研究占绝对优势。国内对计算机辅助英语教学的研究以非材料方法为主，实证性研究为辅。

◆ 混合语言学习是一种整合式教学：即整合的语言技能的教学，也是语言学

习中发送方式的互相结合,是规范化的教学整合,未来计算机辅助语言教学的发展趋势。

◆ 语言教学领域教育技术质化研究包括描述一个新的语言学习环境,描述学生对程序界面选择项和对不同信息呈现模式的反应,以及描绘学生在不同语言学习环境中的语用模式等。

以深度学习培养 21 世纪技能

——美国《为了生活和工作的学习:在 21 世纪发展可迁移的知识与技能》的启示*

孙妍妍　祝智庭

美国国家研究院 2012 年发布报告《为了生活和工作的学习:在 21 世纪发展可迁移的知识与技能》,《报告》将 21 世纪技能分为认知、自我、人际三大领域能力,并指出深度学习是其形成必不可少的过程。深度学习的本质是形成可迁移的知识,其过程包括建立事实、概念、程序、策略、信念五类知识的相关网络,可从使用合理的教学手段,重塑课堂设计以及转变评估方式三个维度促进,最后提出了美国深度学习发展策略对我国教育实践的启示。

一、深度学习的本质与要素

《报告》总结了深度学习的本质,包括以下四方面:深度学习形成的知识与能力迁移并不是没有限制的;深度学习包含了形成某一领域有序组织的知识;深度学习需广泛的实践,并用及时的解释性反馈进行辅助;只有有意义的学习才能够引导深度学习的进行。

---

* 孙妍妍,祝智庭.以深度学习培养 21 世纪技能——美国《为了生活和工作的学习:在 21 世纪发展可迁移的知识与技能》的启示[J].现代远程教育研究,2018(3):9-18.

文章总结了深度学习的要素,包括以下五个要素:事实、概念、程序、策略及信念。

二、深度学习与美国学科标准的契合

文章阐释了深度学习与语文、数学及科学的教学相关,并明确了与21世纪技能、美国学科标准紧密相连,预测了21世纪技能与学科教学通过深度学习融合的三大趋势:所强调的目标是一致的;均强调学科融合;同时指出了人际及自我领域能力的重要性。

三、深度学习的实施策略

(一)发展可迁移的知识:采用合理教学手段

《报告》总结出了促使学生发展可迁移知识、促进深度学习的6种教学方法:对概念和任务采用多种多样的展现形式;鼓励阐述、提问及自我解释;为学习者提供有挑战性的任务、辅助性指导以及反馈;使用范例与个例进行教学;引发学生学习动机;使用形成性评价方式。

(二)促进深度学习:重塑课堂教学设计

重塑课堂设计针对认知领域能力的培养,可采用问题化学习、联系真实世界的教学与校外实习相结合的设计方式;人际领域能力的培养可通过小组式学习与实习中发展学生的交流及协作能力来实现;自我领域能力的发展可通过学生参与教学决策的个性化学习来完成。

(三)以评促学:转变教学评估方式

深度学习往往可以采取总结性评价与形成性评价相结合的方式。总结性评价可以对学习的需求做出初步诊断;形成性评价强调学生的自我效能,即鼓励学生对自己的学习负责。

四、美国深度学习发展策略对我国教育实践的启示

美国深度学习发展策略对我国教育实践有如下启示:重塑教学目标;发挥实验学校的引领作用;转变教师角色;改革评价方式;发挥信息化技术的使能作用。

- 反馈的及时性和质量都会影响它对深度学习过程的加速效应。
- 概念知识最容易迁移的形式是形成模式、模型和原理。专家的概念知识是结构性的,而新手的概念知识一般很肤浅。
- 关于策略知识,达到可迁移的形式则需要形成特定的认知与元认知策略。
- 在认知领域,解决无既定程序问题的能力与元认知能力是两大跨学科的重要能力,而问题化学习是发展这两种能力的关键教学策略。

学习分析视角下在线学习干预模型应用*

张家华　邹琴　祝智庭

学术卡片

　　研究者提出了一种基于RTI模式构建的在线学习干预模型,描述了该模型的框架及特点,实施了在线学习干预实验模型的预实验与正式实验,根据模型实验结果表明,在线学习干预模型的应用效果较好,实验对象的学习结果与模型预测的结论较为一致,且被干预的学习者能够适应干预策略和措施,有效地规避了学

---

* 张家华,邹琴,祝智庭.学习分析视角下在线学习干预模型应用[J].现代远程教育研究,2017(4):88-96.

习风险。

一、国内外研究现状

研究综述可知,已有的学习干预研究存在的不足之处在于以下几点:一是已有相关研究主要以传统课堂为背景,其在混合式或在线学习环境下的适用性和有效性仍存在不确定性;二是传统学习干预主要借助人工方式实施干预,工作量大且准确度难以保证;三是技术环境下的学习干预实证研究偏少;四是多数学习干预实验效果较多依赖于质性的分析结果,较少结合量化结果进行相对客观的分析。

二、在线学习干预模型的构建

针对传统学习干预研究的局限和在线学习的特点,文章提出基于RTI模式构建的在线学习干预模型。详见在线学习干预模型图。该模型的特点:一是突破传统研究,将学习干预模型应用于在线学习的真实情境;二是从学习分析视角逐步明确和细化学习干预的方法、过程和策略,并借助技术工具实施可操作且有效的干预措施;三是通过问卷调查、SPSS和个别访谈的方法,从学习者的角度对在线学习干预模型的有效性进行了评估。

三、在线学习干预实验模型的实施

文章借鉴教育设计研究的理念和方法,以准实验的方式在教学过程中实施学习干预,经过两轮的迭代,逐步修正和完善在线学习干预的模型、方法和策略。预实验初步验证了在线学习干预模型的有效性,但也暴露出一些局限性。针对这些局限,研究者添加了若干学习分析和干预的工具,补充了部分学习干预策略,并增加了实验对象数量和课程门类。

四、在线学习干预模型效果分析

（一）问卷调查结果分析

问卷调查结果分析可知，实验对象认为学习干预能够在一定程度上督促自己学习，促进学业进步。不同层次的干预对象对学习干预的态度、适应性、评价等方面均表现积极，表明学习者能够适应干预的方式和内容，并且认为学习干预能在一定程度上起到监督学习的作用，这与问卷结果是一致的。

（二）学习成绩与时间投入分析

研究者整理了两个实验班的学习成绩，分别对四个组别（未干预组、群体干预组、小组干预组、个别干预组）的总评成绩进行分析。根据以上分析，得出以下结论：学习者在线时间投入与总评成绩呈现显著相关性；专业课程的干预效果优于公共课程，这与课程本身的难度及课程性质有关，等等。

五、总结

由于研究条件和能力所限，本研究还存在一些问题有待解决：一是需要进一步完善在线学习干预模型；二是需要开发专门的学习干预工具或系统，实现自动化和智能化的学习干预；三是需要进一步扩大实验范围，选择更多专业、不同层次的学习者来验证在线干预模型的有效性。

看图说话

该模型包括五个要素，分别为筛选、监控、多层次干预、决策和分析。它是一个循环迭代的干预模型，干预的层次包括群体干预、小组干预和个体干预。研究者利用学习分析技术将在线学习行为数据加以筛选和分析，及时预测可能会出现学习风险的学习者，并提供适当的学习干预。

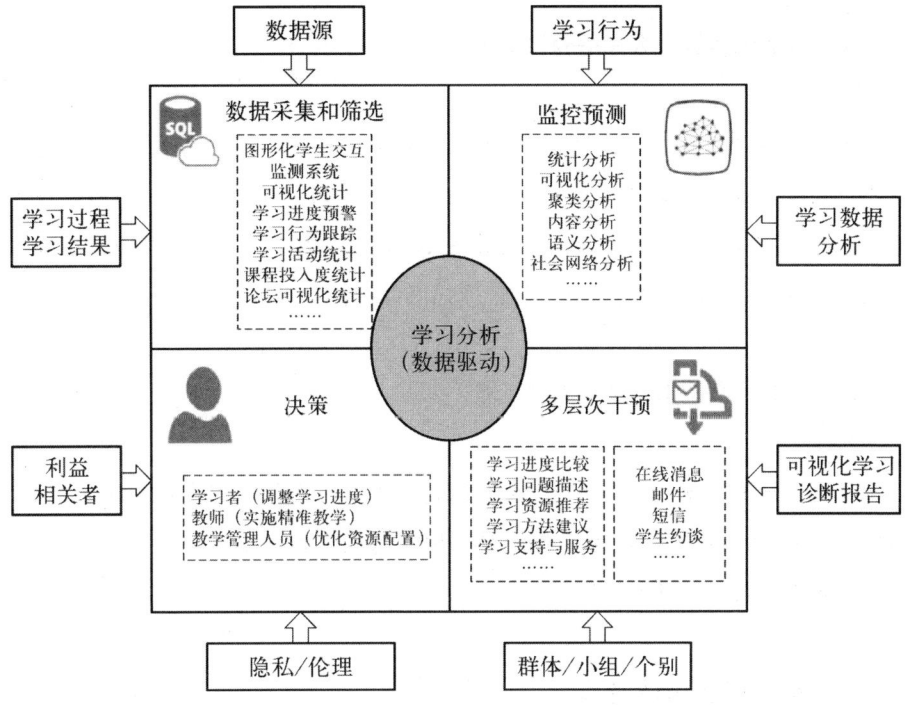

图 1 在线学习干预模型

面向人工智能创客教育的国际考察和发展策略*

祝智庭　单俊豪　闫寒冰

　　文章从人才培养出发分析了人工智能时代创客教育的人才培养目标,然后梳理了国内外人工智能教育产品或教育服务,最后从人工智能课程设计、师资建设及创客空间建设方面提出了发展建议。

---

* 祝智庭,单俊豪,闫寒冰.面向人工智能创客教育的国际考察和发展策略[J].开放教育研究,2019,
　 25(1):47-54.

一、人工智能创客教育人才培养目标

人工智能教育与创客教育的人才培养目标之间存在高度的同质性:其核心目标都立足于培养善于运用技术的创新人才。面向人工智能的创客教育应以技术素养和综合创新素养为综合导向,培养既懂人工智能核心技术研发的技术性人才,也善于结合团队力量打造新型智能产品的综合性创新人才。

二、人工智能核心技术为创客教育赋能

从人工智能技术的衍生发展、人工智能开放平台为创客提供技术土壤、人工智能融入机器人创客教育、人工智能对接物联网创客教育四大方面,梳理了国内外人工智能教育产品或教育服务。

三、面向人工智能的创客课程

在技术本体难度和整合难度上,创客课程可以分为科普教育、嵌入式课程、项目型课程和整合性课程。从学习目标构建、活动组织形式、学习环境和适用学段四个方面,剖析面向人工智能的创客课程建设思路。

四、面向人工智能的创客师资建设

创客导师是从事创客教学或指导学生开展创客实践的教师。文章以创客教育的四阶段为主线,探讨各阶段创客导师团队的构成和具体能力指标。在四个阶段中,课程内容的组织和整合能力是教师的基本技能,创客导师需要根据不同阶段的课程目标设计学科整合性和探索研究性相结合的课程内容。

五、面向人工智能的创客空间建设

借鉴创客空间2.0的理论经验,面向人工智能创客教育的创客空间需具备体验营、常态化课程教学、创客工作坊、挑战赛和产品推广五个主体功能,分别详述了五个阶段中学生的学习活动。

- 从工具本体来看,人工智能技术为创客教育提供了个性、开放的生长土壤和资源支撑;从人才培养模式来看,创客教育所培养的创新人才将助力未来人工智能的多元创新发展。
- 从科普课程到整合性课程,课程特点呈现学习目标由体验导向转变为能力导向;活动组织形式从大班集体活动转变为小组多维深入研讨;学习环境由开放体验向项目聚焦转变。

基于连通主义的双联通教学设计模型(SCCS)研究*

李新房　刘名卓　祝智庭

沉浸于数字化学习的学习者除了应具有"交互性—数字导航素养"、"发现学习偏好"、"按照自己对数字化资源的探索做推理判断的意愿"等方面的认知联通能力,还应通过"连接"、"默观"、"捷取"的联通行为参与社会联通,并把这两种联通行为称为"双联通"。为了进一步了解双联通模式以及双联通在教学中的应

---

* 李新房,刘名卓,祝智庭.基于连通主义的双联通教学设计模型(SCCS)研究[J].远程教育杂志,2016, 34(5):83-88.

用,主要从"双联通模式的内涵"、"双联通教学设计模型分析与启示"以及设计案例等方面进行了阐述,以期为连通主义学习理论在学习、教育中的有效应用提供指导。

一、连通主义学习理论的起源——弱联结理论

连通主义的产生与弱联系学习理论有着密切的联系。"弱联系优势理论"蕴含了连通主义理论的重要思想,即学习是不同结点之间的连通。

二、双联通模式的内涵

连通主义是一种适应网络化学习的新理论或新框架,比较有代表性的是美国桑塔格提出的社会认知双联通模式(SCCS),SCCS是以图式的形成为基础的。在网络环境下提出的学习设计SCCS理论存在两方面的假设:(1)当代学生具有社会联通性模式和认知联通性模式的双联通模式;(2)沉浸于数字联通时期的学生具有社会联通模式和认知联通模式的双重变化。

三、双联通教学设计模型分析

(一)双联通教学设计模型的五个模式分析
SCCS教学设计模型借鉴、吸收已有的教学设计理论研究,并把相关的学习理论进行重新整合,提出了新的教学设计模型。该模型融合了五个主要的子模式,分别是:以设计求理解的模式;SOI教学设计模式;4C/ID教学设计模式;游戏设计模式;认知联通性模式和社会联通性模式。

(二)双联通教学设计模型的三个阶段分析
为了更好地应用双联通模式服务于教学实践,双联通教学设计模型的具体内容共分为三个步骤:一是以基础知识与基本技能的深度理解为导向;二是专长知识水平评价;三是设计学习体验和教学。

（三）SCCS 模型给予我们的启示

通过 SCCS 模型给予的启示如下：体现整合已有教学设计要素的设计思想；关注数字导航素养的培养；注重双联通能力的提升；强调创设学习情境。

四、SCCS 教学设计案例

以初中语文九年级下册的《孔乙己》一文为教学内容，利用双联通教学设计模式对其进行教学设计。双联通教学设计模式更强调学生的联通和交互。教学设计可以将双联通模式的三个步骤贯穿于课前、课中、课后三个阶段，课后阶段以评价总结为主要内容。

五、结语

双联通模式的提出，进一步细化了学习者的学习行为，分为认知联通模式和社会联通模式，是适应当前学习者的学习范式，学习者通过这两种模式的连通而获取知识、培养能力。

智语连珠

- ◆ 学习不仅仅是获取知识，更重要的是主动选择连通并创建自己的个人学习网络。
- ◆ 新旧教学设计理论之间是相互融合、相互作用的关系，而不是取代与被取代的关系，在实际的教学应用中，二者应进行有机整合。

基于 FKMS 系统的网络学习共同体的应用实例*

江卫华　陈亚亚　祝智庭

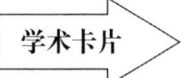

采用通用知识管理系统的理念,结合计算机网络技术,能够建立一个简单易用而完善的女性主义知识管理系统。这样,通过相关知识内容的选择、分类与管理,使得女性主义在线学术资源更方便有效地积累、传播与共享,从而快速实现女性主义虚拟学习共同体的建构。

一、FKMS 系统层级结构对女性主义学习共同体知识共建的组织支持

FKMS 系统设置了相应的访问控制,具体体现为组织成员的不同浏览、登录与管理身份,分别详细阐述基于角色的在线访问控制,如系统用户级别、系统管理职能。FKMS 系统有六种用户。在管理层面上,各类用户都属于管理员,按所处结点位置不同具有不同的权限。

二、FKMS 系统组成要素对女性主义学习共同体知识访问的场所支持

FKMS 系统是实现女性主义领域知识管理的计算机软件集成系统,也是相关知识的传递中心、交流平台以及协作学习的工具,具体内容框架见图 1。

三、FKMS 系统社会性质对女性主义学习共同体在线学习的动力支持

通过树立女性主义学习共同体的共同愿景、积极推动其内部的信任与合作关系以及加强 FKMS 系统的社会性交互,使所有社会性要素都能为女性主义学习共

---

* 江卫华,陈亚亚,祝智庭.基于 FKMS 系统的网络学习共同体的应用实例[J].现代远距离教育,2007(4):57-59.

同体在线学习提供支持。

看图说话

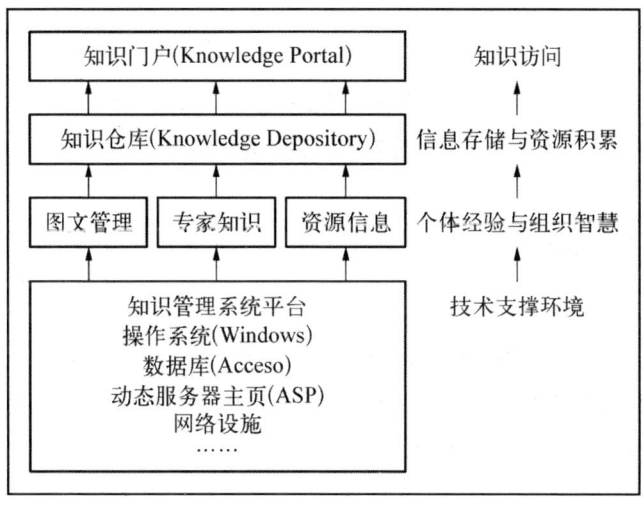

图1 FKMS系统的内容框架

FKMS系统主要由知识门户、知识仓库与知识管理系统平台三部分组成,从而构建了女性主义知识社群的学习环境。知识门户是所有的知识存入知识仓库后需要提供访问知识资源的入口;知识仓库是一种知识编码工具,库中元数据涉及相关的语境和经验参考;FKMS系统平台基于Web技术并采用B/S三层结构构建,便于访问和管理。

智语连珠

◆ 女性主义网络学习共同体,是一种以"女性主义"为共同志趣的全新学习型组织。它由学者、专家、教师、学生或网络游客组成,属于Web概念上的社会集合体。

◆ 知识是一种资源,管理本身也是一种资源。

高中信息技术课程标准实施中的变数与对策*

祝智庭

 学术卡片

自2003年我国中小学信息技术改革启动以来,《普通高中信息技术课程标准》的出台又是一重大事件。作者从旁观者角度指出了该标准出台不易的原因、做出的创新举措、实施中存在的"变数"以及提出的相应建议。

一、出台不易的原因

(1) 缺乏扎实的理论支撑和丰富的实践经验。(2) 我国教育信息技术应用水平存在明显的地区差异,很难制定统一标准。(3) 制订出一个具有前瞻性同时又具有相对稳定性的标准是一大难题。

二、创新举措

(1) 打破"为学电脑而学电脑"的传统思路,突出信息素养教育的重要性,融入了基础教育课程改革的指导思想。(2) 提出了专门用于课程目标的信息素养描述方法,将信息素养在操作能力、评价能力、问题解决能力和价值观与责任感的形成上分层阐述,提升了标准的可操作性。(3) 针对地区差异和学生个性化培养的需要,将信息技术课程分解为2+2+X,即必修2学分,科内选修2学分,跨领域选修X学分。(4) 尝试与其他课程的协作。

三、实施中存在的"变数"

(1) 在确保课程设置稳定性的前提下,能否使课程内容具有较好的时效性?

---

* 祝智庭.高中信息技术课程标准实施中的变数与对策[J].全球教育展望,2003,32(9):11-12.

(2)如何将国家课程标准的权威性与地方课程的灵活性结合起来？(3)新标准如何在现行体系中生效？(4)在信息技术与课程整合的形势下，如何处理本课程与其他学科课程教学的关系？(5)如何迅速造就一支能够胜任新课程教学的师资队伍？(6)在培养目前急需的信息技术教师时如何兼顾他们的长远发展？

四、建议

（1）教育主管机构严把教材建设关，既要多样化又要高质量，并从政策上保证优质课程资源能够跨地域顺畅流通。（2）抓紧教师队伍建设，做到内源与外源结合：一方面使一部分教师通过转岗培训成为信息技术教师；另一方面吸收一些从非师范院校信息技术相关专业毕业的人员充实中小学信息技术教师队伍。

智慧教室环境下数据启发的教学决策研究*

管珏琪　孙一冰　祝智庭

在介绍数据驱动的智能决策和数据启发的教学决策基础上，该文阐明了基于数据的教学决策在决策理念、决策主体、决策过程三个方面引发的变革；参考循证过程，从证据设计、证据形成、基于证据的决策三个阶段设计智慧教室环境下数据启发的教学决策过程；聚焦教学计划阶段，设计基于预学习数据的教学决策应用，以改善现存的教学设计准备不足、科学性不够等问题；最后以初中数学《三角形的内角和》一课为例，呈现了预学习分析与教学设计之间的连接。

---

* 管珏琪,孙一冰,祝智庭.智慧教室环境下数据启发的教学决策研究[J].中国电化教育,2019(2)：22-28+42.

一、基于数据的教学决策

（一）数据决策的两大类型

根据使用数据的不同方式，企业中基于数据的决策出现了数据驱动和数据启发两种类型的讨论。基于已有研究与实践，从数据地位、数据规则强弱、人员参与度、决策方式等方面区分数据驱动的智能决策与数据启发的教学决策。

（二）基于数据的教学决策的变革

数据介入教师教学决策必然会从逻辑上增强教学决策的有效性，基于数据的教学决策将引发决策理念、决策主体、决策过程等的变革。主要包括：决策理念由经验走向循证；决策主体由关注集体转向关注个体；决策过程由数据、信息到知识、智慧的跃升。

二、智慧教室环境下数据启发的教学决策设计

（一）智慧教室环境与学习数据

智慧教室作为一种典型的智慧学习环境，是一种能优化教学内容呈现、便利学习资源获取、促进课堂及时深度互动、学习情境全面感知、教室设备智能管控的新型教室。根据数据来源渠道，智慧教室环境可产生以下数据：学习过程数据、评测数据、学生心理数据、学生生理数据。聚焦数据在教学决策方面的应用，练习与评测获取的绩效数据成为分析的典型。

（二）智慧教室环境下数据启发的教学决策过程

参考该循证过程，数据启发的教学决策可包括证据设计、证据形成、基于证据的决策三个阶段。具体详见图1。

三、智慧教室环境下基于预学习数据的教学决策应用

（一）应用设计：基于预学习数据的教学决策

应用设计将按照图中所示的"证据设计—证据形成—基于证据的决策"的流程，选择教学问题、设计预学习任务，从中提取学生学习数据以准确定位学生的知识缺陷、教学内容的关键知识点以及学生个体差异，从而形成有针对性的教学方案。

（二）应用案例：《三角形的内角和》

以上海教育出版社《九年义务教育数学课本》七年级下册"三角形的内角和"一课为例，呈现基于预学习数据的教学计划决策。包括预学习活动设计、学习数据及其分析以及预学习分析与教学设计的连接。

四、结语

数据启发的教学决策认识到单靠"让数据说话"的局限性，强调教师对数据的理解及在此基础上的决策，教学分析与教学设计之间的协同为当下智慧教室中数据决策提供较好的实践点。

> **看图说话**

数据证据设计阶段是教师从教学问题切入目的，明确决策焦点、确定决策目标、决策目标操作化，以实现决策目标与数据需求的映射过程；证据形成阶段是教师构建数据基础并开展数据研究的过程，必然要经历收集数据、筛选数据、形成信息、生成知识以确认问题、分析原因、指导决策行动。基于上述两个阶段，教师将制定决策方案，实施精准教学决策并反思决策效果。

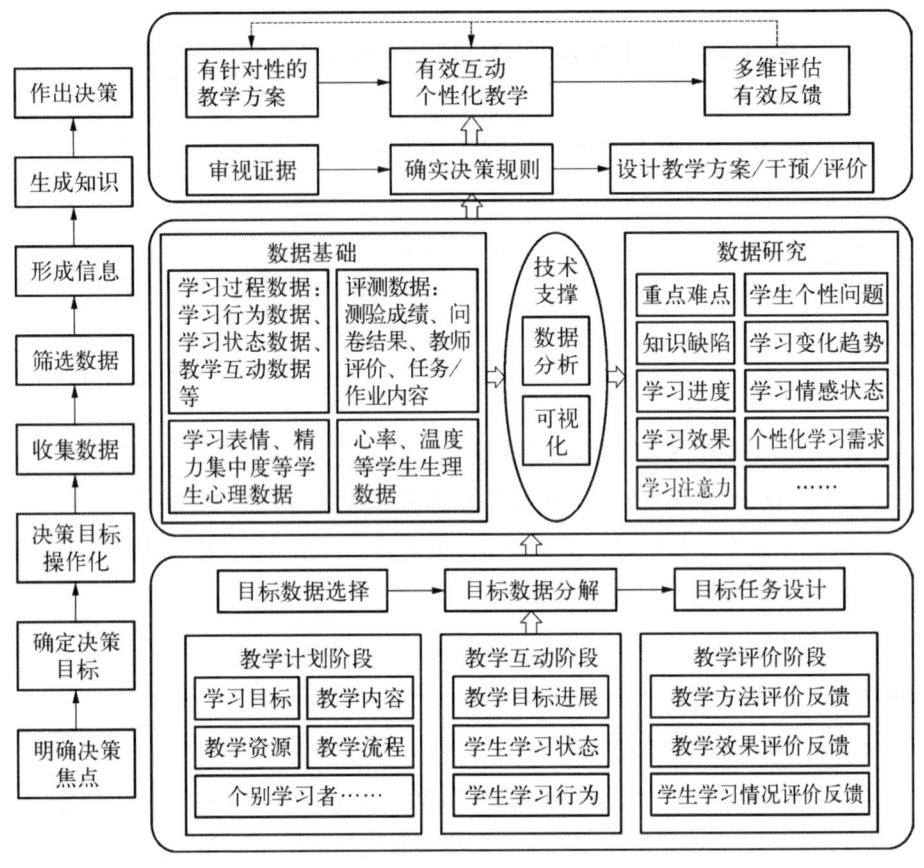

图 1　数据启发的教学决策过程

> 智语连珠

- "数据"是一切可收集和组织的、与学生相关的信息,是对学生学习状态的真实反映。
- 数据是对教与学活动真实性、本源性的描述,数据作用于整个决策过程,使得教学决策有据可循,从依赖主观经验转向循证行动。

技术丰富环境下学习力构成要素：一项探究设计研究*

管珏琪　祝智庭

在阐明技术丰富环境下学习力内涵基础上，以上海闵行区电子书包项目为实践背景，通过一项探究设计研究技术丰富环境下学习力的构成要素及其结构。第一阶段设计开放式问题获取教师反馈，使用 Nvivo 软件进行质性数据分析以形成技术丰富环境下学习力构成要素；第二阶段设计调查问卷获取量化数据，通过统计分析修正构成要素并呈现其结构关系。最后经整合分析，技术丰富环境下学习力构成要素包括：知识与经验、思维品质、数字化学习内驱力、技术驾驭力、信息加工力、学习关系协调力、自我管理力、学习反思力和学习创新力；并形成三层同心圆、正反三角螺旋相交的结构模型。

一、概念理解与本研究设计

（一）学习力内涵

基于前人研究的不同定位倾向，学习力是学习主体在学习过程中产生并作用的某种能力/素质/品性/能量/本质力量，产生于个体获取知识与技能的学习活动过程，持续作用并转化表现为不同形式的实践，是抽象的、客观的、动态的，对个体学习发展具有本质推动作用。

（二）研究设计

1. 混合方法研究与探究设计概述

混合方法研究是定量与定性研究发展产物。探究设计是一种常见的混合方法研究设计类型，其应用情境为探究一种现象，并拓展质性研究结果。

---

* 管珏琪,祝智庭.技术丰富环境下学习力构成要素：一项探究设计研究[J].中国电化教育,2018(5)：1-7.

2. 本研究的探究设计

本研究以国内区域推进规模最大的上海闵行区电子书包项目为实践背景,收集质性与量化数据。通过教师调研与相应的内容分析初步形成 DLP 结构模型。在质性研究基础上进一步完善和拓展上述质性研究成果。

二、质性数据的收集与分析

(一) 方法与过程

质性研究在数据获取阶段,从 DLP 价值指向提出开放性问题,以获取学科教师的反馈。运用 Nvivo 新建项目并导入数据,对反馈文本进行开放式编码、轴心式编码和选择式编码。

(二) 分析结果:DLP 构成要素的形成

本研究对 Nvivo 中的编码材料或节点进行聚类分析。在聚类后的结果模型中,教师认为知识与经验、思维品质是学习者能较好适应技术丰富环境下学习的基础。质性数据分析表明,数字化学习态度、数字化学习动力也必不可缺,是技术丰富环境下学习的维持性要素。

三、量化数据的收集与分析

(一) 方法与过程

本研究的问卷采用了李克特五点量表,问卷 49 个题项主要围绕生成性要素和维持性要素展开设计。在确保信效度的基础上,对 DLP 的七个要素进行 KNN 分析,以分别确定各构成要素的邻元素,据此架构构成要素的结构关系。

(二) 分析结果:DLP 构成要素修正及其结构

在质性数据收集与分析基础上,经过量化数据收集与分析后构建出 DLP 构成要素,其中包括:数字化学习内驱力、技术驾驭力、信息加工力、学习关系协调力、自我管理力、学习反思力及学习创新力。

(三) 整合分析：DLP 结构模型

质性研究中的整合处理阶段，构建了DLP结构模型，详见图1。

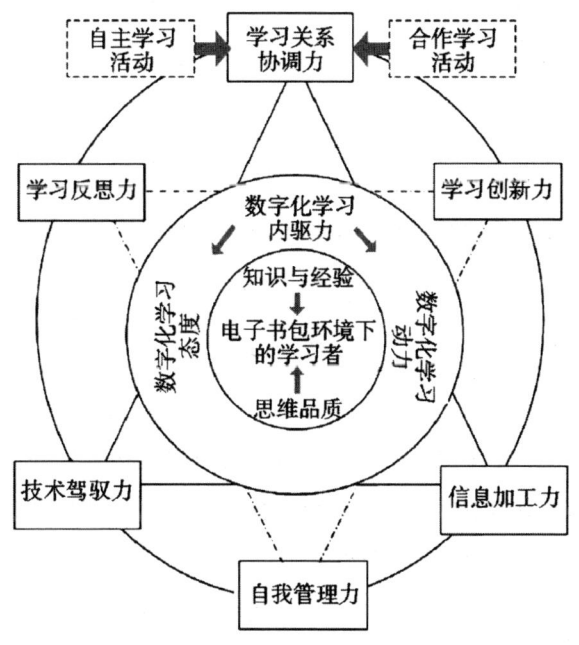

图1 DLP 结构模型

技术驾驭力与信息加工力是基础要素，可映射至"学习者与技术""学习者、技术与内容"两个维度知识。学习反思力、学习创新力是较高层次要素，指向"学习者、技术与学习深度"知识，可表征学习试图达成的不同深度。而学习关系协调力、自我管理力反映了技术丰富环境下由学习关系协调发展和自我管理而实现的不同学习活动。参考"双螺旋结构"，这里以正、反三角螺旋相交组织生成要素，其中技术驾驭力、信息加工力和学习关系协调力分别位于正三角形的三个顶点，反映了技术丰富环境下学习活动的发生，并特别强调此时"行"的路径；反三角三个顶点分别为自我管理力、学习反思力和学习创新力，反映了技术丰富环境下学习由参与、转化到创新的发展层次。

> **智语连珠**

- 从价值维度看，DLP 是技术丰富环境下学习者学习的能量来源，能促进学习者善用技术参与学习，在不断的个体发展中学会学习，并走向学会在技术中生存与发展。
- 思维品质与知识经验一样具有双重身份，既是学习的输入，也是学习的输出。

协进学习：关于 e-Learning 学习机理的统一信息观[*]

吴战杰　祝智庭

> **学术卡片**

研究从信息这一基本概念出发，以广阔的学科视角重新审视信息化条件下学习发生的可能性及其机制；从统一信息理论的视角提出协同进化学习模型，以期为 e-Learning 提供一个统一的分析框架。

一、关于信息的研究

研究阐述了信息作为一个基本概念的形成、扩展与统一的演变过程，由狭义信息论到信息科学再到信息哲学，梳理了前人关于信息理论的研究。

二、学习的知识范畴与信息范畴

知识范畴内的学习是静态目标导向的，并且假设"目标"是"正确的""有意义的"。信息范畴内的学习是一种过程导向的学习，学习本身是一个动态的信息处

---

[*] 吴战杰,祝智庭.协进学习：关于 e-Learning 学习机理的统一信息观[J].中国电化教育,2007(9)：20-24.

理过程,知识是一种结构化的信息,具有导向性,没有绝对意义上的正确性与权威性。学习从一种被动的"理解活动"转变为一种主动的"建构活动"。

三、信息视角中的协进学习模型

(一) 协同进化的理论探讨——信息与进化

协同进化理论是在深刻考察达尔文的"生物进化"理论、波普尔"三个世界"理论后,考察学习的本质而得出的一个理论假设:协同进化——人类进化具有生物进化与文化进化的共同作用;个体学习与人类进化具有同态性;两者之间具有信息的统一性;个体是生物进化与文化进化的共同体。从信息的角度来审视整个进化过程,阐明了信息的流动的具体过程。

(二) 基本观点

1. 学习受人类基因及个体差异的控制,与群体学习圈发生信息交换,接受文化的同化,具有创造性,同时是整个生物进化和文化进化的组成部分;
2. 学习及创造性来源于信息的冲突,即直觉与解读文化传统的冲突;
3. 文化意义的进化具有更强的可塑性,可通过对文化信息的控制来提高学习质量和效率;
4. 进化源于偶然性与选择的统一;
5. 学习进化具有自组织性。

(三) 基于协同进化的 e-Learning 统一框架

在 e-Learning 系统中,基于计算机及网络的学习其最本质的变化在于信息分布的改变、能量分布的改变以及智能分布的改变。在信息框架内人类的学习模式将发生根本的变化。其结构图如图 1。

四、基于统一信息论的学习分析

研究论述了在方法层面上信息如何成为学习分析的整体框架,明确提出了进化系统中的信息加工层次与系统模型中学习理论整合框架。

五、结语

本文从信息角度审视学习与进化之间的关系,应用统一信息论构建以信息为核心的协进学习模型,其主要用意在于为 e-Learning 的设计方法论奠定一个接近于哲学意义的基础。

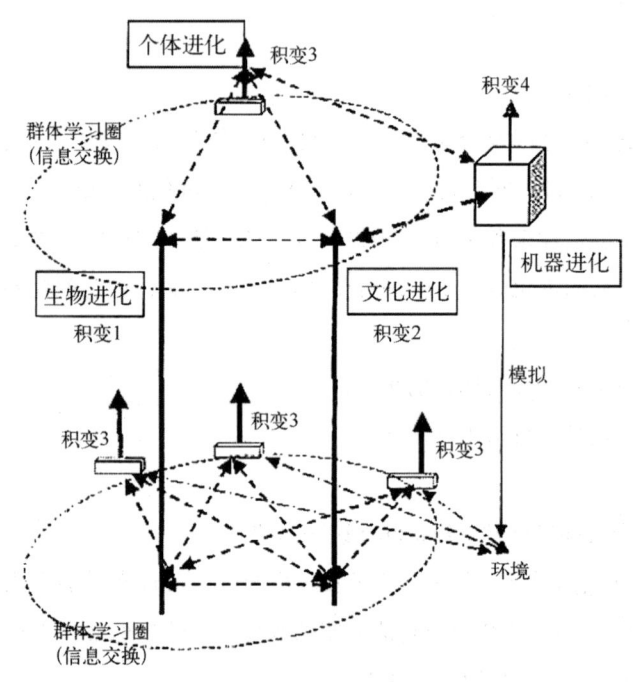

图 1　e-Learning 的统一进化框架

突变是改变遗传信息的主要方式,整个过程称之为积变 1;个体心灵产物的时空积累,表征了个体经验到文化体系的信息流动,称之为积变 2;遗传信息与文化信息流动到个体,称之为积变 3。作为个体接受环境与文化信息而发生的学习(积变 3)是整个协同进化过程中最具创造力、最具决定意义的过程之一。在此模型的基础上,可以根据能量控制类型、信息传输的类型以及相关进化的特性进行信息分析与系统演化。

智语连珠

◆ 信息与语言、意义等概念具有天然的联系,是更为本质的概念。
◆ 认知的本质从过程、操作对象等层面上更趋向于信息,而知识具有更多的价值诉求,侧重点在于学习的目标性。

Universal Design 在教育中应用的现状与分析*

于洁　刘名卓　祝智庭

本研究主要采用内容分析法,以中国知网、中国台湾期刊论文索引系统和 EBSCOhost 全文数据库中的相关文章为对象,对比分析了国内外教育领域应用 Universal Design 的现状,并重点关注了国内教育界对 Universal Design 的应用,继而从理论和实践两个维度分析了应用过程中存在的问题,给出了相应的促进建议。

一、我国教育领域 Universal Design 运用的现状分析

本研究采用内容分析法,其分析对象是从 CNKI、中国台湾期刊论文索引系统和 EBSCOhost 全文数据库中检索到的有关在教育中应用 Universal Design 的论

---

* 于洁,刘名卓,祝智庭.Universal Design 在教育中应用的现状与分析[J].全球教育展望,2011,40(11):61-65+49.

文,采用"来源抽样"的方式,对每年关于这方面的论文数量进行了描述性统计分析,另外从理论探索、教育环境建设、教育资源开发、国外研究成果借鉴和其他研究等五个方面进行定量和定性分析,形成大陆与台湾、国内与国际的对比研究,描绘出 Universal Design 在教育中的研究现状。

二、国内 Universal Design 在教育应用中存在的问题

(一)理论研究中存在的问题

研究发现,理论研究主要存在以下问题:相关概念厘定不清;理论研究不系统、不深入。

(二)实践应用中存在的问题

研究发现,实践应用研究主要存在以下问题:倾向于校园环境建设,忽视教学过程设计;普适性网站数量少,不能满足用户需求。

三、促进建议

针对国内教育在普适设计方面的缺陷,提出以下建议:树立"以人为本"的思想;出台法律法规;统一行业标准。

智语连珠

- ◆ Universal Design 的核心思想是:设计的产品和环境能够最大限度地被所有人使用,不需要再做修改或特别设计。
- ◆ 普适设计对需求分析的要求更具有层次性,分类更加细化。

在线学习力测评工具的开发与验证*

李宝敏　宫玲玲　祝智庭

学术卡片

本研究结合理论研究、专家论证以及实证检验的多轮迭代,构建了网络学习者在线学习力模型,并通过项目分析、探究性因子分析及信效度验证,研制了网络学习者在线学习力测评量表。综合多轮验证与检验,验证基于此模型开发的量表信效度良好,可作为网络学习者在线学习力测评工具,为我国网络学习者在线学习力发展与测评提供依据。

一、在线学习力模型构建

借鉴国内外学习力研究的有关成果,本研究形成网络学习者在线学习力整体框架,包括网络学习者情意、认知、自我与人际四个领域,涉及学习驱动力、学习顺应力、学习策应力、学习反省力、学习互惠力五个维度、20个能力项,详见图1。

二、在线学习力自我测评工具开发

本研究的调查对象为华东师范大学开放教育学院在读学员,采用随机抽样的方法选择样本,选择不同专业的样本进行抽样测评。数据收集采用集中填写与分散填写相结合的方式,然后利用SPSS对数据展开项目分析、探索性因素分析及信度分析,利用AMOS工具对数据结构展开验证性因素分析。

三、结果分析

(一)项目分析

研究首先根据网络学习者在线学习力的五个维度对问卷题目进行分类编

＊ 李宝敏,宫玲玲,祝智庭.在线学习力测评工具的开发与验证[J].开放教育研究,2018,24(3):77-84+120.

码,对量表题项进行临界比检验,用以检验单个题项的鉴别度。结果显示,该测评工具所有题项临界比值均达到显著水平,表明高低分组差异显著,具有较好的鉴别度。

(二) 模型的探索与验证

本研究对网络学习者在线学习力测评工具中的五个维度进行探索性因素研究,揭示各维度间的潜在结构。接着运用 Amos 软件对随机分半的另一半数据进行验证性因素分析,对探索性因素分析得到的能力模型进行检验。通过进一步调整,能力模型达到拟合优度模型水平。

(三) 问卷信效度检验

通过分析量表及量表各维度的克隆巴赫 Alpha 系数可知,问卷具有较高的信度。由于邀请了专家对量表进行了调整修订,以及实行"分析—修订—验证"多次迭代,该量表具有较高的内容效度。另外,采用了项目分析法、探索性因素分析法、验证性因素分析法,对量表各题项的区分度及数据结构进行了严格的筛选和检验,确保了该量表具有良好的结构效度。

四、结语

基于上述能力模型开发的在线学习力自评量表,经过多轮迭代与试用验证,证明其具有良好的信度与效度,可以作为网络学习者的在线学习力测评工具。

在该模型中,学习驱动力、学习顺应力、学习策应力、学习反省/管理调节力、学习互惠力分别体现学习的五大系统,即动力系统、情意系统、认知系统、调节系统、社会及自我互动系统,体现通过在线学习行为所表现出来的五种力量:驱动/驱动力、顺应/顺应力、策应/策应力、反省/反省力、互惠/互惠力。

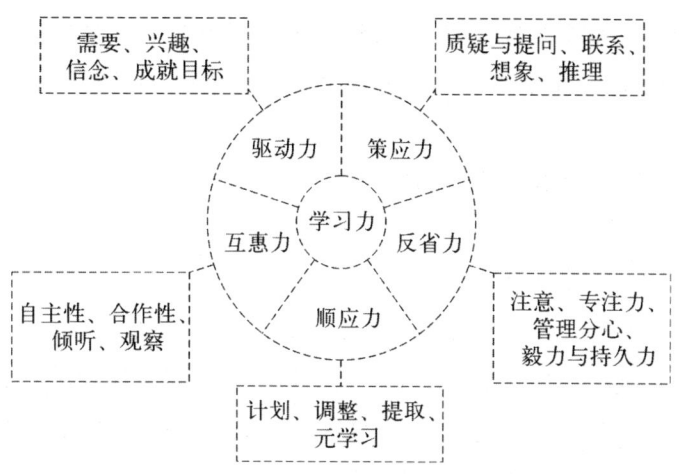

图 1 网络学习者在线学习力发展模型

> 智语连珠

- 学习是人的发展中最重要的品质和能力,对学习力内涵的研究,经历了从关注单个要素到强调复合体的转变。
- 学习驱动力是网络学习者在线学习的动力系统,顺应力是在线学习的方法系统,策应力、反省力是在线学习的调节系统,互惠力是在线学习的激发系统。

信息化教学创新: 内涵、分析框架及其发展*

管珏琪　陈渠　祝智庭

> 学术卡片

　　文章结合对上海闵行区电子书包项目的分析,从技术应用于教学的纵向持续推进及横向应用深化过程分析信息化教学创新发展面临的困顿,并提出信息化教

---

* 管珏琪,陈渠,祝智庭.信息化教学创新:内涵、分析框架及其发展[J].现代教育技术,2018,28(12): 21-27.

学创新项目需要规划"形成、推进、常态化"演进的组织设计、开展技术驱动走向应用驱动的环境设计、重构学习活动、以文化变革驱动创新等发展建议。

一、信息化教学创新的内涵与分析框架

（一）信息化教学创新的内涵

在已有研究的基础上，信息化教学创新可理解为：创新主体为了达到一定目的而遵循教育教学规律，在信息化环境下进行教与学创新的实践活动。信息化教学创新发展层次都表征了信息化环境对教与学的作用水平。信息化教学创新表现为开放性的学习内容、个性与灵活的教学组织。

（二）信息化教学创新分析框架

本研究以全国区域推进规模最大的上海闵行区电子书包项目为例，应用上述分析框架呈现其发展"快照"为：（1）"突破性"创新层次走向，项目从"渐进的"创新策略，走向"突破性"创新实践探索；（2）区域内规模化创新实践；（3）创新实践影响过程与服务。

二、信息化教学创新的发展困顿

在技术应用于教学中，信息化教学创新的"快"与"慢"决定于以下两点：技术新奇的时效性；应用推进的长期性。从技术应用由"浅"入"深"的发展来看，信息化教学创新发展困顿突出表现在以下两个方面：应用思维固化；教学自身价值的异化与技术使用异化。

三、信息化教学创新的发展建议

结合前期电子书包项目推进经验，本研究将从组织设计、环境建设、学习活动设计、文化创新四个方面探寻信息化教学创新项目的持续、规模化发展路径，具体提出信息化教学创新项目需要规划"形成、推进、常态化"演进的组织设计、开展技

术驱动走向应用驱动的环境设计、重构学习活动、以文化变革驱动创新等发展建议。

> **智语连珠**

- 信息化教学创新发展包括纵向时间维度的持续应用以及横向技术与学习活动的整合深化,其中纵向的持续应用将为横向的深度实践提供实践场,横向的应用深化又是持续应用的根基和意义,两者相辅相成。
- 信息化教学创新实践的深入必将撼动原有的教学文化,表现为技术作用后课堂教学基本元素对原有教学文化功能和价值的重构。

主题四　文章列表

论文精选
创客教育:信息技术使能的创新教育实践场
协同学习:面向知识时代的学习技术系统框架
娱教技术:教育技术的新领地
面向学科思维的信息技术课程设计:以高中信息技术课程为例
论文评析
微型学习——非正式学习的实用模式
翻转课堂国内应用实践与反思
微视频课程:演变、定位与应用领域
建构主义理论指导下的信息化教育
从联结主义到联通主义:学习理论的新取向
从创客运动到创客教育:培植众创文化
教育游戏的国际研究动向及其启示
创客空间2.0:基于O2O架构的设计研究
教学问题设计研究:有效性与支架
信息技术支持的高效知识教学:激发精准教学的活力
体验学习研究框架——与娱教技术结合的视角
MOOCs教学设计样式研究
"数字布鲁姆"中国版的建构
一对一环境下的学习变革
无缝学习——数字时代学习的新常态

(续表)

论文评析
面向智慧学习的精准教学活动生成性设计
问题化教学研究纵揽：理论与流派
基于新课改的发展性教学评价设计探讨
STEM 教育的国策分析与实践模式
基于个人学习环境的自主学习模型——层级式碎片化关联的设计视角
电子阅读方式分类研究
全球人人电脑运动与学习革命新浪潮
游戏化——让乐趣促进学习成为教育技术的新追求
论信息技术在基础教育新课程教学中的支持作用
电子游戏教育评价的新视角：基于多元智能的设计
CSCL 应用的新研究
班级社会网分析：一种观察课堂学习的新技术
学习环境给养设计研究透视
应用现代管理思想确立现代远程教育质量管理原则
基于 Moodle 平台的在线学习深度分析研究
网络英语教学的情感设计框架
上海市中学数字化实验教学现状抽样调查与分析
协同学习技术系统及其多场学习效果研究
教学设计的样式方法研究
学习系统的知识时代回溯及其协同模型构建
创造取向的翻转课堂教学样式：理论与实践的桥梁
利用教法样式共享信息化教学经验
从关注结果的"学会"，走向关注过程的"会学"——网络学习者在线学习力测评与发展对策研究
中小学课堂教学中技术应用的有效性研究元分析
语言教学领域教育技术发展：一个国际视角的考察
以深度学习培养 21 世纪技能——美国《为了生活和工作的学习：在 21 世纪发展可迁移的知识与技能的启示》
学习分析视角下在线学习干预模型应用
面向人工智能创客教育的国际考察和发展策略
基于连通主义的双联通教学设计模型（SCCS）研究
基于 FKMS 系统的网络学习共同体的应用实例
高中信息技术课程标准实施中的变数与对策
智慧教室环境下数据启发的教学决策研究
技术丰富环境下学习力构成要素：一项探究设计研究
协进学习：关于 e-Learning 学习机理的统一信息观
Universal Design 在教育中应用的现状与分析
在线学习力测评工具的开发与验证
信息化教学创新：内涵、分析框架及其发展

主题五 课程资源

"后 MOOC"时期的在线学习新样式*

祝智庭　刘名卓

[摘　要] 近两年,伴随着大规模在线公开课 MOOCs 的快速发展,在线学习出现了一些新样式,如 SPOC、MOOL、DOCC、MOOR 等,成为 MOOCs 家族谱系中的重要组成部分,有学者因此提出目前已进入"后 MOOC"时期。本文首先阐述了什么是"后 MOOC"时期,然后分析了比较有代表性的几种在线学习新样式,最后从问题视角、教育假设、教育理念、学习范式等方面对这些新样式进行了对比分析,提出了关于 MOOCs 的发展展望。

[关键词] MOOCs;后 MOOCs 时期;协作授课;协作探究;自主学习

2013 年 6 月,斯坦福大学教授基思·德夫林(Keith Devlin)在网上发表了一篇名为"The MOOC will soon die. Long live the MOOR"的随笔(Devlin, 2013),引发了业内思考。实际上,伴随着 MOOCs 的快速发展,一些新术语不断涌现,如"SPOC"、"Meta－MOOC"、"DLMOOC"、"MobiMooc"、"MOOL"、"DOCC"、"PMOOC"等,当然也包括"MOOR"。这些术语分别代表了不同的在线教学模式,拓宽了在线教育的应用范畴,从而也形成了不同的在线学习新样式。正如哈佛大学在线实验学

---

* 原载于《开放教育研究》2014 年第 3 期。

术委员会主席罗伯特·略(Robert Lue,2013)教授所说,MOOC仅仅代表了在线教育的初始形态,而现在好多方面都发生了变化,我们已处在"后 MOOC"时期。通过对"后 MOOC"时期新样式的内涵剖析,我们发现它们的出现主要源于两种动力:一是受 MOOC 启发派生出的新种类;二是针对 MOOCs 存在的某些不足尝试创建的新模式。

本文将从教学层面重点关注"后 MOOC"时期出现的新型教学样式,厘清这些样式与 MOOC 的关系,陈述它们的内涵和意义,并对未来的发展趋势进行展望。

一、"后 MOOC"时期

2013 年 7 月 30 日,美国 EDUCAUSE① 学习行动计划负责人马尔科姆·布朗(Malcolm Brown)在 EDUCAUSE① 网站上发表了一篇名为"步入后 MOOC 时期(Moving into the Post-MOOC Era)"的博文。他认为几种现象表明 MOOC 的发展已进入"后 MOOC"时期(Brown, 2013):(1)教学法出现了新动向。教学方式/学习方式正由 xMOOCs 的完全自主在线学习向混合学习、翻转课堂、协作学习、研究性学习转变。如斯坦福大学提出"分布式翻转(Distributed Flip)"概念,即借助一门 MOOC 课程的开设形成翻转课堂的协作组织;杜克大学凯西·戴维森(Cathy Davidson)教授,突破 MOOC 的常规做法,将在 Coursera 平台中开设的 MOOC 课程与本校面对面课程进行混合教学,并且与加利福尼亚大学圣巴巴拉分校克里斯托弗·纽费尔德(Christopher Newfield)教授和斯坦福大学戴维·帕伦博-刘(David Palumbo-Liu)教授的面对面课程同步进行,实现校际教师间协作授课,校际学生间协作学习。(2)平台服务出现了新动向。将 MOOC 的三大主流平台 Coursera、edX、Udacity 和原有的网络教学平台 Blackboard、Moodle、Sakai 等进行对比分析,你会发现 MOOC 平台的功能相对简单,所以 MOOC 平台也在根据实践需求作相应调整。如 Coursera 正试图建立一个内容的公平交易平台,各组织机构之间可创建、使用或者购买课程资源,Coursera 扮演中介、内容经纪人或咨询师的角色。相应的,传统的网络教学平台也计划加入 MOOC 平台行列,如 Blackboard 宣布将加入 MOOC 行列,让学校通过 Blackboard 教授 MOOC。(3)出现了学分认证与学分互认新动向。迄今,MOOC 没有授予学分,只提供结业证明和分数,但一些 Coursera 合作院校已开始考虑授予学分以及进行学分互认等事宜。

二、MOOCs 的优劣势分析

MOOC 作为一种新型的教学与学习方法,对促进高等教育的教学变革作出了积极贡献。王晓彤和解继丽(2013)指出:从开放课件(OCW)到 MOOC 是一种学习本源的回归,它让人们看到学习中心开始从教师向学习者转移;课堂性质开始从"以教为中心"向"以学为中心"改变;教学设计开始从强调对"教"的设计转向对"学"的设计。而且从开放教育资源运动发展轨迹也不难看到,虽然 MOOC 和开放教育资源(OER)都是开放教育运动的分支,但内涵大不相同。开放教育资源开放的仅仅是学习资源,也就是说,它停留在内容开放的层面;MOOC 涉及面却广得多,不仅与资源相关,还与资源背后的教师、学习支持、课程评价、证书、学分以及未来的就业紧密相联。总体来说,MOOC 模式有一些共同特点,如课程的参与者遍布全球、同时参与课程的人数众多、课程内容可以自由传播、实际教学不局限于单纯的视频授课,而是同时横跨博客、网站、社交网络等多种平台。此外,这种类型的课程虽然没有严格的时间规定,但依然希望参与者能够按照课程的大致时间进行学习,以便获得最好的效果。总体来说,MOOC 具有易于使用、费用低廉(绝大多数 MOOC 是免费的)、覆盖人群广、自主学习、学习资源丰富等优点(王文礼,2013)。

然而,MOOC 的劣势也不容忽视。比较突出的有:(1)飚高的中途退课率。比如,斯坦福大学塞巴斯蒂安·特龙(Sebastian Thrun)与彼得·诺维格(Peter Norvig)两位教授 2011 年在 Coursera 联合开出的"人工智能导论"免费课程,共有来自 195 个国家的 16 万名学生注册,但最后只有 14% 的学生修完该课程。2012 年初注册参加麻省理工学院"电路"课程的 15.5 万名学生中,仅约 7 000 人(5%)通过该课程。造成这一现象的原因很多,但主要的是对课程的入读条件、人数、费用等无限制。所以,总有一部分人报读课程不是为了学习,或者只是为了体验,或者只是为了偷师学艺,或者只是对其中某一内容或活动感兴趣;还有部分注册学生是知识储备不够,没法坚持学下去,或者认为内容太简单,不想再学下去等。面对这些问题,哈佛大学提出了 SPOC 模式。(2)教学模式单一。虽然新兴的 MOOC 平台在支持大规模学习群体的自主学习方面做了有益探索(祝智庭等,2013),如吻合人类学习规律的微视频设计,促进长时记忆的互动反馈设计等,但是教学模式相对单一,平台较已有的在线教学平台(如 Blackboard、Sakai 等)功能简单,如没有提供内容共享/复用、多模式课程模板、课组管理等功能,不能支持教师采用适合自身课程目标和内容的教学模式、课程的复用和共享、同一教师任不同课程或者多个教师任同一门课程等多种需求(韩锡斌等,2014)。另外,教学活动主要是以知识为中心的理解类活动,包括视频讲座、案例研读、资料阅读、操作演示、讨论交流等,创建类活动(如问题探究)、分享类活动(如成果展示与互评)、评估类活动(如互评、自评)等不多。还有,MOOC 虽然非常重视自动测试评分和学生跟踪的功能设计,但需要教师参与方面的功能,如教师在线打分工具方面则尚未考虑。面对这些问题,Meta-MOOC、DLMOOC、BOOC 等新型在线学习样式应运而生。(3)学习 MOOC 的终端设备单一。目前 MOOC 的学习终端主要以 PC 机为主,对移动学习研究与实践不足。MobiMOOC 在这方面作了有益尝试。(4)教育理念较之传统课堂教学没有大的突破。我们对目前国际上三大主流 MOOC 平台 Coursera、Edx 和 Udacity 课程教学模式分析发现,目前主流的 MOOC 课程教学模式基本延续了传统课程结构与教学流程,注重学科内容固有的知识体系和逻辑结构,以学科内容为中心,通过教师的知识讲解,并辅以一定的实践活动和练习测试,来帮助学习者达到一定的学习目标,类似于课堂搬家。活动设计对探究学习、个性化学习和协作学习重视不足。实际上,网络环境为探究学习和协作学习提供了更好的空间和条件。强化在线学习规律研究、创新在线教学模式,将是改善 MOOCs 教育成效的不变命题。面对这个问题,DOCC、PMOOC、MOOR 等新型样式作了有益尝试。

三、新型样式的内涵

"后 MOOC"时期涌现了一些新型样式,如"SPOC"、"Meta-MOOC"、"DLMOOC"、"MobiMooc"、"MOOL"、"DOCC"、"PMOOC"和"MOOR"等。

(一) SPOC(私播课)

SPOC(Small, Private Online Courses)表示小型、私有的在线课程,我们姑且

称其为"私播课"。它是哈佛大学继 MOOC 后提出的新概念,称之为"后 MOOC"(Coughlan,2013)。与 MOOC 不同,SPOC 对入读人数和入读条件都有限制,但它仍然是开放和免费的,两者区别见表1。

表1 MOOC 与 SPOC 的对比表

比 较 项	MOOC	SPOC
是否免费	是	是
是否开放	是	是
是否限定人数	否	是
是否有入读条件	否	是
典型项目	Coursera、edX、Udacity、FutureLearn(UK)	哈佛大学的第一门 SPOC 课程,名称为"版权(Copyright)",该课程从全球 4 000 名申请者中选择 500 人加入,形成在线教学班。

从表1可看出,SPOC 和 MOOC 一样,同样免费、开放,但是对入读人数和入读条件进行了限制。该 SPOC 项目主持人罗伯特教授认为,MOOC 学习人数过多,使得学习者参与互动的机会受限。另外,它很难客观公正地确定学生的学习绩效是否满足该课程学分的认证资格;而 SPOC 的学习人数通常限定在几十人,最多几百人,而不像 MOOC 有成千上万人,所以学习活动会更加灵活高效,测试更加严谨,从而也会提高证书的可信度(Lue,2013)。

但是,从本质上说,SPOC 与 MOOC 属同类,是比较低调的小众在线公开课。因为 SPOC 在教学设计、教学理念上没有大的突破。

(二) Meta-MOOC(超级公播课)

2014 年 1 月 27 日,杜克大学凯西·戴维森教授(Davidson,2014)在 Coursera 开设了一门 MOOC。她认为这门课已超越了一般意义的 MOOC,所以她称之为"Meta-MOOC"(超 MOOC)。该课程名称为"History and Future of Higher Education"。在设计这门课时,戴维森教授决定改变这门课的教学模式,突破 MOOC 的常规做法,看看这门课程本身如何帮助他人对 21 世纪高等教育的形式和功能进行思考。她给 HASTIC(HASTIC 是由 12 000 多位会员组成的热衷于学习变革的开放网络社区)组织成员发出倡议,希望正在教授该主题课程的教师能够分享他们的课堂教学、愿意在她的 MOOC 课程借助协作工具对相关主题进行合作探究,如学习资源的 Wiki 协作、教学法的变革等,没想到这一倡议得到了来自全球 30 多所大学的响应。

这门 MOOC 课开设在 Coursera 平台上,注册学生数约两万,授课时间与戴维森教授在杜克大学面对面教学课同步,并与加利福尼亚大学圣巴巴拉分校的克里斯·托弗教授和斯坦福大学戴维教授的面对面课程同步。他们同时教授这门课,共享阅读材料、利用 Google Hangouts 联合开办学习活动、学生之间互评作品等。戴维森教授的学生担任 MOOC 中的学习共同体领导者并参与合作研究,Coursera 中的在线学习者也会受邀参加线上或者线下的公共活动。这样做的最大好处是使得学生和教师组成了学习共同体,师生一起回顾高等教育的历史并思考其未来。正如戴维森教授所说,这不仅仅是一门 MOOC,而是一场运动。

(三) DLMOOC(深度学习公播课)

DLMOOC(Deep Learning MOOC)是由 High Tech High 教育研究生院、麻省理工学院媒体实验室(MIT Media Lab)、结伴大学组织(Peer 2 Peer University)以及 Hewlett 基金会深度学习实践共同体之间的协作探究项目(Rebeccakahn, 2013)。

该项目是 2014 年 1 月 20 号开始为 K-16 的教育者开设的一门 MOOC,主要探究什么是教育,教育应该是什么。项目将对优秀的学校进行剖析,并邀请专家对这些学校实践进行评析。关于深度学习,DLMOOC 项目的主持人及 High Tech High 的学术主席本·达利(Ben Daley)这样解释,"深度学习是对数量有限的问题进行深度探究,如相关的有趣工作;做实事;并向真实用户呈现作品"。在这门课中,他联合其他教师将渐进理论付诸实践。在联通主义的 MOOC 中,DLMMOOC 鼓励教师与同行合作,共同反思实践,彼此分享。每周都会聚焦深度学习的一个不同方面,与本领域的专家学者进行小组讨论、课堂实践以及在线讨论等。

(四) MOOL(大众开放在线实验室)

MOOL(Massive Open Online Labs)为"大规模开放在线实验室"。MOOL

的优点有：第一，时间保证。一年365天，一天24小时开放，学习者可以随时做实验，不像线下实验室使用时间有限。第二，实验过程可重复，可回放，便于找出实验失败的原因。第三，可找出操作最好的学习者，让他们进入真实的实验室实验。

业内已有一些MOOL应用案例。比较有代表性的有两家：一是瑞士React Group组织丹尼斯·吉利（Denis Gillet）等人正在开展的一项名为"MOOLs：Maghrebi Open Online Labs"项目（Gillet，2013）。该项目与突尼斯和摩洛哥合作，目标是开发和传播大规模开放在线实验室的方法和架构，提供与绿色能源生产有关的远程实验室，在社会媒体平台和MOOC平台上，为中小学和高等教育机构提供进入这些实验室的入口。另外，来自卡内基梅隆大学的吉勇·李（Jeehyung Lee）、斯坦福大学的维帕特·卡旺（Wipapat Kladwang）以及韩国国立大学的金汉京（Hanjoo Kim）等人组成研究共同体，设计了一个名为EteRNA的大规模在线实验项目（Lee & Klad-wang，2013）。该实验类似于一个大规模的公民"游戏"，由37 000位普通民众参与，组成学习共同体。一开始，他们根据系统提供的算法设计RNA（核糖核酸）分子，并且让他们投票选出最佳设计，然后最佳设计将被送到真实的实验室中进行合成和测试，他们根据远程实验室的测试结果再进行修订，改进实验准确性。经过几轮实验后，他们不但能打败机器而且还能提供设计下一代算法的规则。结果表明，在线社区能够开展大规模实验，假设生成和算法设计，以推动实证科学领域的进步。

还有斯坦福大学电子工程学兰伯特斯·海塞林克（Lambertus Hesselink）教授提出了一个可扩展的虚拟实验室原型，应用在MOOC中（Salzmann & Gillet，2013）。兰伯特斯教授自1996年开始从事虚拟实验，早期远程学习者通过使用安装在一些小盒子里的远程物理工具进行实验，这种方法适合人数少，不适合人数众多的学习，如MOOC。所以，兰伯特斯教授和他的合作伙伴设计了一个小型的衍射实验（LabView），包括两个激光器、一个衍射光栅、多个透镜，它们被组装在一个野餐盒大小的盒子里，可通过程序自动移动设备，LabView还可将实验过程和数据记录到数据库中。学生就像坐在真实的实验室里做实验一样。虚拟实验室与传统实验室的对比见表2。

表2 虚拟实验室与传统实验室的对比表

虚 拟 实 验 室	传 统 实 验 室
■ 开放、灵活,与计算机技术保持同步 ■ 关键是软件,可自主或远程升级 ■ 价格低,可重复使用 ■ 可自定义 ■ 开发和维护费用低 ■ 更新周期短 ■ 个人实验室	■ 封闭、仪器之间配合差 ■ 关键是硬件,升级不方便 ■ 价格贵,仪器之间一般无法相互利用 ■ 只能按照厂家定义 ■ 功能单一 ■ 开发和维护成本高 ■ 更新周期长

(五) MobiMOOC(移动公播课)

MobiMOOC(Mobile MOOC)指通过移动设备学习 MOOC,致力于 MOOC 与移动学习的有效整合(Waard & Koutropoulos,2011)。移动学习与联通主义的有效整合,具有多样化、开放、自治和连通,非正式、个性化的特点。

第一个 MobiMOOC 由比利时 Ingatia de Waard 组织,该课程历时 6 周(从 2011 年 4 月 2 日至 5 月 14 日),论题是"移动学习",向公众免费开放,每周设专题,由移动学习领域的研究者或实践者担任主持和助教。

(六) DOCC(分布式开放协作课)

DOCC(Distributed Open Collaborative Course)是协作学习在 MOOC 中有效体现的新型方式。MOOC 拥护者声称这将成为 21 世纪高等教育的新宠。2013 年 8 月,FemTechNet(一家由研究女权主义的专家学者组成的机构)在 15 所大学开设了一门在线学习课程,名称为"Dialogues on Feminism and Technology"。该课程不局限于单一的"专家"授课,也不与某一特定机构的经济利益挂钩。专家背景多样化、分布在各大高校,强调在数字时代开展协作学习,避免学生被动学习,允许各种学习者积极参与。

参与机构包括:保龄球绿色大学、布朗大学、加州州立理工大学、柯尔比索耶学院、纽约市立大学麦考利荣誉学院、雷曼兄弟公司(美国)、俄亥俄州立大学、安大略艺术设计学院、宾夕法尼亚州立大学、匹兹学院、罗格斯大学、加利福尼亚大学圣地亚哥分校、伊利诺伊大学香槟分校和耶鲁大学等。在该课程中,美国和加拿大的师生共同合作研究性别、种族、文化和技术问题。学习过程是动态的、师生不断反思教学模式。15 所大学都承认其学分,但它也如 MOOC 一样,面向社会公众开放(FemTechNet News,2013)。

总之,这门课采取了不同于 Coursera 中 MOOC 的做法,而是采取了新型的在线教育形式。课程内容包括 15 个关于"女权主义和技术"的对话,还有一些关键的学习活动,参与教师围绕这些资源开设课程。不同学校的学生彼此通过博客、社会性软件等进行网络讨论、合作。实际上,DOCC 部分采纳了 cMOOC 的做法,基于分布性知识,使学习发生在整个参与者网络中。很多人已呼吁要围绕教学法重新审视 MOOC 模式,使之产生更多合作和交互,而不是只停留在知识的传输上。FemTechNet 是首家尝试 DOCC 的机构。

(七) PMOOC(个性化公播课)

PMOOC 是"Personalized MOOC"的首字母缩写。北亚利桑那大学的弗雷德里克·赫斯特(Fredrick M. Hurst)提出了"个性化学习项目",代表在线学习的一个未来发展方向(Hurst,2013)。该项目对在线学习作了一些变革,包括:

- 学生自定学习步调,自主选择开始与结束时间;
- 教师扮演"导学/助学"角色;
- 在进入课程之前,免费补习与测试;
- 可从其他学校转移正式学习的学分;
- 针对学生所需而教;
- 每门课程都提供前测与后测;
- 与著名出版商(Pearson)合作快速开发课程与系统,提供所需专家;
- 跨学科合作;
- 基于学生实际绩效进行评估,而不仅仅只是以他们的论文或测试为依据;
- 自动跟踪学生学习进程,并给予恰当的学习建议;
- 进行大数据挖掘,以便项目管理者及时调整课程内容和进度。

总体来看,赫斯特教授提出的个性化学习模型,比 MOOC 对严谨的学习结构和实践有更大的冲击力。

(八) MOOR(大众开放在线研究课)

MOOR(Massive Open Online Research)可翻译为大众开放在线研究课程。2013年9月加州大学圣地亚哥分校的帕维尔·佩夫兹纳(Pavel Pevzner)教授和他的研究团队在Coursera推出了一门名叫"生物信息学算法"的在线课程,该课程的第一部分第一次包含了大量的研究成分。佩夫兹纳教授这样说,"就我们所知,这是第一次不仅仅是一门普通的网上课程,而是具有大众开放在线研究课程,可称之为MOOR"(Devlin,2013)。MOOR为学生从学习到研究的平稳过渡提供了渠道,其主要特征见表3:

表3 MOOR特点

特 性	内 涵
去专家中心化	● 由来自不同国家的生物信息学领域的科学家主持具体研究项目; ● 这些科学家负责指导学生,与学生进行互动交流。
问题化学习	● 不是基于内容或者基于资源的学习,而是基于问题的学习,强调研究性学习。
厚重的学习支持和学习环境	● 丰富的学习资源:提供电子书和成千道测试题及作业; ● 专门的支撑学习网站(Rosalind)。

从表3可看出,MOOR表现为:由MOOC基于内容的向MOOR基于问题解决的一系列活动转变;由MOOC侧重于知识传播与复制向MOOR基于问题解决和知识建构转变;由MOOC强调视频、作业和测试等学习活动向MOOR的强调创造、自治等转变。MOOR与MOOC的特性对比见表4。

表4 主流MOOC与MOOR的对比

对比项	MOOC	MOOR
时间	2011年至今	2013年至今
典型项目	Udacity,Coursera,edX,U2	加州大学圣地亚哥分校:Bioinformatics Algorithms(Rosalind)
理论基础	行为主义、联通主义学习理论	建构主义、联通主义学习理论
模式特征	—基于内容 —侧重于知识传播与复制 —强调视频、作业和测试等学习活动	—基于问题解决的一系列活动 —侧重于问题解决和知识建构 —强调创造、自治

(续表)

对比项	MOOC	MOOR
课程结构	传统的课程结构与教学流程	以问题探究为起点,学习通过大量的资源共享与交互扩展研究
教学内容	常规的学习内容结构安排	分布式、开放性的内容安排
师生关系	传统师生关系	变化/开放的师生关系
学习目标	学习者掌握学习内容	学习者掌握问题解决的策略、方法
课外讨论	基于课程的集中式讨论、线下见面会	分布式、多种社交媒体支持
测试与评估	以量的在线测试为主	以质性评价为主,教师综合评估

从以上对各种MOOC新型样式的分析可以看出,虽然每种样式都代表着一类新型在线教育的探索与实践,但它们继承了MOOC"免费、公开、在线"的血统,所以都可视为MOOC的演变与创新发展。

四、新型样式的教育特性与分类

实际上,每一样式的提出都代表了不同的问题视角、不同的教育假设和教育理念。从以上分析可以看出,每类新样式都在一定程度上弥补了MOOC的某些不足(Zhu, 2012),当然不能单纯地说哪种样式更好。实际上不存在最佳样式,只能说存在最适合某类应用情境的样式。这些样式可根据它们的内涵,大致划分为五类:自主学习类、混合学习类、混合实验类、协作学习类和研究性学习类,每类代表了一种典型的学习范式,预示着不同的问题视角和教育假设(见表5)。

表5 "后MOOC"时期新型样式的问题视角、教育假设及学习范式

类型	在线学习新样式	问题视角	教育假设	学习范式
自主学习类	SPOC xMOOC	主流MOOCs入读条件不限制,中途退学率高。主流MOOC不提供学分,教学内容与面对面相比更简单。	学生的知识基础会影响课程学习的效果;人数控制有利于在线交互活动的深入开展,能够保证学习效果。	获得学习/自主学习

(续表)

类型	在线学习新样式	问题视角	教育假设	学习范式
混合学习类	Meta-MOOC、DLMOOC	主流MOOCs的授课主体单一,通常由一所学校的某一教师领衔本校团队进行。	协作授课优于单一授课;协作学习优于自主学习。	混合学习(在线与面授混合)、合作学习(学生跨校合作)、协作授课(教师跨校授课)
混合实验类	MOOL	主流MOOCs基于内容,教学模式单一,没考虑不同内容、不同目标、不同情境MOOCs应不一样。	不同的教学目标、内容对教学模式的要求也不一样。	虚拟实验、线上与线下实验融合
协作学习类	DOCC PMOOC	主流MOOCs主要考虑获得学习,对协作探究和个性化学习考虑不足。	协作探究更有利于培养学生的创造能力。	分布式学习、个性化学习
研究性学习类	MOOR	主流MOOCs主要考虑获得学习,对研究性学习考虑不足。	高等教育不同于初等教育,教师除要传授知识外,还要培养学生问题解决和创新能力。	研究性学习

以上五类新型样式有其共性,也有不同。各类特点分析如下:

(1) 自主学习类。xMOOC 和 SPOC 可归为这一类。该类课程强调知识体系的完整性和系统性;教学活动主要是以知识为中心的理解类活动,包括视频讲座、案例研读、资料阅读、操作演示、讨论交流等。

(2) 混合学习类。Meta-MOOC、DLMOOC 可归为这一类。该类课程特点主要表现在:在线与面授混合;校际间实行跨校协作授课;校际间学生可在线跨校学习、互动交流或者协作学习。不过,该类课程仍然以获得学习为重心,强调知识体系的完整性和系统性;教学活动主要是以知识为中心的理解类活动,包括视频讲座、案例研读、资料阅读、操作演示、讨论交流等,但也有一部分创建类活动(如问题探究)、分享类活动(如成果展示与互评)等。

(3) 协作学习类。DOCC 和 PMOOC 属这一类。协作学习其实是一种古老的教育观念和实践。随着科技发展,协作学习可以从课堂内延伸到课外,从校内延伸到校外,不受时空限制,能够实现个性化学习、班级差异化教学、个人兴趣拓展学习等。

(4) 混合实验类。MOOL 可归为这一类。该类课程指虚拟实验,重点指线上与线下实验的融合,具体体现在可在线操纵真实实验室里的设备。

(5) 研究性学习类/网众社会生成性学习。MOOR 可归为这一类。Web2.0 时代以共享、互动、合作为中心的"协作式学习",任何人都可以成为知识的创造者。基于网络的群体协作与群体智慧共享,已成为当前基于网络学习的主要特点。

除以上几类样式外,MobiMOOC 主要从接收终端和互动方式方面考虑,所以可单列为移动学习类。当然,根据不同的应用情境、教学策略还会出现一些新的教学样式,在此并不是为了穷尽已出现或将要出现的新型样式,而是抛砖引玉,以引发大家的思考。图1展示了各样式之间的分类侧重关系。

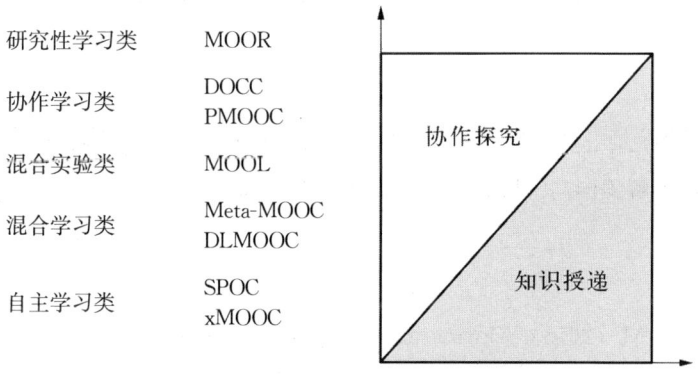

图 1 "后 MOOC"时期的新型样式分类

图 1 提出了一个对"后 MOOC"时期的新型样式进行分类的模式。它将"后 MOOC"样式按照知识授递到协作探究的程度排列,从自主学习类(MOOC、SPOC)开始,其教学主要以知识授递为主;越向上,知识授递逐渐减少而协作探究活动逐渐增加。可以看出,越往上的教学样式不仅强调知识学习的过程,而且有助于培养学生的合作技能及问题解决能力。

五、展望

今天,在教育领域,MOOC 依然是个热点,但人们已经不再像当初那样对其盲目推崇,而是根据机构本身的教育定位、师资情况和学生需求等进行理性思考,选择或者开发恰当的网络教学模式,所以伴随着MOOC的发展,也逐渐出现了一些新型的在线教学样式。即使当初MOOC的坚决拥护者也逐渐看到它对高等教育变革的有限性。MOOC将只是在线课程谱系中的一员,只是大学选择方案之一。正如德国波茨坦大学克里斯托弗·梅内尔(Christoph Meinel)教授指出的:"MOOC是对传统大学的颠覆性延伸而不是威胁或者替换,它不能取代现存的以校园为基础的教育模式,但是它将创造传统大学过去无法企及的、完全新颖的、更大的市场。"鉴于此,我们虽然可以继续欣赏MOOC对教育开放带来的正能量,但不应一叶障目,而应该运用"后MOOC"的思维去审视与推进在线教育。从本文对"后MOOC"的若干案例分析可知,在线教育不仅应有对优质资源共享和拓展教育规模的贡献,更应该有对学生个性发展和教育协同创新的追求。

注释

① EDUCAUSE是一个在世界范围内居于领导地位的高等教育信息化专业组织,也是人们了解美国高等院校信息化发展现状的窗口。

参考文献

[1] Brown, M. (2013). Moving into the post-MOOC era[EB/OL].[2014-4-17]. http://www.educause.edu/blogs/mbbrown/moving-post-mooc-era.

[2] Coughlan, S. (2013). Harvard plans to boldly go with 'Spocs'[EB/OL]. [2014-04-17]. http://www.bbc.com/news/business-24166247.

[3] Davidson, C. (2014). An experimental "Meta-MOOC" shaping the future of higher education[EB/OL]. [2014-03-01]. http://cit.duke.edu/blog/2014/03/cathy-davidsons-experimental-mooc-ends/.

[4] Devlin, K. (2013). The MOOC will soon die, long live the MOOR[EB/OL].[2014-04-17]. http://mooctalk.org/2013/06/.

[5] FemTechNet News (2013). DOCC 2013:Dialogues on feminism and technology[EB/OL].[2014-04-17]. http://femtechnet.newschool.edu/docc2013/.

[6] Gillet, D. (2013). MOOLS:Maghrebi Open Online Labs[EB/OL].[2014-04-17]. http://react.epfl.ch/page-55862-en.html.

[7] 韩锡斌,葛文双,周潜,程建纲(2014).MOOC平台与典型网络教学平台的比较研究[J].中国电化教育,(1):61-68.

[8] Hurst, F. M. (2013). Northern Arizona University's personalized learning [EB/OL]. [2014-04-17]. http://www.educause.edu/ero/article/northern-arizona-universitys-personalized-learning.

[9] Lue, R. (2013). From MOOCs to SPOCs[J]. Communications of the ACM, 2013.12:38-40.

[10] Lee, J., & Kladwang, W. (2013). RNA design rules from a massive open laboratory[EB/OL]. [2014-04-17]. http://www.pnas.org/cgi/doi/10.1073/pnas.1313039111.

[11] Lue, R. (2013). Harvard plans to boldly go with 'Spocs'[EB/OL].[2014-4-17]. http://d20uo2axdbh83k.cloudfront.net/20140324/78af4ea18cbdc64825ceab56b8a33c36.pdf.

[12] Rebeccakahn. (2013). Deeper learning massive open online course (DLMOOC) opens for enrollment[EB/OL].[2014-4-17]. http://info.p2pu.org/2013/12/18/deeper-learning-massive-open-online-course-dlmooc-opens-for-enrollment/.

[13] Salzmann, C., & Gillet, D. (2013). Smart device paradigm standardization for online labs[C]. 2013 IEEE Global Engineering Education Conference:1217.

[14] Waard, I., & Koutropoulos, A. (2011). Exploring the MOOC format as a pedagogical approach form learning[C]. 10th World Conference on Mobile and Contextual Learning, Beijing, China, 18-21 Octobler, 2011.

[15] Zhu, A. (2012). Massive open online courses a threat or opportunity to universities?[EB/OL].[2014-04-17]. http://www.forbes.com/sites/sap/2012/09/06/massive-open-online-course-a-threat-or-opportunity-to-universities/.

[16] 王晓彤,解继丽(2013).从OER到MOOC:单纯的资源到以人为本课堂的转变[J].楚雄师范学院学报,(11):83-87.

[17] 王文礼(2013).MOOC的发展及其对高等教育的影响[J].江苏高教,(2):53-57.

[18] 祝智庭,闫寒冰,魏非(2013).观照MOOCs的开放教育正能量[J].开放教育研究,19(6):18-27.

数字化教育资源建设新动向与动力机制分析*

祝智庭　许哲　刘名卓

[摘　要]　国内数字化教育资源建设有诸多新动向,包括教育部组织的高校精品开放课程建设项目、区域试点的电子课本开发行动、公共媒体兴起的公开课行为、企业兴建的辅学助考资源以及个人社群贡献的生成性资源。在分析这些新动向的基础上,可以发现数字化教育资源建设的动力机制,及其动力主体、动力来源、动力的作用模式和实现机制等。动力机制的实现机制可归纳为五种,分别适用于不同形态的资源建设项目:国家项目引动机制、产业发展驱动机制、公众媒体推动机制、多方合作联动机制、网众互动生成机制。这五种实现机制有不同特点,可通过不同手段促进这些机制共存互补,形成数字化资源建设系统的良性发展。

[关键词]　数字化教育;资源建设;动力机制;实现机制;案例分析

一、引言

　　以信息技术促进优质教育资源的开发与应用,进而加快我国教育信息化进程是我国教育发展规划中的一个重要命题。信息技术对教育的变革已成为一个不争的事实:协作式学习、研究性学习、探究式学习在数字化教育中的应用屡见不鲜;以学生为中心的终身学习体系和非正式学习社区正逐步形成;移动终端的应用已成为教育领域的新宠;互联网时代开放共享的教育理念和教育行动也在全国轰轰烈烈地进行……目前,学习方式的变革、学习需求的多元化、网络文化理念的侵入、技术的不断革新等诸多要素共同催生了我国数字化教育资源建设的新动向,分析这些新动向背后的动力机制对推动我国数字化教育资源的共建共享具有

---

*　原载于《中国电化教育》2012年第2期。

重要的现实意义。

二、数字化教育资源建设的新动向

(一) 高校精品开放课程建设项目

国家精品开放课程建设是落实《国家中长期教育改革和发展规划纲要(2010—2020年)》中关于教育信息化发展的具体举措,包括精品视频公开课与精品资源共享课,它是以普及共享优质课程资源为目的、体现现代教育思想和教育教学规律、展示教师先进教学理念和方法、服务学习者自主学习、通过网络传播的开放课程。"十二五"期间,教育部计划建成1 000门精品视频公开课和5 000门国家级精品资源共享课[1]。

精品视频公开课是以高校学生为主要服务对象,同时面向社会公众免费开放的科学、文化素质教育网络视频课程与学术讲座[2]。2011年11月9日,教育部推出的20门课程通过"爱课程"网和其合作网站中国网络电视台、网易同步向社会公众免费开放,正式打响了我国精品视频公开课的头炮。短短5天,视频点击量已逾10万,首战告捷的喜讯迅速成为各大媒体的热点新闻。有国外成功案例在前,国内视频公开课的建设一直处于暗潮涌动蓄势待发之中,教育部政策的发布如同东风,迅速掀起了视频公开课的浪潮。尽管公众对国内视频课有所争议,但同时也反映了社会公众对国内视频课的关注和响应。此外,不少高校也迅速加入这一浪潮中,开始本校网络公开课的开发。精品资源共享课是以高校教师和大学生为服务主体,同时面向社会学习者的基础课和专业课等各类网络共享课程[3]。除了保持以往课程建设的精品理念,精品资源共享课特别强调了开放和共享的目标。2011年8月精品资源共享课建设工作研讨会上,教育部高等教育司明确提出通过制定课程资源建设标准实现优化课程教学资源的共享共建,实现从网络有限开放转变为充分开放。

(二) 区域试点的电子课本开发行动

近年来,iPad、Tablet、e-Book阅读器及其他数字化便携终端设备日益风行,这一触角业已伸入教育领域并催生了电子书包与电子课本的应用研究。电子书包和电子课本作为传统书包和课本的隐喻,除了具备基本的容器功能和内容功能外,能够在课前、课堂、课后对学习活动进行一体化支持。引入"电子书包"后,班级差异化互动学习、数字化探究实验学习、小组合作项目学习、个性化按需按兴趣学习、能力本位评估引导学习等新型学习方式将成为可能[4]。目前,北京、上海、江苏、浙江、广东等多个省市均加入了电子课本应用试点行动,其主要形式是以区域试验为先行,分阶段有步骤地扩大应用范围。以上海为例,虹口区第一批试点覆盖了幼、小、初、高各个阶段共计8所学校;第二批试点范围扩大至18所学校。与此同时,在国家标准化领导机构的支持下,由华东师范大学领头,企业、出版社、学校等组织机构参与的电子书包与电子课本的标准研究工作正在紧锣密鼓地展开,其研究旨在解决电子课本与电子书包的学习内容、学习平台、学习工具和学习终端(人机交互)的互操作需求[5],通过顶层设计与标准先行保障电子书包和电子课本的应用研究的先进性与实用性。

(三)公共媒体兴起的公开课行为

在教育部将视频公共课的建设纳入教育信息化建设的重要内容之际,国内几大主流媒体如网易、新浪、凤凰、腾讯等也争相开设视频公开课单元,利用网络传媒的力量积极参与到公开课的推广建设中。公共媒体公开课频道的课程资源主要是国外名校视频公开课和中国大学视频公开课,由乐于分享知识的个体和组织自愿加入公共课传播计划,以公众投票形式决定课程的优先进度,同时与其他网络平台或媒体工具形成信息联动,同步传播课程最新信息以扩大其影响力。此外,除了聚合改造现有的课程外,部分传媒也加入课程的创建,将自建视频课程也纳入了视频公开课的范围之内,例如凤凰卫视的"世纪大讲堂"、网易的"网易大讲堂"等,进一步扩大了视频公开课的领域。

(四)企业兴建的辅学助考资源

巨大的升学压力和激烈的就业竞争为培优助学机构和职业培训企业开拓了庞大的市场空间,利益刺激下的企业资源建设呈现出一片蓬勃生机。此类培优助学机构提供服务的方式主要是面授、在线同步授课、课件自学等,学生支付一定的费用来购买资源与服务。以中小学网校为例,它利用学校的优秀师资力量,以面授+在线授课相结合的方式进行,采用远程课堂直播系统,同时辅之以学习资源、在线测验等功能模块,为学生提供教学服务。

(五)网众自发贡献的生成性资源

Web2.0工具赋予了每个人创建资源和传播知识的权利,这种自下而上的资源创建模式将庞大的社会智力资源转换为隐形的学习资源后盾。以维基百科为例,根据其2011年11月30日统计,已有387 210个条目是以中文撰写的,百科全书的结构内容也呈现出多元化的趋势,有覆盖所有领域知识的百科全书,如百度百科、互动百科等,有以专业领域知识为主的百科全书,如中华维客、MBA智库百科等。各种百科全书网聚着社会力量,逐步丰富着社会学习资源。此外,社群的活跃也激发了资源建设的无穷动力,以"科学松鼠会"为例,它作为一个科学传播公益团体,由全职编辑和作者在遵守"知识共享署名—非商业性使用—禁止演绎"协议的基础上共同参与管理,以集体协作的方式发布大量科普文章,试图通过团体的努力使科学传播并流行开来。

三、数字化教育资源建设的动力机制分析

(一)关于动力机制

动力是指推动工作、事业前进和发展的力量,机制则是指系统的组织或部分之间相互作用的内在协调方式及其调节原理。系统动力学将系统定义为:"一个由相互作用的诸元素有机地联结在一起,而具有某种功能的集合体。"[6]动力机制这一概念正是源于物理学的系统动力原理,系统是其研究的出发点。在社会科学领域,动力机制常被用于进行主体行为动力分析,它是对系统协调运转的构件及构件间的相互作用关系的一种隐喻,强调系统内部要素及其内部机制间的合力。

因此,研究动力机制需要把握三点:(1)系统的要素是什么;(2)系统中的这些要素存在怎样的关系;(3)这些关系是如何推动系统发展的。其中,"如何推动系统的发展"在不同的应用情境中,其实现机制又不尽相同。

(二)数字化教育资源建设的动力机制研究

将数字化教育资源建设看作一个系统,则其动力机制是指为了满足数字化学

习环境下多样化、个性化的学习需求和发展目的,分析建设系统中各个要素和要素间的相互作用方式,形成良好的运作机制以推动系统良性发展。

理解数字化教育资源建设系统需要以系统的眼光来看待问题,即:系统中的要素——动力主体及动力来源;系统要素间的关系——动力作用模式;系统的推动——实现机制。可以认为,对数字化教育资源建设体系动力机制的研究就是对其动力主体及来源、动力作用模式及其实现机制的研究。

1. 资源建设的动力主体

数字化教育资源建设的主体成员主要包括:政府职能部门、高校及科研机构、企业、个体等。其中政府是以非营利为目的的一种行政组织,把握着教育发展的总体方向,是教育领域主体资源建设的风向标。高校科研机构是响应教育政策,实现应用研究的核心成员,企业是市场经济下利益追逐的活跃团体,个体成员是信息社会下资源建设的弄潮儿。

主体身份具有多重性,他们是资源建设系统的贡献者、受益者,有时也是竞争者。他们在为系统提供动力的同时也在吸纳系统发展中所产生的有利力量。

2. 资源建设的动力来源及动力作用模式

基于建设主体的多重性及各主体的特性,资源建设的动力来源可概括为政策驱动、市场利益、社会文化和价值实现四种类型。其中,政策驱动是指国家职能部门为了指导教育改革和发展方向,提出一系列政策纲领和发展战略;市场利益是指在市场经济的驱动下,个人或团体所获得的经济收益或社会效益;社会文化是指人类后天获得的并为一定社会群体所共有的一切事物,由实物、行为、信仰和态度所组成[7],具有时代性、导向性、继承性等特征;价值实现是最高层次的力量来源,体现了个人或团体的自我实现需求。

不同的利益主体其动力来源不尽相同,图1展示了三种类型的动力作用模式:单轮驱动、双轮并进、三轮协调。其中,社会文化驱动在各种模式中起着润滑助力或者抑制减缓的作用,即,顺应社会文化趋势则动力加强,违背社会文化趋势发展则动力减弱。同时,不同模式运行过程中所产生的积极力量又不断地被社会文化所吸纳。

单轮驱动模式是指社会发展趋势下主体以单一驱动力为主进行资源建设,如完全依靠国家政策经费支持,或完全以市场利益为目的等;双轮并进模式指社会发展趋势下两两组合形成合力以促进发展,如政企合作模式,高校间的合作等;三轮协调模式则指集合所有动力,协调利益主体间的关系以实现互动互补,促进效益最大化形成多赢局面。

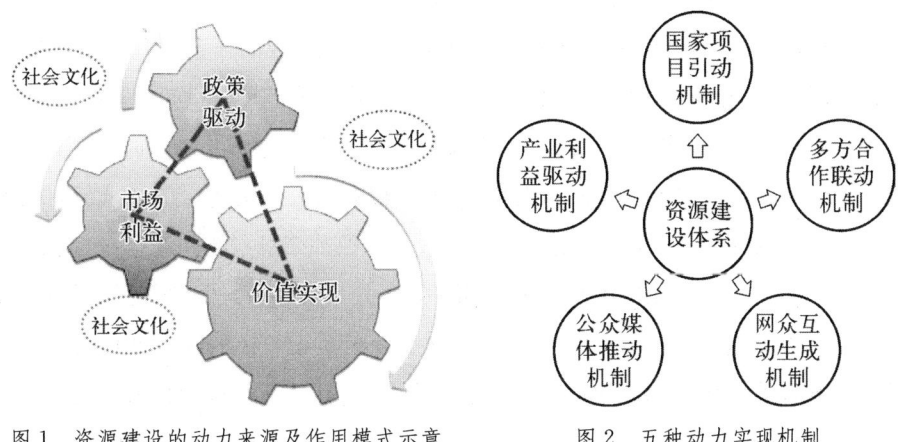

图 1　资源建设的动力来源及作用模式示意　　图 2　五种动力实现机制

3. 数字化教育资源建设的实现机制分析

实现机制可看作是动力机制在实践层面的具体应用。不同的利益主体与不同的动力来源纵横一体形成关系,主要形成了五种实现机制,即国家项目引动、产业利益驱动、公众媒体推动、网众互动生成、多方合作联动,这些实现机制共同维持着整个资源建设系统的可持续发展。下面就这五种动力实现机制展开分析,如图2所示。

(1) 国家项目引动机制

以政府为主体,以政策驱动为动力,是保障我国教育体系资源建设的基础。它由政府发挥主导作用,自上而下带动学校、科研机构等非营利机构共同参与,研究与应用并重,以促进资源共建共享的良性循环。教育管理部门和各高等学校均从政策引导、组织管理、资金支持、技术支持、人员支持等方面给予保障,积极推动项目实施[8]。这种模式具有全局性和长久性,有力地促进了资源建设的快速发展,并在一定程度上解决了项目可持续发展的外部条件。

在这一机制的作用下,自2003年4月我国启动实施精品课程建设工作以来,国家精品课程资源网课程中心已建成近15 000门本科课程,近6 000门高职高专课程,逾50门新世纪网络课程,资源中心各类资源的总和更是以百万计,如此庞大的课程资源充分展示了其力量优势。目前如火如荼的中国大学公开课建设是该项计划的延续与深化,国家引动的机制以自顶向下的发展模式带动各界积极性,是资源共享共建的主力军。

(2) 产业发展驱动机制

指以盈利为目的的企业或机构为了提高其经济效益或品牌竞争力向社会提供资源和服务,此类机制下的资源紧扣市场需求,资源的数量和质量均有所保证,如 e-Learning 教育培训机构、数字化学术资源服务运营商、IT 设备供应商、通信公司等。

产业驱动的方式包括有偿和无偿两种,但以有偿方式为主。例如,以培优助学为导向的网校一般由知名教育专家和名校一线教师亲身参与制作资源,提供大量的优质课件和素材;数字化学术资源服务运营商以收费方式为目标用户提供以科技信息为主,集经济、金融、社会、文化、教育等信息于一体的综合性信息服务,等等。教育信息化资源的建设需要企业的参与,要让企业积极地投入开发、投入应用推广、投入用户服务。要找到一种合理的投入产出方式,使企业在推进教育信息化发展的过程中发挥自身的优势,得到自身发展[9]。值得注意的是,企业到了一定的规模就会思考企业发展战略,需要通过各种形式来资助教育,承担社会责任,聚集更多的未来潜在客户和市场[10]。

(3) 公众媒体推动机制

指大型综合门户网站(如网易、新浪等)为代表的网络媒体,参与资源建设过程,借助其传播力量,制造积极的舆论导向,以扩大社会影响力,最终促成文化的渗透。公众媒体是连接文化形态与社会群体的中介,具有信息传播快、跨时空、互动性强等特点。

作为文化传播载体的网络媒体的广泛影响力在国家文化软实力建设中发挥着重要作用[11]。公众媒体的作用方式分为三种类型:其一,公众媒体作为资源的主动创建者,是实践层面社会价值的体现;其二,公众媒体作为资源的传播者,是媒体基本功能的实现。从传播学的角度而言,对同一文化理念长时间、多频次的传递与接收,会使受众无形中对其产生亲近感、信任感,最终对其认同,甚至是依赖。这种通过网络强制性传递的文化信息,不可抗拒地影响受众的相关感受和价值判断[12];其三,公众媒体作为文化的传承者,将人们的理念沉淀到社会文化中。媒体所主导的舆论方向能以建设性意见来推进人们对社会发展的延伸思考,使相应的社会舆论具有更大的价值潜力,这是大众传播媒介的历史责任[13]。

(4) 多方合作联动机制

指各建设主体秉承多赢理念,联手合作优势互补,共同构建数字化资源。从合作的主体来看,可分为政府组织下的联动和社会力量共识下的联动。社会力量也可以称为社会资源。作为一种能动性的社会资源,社会力量在很大程度上弥补了教育系统推进教育信息化过程中在技术、资金以及专业服务等方面的不足,可以在推进教育信息化的快速发展中发挥重要的作用[14]。

资源的共建共享离不开社会各个层面的积极作用,包括社会各管理层面和社会教育、企业等各个层面[15]。一般而言,政府组织下的联动带有整体性和强制性,社会力量共识下联动则具有自发性,其合作主体可以是同领域或跨领域成员。值得注意的是:多方合作联动模式并非一个独立存在的机制,它往往依赖于其他机制而产生,既可以存在于其他机制内部,也可以是其他几种机制共同作用的概括。

(5) 网众互动生成机制

指社会成员借助 Web2.0 工具汇聚集体智慧共同创建、传播、使用、分享资源,是网络时代草根文化的一种表现。草根这一说法产生于 19 世纪美国寻金热流行期间,盛传有些山脉土壤表层、草根生长的地方就蕴藏黄金[16],它隐喻着不起眼的群体所拥有的强大潜力。网络技术的发展将草根的力量发挥到了极致,例如 Wiki、微博、微群、优酷、土豆网等,其参与的每一个主体都是"微"个体,但是其合力却构造了一个"一切正在生成"的资源共享空间。草根力量是一股自发的中间力量,采用自底向上的发展模式,它是对政府和市场力量的补充和平衡,为数字化教育资源的建设提供了源源不断的力量。

四、动力机制的案例分析

以上在分析五种数字化教育资源建设新动向的基础上,提出了促进数字化教育资源建设的动力机制,我们对体系内的关键要素——动力主体、动力来源、动力作用模式及动力实现机制皆进行了论述,特别提炼出了五种典型的动力实现机制,为了更好地帮助我们理解这些关键要素及其内在协调运作方式,有必要将前述的五种新动向作为数字化教育资源建设案例,在此基础上对动力机制进行反向分析。由表1可知，这五种资源建设形态在动力主体、动力作用模式、动力实现机制上均有不同程度的重叠。

表1 动力机制的案例分析表

资源建设发展动向	动力主体	动力作用模式	运转机制
高校精品开放课程建设	政府、学校、企业	三轮协调模式	国家项目引动机制（为主） 公众媒体推动机制 多方合作联动机制
电子书包与电子课本建设	政府、组织、学校、企业	三轮协调模式	国家项目引动机制（为主） 产业发展驱动机制（为主） 多方合作联动机制
公共媒体公开课建设	学校、企业	双轮并进模式	公众媒体推动机制（为主） 多方合作联动机制 产业发展驱动机制 网众互动生成机制
企业辅学助考资源建设	企业	单轮驱动模式	产业发展驱动机制
个人社群贡献的生成性资源	个人	单轮驱动模式	网众互动生成机制

注：基于资源建设系统内所有的成员难以一一枚举，用"组织"一词对其进行概括，即本表中的组织指政府、学校、企业之外其他机构，如电教馆、出版社、研究所等。

由上表可以看出，单一的教育资源建设的动力运转机制难以满足信息环境下人们的多元化需求，只有形成政府、高校、企业、社会、个体等纵横一体的多主体资源建设的动力机制，实现多元合作、良性互动发展模式，才能有效促进数字化教育资源建设体系的均衡稳步发展。例如，高校精品开放课程的建设中，国家启动项目，给予政策导向和经费支持，其中精品视频公开课首批建设的103个课程选题由"985"高校分工合作，各自承担项目中的子课题，首批建设成果通过爱课程网、中国网络电视台、网易等公众传媒同步向社会公众免费开放。

五、数字化教育资源建设和谐发展的协调机制问题

从系统动力学的角度探索系统稳定演化的实现机制，为我国数字化教育资源的可持续发展提供了新的思路。系统的发展是一个动态的、持续的过程，为系统提供良好的发展环境是保障,解决好系统内部各要素的关系是关键,一个稳定的系统必然是各要素间协同并进、持续优化的结果。为了推动系统的良性发展,结合现有资源建设中的问题,笔者总结了以下两点供思考。

1. 维持系统的动力来源,协调动力主体利益

系统的发展需要动力来推动,如何为一个系统注入源源不断的动力以维持可持续发展是核心。尤其当动力作用模式为双轮并进或三轮驱动模式时,协调系统中各动力主体的利益关系,平衡各动力来源的分布显得尤为重要。例如,政企合作的项目中,对企业利益的保护以维持企业参与热情是政府必须考虑的因素;数字化教育资源共建共享过程中的版权问题需要解决,引入开放性质的版权协议和共同创作协议在知识产权与产权保护间寻找平衡也许是一条可供选择的路。

2. 建立统一的技术标准,实现资源的深度共建共享

在建设数字化学习资源的过程中,技术标准的制定是个非常重要的问题,缺乏统一的技术标准,数字化学习资源将难以共享,各网络教学系统之间也无法实现互操作[17],"信息孤岛"现象已经成为我国数字化教育资源建设的一个共性问题。已有研究指出,实施资源规范应该关注教育资源的标准化、规范化和兼容性,遵从相关资源标准或技术规范的规定,提供规范的数据接口或互操作平台以提高资源制作、开发、存储、管理和检索利用的效率,为共建共享提供基础性技术保障[18]。可喜的是,2011年国家精品资源共享课建设中明确提出了加快精品资源共享课设计规范和技术规范的制作,这也是目前本文作者及其团队正在着力研究的问题之一。

参考文献

[1][2][3]　教育部.教育部关于国家精品开放课程建设的实施意见[DB/OL].http://www.edu.cn/zong_he_793/20111109/t20111109_704418.shtml,2011 - 11 - 28.

[4]　阮滢.新技术手段给力学习方式的变革——华东师范大学祝智庭教授谈"电子书包"[J].中小学信息技术教育,2011(2):9 - 11.

[5]　吴永和.华东师范大学:研制电子书包(课本)国家标准[J].中国教育网络,2011(7):62 - 64.

[6]　王其藩.系统动力学[M].上海:上海财经大学出版社,2009.

[7]　郑金洲.教育文化学[M].北京:人民教育出版社,2000.

[8] 王龙.回顾与展望:开放教育资源的七年之痒[J].开放教育研究,2009,15(2):107-112.

[9] 杜占元副部长在教育资源建设与共享座谈会上的讲话[J].中国电化教育.2011(10):1-3.

[10][14] 彭雪庄,彭红光,程五一.整合社会资源促进教育信息化快速发展的探索——以中国电信助力广东省教育信息化发展为案例[J].中国电化教育,2010(10):49-52.

[11][12] 马丽.网络媒体之于国家文化软实力的影响[J].内蒙古科技与经济,2010(5):78-79.

[13] 刘坚.社会舆论的价值生成与大众媒介的功能评价[J].价值工程,2000(2):21-22.

[15] 张静然.教育资源建设与共享座谈会综述[J].中国电化教育,2011(10):4-5.

[16] 百度百科.草根[DB/OL].http://baike.baidu.com/view/49504.htm,2011-11-28.

[17] 胡小勇.教育信息化进程中区域性优质资源共建共享:理论框架与个案研究[J].电化教育研究,2010(3):48-53.

[18] 何克抗.我国数字化学习资源建设的现状及其对策[J].电化教育研究,2009(10):5-9.

教育技术实用学: 诠释学习资源效用的新话语*

祝智庭　孟琦

[摘　要] 本文从教育信息化的现实出发,尝试将实用和语用的观念引入教育技术中,考察学习资源的有效性。并从开发与应用两个方面提出改进学习资源实用性的策略。

---

* 原载于《电化教育研究》2006年第4期。

[**关键词**]　实用学;学习资源;效用

一、问题的提出

教育技术的研究者有这样的共识:技术本身并不能自动改进教学,技术能否发挥优势取决于是否能选择和开发适用的软件、恰当设计和实施技术支持的教学、提供必要的技术支持和管理等等。但究竟怎样才能恰当地使用教学技术工具,发挥它们的作用?怎样设计和选择适合于教学活动的技术资源?这些一直都是教育技术研究和实践者必须回答却又很难回答的问题。由于评价标准的动荡性、理论话语的多元化、设计与应用间的不协调等诸多原因,使得目前在技术与教学有效整合方面的研究成果很难为教学实践提供适用的指导。为此,本文将从一个新的视角审视这些问题,探讨学习资源的有效性,帮助提供一种思考方式和评价策略,建立统一明确的话语。

1. 学习资源的新界说

首先让我们对这里所提到的"学习资源"加以界定。从 AECT'77、AECT'94 到 AECT'05 定义,学习资源的含义和范畴不尽相同,其中 AECT'05 定义将资源的概念限定为技术性的。针对 AECT'05 定义中概念的变化,祝智庭教授在《现代教育技术——走进信息化教育(修订版)》一书中,提出应当将"与技术过程相关的应用服务"引入到学习资源的概念范畴中。[1]综合以上观点,笔者认为学习资源是与教学过程发生有意义联系的所有硬件设备、软件工具、知识信息和应用服务。

需要说明的是:其一,此处所指的学习资源是技术性的,并不包含运用技术的方法和运用技术开展的活动。其二,应用服务作为一种重要的学习资源,包括与技术开发和应用有关的支持、管理和交流活动所产生的有助于学习的资源,如教育咨询、技术管理、技术支持、学习支持等。有文献认为教育技术资源中应包含人力资源,且认为人力资源是动态的、隐性的。我们认为,作为技术性的学习资源与教学过程有关的人员不应被视为学习资源,而应是作为学习资源中应用服务的要素,将教学人员所提供的服务作为评价对象。这种方式的好处在于,可以将隐性动态的人力资源在学习资源中所发挥的价值显性化,使得对其的评价可操作。

2. 设计与应用中的困惑

技术的不断发展使得用以支持学习过程的学习资源种类与日俱增,同时教学工作者也在实践中对学习资源的应用进行了大量探索,人们在学习资源的设计和使用过程中提出很多实践问题和思考。

在学习资源的设计和开发方面,开发人员希望自己的学习资源产品有较好的适用性,教学工作者也希望学习资源能满足个性化的教学内容安排和教学活动情境的要求。但由于存在多种技术应用情境和相应的要求,而且双方在交流需求方面存在困难,因此难以保证产品的高适用性。在学习资源的应用方面,教学工作者渴望了解怎样设计技术支持的教学,怎样选择恰当的学习资源,如何评价课堂教学中的技术应用,他们希望得到更实用的指导意见。

由上可见,教学工作者的困惑辗转于设计与应用两端,其迷茫的状态正如同"先有鸡还是先有蛋,鸡重要还是蛋重要"的纷争。本文力图从一个新的视角透析这一困惑,将实用和语用的观点引入到学习资源的设计与应用中,帮助我们更好地理解和解决问题。

二、实用学的引入

实用主义哲学(pragmatism)和语用学(pragmatics)在起源和思想方面都具有密切的关系,它们都强调在情境中实现恰当运用、重视充分利用情境的价值。作为"他山之石",可以为我们解决学习资源的问题提供启示。

1. 实用主义的启示

实用主义哲学兴盛于19世纪末到20世纪初的美国,以皮尔士(C. S. Peirce)和杜威(John Dewey)等为代表。实用主义(pragmatism)的古希腊语原义,是"行为"、"行动"。[2]它的主要理论是强调"把确定信念作为出发点,把采取行动作为根本手段,把获得效果当作评价一切的标准",[3]强调观念的实践功效,强调情境与功能的联系,即"信念—行动—效果"模型。杜威的实用主义主张以效用(工具价值)作为评价标准。[4]简而言之,实用主义认为凡是能更有效地达成目的的就是好的。

实用主义的观点有不同的流派,但共同的思想是对于工具和情境的阐释。他们认为,工具本身具有二重性,即客观和主观(根据人的需要,具有不同形态和适用范围),[5]认为任何事物的意义都是灵活多变的。工具的价值发挥,最重要的是"适合"情境。[6]从文化上讲,从来没有无用的东西,只是用途不同而已。[7]

从实用主义的角度来看,工具的功能是与情境紧密联系的,学习资源作为教学领域中的"工具"也不例外。工具可以被用作设计者原本没有意图的目的,反之一个物体即使起初没有被设计成工具,也可能被用作工具。我们可以将工具的功能划分为核心功能与扩展功能两个层次。核心功能是指在通常情况下技术工具被使用的方式。扩展功能是指技术工具所具有的其他用途,也即在其他情境中的使用方式。核心功能与扩展功能的界限并不是绝对的,在情境发生变化时,两者可能出现互换。如光盘通常是用来记录和读取数据的,但同时也可能被用作镜子、杯垫或作助动车反光尾灯等等。

因此,依据实用主义的观点,学习资源都有各自的优势和用途,最重要的是选择合适的技术应用情境,而且不同的使用者在不同的情境中应用技术资源,其所发挥的作用也会不同。

2. 语用学的他山之石

语用学(pragmatics),又被称为语言实用学,许多学者从不同角度对它作出了不同的定义,归结起来,语用学是研究在特定语境中语言的理解和使用的一门科

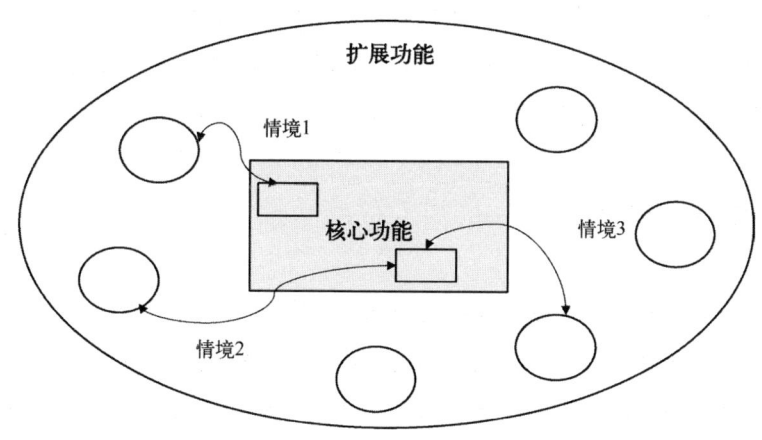

图1 技术功能的情境化

学。语用指在语境(context)中恰当地使用语言。语用学关注语言的使用与功能,其核心要旨是:意义在于用法。这与实用主义的意义理论是一致的,即二者同样是强调情境与功能间的关系。而实际上二者也有着密切的关联,现代语用学思想正是来自实用主义哲学家皮尔士。

在这里让我们先区分三个概念,再来看它们与教学技术之间存在的微妙关系:句法学(syntax)、语义学(semantics)和语用学。句法指语言中的符号结构和形式,不必考虑其含义;语义是指语句的含义;语用指语言的使用。[8]语用学认为语言是社会化情境下的社会化工具,语言交流的某些方面是否恰当,取决于其与情境的相关性,"因此语用的评价需要在整个对话的框架中进行,而不是独个的单元(如从情境中孤立出来的句子)"。[9]例如,一位教师对信息技术中心的人员说"网络通了",他的意思是故障已经解决了,谢谢他们的帮忙;教师对学生说"网络通了",他的意思是现在大家可以上网学习了。同样的一句话,在不同的情境中表达的含义不同,具有的效果也不同。

由于语用学重视情境及结构,这与人们在日常生活中的行为和交流方式非常接近,因此语用思想在技术开发领域中得到越来越多的认同和应用,可帮助提高产品的可用性和适用性。如软件建模方面,利用自动技术进行模型转换(model transformation),利用元模型定义模型的语义、语法;[10]提出信息系统具有语用功能,而仅仅不是工具,应关注使用信息系统的发送者与接收者间的人际交流和主体间(inter-subjective)关系,[11]服务器定向的代码转换(server-directed transcoding)提供端对端的语义和语用,以适应不同客户;[12]提出面向语用的架构定义,重点关注架构如何使用,[13]等等。在开发学习资源时,我们也应借鉴语用思想,从将要运用资源的情境着手,考虑资源的功能和结构,将使资源更具有可用性。

三、教育技术实用学的语汇

综上所述,我们将实用和语用的思想引入到教育技术研究体系中,以情境为出发点关注学习资源的效用,关注资源运用的实用策略,这一新的研究取向,我们称之为"教育技术实用学"。提出教育技术实用学的主要目的在于,有效技术整合的研究和实践,建立统一明确的话语,以明晰研究问题、改善交流沟通、促进研究合作。

建立新的话语体系，首先需要一套明确的专用语汇，这是开展相关交流的必然要求。教育技术实用学的各类语汇随实践发展还在不断丰富，其中关键的语汇包括以下几项：

1. 学习资源对象

学习资源对象指的是具有重用特性和适当最小粒度的资源构件，用户可在不同情境下方便地获取，并依需要进行快速的二次开发。与学习对象相比，学习资源对象同样面向具体的教学目标，但后者的结构中不包含教学策略的应用（微策略），应用资源的策略由使用者来决定，保证灵活性和个性化要求。而且，学习资源对象中还包括应用服务方面的内容。

2. 学习资源效用

在经济学上，效用是指对人某种需要的满足。学习资源效用指的是具体的学习资源对于教学需要的满足程度，即学习资源的实际功效，也可理解为学习资源的有效性。

3. 技术应用情境

技术应用情境指的是在教学中运用学习资源的条件和方法，包括教学内容、学生特点、学习管理、技术规划、教学活动等不同的维度。当然不是所有的维度都是同等重要的，在具体的情境中，通常根据实际选择几项更需要关注的情境维度加以考虑。与此相关的语汇包括：

- 情境（context）：指与事件有关的情况、条件或事实，是有助于理解的背景信息，如事件发生的时间、地点、人物、起因和条件等。"情境"一词在特定的学科中有不同的含义，在教学领域中，情境指的是与教学内容相关的对学生有意义的场景。

- 情境化（contextualization）："情境化"一词最初的来源与圣经译文有关，语言学家在交流对圣经翻译和传播到新文化的背景问题时创造和使用了该词。情境化指的是创设具体的经验环境或接近真实的场景，使新的未知事物变得可理解和有意义，是界定背景信息的过程。

- 脱境（decontextualization）：指的是将学习资源的功能和结构从技术应用情境中提取出来，除去情境特征。

- 入境（recontextualization）：指的是将学习资源应用于具体的技术情境中，适应该情境的个性化特征。

四、学习资源的实用性

语用学和实用主义是教育技术实用学产生的理论根据，同时它们又分别为学习资源开发与应用的两个方面提供了有益的启示，以这两者为依据有助于我们更好地设计、开发和评价学习资源的实用性。

1. 学习资源的开发

从软件工程的方法来看，在设计和开发软件之前首先需要进行用户需求分析。但是由于教育领域的特殊性，学习资源的最终用户与技术开发人员之间往往不能或很难有效交流对于功能、结构等的需求，这给实现最终产品的适用性带来了障碍。

借用语用学的思想，我们可以构建开发学习资源的一种新流程模型——变需求分析为情境分析。通过分析使用者的技术应用情境（语用层），勾画出其所应具有的功能以及各个功能之间的相互关系（语义层），最后构建技术资源的系统架构（语法层），开发出成型的产品。这是一个"脱境"的过程，即从具体情境中逐步提炼出功能和结构。所开发的学习资源产品也应划分成尽可能小的组块，即学习资源对象，以便于重组和个性化定制，满足用户在不同情境中的需求。这种方式的优点是以具体的情境为中介，有助于提高用户与开发人员间的交流效果，使最终产品具有更好的实用性，形成了一种量身定制式的开发，建立起来的系统架构是一种面向语用的架构，与传统的面向结构的架构相比，更注重架构及最终产品的使用。除此之外，语用思想也可用于系统架构和开发过程，实现系统的语用功能。限于篇幅，关于这方面的内容将在以后的文章中再详细阐述。具体见图2。

为此，在开发学习资源时，需要注重明确其未来的技术应用情境的信息化规划和管理。如，开发一个学校级的教学应用平台，那么该校的信息化规划和发展方案以及管理策略都是需要考察的范围，以便于明确该校的办学理念、确定平台的服务对象、此平台在整个学校的技术环境中所应发挥的作用等。

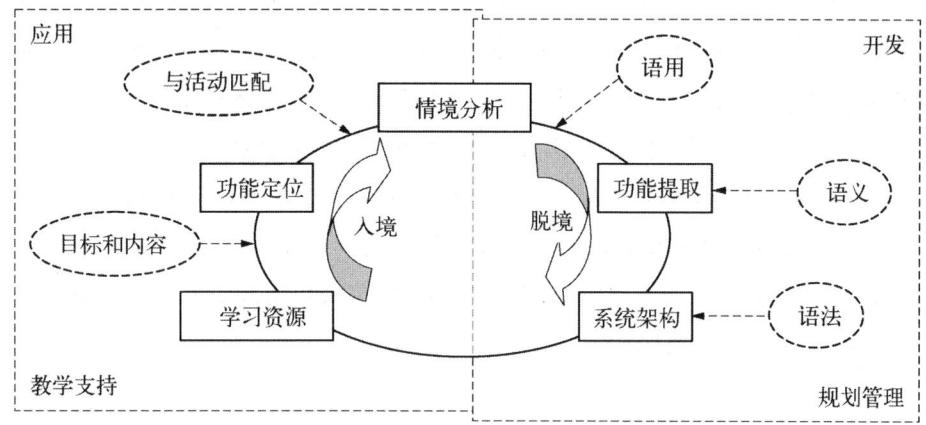

图2 实用思维下学习资源的开发与应用关系

2. 学习资源的应用

依据实用主义的思想,学习资源的效果和作用取决于资源应用的情境和方法,秉承"信念—行动—效果"的要旨,可以帮助我们合理应用和评价资源。学习资源的应用实际上是"入境"的过程,由设计者和使用者赋予资源相应的情境特征。

因此,在技术丰富的教学环境中,有效运用技术资源支持教与学的活动需经历这样的过程:从目标和教学内容的需要出发,考察现有的学习资源中哪些功能可以达成目的,依据教学内容、学生特点和教师特点——这些都是技术应用情境的维度——设计适当的教学活动形式,发挥学习资源的功能,使之与活动过程相匹配。就某一特定的学习资源而言,针对不同的教学目的,教师可以设计不同的学习资源应用方式,使其发挥适当的功能。如,PowerPoint演示文稿是常用的学习资源,在讲解化学课的绪论时,教学目的是让学生初步了解化学知识,引发学习兴趣,这时要求提供大信息量的教学内容,且不要求学生深入思考,那么最有效的方法是演示和讲解;在开展有关"长城"的探究学习时,教学目的是希望激励学生主动思考,这时教师可以提问"你想知道有关长城的哪些问题",然后将学生提出的问题经初步整理后显示在PowerPoint演示文稿上,为学生提供表达观点的机会,并对其观点给予即时反馈,引导学生针对这些问题展开讨论和问题解决。

由此可见,有效发挥学习资源作用(不论是设计还是应用)的关键在于,使资源适合于其所服务的技术应用情境。同时,我们在评价一项技术支持的教学活动时,也要从具体的技术应用情境和技术应用的目的出发。由于技术应用情境是多种多样的,因此保证教师有效应用技术资源的重要因素是教师能否得到相应的教学支持。教学支持指的是完成教学活动所需的各种支持性因素,包括同伴支持(与其他教师或专家交流经验、寻求帮助)、管理支持(领导和决策者对教师的技术方案的支持)、技术支持(必要的技术设施和技术维护)和能力发展支持(教师通过培训和学习提高自己能力)等。

五、价值与意义

学习资源的有效运用方法和开发途径,一直是教育领域关注的话题,通过引入语用与实用的观念,我们可以解决技术应用与技术设计之间关系的困惑,并且在应用与开发两个方面中都有了新的解决问题的视角。

在学习资源的开发方面,我们应当提倡以用户为中心的设计,建立面向语用的架构。充分考虑到学习资源在不同的情境中应用方式不同的特点,开发者可以采取以下几种策略,以提高最终产品的适用性和可用性:第一,与最终用户的交流集中于技术应用情境,根据用户将要使用的方式来确定产品的功能和结构。第二,以学习资源对象的形式开发学习资源的最终产品,便于个性化定制和修改,满足多样化教学情境的要求。

在学习资源的应用方面,我们提倡教师有创造性地应用,充分发掘资源自身的功能,开展丰富多彩的教学活动。发挥学习资源的作用,关键在于运用的方法,只要是能够达成教学目的的运用方式都是有效的。同时,由于在不同技术应用情境中,关于学习资源的问题不同,因此教育研究者有必要为教师开展技术支持的教学提供咨询和帮助,并建立起技术应用案例库,用于教师交流和培训活动。

此外,在学习资源管理技术方面,从实用学视角出发可以为我们拓展新的研究课题,例如如何建立学习者"情境"的信息模型、如何通过情境模型与学习资源对象的自动匹配为学习者提供个性化服务等。

参考文献

[1] 祝智庭.现代教育技术——走进信息化教育(修订版)[M].北京:高等教育出版社,2005.

[2] 盛宁.传统与现状:对美国实用主义的再审视[J].美国研究,1995(4).

[3] 刘放桐,等.新编现代西方哲学[M].北京:人民出版社,2000:176.

[4][5][7] 顾卫亮.实用主义的误读[M].上海:华东师范大学出版社,2000:58,61,70.

[6] [法]爱弥尔·涂尔干.实用主义与社会学[M].上海:上海人民出版社,2000:41,82.

[8] Jose Emilio Labra Gayo (2000). Advanced Programming Languages[DB/OL]. http://lsi.uniovi.es/-labra/APL.html,2004-9-10.

[9] CHAPER 1 THE PARAMETERS OF PRAGMATICS[DB/OL]. http://www.nwalbion.u-net.com/neville/ch01.html,2004-9-10.

[10] Stephen J. Mellor, Anthony N. Clark, Takao Futagami. Guest Editors' Introduction: Model-Driven Development. IEEE Software,2003,20(5):14-18.

[11] Owen ERIKSSON. The Pragmatic Language Functionality of Information Systems[DB/OL]. http://www.vits.org/publikationer/dokument/252.pdf,2005-2-10.

[12] Bjorn Knutsson, Honghui Lu & Jeffrey Mogul (2002). Architecture and pragmatics of server-directed transcoding[DB/OL]. http://2002.iwcw.org/papers/18500136.pdf,2004-9-10.

[13] H. A. (Erik) PROPER. Architecture-driven Information System Development — Toward a framework for understanding[DB/OL]. http://osiris.cs.kun.nl/pubmngr/Data/2003/Proper/DevProces/2003-Proper-DevProces.pdf,2004-9-10.

微课概念辨析及其教学应用研究*

苏小兵　管珏琪　钱冬明　祝智庭

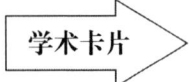

　　该文从课和课程概念的文献研究入手,对微课、微"课"和微课程的概念进行分析与探讨。同时,从微课的"教育资源"属性出发,提出了微课的"目标、内容、教的活动、交互、多媒体"等五大构成要素,并结合当前微课教学实践应用的情况,归纳了微课支持翻转课堂教学、课内差异化教学和课外辅导答疑等三种教学应用模式,从理论与实践层面对微课的概念和教学应用做了较为系统的探讨。

一、微课概念辨析

（一）课与课程

（二）微课的概念与内涵

二、微课构成要素剖析

　　微课作为一种数字化教育资源,从其"教育资源"属性出发,一个典型的微课需要包含以下构成要素：目标、内容、教的活动、交互、多媒体。

三、微课教学应用分析

（一）微课教学应用的维度分析

1. 教学应用阶段

（课前）学习新知、（课中）难点处理、（课后）巩固拓展。

---

* 苏小兵,管珏琪,钱冬明,祝智庭.微课概念辨析及其教学应用研究[J].中国电化教育,2014(7)：94-99.

2. 教学组织形式

独立学习、协作学习、集体学习。微课在中小学的教学应用中，无论课前、课中和课后，其主要作用都在于更好地促进学生的个别化学习。

（二）微课的结构化程度及相关因素

微课的结构化程度越高，则越适合学生的个别化学习，反之则适合于在教师指导下的协作学习或集体学习。从学生学习微课的时间安排来看，用于课前和课后学习的微课，由于没有教师或同学的及时指导和讨论，对其结构化程度的要求会更高；而应用于课中的微课，其主要作用在于引发学生的思考和启发，对其完整性和结构化程度要求相对不高，在遇到问题或困难时，教师可以进行及时的指导。

（三）微课的教学应用模式

1. 翻转教学应用模式；
2. 课内差异化教学应用模式；
3. 课外辅导答疑应用模式。

四、总结与思考

微课是一种新型的课程资源，依照"教育资源"属性，一个典型微课是由目标、内容、教的活动、交互、多媒体等五大要素构成。中小学教学实践中，课前、课中和课后的不同教学阶段，应用目标是有差异的，教学组织形式也不同，对设计的结构化程度也有不同的要求。一般情况下，课前和课后以学生独立学习为主，为了便于自主学习，要求微课有比较高的结构程度；课中可以通过同学讨论、教师指导等方式帮助学生解决在微课学习过程中遇到的问题，对微课的结构化程度要求相对比较低些。

看图说话

微课的结构化程度越高，则越适合学生的个别化学习，反之则适合于在教师指导下的协作学习或集体学习。

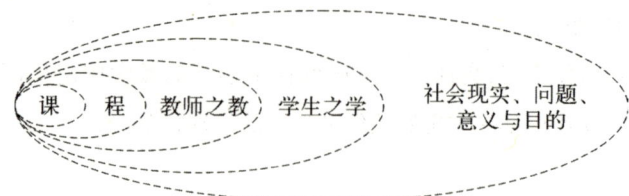

图 1 课程概念的历史发展过程

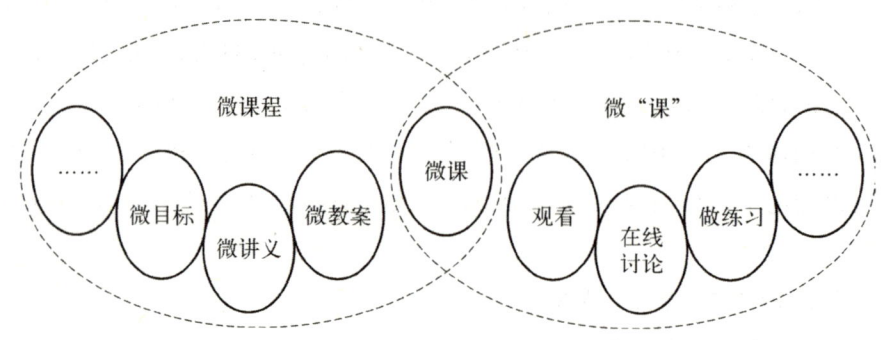

图 2 微课、微"课"、微课程关系示意图

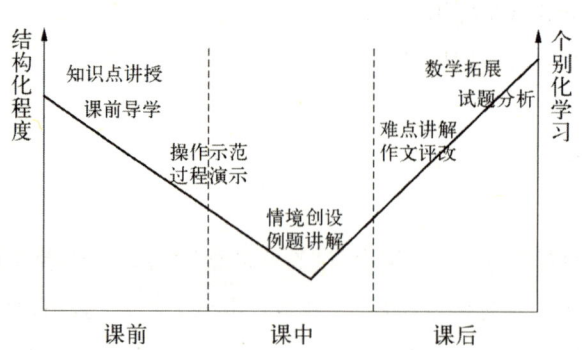

图 3 微课的结构化程度及其相关因素示意图

应用模式	教 学 环 节	微课的作用
翻转教学	教师获取反馈信息作出课堂教学决策；学习课程 → 完成预设任务 梳理问题/困惑；独立学习 协作或集体学习；教师讲授……小组讨论协作探究	(1) 传授知识 (2) 启发学生思考，梳理问题和困惑 (3) 为教师的教学决策提供信息

(续图)

应用模式	教 学 环 节	微课的作用
课内差异化教学	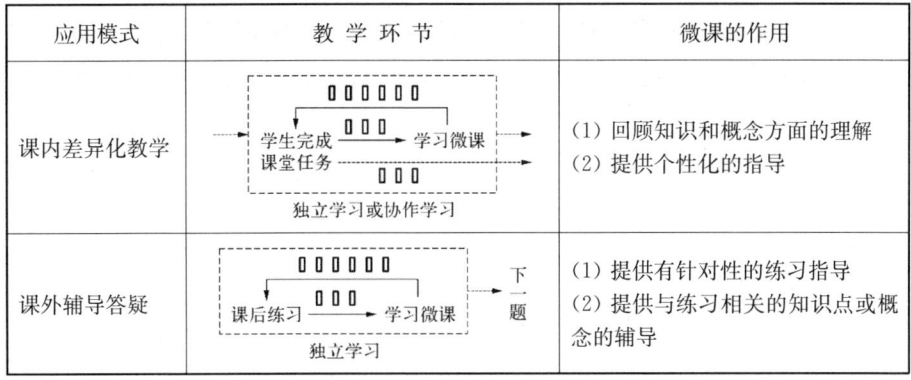	(1) 回顾知识和概念方面的理解 (2) 提供个性化的指导
课外辅导答疑		(1) 提供有针对性的练习指导 (2) 提供与练习相关的知识点或概念的辅导

图 4　微课的教学应用模式

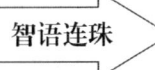 智语连珠

◆ 在提倡以"学生为中心"教育理念的时代背景下,与移动学习、泛在学习、碎片化学习、翻转课堂等融合互联网精神的学习理念思潮相结合,为微课的广泛传播提供了教育应用的土壤。可以说微课是信息技术发展与教育变革时代相结合的产物,也是技术与教学应用融合的高级阶段。

◆ 微课的教学应用模式并不局限于支持翻转课堂教学、课内差异化教学和课外辅导答疑等三种,这需要教师和研究者在教学实践过程中不断地探索和总结归纳,以寻求适合教师、学生自己教学实际的应用模式。

微课程的设计分析与模型构建[*]

刘名卓　祝智庭

 学术卡片

近几年微课程受到了教育工作者的广泛关注,国内外掀起了一股对微课程理

---

[*] 刘名卓,祝智庭.微课程的设计分析与模型构建[J].中国电化教育,2013(12):127-131.

念、应用前景以及在实践中进行微课程教学模式探索的热潮。文章首先对"微课程"与"微讲座""微视频""微课"等概念的关系进行了梳理,其次分析了三个微课程网站的设计结构,最后从顶层设计的视角提出了"微课程"的概念设计模型。

一、微课程的概念辨析

(一)微课程

微课程(Micro-Course)最早起源于美国兴起的"微型课程"("Mini Course"和"Mini Lesson"),因其自身周期短、灵活性强、易操作的特点得到广泛的应用和推广。

我们认为:微课程应是一种适应现代快节奏,适合移动学习、泛在学习、碎片化学习等而围绕某个教学主题精细化设计的讲座长度不长于10分钟的内容精、容量小的新型课程形态,具有容量小、时间短、自足性、基元化、便于传播学习等特点。

(二)微课概念对比

表1 微课程与相关概念的对比

比较维度	短课程	微讲座	短课	微视频	微课程
概念性质	课程类	资源类	资源类	资源类	课程类
适用领域	主要应用于学校课堂教学、校本研修、微格教学或者小粒度的网络课程	主要作为学校课堂教学的补充资源或者翻转课堂的教学资源	主要作为教师专业发展的学习资源或者学生的课外学习资源	是微讲座、微课和微课程常用的媒体表现形式	主要适用于网络学习
适用学习类型	针对学生的在校学习,主要应用于正式学习	可应用于正式学习和非正式学习 适合学习者进行移动学习、泛在学习和碎片化学习	主要应用于教师学科专业发展培训 适合教师进行移动学习、泛在学习和碎片化学习	可应用于正式学习和非正式学习 适合学习者进行移动学习、泛在学习和碎片化学习	可应用于正式学习和非正式学习 适合学生进行移动学习、泛在学习和碎片化学习

(续表)

受众	学生	学生/普通民众	教师	所有人群	学生/普通民众
技术媒体	文本、音频、视频、动画等	主要为微视频	主要为微视频		文本、音频、微视频、动画等

概念性质上,微课程与微讲座、微课和微视频有着本质差别,后三者皆属于资源范畴(有人将它们统称为微资源),而微课程属于课程范畴,所以将微课程等同于微讲座、微课和微视频的说法是不恰当的。微讲座是微课程的核心组成部分,而且微讲座主要是以微视频的形式表现的。虽然微课程和微型课程都属于课程范畴,但是两者的内涵是不一样的,微型课程属于正式学习范畴,又被称为模块课程。

二、微课程的设计分析及概念模型

从本质属性来说,微课程设计是启发式的,是设计实践的产物。在微课程设计中努力汲取传统教育和网络课程框架下的教学法、认知科学和教学设计等经验。

三、微课程设计案例

将内容进行小粒度化是开发微课程的必要条件,但不是充分条件;微课程之间可以有内在逻辑,但是不应该存在显式内容依赖。

(一) 布卢姆教学目标分类简介

教学目标分类采用了"知识"和"认知过程"二维框架。

1. 知识:从具体到抽象划分为事实性知识、概念性知识、程序性知识和元认知知识;

2. 认知过程:认知复杂程度由低到高排列为:记忆、理解、应用、分析、评价和创造。

（二）微课程的内容切割

（三）微课程的活动设计

（四）微课程的整体结构

在设计开发微课程前，首先要对内容进行小粒度化和要点提炼，并且要使得彼此间的内容相对独立，然后再对各个微课程中的教学活动进行设计。这些工作准备完成后，可着手各活动内容的具体设计与开发，如微视频的设计开发、测试题的规划制作等。

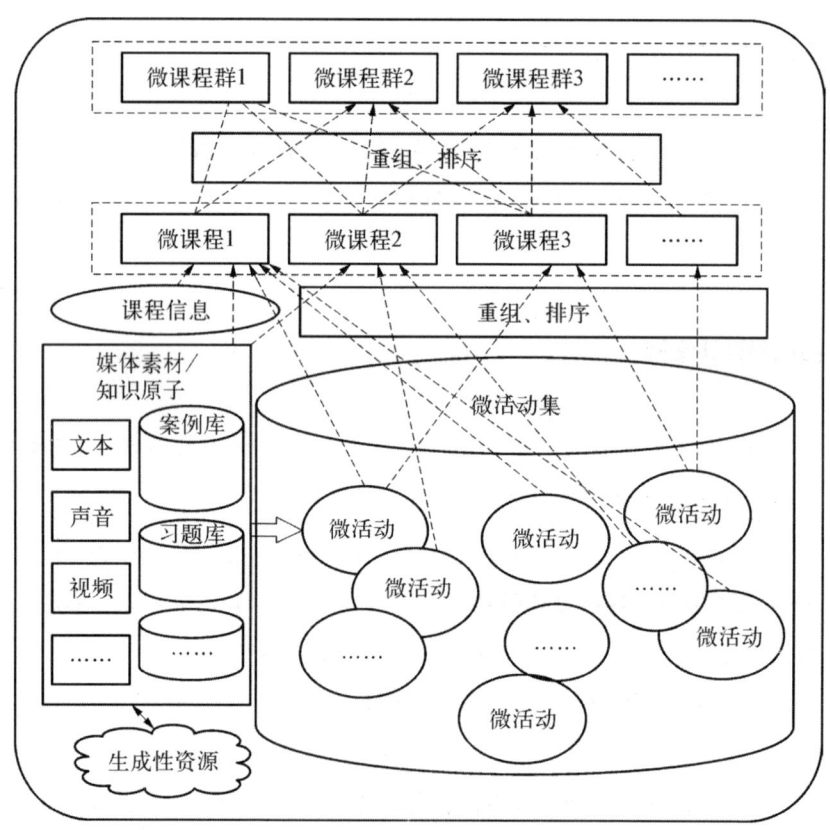

图1 微课程设计的概念模型

微课程是由多个微活动组成的,微活动是指在线学习活动,如观看微视频、阅读讲义、在线测试、讨论等;且每个微活动中的内容是最小粒度的,如一个微活动中的微视频有且仅有一个,不能再拆分,也不会是多个。

> 智语连珠

- ◆ 在"微时代",人们利用排队等候、乘车、休息间隙或睡前等碎片化的时间,通过手机、iPad、笔记本电脑等便携智能终端设备获取和发布微内容,开展学习和交流,"微学习"已经成了一种全新的生活方式。
- ◆ 微课程并不是孤立存在的,通常与其他微课程形成一个微课程群,它们一般属于某个学科类别、某个主题模块或者某门课程。
- ◆ 在策划微课程的建设时,最好能从学习者的需求出发,对整个微课程群进行系统设计,而不只是考虑单一微课程的建设。在考虑每门微课程的独立性时,要考虑其与上层知识模块的逻辑关系,兼顾其系统性和完整性。

学 习 对 象
——网络教学技术的新理念*

胡小勇 祝智庭

> 学术卡片

文章以网络教学的需求为出发点,引出了一种国际流行的学习技术——可重用的学习对象,并在通过对大量理论文献分析综合的基础上,逐个阐述了学习对象的特性及其理论根源,同时亦对学习对象为网络教学带来的益处作出了相应的分析。

---

* 胡小勇,祝智庭.学习对象——网络教学技术的新理念[J].电化教育研究,2002(4):22-28.

一、学习对象的思想与概念

教学设计者可以建立适当大小的、能在不同学习情境下多次重复使用的数字化教学构件。那些由多个学习对象集成的教学信息可以相互组合并快速更新。

二、可重用学习对象的特性

(1) 可重用性；(2) 数字化；(3) 教学性；(4) 自足内聚；(5) 以元数据标识；(6) 可共享、可搜索、易接触；(7) 可聚合；(8) 跨平台、兼容性；(9) 目标指向；(10) 灵活性、可改制。

三、学习对象的理论基础

（一）面向对象的计算机科学思想
（二）构件显示理论
（三）教学事务理论
（四）细化理论

细化理论基本策略：组织结构、简单到复杂编列、课程内的编列。

（五）认知弹性理论

1. 认知弹性优势；
2. 认知弹性设计原则。

四、学习对象对网络教学的意义

（一）国内网络教学现状分析及趋势预测

1. 国家发展热点；
2. 国内教学设计方面不足。

(二) 学习对象给网络教学带来的优点

1. 使教育资源有效化、有序化;
2. 增加资源的高效检索、跨平台使用、重复使用;
3. 增加教学开发速率与效率。

智语连珠

◆ 从规范化后的网络远程教学来看,对教学资源的需求会更大、更高。借用我国的一句古话"巧妇难为无米之炊",没有高质量的网络教学资源,从根本上就会限制网络远程教学的发展。

开源硬件: 撬动创客教育实践的杠杆*

雒亮　祝智庭

创客教育(Maker Education)是信息技术使能的创新教育实践场,开源硬件(Open Source Hardware)则是实践者手中最重要的工具。该研究分析、梳理了开源硬件的概念、历史与发展;阐述了开源硬件的优势及其对创客教育的三方面影响;提出了可用于创客教育的开源硬件两种类型,梳理了两类可用于创客教育的具体工具,并详细分析了每种工具的特点与适用范围;最后,研究提供了三个国内外基于开源硬件的创客教育实践典型案例。

一、开源硬件的概念、历史与发展

从 20 世纪 60 至 70 年代,到 80、90 年代,再到 21 世纪,集成电路经历了大规

---

* 雒亮,祝智庭.开源硬件:撬动创客教育实践的杠杆[J].中国电化教育,2015(4):7-14.

模 TTL 集成电路、超大规模集成电路、开放价廉的开源硬件几个阶段。开源硬件发展蓬勃,开源硬件组织不断成熟,开源硬件设计越来越规范,开源硬件思想渗透至硬件设计的各个层面。

二、开源硬件的优势及其对创客教育的影响

开源环境中的创造比秘密进行的发明速度更快、成本更低、效果更好。

(一) 成本优势加快创客教育的普及
1. 多环节成本几近为零;
2. 成本控制灵活。

(二) 完整的产业链生态圈提升创客教育的实施效率
(三) 协作迭代的产品更新理念促进学习者成长

三、创客教育中的开源硬件工具

(一) 开源硬件开发平台
(二) 积木式开源硬件

四、开源硬件创客教育实践案例

(一) 案例
1. 西尔维娅·托德与她的"创客秀";
2. 科勒和她的四年级地区学校挑战赛;
3. 教师、课程、项目作品——谢作如与他的"DF 创客空间"实践。

(二) 启示
1. 不同种类的开源硬件可以为不同门类的教育提供恰当的工具,教师要善

用,就需要对不同工具的功能与特点有较为深入的理解;

2. 创客教育活动可以充分发挥教师与学习者的积极性,还可促进学习者转为"教学者"或"教学助理";

3. 通过校本课程的研发与教学实践,对现有信息技术、通用技术课程选修模块的改造等,逐步将基于开源硬件的创客教育从面向"精英"的课外兴趣小组等非正规学习转变为正规学习。

> 智语连珠

- 开源软件特有的升级机制,为创客教育中的学习者们提供了一种"合法的边缘性参与"的机会,促使学习者不断深入学习,向"中心参与"靠拢。
- 开源硬件并不仅仅是硬件设计方法的开放,而更多的是体现了一种创新理念的开放。
- 新产业革命的赋权,使科学技术创新不再仅仅集中于科层化管理的大型企业当中,以草根为中心的产品创新与生产制造成为可能。
- 开源硬件的成本优势可以加快创客教育的普及,完整的产业链生态圈可以提升创客教育的实施效率,但这些都只是途径而非目的。无论何种教育,其终极目的都是为学习者个体的成长与发展发挥作用。

知识管理技术与 e-Learning 资源库建设研究*

张一春　祝智庭

资源库是网络化学习的重要基础,是教育领域一个全新的增长点。研究把知识管理技术引入资源库建设,尝试把握资源库建设的方方面面,成功建设与管理

---

* 张一春,祝智庭.知识管理技术与 e-Learning 资源库建设研究[J].电化教育研究,2003(5):53-58.

e-Learning 资源库。本文从资源库的现状出发,剖析和介绍了知识管理技术,并用知识管理技术分析 e-Learning 资源库建设的几个问题,探讨教学资源库建设的途径与方法,并对资源库的发展提出了一些看法。

一、e-Learning 资源库及其发展现状

(一) e-Learning 资源库的核心内容与功能

(二) 资源库建设的重要意义

(三) 资源库建设现状

资源库建设初期的今天,仍然不同程度地存在着一些问题,主要有:(1)资源库建设的标准不一;(2)缺少资源库的开发、管理和运用平台;(3)资源库中的资源形式单一;(4)资源库建设重复,浪费严重;(5)资源库利用率较低;(6)硬件投入大,软件建设差;(7)缺少评价体系与方法。

二、知识管理的特征

知识管理特征:(1)知识管理基于"知识具有价值";(2)知识管理是提高企业竞争力的关键;(3)知识管理是最新的管理方式,且具有无限探索价值;(4)科技进步对知识管理影响深远。

三、资源库建设中的知识管理技术运用

(一) 明确资源管理的主题

1. 资源鉴别;

2. 资源获取;

3. 资源组织;

4. 资源使用;

5. 资源如何服务学习者。

（二）明晰资源管理的框架

1. 掌握建立、测量、评价、实施、控制资源的工具方法；

2. 了解整体及各部分组成：资源测量、归类、分析、引用、编码、组织。

（三）确定资源的创造与获取

1 资源建设途径：购买、下载、交换、改制、自行设计开发；

2. 创造及获取资源库资源注意事项。

（四）资源建设过程及资源共享
（五）健全资源管理库系统

较为完善的资源管理库系统包括：资源中心、资源贡献与收集系统、资源检索系统、分布式系统、资源内容管理。

四、资源库建设的发展与展望

e-Learning 资源库新的变化：资源的多样化、检索的快捷化、重组的灵便化、功能的综合化。

（一）对建设资源库的思考
（二）建设资源库的建议

1. 建立从上到下的部门及领导小组；

2. 成立资源库建设工作组；

3. 充足经费保障；

4. 分工合作，齐头并进。

看图说话

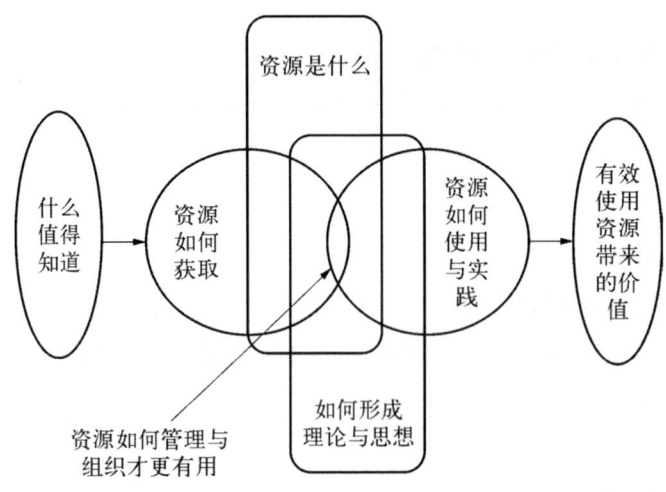

图 1　从知识管理看资源管理的五个部分

智语连珠

◆ 不论人们是否意识到,不论知识管理的水平曾经如何低下,知识管理是自古以来就存在的,而随着人类文明的不断进步、知识作用的不断增大和知识价值的不断增加,人类对知识的管理水平也在不断提高。

◆ 资源库建设是一件任重道远的大事,我们必须认真研究与发掘知识管理的精华,采用先进的、科学的管理办法,高标准、高成效地建立起自己的资源库,使教育信息化工作可持续发展。

视频微课的实用学分析*

刘名卓　祝智庭

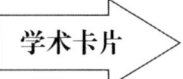

视频微课兴起,为信息技术进课堂、信息技术与课程的深度融合以及信息技术对教学方式的改变提供抓手。本研究旨在从实用学视角,通过分析视频微课的常见应用情境,关注视频微课的效用,以揭示视频微课设计开发与应用之间的关系,加强微课设计与应用情境间的对话。本研究首先分析了目前微课设计与应用存在的问题及局限性,然后对视频微课的常见应用情境进行了分析,之后在综合分析的基础上提出了视频微课的应用模型以及视频微课设计与应用的关系图。

一、问题提出

微课设计与应用的局限性

微课研究主要形成和遵循以下五个维度:教育变革维度、理论探索维度、策略空间维度、应用效果维度、共建共享建设维度。

微课应用与设计特点考虑不足:(1)缺乏视频微课应用的广阔视野,没有突破传统课件应用的禁锢;(2)缺乏视频微课设计开发的策略和方法。

二、实用理论引入

(一)实用主义理论及其启示
(二)语用学理论及其启示
1. 语用学关注语言的使用与功能,其核心要旨是:意义在于用法;
2. 语用学关键词:句法学、语义学和语用。

---

* 刘名卓,祝智庭.视频微课的实用学分析[J].开放教育研究,2015,21(1):89-96.

三、视频微课应用情境分析

(一)常见应用情境

1. 功能上:优化课堂教学、转变教学方式;
2. 应用领域:基础教育、高等教育、职业教育、培训等;
3. 学习方式上:完全自主在线学习、以课堂学习为主等。

(二)视频微课的应用情境归纳分析

1. 微课与传统课件的区别:自足性、易传播、一课多用;
2. 好微课条件:(1)要聚焦一个知识点,进行完整的教学设计;(2)完整的结构,具有导入、阐释和小结等环节;(3)尽量避免只是知识快照,在微视频中要巧妙设计系列问题进行层层引导,以触发学习者深度思考;(4)要与"学科""课堂"深度融合,讲透针对性的内容;(5)上下文不"粘连",避免情境绑定,情境约束可以交给学案去做;(6)充分考虑不同学科、学段和课型对教学样式的差异需求等。

(三)视频微课的应用模型

微课虽然一般基于一定的情境和目标而产生,或者说是为特定的情境和目标制作的,且在应用过程中产生了不同的应用价值,但其应用价值不仅仅局限于特定时间、特定情境中的应用,同样可以在其他情境中得到很好地应用。

四、实用思维下微课设计与应用的关系

视频微课最初是为特定的情境和目标制作的,它同时也可以用作课后复习,可以供教师所教班级学生使用,也可与其他教师共享,还可用于将来的同学使用,形成教师教学资源库,还可形成学校的知识资产。

借用语用学的思想,从微课的应用情境开始,通过分析视频微课的应用情境,分析其应用目标,确定应用定位,勾画出应具有的功能、确定选题、进行教学设计与画面设计,然后选择合适的制作工具,收集编辑媒体素材,开发出成型的产品。

所开发的产品匹配不同的教学目标和学习活动（教学活动）可以满足用户不同情境的需求。这种方式的优点是以具体的情境为中介，有助于提高最终产品的实用性和应用价值。

五、结语

语用与实用概念的引入，可以解决微课应用与其设计开发之间关系的困惑，并在应用与开发两个方面提供新的解决问题视角。从实用学角度开发课件，面向应用，提倡一课多用、共建共享，突破时空与思维的限制，充分考虑微课在不同情境应用时目标价值的不同，着力提高最终产品的适用性和可用性。同时鼓励教师创造性地应用，充分发掘微课自身的功能，开展丰富多彩的教学。此外，在视频微课管理技术方面，实用学视角可以为我们拓展新的研究课题。

看图说话

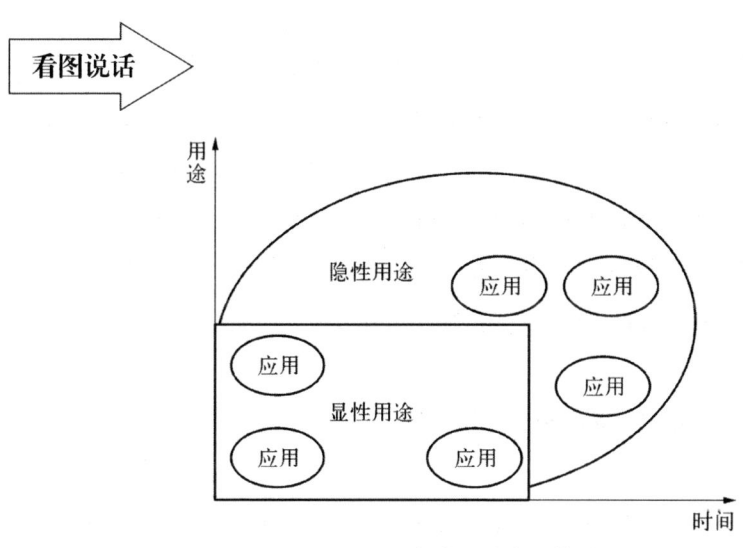

图 1　视频微课的应用模型

智语连珠

◆ 视频微课的设计与应用是相辅相成、辩证统一的，视频微课的建设应尽量做到以用为始,以用为终。

◆ 语用学认为语言是社会化情境下的社会化工具,语言交流的某些方面是否恰当,取决于其与情境的相关性。"因此语用的评价需要在整个对话的框架中进行,而不是独个的单元。"

◆ 与传统教学方式相比,微课不是课堂教学录像的片段,而是碎片化的知识点的讲解,时间在5分钟左右。由于时间较短,所以讲解过程要精细化设计。

数字教育资源共建共享的系统分析框架研究*

钱冬明　管珏琪　祝智庭

数字教育资源共建共享行动已成为当前教育信息化工作的重要内容和实践热点。文章提出共享需满足跨平台、跨终端、跨区域的要求,并基于对数字教育资源共建共享系统要素的分析,提出数字教育资源共建共享分析框架。从可用性、适用性、重用性、生成性分析优质教育资源特征,论述应共建共享怎样的数字教育资源;同时提出促进教育资源共建共享的技术环境和动力机制。最后基于分析框架,思考推动数字教育资源共建共享的可持续发展问题。

一、数字教育资源共建共享的内涵

数字教育资源共建共享是借助现代信息技术,基于支撑平台以免费或适当收费的方式提供给大家共同使用,是实现教育资源社会和经济效益最大化的有效手段。从内部看是一个系统动力机制问题,从外部看是一个市场经济机制的问题。数字教育资源共建共享系统的运作,在共享程度上可以分为跨平台、跨终端、跨区

---

* 钱冬明,管珏琪,祝智庭.数字教育资源共建共享的系统分析框架研究[J].电化教育研究,2013,34(7):53-58+70.

域等三个方面的共享。

二、数字教育资源共建共享系统的要素

数字教育资源共建共享系统应包含如下要素：共建共享主体，影响共建共享的外部技术环境支撑因素和内部的动力机制因素。

三、数字教育资源共建共享的系统分析框架

基于以上数字教育资源共建共享系统的要素分析，纵向上以数字教育资源、共建共享主体为对象，横向上从技术维度、非技术维度两方面构建了数字教育资源共建共享的分析框架。

（一）优质数字教育资源的特征

1. 可用性；
2. 适用性；
3. 重用性；
4. 生成性。

（二）促进教育资源共建共享的技术支撑维度

1. 教育资源描述技术；
2. 教育资源制作与聚合技术；
3. 教育资源传送技术。

（三）促进教育资源共建共享的动力机制

数字教育资源共建共享系统的良性发展有赖于良好的系统运转机制，而动力机制将为系统运转提供持续能量。

1. 动力机制

（1）面向资源供方的资源建设动力机制；

(2)面向资源需方的资源应用动力机制。

2. 动力来源

(1)内在动力:问题解决、专业发展、价值实现等;

(2)外在动力:政策驱动、经济利益、社会评价、竞争压力等。

3. 实现机制

(1)诱导需求驱动;

(2)增进认同带动;

(3)多方激励推进。

四、数字教育资源共建共享的可持续发展问题

(一)形成数字教育资源共建共享的评估机制,保障教育资源优质化

(二)充分应用现代信息技术为资源共建共享创设良好技术环境

(三)构建数字教育资源共建共享的良好动力来源

看图说话

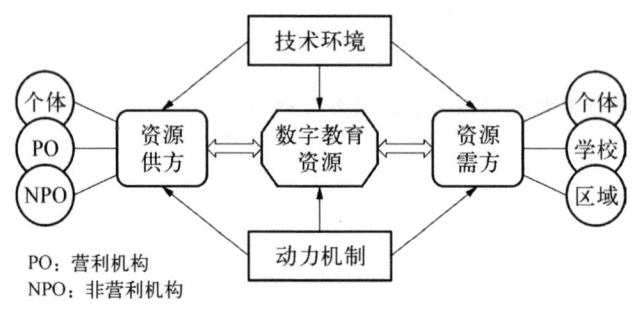

图1 数字教育资源共建共享系统结构

智语连珠

◆ 在整个数字教育资源共建共享系统中,只有系统外部环境良好,系统内部

各要素相互积极作用才能促成数字教育资源共建共享系统的良性运转。
- ◆ 作为数字化教育资源共建共享的基本要素,建设丰富优质的数字教育资源是共建共享系统的重点。我国数字教育资源建设发展的关键词总体可概括为:有无、能用、好用。
- ◆ 教育资源不是一般的文化媒介,其本质反映的是教育性而非完全纯技术特性。
- ◆ 越来越多的教育资源和越来越复杂的资源获取方式给用户带来的"信息超载"、"信息焦虑",需要提供资源聚合技术以创设良好的资源使用环境。

高校精品课程应用调查及其对精品资源共享课建设的启示*

王娟　刘名卓　祝智庭

精品课程建设是《国家中长期教育改革与发展规划纲要(2010—2020年)》提出的优质教育资源可持续发展的重要课题。为推进精品课程的可持续发展,研究对其应用现状、存在问题、影响因素及未来趋势等方面进行了调研,以启示"十二五"期间精品资源共享课的建设,如系统架构、内容格式、服务平台、终端设备等。

一、调查概述

(一) 研究目的

研究旨在从使用者视角出发,了解精品课程的使用目的、使用需求及影响因素等,探究精品课程建设的有效路径,为共享课的建设提供可行性方案。

---

* 王娟,刘名卓,祝智庭.高校精品课程应用调查及其对精品资源共享课建设的启示[J].中国电化教育,2013(12):40-46.

(二) 研究对象

六大行政区高校学生。

(三) 研究的信效度

(四) 研究内容及数据处理方法

从四个方面展开调研：(1) 对精品课程的认识和了解；(2) 精品课程的使用现状；(3) 精品课程使用的影响因素；(4) 精品课程的未来发展。

二、数据统计及分析

(一) 对精品课程的认识和了解

1. 精品课程的获知渠道；

2. 精品课程的使用目的；

3. 精品课程对学习者的帮助；

4. 学习者对精品课程的态度。

(二) 精品课程的使用情况

1. 精品课程的使用频率；

2. 精品课程的使用效果；

3. 对精品课程的满意度。

(三) 精品课程应用的影响因素

研究采用调查研究法，在对现有文献研究基础上，通过专家访谈和调研整理形成了影响精品课程使用的因素。研究进行了因子分析，对这些因素的相关性和应用效果进行检验。通过第二轮的专家调研，专家意见分歧较小。最终确定精品课程应用的影响因素为：课程资源、课程实施者、课程学习者、课程环境和媒介通道，其中课程资源影响最大，其次是课程的宣传推广、学习者自身因素等。

三、研究结论

(一) 精品课程的获知渠道单一

(二) 精品课程受到了学习者的普遍欢迎

(三) 精品课程的应用效果不理想

(四) 影响精品课程应用的因素较多

四、对精品资源共享课建设的启示

(一) 系统架构

1. 统一规划课程建设;

2. 课程覆盖多学科、多领域,以学习者为中心;

3. 资源具有多样性、可重用性,重视交互和支持服务;

4. 学习活动多样,满足学习者诉求;

5. 政策上做到公平公正。

研究还发现,提供相应的示范指导及技术规范有利于共享课的建设和发展。

(二) 内容格式

以学习者为中心,以良构方式组织资源,教学内容应采用模块化方式来组织,模块之间应具有相对独立性,以知识点或教学单元为依据,以保证课程内容结构合理、导航清晰,实现学习内容的碎片化,打通不同知识点间的壁垒,满足零散学习的需求,建立多重学习通道和立体化学习空间。同时单元模块的资源容量较小,易于重构和整合,为无缝学习提供了保证。

(三) 服务平台

共享课平台应提供多方面的学习支持,建设上使用相对统一的规范和标准,促进高层次交流。此外还应该加强平台多样性,以及提供多方面的学习支持。

（四）终端支持

加大精品课程推广力度，提高精品课程影响力，保证精品课程知名度。推进其建设的国际化步伐，扩大世界影响力，树立我国开放课程资源建设的品牌优势。

> **智语连珠**
>
> ◆ 开放平台还应具有开放性、多样性、自主性和延迟性等特征及合理规范的导航设计，进而为学习者提供同步和异步、实时与非实时的交互，促进学习共同体的构建，同时保障资源符合学习者的认知心理，不易迷航。
>
> ◆ 借鉴精品课程建设的经验教训建设共享课是当下实现优质资源共享亟待解决的热点问题，并最终形成中国特色高等教育内涵式发展道路，真正做到他山之石，可以攻玉。

可重用学习对象的分类法*

胡小勇　祝智庭

分类法是解决学习对象功能定位的重要理论依据。本文综合论述了几类常见的学习对象分类法：内容结构分类法、聚合度分类法、用途分类法，进而提出了网络环境中学习对象的粒度定位和特性。文章结语还对各类分类法与教学编列之间的关系做出了简要评析。

一、学习对象分类法的意义及标准

（一）从学习对象的内部结构进行分类

---

* 胡小勇，祝智庭.可重用学习对象的分类法[J].电化教育研究，2003(8)：9-12+17.

（二）从学习对象的大小规模进行分类

（三）从学习对象的用途进行分类

二、学习对象分类方法一：内部结构分类法

（一）结构特性分类法

（二）结构编列分类法

三、学习对象分类方法二：聚合度分类法

（一）Cisco 可重用学习对象策略

（二）LTSC/LOM

四、学习对象分类方法三：用途分类法

（一）综合类

（二）信息类

（三）实践类

五、网络环境中学习对象的粒度定位

（一）六类网络环境中的学习对象

媒体块、简单媒体集、课时、模块、课程、课程体系。

（二）学习对象在内容、方法上所表现的特性

1. 当学习对象规模越大时，它的内容就越完整；

2. 不同规模大小的学习对象所表现出来的可重用性是由内容的教学意义和适用方法的灵活性两方面综合决定；

3. 学习对象的可重用性高低要由内容规模和方法改制及技术制作的优劣三

者的综合积值而定。

六、结语

借鉴和启示：几类学习对象分类法，第一类分类法侧重的是学习对象内部结构的编列特性；第二类分类法侧重于学习对象编列后的结构大小；第三类分类法则关注学习对象编列中对某类内部的侧重。

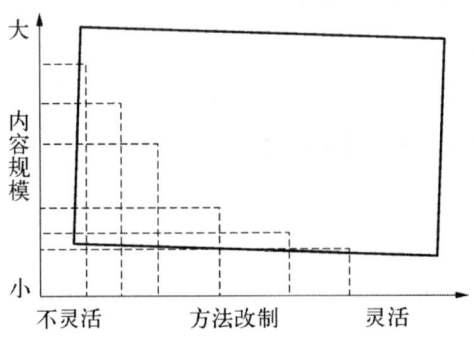

图1 学习对象的规模灵活与可重用性关系

智语连珠

- 虽然各类学习对象在某一类特性的维度上可能存在着谁高谁低的表现，但是却不能从根本上决定这类学习对象的可重用性是独一无二、超出他类的。
- 将学习对象运用于教学过程中，有两个不可回避的问题：一是对象粒度（Granularity）的大小，即多大的学习对象才是合适的；二是对象的教学编列（Sequence），即如何来编组排列学习对象。

OER 典型项目的剖析研究*

祝智庭　余平

本文剖析了开放教育资源的内涵,然后结合 OER 的丰富内涵,分析了当前五种典型的 OER 项目特点及提供的多方位的服务。OER 主要是在教学中使用,本文从学生、教师和管理者三个角度归纳了 OER 资源在教学中的应用。

一、主要 OER 项目

(一) OpenLearn——丰富的学习工具

1. 内容结构:课程与模块;

2. 丰富的学习工具:Flash 直播会议、FlashVlog、知识图、学习日志、学习俱乐部、共享活动、活动报告、课程论坛。

(二) Connexions——内容发布、协作与重用

(三) OLI——交互与反馈

给学生反馈、给教师反馈、给课程设计者反馈、给学习科学研究者反馈。

(四) MERLOT——元数据丰富的资源链接库

针对学习库学习素材的教学体验,可被组织为任务、评价、个人资料集、快照。

二、OER 项目的技术特点

(一) 采用标准的资源获取技术、遵循教育技术标准,支持内容共享

(二) 注重元数据在系统中的应用

---

* 祝智庭,余平.OER 典型项目的剖析研究[J].电化教育研究,2009(10):68-74.

（三）将媒体资源托管在专业媒体资源管理平台

（四）采用开源内容管理平台

（五）真正实现开放访问

三、OER 资源服务

（一）分类与索引

（二）搜索引擎

（三）协作交互

（四）远程实验

（五）评估与评价

四、OER 资源在教学中的应用

（一）学生视角

（二）教育者视角

（三）管理者视角

五、结语

我国在 OER 建设过程中可以借鉴国际上已有 OER 项目的成果：建立"开放"理念；重视资源服务体系建设；在教学中充分利用资源服务；在 OER 项目建设中，采用开放技术和标准，实现系统互操作；由政府牵头开展 OER 建设。

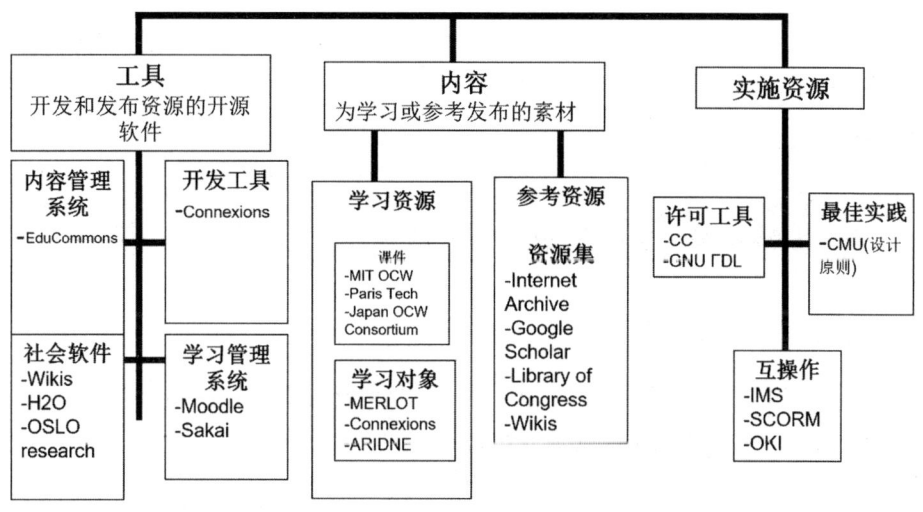

图 1 开放教育资源概念图

数字化教学资源的需求和供给模式研究
——公共产品的视角*

苏小兵 祝智庭

数字化教学资源的交易或共享,本质上是其作为私人产品或公共产品的市场需求和供给的问题,其交易或共享的过程是一个资源重新优化配置的过程。本文

---

* 苏小兵,祝智庭.数字化教学资源的需求和供给模式研究——公共产品的视角[J].中国电化教育,2012(8): 78-82.

从公共产品的视角把数字化教学资源分为私人产品、准公共产品和纯公共产品。并从市场经济的角度分析了数字化教学资源的需求和需求量,认为学习者的需求取决于学习者面临的实际境况,两者关系可以用函数 $D=f$ 来表示;认为学习者对数字化教学资源的需求会不会转变为需求量取决于所要支付的成本,两者关系可以用函数 $C=f$ 来表示。最后根据公共产品的纯度将数字化教学资源的供给归结为四种模式:政府供给;市场供给或校际共享,政府购买或补助,政府管制;市场供给,政府管制;市场供给。

一、数字化教学资源的分类——公共产品的视角

具有很强竞争性和很强排他性的教学资源归为私人产品(服务);具有较强竞争性和较弱排他性,或者具有较弱竞争性和较强排他性的教学资源归为准公共产品(服务);具有弱竞争性和弱排他性的教学资源归为纯公共产品。

二、数字化教学资源的需求及需求量分析

(一)学习者对数字化教学资源需求要素

1. 数字化资源面向专业层面还是素养层面;
2. 数字化资源是高结构还是低结构。

(二)学习者需求境况分析

1. 学习者身份;
2. 学习者业务水平或学业成绩。

(三)概念对比

数字化教学资源的需求和数字化教学资源的需求量是两个不同的概念。学习者使用(消费)资源的成本越高,则对该资源的需求量越少,当成本太高时,"他们会找出更经济有效的方式来实现他们的目标"。

（四）衡量学习者学习成本

1. 耗费的时间；

2. 支付的货币；

3. 耗费的智力；

4. 交易成本。

三、公共产品的纯度与数字化教学资源的供给模式

非排他性、非竞争性、无收益性、制度约束性越强，受益群体量越多，作为公共产品的纯度就越高，则其供给模式越倾向于政府供给；反之，非排他性、非竞争性、无收益性、制度约束性越弱，受益群体量越少，作为公共产品的纯度就越低，则其供给模式越倾向于市场供给。

1. 政府供给；

2. 市场供给或校际共享，政府购买或补助，政府管制；

3. 市场供给，政府管制；

4. 市场供给。

四、结论

（1）数字化教学资源的交易或共享，本质上是其作为私人产品或公共产品的市场需求和供给的问题，其交易或共享的过程是一个资源重新优化配置的过程。

（2）作为数字化教学资源的提供者，在考虑学习者的不同需求（需要）时，也要考虑学习者可能需要支付的成本，以提高学习者产生真实消费的意愿。

（3）公共产品的纯度影响其供给模式。

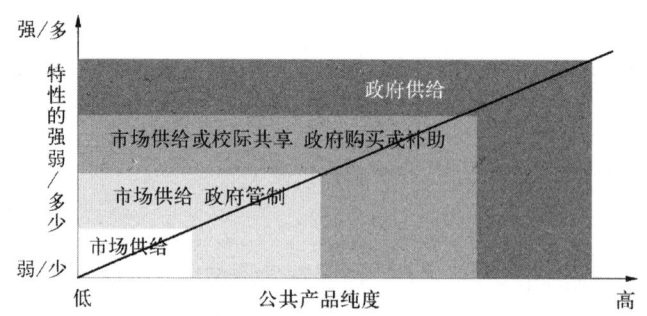

图 1　数字化教学资源的消费特性与公共产品纯度、供给模式之间的关系

- ◆ 在向学习者提供数字化教学资源时,不仅要根据学习者的不同需求(需要)来提供不同的数字化教学资源,以满足学习者个性化的要求;更重要的是考虑学习者可能需要支付的使用成本,以提高学习者产生真实消费(使用)的意愿。
- ◆ 对于数字化教学资源市场而言,无论是政府供给、校际共享,还是市场供给,要保证资源的最优配置和配置的可持续,关键在于通过市场机制的方法在供给者、需求者和出资者之间达成一个利益的平衡。

学习资源应用情境的建模： 实用学的技术关键[*]

李文昊　祝智庭

定位、描述学习资源以及提供资源服务的计算环境都开始涉及应用情境建

---

[*] 李文昊,祝智庭.学习资源应用情境的建模：实用学的技术关键[J].电化教育研究,2006(7)：9-14.

模。本文尝试分析学习资源应用情境中的角色和功能，归纳出应用学习资源的步骤，并讨论了外部情境的属性和情境推理的策略。

一、资源提供者与服务提供者的分离

学习资源开发与应用中有三类角色：资源提供者、服务提供者和教学工作者。随着应用情境的复杂化，资源提供者和服务提供者趋向于分离，服务提供者更加关注于教学工作者的应用情境。

（一）两者分离带来的优点
1. 利于学习资源的共享和交流；
2. 便于保护学习资源的版权；
3. 能够提供与用户使用情境相关的服务；
4. 使用户使用界面的一致性及其使用难度降低。

（二）两者分离产生的问题
1. 学习资源的标志符问题；
2. 学习资源的描述格式问题；
3. 资源提供者和服务提供者通信和交流资源的问题。

二、资源对象信息模型对应用情境的逐步依赖

（一）从永久性的资源定位到生成性的资源定位
文章介绍了国际标准书号（ISBN）、统一资源定位器（URL）、数字对象标志符（DOI）、OpenURL等。资源对象的标志和链接正从固定的全局性标志向着和应用情境依赖的链接发展。

（二）从情境独立元数据到情境相关元数据
为了描述和表征学习资源，出现了很多有代表性的学习资源元数据表示

规范,如"都柏林核心元数据"(简称 DC)。目前 Web 相关技术的发展使得 DC 走向技术的底层,作为基本语义单元融入到各种技术标准中去。同时,学习资源的元数据已经从学习资源内容的纬度描述转向内容和情境共同关注的描述方式。

(三)从分布式计算的情境独立到泛在计算的情境依赖

资源和服务的分离产生出分布式应用。自 20 世纪 90 年代以来,情境感知获得了分布式系统研究者极大的关注。当教学人员或者类似的自动系统使用学习资源时,他们实际上是将资源放置在特定的应用情境中。标志、定位、描述学习资源以及提供资源服务的计算环境都开始涉及应用情境建模。

三、学习资源应用情境的信息建模

(一)常用的建模语言及其情境建模功能

最引人注目的建模语言是 Booch1993、OOSE 和 OMT-2 等。这三种建模语言的主要创始人 Grady Booch、Ivar Jacobson 和 Jim Rumbaugh 最终联合起来创造了一种开放的统一建模语言(UML)。UML 当前的版本是 2.0,这个规范定义了 13 种图式,与情境建模功能相关的主要有用例图和活动图。

(二)常用的情境建模方法

Strang 从情境对象的数据结构的类型对现存的情境建模方法进行了分类,分别是:关键值模型、标记协议模型、图形模型、面向对象模型、基于逻辑的模型和基于本体的模型。

(三)实用取向的情境建模:内容与情境的匹配

从实用学的角度,学习资源的应用是资源对象通过功能定位(资源的哪些功能可以达成教学目的)与教学工作者设计的活动相匹配,形成学习对象包,从而发挥学习资源的效用。

> 看图说话

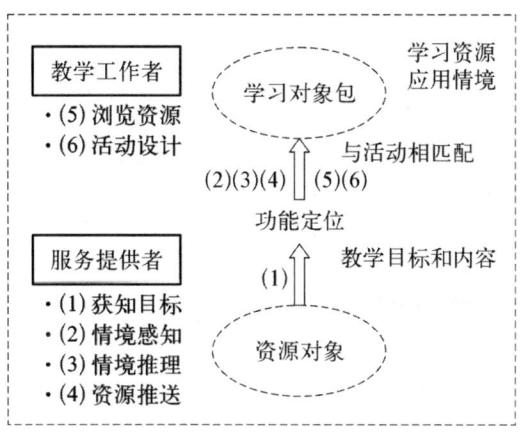

图1 学习资源应用情境中的角色、功能及其步骤

在学习资源的应用情境中,存在两种角色:教学工作者和服务提供者。在发挥学习资源的效用过程中,主要完成6项步骤:(1)获知目标和教学要求;(2)感知外部情境;(3)进行情境推理;(4)资源定位及推送;(5)浏览资源对象;(6)设计教学活动。其中(1)、(2)、(3)、(4)步由服务提供者完成,(5)、(6)步由教学工作者完成,服务提供者提供教学支持。

> 智语连珠

◆ 基于逻辑的模型能够提供推理能力,基于本体的模型则提供了语义层次的互操作。

◆ 资源对象的内部情境和外部情境的关系决定了资源对象能否发挥其效用,它们的关系构成了情境推理。一般而言,资源对象的内部情境属性特定化越少,它能适合的教学情境就越多。

美国威斯康星州《信息技术素养》课程标准述评*

詹青龙　祝智庭

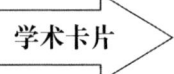

美国威斯康星州的《信息技术素养》课程标准现已成为示范性课程标准。文章对该标准关于高中阶段的内容进行了介绍,并在此基础上分析了该标准的特点,以供我国的信息技术教育工作者借鉴。

一、《信息技术素养》课程标准(高中部分)介绍

(一) 媒体与技术

1. 使用普通媒体、技术术语和设备;

2. 识别和使用普通媒体格式;

3. 使用计算机和创作型软件组织和创建信息;

4. 使用计算机和通讯软件获取和传输信息;

5. 使用媒体与技术创作和呈现信息;

6. 评价在作品和演讲中媒体与技术的使用。

(二) 信息与查询

1. 定义信息需求;

2. 形成信息查询策略;

3. 定位和获取信息资源;

4. 从印刷、非印刷和电子等多种形式的资源中评价和选择信息;

5. 记录和组织信息;

6. 解释和使用信息解决或回答问题;

7. 以适当格式交流研究和查询的结果;

---

* 詹青龙,祝智庭.美国威斯康星州《信息技术素养》课程标准述评[J].中国电化教育,2006(1):85-89.

8. 评价信息产品和过程。

（三）独立学习

1. 寻求与个人幸福和学业成功等有关的信息；

2. 鉴别和搞清文献及其他创造性的信息表述的原始含义；

3. 培养在读、听和观察方面的能力和选择性；

4. 展示内在动机和不断增加的学习责任。

（四）学习共同体

1. 有成效地参与学习小组或其他合作学习环境；

2. 负责任地使用信息、媒体和技术；

3. 尊重知识产权；

4. 认识到在民主社会知识自由和获取信息的重要性。

二、特征分析

（一）整合形成信息素养、媒体素养和技术素养到课程标准中，形成统一的概念框架

（二）以面向未来成功为取向

（三）注重问题解决能力的培养

（四）注重培养学生的批判性思维能力

（五）体现了知识与技能、过程与方法、情感与态度的相互渗透性

（六）具有很强的可操作性

面向创新能力培养的中小学创新实验室建设与应用*

徐显龙　管珏琪　张峦　苏小兵　祝智庭

中小学阶段是培养学生创新能力的最佳时机,本文采用调查研究、设计研究和系统布置设计的研究方法,分析创新实验室的内涵及分类,比较它与传统实验室的本质区别,提炼出创新实验室的主要形态,并分析创新实验室对学生创新能力培养的支持;设计创新实验室的构建维度,建立创新实验室建设框架;从空间设计、课程资源、师资队伍、运行机制和多元评价等方面探讨创新实验室的建设;以闵行中学为试点,初步证实了创新实验室能够在一定程度上提高学生的创新能力。

一、中小学创新能力培养

(一)创新能力及其构成

创新能力是指运用一定的知识和理论产生某种新颖、独特、有社会价值或个人价值的新思想、新观点、新方法和新产品的能力。

1. 创新意识;

2. 创新思维;

3. 创新技能。

(二)创新能力培养现状

1. 阻碍因素;

2. 发展对策;

3. 评价。

---

* 徐显龙,管珏琪,张峦,苏小兵,祝智庭.面向创新能力培养的中小学创新实验室建设与应用[J].电化教育研究,2015,36(3):70-76+106.

（三）创新能力培养存在的问题

1. 主观原因：自我调节能力偏低、基础知识相对薄弱、认知结构不够完善；

2. 客观原因：传统教育理念束缚、课堂教学亟待革新、教师素养有待提升。

二、创新实验室及其对创新能力培养的支持

（一）创新实验室的内涵及分类

创新实验室可以理解为以营造创新教育实践环境，提升学生的创新精神和实践能力为目标的实验室。有"以构造创新环境、培养创新人才为目标"与"以创新的实验方法来完成实验教学目的"两种类型。

（二）与传统实验室的本质区别

创新实验室与传统的基础学科实验室在功能定位、内容、研究方法、设备、教材等方面有着本质的区别。

（三）创新实验室的主要形态

1. 数字化实验室；

2. 校本创新实验室；

3. 科学工坊；

4. 气象站、环保监测站；

5. 科技馆。

（四）创新实验室对创新能力培养的支持

对创新能力的培养着重从学生和教师两方面进行。一方面，激发学生的创新意识、加强学生的创新思维、提高学生的创新技能；另一方面，提升教师的创新素养，学生创新能力的培养需要具有创新能力素养的教师。

三、创新实验室的构建维度与建设框架

（一）创新实验室的构建维度

创新实验室一共有三个维度支撑：物力—技术维度、信息—知识维度、社会—文化维度。

（二）创新实验室的建设框架

四、创新实验室建设的要素分析

（一）物理空间设计

（二）课程资源开发

（三）师资队伍培养

（四）项目运行机制

（五）多元评价方法

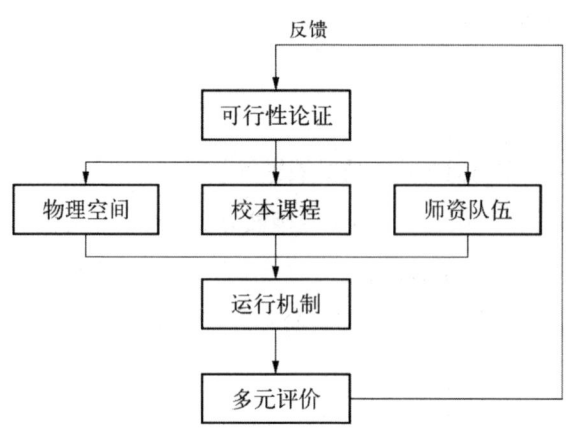

图 1 中小学创新实验室的建设框架

> 智语连珠

◆ 人的创新能力的培养和发展不仅需要扎实的认知教育,同时更需要丰富的非认知的综合实践活动教育。中小学阶段是培养人的创新能力的最佳时机。

开放教育资源的版权与访问许可研究*

余平　祝智庭

版权问题是开放教育资源建设中面临的主要问题之一。本文分析了与数字化资源相关的版权法规对 OER 的约束以及几种主要开放共享许可协议的特点,归纳了四类作品解决 OER 版权问题的方法,对于 OER 建设具有指导意义。

一、开放教育资源的版权问题

(一)"开放"内涵

(二) OER 相关的版权法规

1. 国外:《伯尔尼公约》;

2. 国内:《中华人民共和国著作权法》等。

(三) 版权法保护的权利

(四) 版权保护期

---

* 余平,祝智庭.开放教育资源的版权与访问许可研究[J].开放教育研究,2009,15(6):42-47.

（五）存在的问题

版权法对作品的访问权限、复制权、完整权、技术权等限制了用户的使用，难以最大限度发挥资源的价值。

（六）对于版权作品的合法访问方式

使用访问、转让、开放共享许可、合理使用、版权人放弃版权等。

二、开放共享许可

（一）核心理念

（二）开放共享许可协议

（三）协议的使用

三、合理使用

（1）国外：教育领域为合理使用主要领域；

（2）国内：对篇幅、数量、比例等没有明确规定。

合理使用还存在法律条款不清晰、技术封锁等障碍，但仍然是教育领域合法使用版权作品的一种途径，也是扩大 OER 使用范围的一种途径。

四、公共领域——自由使用版权

五、保护版权的技术手段

六、总结与建议

（一）当前版权访问类型

（二）解决版权问题方法

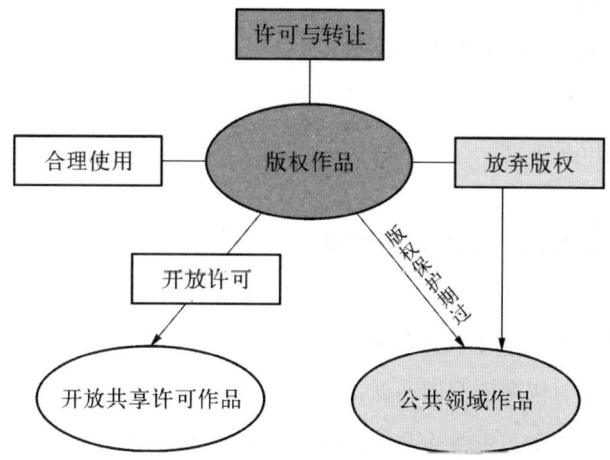

图1 版权作品的访问方式及与其他作品的关系

数字化学习资源共享的技术标准分析*

赵厚福　祝智庭　吴永和

数字化学习资源的自包含性和可寻址性是共享的基础。数字化学习资源共享包括元数据收集和认证传递两个层次。数字化学习资源共享的实现需要元数据、元数据收割和认证 Web 服务等方面的技术标准的支持。

---

* 赵厚福,祝智庭,吴永和.数字化学习资源共享的技术标准分析[J].现代教育技术,2010,20(6):66-69+74.

一、数字化学习资源共享的概念和基础

（一）学习材料
（二）数字化学习资源共享的基础
1. 资源是自包含的；
2. 资源是可寻址的。

二、数字化学习资源共享的层次和机制

（一）数字化学习资源共享问题
1. 数字化学习资源的分散存储；
2. 各个数字化学习资源库系统之间由于认证、技术体系和技术路线不同造成的互操作障碍。

（二）问题解决
1. 数字化学习资源的集成与发现；
2. 数字化学习资源的传递与交换。

三、数字化学习资源共享的技术标准分析

根据数字化学习资源共享的层次与机制，数字化学习资源共享需要元数据、元数据收割和认证服务三方面技术标准的支持。

四、结语

文章探讨了数字化学习资源共享的基础、层次与机制，并简要分析了可以参考的技术标准。由于学习资源共享需要解决很多问题，因此应该分步骤地实施。首先各个资源库应该为自己的资源提供完整的元数据描述；其次某个地区，或者

某个领域再尝试开发统一的资源库相互操作接口。

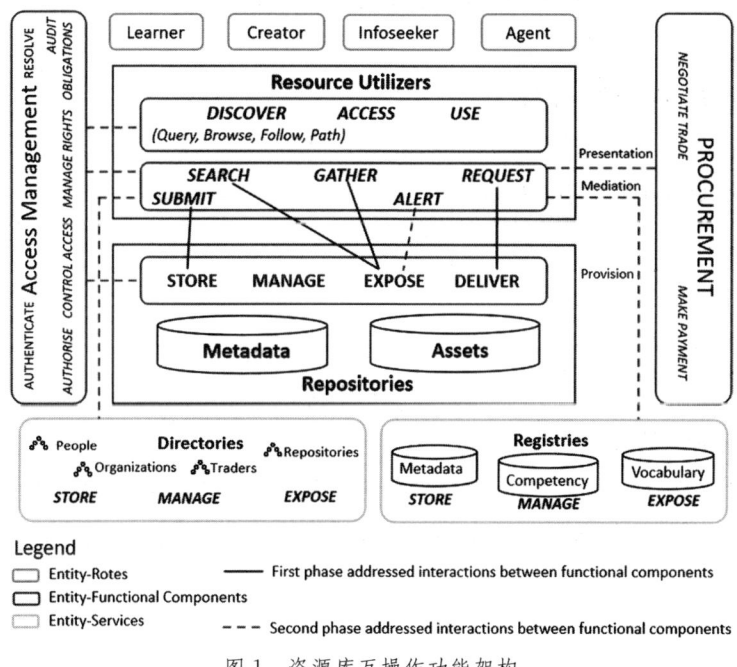

图 1　资源库互操作功能架构

数字化终身教育资源结构、分类及标准研究*

余平　钱冬明　祝智庭

数字化教育资源在终身学习的过程中扮演着非常重要的角色。研究从资源内

---

* 余平,钱冬明,祝智庭.数字化终身教育资源结构、分类及标准研究[J].现代远程教育研究,2014(4):47-55.

容与技术标准的视角出发,基于国际上三种知名的资源信息模型标准,提出一种扩展的信息模型,将每个层面的内容粒度分为原子级和组合级,清晰描述8种不同粒度的内容形态,基本涵盖了各种不同结构形式的资源。从面向学习者使用的实用视角出发,终身教育资源分类应综合考虑多种因素,对于正规教育资源可以参考国际/国家标准,对于非正规和非正式学习资源可以采用大众标签动态分类的方法。

一、终身教育资源的需求特点

(一) 数字化教育资源构成
1. 内容;
2. 工具;
3. 实施资源。

(二) 相关研究
相关研究以社区教育作为终身教育的切入点。调研发现,居民需求由高到低依次为休闲教育、生活教育、技能培训、职业培训等,且不同年龄段的教育需求重点有差异。

(三) 需求特点
1. 多样性;
2. 灵活性;
3. 动态性;
4. 开放性;
5. 易访问性。

二、终身教育资源结构与信息模型

(一) 资源结构
1. 学习资源构成要素:学习目标、学习内容、学习工具、学习活动、学习成果;

2. 学习者学习活动：一般检索、阅读、观看；在线参与一些互动操作；同伴及教学指导人员互动；

3. 资源的结构化形式：非结构化的学习资源、半结构化的学习资源、结构化的学习资源。

（二）扩展的信息模型的构成

1. 物理原子内容资源；

2. 物理组合内容资源；

3. 教学原子内容资源；

4. 教学组合内容资源。

（三）扩展模型特点及适用性

三种不同类型资源构建：非结构化资源、半结构化资源、结构化资源。

三、终身教育资源的内容分类

（一）分类准则与资源分类

1. 分类在属种概念之间进行，每级划分都只能有一个标准；

2. 各子项外延之和等于母项的外延，否则就会导致分类不全或多出子项；

3. 分类形成的概念之间不能为相容关系，属种概念不能并列。

（二）终身教育资源网站对资源的分类

新闻资讯类、课程资源类、文档资料类、互动交流类。

（三）与内容分类相关的国际/国家标准

（四）关于资源分类的建议

从面向学习者使用的实用视角出发，可以从资源内容、资源媒体类型、资源适用对象等三个主要维度进行分类，而在资源制作维度可以依据资源的结构化程度进行分类。

四、结语

终身教育资源的主要特点是多样性和灵活性,其资源结构需要适应这一需求特点。研究提出的资源信息扩展内容模型,归纳出的内容形态,可覆盖不同结构形式的资源,提高了资源的可重用性。研究还从学习者的实用角度,依据资源结构化程度,采用大众标签动态归类的方法对资源进行分类,加强了资源的重复利用率。

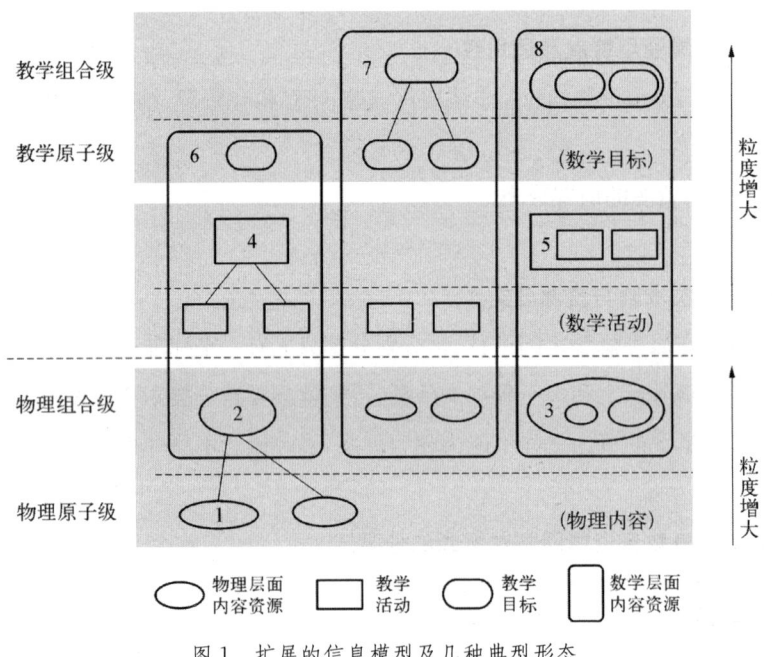

图 1 扩展的信息模型及几种典型形态

◆ 遵循科学的分类标准,采用灵活的信息模型,对资源进行结构设计和包装,

将能更大程度地适应终身教育资源多样性、灵活性的特点,最终实现资源的开放共享,促进人的全面发展。

视线跟踪技术在网络教育资源界面设计中的应用个案及启示*

刘名卓　姜曾贺　祝智庭

教育软件人机交互的自然性将直接影响学习者的学习体验和学习参与度,本文通过视线跟踪技术在网络课程原型界面设计中的可用性测试个案,探讨了如何利用视线跟踪技术的方法和策略优化软件开发流程中阶段产品的可用性水平。研究结果表明,较之传统的问卷调查和访谈等方法,视线跟踪技术可以更好地帮助设计者和开发者理解使用者是如何在界面上搜寻他们要找的目标链接或信息的,借此更好地了解用户期望和感受,为界面设计提供质的和量的改进依据。

一、视线跟踪技术概述

（一）定义

（二）视线跟踪技术参数

二、视线跟踪技术个案研究

（一）测试目的

（二）被试

---

* 刘名卓,姜曾贺,祝智庭.视线跟踪技术在网络教育资源界面设计中的应用个案及启示[J].中国电化教育,2011(4):71-76.

（三）测试工具与任务

（四）测试步骤

（五）测试结果分析

（六）结论

三、启示

（一）无学习者参与的设计是不完善的

（二）可用性是网络教学系统和网络课程的一个重要质量指标

1. 及早并持续性地进行可用性测试；

2. 迭代设计；

3. 综合设计。

四、结语

视线跟踪实验可以发现眼动跟踪所得出来的数据通常包括使用者对兴趣区域视觉注意的速度、频率和持续时间，为专业人员设计方面提供重要参考，加强了数字化教育产品的可用性。

基于中国网络教育内容分级标准的网页内容过滤体系研究*

吴永和　马晓兰　祝智庭

国内外目前已有的网页内容过滤实现途径主要有使用过滤软件、利用浏览器

---

* 吴永和,马晓兰,祝智庭.基于中国网络教育内容分级标准的网页内容过滤体系研究[J].电化教育研究,2006(10):41-45.

中的分级审查系统、在防火墙中增加内容过滤功能等,各有优缺点。本文提出了一个基于中国网络教育内容分级标准(草案稿)和基于 Web 服务的网页内容分级过滤系统。本文首先简要阐述了中国网络教育内容分级标准和 Web 服务的基本概念,然后在此基础上详细阐述网页内容分级过滤系统的整体架构。

一、中国网络教育内容分级标准(CHERS)概述

(一) CHERS 特点

1. 更适合中国国情,以代表我国利益的文化、理念、价值取向为出发点;

2. 采用二维的内容分级方案,同时采用内容分级维和年龄分级维;

3. 内容分类更加全面,除了对色情、暴力等进行过滤外,还过滤不良语言、恐怖、迷信巫术、军国主义、邪教、破坏民族团结、危害国家安全等网页内容。

(二) CHERS 应用过程及问题

1. CHERS 中分级的规定太笼统;

2. 由谁来贴标签的问题;

3. 在 IE 浏览器中无法让用户输入年龄。

二、Web 服务概述

(一) Web 服务的特征

(二) 网页内容分级过滤系统中使用 Web 服务的原因

1. 单个用户使用 web 服务方式的过滤系统体验好;

2. 局域网管理者工作量减轻。

三、网页内容分级过滤系统的体系架构

(一) 基于 CHERS 的网页内容分级过滤系统

1. 网页的分级标签使用 CHERS;

2. Web 服务的分级算法依据 CHERS。

（二）基于 Web 服务的网页内容分级过滤系统

1. 基于 Web 服务的网页内容分级过滤系统的基本架构：网页内容过滤服务中心、网页内容过滤服务提供者、网页内容过滤服务使用者；

2. 基于 Web 服务的网页内容分级过滤系统的实现模式：客户机—Web 服务(C-W)模式、局域网服务器—Web 服务(S-W)模式、客户机—局域网服务器(C-S)模式。

四、结语

本文提出了一种基于中国网络教育内容分级标准和基于 Web 服务的网页内容分级过滤体系架构，既能够实现标准的统一，又便于分级过滤的及时升级和统一管理；不仅可以用于网络上教育资源内容的过滤，同时也可以将该信息过滤机制推广到电子商务和军事安全等领域。

面向价值发现的学习资源描述方案：以 LRMI 元数据为例*

许哲　祝智庭

如何构建良好的资源生态，挖掘潜在价值成为资源建设与应用中一个研究热点。该文论述了当前学习资源价值的新诉求，以 LRMI 案例作为代表，总结了当前资源搜索的现实需求，分析了 LRMI 元数据的工作机制和当前学习资源库建设中的元数据描述方案。在 LRMI 中，元数据实现了对资源的基本

---

* 许哲,祝智庭.面向价值发现的学习资源描述方案：以 LRMI 元数据为例[J].中国电化教育,2014(11)：59-68.

描述,而伴生数据则通过提供额外的情境信息,与元数据相互补充共同完成了对资源的完整表示。同时,连通利益相关者、学习资源、学习注册中心、情境信息构成一个良好生态系统,也为未来学习分析和开放教育资源发展提供了潜在的解决方案。

一、学习资源价值新诉求：从"内容为王"到"情境至上"

(一) 新技术环境下的学习转变

学习体验从间断性转换为持续性,学习内容从指派接受到主动获取,开发者角色从内容传递转换为内容监管,学习规模从单一形式到规模灵活,绩效考量从学位指标到整体信用,学习反馈从分数等级到持续反馈,学习空间从报告大厅到协作空间等。

(二) 学习资源发展的价值走向

从铁板一块的、线性的学习资源,转变为粒度化的和适应性的学习对象;内容动态化和可重用;资源团体开发且可进化,可搜索整个资源组织体系中标签化的资源;应用适用于多个情境;结构分层组织;由专有交付平台到开放标准和互操作平台。

(三) 利益相关者的价值诉求

1. 学习者角度：以"学习者为中心";
2. 教育机构角度;
3. 内容提供商和出版商角度。

(四) 当前资源描述中的问题

1. 对教育资源进行统一描述比较困难;
2. 当前的元数据模式并不善于获取用户交互信息;
3. 未来学习资源的发展框架越来越趋向于从数字化教育生态环境构建的维度来思考。

二、面向价值发现的资源描述方案：以 LRMI 项目为例

（一）四大动力

1. 课程标准建设；
2. 大型企业支持；
3. 学习注册中心的新趋势；
4. 已有数字化资源基础。

（二）LRMI 项目需求调研分析
（三）LRMI 元数据的工作机制

1. 核心术语；
2. LRMI 工作机制。

三、LRMI 元数据方案及应用案例

（一）LRMI 规范词汇表
（二）LMRI 元数据与 LOM、DC 的映射
（三）应用实例分析

四、顺应价值发现趋势：LRMI 的前景和挑战

（一）开放教育资源已大势所趋
（二）大数据时代学习分析技术的发展迅猛

看图说话

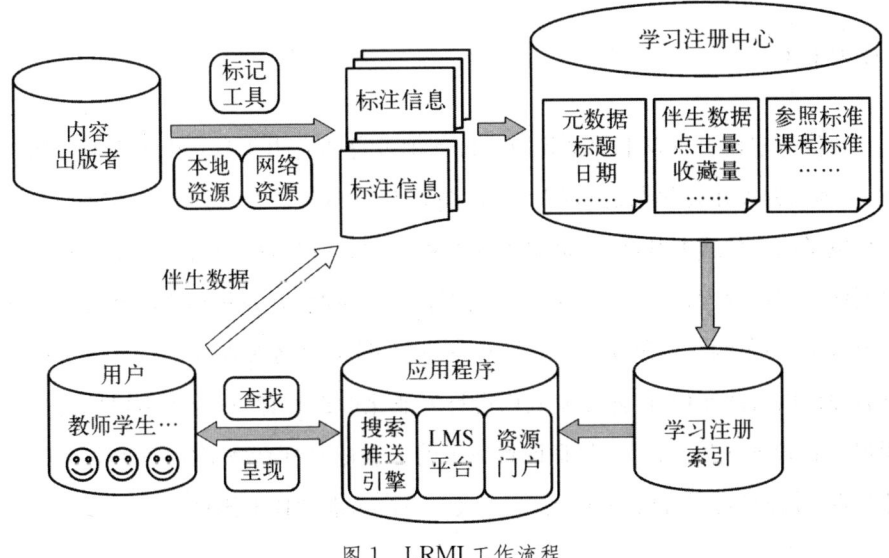

图 1　LRMI 工作流程

智语连珠

◆ 这种形式发生了巨大的变化,学习可以被理解为一种"流"(Flow),也就是说学习资源不再是匮乏的而是能够广泛获取的,学习机会是丰富的,而且学习者逐步掌握了在这种学习流之中进退自如。

◆ 学习不再作为一种简单的人与内容间的交互,而是放在一个复杂的学习生态系统中,在特定情境中实现从数据、信息、知识到智慧的跃迁。

主题五　课程资源　711

教师培训课程资源库运营模式的动力机制设计
——来自 C2C 电子商务模式的启示*

闫寒冰　祝智庭　蒋敦杰

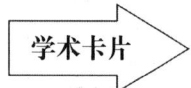
学术卡片

资源库建设一直以来都是我国支持基础教育的有力工具。作为资源库的一类,培训课程库在建设与运行的动力机制以及应用效益存在问题。本文在分析 C2C 电子商务模式的基础上,根据培训课程库的独有特性,提出了基于全新动力机制的培训课程库运营模式。在这一运营模式中,教育行政机构将经费投入与政策要求并重;由购买资源变为购买课程学习服务;允许各类课程"生产源"为中小学教师提供培训课程;依托专业机构进行专业化的课程评审;为校本研修的学分积累留有管理通道。此外,培训课程库中的课程还要具有微型化、学测评一体化的特点,并通过对课程的多种"属性"定义支持高水准的技术体验等等。

一、存在问题及动力机制

(一) 存在问题

1. 资源的更新与发展问题;
2. 资源库的使用效益问题;
3. 资源本身的质量问题;
4. 资源库的可用性问题。

(二) 动力机制

1. 当前为国家主导;
2. 应调动多方参与。

---

* 闫寒冰,祝智庭,蒋敦杰.教师培训课程资源库运营模式的动力机制设计——来自 C2C 电子商务模式的启示[J].中国电化教育,2012(11):1-6+98.

二、来自 C2C 运营模式的启示

（一）借助企业电子商务模式改进自身服务——C2C 模式有借鉴意义
（二）模式缺点

1. 购买一次性，打击开发者信心；

2. 政府主导购买，让潜在资源方失去优势。

（三）App Store 成功经验

1. 采用 C2C 的电子商务模式；

2. 通过严格入门检验保证应用质量；

3. 通过先进的技术支持良好的用户体验；

4. 一体化的软硬件模式保障了产品的知识产权。

（四）利益主体动力来源

1. 中小学教师的动力来源；

2. 课程提供者的动力来源。

三、基于全新动力机制的课程库运维概念模型

新模式更新点

1. 教育行政机构由单纯的经费投入变为经费投入与政策要求并重；

2. 教育行政机构由购买资源变为购买课程学习服务；

3. 由资源选购的封闭模式变为资源提供的开放模式；

4. 由粗放型资源评审变为专业机构的精细化评审；

5. 由完全依赖自主的学习变为自主学习与校本管理并重。

四、课程资源角度的思考——课程培训角度

（一）培训课程的微型化

（二）培训课程的学测评一体化

（三）培训课程的框架系统设计

五、各个利益主体的动力来源梳理

在基于全新动力机制所构建的培训课程库运营模式中，每一个利益主体都有适合自己的动力来源，为培训课程库良性地、可持续地运行创造了前提条件。

六、结语

本文的研究正是从管理视角出发，以动力机制为突破口，重构了教师培训资源库的运营模式。在这个运营模式中，"政策驱动"与"市场驱动"两方面的动力来源将产生聚合效应，最终形成良性循环，激发潜在的"社会文化"和"价值实现"动力，促进各利益主体的效益最大化，形成多赢局面。

看图说话

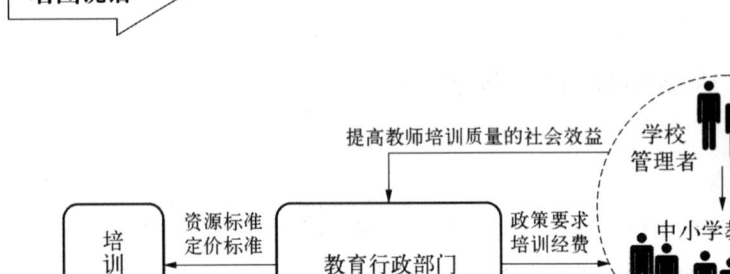

图 1 基于全新动力机制的培训课程库运维概念模型

智语连珠

- "管理"是教育技术领域的重要研究范畴,但与"教学设计"等研究范畴相比,教育技术人员在"管理"链条上的研究与思考是有所缺失的。
- 良性运维的培训课程库需要"政策驱动"和以 C2C 模式为代表的"市场利益驱动"的有机结合,缺一不可,并继而激发社会文化(终身学习文化)和价值实现(教师专业发展需求的满足)两个驱动力。

国外因特网内容标记与过滤技术调查*

林阳 祝智庭

因特网内容标记和过滤标准是我国现代远程教育技术标准的重要组成部分。在参与标准的制定过程中,笔者调查了大量国外此项工作的进展,针对过滤系统五要素对国外成果进行了解构分析,并评价了目前流行的六种过滤模式,最后指出其中存在的问题,对我国制定此项标准有一定参考价值。

一、过滤系统五要素

(一) 分级术语

1. 形式分级:描述式分级术语和评价式分级术语;
2. 用户范围:区域性分级术语和全球性分级术语。

---

* 林阳,祝智庭.国外因特网内容标记与过滤技术调查[J].电化教育研究,2002(2):31-36.

（二）分级实体

1. 因特网内容提供者；

2. 因特网内容包装者；

3. 当地监护人；

4. 第三方。

（三）分级制定

按形式分：标记工具自动对网上内容分级和通过调查或投票对网上内容分级。

（四）分级传输

（五）过滤实施

1. 按位置分："上游"过滤和"下游"过滤；

2. 按形式分："软"过滤和"硬"过滤；"软"过滤又可分为：推荐、告知、监督、警告。"硬"过滤可分为：搜索、屏蔽。

二、六种流行的过滤模式

（一）基于文本或图片的过滤模式

（二）推荐站点列表或屏蔽站点列表模式

（三）安全社区模式

（四）基于分级目的顶级域名模式

（五）用户认证和分区模式

（六）多方标记和分级模式

三、我国在开发因特网内容标记和过滤标准时应考虑的问题

（一）人们对目前过滤模式（或者说过滤产品）普遍表示不满意

（二）过滤产品的使用对许多不谙网络的家长和教师是件头痛的事情

（三）使用过滤产品的人在网民中占很小比例

四、结语

作为中国网络教育技术标准其中一个子项,因特网内容标记和过滤标准应着重强调"教育"和"中国"两个特色。目前标记和过滤标准虽然千差万别,尚未形成全球性的规范,但无不是以代表各自利益的文化、理念、价值取向为出发点,因此我国在制定标准时不仅要反映国际的主流趋势,更应强调中国的特点,中华民族的文化、价值观、我国的法律制度、社会规范、教育模式都应在标准中得到反映。

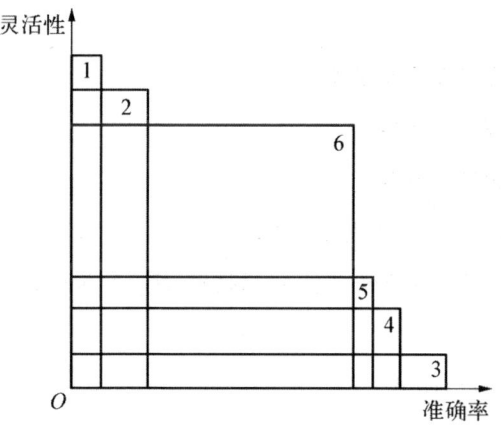

图1 过滤模式比较

开放·版权·盈利
——开放资源几个焦点问题研究*

余平　祝智庭

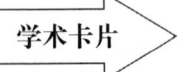

开放性、版权以及盈利模式是开放资源研究的三个焦点问题。文章从开放资源的定义分析其"开放"内涵,结合版权法律法规和许可协议提出开放资源的版权处理方法,之后对开放资源的盈利模式进行分析。开放、版权和盈利对于开放资源并不是相互排斥和矛盾的,在满足开放性要求、遵循版权规定的前提下,存在较大的盈利空间。

一、开放资源的开放性内涵

(一) 开放内容定义及使用权
(二) 开放存取宣言及特点
(三) 开放资源定义及要素

1. 资源可以自由获取、使用和重用;
2. 在使用资源时尽量减少约束,包括技术、社会和价格方面的障碍。

二、开放资源的版权与许可

(一) 版权与许可

1. 版权保护范畴;
2. 版权保护时间;
3. 开放内容;

---

* 余平,祝智庭.开放·版权·盈利——开放资源几个焦点问题研究[J].现代教育技术,2013,23(6):9-12.

4."知识共享协议"。

(二) 开放资源的合法访问方式

1. 版权人许可和转让版权、版权人开放共享许可、合理使用、版权人放弃版权等。开放资源一般使用第二种方式；

2. 不同类型作品关系：开放资源与版权作品的关系、开放资源与公共领域作品的关系。

三、开放资源的盈利及可持续发展模式

(一) 盈利模式

盈利方式有以下五种：作者付费、机构赞助、企业或图书馆支付、开放存取混合模式、增值服务和广告收入。

(二) 开放教育资源的可持续发展

1. 资源的持续生产与共享；
2. 资源在教育社区中被最终用户(教师或学习者)持续使用与共享；
3. 获得经费：捐赠、机构自筹、政府支持、伙伴交换、会员、转化。

四、小结与建议

本文从"开放"、"版权"与"盈利"三个方面分析了开放资源的理念、如何在遵循版权法规的前提下，使得开放资源可以盈利。开放的内涵，不仅仅是免费，而是强调用户获取、修改、发行资源的自由。开放资源的定义和许可协议大多没有禁止资源的商业使用，这为开放资源获得盈利提供了前提。

学习资源应用的有效性研究方法
——一种实用学分析取向*

孟琦　祝智庭

教育技术实用学从新的视角阐释学习资源的有效性,强调重视情境与技术应用的关系,为研究学习资源的应用效果和策略提供了方法的启示,以此为依据,本文提出研究学习资源有效性应考虑的关键问题,以及相应的研究设计思路和研究方法。

一、学习资源有效性的判定

（一）明确某个教学环节或活动的预期教学目的

（二）分析技术应用情境

（三）在教学活动过程中和结束后考察学习资源的教学效果

二、国内外相关研究现状

三、设计有效性研究的关键问题

（一）研究哪些学习资源

1. 学习资源适用性；

2. 学习资源关注范围；

3. 学习资源运用方式；

4. 学习资源范围：有实践价值、关注学生学习效果、围绕学习目的、实际条件等。

---

* 孟琦,祝智庭.学习资源应用的有效性研究方法——一种实用学分析取向[J].电化教育研究,2006(5):17-21.

(二）关注哪些效果

1. 关注效果：学习成就、行为改变、语言学习、各学科学习、态度、动机、学习策略、教师教育、创造力、高级思维、情感、道德、性别差异等；

2. 技术效果：从学校、课堂、社区等多个角度，从学生培养、教师专业发展以及学校信息化建设等多个维度。

(三）怎样产生预期效果

在如何在教学中有效应用技术的问题上，目前很少有系统的研究结论。借助情境访谈法建立结论：

1. 归纳得出教师有效应用技术进行教学的胜任力特征模型，了解到教师需要具备哪些能力才能实现有效应用技术；

2. 建立起在教学中有效应用技术的案例库。

四、总结与讨论

教育技术实用学思想为开展学习资源有效性研究提供了方法论的启发，不过我们也要看到研究需要面对的问题。第一，学习资源的类型更新很快；第二，技术应用情境复杂且类型众多；第三，目前国内尚没有系统地、大规模地对有效应用学习资源的关键事件进行记录和研究，因此建立教师有效应用技术的胜任力模型势在必行。

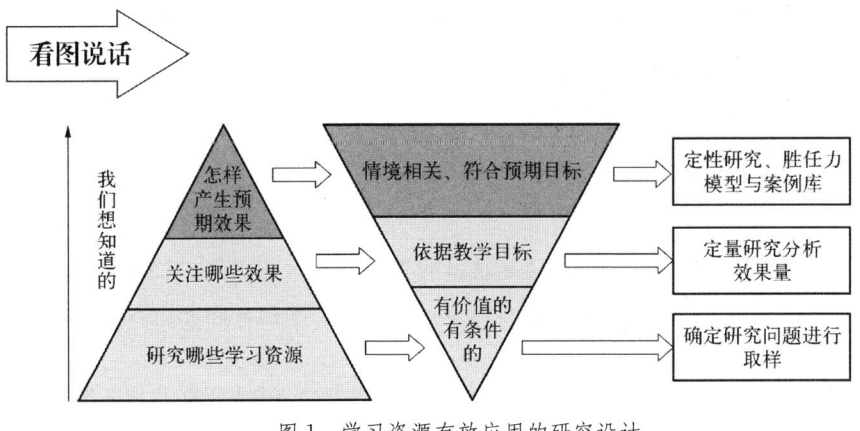

图1　学习资源有效应用的研究设计

智语连珠

◆ 教学过程是由多个环节或活动组成的,每个环节有各自的教学目的,学习资源服务于环节的具体目的,各个环节和活动的设计服务于整节课或单元的教学目的,并与整门课程的教学目的相一致,学习资源的应用和设计更多关注的是满足具体教学环节的需要。

研究型课程自适应学习系统:理念、策略与实践*

张治　刘小龙　余明华　祝智庭

学术卡片

探讨人工智能自适应技术在研究性学习领域的应用与实践具有重要意义。文章通过对研究型课程的内涵、理论基础和实施现状的梳理,基于上海市中学开展研究型课程的调研结果,研发了一套支持大规模在线开放式的研究型课程自适应学习系统。该文采用基于设计的研究方法,对该系统的概念模型和智能核心组件进行了设计;同时,基于系统设计了混合式研究性学习模式,对线上学习和线下进行探究;并对该系统的应用成效进行了概述。最后对该系统应用进行了总结,并提出了后续研究方向。

一、研究背景及问题提出

从20世纪八九十年代开始,越来越多的教育研究者意识到,如果学生不参与学习并对学习感到厌烦时,不可能会投入学习。有关学习体验的研究也发现,几

---

* 张治,刘小龙,余明华,祝智庭.研究型课程自适应学习系统:理念、策略与实践[J].中国电化教育,2018(4):119-130.

乎所有学生对学校学习都感到厌烦,甚至是那些高分学生。

研究性学习是一种情境学习方式,能够让学生在做中学并迁移所学知识。研究性学习若实施得当,不仅能改善学生的学习态度,还能让学生所学知识和技能保持时间更长。由此可知,研究性学习不仅有助于减少学生厌学,还能促进学生开展深度学习、培养高阶思维能力。

研究型课程和研究性学习都特别注重学生对所学知识的实际运用,以及学生在学习过程中的实践和体验,都强调学生投入积极情感,都要求教师在学生学习过程中发挥引导和服务作用,都着眼于培养学生创新精神和实践能力,因此其核心理念是一致的。

二、研究设计与应用成效

(一)抽样调查

1. 调查问卷调研课程落实情况;
2. 成因分析;
3. MOORS平台核心要素及其机制。

(二)应用成效

1. 应用概况;
2. 应用效果;
3. 应用模式——混合式研究性学习;
4. 应用案例。

三、总结与思考

在具体实践中,不再单纯强调技术取代一切,而是将线上学习和线下实践相结合采取混合式研究性学习模式来更好地提高学习者的学习效果。

MOORS运行至今虽取得了较好的效果,仍存在不足。本研究将从以下方面继续深入探索和实践:(1)基于知识图谱实现知识关联的教育资源分层融合;(2)丰富基于物联网技术的学习状态数据采集;(3)通过大数据和人工智能技术,促进系统不断进化;(4)基于大数据的研究性学习评价关键技术研究。

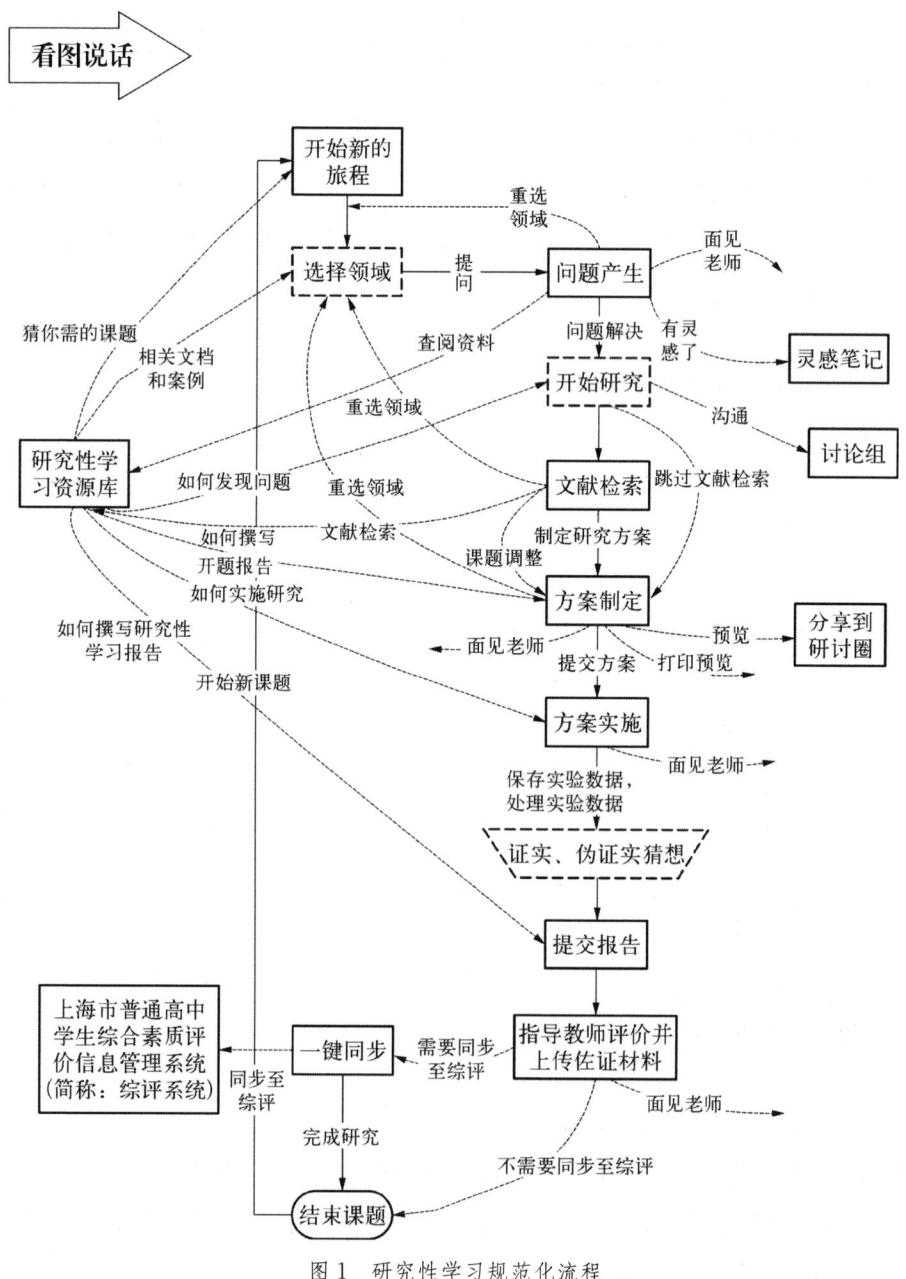

图1 研究性学习规范化流程

> **智语连珠**

- 混合式研究性学习模式不仅颠覆了传统课堂教学,不让学生在课堂闭门造车,而且鼓励学生走出教室,在真实情境中开展调研、协作交流和积极探究,从而促进学生在认知、学习态度和科学素养等方面的深度培育;还平衡了线上线下的学习,突出技术对于教育的价值,不是解决一切问题,而是助力提升学生学习效果和教师教学管理。
- 传统教育主要还是停留在对学生灌输和记忆知识而没有深入到内心世界,学生无法产生深层次的理解和反思。

主题五 文章列表

论文精选
"后 MOOC"时期的在线学习新样式 数字化教育资源建设新动向与动力机制分析 教育技术实用学:诠释学习资源效用的新话语
论文评析
微课概念辨析及其教学应用研究 微课程的设计分析与模型构建 学习对象——网络教学技术的新理念 开源硬件:撬动创客教育实践的杠杆 知识管理技术与 e-Learning 资源库建设研究 视频微课的实用学分析 数字教育资源共建共享的系统分析框架研究 高校精品课程应用调查及其对精品资源共享课建设的启示 可重用学习对象的分类法 OER 典型项目的剖析研究 数字化教学资源的需求和供给模式研究——公共产品的视角 学习资源应用情境的建模:实用学的技术关键 美国威斯康星州《信息技术素养》课程标准述评 面向创新能力培养的中小学创新实验室建设与应用

论文评析
开放教育资源的版权与访问许可研究
数字化学习资源共享的技术标准分析
数字化终身教育资源结构、分类及标准研究
视线跟踪技术在网络教育资源界面设计中的应用个案及启示
基于中国网络教育内容分级标准的网页内容过滤体系研究
面向价值发现的学习资源描述方案：以 LRMI 元数据为例
教师培训课程资源库运营模式的动力机制设计——来自 C2C 电子商务模式的启示
国外因特网内容标记与过滤技术调查
开放·版权·盈利——开放资源几个焦点问题研究
学习资源应用的有效性研究方法——一种实用学分析取向
研究型课程自适应学习系统：理念、策略与实践

主题六 智慧教育

智慧教育：教育信息化的新境界*

祝智庭　贺斌

[摘　要]　智慧教育是经济全球化、技术变革和知识爆炸的产物，也是教育信息化发展的必然阶段。智慧教育是教育信息化的新境界、新诉求。它需要以智慧学习环境为技术支撑，以智慧学习为根本基石、以智慧教学法为催化促导。智慧教育也面临着许多机遇和挑战。

[关键词]　智慧；智慧教育；智慧学习；教育信息化；新境界

引　言

目前，"智慧教育"的声音渐近渐响。从文献资料检索来看，韩国、马来西亚、澳大利业及名企 IBM 给予较高关注，国内的相关研究机构、学术报告和宣传媒体不时出现类似概念。然而，不少智慧教育概念多出于企业炒作，国际学界鲜有系统深入的研究，对智慧教育的追本探源和系统梳理遂成为本文研究的重要动因之一。我国教育信息化正由初步应用融合阶段向着全面融合创新阶段过渡，无论从国家地区的宏观层面、学校组织中观层面，还是学习者个体层面来看，教育信息化

---

* 原载于《电化教育研究》2012 年第 12 期。

都是一个平衡多方关系、创新应用发展、追求卓越智慧的过程。

智慧教育是经济全球化、技术变革和知识爆炸的产物,也是教育信息化发展的必然阶段。本文拟对智慧教育、智慧环境、智慧学习的基本关系进行梳理,并提出智慧教育的理解图式。分析认为,智慧教育要落地生根、开花结果,需要以智慧学习环境为技术支撑、以智慧教学法为催化促导、以智慧学习为根本基石。

一、智慧与智慧教育

1. 什么是智慧与智慧教育

在中文语境中,智慧是"能迅速、灵活、正确地理解事物和解决问题的能力"。[1]在英文语境中,智慧是用 Wisdom[2]一词表示,剑桥在线词典对智慧的解释是:"利用知识经验作出好的/善的决策和判断的能力"(Ability to Use Your Knowledge and Experience to Make Good Decisions and Judgments)。由是观之,首先,智慧是一种高阶思维能力和复杂问题解决能力。智慧离不开基础知识技能的必要支持,但更强调"辨析判断、发明创造的能力"。[3]"反思的、批判的、创新的"[4]三个层次的智慧乃是哲学之所爱(哲学被认为是爱智慧的学科或领域)。其次,智慧的精神内核是伦理道德和价值认同。智慧是利用你的成功智能、创造力和知识以达到"共善"(Common Good)。[5]即智慧就是在一定时空框架下,追求利人利己的"善益"(Goodness)。第三,智慧强调文化、认知、体验、行为的圆融统整。智慧具有多个构面(Facet),它具有完整的"可预知(能够更加准确地预见和预知)、可达成(期望自己能够达成既定的目标)、可定义(能够自行定义价值和意义)"[6]等三项能力。

智力(Intelligence,亦曰智能)是智慧(Wisdom)的基础,但不等同于智慧。智力是指人认识、理解客观事物并运用知识、经验等解决问题的能力,包括记忆、观察、想象、思考、判断等。[7]智能是学习、理解和判断的能力,或者是通过推理获取观点的能力。[8]可见,智能传统观侧重于脑内认知和信息加工的能力。加德纳则进一步发展了智力观点,他将智力从单纯的语言和逻辑测验引向更为复杂和开放的文化经验以及问题解决和制品创造能力。智能是"在特定文化背景下或社会中,解决问题或制造产品的能力"。[9]解决问题的能力就是能够针对某一特定的目标,找到通向这一目标的正确路线。文化产品的创造,则需要有获取知识、传播知识、表达个人观点或感受的能力。显然,智力强调认知、推理、决策和问题解决能力,它主张一种较为纯粹的理性思维能力。智慧则更加强调(默会)知识、智力、创造力的综合运用以及心智运算向外部实践的转换,重视伦理道德和价值观在学习、生产和生活实践中的引领作用。

  智慧是人类先天遗传与后天环境交互作用的结果,而后者对智慧的作用更为巨大。因此,需要创设良好的学习环境和社会环境,不断促进学习者的智慧发展。信息技术在学习环境创设方面具有得天独厚的优势,非传统的班级授课环境所能企及。随着现有"数字土著"(指出生于 20 世纪 80 年代末 90 年代初及其以后的年轻一代人)成长以及新生"数字土著"的诞生,他们的学习风格、认知方式、行为模式、情感模式与"数字移民"存在根本性区别,客观上要求新型的学习环境和教学方式,以契合"数字土著"们独特的学习方式、体验方式以及价值取向。因此,信息时代、知识时代的智慧教育(Smart Education)与农业时代、工业时代的智慧教育(Education for Wisdom,实为"求智教育")在基本内涵、方法手段、支持环境上存在显著差异。从目前国际上用词习惯来看,Smart Education 主要是指技术支持的智慧教育(Education for Wisdom with Technology)。Smart 一词首次被解释为"智能型,并具有独立工作的技术设备"。[10]"智慧"主要有两层含义,一是对事物认知的识见,二是对事物施为的能力,而这种识见和能力均具有创新的特点。因此,本文所指的智慧教育专指信息技术支持下的为发展学生智慧能力的教育,并虑及国际用词习惯,用 Smart 来代替 Wise/Wisdom 一词(文中 Smart 也译作"智慧",有人译为"灵巧"、"机智"、"机敏"等),即 Smart Education。

  国内外对智慧教育的系统研究较为鲜见,相关的认识亦尚无定论。一种较为流行的观点认为,智慧教育[11](原文主要指 Education for Wisdom)是一种最直接的、帮助人们建立完整智慧体系的教育方式,其教育宗旨在于,引导你发现自己的智慧,协助你发展自己的智慧,指导你应用自己的智慧,培养你创造自己的智慧。我们认为,信息时代智慧教育的基本内涵是通过构建智慧学习环境(Smart Learning Environments),运用智慧教学法(Smart Pedagogy),促进学习者进行智慧学习(Smart Learning),从而提升成才期望,即培养具有高智能(High-Intelligence)和创造力(Productivity)的人,利用适当的技术智慧地参与各种实践活动并不断地创造制品和价值,实现对学习环境、生活环境和工作环境灵巧机敏的适应、塑造和选择。因此,发展学习者的智慧是智慧环境、智慧教学和智慧学习的出发点和归宿。

2. 智慧教育当代溯源

信息化环境下的智慧教育可以追溯到钱学森先生早在1997年开始倡导的"大成智慧学",他提出的英译名称为"Science of Wisdom in Cyberspace",[12] Cyberspace乃是网络交互信息空间的总称,足见钱老预见到信息化对智慧发展的关键作用。

对于推进智慧教育(Smart Education)最具影响力的国际事件当属IBM的智慧地球战略。2008年,时任IBM首席执行官彭明盛(S. J. Palmisano)在所作的报告——《智慧地球:下一代领导议程》[13]中首次提出了智慧地球(Smarter Planet)的概念。"智慧地球"表达了IBM对于如何运用先进的信息技术构建这个新的世界运行模型的一个美好愿景。借助新一代信息技术(如传感技术、物联网技术、移动技术等)的强力支持,地球上"几乎所有东西——任何物理对象、过程或者系统——都可以被感知化、互联化和智慧化(Instrumented, Interconnected and Infused with Intelligence)"。[14]人类世界也随之转变,正朝着更小、更平、更智慧的方向演进。

"智慧地球"思想渗透到不同领域中,不断催生出许多新的概念,如智慧城市、智慧医疗、智慧交通、智慧水资源、智慧电网、智慧教育等。以智慧城市为例,它是"利用新一代的信息技术,以互联网、电信网、广电网等网络基础为特征,把城市里面的各个组成部分整合成一个平台,然后用智慧的概念达到安全、高效、和谐、绿色和智慧的目标"。[15]2009年9月,美国中西部爱荷华州的迪比克市与IBM共同宣布,将建设美国第一个"智慧城市"。在"智慧"无处不在的大背景下,智慧教育破茧而出。IBM认为智慧教育的五大路标为:学生的技术沉浸;个性化、多元化的学习路径;服务型经济的知识技能;系统、文化和资源的全球整合以及教育在21世纪经济中的关键作用。[16]

3. 智慧教育图式建构

智慧教育的真谛就是通过利用智能化技术(灵巧技术)构建智能化环境,让师生施展灵巧的教与学方法,使其由不能变为可能,由小能变为大能,从而培养具有良好价值取向、较高思维品质和较强施为能力的人才。

智慧具有"双重词性",既可充当动词(学习作为运用智慧的过程),也含有名词的含义(智慧作为学习的一种结果),即智慧既是目的,也是手段。智慧教育的基本假设是:以先进的、适宜的信息技术作为基本支持,设计开发各种新型的、能适应各种特定的学习/教学需求的智慧学习环境,利用计算系统或其他智慧设备分担大量繁琐的、机械的、简单重复的学习任务,引导学习者将更多心理资源(如注意力、工作记忆、动机系统)投入到更为复杂、更有价值、更需智慧的学习任务中,有利于发展学习者的批判性思维、创造力、协作能力、平衡能力以及问题解决能力。总之,促进智慧发展既蕴含一种朴素的教育哲理,也代表一种有益的教育主张。Prensky提出"数字智慧"[17]是21世纪能力差异的重要维度。他认为,"数字智慧"有两层含义:一是利用数字技术获取认知力(超出人类先天能力的那部分)中产生的智慧;二是谨慎使用技术以增强人类能力的智慧。技术本身无法取代人的内在能力,数字时代的聪慧者应当能够把心智能力和数字能力恰当结合。诚如Prensky所说,"只有通过人类思维与数字技术的不断交互才能达到数字智慧的水平"。

图1是理解智慧教育的基本图式,描述了智慧教育、智慧环境(智慧计算是其核心技术)和智慧教学(包括Smart Teaching和Smart Learning两方面)的关联性。根据不同的尺度范围,可以划分出不同的学习空间,如智慧终端、智慧教室、智慧校园、智慧教育云等。根据学习的情境和方式的不同,可以将智慧学习分为个性学习、群智学习、泛在学习、入境学习(情境化投入性学习)等。

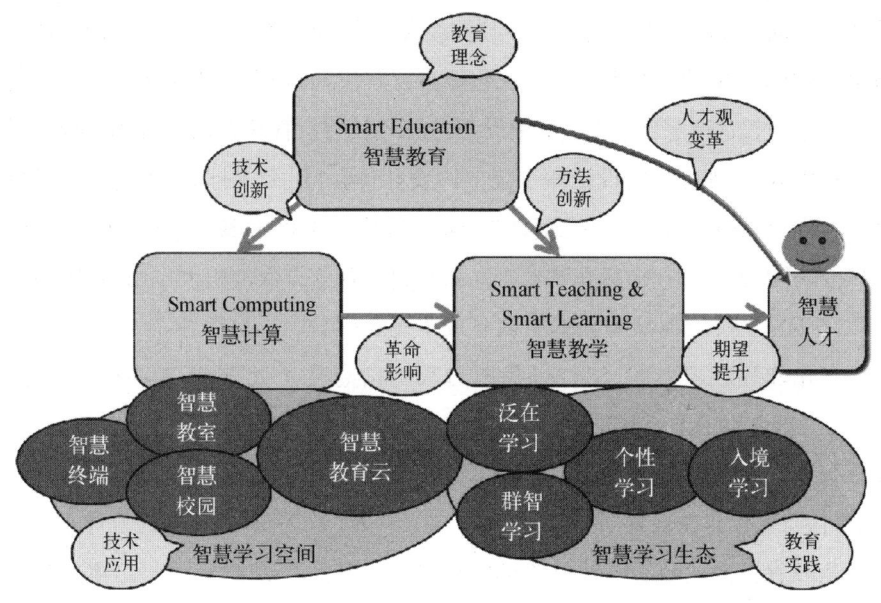

图1 智慧教育的理解图式

二、教育信息化需要智慧与创新

教育信息化是一个开放、复杂的巨系统工程,需要全球视野、开放思维和战略眼光。既要登高望远——把握世界教育信息化的最新潮流与走向,从中吸收和借鉴有益之处;更要脚踏实地——立足我国教育信息化的基本实情,尊重教育信息化的规律,积极探索切实发展之路。探索一条具有中国特色而又接轨国际的教育信息化的发展道路需要圆融智慧、创新精神以及刚韧毅力。经过十多年的大力推进,我国教育信息化建设取得巨大成绩,但还存在一些不容忽视的问题。当前问题主要表现为:(1) 缺失大脑,即缺乏贴近产业实践的战略规划与顶层设计;(2) 缺失引擎,即缺乏创新和核心成果孵化平台与基地,新技术、新设计难以有效转化为教育服务;(3) 缺失链条,即完整健康的产业链仍没有形成,难以实现教育信息化产业的可持续发展;(4) 缺失标准,即教育信息化产业缺乏规范引领机制和统一有效的市场标准、测评标准和绩效评估标准;(5) 缺失人才,即能够胜任专业技术岗位、管理岗位和领导岗位的对口型人才相对不足;(6) 缺失环境,即优质的、协作的、开放的教育资源和学习环境严重缺乏。[18]杨宗凯教授认为目前教育信息化面临的主要问题是:意识问题、机制问题、经费问题、队伍问题。[19]这一系列问题的解决,不能单靠各个机构和部门条块化地自行解决,而是需要从高端和源头抓起,加强国家对教育信息化的全局性引导,发挥专家学者、管理者、资深教师和名企代表的集体智慧,加强顶层设计和系统架构设计;同时还需要打破各级学校和教育部门与社会机构、公司、企业之间的"屏障",鼓励自下而上多方参与、平衡多方利益以及协同增效,发挥市场在技术研发和资源配置等方面的积极作用;利用"时间差"、"空间差"和"人际差"规则,引入总成本概念(TCO)一次性做3—5年规划,改善信息化建设投资结构。当前,我国的教育信息化正处于初步应用融合阶段(2015年),力争用十年时间(到2020年)进入全面融合创新阶段。[20]教育信息化需要在智慧中促进创新,在创新中发展智慧。2012年3月13日,教育部正式颁布《教育信息化十年发展规划(2011—2020年)》[21](下文简称《十年规划》),标志着未来十年教育信息化顶层设计与战略构想的正式出台。其中,无论是总体战略、发展任务、行动计划,还是实施要求,无不具有里程碑式的开拓意义和实践智慧。

《十年规划》将指导思想确定为"坚持育人为本,以教育理念创新为先导,以优质教育资源和信息化学习环境建设为基础,以学习方式和教育模式创新为核心,以体制机制和队伍建设为保障,在构建学习型社会和建设人力资源强国进程中充分发挥教育信息化支撑发展与引领创新的重要作用"。由此可见,教育信息化的创新主要集中在教育理论创新、基础设施创新、学习方式创新、保障机制创新等方面。这一系列重大创新要坚持以学习者为中心,恰当利用信息技术和学习资源引起学与教的方式的深层变革,为促进学习者的智慧发展提供了难得的机遇和条件,智慧教育已然成为教育信息化的最新追求。

三、智慧教育作为教育信息化的新境界

1. 智慧教育是教育信息化的新境界

智慧教育主张借助信息技术的力量,创建具有一定智慧的(如感知、推理、辅助决策)学习时空环境,旨在促进学习者的智慧全面、协调和可持续发展,通过对学习和生活环境的适应、塑造和选择,以最终实现对人类的共善(对个人、他人、社会的助益)。智慧教育充分体现了"以学习者为中心"的思想,强调学习是一个充满张力和平衡的过程,揭示了"教育要为学习者的智慧发展服务"的深刻内涵。

智慧教育是当代教育信息化的新境界、新诉求。智慧教育是素质教育在信息时代、知识时代和数字时代的深化与提升,是培养面向 21 世纪创新型人才、智慧型人才、实践型人才的内在需求。21 世纪的世界是平的、小的、开放的、智慧的。物联网技术将人与人、人与物、物与物之间联系在一起,嵌有智能芯片的任何物体可以"善解人意",让整个地球变成最大的学会"思考"的"全球大脑"。这有利于学习者协同工作、优势互补,让每位学习者更加专注于感兴趣的任务。人的注意力是最宝贵的资源,应该让它集中在用户要完成的任务,而不是管理、配置硬件和软件资源上。[22] 置身于智慧学习环境中,学习者可以借助智慧终端,通过无缝接入方式访问互联网络,快捷提取所需的知识信息,选择适宜的网络服务,将有限的注意力和心理资源投入到更需要它们的复杂的和高价值负载的学习任务之中,直接参与问题定义、形成方案和行动实践的过程,不断发展学习者应变复杂情境和问题的智慧能力。

当我们倡导智慧教育时可能会遭到这样的诘问：难道有过愚笨教育吗？我们的回答是：Yes! 无论过去和现在，国内外教育实践中都存在诸多愚笨的教育现象。试为愚笨教育画像：凡是拒绝因材施教、抹杀个人特性的教育是愚笨教育；凡是以书本知识为上、忽视实践能力发展的教育是愚笨教育；凡是故步自封、不能与时俱进的教育是愚笨教育；凡是割断历史文化、不能继往开来的教育是愚笨教育；凡是自我封闭、不能主动面对国际挑战的教育是愚笨教育……此类现象，不胜枚举。虽然教育的本意是让人们脱离愚笨和愚昧，但教育过程中的愚笨现象却总是挥之不去。

2. 智慧教育以智慧学习环境为技术支撑——设计者视角

(1) 智慧学习环境基本内涵。智慧学习环境是以先进的学习(如学习心理、学习科学)、教学(如建构主义教学观、学习环境设计理论)、管理(如知识管理)、利用(如可用性工程、人因工程)的思想和理论为指导，以适当的(现代)信息技术、学习工具、学习资源和学习活动为支撑，可以对全面感知学习情境信息(如环境信息、设备信息、用户信息等)获得的新的数据或者对学习者在学习过程中形成的历史数据进行科学分析和数据挖掘，能够识别学习者特性(如学习能力、认知风格、学习偏好等)和学习情境，灵活生成最佳适配的学习任务和活动，引导和帮助学习者进行正确的决策，有效地促进智慧能力发展和智慧行动出现的新型学习环境。

(2) 智慧学习环境的首要任务是促进智慧能力发展和智慧行动出现。信息加工心理学研究表明，人类的注意和工作记忆(容量只有 7 ± 2 个组块)是有限的心理资源，注意力直接作用于对外界刺激的选择定向，工作记忆是信息编码的发生地。每一位学习者应该增强学习的自我监控能力，主动将这些宝贵的心理资源更集中地应用于问题解决、批判性思维、创造变革、智慧决策等相对复杂的信息加工活动之中。因此，在智慧学习环境中的学习者，要将绝大部分心理资源集中于复杂知识技能学习、劣构问题解决、专题项目设计等需要投入高阶思维和高度智慧的学习任务，而在机械记忆、事实辨认、自动化加工等方面则相应地减少注意和认知投入。智慧学习环境的一个重要任务是能够主动感知学习者的学习能力、学习风格、动机水平和学习任务等重要信息，将低水平操作、简单记忆等简单的、结构化的、非挑战性任务交由计算机代理，让学习者将更多的时间和精力集中在复杂的、非结构性、挑战性任务之上。

(3) 智慧学习环境的基本特征。IBM认为,以学习者为中心的智慧教育系统,一般具有:面向学生的适应性学习项目和学习档案袋;面向教师和学生的协同技术和数字学习内容;计算机化管理、监控和报告;学习者所需的更优的信息;学习者随处可用的在线学习资源。[23] Yong-Sang Cho认为,智慧教育的组成包括:开发与采用数字课本、提升在线课堂与评估(变革教育系统)、加强教师能力建设(教师角色)、教育云基架与平台开发(增强学校基础设施)。[24] 总的说来,智慧学习环境要凸显以下基本特征:① 具有全面感知学习情境、学习者所处方位及其社会关系的性能;② 基于移动、物联、泛在、无缝接入等技术,学习者随时、随地、随需地拥有学习机会;③ 设计多种智慧型学习活动,降低知识记忆成分,提高智慧生成与应用的含量;④ 提供丰富的、优质的数字化学习资源供学习者选择;⑤ 基于学习者的个体差异(如能力、风格、偏好、需求)提供个性化的学习诊断、学习建议和学习服务;⑥ 记录学习历史数据,便于数据挖掘和深入分析,提供具有说服力的过程性评价和总结性评价;⑦ 提供支持协作会话、远程会议、知识建构、内容操作等多种学习工具,促进学习的社会协作、深度参与和知识建构;⑧ 提供自然简便的交互界面/接口,减轻认知负荷。

(4) 智慧计算是各种智慧环境的核心技术。技术行业已经从先前的主机计算(Mainframe Computing)、个人计算(Personal Computing)、网络计算(Network Computing)进入一个技术革新和成长的新的阶段——智慧计算(Smart Computing)。[25] 智慧计算将比以前变得更加复杂——整合了硬件、软件、网络等技术要素。之所以称作"智慧"是因为在现有技术基础上增添了实时情境感知和自动分析等新的性能。这样做的结果是,技术可用于感知周围世界发生了什么,分析有关风险和可能的新信息,提供选择方案以及采取行动。由于软件架构创新、后台数据中心操作、无线宽带通讯与小型强力的客户端联网设备的彼此融合,让这些技术以前所未有的方式一起工作,解决更加智慧和复杂的问题。例如,医院使用的电子病历利用率较高,可为病人提供更好的治疗。一般将智慧计算划分为5A阶段[26]:感知(Awareness)——关注泛在设备(如传感器、GPS、智能卡)和3G无线网络;分析(Analysis)——集成的商业智能和专业的分析软件,用于部署由感知设备收集的实时数据;抉择(Alternatives)——利用规则引擎和工作流,以自动方式或者人工审核确定替代的行动来应对异常;行动(Actions)——利用综合的关联和适当的流程应用程序,主动采取行动以减轻威胁或捕捉机会;审核(Auditability,可理解为溯因)——利用每一个阶段的活动的数据,记录发生过的事件并分析其相符情况和改善情况。总之,智慧计算集成了新一代的硬件、软件和网络技术,它为信息技术系统提供对现实世界的感知和先进的分析方法,以帮助人们对替代方案和行动作出更明智的决策。

(5)智慧学习环境设计的贯一性应用。贯一性原则是 Hannafin 在开放学习环境(OLEs)设计时所极力倡导和运用的一种创新思想。贯一性设计(Grounded Design)是指"建立在有关人类学习的已有理论和研究基础之上的一系列过程和步骤的系统化执行"。贯一性方法(Grounded Approach)强调核心基础和假设的精致协调,强调方法手段与其认识论内在一致。[27]学习环境贯一性应用既是贯一性设计的自然延伸,也是学习环境在促进学习与教学方面的信度和效度验证的内在需求。学习具有显著的情境性、社会性、真实性、建构性、实践性,在很大程度上需要不同的学习环境与之相适应。因此,贯一性原则有一条朴素的假设:如果学习环境设计的核心基础、基本假设和方法手段之间精致协调,学习环境能够按设计时的基本要求加以应用,那么学习环境就应该是成功的。"如果一个学习空间按创造者设想的方式使用它,这个空间可被视为是成功的。"[28]显然,贯一性方法不提倡和假设某种特定的认识论和方法论对设计具有内在的优先权,而是提供了一个思维框架、设计框架和检验框架。比如,智慧教育认为,智慧是对知识(特别是默会知识)、成功智力和创造力的恰当运用,保持分析性智力、创造性智力和实践性智力的平衡与张力,根据当时的情形,对环境(尤其是新异环境)作出适应、塑造和选择行为,最终实现个人—他人—组织三方的助益。可见,智慧是个性化的、情境化的、动态平衡的,这必然要求智慧学习环境的设计要素以及要素之间的关系要与智慧能力培养和智慧行为生成保持内在一致,让促进学习者的智慧全面、协调和可持续地发展成为一种可能。需要说明的是,对智慧学习环境的实际应用效果的评估不能沿用过去的方法,需要重新设计和制定评估方案和量规。

3. 智慧教育以智慧教学法为催化促导——教学者视角

不同的经历产生不同的大脑结构、思维和行为模式。当今的数字人类从一诞生开始就生活在数字世界之中,他们的思维方式、认知特点、行为模式和情感模式等与父辈相异。与数字移民相反,数字土著者习惯于快速地接受信息,喜欢多任务处理和随机进入(如超文本),爱好即时反馈和强化,偏爱做中学而非听中学,喜欢文本前呈现图表而不是相反,对机械死板的讲授缺少信心。"我们的学生已经从根本上发生改变,我们设计的教学系统已经不再适合如今的教育对象。"[29] 因此,这需要教育者设法如何运用数字土著语去教"传统"的和"未来"的内容。Prensky 建议从方法论(Methodology)和内容(Content)两方面入手。

整合技术的学科教学知识(TPACK)是一种特殊的、高价值的、面向 21 世纪的教师知识。密歇根州立大学的 Matthew J. Koehler 和 Punya Mishra,在 Shulman 学科内容知识(CK, Content Knowledge)与教学法知识(PK, Pedagogical Knowledge)分类基础上引入技术知识(TK, Technology Knowledge),并在这三部分知识复杂作用基础上提供了 TPACK 的概念。TPACK 是一种超越了三个核心成分(Content, Pedagogy, Technology)的新的知识形态。TPACK 是利用技术进行有效教学的基础,这需要理解:应用技术的概念表征,以建设性方式开展教学的教学技术,让概念变得容易(或难以)学习以及技术如何帮助解决学生面临的问题的知识,关于学生先前知识和认识论的知识,如何在现有的知识基础上利用技术来发展新的认知论或改善旧的认识论的知识。[30] TPACK 是教师应当具备且必须具备的全新知识;TPACK 涉及学科内容、教学法和技术等三种知识要素,但并非这三种知识的简单组合或叠加,而是要将技术"整合"到具体学科内容教学的教学法知识当中去;TPACK 是整合了三种知识要素以后形成的新知识,由于涉及的条件、因素较多,且彼此交互作用,是一种"结构不良"(Ill-Structured)知识。[31]

参照 TPACK 的思维框架,智慧教学法也应该从教学—内容—技术以及这三者交互部分(重叠)加以探讨。21 世纪的教学法应该在以下几个方面有所作为:个性化学习、赋能学习者(Enable Learner)、洞察学习的人际本质、有利于建构学习共同体。[32] 智慧教学法也不例外,但它更加强调信息技术在促进教学方式和教学过程变革,建构文化共享(伦理、责任、价值认同、利益观)的学习共同体,提供丰富的学习内容、学习工具和实践机会等方面发挥重要作用。智慧教学法主要体现为:根据特定的教学/学习情境(如问题情境、教学内容、学生的认知风格与偏好、学生人数、施教环境、师生的信息素养、现有设备、服务人员等)的特点和约束条件,教师要善于利用 TPACK 思维框架,保持技术、学科知识和教学法三者的动态平衡,并智慧地、灵活地、富有张力地选择应用恰当的教学法、学科内容以及支持技术,促进学习者智慧学习的发生和智慧行为的涌现。例如,教师可运用整合技术的教学法知识(TPK)建构互动系统(如Blog、BBS或Webquest),了解学习者的先前经验,便于学习者在学习期间提问讨论、获取反馈;运用整合技术的学科内容知识(TCK)加深对学科内容的理解(如主题动画、图片资料等);在教学活动与过程设计方面,可以应用整合技术的学科教学知识(TPACK)建构适宜的智慧学习空间。总之,智慧教学法是对具体教学情境中技术与学科知识、教学方法的复杂关系的平衡与权变,反映了教师对它们之间互动关系的审视与反思,为敏锐地寻求最为妥当的教学处理方案提供一种可能。这本身就是一个充满智慧的反思、探索、发现的长期实践过程。

4. 智慧教育以智慧学习为根本基石——学习者视角

(1) 智慧学习旨在通过恰当地利用技术促进智慧学习在学习者身上有效地发生。我们认为,由于大脑具有巨大的可塑性,数字技术足以增强我们的心智,获取更多的智慧。换言之,对于未予增强的人来说,他们的感知有限,并受到人类大脑处理能力和功能的限制。随着21世纪脚步向前迈进,所有的人都会在数字技术环境中成长,Prensky提出"数字智慧"(Digital Wisdom)一词来描述人们之间的重要差别,并用"数字智人"或"数字人类"(Homo Sapiens Digital, or Digital Human)来称呼数字化能力不断增强的新一代人。数字智慧是数字时代人们以信息技术为中介参与现实活动,或者是与信息技术支撑的数字环境相互作用过程中出现的一种新的智慧形态。这种智慧不是数字技术与心理能力简单相加,而是在人—技术(作为一种中介或者一种环境而存在)的共生性交互过程中出现的一种新质。

(2) 智慧教育的关键在于学习者学会如何利用富有智慧的信息技术支持学习和实践。学习是学习者的事——学习者需要获得更多的真实感、拥有感、责任感、安全感和平衡感。这从根本上要求所有的学习内容和学习方式按照生活情境中的真实案例及其活动形式来展开,缩短"认知鸿沟"和"经验鸿沟",从而充分调动学习主体的情感动力系统和认知意动投入。智慧具有动词和名词的"双重词性",它既是学习的目的,也是学习的手段。当代学习理论(如社会共享认知、情境学习、日常认知和日常推理、活动理论、生态心理学、分布式认知以及基于案例的推理等)的主要观点认为,学习是积极的意义建构、社会的协作交流和日常的实践参与的过程。"意义制定、社会过程和(学习/实践)共同体"是学习研究的三大动向。[33]智慧学习就是要主动灵活地运用适当的技术促进学习者建构意义、合作共赢和创新实践,不断改善优化和适应环境。

(3) 智慧学习的基本理解。Gyu-Seong Rho 认为,智慧学习是一种学习者自我指导的以人为本的学习方式,它通过智慧信息技术与学习活动整合让学习者容易访问到资源信息,以支持学习者之间或者学习者与教师之间的有效交互,同时还需要设计自我指导的学习环境。[34]智慧学习是继数字学习(e-Learning)、移动学习(m-Learning)、泛在学习(u-Learning)之后的第四次浪潮。智慧学习可以从以下几个方面加以理解。第一,智慧学习是对合作学习的实践,并通过合作学习而不是单方面知识的传播,最大限度地提高学习效果,尤其是利用社会网络进行社会学习的理念是智慧学习的关键。第二,它可以有助于形成设计自我导向学习的环境。第三,智慧学习是对非正规学习的实践,打破了日常生活、工作、娱乐和学习之间的壁垒。第四,智慧学习不仅要求"真",更要求"善"、"美"(目前,国际上所谓的 Smart Learning 似乎对 Wisdom 有所忽视或关注不够),即智慧学习需要认识和把握事物的基本事实和客观规律(主观符合客观)、运用知识技能创造符合自己—他人—社会需求的制品(客观符合主观),促进学习者与环境的相互影响,彼此塑造、双向适应(主客体相互符合达到自由的境界)。

(4) 智慧学习分析。《地平线报告(2012 高等教育)》预测,学习分析(Learning Analytics)将在 2—3 年内成为学习、教学与创造性探究领域中被采纳的主流技术。[35]学习分析是指对学习者产生的大范围数据的解释,这些数据用于评估学术过程、预测未来表现和发现潜在问题。数据可以从学习者的外显行为中收集,如完成作业和参加考试;也可以从内隐行为中收集,如在线社会交互、课外活动、论坛跟帖等。学习分析的关键技术主要有:网络分析法、会话分析法、内容分析法等。随着数据日益智能化(如语义数据、关联数据),学习者数据(Learner Data)、用户信息(Profile Information)、课程数据(Curricular Data)可以以某种分析形式相互结合。这些重要数据在被分析之后,成为预测(Prediction)、干预(Intervention)、个性化(Personalization)和适应(Adaptation)的基础。Gsiemens 认为,学习分析要利用智能数据(Intelligent Data)、学习者生产的数据(Learner-Produced Data)和分析模型（Analysis Models）来发掘信息和社会关系，对学习作出预测并给出建议。[36]他提出了一个学习分析的应用框架（如图2所示）。

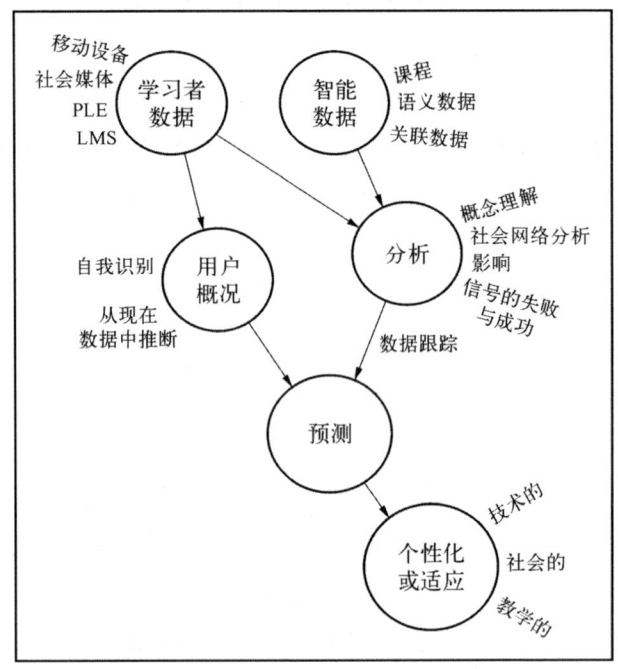

图2 学习分析过程框架

中国台湾学者黄国祯提出基于网络的学习行为常用指标及其基本算法，[37]如学习效率（Efficiency of Learning）、耐心度（Patience）、专心度（Concentration）、闲置度（Idleness）、理解度（Comprehension）、聊天状态（Chat）等。有趣的是，全球知名的社交网站 YouTube 提出了情绪墙（Woodwall）[38]的概念。情绪墙就是在 YouTube 网站上的视频预览图。其中视频类型包括"趣味的"（Funny）、"辉煌的"（Brilliant）、"创意的"（Creative）等。它方便 YouTube 用户根据当时的意愿选择视频。

四、智慧教育的机遇与挑战

1. 对智慧教育的美好期望

智慧教育是经济全球化、技术变革和知识爆炸的产物，是智慧地球战略的延伸。作为当代教育信息化的一种新境界、新诉求,许多国家(如韩国、马来西亚、澳大利亚)和知名企业(如IBM)对智慧教育寄予厚望。在吸收国内外学者观点的基础上,笔者提出关于智慧教育的四大价值期待:

(1) 智慧教育环境可以减轻学习者认知负载,从而可以用较多精力在较大的知识粒度上理解事物之间的内在关系,将知识学习上升为本体建构。

(2) 智慧教育环境可以拓展学习者的体验深度和广度,从而有助于提升学习者的知、情、行聚合水平和综合能力发展。

(3) 智慧学习环境可以增强学习者的学习自由度与协作学习水平,从而有助于促进学习者的个性发展和集体智慧发展。

(4) 智慧学习环境可以给学习者提供最合适的学习扶助,从而有助于提升学习者的成功期望。

2. 智慧教育面临的挑战

(1) 如何培养学生的自组织学习能力。

学习是学习者的事情,需要他们激活情感动力系统、投入认知并专注于意动和实践。爱尔兰教育与科学部在发布的《智慧学习=智慧经济》[39]报告中指出,数学学习的未来愿景中学习者除了要具备读、写、算等基本技能外,至关重要的能力是主动性参与、社会性参与和生产性参与:知道如何访问和批判性分析信息;轻松熟悉ICT并创造性地应用;在新的、不断变化的情况下应用知识的能力;善于跨学科工作、协作与沟通;展示自我首创性,在工作环境中应用创意和发明;擅长问题解决和决策;能够独立工作或与团队协作;对领导角色充满信心;培养创业技能;致力于终身学习。显然,学习的主动性、协作性、创新性、适应性、实践性,要求学习者具有良好的自组织能力,这对已经习惯了传统授受主义的学习者们来说是一个不小的挑战。自组织学习要求学习者对自己的学习承担起责任,要学会自我指导、自我监控、自我协调、自我管理,并在实践中作出正确决策和采取正确行动。Steve Wheeler认为,成功的自组织学习的关键要件包括:沟通、反思、协作、共同体、创新工具和扩大影响等。[40]

(2) 如何阐释智慧学习的过程机理。

网络环境下的非正式学习存在大量碎片化现象,如何将碎片化信息转变为关联的知识结构,最近出现了根茎式学习(Rhizomatic Learning)理论,源自一种根茎植物的隐喻。植物的根茎将会发出茎和芽,使得植物得以繁殖到周边环境。根茎化过程暗示思想的相互关联和跨越前面不同起点的无限探索。[41]根茎植物没有中心(去中心化)和明确的边界,相反,它是由许多半独立的节点组成,其中每个节点可以自我生长并扩散自己,其范围由栖息地限制决定。按根茎隐喻的观点,知识只能通过协商产生,个人知识建构只能以协商为前提。支持根茎式学习需要创设学习共同体,并在其中建构课程与知识的情境,这种情境能够以动态方式响应环境条件而被重新塑造。学习经验可以建立在社会会话过程和个人知识建构的基础之上,并连通到整合了正式和非正式媒体的无边界个人学习网络中。显然,植物的根茎折射出学习是由知识、学习者、设备媒体、文化观念等纵横交织的复杂网络,知识是动态协商建构的,可以在整个网络中自由流动。借助技术的魔力,根茎式学习将众多学习者"网络"一起,究竟变成"智慧的人群"还是"愚笨的暴徒",归根到底还是回到人们如何灵巧地利用技术开展智慧学习的问题。

(3) 如何克服浪费时间鸿沟。

由于数字设备访问机会已广为扩增,来自贫困家庭比更宽裕家庭的儿童,在利用电视和小玩意观看节目视频、玩游戏,或者上社交网站等方面,花费更多的时间。这种不断增长的时间浪费鸿沟,更多的是反映了父母监控和和限制儿童使用技术的能力。[42]研究表明,由于引导和监控的缺失,计算机、手机、互联网等信息设备更多地用于娱乐和消遣。为此,培养学习者良好的数字素养、养成善用技术的习惯至关重要。如何利用智慧技术对缺乏自制力的学生提供积极干预,也成为智慧教育的重要研究课题。

参考文献

[1] 中国社会科学院语言研究所.新华字典(第 11 版)[M].北京:商务印书馆,2011:652.

[2][8] University of Cambridge[EB/OL].[2012-09-30]. http://dictionary.cambridge.org/dictionary.

[3][7] 中国社会科学院语言研究所.现代汉语词典(第五版)[M].北京:商务印书馆,2005:1759.

[4] 孙正聿.哲学修养十五讲[M].北京:北京大学出版社,2004.

[5] Sternberg, WICS: A Model of Positive Educational Leadership Comprising Wisdom, Intelligence, and Creativity Synthesized[J]. Educational Psychology Review, 2005, 17(3): 191-262.

[6] [台]吴孝三(1997).从多元智能到多元智慧[EB/OL].[2012-09-30]. http://www.multi-intelligence.org.tw/doc/2012/2012.03-05.pdf.

[9] [美]霍华德·加德纳.(1993).多元智能[M].沈致隆译.(1999).北京:新华出版社,1999:17-18.

[10] 王世伟.说"智慧城市"[J].图书情报工作,2012(2):5-9.

[11] 王玉恒(2002).智慧教育[EB/OL].[2012-09-30].http://www.edu.cn/include/new_zhong_guo_jiao_yu/zhihui.htm.

[12] 钱学敏(2006).复杂系统与大成智慧[EB/OL].[2012-09-05].http://wenku.baidu.com/view/2d8e8efdc8d376eeaeaa31be.html.

[13] Palmisano. S. (2008). A Smarter Planet: the Next Leadership Agenda[EB/OL]. [2012-09-01]. http://www.ibm.com/ibm/ideasfromibm/us/smartplanet/20081106/sjp_speech.shtml.

[14] IBM. Let's build a smarter planet[EB/OL].[2012-09-09].http://www.ibmbusinessinsight.com/blog/wp-content/uploads/2009/12/Smart_Planet.pdf.

[15] 姚建铨(2012).物联网与智慧城市相辅相成[DB/OL].[2012-09-09]. http://www.smarterchina.cn/ListZixunGuonei/20120524/0231202856.html.

[16] Jim Rudd et al. (2009). Education for a Smarter Planet: The Future of Learning[EB/OL]. [2012-09-09]. http://www.redbooks.ibm.com/redpapers/pdfs/redp4564.pdf.

[17] Prensky. M. (2009). H. Sapiens Digital: From Digital Immigrants and Digital Natives to Digital Wisdom[EB/OL].[2012-10-10].http://www.innovateonline.info/pdf/vol5_issue3/h._sapiens_digital-_from_digital_immigrants_and_digital_natives_to_digital_wisdom.pdf.

[18] 祝智庭,贺斌.解读物联网与云计算的教育应用[J].物联网与云计算,2012 (4):23-25.

[19]　谢晓丹.《教育信息化十年规划》解读：发展高等教育应该"新瓶酿新酒"[EB/OL].[2012-10-10].http://www.edu.cn/li_lun_yj_1652/20120223/t20120223_744112.shtml.

[20]　杨宗凯(2011).技术促进教育创新与发展——教育信息化十年发展展望[EB/OL].[2012-10-11].http://www.ceta.pku.edu.cn/conference/ceta7/ceta/pdf/13-1/yak.pdf.

[21]　教育部.教技[2012]5号.教育信息化十年发展规划(2011—2020年)[EB/OL].[2012-10-11].http://www.moe.gov.cn/publicfiles/business/htmlfiles/moe/s3342/201203/133322.html.

[22]　朱珍民.普适计算技术综述与应用展望[J].信息技术快报,2010(5):1-12.

[23]　IBM. Smart Education[EB/OL].[2012-10-11].http://www-03.ibm.com/press/au/en/attachment/27567.wss?fileId=ATTACH_FILE5&fileName=Smarter%20Planet%20POV%20-%20Education.pdf.

[24]　Yong-Sang Cho. The Current Status and Future Development of Digital Publishing Industry in Korea[EB/OL].[2012-10-02].http://seminar.cloud.org.tw/epub2011/download/06new_Current%20Status%20and%20Future%20Development-Korea(YS.Cho).pdf.

[25][26]　Andrew H. Bartel.(2009). Smart Computing Drives The New Era of IT Growth [EB/OL].[2012-10-11]. http://www-07.ibm.com/ph/ssmeconference/pdf/smart_computing_drives_the_new_era_of_it_growth_forrester.pdf.

[27]　Hannafin, M.J., Hannafin, K.M., Land, S., & Oliver, K.Grounded Practice and the Design of Constructivist Learning Environments[J]. Educational Technology Research and Development, 1997, 45(3):101-117.

[28]　Chris Johnson, Cyprien Lomas.(2005). Design of the Learning Space[DB/OL].[2012-10-01].http://net.educause.edu/ir/library/pdf/erm0540.pdf.

[29]　Prensky. M.(2009). Digital Natives, Digital Immigrants[DB/OL].[2012-10-01]. http://www.marcprensky.com/writing/Prensky%20-%20Digital%20Natives,%20Digital%20Immigrants%20-%20Part1.pdf.

[30] Koehler, M. J., Mishra, P. (2009). What is Technological Pedagogical Content Knowledge? [J]. Contemporary Issues in Technology and Teacher Education, 2009, 9(1): 60-70.

[31] 何克抗. TPACK——美国"信息技术与课程整合"途径与方法研究的新发展[EB/OL]. [2012-10-10]. http://set.bnu.edu.cn:8888/news.do?method=newsIndex&newsid=5b0ef98a3722c5490137bab0e57b060b.

[32] Gregory. B. Whitby. Pedagogies for the 21st Century[DB/OL]. [2012-09-01]. http://epotential.education.vic.gov.au/showcase/download.php?doc_id=758.

[33] 戴维·H·乔纳森.学习环境的理论基础[M].上海：华东师范大学出版社，2002：5(译者前言).

[34] [韩] Myung-Suk Lee, Yoo-Ek Son. A Study on the Adoption of SNS for Smart Learning in the "Creative Activity"[J]. International Journal of Education and Learning, 2012(3): 1-18.

[35] NMC. Horizon Report: 2012 Higher Education[EB/OL]. [2012-10-10]. http://net.educause.edu/ir/library/pdf/hr2012.pdf.

[36] Gsiemens. What are Learning Analytics[EB/OL]. [2012-10-10]. http://www.elearnspace.org/blog/2010/08/25/what-are-learning-analytics/.

[37] 黄国祯.资讯科技在数位学习的应用与研究趋势[EB/OL]. [2012-10-01]. http://www.csie.ncku.edu.tw/new/nckucsie/images/seminar/100108.pdf.

[38] Heather Kelly. YouTube's Moodwall Matches Videos to Feelings[EB/OL]. [2012-09-09]. http://edition.cnn.com/2012/08/31/tech/web/youtube-moodwall/index.html.

[39] Ireland Department of Education and Science. Smart Classroom = Smart Economics[EB/OL]. [2012-10-01]. http://www.into.ie/ROI/Publications/OtherPublications/OtherPublicationsDownloads/SmartSchools=SmartEconomy.pdf.

[40] Steve Wheeler. Self Organisation and Virtual Learning[EB/OL]. [2012-10-11]. http://www.slideshare.net/timbuckteeth/self-organisation-and-virtual-learning.

[41] Drew Kelly. New 'Digital Divide' Seen in Wasting Time Online[N/OL]. [2012 - 10 - 10]. http://mobile.nytimes.com/2012/05/30/us/new-digital-divide-seen-in-wasting-time-online.xml.

[42] Walton Hall，Milton Keynes. Innovating Pedagogy 2012[EB/OL].[2012 - 10 - 01]. http://www.icde.org/en/icde_news/Innovating + Pedagogy + 2012%3A + New + report + from + Open + University%2C + UK.b7C_wJzWWw.ips.

深度学习：智慧教育的核心支柱*

祝智庭　彭红超

[摘　要]　对教育与技术领域中的深度学习进行深入解读，发现它们在神经网络机制及教与学理论方面具有相通之处：神经网络方面均是具体到抽象的过程，教与学理论方面均旨在迁移与应用。同时也发现，人类深度学习是21世纪学习框架的具象发展，《共核课标》与《下一代科学标准》均可以作为深度学习的标尺。透析发现深度学习与智慧教育高度契合，基于此从认知、自我、人际等维度建构出智慧教育领域中深度学习的能力冰山模型：从认知到自我，能力逐渐内化；从认知到人际，能力逐渐聚合。在此基础上研制人类深度学习的发展策略：以智慧学习环境支持深度学习，以文化智慧、数据智慧、教学智慧助力深度学习，以智慧教师、适配处方指引深度学习，以智慧评估检验深度学习成效，以期为深度学习与智慧教育的携手发展铺路。

[关键词]　深度学习；21世纪学习；学习能力；智慧教育；人工智能

* 原载于《中国教育学刊》2017年第5期。

1970年以来,随着技术和全球化带来的经济变化,企业对具有常规技能员工的需求急剧下降,对具有诸如复杂思维和沟通能力的人才的需求猛增,而大学教师发现,大一新生入学时的确缺乏审辨思维和解决问题的能力[1]。社会需求与人才能力间的断层,促使21世纪学习的兴起。而深度学习作为21世纪学习的进阶发展,已经受到政府、学校、社会机构、媒体的重视与关注。2014地平线报告(基础教育版)指出,"越来越多的学校领导开始意识到它在正式学习环境中的价值","追求深度学习"已成为驱动教育技术应用的近期趋势。目前深度学习已表现出教与学新常态之势。而在技术领域,机器深度学习也成为近几年的热词。对此,本研究对技术和教育领域中的深度学习做了较为深度的解读,并建构了智慧教育领域中深度学习的能力冰山模型,研制了智慧教育理念下人类深度学习的发展策略,以期将深度学习作为智慧教育的核心支柱与新路向,更好地为智慧人才的培育服务。

一、技术领域中的深度学习

自AlphaGo以总分4:1战胜围棋世界冠军李世石后,人工智能再一次掀起狂潮。这背后,(机器)深度学习(Deep Learning)功不可没。目前机器深度学习在很多领域(如图像分类[2])的表现已然能与人类比肩,表现出智慧特征。

(一)人工智能、机器学习、深度学习的关系

无论是AlphaGo还是近期的"小度机器人",均离不开人工智能(Artificial Intelligence,AI)、机器学习(Machine Learning,ML)和深度学习技术。其中,人工智能是人造的智能,表现为人工制品的智能,它旨在让机器展现出人类的智力,最终使机器能产生自我意识,并具有同人类甚至超人类的感知与思维能力[3]和行动能力[4]。学习是人类一项重要的智能行为,而机器学习作为一种用机器来模拟或实现人类学习活动的技术,它是抵达人工智能的一条路径。通过机器学习,机器可以获得新知识或新技能,从而不断改善自身性能,实现人工智能。机器学习有众多方法,其中比较流行的方法是人工神经网络(Artificial Neural Network,ANN)。深度学习作为机器学习的新领域,因人工神经网络的隐层数量多而得名,它是实现机器学习的高效技术。与深度学习相对的是(机器)浅表学习(Shallow Learning),

浅表学习多是在仅含1—2隐层[5]的神经网络中的机器学习。

(二) 深度学习的理念

机器学习的思路是通过传感器获取数据,之后经过预处理、特征提取、特征选择,再到推理、预测或识别。中间三个环节是特征表达,这是影响机器学习效果的关键,也是人工智能领域一直努力攻克的难题。神经生物学家大卫·休伯尔(David H. Hubel)和托斯坦·维瑟尔(Torsten N. Wiesel)研究发现,视觉系统的信号处理是分级的[6],这为深度学习的神经网络的分层结构提供了生物学基础。在这种分层的神经网络中,各隐层对输入层传来的数据进行逐步的特征提取与抽象(本层的输出是下层的输入),从而得到高级的语义。因此,深度学习是一种由具体到抽象的过程(图1)。

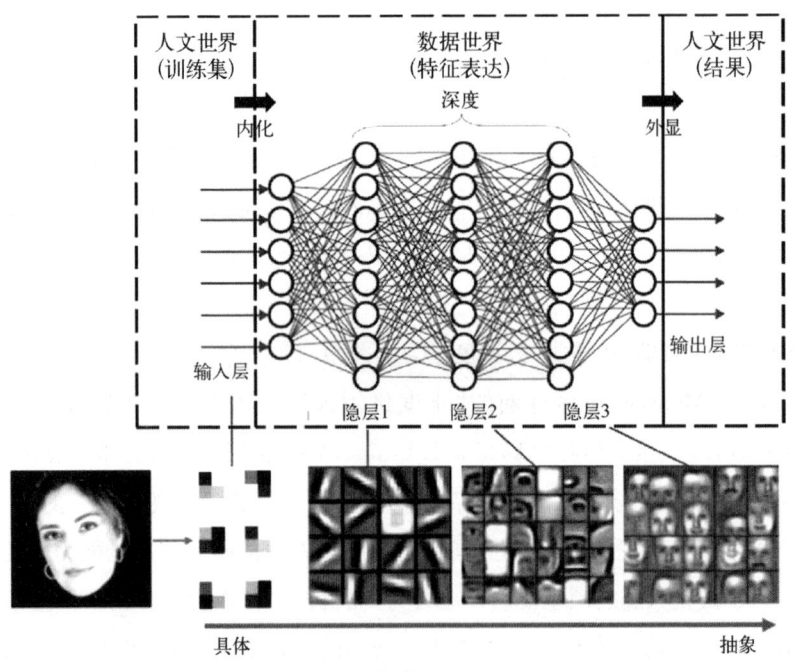

图1 深度学习的理念

大数据本身没有任何的价值倾向,它的价值是挖掘出来的[7],在深度学习中,这个挖掘过程就是由具体到抽象的过程。如图1底部所示,在图像识别的训练阶段,输入的训练集中的数据是图像的像素数据,此时很难以进行图像识别,需要进行逐步抽象,以便由像素抽象为图像碎片中的局部边缘或轮廓。随着抽象水平的递增,局部边缘组合成局部形状,之后是部分图像,最后抽象为整幅图像。在这逐步抽象的过程中,底层的具象特征组合为高层的抽象特征,抽象的层面越高,图像的特征和蕴含的语义就越明确,最终图像识别成功的概率就越大。这种具体到抽象的过程,使得图像特征和它蕴含的语义(数据价值)得以被挖掘出来。

(三) 机器深度学习的教育启示

从教与学角度看,人文世界中的训练集向数据世界的特征表达的转换过程是一种内化过程,而数据世界的特征表达向人文世界的结果的转变过程是一种外显过程。理想状态下,训练集和训练后的结果等价,即结果$=f$(训练集),这样,除输入层外的每一层,均是原有信息的另一种表示,借此深度学习便实现了原有信息的分层表达。然而,信息论中的"信息逐层丢失"的理念表明这难以做到,这与教育传播学中"信息在传播过程中失真"的理念吻合,这说明机器学习与人类学习具有很多相同之处。

机器深度学习在机器中构建深度神经网络,使其具备抽象思维的条件,通过对神经网络的训练,使其表现出类人的智力。毋庸置疑的是,目前人类的神经网络远远比机器的人工神经网络复杂得多,隐层数量(深度)大得多。因此,人类具有进行更为深度学习的条件,这也是开展智慧教育的条件。而机器深度学习的目的是通过机器学习使其达到人工智能,从而更好地帮助人类解决现实中的问题。由此可知,从教与学角度看,机器学习的目的是知识迁移。所以,我们在教育语境中提及人工智能是为了进行这样的反思:既然人类能够教会机器深度学习,为什么在学校中我们不能教会孩子们深度学习?

二、教育领域中兴起的深度学习

(一) 教育中深度学习运动的浪潮

我们高兴地看到,与人工智能领域相似,国际上在教育领域中也掀起了深度学习(Deeper Learning,Deep learning)的浪潮。2010 年美国威廉和弗洛拉·休利特基金会(William and Flora Hewlett Foundation,以下简称 Hewlett 基金会)发起了深度学习战略计划。[8]该计划的长期目标是到2025年,80%的美国在校生致力于深度学习;短期内,该计划资助的目标是确保到2017年教授800万学生(约为K-12公立学校人数的15%)深度学习技能。[9]另外,亚洲协会(Asia Society)等十大社会机构协力,促使美国深度学习实验校遍布全美(已达41个州),超过500所学校、1万多名教师、22万多名学生在致力于深度学习。[10]2012年,加拿大维多利亚大学发起深度学习新教育学全球伙伴行动,这个活动与10个国家的1 000所学校合作,旨在与世界各地的教师、学校领导、家庭和政策制订者一起,寻求变革教与学的方法,提供促进深度学习的条件。[11]2015年美国州立教育董事会国家协会(National Association of State Boards of Education)发布文件,将深度学习作为美国21世纪教育的国策。[12]

(二)深度学习的定义及能力框架

深度学习究竟意味着什么？对于21世纪教育改革与发展有何重要意义？美国研究委员会(National Research Council,简称NRC,包括科学院、工程院、医学院)组织一批重量级专家开展深入论证,于2012年发布了专题报告《为了生活与工作的学习:发展21世纪可迁移的知识与技能》,为深度学习定了基调,将深度学习定义为一种能够使学生将从某一情景中的所学应用到学习新情景中的学习过程(即迁移)。[13]深度学习的产物是可迁移的知识,包括某一领域中的内容知识,以及如何、为何、何时应用这些知识来回答问题和解决问题的知识。具体来讲,深度学习主要包括三大领域、六种能力(表1,融合了NRC与Hewlett基金会的观点)。其中,掌握核心学术内容能力是学生在对学科知识理解的基础上,能够将知识应用于其他情境中的能力;审辨思维与复杂问题解决能力是利用工具和技术收集核心知识、信息来形成并解决问题的能力;学会学习能力是监控、指导自己学习的能力;发展与维持学术意念的发展维持能力是发展维持积极态度和信念,从而提升学术坚韧、促使有效学习、攻克难关,最终实现目标的能力;协同作业能力是与他人合作,以识别和创建学术、社会、职业和个人挑战的解决方案的能力;有效沟通能力是清楚地组织与表达自己的数据、发现、想法的能力。这些能力是对学生在快速变化的工作和公民生活中获得成功的关键"能力"。它们的有效混合,应用于核心内容的掌握时,将会极大助推预期学习结果的达成。

表1 深度学习能力框架

领域[13]	能力[14]	注　　解
认知领域 (Cognitive)	掌握核心学术内容	理解内容原理及关系，整合进概念框架；使用专业术语；与事实关联；知识如何产生及如何用于解决问题；跨学科或情景应用事实性、程序性知识和理论
	审辨思维与复杂问题解决	熟悉并能使用专业工具、技术；形成问题、生成假设；识别、收集问题解决所需信息；评估、整合、审辨性分析信息；监控、完善问题解决过程；推理、辩护假设；问题解决的毅力
自我领域 (Intrapersonal)	学会学习	设定任务目标、监控进度；知道、应用、按需调整策略；识别遇到的阻碍难题并能攻克；独立学习、与他人一起学习、寻求帮助；知自己的优势与不足；分心后自我调整，将挫折转为动力；乐于学习，追求质量；反思学习经验并迁移，能洞悉、满足不同领域的需求
	发展与维持学术意念	对团队的态度：队员有归属感，重视与他人的交流；认为学习是社会过程，积极向他人学习，相互扶持。自我方面：信任自己的才能、能力、有效能感；认为自己品学兼优并期望获得学习的成功；相信付出有回报，愿意投入时间、精力；学习工作方面：意识到知识、技能的价值；能发现学习、生活、兴趣的关联，知道当下的学习是后续学习的基础
人际领域 (Interpersonal)	协同作业	确定团队目标；参与问题解决步骤的规划、所需资源的确定；与他人协作完成任务、解决问题；有效沟通、采纳多种观点
	有效沟通（书面、口头）	以有意义、有用的方式组织信息、数据；书面、口头传达复杂概念；倾听并吸纳他人的反馈和想法；向他们的同伴提供建设性的、适当的反馈；理解有效沟通需要稿件的反复修订；依据对象的不同修改信息

（三）深度学习与相关标准解析

21世纪学习伙伴组织（Partnership for 21st Century Learning，P21）于2007年推出了最负盛名的《21世纪学习框架》（简称《框架》）。[15]《框架》勾勒了21世纪学习的蓝图：学习结果方面，描绘了在生活、工作等领域获得成功所需的核心知识与技能(21世纪能力);支持系统方面,描述了确保学生掌握21世纪能力的关键系统的特征。《框架》作为21世纪学习的纲领性文件,对后续教育变革具有深远影响,也为21世纪学习提升至深度学习提供了基础。《框架》中标定的多数能力(如审辨思维与问题解决、协作与交流、创造与创新等)即为深度学习能力。而支撑系统方面指出的学习标准应"强调知识的深度理解,促使学生积极参与解决有意义的问题",课程与教学应"在核心学科和21世纪跨学科主题的情境下进行21世纪能力的教授;支持融合技术、基于探究的方法、基于问题的方法以及高级思维技能来促使学习方法创新"也为深度学习所吸纳。

为了使高中毕业生做好"大学和职业准备",美国州长协会中心(National Governors Association Center)和州立首席校官委员会(Council of Chief State School Officers)于2010年颁布了与大学和职业要求匹配的英语语言艺术和数学领域的《共核课标》(Common Core State Standards, CCSS)。由于CCSS能够在规模上确保学生学习他们在未来生活中获取成功所需的知识、技能和学习意念,所以深度学习与其具有很高的匹配度,这也使得CCSS可以作为深度学习能力测量的有效标尺。[16]CCSS与深度学习能力明显的匹配是核心内容知识、问题解决和书面沟通技能;隐晦的匹配是口头沟通、协作和学习、学会学习的技能。[9]为了厘清二者的关系,旨在提高学习者的大学与职业准备的领导机构Achieve制定了详细的CCSS与深度学习能力的对应表。[17]

工人在现代职场中得以良好发展取决于科学基础。[18]为使学生做好应对现代职场的科学准备,美国23个州联合行动于2013年发布了《下一代科学标准》(Next Generation Science Standards, NGSS)。NGSS关注科学的内容与实践,旨在促使科学知识、技能的深度学习,以便学生在12年级毕业后可以获得成功。NGSS与CCSS在核心素养高度契合(图2)[19],因此也可以作为深度学习能力测量的有效标尺。

综上所述,《框架》是CCSS、NGSS、深度学习的顶层设计,而CCSS与NGSS高度契合。CCSS可以作为深度学习在英语语言艺术和数学领域的标准,NGSS可以作为深度学习在科学领域的标准;而深度学习则是实现CCSS、NGSS的有效过程。

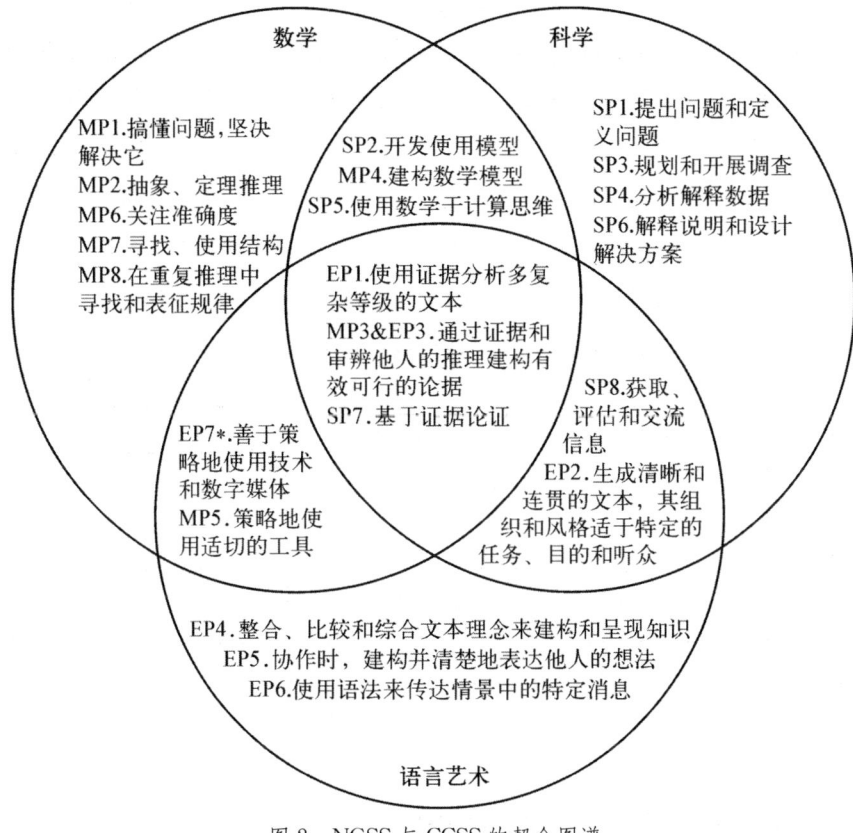

图 2　NGSS 与 CCSS 的契合图谱

注：1. 资料来源：CCSS for Mathematics(Practices)；CCSS for ELA & Literacy (student capacity)；ELPD Framework (ELA "practices")；NGSS(science and engineering practices)。

2. MP1～MP8 表示 CCSS Mathematical Practices (p.6-8)；SP1～SP8 表示 NGSS Science 和 Engineering Practices；EP1～EP6 表示 ELPD Framework 定义的 CCSS for ELA "Practices"；EP7 ∗ 表示 CCSS for ELA student "capacity" (p.7)

三、教育中深度学习的理论与实践

（一）深度学习的核心理念解析

深度学习涉及三个方面的"深度"。第一，学习结果的深度，表现为认知、自我、人际三方面的高阶能力，这是学生以后在高校、生活、工作中成功解决问题的能力储备。为了培育学生的这些能力及其实现有效迁移，需要与之配套的学习方法。第二,学习方法的深度,表现为复杂问题的解决(而不是知识传授),深度学习的方法有很多,如探究学习、项目学习等,但无论是哪种方法,均以问题解决为导向。为了促使学生顺利完成深度学习,需要他们积极参与其中。第三,学习参与深度,这是深度学习的基础。人类的神经网络也可以人为地分为输入层、隐层和输出层。深度参与可促使更多层数的隐层参与"训练",从而实现更高层次的抽象、挖掘出更深的意义(外在表现为学生从识记、理解到思维、创造的提升)。从这个层面讲,教育中的深度学习与技术中的深度学习具有相通的理念(图3)。只不过,前者的训练集是蕴含知识的习题与项目,而终极目标是发展人类智慧。

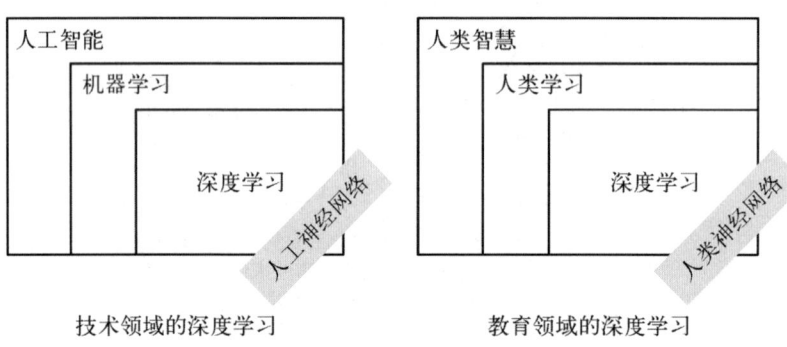

图3 技术与教育领域中的深度学习

综上可知,深度学习的核心理念是"促使深度参与、培育高阶能力、为迁移而学"。它与(教育中的)浅表学习(Shallow Learning;Surface Learning)的区别见表2。[20][21]

表2 深度学习与浅表学习比较

深 度 学 习	浅 表 学 习
高阶能力	低阶认知
主动意义学习	偏于被动机械学习
学科内、跨学科、真实的复杂问题	多关注学科内、脱离实际的简化问题
建立新旧知识、概念、能力的关联	常规地记忆事实性、程序性知识
寻找学习模式与潜在原理	按部就班学习、不甚求解
重在理解、旨在迁移(应用)	重在识记、旨在"通关"(复制、重现)
导致积极的情绪和态度(兴趣、动力)	导致消极的情绪和态度(厌倦、压力、担心)

(二) 深度学习的理论基础

虽然深度学习是一个相对较新的术语,但是其核心理念并非如此。也就是说,深度学习具有一定的理论基础。

机器深度学习是计算机科学发展的阶段产物,而人类的深度学习可以看作是学习科学(Learning Sciences)发展的阶段产物。学习科学的其中一个使命即是识别、促进深度学习[22],相关的研究也最为普遍和严谨[13]。它是一个跨学科的研究领域,致力于对学习更科学地理解,学习创新的设计、实施以及教学方法的改进。学习科学研究的一大主题是社会境脉,它认为知识只有浸润在复杂的真实的社会境脉中,学生才可能实现不同境脉的迁移,这是深度学习的前提[23]。遵循这一理念,深度学习强调它发生于复杂的社会情境中。

深度学习理论近代可以追溯到杜威(John Dewey)的教育理念,他认为学校不仅是一个获得内容知识的场所,而且还是一个学习如何生活的场所。最好的教育就是"从生活中学习,从经验中学习",而教学过程就是"做"的过程,它将知识、能力的学习与生活中的活动联系在一起。学生在一个允许他们体验和与课程互动的环境中必然会茁壮成长,所有学生都应该有机会参与自己的学习。杜威的"做中学"思想是深度学习活动设计的依据,它不但将学生与社会境脉联系在一起,也将学生神经网络的输出与输入联系起来,使得深度学习形成一个"闭环"(图4),学生正是在这种"闭环"的循环迭代中逐层抽象,形成深度学习能力。

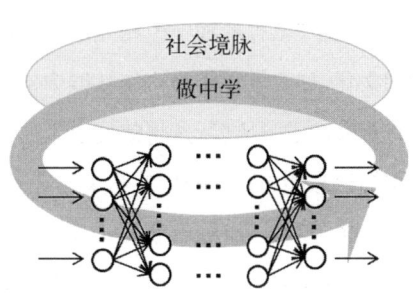

图4 深度学习的"做中学"理论基础

在内部世界,除了前面所说的神经网络机制(具体到抽象)外,深度学习的理论基础还有友好练脑五原理(Five Key Principles of Brain-Friendly Rehearsals)[24]。一是所做即所学:学生能记住所说的14%,却能记住教与他人(即所做)的92%。二是大脑喜欢通过多样的新奇事物产生联系:意想不到的、不寻常的事物或活动可刺激并连接突触,因此深度学习应富有创意而不是循规蹈矩。三是行动涉及更多的大脑区域(50%的脑细胞),它可以内化深度学习:任何动觉联系(Kinesthetic Connection)都可使大脑得到增强,行动是智性理解的基础,它可以增强巩固学习,促使工作记忆或程序记忆进入长时记忆。四是情感激发是深度学习的必要条件：大脑的一个主要功能是丢弃无用信息，通过情感激发来让大脑知道现在做的事是有价值的。五是适当的失败风险可增强大脑参与和深度学习：深度学习需要创建一个安全的、支持性的环境，环境中失败风险得到认可，并成为学习的一部分，以便通过适当的"关注的水平(有益的焦虑)"提高动机和记忆力。

深度学习理论更久远可追溯到中国古典治学理念，例如：《礼记·中庸》二十章有云："博学之，审问之，慎思之，明辨之，笃行之。"荀子《儒效篇》有云："不闻不若闻之，闻之不若见之，见之不若知之，知之不若行之。"王阳明《传习录》卷上有云："博学、审问、慎思、明辨、笃行者，皆所以为惟精而求惟一也。"如何使中国古典教育智慧在新时代发扬光大，乃是当今教育者的重要使命。

(三) 深度学习的实践探索

美国艾维伦中学(Avalon School)等八所公立学校采用深度学习进行创新变革，并获得了较大的成功。它们的制胜法宝是深度学习行动理论。[25]行动理论指出，如果建立了"教育者和学生相互信任、尊重；并且作为学习者时，能为彼此的成功负责"的文化，加之教师作为协作社群中的专业人员，那么教师就可以设计或调整对学生有意义的学习体验，这将致使学生通过深度学习技能的有意实践，有规律地获取、应用知识和能力。从而促使学生毕业时，具有知道如何、为什么和何时应用内容知识的本领，具有一组能够解决大学、职业和生活中挑战性问题的非认知技能(知识迁移)。行动理论四要素如图5所示，这四要素是不可或缺的，且需按照顺序依次建立。

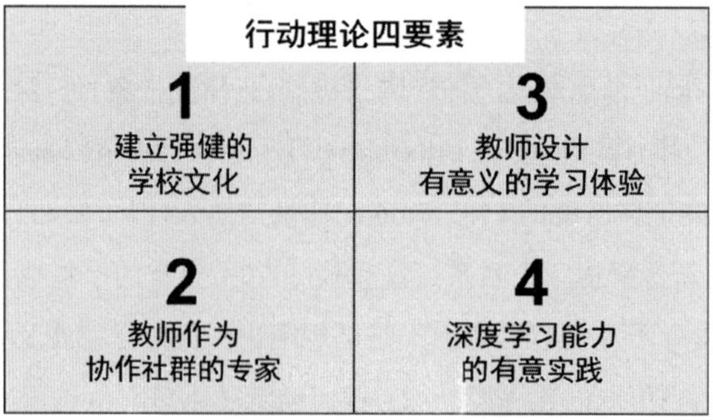

行动理论四要素

1 建立强健的学校文化	3 教师设计有意义的学习体验
2 教师作为协作社群的专家	4 深度学习能力的有意实践

图5 深度学习行动理论的四要素

本团队在研究智慧教学模式时,借用翻转课堂的概念,提出翻转课堂 2.0 模式,践行创造驱动的学习理念与方法(图 6)[26],与深度学习有很高的契合度。创造驱动的学习将由"识记"走向"创造"的爬坡式常规方法转变为以创造为中心的驱动法。这种深度学习方法的起点和归宿都是"创造",学生一开始就为实现某一创造任务而学,在创造过程中,学生需要用到什么就学什么,需要开展什么活动就开展什么活动。这种学习方法避免爬坡式驻留于低级认知水平的弊端。在创造驱动的学习方法中,教师需担任四种角色:"帮学者"、"促学者"、"导学者"、"评学者"。在学习初期,以前两种角色为主,后期以后两种角色为主。目前这种方法已借助翻转课堂的形式,投用于本课题的实验校中,来助力智慧人才的培育。

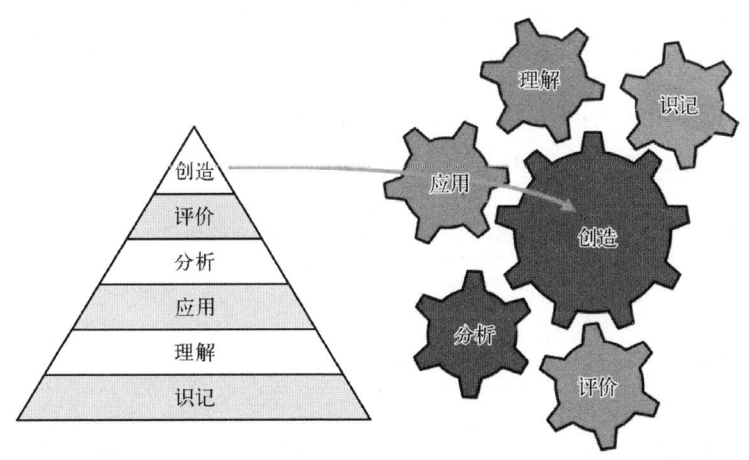

图 6　创造驱动的学习

此外,其他机构也采用各种不同的方法来开展深度学习。澳大利亚墨尔本皇家理工学院(RMIT University)采用项目学习的模式来培养学生的创造力和解决问题的能力。[27]芝加哥的 Wild-wood IB World Magnet School 利用在线思维导图开展深度学习。[28]采用数字故事促进深度学习[29]、采用结构化思维方法的深度学习[30]、数字技术支持的深度学习[31]……

实践证明,深度学习具有良好的学习效果。加州宾夕法尼亚大学(University of Pennsylvania, California)和戴尔玛学院(Del Mar College)利用探究学习模式开展深度学习,结果表明:81%的学生掌握了主题内容,91%的学生在课程中展现了自己的毅力。[32]美国研究所(American Institutes for Research)近期对 22 所学校的

1 762名学生的调查,也证实了深度学习在培育高阶能力方面的有效性:在 PISA 测试中得分更高;更有可能高中毕业;更有可能考上大学(四年制)、具有更高的协作能力、学术笃力、学习动机。[33]

四、智慧教育视域中的深度学习

(一)深度学习与智慧教育的契合

作为 21 世纪学习的提升,深度学习不仅仅要求掌握核心学科内容,更要注重审辨思维、问题解决、学术意念等高级能力与品性的培养。而智慧教育(Smarter Education,SerE)所培育的智慧人才,善于学习、善于协作、善于沟通、善于研判、善于创造、善于解决复杂问题,[34]他们不但掌握基础知识,而且心灵手巧、人格美好、务实创造[26]。因此,深度学习与智慧教育在人才培育方面高度契合,都是培育知识、技能、能力、品性均衡发展的新型人才(见表3)。

表3 深度学习能力与智慧人才能力的契合

维 度	深度学习能力	智慧人才能力
知 识	掌握核心学术内容	掌握基础知识
技 能	协同作业	善于协作,善用技术
	有效沟通(书面、口头)	善于沟通
能 力	学会学习	善于学习
	审辨思维与复杂问题解决	善于解决复杂问题
	—	善于研判、善于创造
品 性	发展与维持学术意念	心灵手巧、人格美好、务实创造

深度学习的最终目的是使学生为日后在大学、生活、职场的生存与发展做好准备(属于做得了、思得准层面)。因此,深度学习高度重视培育这三个领域需求的高阶能力及其迁移应用能力。而智慧教育不仅要求学生有能力生存和发展,更要求学生具有较好的思维品质、较深的创造潜能[35](属于做得巧、思得妙层面)。因此,表3所示的智慧人才能力水平比深度学习能力水平高,由此也导致了智慧人才的培育更具有挑战性。而深度学习"培育高阶能力、为迁移而学"的理念恰是

智慧人才培育的有效途径和刚需。

正是二者的高度契合以及上述刚需,使得深度学习可以作为智慧教育的核心支柱,撑持智慧教育培育智慧人才梦想。

(二) 智慧教育中深度学习能力模型

由上述可知,深度学习可以作为智慧教育的核心支柱,但智慧教育对它也提出了更高的要求,另外当前社会对智慧人才也有了新的诉求(如人文意识等)。对此,笔者修订了智慧人才框架,并将其作为智慧教育中的深度学习能力模型(图7)。该模型是一种冰山模型,越向下能力愈发难以监测与培育。从神经科学角度看,这是因为越向下的能力在培育时,所需要的神经网络的隐层数越大(以进行更高级别的抽象,形成更高级别的意义)的缘故。另外,该模型采用认知、自我、人际三个维度来分布不同的能力:自顶而下,按三个维度逐渐增大的顺序排列。从认知到自我,能力逐渐内化;从认知到人际,能力逐渐聚合。

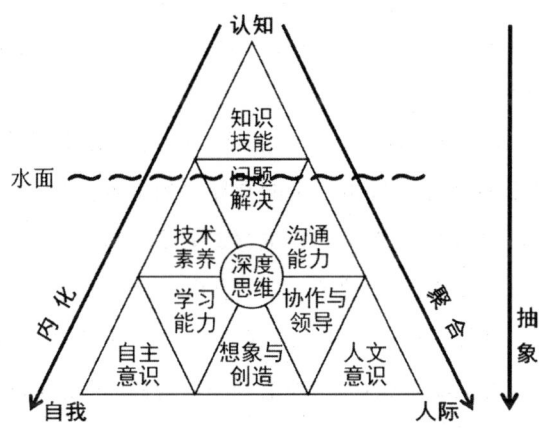

图7 智慧教育中深度学习能力冰山模型

具体讲,知识与技能主要针对核心学科内容以及读、写、算等基本技能,属于"学会"层面能力。问题解决能力属于"会做"层面,它包括发现问题、分析问题和解决问题。在发现问题层,不仅能够解决已面临的问题,还具有发现潜在问题的能力,即洞悉力。在分析问题层,根据已有的信息、材料,解析出问题的原有脉络,即推理能力。在解决问题层,基于已有的分析,作出决策、制订解决方案,并依据实际情况对实施中的方案作出调整、优化,即执行力。问题解决作为成功迁移的重要标志,有学者也将问题解决作为深度学习与浅表学习的分界线[36]。沟通能力包括两层:有效沟通、善于社交。有效沟通是口头、书面或借助工具,清楚地组织、表达客观信息、主观想法与理念,并且能够理解他人的表达。而善于社交包括善于察言观色,感知与理解他人情感、思想、需求等内心活动,自己的仪态、言行富有感染力。技术素养与《框架》吻合,包括三层:媒体素养、信息素养、ICT素养。上述这四类能力,知识与技能容易培育且可监测,在水平线以上,而其他三类能力少部分可监测,多数处于水平线以下。

深度思维能力属于"会思"层面,它与其他各能力均有交集且是它们的基础,因此处于中心地位。深度思维是浅表学习中思维能力的进阶提升,包括理解力、分析力、综合力、概括力、抽象力、推理力、论证力和判断力等。特别是审辨思维(Critical Thinking),它已成为各界公认的核心素养。学习能力包括两层:学会学习、乐于学习。学会学习属于"会学"层面。世界著名未来学家艾文·托夫勒(Alvin Toffler)曾预言21世纪的文盲是不会学习的人。事实证明,学习能力的确已成为人们跟上快速变化的21世纪的刚需。而乐于学习属于"乐学"层面,它是一种积极的学习态度、一种求知欲,它有助于促发自主学习与终身学习,以便学生能在生活、工作中持稳发展。协作与领导能力是学生能够与他人讨论、协商制订团队目标、规划并协同作业,必要时能够展现出一定的领导力的素养。其中,领导力包括前瞻力、感召力、影响力、控制力、决断力。自主意识主要是与自我发展相关的意识,旨在做好自己,包括应变意识、自我监管、安全意识、健康意识与自我保护意识。想象与创造属于"会创"层面,它是指具有丰富的、新奇的想象力,且能够依据这些想象力,形成具有创新意义的思想观念、理论方法,并将其转化为有价值的精神或物质产品的能力。[37]此类能力附有坚强的毅力与持久力。人文意识主要是社会文化的意识,旨在益于社会,包括人文底蕴、社会责任、国家认同、国际理解、全球共善。人文意识是智慧人才良好价值观的体现。

(三)基于智慧教育的深度学习发展策略

1. 以智慧学习环境支持深度学习

智慧学习环境具有联通、感知、适配、记录四大属性。它将线上空间与线下空间联通,将各个个人学习空间联通,这种无缝联通,可促使学生使用各种平台、设备开展深度学习。它能感知学习场景、学生位置及其社会关系,这种全面感知,为深度学习与社会境脉融合提供了技术支持。它能结合学习目标、学习者个体特征及其当前学习状态适性配送学习材料、服务、工具,这种精准适配,可使深度学习活动更贴心。它能记录学生学习数据,并以直观、简洁的形式呈现,这种全程记录,可使学生的深度学习精准地可视化。

2. 以文化智慧、数据智慧、教学智慧助力深度学习

人机协同的文化智慧表现在科技工具的使用(制品符号)、技术增能的多样行为活动(协作、开放、共享、交互),以及由此产生的理念价值的改变。而21世纪主题以及大学、生活、工作的诉求均是文化中理念价值的体现。教育本质上是为了文化的传承与发展,而智慧人才的能力只是传承与发展的手段,因此,文化智慧可引领深度学习持续健康发展。借助大数据挖掘与学习分析技术,记录的学习数据可以从知几无(Know-Nothing,数据本身没有任何价值倾向)经过知是何(Know-What)、知如何(Know-How)、知为何(Know-Why),达到知最佳(Know-Best)的状态,这就是数据智慧。它可以为支持深度学习服务,为师生提供决策依据。技术将规则性、重复性、单调性的工作承担后,教师将有更多的时间和精力专注于富有情感性、启发性、创造性的教学工作,加之每位教师都有自己的一技之长,这样具有不同专长的教师在一起便可打造出完美的教师团队,从而大大放大教学智慧,服务于深度学习的设计。

需要特别指出的是,文化智慧中的学习文化创设问题。深度学习的核心理念及目标,决定了它需要创设"教育者和学生相互信任和尊重,并且作为学习者时,为彼此的成功负责"的学习文化,需要创设乐于"共享、协作、团结、互助"的学习文化。对此,本团队研制的文化三层结构[38](理念价值、行动方式、制品符号)可为这种文化的制订提供指导:文化创设时,先确定核心理念与价值(如信任、共享等),之后确定哪些行为可以体现这些理念价值,并选取需要的行为方式,最后制作一些能诱发这些行为方式的板报、宣传画等制品符号。深度学习文化创设好以后,便可借助文化智慧定深度学习"导向",数据智慧定深度学习"决策",教学智慧定深度学习"行动"。

3. 以智慧教师、适配处方指引深度学习

由图7可知,深度学习能力大多数在水平线以下,极难监测与培育。因此,

教师需要突破常规的角色,走向智慧教师。智慧教师主要包括教学辅导师、教学评估师、活动教练员、教学设计师、数据分析师、资源工程师等角色。在深度学习中,每位教师只担任自己最擅长的角色,并与其他教师协作,打造优势智慧教师团队。具体讲,直面学生的智慧教师,在深度学习中,需要建立与学生的信任关系;需要践行学习目标、任务和成功标准;需要在任务中帮助学生建立兴趣和动机;需要提供高质量的反馈和鼓励……为引领、激励学生在深度学习中获得成功,教师需要具有较强的领导力,包括前瞻力、感召力、影响力、控制力、决断力。

教学策略方面,本团队研制的"基于微文化模式的个性化学习适配处方模型(以下简称适配处方)"[7]可为深度学习提供适性指引,特别是在大班制的我国。适配处方建立了微文化模式到班级、小组进而到个人层面的适性通道。其理念为:首先在班级层面感知、学习(主要采用差异化学习)、领悟微文化模式蕴含的理念价值,以解决80%的学生面临的共同问题;之后在小组层面(主要采用小组研创型学习)解决班级层面学习后仍存留的10%—20%的学生面临的共同问题;如果仍有个别学生发生学习异常,则在个体(一般5%学生)层面开展适性学习。这种适配处方不但建立了微文化模式到个体模式间的链路,而且可以减少单纯的个性化适性学习的高成本、高精力投入的弊端。

借助智慧教师的引领以及适配处方的引领,可大大提升深度学习成功的可能性,也可解决"目前学校中开展的项目学习、探究学习(均是深度学习的具体方法)多流于形式,学习效果远没有达到预期"的问题。

4. 以智慧评估检验深度学习成效

智慧评估是技术增能的基于数据的评估,它具有评估全程化、多元化、多维度、主体化以及结果可视化特性,旨在以评促学、以评促发展。智慧评估的理念为以测识学、以绘视学、以评辅学[39],它借助构量理论(Construct Theory)[40]解读测变量所表征的实质意义,借助数理统计解读监测数据的潜在价值,借助科学技术实现上述过程自动化、静默化,实现全程评估、深度挖掘与结果可视化。深度学习能力均是难以监测与评估的高阶能力,而智慧评估可以作为解决这一难题的方略,以检验深度学习成效。

具体讲,深度学习的智慧评估需要建立完备的评估连续体,在这个连续体中,形成性评估贯穿始终,中期评估、总结评估的比重大大缩小。评估连续体内,包括各个预测能力的评估模式。其中一个重要的评估模式是深度学习力(即笃学力)模式,关于深度学习力,美国 Learning Emergence 研究团队通过对 15 年的相关数据进行分析,得出学习力的八大要素[41]:意识能动性、意义建构、创造性、求知欲、归属感、协作力、期望与乐观、开放意愿。这为学习力评估模式的制订提供了依据。诚实地讲,深度学习智慧评估系统的建构,是一个巨大的挑战,也是本团队后续需要攻克的一大难题。

参考文献

[1] CONLEY D, DARLING-HAMMOND L. Creating systems of assessment for deeper learning[M]. Stanford, CA: Stanford Center for Opportunity Policy in Education, 2013.

[2] RAO N. Deep learning and the need for unified tools[EB/OL]. (2015—10—20)[2017-02-19]. https://www.nervanasys.com/deep-learning-and-the-need-for-unified-tools/.

[3] TURING A M. Computing machinery and intelligence[J]. Mind, 1950, 59(236): 433-460.

[4] 钟义信.高等人工智能原理:观念·方法·模型·理论[M].北京:科学出版社,2014:42.

[5] SCHMIDHUBER J. Deep learning in neural networks: an overview[J]. Neural Networks, 2015(61): 85-117.

[6] HUBEL D H, WIESEL T N. Receptive fields, binocular interaction and functional architecture in the cat's visual cortex[J]. The Journal of Physiology, 1962, 160(1): 106-154.

[7] 祝智庭,孙妍妍,彭红超.解读教育大数据的文化意蕴[J].电化教育研究,2017,38(1):28-36.

[8] William and Flora Hewlett Foundation. Deeper learning[EB/OL]. [2017-02-20]. http://www.hewlett.org/strategy/deeper-learning/.

[9] William and Flora Hewlett Foundation. Deeper learning strategic plan

summary education program[EB/OL]. [2017 - 02 - 20]. http://www.hewlett.org/wp-content/uploads/2016/09/Education _ Deeper _ Learning _ Strategy.pdf.

[10] Alliance for Excellent Education. Deeper learning in schools[EB/OL]. [2017 - 02 - 21]. http://deeperlearning4all.org/deeper-learning-in-schools.

[11] NPDL. New pedagogies for deep learning[EB/OL]. [2017 - 02 - 21]. http://npdl.global/.

[12] National Association of State Boards of Education. Deeper learning: policies for a 21st education[EB/OL]. (2015 - 05 - 01)[2017 - 02 - 23]. http://www.nasbe.org/education-leader/deeper-learning-policies-for-a-21st-education/.

[13] National Research Council. Education for life and work: developing transferable knowledge and skills in the 21st century[M].Washington, DC: National Academies Press, 2013: 5 - 6.

[14] William and Flora Hewlett Foundation. Deeper learning competencies[EB/OL]. (2013 - 04 - 01)[2017 - 02 - 22]. http://www.hewlett.org/wp-content/uploads/2016/08/Deeper_Learning_Defined__April_2013.pdf.

[15] Partnership for 21st Century Learning. Framework for 21st century learning [EB/OL]. [2017 - 02 - 21]. http://www.p21.org/our-work/p21-framework.

[16] CHOW B. Deeper learning and the common core standards[EB/OL]. (2014 - 09 - 30)[2017 - 02 - 22]. http://www.hewlett.org/deeper-learning-and-the-common-core-standards/.

[17] ACHIEVE. Understanding the skills in the common core statestandards [EB/OL]. (2012 - 10 - 10)[2017 - 02 - 22]. http://www.achieve.org/Skills-CCSS.

[18] Commission on Mathematics and Science Education. The opportunity equation: transforming mathematics and science education for citizenship and the global economy[R]. New York: Carnegie Corporation of New York, 2009.

[19] LEE O, QUINN H, VALDES G. Science and language for English language learners in relation to next generation science standards and with implications for common core state standards for English language arts and mathematics[J]. Educational Researcher, 2013, 42(4): 223-233.

[20] RICHARDSON J T E. Approaches to learning or levels of processing: what did marton and säljö (1976a) really say? The legacy of the work of the göteborg group in the 1970s[J]. Interchange, 2015, 46(3): 239-269.

[21] ENTWISTLE N. Promoting deep learning through teaching and assessment: conceptual frameworks and educational contexts[A]. Citeseer, 2000: 1-12.

[22] 焦建利,贾义敏.学习科学研究领域及其新进展:"学习科学新进展"系列论文引论[J].开放教育研究,2011,17(1):33-41.

[23] 张静,陈佑清.学习科学视域中面向深度学习的信息化教学方式变革[J].中国电化教育,2013(4):20-24.

[24] ARCHIBEQUE C, GLAZE D. Brain-friendly strategies for singer-friendly rehearsals[EB/OL]. (2015-03-23)[2017-03-02]. http://www.choralnet.org/2015/03/conference-morsel-singer-friendly-rehearsals/.

[25] MARTINEZ M, MCGRATH D. Deeper learning: the planning guide[EB/OL]. [2017-02-24]. http://dlplanningguide.com/4-components-of-the-theory-of-action-infographic/.

[26] 祝智庭.智慧教育新发展:从翻转课堂到智慧课堂及智慧学习空间[J].开放教育研究,2016,22(1):18-26+49.

[27] Rmit University. Project-based learning in engineering[EB/OL]. [2017-03-01]. http://www.rmit.edu.au/study-with-us/engineering/about/project-based-learning.

[28] EDUTOPIA. Inquiry-based learning: the power of asking the right questions [EB/OL]. (2015-08-24)[2017-03-01]. https://www.edutopia.org/blog/inquiry-based-learning-asking-right-questions-georgia-mathis.

[29] BARRETT H C. Digital stories of deep learning[EB/OL]. (2004-08-09) [2017-03-01]. http://electronicportfolios.org/digistory/epstory.html.

[30] The Roseland Academy. Assessment at key stage 3[EB/OL]. [2017-03-01]. http://www.theroseland.co.uk/site/about/assessment/assessment-at-key-stage-3/.

[31] GUDZIUNAS C. Using digital technology to support deeper learning[EB/OL]. [2017-03-01]. http://hsd.ca/deeper-learning/leveraging-digital/.

[32] Next Generation Learning Challenges. Abilene christian university[EB/OL]. [2017-03-01]. http://nextgenlearning.org/grantee/abilene-christian-university.

[33] ZEISER K,TAYLOR J,RICKLES J. The study of deeper learning: opportunities and outcomes[R]. Washington,D C: American Institutes for Research,2014.

[34] 祝智庭.以智慧教育引领教育信息化创新发展[J].中国教育信息化,2014(9):4-8.

[35] 祝智庭,贺斌.智慧教育:教育信息化的新境界[J].电化教育研究,2012,33(12):5-13.

[36] 段金菊,余胜泉.学习科学视域下的 e-Learning 深度学习研究[J].远程教育杂志,2013(4):43-51.

[37] 何克抗.论创客教育与创新教育[J].教育研究,2016(4):12-24.

[38] 祝智庭.教育技术前瞻研究报道[J].电化教育研究,2012,33(4):5-14+20.

[39] 彭红超,祝智庭.以测辅学:智慧教育境域中精准教学的核心机制[J].电化教育研究,2017,38(3):94-103.

[40] 杨向东.理论驱动的心理与教育测量学[M].上海:华东师范大学出版社,2014:100-148.

[41] Learning Emergence. Deep learning: learning power[EB/OL]. [2017-03-01]. http://learningemergence.net/about/learning-futures-design-principles/.

教育信息化 2.0：智能教育启程，智慧教育领航*

祝智庭　魏非

[摘　要]　教育部于 2018 年 4 月出台了《教育信息化 2.0 行动计划》，正式启动了新一轮的教育信息化建设工程，开启智能时代新征程。文章在具体分析了"教育信息化 2.0"提出的背景和意义之后，围绕着教育信息化 2.0 的建设目标，重点阐释了智能技术、智能教育和智慧教育在教育信息化 2.0 行动中的角色和作用。文章认为，智能技术是促变教育信息化的核心技术，智能教育是教育信息化 2.0 行动的实践路径，智慧教育是教育信息化 2.0 行动的航标。基于教育信息化 2.0 的建设目标，文章对信息化 2.0 的推进路线进行了系统思考，包括顶层设计、标准规范、保障体系、应用发展、能力建设以及环境建设等工作。最后，文章强调教育信息化 2.0 建设中应以智慧教育作为领航理念并需恪守技术应用底线思维。

[关键词]　教育信息化 2.0；智能技术；智能教育；智慧教育；实践路径

引　言

自 20 世纪 90 年代全球信息网的形成，信息化极大地推动了人类社会生活方式、生产结构以及劳动关系的变革，可以说信息化是人类的第二次进化。在教育领域，信息技术对课堂教学的深层次变革作用日益凸显，信息化的重要意义已经得到了世界各国的普遍共识。在我国，政府组织能力优势和政治优势在教育领域不断发力，从顶层规划到实践支持，从硬件建设到资源供给，从教师能力到学生培养，齐聚多方力量展开了持续探索，四十余年的努力和成效是有目共睹的：实现了"三通两平台"建设与应用快速推进、教师信息技术应用能力明显提

---

* 原载于《电化教育研究》2018 年第 9 期。

升、信息技术水平显著提高、信息化对教育改革发展的推动作用大幅提升、国际影响力显著增强[1]。事实上,每一轮科技革命都会带来产业革命,而应对产业革命最为核心的举措需要通过教育系统在人才培养中进行落实,因而在大数据、区块链、人工智能等新兴技术的冲击之下,教育领域必须关注信息化的现状实情与长远影响,积极思考面向未来的教育变革之道。2018年4月出台的《教育信息化2.0行动计划》(以下简称《行动计划》)是国家层面积极应对科技发展而付诸的行动,宣布正式启动了全面实现教育现代化,开启智能时代的新征程。如何推动产生技术与教育的融合效应,如何激发技术的教育变革潜力,如何支撑教育系统进行整体变革,本文基于教育信息化2.0的里程碑意义,提出了智能教育启程、智慧教育领航的行动方针,同时对教育信息化2.0的实践路径进行了系统思考。

一、教育信息化2.0的里程碑意义

2017年11月,教育部副部长杜占元在"教育大数据应用技术国家工程实验室"成立启动会上指出,把办好网络教育写入党的十九大报告,其意味着我国教育信息化开始了一个新的时代,即我国教育信息将进入2.0时代[2]。教育信息化2.0的提出,既是对前期教育信息化工作成果和意义的高扬,也饱含着对未来机遇和前景的希冀,同时,预示着一个融合创新、智能引领新时代的开篇。

(一)为什么要提教育信息化2.0

教育是积极响应信息化发展的领域之一,然而,信息技术对教育领域的影响远远小于交通、金融、通信以及医疗等领域。笔者认为根本原因在于,在教育以外的服务领域,信息技术带来的便利性能够产生直接价值,而教育是一个复杂系统,是以促进人的发展为根本目标,因而便利性并非教育的核心价值,更不是教育核心价值发挥的动力因素。也正是因为教育系统的复杂性,教育作用对象——人的特殊性,信息技术促变教育具有"慢性"特征,需要长时间的缓慢释放,并经历"人才培养"这一中介逐渐在社会发展中得到体现。因此,教育信息化工作远不是短期的、单维的以及线性的闪电战,而是长期的、综合的以及连续的持久战。

过去十余年,我国教育信息化超预期发展,教学应用模式、多方参与机制、实践应用成效等方面取得了显著成果,采纳联合国教科文组织在2005年提出的教师教法—技术整合能力发展四阶段说(起步、应用、融合、创新)[3],在国内被演绎为教育信息化发展四阶段,我国目前正处于从"应用"向"融合"、"创新"转进的时期。(笔者特别说明:图1中的"技术"维度是指教师使用信息技术的技术水平而非技术本身的科技含量;"教育"维度是指教师的教育理念与方法[Pedagogy]而非教育体系。此图示想说明这样一个道理:只有当教师拥有先进的教育理念与方法,且技术应用技能达到娴熟时,信息技术与课程的深度融合乃至技术赋能的教学创新才可能发生。至于技术对教育教学系统的革命性影响,将通过图2加以诠释。)

值得指出的是,教育信息化2.0过程会相当漫长,从历史来看,2018年恰逢CAI(计算机辅助教学)开启60周年(世界上第一个CAI程序于1958年诞生于IBM实验室),教育信息化2.0可能至少需要经历30年或甚至50年。所以笔者提醒不要出现冒进攀比现象,不愿意看到A地抛出一个3.0,B地冒出一个4.0什么的。因为在人工智能时代,还会不断出现新技术,其技术优势、与教育的结合点以及对教育的作用面又将发生本质变化,因而会推动产生新一轮的"起步、应用、融合、创新"的循环,维系与科技发展的同频,继而形成一种持续迭代、不断前行的教育信息化发展势态。为此,笔者刻意在图1中添加了一个椭圆环,说明新技术引发的教育变革迭代现象。

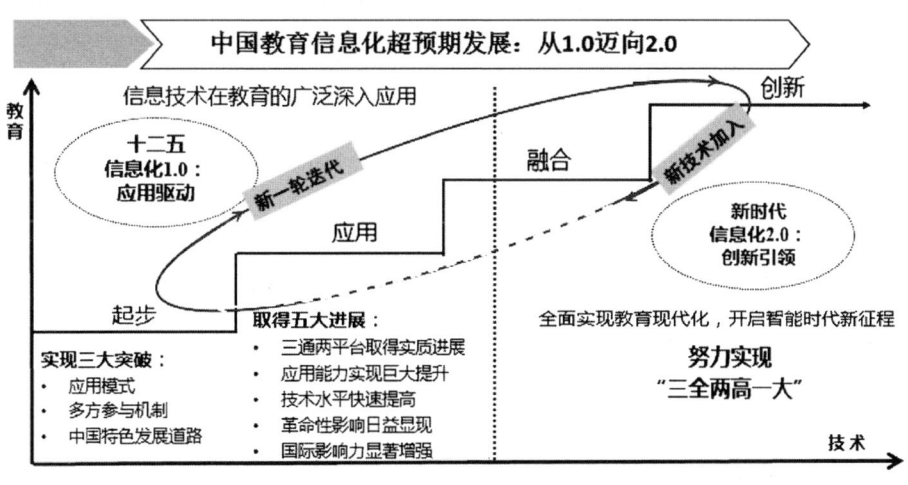

图1 教育信息化随新技术而发生迭代演进的过程

此外，当我们审视当前的社会和教育环境，在世界各国将教育发展定位为基于"服务于人的发展"的今天，"个性、灵活、优质、创新、公平、均衡"成了新一轮教育改革的旨归之时，教育目标的实现已经难以从传统形态的教育中获得更多的滋养，有赖于新兴技术支持着教育领域不懈地探索，创新性地将技术应用到教育中，支持实景的、复杂的、面向个性的学习样态，继而让技术真正浸润课堂以及学生。也正因如此，来自教育界之外的社会力量在教育领域所做的种种尝试，如硅谷精英共同投资的 Altschool、可汗学院 LabSchool 等得到了社会各界的高度关注。

（二）教育信息化 2.0 的核心意义

1. 重申了教育信息化持续发展的重要意义

如前所述，教育系统的复杂性以及信息技术作用于教育的慢性特征决定了教育信息化发展不可能一蹴而就，必须坚持长期发展的工作方针。教育信息化 1.0 的实践中还存在着一定程度的重视不够、应用不深入、创新实践不强等问题[4]，信息技术真正融入教育教学过程中支持学生学习、个性发展与思维培养方面的作用还非常有限，原因当然是多方面的，但其中很重要的一个因素是技术应用思路、技术应用方法以及支持技术应用的系统等方面对"深度融合"的理解和运用方面还存在着阻滞，需要持续地加强。与此同时，相关技术发展对教育带来了极大的冲击，对人才的定义以及对人才的需求迫切需要在教育模式、人才培养模式上以及教育治理模式上的改革和创新。

2. 将教育信息化作为教育系统性变革的内生变量

《国家中长期教育改革和发展规划纲要（2010—2020 年）》中提及"信息技术对教育发展具有革命性影响"，这个论断是对传统理念上将信息化作为补充、作为助攻、作为噱头的一种颠覆性定位，肯定了信息化在教育发展中的重要作用和显著意义。《行动计划》中强调要将教育信息化作为教育系统性变革的内生变量这一表述方式与"革命性影响"的论断同文共轨。我们都知道在经济模型中，内生变量是指该模型所要决定的变量，是事物发展的规律所决定的。从外部因素到内生变量的转折，指出了教育是支撑引领教育现代化发展、推动教育理念更新、模式变革、体系重构的内蓄力量。

3. 强调了教育信息化发展需要系统协作

《行动计划》中提出了系统推进的基本原则，要"统筹各级各类教育的育人目标和信息化发展需求……实现教学与管理、技能与素养、小资源与大资源等协调发展"[1]。教育信息化开展过程，同时也是多种因素相互影响和作用的过程。1.0 时代存在着的不足显然不能归结为某个因素，《行动计划》中提出的八大实施行动以及保障措施围绕着基础设施、数字资源、虚拟空间、师资队伍、学生素质、教育治理、管理机制等系统要素开出了组合拳，以系统行动与高效协作推动教育信息化从 1.0 向 2.0 跨越。

二、智能技术：促变教育信息化的核心技术

2017 年被称为人工智能产业化元年。杜占元副部长将人工智能带来的革命称为"零点革命"[4]，由此将会对师资结构、思维方式以及学生能力需求带来诸多影响。人工智能（Artificial Intelligence，简称 AI）是一门研究运用计算机模拟和延伸人脑功能的综合性学科[5]。人工智能的研究起源于计算之父阿兰·图灵在 1950 年提出的设想：机器真的能思考吗？而公认的人工智能起源于 1956 年的达特茅斯会议，约翰·麦卡锡、马文·明斯基以及克劳德·香农等人在研讨会上提出了"人工智能"的概念。随着 AI 技术的成熟，机器的"学习能力"越来越强，除了完成标准化、重复性的劳动之外，在脑力劳动领域也在挑战着人类智慧，甚至能取代人类，而这种趋势伴随着"深蓝"、"阿尔法狗"、"沃森"的出现越发明显。当机器都具备了思考功能之时，人才培养目标的变革反向推动了教育体系要素之间的关联与互动，极有可能重新建构生成一种新的教育生态。因此，我们认为，人工智能技术是促变教育信息化的核心技术，具备促变教学的潜能。

（一）信息技术促变教育的功能与变革风险

1. 信息技术促变教育的功能

国外有研究者提出一种技术融入教与学的 SMAR 模型，即信息技术在教与学中可能扮演着替代作用（Substitution）、扩增作用（Augmentation）、调整作用（Modification）、重构作用（Redefinition）。[6]笔者认为，该模型也能适用于解释信息技术在教育中发挥的作用和价值。所谓替代作用，是指信息技术代替了教育系统

中的某些要素,例如简易电子白板代替了传统的黑板发挥板书作用,电子日历代替了纸质日历等;扩增作用是基于替代作用上相关要素功能的进一步丰富,但课堂教学形态及结构仍然不变,例如远程直播技术支持下的双师课堂为偏远或尚缺师资的地区学生输送了优质教学资源,交互电子白板的投影、交互、实物投影、教学资源库、视频记录等功能,VR技术支持的交互式、浸入式体验等;信息技术体现出调整作用时,将涉及教育教学系统结构局部变化,但课程结构和评价方式方面并未因此而产生本质变化,例如基于微课程的翻转课堂、斯坦福大学在开环大学计划中提出的混合学习校园[7](打破了传统年龄大致相当的学生结构形态);重构作用是指信息技术具备了引发教学模式、管理模式变革的潜力,可能推动重新建构与生成新的教育生态,例如2013年创立的AltSchool构建了个性化学习平台,联结学生、教育者以及家长并收集学生数据实现个性化学习;密涅瓦大学在技术平台的支持下开展课程学习,同时实现全面分布式学习。

需要指出,技术工具与促变教育的作用因应用情景不同而表现出不同的作用层次,例如智能答疑软件替代助教进行答疑回复(体现为替代作用)以及全天候实时反馈(体现为扩增作用);利用英语口语训练软件进行口语教学时,不仅能够充当教师角色进行示范朗读(体现为替代作用),同时也较之部分教师口语更为标准地道(体现为扩增作用);在线学习平台既可作为传统教学的补充进行教学资源的共享(体现为扩增作用),也可以支持探究型学习中的小组协同学习(体现为调整作用),还可以支持AltSchool的个性化学习(体现为重构作用)以及为密涅瓦大学的沉浸式学习奠定基础(体现为重构作用)。

2. 信息技术促变教育的风险

从以上讨论中可以发现,体现为上述四类作用的信息技术在其功能方面以及可能引发的教育结构变化上均有差异,而结构上的变化会带来一定的变革风险,如图2所示,在教育中重点发挥替代作用的信息技术很难引发教育结构的变化(这是我们当前教育教学中的常态),风险很小;而能够影响教育结构的信息技术必然会同时推动教育应用的逐步深化(出现时往往

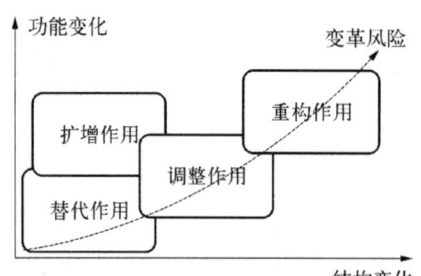

图2 信息技术促变教育的作用面与风险

同时伴随亢奋和质疑),风险较大或可能很大。与此同时,随着信息技术在结构重构中的作用凸显,其伴随着的改革风险也将逐步放大,因而客观地看,教育信息化建设是风险与创新并存的事业。但我们又可以肯定地说,如果教育系统没有结构性变革,重大教育创新无从谈起。

此外,从创新的角度来看,国外有研究者提出的创新漏斗(Innovation Funnel)说明了从调查研究到开发再到产品诞生是一个通道逐渐窄化的过程[8],在教育信息化领域道理依然,换句话说,只有少量的创新可能成功。除了创新,我们还需要具备风险意识,当信息技术逐步体现为调整作用或重构作用时,需要考虑到系统变革对学生、人民群众及社会稳定产生的影响,做好风险识别、风险估计以及风险评判,同时提出风险防范、化解措施建议。

(二) 智能技术赋能智慧教育的主流应用

尽管离开教育理念谈技术应用几乎是没有意义的,但技术的发展却为新教育理念的实践与实现提供了条件和动力。尤其是近年来以人工智能技术为代表的新兴技术的出现,使得教育系统中进行变革与创新的机会大大增加。

1. 认知计算与个性化学习

认知计算(Cognitive Computing)是认知科学和人工智能领域的热点之一,2002年美国国家基金会将之视为21世纪四大前沿技术之一。较为熟知的一个实例是IBM开发的AI机器人"沃森"认知系统,其通过对医学书籍、临床指南、实验数据、临床报告等资料和数据的学习,在短时间内学习并掌握了医学领域的专业知识。[9]认知计算技术使得机器能够接收各种形式的、结构化或非结构化的数据,并具备理解、推理和学习三项重要特质。个性化学习(Personalized Learning)是以学生为中心,通过学习评估、有效教学、课程选择、学校管理、课堂外拓展与支持[10]等手段满足不同的学习需求。从美国Gwinnett郡公立学校的实践来看,认知计算技术可以通过对学生个体特征、成绩、活动数据等对每个学生进行分析,为学生定制个性化课程表,同时还能分析学生的兴趣点、预测辍学等问题。[11]未来,认知计算将在学生分析、学习模式生成以及教学决策支持系统等方面发挥重要作用。

2. 富媒体内容、虚拟现实与沉浸式学习

戴尔的经验之塔指出了多种教学媒体的综合运用可以使学习更为具体,从而产生更好的抽象。在过去的十多年中,学习内容从单一的文本形式发展为包含了视频、图像、音频、文本以及动画等富媒体(Rich Media)形式,并可以自然地嵌入到学习过程中。然而,富媒体只能为学习者提供视觉或听觉的刺激,虚拟现实技术(Virtual Reality)是一种可以模拟逼真三维世界的计算机技术,它能够支持创建模拟环境,向学习者提供视觉、听觉、触觉等多种感官刺激,并可以实现实时交互,因而能带给学习者更好的"真实性"、"交互性"以及"沉浸性",也正是因为具备以上特点,学生在虚拟现实技术所创造的仿真场景中参与体验活动,有助于获取比课本学习更丰富、更深刻的学习体验[12],有望成为教育信息化领域的另一个前沿。

3. 全通道学习内容配送

相对于多通道(Multichannel),全通道(Omni-Channel)更为强调适用于所有通道的,且跨通道呈现的可能性。倘若学习内容可以适配于全通道配送(Omni-Channel Learning Content Delivery),不仅各种格式内容可以支持在移动平台或设备上呈现,而且应该允许学习者在自己所拥有的多个设备中连续学习、无缝衔接,例如当学习者在笔记本上学习视频课程时,因为有事外出中断学习之后,在其他地方可以利用 PAD 接续上次记录继续学习视频课程。因此在全通道模式下,设备的类型或更换不应成为学习者学习的障碍,所有的一切都伴随着学习者的个人信息而实现流畅的转换,同时将静态的内容转换为适应性内容,真正实现在任何地点、任何时间以及任何设备的学习。

4. 智慧教室

在传感技术、网络技术、富媒体技术及人工智能支持下,教室环境将呈现出一种全新的形态,为学习者营造更具学习支持价值的环境。例如黄荣怀等认为,智慧教室(Smart Classrooms)是一种典型的智慧学习环境的物化,是多媒体和网络教室的高端形态,并提出智慧教室的 SMART 模型,体现为教学内容的优化呈现、教室的布局与管理(环境管理)、学习资源的便利获取、课堂教学的及时深度互动、情境的感知与检测等特征。[13]一旦教室具备了智慧特征之后,将为教师的教学决策和学生的学习机会提供多元化、多维度的数据或证据,当数据随手可得,且能够以一种适当的方式支持教师的教学行为与决策时,智慧教室将成为学生素质和能力发展的完美空间。

5. 学习数据与学习分析

人工智能技术的基础之一是大数据,在语音识别、问题识别等领域,破解这些难题的关键就是将智能问题变成数据问题。同样,在教育领域,如果要为学生提供个性化的学习支持,数据及其对数据的分析就是基础。智慧教室需要体现出"智慧"的特征,需要以大量数据作为基础,并基于一定的算法模型分析学习行为特征与发展趋势,以此为依据优化学习环境,同时为学生提供高质量、个性化的学习体验。学习分析能够利用的数据既包括了学习内涵数据,如学生数据、考试数据、学习过程数据,也包括了外延数据,如网络访问数据、情感数据、家庭数据等,来源渠道既包括了数字化的教学环境,也包括传统教学行为中的教育信息,而后者目前还存在着收集和转换的难题,但这并不影响其在教育中应用的潜能。

6. 感知技术与实时数据源

人工智能分为计算智能、感知智能和认知智能三个层次[14],感知智能就是让计算机具备了视觉、听觉、触觉能力,实现与机器的自然交互。感知技术的核心是数据,应用感知技术,能够对学习者所处的环境和所要学习的对象进行更多信息的获取,如语音、情绪、行为、眼神、专注度等,即时性和实时性的数据能够提升数据分析技术的准确性和真实程度。事实上,机器如何识别学生情绪与学习状态,并实现跟人进行情感交流是目前人工智能发展中的巨大挑战。

三、智能教育:教育信息化2.0行动的实践路径

人工智能技术在教育中的直接应用就是智能教育(Intelligence Education,简称 IE)。2017 年 7 月,国务院发布的《新一代人工智能发展规划》(以下简称《发展规划》)明确了人机协同的混合增强智能理念以及智能教育的发展方向,这标志着我国人机协同的智能教育正式起航。智能技术的发展为教育信息化2.0目标提供了有力的支撑。

(一)智能教育的三层内涵

《发展规划》反复强调智能教育的重要性,其内涵指向了两个方面,第一是智

能技术在教育教学中的深度应用(即人工智能支持的教育方面),利用智能化技术改造目前的教育生态,实现智能化教育;第二是将人工智能技术作为教学内容(即学习人工智能技术的教育),提高对人工智能的整体认知和应用水平,继而帮助人们会用、善用智能设备。教育的目的是促进人的智能的发展和培养良好的品性(Character),因而笔者认为,智能教育应注重提升各类人才的全智能水平,由此智能教育应有第三层内涵:促进智能发展的教育,而教育所关注的智能主要包括认知智能、情感智能、志趣智能。[15]

(二)智能教育样态:人工智能促变教学的十种途径

过去几年,一系列硬件、软件以及在线导学服务已经成功地为课堂和学习方式带来了变革。但是,真正的变革是在人工智能技术出现之后才发生的。目前,人工智能技术已经在很多领域带来了强烈的冲击,将重构形成智能教育形态。我们将人工智能变革教育的途径归纳为以下十种[16]:

1. 智能导师系统(Intelligent Tutoring Systems)

重在利用计算机技术模拟教师思维组织教学,其实早在20世纪70年代教育技术界和计算机教育界就有很多探讨和应用,例如测试与反馈、学习能力诊断等。随着人工智能技术的发展,这类系统在为学生提供的诊断、建议以及支持中将更加"耳聪目明",例如南洋理工大学李光前医学院和电脑公司IBM正在合作研发虚拟导师系统,通过人工智能和深度学习技术的综合运用,能察觉学生的强弱项,给予学生针对性指导,让所有学生都能发挥潜能,该系统甚至还具有补助教学的潜能。[17]

2. 智能评分系统(Smart Grading Systems)

如同沃森可以诊断病人问题一样,在教育领域,人工智能系统可以即时评阅学生的试卷。与人类相比,错误率将低得多,与此同时,系统会将每一个等级添加到一个中央数据库中,与将来的试卷进行比较分析,继而为学生提供学习建议。例如培生公司自动评分技术,已经广泛用于写作、口语以及数学中,大量与人工评分结果的对比分析表明,对于很多结构性问题,自动评分技术能够提供可靠性与准确性兼备的评价方法,培生公司的持续研究也将扩大评阅项目范围。[18]

3. 个性化学习系统(Personalized Learning Systems)

个性化学习中既强调学习内容的适用性,也强调学习形式的适应性。随着脑科学、神经科学、学习科学等领域持续不断的研究探索,人工智能能够更好地从人类学习规律层面了解学生的学习模式,基于此,系统可以建议恰当的学习模式与流程,教师也可以定制课程或学习内容。

4. 智能审核系统(Intelligent Moderation Systems)

数据只是学生及学习行为的事实性记录,数据质量影响着数据使用的水平以及系统性。当智能系统记录和存储大量的学生及学习数据时,数据的合理性和有效性都需要进行审核确认,以确保能够获得高质量的有效数据。人工智能能够帮助系统收集大容量数据,继而帮助教师把好数据关。

5. 学程质量提升系统(Improves Course Quality Systems)

在传统教学模式中,对学生问题的诊断常常基于教师个体的经验。当一定量的学生对同一问题作出了错误回答之后,人工智能基于学习模型能够评价和分析学生具体的答题模式,在分析与洞察之后,教师能够针对性地修改课程以及教学流程。

6. 虚拟现实学习系统(Virtual Reality Learning Systems)

在基础教育领域,虚拟现实技术通过模拟情境与实施研究活动,正在为学生实习提供以学生为中心的、体验式的以及协作学习的身临其境的环境[12]。虚拟现实技术扩展了教室的边界,能够为学习者理解学科内容提供更丰富的学习资源。

7. 高价值反馈系统(Provides Valuable Feedbacks Systems)

"因材施教"教学原则强调根据学生的特点为学生提供不同的教学,人工智能能够实现课程内容与学生群体之间进行高效地匹配,即为一定的学生群体推送合适的课程内容,或根据课程内容特点选择一定的学习群体。除此之外,人工智能还能为学生定制课程,并提供高价值的课程学习反馈。

8. 学习预测分析系统(Predictive Analysis Systems)

对学生学习困难、不足以及可能存在的如辍学、留级等风险进行识别和预测是学校教学管理的一个重要工作。运用预测运算,人工智能能够建立预测系统,实现跟踪学生、与学生沟通、连接学生资源等功能。例如,科罗拉多州立大学已经利用学生数据改善了与学生的交流和对学生的支持并使学生更充分地参与学术规划,这些措施将提高学生的巩固率,并将毕业率从62%提高到66%。[19]

9. 机器翻译(Machine Translation)

现在人们广泛应用了各种翻译应用程序,但许多这样的应用程序翻译并不准确,更不能像人类一样体现"信、达、雅"的要求。人工智能技术支持下的机器翻译可以更快、更高效,继而可以弥补许多第二语言学生的语言差异。

10. 游戏化学习(Gamification)

游戏化是教育领域的新视角。借助游戏化的角色、模式以及元素,能够为学习者提供丰富、有趣的学习内容;通过机制、增益等策略,能够丰富学习者的经历和体验,同时提高学习者在活动中的参与率和巩固率。

(三) 智能教育结构:人工智能深度融合下的人机协同

2017年,BBC基于剑桥大学数据体系分析了365种职业在未来的"被淘汰概率",其中教师的被淘汰率仅为0.4%,和科学家、音乐家、艺术家、律师、法官等均属于人工智能难以取代的职业。[20]联合国教科文组织2015年底发布的重磅报告《反思教育:向"全球共同利益"的理念转变?》指出,学校教育不会消失。[21]然而,难以被取代并不代表着可以无视或是忽视人工智能的作用和意义。媒介即人的延伸,从上文的分析可以看到,人工智能能够帮助教师弥补教学中的不足,甚至激发教育教学潜能,它应当成为教师自动迎接社会变革的契机和手段。

那么教师或学校应当以什么方式应用或融合人工智能呢?杜占元副部长认为,"人机结合可能将是我们迎接智能时代最普遍的形式"[22],笔者认为除了结合,更应该强调人机协同,即机器主要负责重复性、单调性、例规性工作;教师负责创造性、情感性、启发性工作。[23]例如,在评价工作中,教师负责测量工具的设计与开发,机器则负责自动组卷和批阅;在学习管理中,机器实现学生情绪识别,教师则可以侧重学习情感帮促。以这种方式来分析智能机器在教育教学中的角色,可以概括为以下十二种:可自动命题和自动批阅作业的助教、学习障碍自动诊断与及时反馈分析师、问题解决能力测评的素质提升教练、学生心理素质测评与改进的辅导员、体质健康监测与提升的保健医生、反馈综合素质评价报告的班主任、个性化智能教学的指导顾问、学生个性化问题解决的智能导师、学生生涯发展顾问或规划师、精准教研中的互动同伴、个性化学习内容的自动生成与汇聚代理、数据驱动的教育决策助手。

四、智慧教育：教育信息化 2.0 行动的领航理念

尽管人工智能技术是新一轮教育信息化浪潮的重要推动力，但是从教育信息化发展进程以及教育改革的本质规律来看，技术显然并不具有自发产生改革的能量，所以我们一贯秉持"技术促变教育而非引领教育"的观点。一轮轮技术引发教育创新应用的经历及成果告诉我们，能够撼动整个教育全局、教育生态，并催发"根本性变革"的因素必然是新理念和新模式，即我们多年来一直倡导的智慧教育。《行动计划》提出要以智能技术为手段、以融合创新为目标、以智慧教育为先导理念[1]，因而笔者提出，教育信息化 2.0 行动需要智慧教育领航。

（一）智慧教育领航教育信息化 2.0

《行动计划》首次在我国官方文件中提出了智慧教育的概念，并将之作为创新发展的领域。与智慧教育同时提及的，还有智能教育的概念，但智能不等于智慧，只有兼具家国情怀、人文关怀的善行才是智慧。智慧教育是教育信息化的高端形态[24]，已经成为信息化研究的引领方向。自 2012 年以来，以"智慧教育"为文章标题或关键词的 CSSCI 文章达到了 250 余篇。祝智庭曾对智慧教育做了较为全面的界定，即智慧教育的真谛就是通过构建技术融合的生态化学习环境，通过培植人机协同的数据智慧、教学智慧与文化智慧，本着"精准、个性、优化、协同、思维、创造"的原则，让教师能够施展高成效的教学方法，让学习者能够获得适宜的个性化学习服务和美好的发展体验，使其由不能变为可能，由小能变为大能，从而培养具有良好的人格品性、较强的行动能力、较好的思维品质、较深的创造潜能的人才。[25]

从实践来看，以技术、工具作为突破口创新与变革教育教学似乎更具操作性，也常常是我们直观能及的实践路线。但是，智能教育不会自然而然地达到教育核心理念、观念的境界，用中国道家文化"道、法、术、器"思维框架来理解智慧教育与智能教育，我们能发现这样一种区别：智能教育强调从信息化工具（器）入手，基于信息化应用的行为与技巧（术）推动实现一种理想的教育信息化形态；智慧教育强调从教育规律（道）出发，以教育或教学的规则、制度（法）为依据，将理念、规则、方

法与工具融为一体,继而达成教育信息化支持教育改革与创新的发展目标。智能教育和智慧教育两个概念在《行动计划》中均有所着墨,不仅强调人工智能等技术工具作为基础设备与基本条件的重要意义和条件契机,同时强调基于教育教学规律和学生主体进行创新性探索,旨在实现一种"全新教育生态"、"促进人的全面发展"。但是,从通常意义上来看,能够起到创新或变革作用的工具,一定是融合了先进理念和思想的工具,社会变革和人类进步基本上都是在新的理念推动下出现的,没有理念的变化就没有制度和政策的改变,单纯的信息技术促变教育之困难,可以用乔布斯"迷思"来进一步说明。乔布斯在接受美国《连线》杂志采访时表达了自己的观点,他说道:"我曾经想技术可以帮到教育,所以率先给学校捐赠电脑设备,数量之多,世上无人可及。但事与愿违,让我最终得出,教育问题不是用技术可以解决的,再多技术也于事无补;教育问题是个社会政治问题。"[26] 这段话是1996年说的,下此结论未免操之过急,但至少可以给技术盲目乐观者提个醒。我们基于图2的讨论也表明,在工具不变的情况下,教育理念方法变化将产生不同的教育成效(甚至斯坦福提出的开环大学与技术几乎没有直接关系),因而离开教育理念方法(道与法层面即智慧层面)的革新,只谈技术工具(术与器层面)的教育促变作用,几乎是没有意义的。正如《行动计划》提出,"以智能技术为手段、以融合创新为目标、以智慧教育为先导理念"。教育信息化2.0,必然需要以智慧教育的先进理念作为航标。

(二)智慧教育的价值基线:精准教学、精细角色、精致文化

虽然关于"智慧教育"(Education for Wisdom)的理论探索早已有之,但技术推动的智慧教育肇始于2008年IBM公司策划的"智慧星球"(Smart Planet)行动计划,从智慧城市(Smart City)演化出许多行业智能化产业行为,也波及教育领域。问题是Smart Education的中译"智慧教育"实在勉强,因为Smart的原意是聪明、机智或者精明,"精明而不高明"也,达不到智慧的高度,所以笔者崇尚钱学森的大成智慧(Wisdom in Cyberspace)理念,将其作为技术赋能智慧教育的思想源泉。为了便于国际沟通,笔者偏爱的智慧教育英译是Smarter Education,意指智慧教育是个远大的美好目标,无论你用什么技术来支持智慧教育,只有较好,没有最好,所以我们提出一个口号"智慧教育永远只有进行时,没有完成时"。我们目前所做

的,只是智慧教育的小目标而已,就从 Smart(精明)开始吧。为此,我们用精准教学、精细角色、精致文化三个词来概括现阶段智慧教育的内涵和特点,因为作为任何一种教育形态,教学、教师以及浸润学生的环境文化都是至关重要的要素。同时,笔者必须强调,用"价值基线"旨在说明"三精",仅是智慧教育的基本要求和初级水平,我们在智慧教育的追求道路中,应该有更高的价值目标,从学会学习、学会思维向学会创造,以及具备良好品行的目标努力。

1. 精准教学

以个性化和适应性的教育服务为给养的智慧教育是教育信息化发展的新旨归,而智能环境能为实现个性化和适应性教育奠定技术环境。信息技术支持的精准教学(Precision Instruction)可视之为阐释上述目标并在教育教学一线启动创新实践的基础,因为对教学问题的探索以及用恰当的技术去解决实际问题才是信息化教学首当其冲的责任。精准教学是智慧学习生态中的高效教学方法,可使教师专注于教学设计与个性化干预,使学习者获得更优质的学习服务。[27]信息技术支持的精准教学模式包括精准确定目标、开发材料与教学过程、计数与绘制表现和数据决策四个环节:在精准确定目标环节,采用递归的思想来确定目标;在开发材料与教学过程环节,将传统教材扩展为集"学材""习材""创材"("三材")为一体的智慧学习材料,从班级差异化教学、小组合作研创型学习、个人自适性学习和群体互动生成性学习这四种教学方法着手设计与开发学习过程;在计数与绘制表现环节,借助计数器和图表绘制工具来快捷、精准地统计与绘制学生的学习表现;在数据决策环节,借助精准教学分析软件准确地判定是否能够如期完成目标。[27]

2. 精细角色

角色是职能的形象化表述,也是能力的概括性提炼[25],通过角色我们能理解教师在智慧环境下应该履行的职能,同时也能厘清教师应该具备的能力素质。自2012年开始,地平线报告就在促使我们重新思考技术环境下教师的角色,并认为教师的角色也将从传授者转变为导学者(Guides)和教练(Coaches)[12]。事实上,对教师进行角色化描述已经成为国际上界定和描述教师能力的一种重要方式,例如PRIDE组织认为,教师扮演着课程计划者、课程组织者、课程评价者、学生评价者、导师、学习促进者等十二种角色[28];ISTE在《教育者教育技术能力标准》中将教师的角色概括为学习者、领导者、公民、合作者、设计者、促进者和分析师[29]。这些角色分解和描述尽管是不同研究情景和实践需求下的结论,但均揭示了数字科技的强劲浪潮塑造和诠释了数字化环境下教师的角色,分化与精化已经成为"必然"[25],以应对教育支持实现差异化、个性化发展的目标。

结合教育宗旨、学生发展核心素养以及智慧教育环境的特征,笔者认为,智慧环境下的教师应当扮演学习设计师、学习指导师、教学评估师以及教育活动师四种角色,其职能和工作范畴见表1。

表1 智慧环境下的教师角色

角色	职能	工作范畴
学习设计师	设计支持学生全面、充分发展的学习环境、学习资源以及学习内容	目标设计、问题设计、内容设计、工具设计、环境创建等
学习指导师	在学习过程中为学生提供学习方面的建议与指导、学习激励,并提升学习能力	学习风格评估、学习技能规划和辅导、动机激励和保持等
教学评估师	设计评估方案,评教评学,负有教学质量监察使命	诊断性评估、总结性评估、过程性评估、反思性评估等
教育活动师	负责策划、主持各类有益学生身心健康与综合素质发展的活动,并负有教育文化塑造使命	活动方案设计、活动流程规划、活动组织及评价、校园文化氛围营造等

从表1我们能够看到,相对于传统课堂中的教师,由于我们所追求的教育形态与教育目标的变化,教师面临的职责和任务将更加多元、复杂,每一项任务的完成都需要更多专业上的积累与实践,为此需要将教师角色作为依据,依据"长板理论",更有针对性地发展教师的某项能力,放大教师的某一项能力,并以此为突破口持续推动专业发展,人尽其才、各尽其力,继而打造智慧的、完美的教师团队。

3. 精致文化

文化既是一种理念、价值观或生活的准则,也是一种问题解决的方式。[30]教育说到底是观念形态文化,重视文化环境的培育和塑造才能使教育回归到本源。无论是微观单元数字化校园建设,还是较为宏观的对象如教育生态建设,都需要重视文化建设。对教育信息化系统,文化建设对教育系统中物理建设、应用服务、人才培养发挥潜移默化的渗透与影响作用,并将塑造与重构整个信息化建设工作。当我们将教育信息化2.0的目标定位于人才培养新模式与教育治理新模式之时,以"个性、高效、品味"为旨归的精致文化建设显得尤为重要。

所谓"个性"的目标是指教育信息化建设以学习者为中心,这是信息化2.0最为鲜明的标志,强调包括基础建设、资源开发、课程设计、教育教学都需要以满足学生个性并支持充分发展作为决策原点和最终方向;所谓"高效"强调以支持学生全面发展、高效发展为原则,将特征、问题、短板等学生需求恰当融合到信息化解决方案中,并实现有机链接和动态优化,帮助学生突破认知"天花板";所谓"品味"指向了教育发展的最高境界"对美的追求",马克思曾言,"社会的进步就是人类对美的追求的结晶","对美的追求"既是教育的起点也是终点,信息化2.0的建设应当是追求实用性和艺术性合二为一,能够帮助学生更好地理解生活、享受生活、丰富生活,实现自我追求。

(三) 智慧教育的核心支柱:促进深度学习的技术整合教育

深度学习是智慧教育的核心支柱。按照美国研究委员会的报告《为了生活与工作的学习:发展21世纪可迁移的知识与技能》,深度学习为一种能够使学生将某一情景中所学应用到学习新情景中的学习过程(即迁移)。[31]从布鲁姆认知目标分类来看,深度学习指向了高阶学习能力发展,因而"促使深度参与、培育高阶能力、为迁移而学"的深度学习理念恰是智慧人才培育的有效途径。[32]深度学习是信息技术与教育教学深度融合的显著表征,而信息技术也为深度学习提供了解决方案。2017年地平线报告强调,教育工作者可以使用越来越多的个人移动设备来开展深度学习[33];芝加哥的怀德伍德IB世界磁校(Wildwood IB World Magnet School)利用在线思维导图开展深度学习[32];加拿大汉诺威学部启动了五年的深度学习计划,并使用数字技术支持深度学习[34]。

英国国立学校领导学院(National College for School Leadership)在2008年开发了课程中应用ICT的选择矩阵(ICT and Learning: e-words matrix),矩阵指出,信息技术从"传递信息→丰富表现→增强手段→拓展资源→赋能赋权"的角色转换中,学生的参与度越来越高,从被动逐步转化为主动,且学习也将从浅层学习转化为深度学习;美国佛罗里达州教育部开发的技术整合矩阵(简称TIM),是一个技术应用评价工具[35],该工具整合了乔纳森提出的基于建构主义理论的有意义学习环境的五个特征,该工具同时也表达了这样一种理念,技术整合到教学中能产生有意义学习并促进深度学习。

还需指出,在教育理念未能更新的情况下,对学生而言,即使技术使用到了炉火纯青的水平,也只能是赋能而不赋权,于是技术的价值被大打折扣。祝智庭教授2017年提出了深度学习能力冰山模型[32],基于该模型,结合上述研究讨论,笔者认为,为促进深度学习发生,信息技术应用需从以下五个方向努力:

第一,必须以学生为中心,在设计与决策时,以学生为原点,全方位考虑到学生学习需求与学习习惯等;第二,应以促进深度思维为重点,以深度思维能力培养为主轴,实现沟通能力、协作与领导、技术素养、学习能力、想象与创造、问题解决等能力培养的连续与贯通;第三,应关注智慧学习环境的建设,通过联通、感知、适配、记录等属性构建可以支持开展深度学习的学习环境;第四,应强调数据的应用,通过数据的记录、挖掘以及分析,高效促进学生学习,并为师生提供决策服务;第五,要重视教师深度学习能力的培养,帮助教师突破常规角色,成为智慧教师。

五、教育信息化2.0建设的系统思考

我们都认可,教育信息化建设涉及人员、机制、资源、策略、评价以及环境等要素。然而,我们能看见的仅仅是上述多个要素及外在的结构表现,看不见的是要素之间的内在联系与相互作用。此外,科技革命还带来了社会形态的变革,跨界融合、人机协同、群智开放等成了常态,因而我们必须正视将教育信息化建设作为系统形态,以系统思想作为行动纲领,并进行全方位的设计与思考。

基于教育信息化2.0的建设目标,我们对信息化2.0的实践路径进行了初步的思考,如图3所示。以系统观审视之后,我们需要重点关注:顶层设计、标准规范、保障体系、应用发展、能力建设以及环境建设等工作。

(一)顶层设计:关注教育信息化2.0的理念与需求

理念提供了信息化建设的生命力和愿望,需求反映了教育变革的问题和诉求,理念与需求可视作教育信息化建设的终点和起点,而顶层设计则是推动实践行动从起点走向终点的指导力。事实上,我们必须正视,短时期内无法制定出信息化建设中所必须做的方方面面,但是我们可以勾画出方向和原则,自上而下进

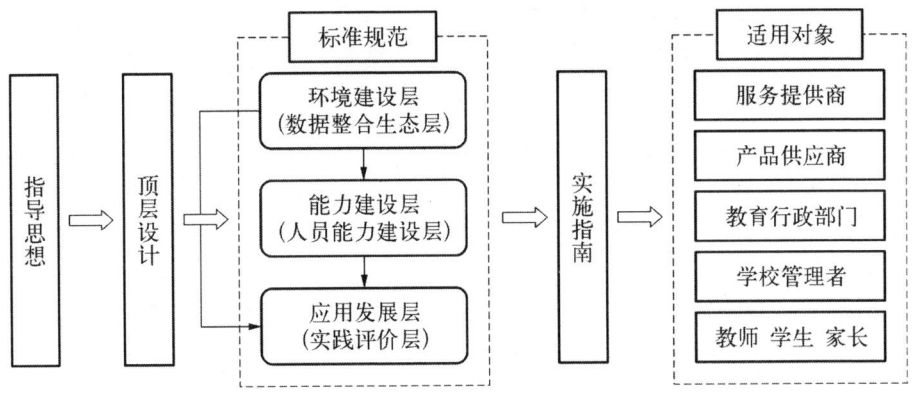

图3 教育信息化2.0系统建设的实践路径

行谋划。我们需要明确,教育信息化建设2.0的顶层设计中,人才培养新模式和教育治理新模式是启动该项工作的动力因素,所有的顶层设计都需要反复思量,社会对人才的定义是什么？社会发展的方向应该在哪里？上述问题的回应有助于我们从全局统筹规划各方工作。此外,顶层设计有利于我们集中资源高效突破,我们还处于社会主义初级阶段,这是我们制定路线的基本原则,顶层设计中的问题意识促使我们以解决问题、实现目标为核心任务,聚焦资源于着力点,快速推进弯道超车。

(二) 标准规范：放大系统多主体协同效应

标准规范先行建设是国际上开展信息化工作的共同经验,我国教育部于2000年初就成立了"教育信息化技术标准委员会",创建适用于我国国情的标准体系。随着移动互联网、大数据、传感器、神经科学、人工智能等新技术在教育中的渗透使用以及教育形态的重构和创新,标准体系的更新是应对上述变化的必要举措。在教育信息化2.0时代,需要建立的不仅仅是硬件环境、软件工具和开发标准,还应当围绕着谁来用、如何用、如何评等建立相应的规范与指南,例如信息化建设相关主体的能力标准、培训课程标准以及培训规范等。标准和规范建立的过程是对相关要素在教育信息化建设中角色、职能、定位以及关联影响的思考过程,一旦建立,将厘清其作用和发展路线、勾勒其影响和作用半径,使得系统中多主体之间的对标与合作成为可能,并最大化其协作效益。

（三）保障体系：建立"政企学研用"的保障机制

《行动计划》中从组织架构、评价机制、合作机制、推进路线、领导责任等方面，对教育信息化2.0的建设提出了具体要求。在笔者看来，多方参与、合作是《行动计划》文件中传递的明确信号，而多方显然并不局限于教育领域，应当是一种更为开放与融合的样态。笔者认为，"政企学研用"联盟应该是一种较为理想的形态，即政府、企业、学校、研究机构以及用户等都参与到教育信息化建设中。多方参与的形态既是教育信息化建设对系统观的实践阐释，也是推动建设的行动策略，是教育信息化本质内涵所决定的，不受教育、技术及社会发展等外在因素的影响。

（四）应用发展：融入学习空间的技术支持路线

技术是教育信息化建设的动力，但让我们遗憾的是"广大学科教师挣扎于对教育技术的变幻莫测和用处的困惑之中"[36]。我们常常批评教师缺乏信息技术的学习意识与创新意识，然而，智能手机的应用普及引起我们反思，是否是我们对信息技术应用的认识束缚或阻碍了教师？是否是我们无意中混淆了教师作为指导者和作为技术开发者的角色？学习空间是教育信息化2.0的核心任务，教育部于2018年4月发布的《网络学习空间建设与应用指南》，推动各地启动学习空间建设。笔者认为，学习空间应当是线上、线下融合的无缝学习环境，不仅能为教学提供实景、多学科融合的学习环境，同时还是教师、学生以及家长提供多种工具、技术以及应用的源点，或者换个角度来讲，学习空间应该是为教师、学生以及家长提供多种服务的平台，就像智能手机上的APP，在学习空间中用户可以便捷地获得多种服务，且当指定对象或提供一定数据之后，直接导出结果以满足教与学改进、优化的诉求。

（五）能力建设：面向未来的发展生态

教育信息化系统中的人员角色，包括了信息化管理者、教师以及学生等。所有角色的定位、智能以及能力需求都需要在教育信息化2.0的理念、环境、需求下去思考，从能力需求、课程标准、培养规范以及能力评价等角度设计发展生态体系。《行动计划》提出了学校校长担任首席信息官（CIO）的制度，这既是强调信息化建设对学校发展的重要性，也反映了信息化建设需要专业、专门人才参与。教师是实施智慧教育的生力军,笔者认为,教师能力建设可以通过角色化、团队化以及微认证三种实施路径实现。学生则需要成为技术赋能者、数字公民、知识建构者、创新设计者、计算思维者、创新交流者以及全球合作者。[29]

(六)环境建设:构建智慧学习空间

学习环境建设是实现教与学方式变革的基础,智慧学习环境是支持学生全面、充分、高效发展的学习空间,应当以传递教育智慧作为建设的核心宗旨。为达成该目标,我们提出生态化智慧学习环境设计的四大原则:学生为中心、数据为中心、服务为中心、体验为中心[37]。同时,我们确定了智慧学习环境应该具备的六大功能需求:无缝连接学习空间,敏捷感知学习情境,自然交互学习体验,精准适配学习服务,全程记录学习过程,开放整合数据资源。其中,开放整合数据资源是个核心难题,因为一方面需要成套的数据技术标准,另一方面需要强有力的政策机制推动。

六、结语

多年来的技术发展与更迭告诉我们,技术不可限量、不可预估,那么人类的未来将会怎样?教育是社会发展的强大动力,教育如何应对科技革命对社会的冲击?在技术浸润的现实中如何始终保持教育的社会价值功能?这既是一个重大的理论问题,也是个迫切的现实问题。我们都认同,技术是这场社会大变局的重要变量,然而却绝非是指引我们的目标和终点,人才培养新模式和教育治理新模式才是教育变革的灵魂和归属。

《行动计划》是国家层面对信息技术具备引发社会变革潜力的恰切认识,是对以往信息化发展历程的肯定和高扬,同时也是重新思考教育信息化2.0内涵的零点契机。抓住技术变革引发的历史发展机遇,并为未来做好充分的准备,是每一个教育者应当有的正确姿态。不可否认的事实是,我们一方面正处于技术快速更迭带来的兴奋之中,一方面却深深地为"被取代"与"被控制"所焦虑。因此,在推进教育信息化2.0的时候,我们既要有领航理念,也要有底线思维。智慧教育是科学性、技术性、艺术性、人文性的有机统一,其核心价值是使学生获得美好的学习发展体验,这指向了教育的核心使命和社会责任,因而理应作为教育信息化的领航和先导;同时,在实践过程中,要认真分析与预判潜在风险,面对技术的冲击和挑战时恪守底线思维:把适合机器(智能技术)做的事让机器去做,把适合人(师生、管理者、服务者等)做的事让人来做,把适合于人机合作的事让人与机器一起来做,从而构建技术融合的人类命运共同体。

参考文献

[1] 中华人民共和国教育部.教育信息化2.0行动计划[EB/OL].(2018-04-18)[2018-06-18]. http://www.moe.gov.cn/srcsite/A16/s3342/201804/t20180425_334188.html.

[2] 搜狐教育.教育大数据应用技术国家工程实验室在华师启动[EB/OL].(2017-11-06)[2018-07-18]. https://www.sohu.com/a/202578365_452858.

[3] UNESCO Asia and Pacific Regional Bureau for Education. Regional guidelines on teacher development for pedagogy-technology integration[EB/OL].(2005-12-31)[2018-07-10]. http://unesdoc.unesco.org/images/0014/001405/140577e.pdf.

[4] 雷朝滋.教育信息化:从1.0走向2.0——新时代我国教育信息化发展的走向与思路[J].华东师范大学学报(教育科学版),2018,36(1):98-103,164.

[5] 张剑平.关于人工智能教育的思考[J].电化教育研究,2003(1):24-28.

[6] SCHROCK K. Substitution-augmentation-modification-redefinition[EB/OL].(2013-12-31)[2018-06-19]. http:/www.sfusdhumanities.org/uploads/1/7/5/8/17589979/substitution_%E2%80%93_augmentation_%E2%80%93_modification_%E2%80%93_redefinition_june2016.pdf.

[7] OPEN LOOP UNIVERSITY[EB/OL].(2015-10-31)[2018-06-30]. http://www.stanford2025.com/open-loop-university.

[8] University of Cambridge. Innovation funnel[EB/OL].(2013-12-31)[2018-06-19]. https://www.ifm.eng.cam.ac.uk/research/dstools/innovation-funnel/.

[9] 索传军,盖双双,周志超.认知计算——单篇学术论文评价的新视角[J].中国图书馆学报,2018,44(1):50-61.

[10] 费龙,马元丽.发展个性化学习 促进教育公正——英国个性化学习基本理论及实践经验探讨[J].全球教育展望,2010,39(8):42-46.

[11] 认知计算,下一个变革世界的力量[EB/OL].(2016-03-04)[2018-07-05]. https://www.guokr.com/post/722462/.

[12] ADAMS BECKER S, FREEMAN A, HALL C, CUMMINS M, & YUHNKE B. NMC horizon report:2016 K12 edition[R]. Austin, Texas: the new media consortium, 2016.

[13] 黄荣怀,胡永斌,杨俊锋,肖广德.智慧教室的概念及特征[J].开放教育研究,2012,18(2):22-27.

[14] 人工智能可能带来的五个奇点[EB/OL].(2018-07-12)[2018-07-15]. http://www.sohu.com/a/240811927_468714.

[15] 祝智庭,彭红超,雷云鹤.智能教育:智慧教育的实践路径[J].开放教育研究,2018,24(4):13-24,42.

[16] TVSNext. 10 Ways artificial intelligence can transform education[EB/OL]. (2018-04-12)[2018-07-10]. http://www.tvsnext.io/blog/10-ways-artificial-intelligence-can-transform-education/.

[17] 南洋理工大学虚拟导师系统!原来,你足以让所有学生都能发挥潜能[EB/OL].(2018-01-08)[2018-07-10].http://www.sohu.com/a/215395069_155266.

[18] STREETERL, BERNSTEINJ, FOLTZP, & DELANDD. Pearson's automated scoring of writing, speaking, and mathematics[EB/OL].(2011-05-31)[2018-07-10]. http://images.pearsonassessments.com/images/tmrs/PearsonsAutomatedScoringofWritingSpeakingandMathematics.pdf.

[19] BRYANTt G. Unlocking predictive anglytics to improve student engagement and retention[EB/OL].(2016-01-28)[2018-07-05]. https://campustechnology.com/articles/2016/01/28/unlocking-predictive-analytics-to-improve-student-engagement-and-retention.aspx.

[20] BBC. Will a robot take your job? [EB/OL].[2018-05-05]. http://www.bbc.com/news/technology-34066941.

[21] UNESCO. Rethinking education: towards a global common good? [EB/OL].(2015-12-31)[2018-05-06]. http://unesdoc.unesco.org/images/0023/002325/232555e.pdf.

[22] 杜占元.教育部副部长:教育部将实施"教育信息化2.0"行动![EB/OL].(2017-12-19)[2018-07-18]. https://www.sohu.com/a/211517146_671742.

[23] 祝智庭,管珏琪,邱慧娴.翻转课堂国内应用实践与反思[J].电化教育研究,2015,36(6):66-72.

[24] 黄荣怀.智慧教育的三重境界:从环境、模式到体制[J].现代远程教育研究,2014(6):3-11.

[25] 祝智庭,魏非.面向智慧教育的教师发展创新路径[J].中国教育学刊,2017(9):21-28.

[26] Wired. What's wrong with education cannot be fixed with technology[EB/OL].(2012-01-17)[2018-07-18]. https://www.wired.com/2012/01/apple-education-jobs/.

[27] 祝智庭,彭红超.信息技术支持的高效知识教学:激发精准教学的活力[J].中国电化教育,2016(1):18-25.

[28] PRIDE Australia. The PRIDE project[EB/OL].[2018-07-10]. http://www.pride.ozeconomics.com/aboutpride.php.

[29] International Society for Technology in Education. The ISTE Standards for educators[EB/OL].[2016-10-12]. http://www.iste.org/standards/standards/for-students.

[30] 祝智庭,顾小清.大型教师培训项目文化建设:英特尔未来教育的案例[J].教育发展研究,2006(8):13-17.

[31] National Research Council. Education for life and work: developing transferable knowledge and skills in the 21st century[M]. Washington, DC: National Academies Press, 2013:5-6.

[32] 祝智庭,彭红超.深度学习：智慧教育的核心支柱[J].中国教育学刊,2017(5)：36-45.

[33] FREEMAN A, ADAMS B S, CUMMINS M, DAVIS A, & HALL G C. NMC/Co SN Horizon report：2017 K-12 edition[M]. Austin, Texas：The New Media Consortium, 2017.

[34] Hanover School Division. Using digital technology to support deeper learning [EB/OL].[2018-07-01]. http://hsd.ca/deeper-learning/leveraging-digital/.

[35] The Florida Center for Instructional Technology. The technology integration matrix[EB/OL].[2018-05-06].https://fcit.usf.edu/matrix/.

[36] 任友群.学科教师是技术与教学融合的关键[N].中国教育报,2013-11-29(008).

[37] 祝智庭,彭红超.智慧学习生态：培育智慧人才的系统方法论[J].电化教育研究,2017,38(4)：5-14,29.

智能教育：智慧教育的实践路径*

祝智庭　彭红超　雷云鹤

[摘　要]　人工智能技术发展至今,其重要性已获广泛认同,智能教育的需求随之产生。为了诠释智能教育的内涵与探讨其实施办法,本文梳理了经典的智能教育理论(从 IQ 到 MI),并从智慧型人才的角度提出智能包含认知智能、情感智能、志趣智能以及智能与品性融合成为智慧的观点。之后,本文结合智能教育的由来和智慧教育理念,解析了智能教育应具有的三方面内涵：智能技术支持的教育、学习智能技术的教育和促进智能发展的教育。透析三方面的智能教育发现,智能教育可以作为智慧教育的实践路径,或者

＊ 原载于《开放教育研究》2018年第4期。

说,智慧教育可以对智能教育起导向作用。文章最后就贯彻教育部《教育信息化2.0行动计划》,以智慧教育理念引导智能教育实践提供了建设性意见。

[**关键词**] 智能教育;智慧教育;人工智能;人机协同;混合智能;教育信息化2.0

自2016年AlphaGo战胜李世石事件后,第三次人工智能(Artificial Intelligence, AI)浪潮掀起,引起全球广泛关注。同年5月,国家发改委等四部门联合发布的《"互联网+"人工智能三年行动实施方案》(中华人民共和国国家发展和改革委员会,2016)指出,到2018年,打造人工智能基础资源与创新平台,基本建立人工智能产业、创新服务、标准化体系。8月,联合国教科文组织联合世界科学知识与技术伦理委员会发布的《机器人伦理初步报告草案》(UNESCO,2016),讨论了人工智能的进步带来的社会与伦理道德问题。10月,美国政府发布的《美国国家人工智能研究和发展战略计划》将人工智能的研究和开发提升为国家战略(NSTC,2016)。英国政府11月发布的《人工智能:未来决策制定的机遇与影响》报告提出,利用人工智能提高国力(GOV.UK,2016)。在各国和地区的积极规划与部署下,人工智能凭借其强大的优势,迅速融入各个业界,出现了"全有人工智能(AI in all)"的趋势,促使社会由"互联网+"时代迈入"AI+"时代。在此背景下,教育信息化的进程也显露出由"教育+互联网"阶段向"教育+AI"阶段进阶发展的趋势(祝智庭,2018)。

"教育+AI"阶段突出的特征是"智慧化"(祝智庭,2018),主要通过专家智能与机器智能的协同作用实现,这是一种人机协同的智慧(祝智庭等,2017)。2017年7月,国务院发布的《新一代人工智能发展规划》(以下简称《规划》)明确提出人机协同的混合增强智能理念以及智能教育(Intelligence Education,简称IE)的发展方向,其中涵盖实施"全民智能教育"的目标(中华人民共和国国务院,2017)。《规划》的实施标志着我国人机协同的智能教育正式起航。

在教育信息化方面,《规划》提出,智能教育应"利用智能技术加快推动人才培养模式、教学方法改革,构建包含智能学习、交互式学习的新型教育体系。开展智能校园建设,推动人工智能在教学、管理、资源建设等全流程应用。开发立体综合教学场、基于大数据智能的在线学习教育平台。开发智能教育助理,建立智能、快速、全面的教育分析系统。建立以学习者为中心的教育环境,提供精准推送的教育服务,实现日常教育和终身教育定制化"。在实施全面智能教育方面,《规划》指出,要"在中小学阶段设置人工智能相关课程,逐步推广编程教育,鼓励社会力量参与寓教于乐的编程教学软件、游戏的开发和推广……支持开展人工智能竞赛,鼓励进行形式多样的人工智能科普创作"。

可以看出,《规划》分智能教育为"AI 与教育的深度融合(即 AI 支持的教育)"与"提高对 AI 的整体认知和应用水平(即学习 AI 技术的教育)"。诚然,这两者在"教育＋AI"阶段非常重要,但没有体现教育的目标和宗旨。因为,教育的根本是育人,前者仅是教育变革的手段,如果仅将后者作为智能教育的目标,又未能观照人的智能与机器智能的协同关系,会有"见物不见人"之嫌。因此,有必要从教育的根本出发,深度审视智能教育。

一、智能教育概念辨析

在辨析智能教育之前,需要认识清楚何为智能。对智能(Intelligence)的研究古已有之,主要属于哲学和脑科学关注的范畴。智能的发生更是与物质的本质、宇宙的起源、生命的本质一起被列为自然界的四大奥秘(刘泉宝等,1994)。

(一) 经典的智能理论: 从 IQ 到 MI

1. 智能理论的发展

现代智能的研究始于 20 世纪初的阿尔弗雷德·比纳(Alfred Binet)与泰奥多尔·西蒙(Theodore Simon)的智力测验。当时,智能被认为是一种独立于学习的单一且通用的才能(aptitude),这种才能被称为自然智能(Natural Intelligence)(Binet & Simon, 1905)。简单讲,智能是一种解答智力测验题(去除受教育程度因素的干扰)的能力(Gardner, 2008: P6 - 7)。对于测验结果,比纳采用智龄(Mental Age,智龄是美国人意译的)来表征,后来刘易斯·推孟(Lewis Terman)在斯坦福—比纳智力量表中将智龄修订为智力商数(Intelligence Quotient),即著名的智商 IQ。

对智能是否为单一通用的能力,争议很大。对此,查尔斯·斯皮尔曼(Charles

Spearman)发明了因素分析(Factor Analysis)技术,得出"智能由多种能力组成"的结论(Spearman, 1904)。

然而,智能由哪些能力组成,心理学家的回答并不统一。在诸多智能理论中,最著名的当属罗布特·斯腾伯格(Robert Sternberg)的三元智能理论(Triarchic Theory of Human Intelligence)和霍华德·加德纳(Howard Gardner)的多元智能理论(Theory of Multiple Intelligence)。前者得到心理学界的赞誉,后者受教育界宠爱。斯腾伯格从问题解决的认知过程角度,分智能为分析性智能(analytic intelligence)、实用性智能(practical intelligence)、创造性智力(creative intelligence)(Sternberg, 1999)。分析性智能是识别、界定问题并寻找到解决方案的能力;实用性智能是在日常生活中应用和执行这些解决方案的能力;创造性智能是产生新奇、有用的解决方案的能力。三元智能理论修正与扩充了传统智能,不仅关注学业成就,还关注现实生活中的复杂问题(即传统智能仅是分析性智能的一部分);不仅关注已有成就,也关注成就的获得与应用。加德纳则从解决问题或创造产品所需要的能力出发,提出智能具有九种类型(严格讲,加德纳认为是 8½ 种智能)(Gardner, 2008, P8 - 23):语言言语智能(verbal-linguistic)、数理逻辑智能(logical-mathematical)、人际沟通智能(interpersonal)、自我内省智能(intrapersonal)、音乐韵律智能(musical-rhythmic and harmonic)、视觉空间智能(visual-spatial)、自然观察智能(naturalistic)、肢体运动智能(bodily-kinesthetic)、存在智能(existential)。2016 年,加德纳提到他正考虑加入第十个智能:教学教法智能(teaching-pedagogical)(Gardner, 2016)。

现代智能理论经历了从一元结构到多元结构的发展,并在心理学界引起诸多争议,但教育学界对多元化评估学生的理念是一致的。这或许就是加德纳智能理论广受欢迎的原因。

2. 智能含义的新界定

现代智能理论的提出迄今已有一百多年,但人们对智能的定义没有取得统一。业界较认可的定义是 1994 年由 52 位专家签署的(Gottfredson, 1997),即智能是一种普遍的心理能力,包含推理能力、规划能力、解决问题能力、抽象思考能力、理解复杂观点能力、快速学习能力、从经验中学习能力等。它不仅限于书本学习、专业学术技能或参加考试能力,还反映出一种更广泛、更深入地理解周围世界的能力(抓住重点,理解事物,找到解决办法等)。

可以看出,这一复杂定义将智能分为两方面:(1)从感觉到记忆到思维,这一过程称为"内智",其结果产生了行为和语言;(2)行为和语言的表达,这一过程称为"外能"。感觉、记忆、回忆、思维、言语、行为的整个过程称为智能过程,它是智力和能力的表现。这一智能过程与心理学领域的"认知"概念吻合,因此,笔者将此类智能称为认知智能(Cognitive Intelligence)。从智慧人才观来看(见表1),学习者在此方面的智能水平会影响基础知识、学习能力、技术应用能力、复杂问题解决能力的习得。

协作、沟通、领导力等能力是智慧型人才需具备的能力(祝智庭,2014;祝智庭,2016;祝智庭,彭红超,2017a),也是全球公认的21世纪学生需具备的核心素养(P21,2017)。这些能力需要以情感活动为纽带,需要个体具备监控自身及他人的情绪或情感,并利用这些信息指导自己思想、行为的本领。这一本领即情感智能(Emotional Intelligence)(卢家楣,2005;Salovey & Mayer,1990)。其实,加德纳多元智能理论的人际沟通智能、自我内省智能中有部分涉及情感智能,但在智慧教育(Smarter Education,Ser E)的境域中,笔者建议提高情感智能的地位,将它作为与认知智能并列的第二类智能。

善于研判、善于创造、富有想象力是智慧型人才的高阶本领,这种超越知识、经验的本领与志趣智能(Spiritual Intelligence,也译作"精神智能""灵性智能"。"志"是精神核心,"趣"反映生命意义,因此笔者认为"志趣智能"更贴切)息息相关。作为一种受"需求"驱使的,个人探寻、追求"意义"和"价值"的智能,志趣智能允许个人进行创造、改动规则(认知智能为按规则精准办事的智能)或情境(情感智能为按情境适当处事的智能)(Zohar,2012),是与认知智能、情感智能不同的第三类智能(O'Donnell,1997)。这种智能探寻的"意义""价值"其实是一种"自以为是",这种"自以为是"只有得到众人的赏识,才可能对社会文化演进与革新有贡献。

人们公认的是:教育的目的是促进智能的发展和培养良好的品性(Character)。然而,这个智能的范畴是什么?笔者认为教育所关注的智能主要包括认知智能、情感智能、志趣智能。智能不等于智慧,只有兼具家国情怀、人文关怀的善行才是智慧。这种良好的内在个人特质,即是人格品性。由此可知,智能与品性的融合,才是对智慧型人才"智慧"内涵的诠释（见表1）。这一见解与习近平总书记在北京大学师生座谈会上提出的"爱国、励志、求真、力行"（中共教育部党组，2015）的理念一致：爱国是品性，励志属志趣，求真是认知，力行关乎情感。

表1 智能类型在智慧人才能力中的核心作用域

智能类型	智慧人才能力
认知智能	掌握基础知识
	善于学习、善用技术
	善于解决复杂问题
情感智能	善于沟通、善于协作、领导力
志趣智能	善于研判、善于创造、富有想象力
——	良好的人格品性

（二）智能教育正解

培育智能是教育的重要目的之一。各类入学考试便是评估学生认知智能的。由于国内教育测评大多停留于知识检验，所以智能教育一直没有明确出现在国家的教育政策文件中。此次智能教育赫然出现在国务院文件中，究其原因，要归功于人工智能的突破式发展。

人工智能最早出现在1956年的达特茅斯会议上，旨在研究能够展现人类智能的机器。因此，相对于传统意义上的人类智能，它属于机器智能（Machine Intelligence）。人工智能的发展经历了三阶段：计算智能、感知智能、认知智能。计算智能能存会算，即具有快速计算和记忆存储能力；感知智能能听会说、能看会认，即具有视觉、听觉、触觉等感知能力；认知能力能理解会思考，即具有抽象思维、形象思维和灵感思维等思维能力。相应地，人工智能在教育中的应用也分三层（王亚飞等，2018）：计算智能＋教育（浅层应用）、感知智能＋教育（中层应用）、认知智能＋教育（深层应用）。虽然人工智能的教育应用当前主要处在第一层次，但已取得突破式进展（如语音识别、翻译），让人们对借助人工智能实现智能化教育抱有信心，由此诞生了智能教育的第一个内涵：智能技术支持的教育。

具有数字化生存能力、主动适应社会信息化发展、能够有效利用技术或工具为自身或他人服务是智慧型人才、中国学生发展核心素养(核心素养研究课题组，2016)、21世纪学习框架(P21,2017)的共同要求。自2012年12月我国发布《关于开展国家智慧城市试点工作的通知》(中华人民共和国住房和城乡建设部，2012)以来，智慧城市建设初具成效，各类智能设施设备已进入人们的日常生活。如何会用、善用这类设备也成为具有信息与技术素养公民的新需求。为此，《规划》提出，在中小学设置人工智能相关课程，提高对AI的整体认知和应用水平。这可以归为智能教育的第二个内涵：学习智能技术的教育。

学习智能技术固然重要，但如果仅限于此，又难免太过狭隘。一方面，学习AI技术的知识、原理与应用，只是掌握认知智能的一部分，不能诠释智能含义的全貌(智能包含认知智能、情感智能和志趣智能三类)。另一方面，仅注重人工智能人才的培养，又过于单一，不符合当代教育的"个性化发展""人才多样化"理念的需求。因此，笔者认为，智能教育应注重提升各类人才的全智能水平，由此得到智能教育的第三个内涵：促进智能发展的教育。

综上所述，笔者认为智能教育应具有三方面内涵：智能技术支持的教育、学习智能技术的教育和促进智能发展的教育。

二、智能技术支持的教育

AI融入教育，成为教育信息化发展的新取向。如何利用AI技术支持教育已成为当前需要探讨的课题。

(一) 智能技术支持教育的方式：人机协同

美国《纽约客》杂志2017年10月的封面(人类乞丐向路过机器人乞讨)生动地表达了人们的担忧：担心自己的工作被取代，沦为乞丐，甚至更糟。教育行业前景较为乐观。英国BBC广播公司2015年发布的牛津大学关于"365种职业未来被淘汰的概率"的研究报告(BBC, 2015)显示，教师属于最不容易被机器人替代的行业，概率只有0.4%。联合国教科文组织2015年底发布的重磅报告《反思教育：向"全球共同利益"的理念转变?》(UNESCO, 2015)也指出，"学校教育不会消失""即便教育怎么发展，教师职业也不会消失"。

既然学校、教师都不会被取代,那么智能技术以何种方式融合教育?笔者认为是人机协同的方式。机器主要负责重复性、单调性、例规性工作;教师负责创造性、情感性、启发性工作(祝智庭等,2015)。当下,能够代表人工智能在教育中最高应用水平的是 IBM 开发的机器人助教 Jill Watson(Lipko,2016),它将机器智能带入认知时代。最直观的证据是 Watson 被用于佐治亚理工学院开设的"基于知识的人工智能"在线课程回答学生问题,学生居然没有意识到 Watson 是智能机器人。不过,Watson 仍处在认知智能的初级水平,谈不上情感智能与志趣智能。Watson 所缺失的正是人类擅长的。因此,在智能技术支持的教育中,"人机双师"的协同将是新形态。

具体讲,人机协同主要体现在以下方面(见表2)。(1)教学设计是一种创造性工作,涉及创造意识、创造思维、创造行为。从重复性工作到创造性工作的转变主要依赖于志趣智能,因此只能由教师完成。而在学习过程中,机器可以作为智能导师,给予个性化的精准导学服务。(2)学生难免会遇到挫折和挑战,导致学生产生消极情绪(如伤心),继而导致学生怕学、厌学。维持学生积极乐观的态度、战胜挑战的勇气属于情感智能,也须由教师完成。问题是,学生的消极情绪不易识别。这方面,机器的表现更出色。通过面部表情与学习行为的综合分析,机器可以精准地识别学生的学业情绪。(3)学习所需的智慧资源(含智能学具)的研发,以及(4)测量工具的设计和教学设计一样,均属于创造性工作,由教师负责更为明智,而对资源的适性推荐以及依据测量规则自动组题、批阅等,可交付机器负责。作为学习的结果,除了培养思维能力外,(5)学生想象力与创造力的培养,也离不开教师的启发。(6)情感品性也是"AI+"时代重要的核心素养,只有教师胜任,因为这需要情感交流、人文关怀。最后,身心健康对教学非常重要,在这方面,机器虽然不能完成医疗师的医治任务,但可以实时监测并反馈每位学生的身心状况。

表2 教学中的人机协同领域

教师	机器
思维教学设计	个性化精准导学
学习情感帮促	学业情绪识别
智慧资源研发	资源适性推荐
测量工具设计	自动组题与批阅

(续表)

教　　师	机　　器
创客教育教练	学习空间仿真
情感品性培育	仿真实践教练
身心健康指导师	身心健康监测者

（二）智能技术在教育中的作用点

智能技术对教育的增强、赋能并非像地球的万有引力那样，可作用于地面附近的所有物体。不同的智能技术在教育中有各自的最佳作用点。由上述可知，人工智能的发展经历了计算智能、感知智能、认知智能三阶段，因此，笔者将从这三方面解读智能技术在教育中的最佳作用点。

1. 计算智能的数据分析决策

计算智能是受大自然智慧和人类智慧的启发设计出来的一类算法的总称，如遗传算法受大自然的进化规律启发、蚁群算法受蚂蚁觅食行为的启发。这类智能在教育中的作用点是数据分析决策，即基于数据分析的决策，产品主要为个性化学习平台或系统。其中，较著名的当属 Knowton 平台（Knewton, 2017），它通过分析引擎与推荐引擎预测学生的学习表现，并推荐个性化学习路径。

教育数据的分析决策涉及技术、数据和学术三方的协同。勃兰特·雷德（Brandt Redd）在美国教育技术主管协会（State Educational Technology Directors Association）的教育数据标准分类（Fox et al., 2013）基础上修订的教育技术标准矩阵（Redd, 2013）（见图1），为这一问题的解决及不同智能学习系统的数据互操作提供了参考。该矩阵的纵向维度为教育标准分类，主要有技术标准、数据标准和学术标准三类。横向维度为标准的四层架构，分为数据字典层（Data Dictionary）、逻辑数据模型层（Logical Data Model）、序列化层（Serialization）和协议层（Protocol）。矩阵列出了20种标准的定位，根据它们的位置，可以直观地得到每类标准的归属、作用域、区别与联系。技术、数据、学术三方的标准处理好后，借助数据智慧机制，将数据进化为信息、知识乃至教育智慧，这依然需要人机协同完成（彭红超等，2018）。

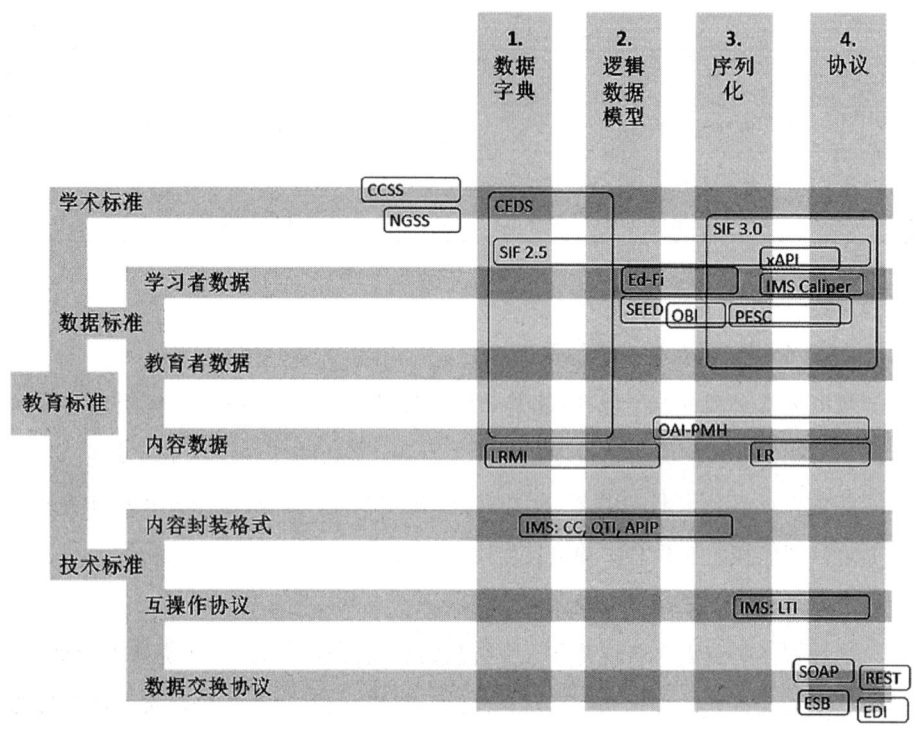

图 1 教育技术标准矩阵

按优势互补的原则,人机协同的数据分析决策可分为数据驱动决策与数据启发决策。从数据智慧图谱(彭红超等,2018)看,这一协同决策主要发生在知识层与智慧层。教育大数据由数据层跃升为知识层主要是机器通过数据挖掘技术得到数据模式(Pattern)的过程。知识层的模式数据是一种巧数据(Smart Data),蕴含着高密度的特征、规模、趋势等巨大价值(祝智庭等,2017)。按照相关关系,智能机器可以进行数据驱动决策;按照因果关系,教育者可以进行数据启发(涉及联想、推理、归因等环节)的决策(彭红超等,2018)。

2. 感知智能的作用点:人机自然交互

感知智能通过感知技术实现机器的自然交互,它关注人的自然感知能力,如视觉、听觉等。当前人工智能的发展主要处于感知智能阶段,在诸如图像识别、语音识别、眼球追踪等方面取得了可喜的进步。这类智能在教育中的作用点为人机自然交互。

图像识别与眼球追踪等作为视觉智能,可以观察学生的学习状态、学业情绪。

2017年年底,商汤科技集团在"STEM教育跨界高峰论坛"展示的在线学习监控系统引起与会人员的兴趣。它通过人脸识别技术,实时监控学生的学习表情、注意力变化,并能够实时反馈学生的学业情绪变化与疲劳指数。这项技术为解决在线学习无法实时监控学生的状态提供了可行的解决方案。另外,视觉智能中的眼球追踪技术在教育中的应用,为了解学生的认知、元认知(Taub & Azevedo, 2016)及学习风格(Cao & Nishihara, 2012)等提供了便利;手写识别技术为自动识别手写文字提供了可能,这项技术用于智能阅卷的识别准确率已高达90％以上(科大讯飞股份有限公司,2018)。

语音识别作为听觉智能,可以识别、理解语音信号,并将其转化为相应的文本或指令。这项智能可以让机器明白师生在讲什么。科大讯飞已走在前列,不久前上市的"讯飞翻译机"的翻译水平可达到英语六级水平。《规划》也提到"依托科大讯飞公司建设智能语音国家新一代人工智能开放创新平台"。目前,芝麻街(Sesame Street)正与IBM合作,利用Watson相关技术,创建具备自然语言对话的智能导学系统(Decarr, 2016)。这个系统可以通过人机自然交互,识别出不同儿童的学习偏好与技能水平,从而提供个性化学习体验。总体而言,这类智能主要有两方面的应用(贾积有,2018):(1)作为语言学习的辅助工具;(2)作为人机自然交互的方法应用到智能教学系统上。

3. 认知智能的作用点:教育角色模仿

认知智能目前还处于初期阶段,它源于模拟人脑的人工智能,是一种让机器像人脑那样学习、理解、思考并做出正确决策的智能。可以看出,它和人类的认知智能高度重合。机器的认知智能主要采用认知计算分析技术。它作为分析技术4.0代表,将超过描述、处方、预测,实现真正的理解(De Angelis, 2014)。Watson是认知智能的典型代表,它的工作逻辑为(IBM, 2012):首先分析、分解问题以便得到理解,之后从无数的答案来源中搜索候选答案集并形成假设,然后从不计其数的证据来源中探寻候选答案的证据并进行评分,最后推断出最可信的答案(见图2)。可以看出,Watson已具备类人的假设、推理的思考方式。

具备认知智能的机器将不再是单纯的"工具",而是以助教或学伴的角色协助人类实现教与学的任务,即认知智能在教育中的作用点为教育角色模仿。具备认知智能的机器可以部分完成助教、学伴的工作,比如自动出题和批阅(特别是主观

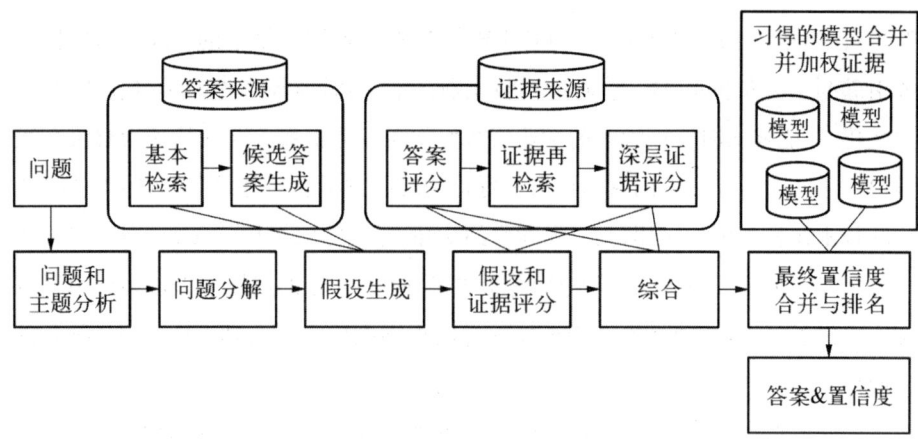

图 2　Watson 工作逻辑

题的批阅)、个性化问题答疑等。当然,具备认知智能的机器依然无法胜任智慧性工作(创造性地解决前所未遇的问题),不过此水平人工智能已具备了良好的学习能力,如深度学习、强化学习、迁移学习。因此,智慧性工作可以交给教师处理,而机器"从旁"学习教师新获得的知识经验。当教师的知识经验作为学习资源被机器习得后,机器便具备了更高的智能,可像人类那样处理类似的工作。这是一种"人在回路的混合增强智能"。总体而言,处于认知水平的机器可以与教师深度协同作业,从而为学生提供美好的学习体验。协同的基础是对教育数据的感知、理解,这方面,数据智慧机制(彭红超等,2018)提供了良好的参考依据,它描绘了如何通过人与机器的理解力实现数据向智慧演变。

三、学习智能技术的教育

2016 年斯坦福大学公布的《人工智能与生活 2030》(Stanford University,2016)预判人工智能将在交通、家庭服务、教育、就业等八方面产生颠覆性变革。普及智能技术知识让人们适应未来生活、培育智能技术专业人才助力我国智能社会的发展已成为教育的新使命。

(一)学习哪些智能技术

《高等学校人工智能创新行动计划》(以下简称《计划》)(中华人民共和国教育

部,2018a)明确将"完善人工智能领域人才培养体系"列为重点任务,并要"构建人工智能多层次教育体系":中小学阶段的普及教育,高等教育阶段的专业教育、职业教育和大学基础教育,以及面向青少年和社会公众的科普教育。

不过,各类人工智能技术层出不穷,在不同领域争奇斗艳。通过梳理可以发现,这些技术主要涵盖三个层次:基础层、技术层、应用层(见图3)。基础层分两部分:支持部分、算法部分。支持部分主要是硬件类、软件类产品以及基础服务类架构。当前,一些简易的传感产品已进入人们的日常生活,特别是智能手环等设备。算法部分主要是数据挖掘、神经网络、机器学习等。以深度学习、强化学习、迁移学习为代表的机器学习处在人工智能前沿,代表了当前机器的学习水平。技术层主要是综合不同基础层技术而形成的实用类技术。这类技术具有类人甚至超人的肢体、感官或人脑的功能。早期的图像识别、人脸识别等技术,虽然已表现出超人的能力,不过它只是机械地完成人类交给的任务,不具备任何思想。随着强化学习、迁移学习等技术的应用,机器逐渐具备决策能力和"举一反三"的能力。应用层处在最顶层,它通过融合底层的相关技术,能满足特定需求的综合智能。无人机、机器人已经以校本课程的身份进入中小学,AR/VR技术也在融入智慧校园的建设。

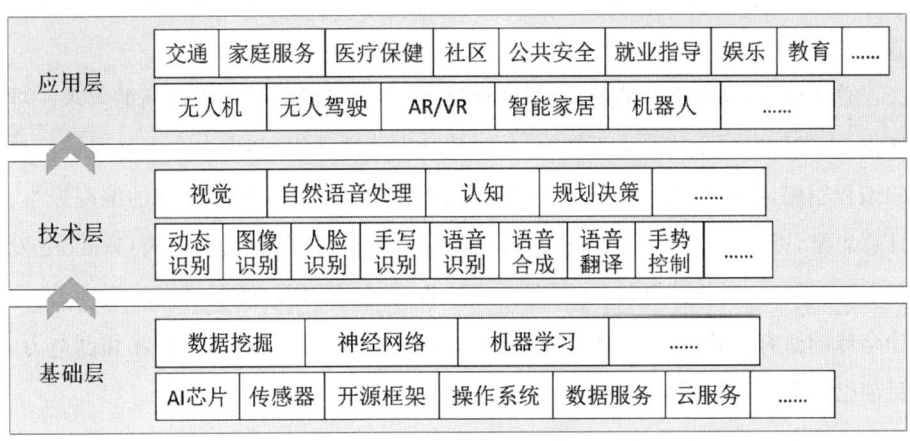

图3 人工智能技术图谱

全民智能教育需要提升社会公众对人工智能的整体认知和应用水平(中华人民共和国国务院,2017),培育中小学生的计算思维、编程能力以及人机协同的能力素养(陈凯泉等，2018)，在高校培养多层次的人工智能领域人才(中华人民共和国教育部，2018a)，包括人工智能领域创新创业人才、领军人才等。从图3看，社会公众主要通过学习应用层的知识原理，以在智能社会中幸福生活；中小学生需要学习简单、基本的技术知识与原理，在应对未来生活的同时，具备个性化、专业化发展的知能储备；高校相关专业的学生需系统学习人工智能技术，并在某方面有一定的造诣。

（二）智能技术人才的培养

1. 中小学：培育智能技术基本素养

2012年颁布的信息技术课程标准中，与人工智能相关的"算法与程序设计""机器人"等模块已被纳入课程中。除高中将"掌握人工智能在信息处理方面的原理和应用"作为必修基础课外，其他与人工智能相关的课程均作为拓展模块或选修课以满足学生的不同偏好需求(段青，2012)。2017年颁布的高中信息技术课程标准(中华人民共和国教育部，2017)中，与人工智能相关的课程有选择性必修模块4"人工智能初步"与选修模块1"算法初步"。与以往不同的是，新课标明确将"计算思维"作为信息技术的学科素养。不久前，华东师范大学出版社与商务印书馆联合出版了我国第一套人工智能中学教材《人工智能基础(高中版)》，并拟投用于全国40所学校，标志着人工智能教育正式进入基础教育阶段(华东师范大学出版社，2018)。

总体而言，对人工智能的认知与应用在中小学将成为信息素养新的要求。具体讲，小学生主要是体验人工智能，并对其产生感性认识；初中生主要是习得简单的编程思想，能运用人工智能技术解决实际问题；高中生应具有良好的编程思维、计算思维，以及一定的人工智能设计能力。2013年12月，非营利机构Code.org发起了"编程一小时挑战"(Hour of Code Challenge)(CODE.ORG，2018)活动，旨在让全球的所有年龄段(4岁以上)的人用一小时了解计算机科学的趣味和创造力，目前已覆盖180个国家，支持40种语言。

2. 高校：培育智能技术专业人才

《计划》提出，培养多层次的人工智能领域人才。为此，国家计划推动AI重要方向的教材和在线开放课程建设，比如编写具有国际一流水平的本科生、研究生教材和国家级精品在线开放课程；计划设立人工智能专业，推动人工智能领域一级学科建设,并增加 AI 科学相关方向的博士、硕士招生数。

当前,我国已将高端人才队伍建设作为人工智能发展的重中之重。根据这一要求,高校在原有的基础上形成"人工智能+X"的新型人才培养模式是明智之举,即将人工智能与数学、生物学、心理学等交叉融合。当然,其他学科特别是教育技术学科也要积极拥抱人工智能,借助人工智能技术增强、赋能本领域的发展,形成"+人工智能"的生态格局。

国际上一批大学极富远见,已将目光投向了高中,如美国斯坦福大学牵头其他高校(已有卡内基梅隆大学、普林斯顿大学等五所高校加入)发起了 AI4ALL 计划(AI4ALL,2018),组织面向高中的夏令营项目,以为高校、社会储备多元化 AI 人才、培养未来 AI 领域的领导者做准备。

(三) 学习者 AI 能力的评估

AI 方面能力的评估,可以借助闻名于医学的米勒塔式能力评估模型(Miller's Prism of Competence)开展。这一模型可以测量从知识积累到真实行为表现的能力发展过程(见图4)。米勒认为,学生能力可分为四层:知何然(Knows)、知何为(Knows How)、示何为(Shows)、行何为(Does)(Miller,1990)。随着学生专业知识的发展,他们的能力将从金字塔的低层向上层延伸,即从"知道知识原理",经"知道知识如何用""模拟演示操作过程"发展到"实境中熟练地做"。这一过程同时伴有学生"知识、技能、态度"的发展,具体表现为无能不自知、自知已无能、刻意才胜任、无意可胜任,当学生由新手发展为专家时,他们可以无缝地整合理论知识、实操技能与专业态度。

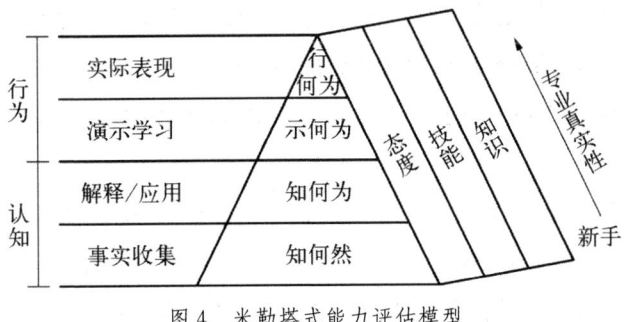

图 4 米勒塔式能力评估模型

在具体评估时,"知何然"与"知何为"可通过传统测验进行,前者实质是进行事实收集,后者是评估对知识的解释与应用。"示何为"需要在模拟或实践课程中评估学生的操作行为,而"行何为"需要通过观察学生在工作或实习中的实际表现来评估。当然,中小学和高校对学生的 AI 能力要求不同,因此研制具体指标时,侧重点也要相对应。

四、促进智能发展的教育

笔者在前面指出,智能主要涵盖认知智能、情感智能和志趣智能,这些智能与品性的融合形成了智慧人才的"智慧"。在促进智能发展方面,智能教育与智慧教育也有很大关联。

(一)智能新结构:人机协同智能的结构

智能教育与智慧教育的关联之一是一致的智能新结构。在人机共生的智能社会,人机协同的基本原则为:人类擅长的事让人类做,机器擅长的事让机器做,达到人机优势互补的新生态。这一原则促使人类智能结构的重新调整与新发展,新结构提升了情感智能与志趣智能的地位,形成三足鼎立的态势(见图5)。

1. 认知智能:包括从感觉、记忆、回忆、思维、言语、行为整个过程的智能。这是机器最显智能的,特别在模式、规律的发现识别方面。不过,机器在提出问题、分析原因、解释等方面的能力较弱。计算思维是机器的强项,作为人机协同的基础,对人类也非常重要。

2. 情感智能:包括情感的自我意识、自我管理、动机激情、同理心、社交技能等。这些情感智能的"情感识别、情感表达、情感理解",是人工情感致力攻克的三个难题。前两方面的研究已取得显著成果,而情感理解一直是人脑与电脑无法逾越的鸿沟。因此,在人机协同中,人类可以主要负责情感理解,识别与表达交给机器来做。

3. 志趣智能:包括探寻意义、价值所需要的直感、灵感、顿悟、冥想、信念等心智能力。它引发对当前的规则、所处情境"为什么"的询问,促使对超然存在的探寻、对梦想的追逐。这是机器无法具备的智能(动物也不具备)。在人类协同中,涉及这类智能的事需要由人处理，特别是涉及创意设计、想象与创造等事务。因为这类事务不仅需要直觉与灵感，还需要审视规则甚至是创造规则，有时还需要完成目标的信念。

可以看出，这一新型智能是人机协同、通过合成而得的，它超越了单纯的人类智能与人工智能，是一种机器赋能人类的新智能，也是人类赋能机器的智能。作为一种初级"人机合成智能结构"（Human-Machine Synthetic Intelligence Structures, HMSIS)，这种人机协同智能结构可以称为 HMSIS1.0（见图5）。从技术角度看，人工合成智能与人工智能的区别在于，它超越了对人类形态和智能的仿真，关注真实智能（Haugeland, 1985）。区分仿真智能与真实智能的关键在于中文屋理论（Chinese Room）(Searle, 1980)。（一位只懂英文而不懂中文的人，身处含有大量中文的封闭房间，当他熟练地按照说明书[用英文写明操作中文符号的规则]操作中文文字以回应屋外的人提供的各种中文文字时，屋外的人便以为屋内的人精通中文，其实屋内的人只是按照说明根据中文文字形状与给出的规则做出反应，并不懂其中的意义。可以看出，中文屋理论描述的智能是一种仿真智能，如果要合成真实智能，应当突破这一局限。）

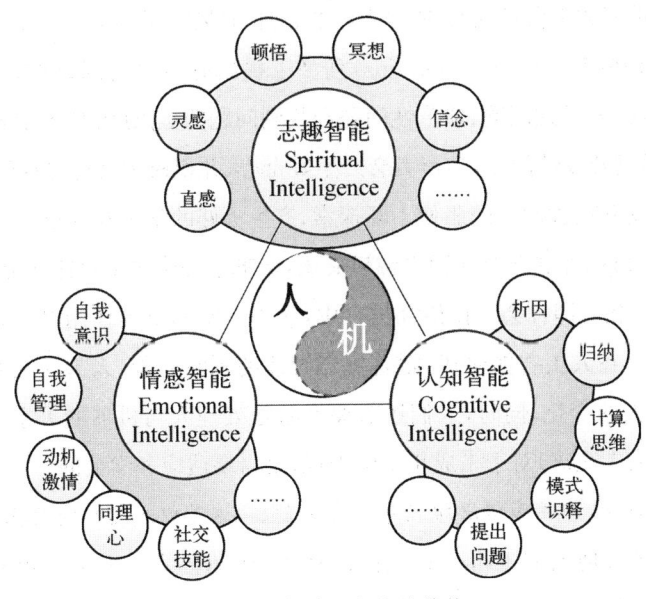

图5 人机协同智能的结构

HMSIS1.0的三类智能是不断变化、协同配合、两两相关的三角动态关系。具体讲，认知智能使得情感智能和志趣智能成为可能，情感智能促使认知智能和志趣智能得到发挥，志趣智能为认知智能与情感智能的有效运转提供必要基础（Zohar，2012）。当然，这种动态关系随着人工智能时代技术的更迭、人机关系的变化而处于动态变化中。

（二）智能新结构转变学习方式

1. 学会提问，即开展问题化学习，重视学生认知智能的形成和培养。

"提问"的重要性被很多人强调过。数学教育者斯蒂芬·布朗（Stephen Brown）发现，传统数学教育几乎只关注解决问题，但是，解决问题的过程天生伴有"提出问题"或"发现问题"，而传统教育常常忽略这些（戴维·珀金斯，2015：90）。在传统课堂中，绝大部分的问题都由教师和教材提出。

在智能教育环境中，"提问"的重要性更为突出。提出有价值、开放性的问题是人类智能不同于机器智能的重要体现。人类更擅长提出问题，而解决问题是在与机器智能的协同下完成的。让学生学会提问的最好方法是：让学生负责提问，并强调开放性问题或"有生命力的问题"（也可称为"有生命力的假设"，指一个人在对自己具有真实性的问题中所发现的、值得尝试的各种可能性）的重要性。美国著名心理学家戴维·珀金斯（David N. Perkins）列举了提出有生命力问题的四种方式，即"中心线索"法、要素式问题、增值性问题和找到问题的焦点（戴维·珀金斯，2015：84-90）。通过开放性问题，学习者会产生好奇心，并积极主动地寻找问题的答案。学习者由此受开放性问题的驱使不断探索，产生更好的学习和真正的学习。

2. 学会交流，即在社会互动中协同交流，着眼于培养学生的情感智能。

杜威说：教育即社会。在传统教育中，学生上学的重要作用之一是学习与同学交流相处。在人工智能时代，随着机器智能的不断完善，人与人之间的社会关系将发生很大的变化，同时，人们还需要有效地处理人与机器的关系。这些技能（人机互动、人人交流）对于未成年学生来说，是需要适应和学会的。

3. 学会创造，即用审辨思维指导探究和创新，这是以志趣智能为基础的。

志趣智能促使人们不再一味地按部就班（认知智能），不再一味地见势行事（情感智能），而是审视当下、开拓未知。在人工智能时代，创造力成为人们发挥价值的重要体现。同时,在"万众创业,大众创新"的发展背景和改革需求中,全体公民的创造能力急需提升。创造力的培养要求学习者具有质疑精神,能够对实际问题和需求开展审辨式分析,最终实现创造和创新的目的。

(三)智慧教育的实践路径

为响应国务院发布的《规划》精神,教育部于 2018 年 4 月发布的《教育信息化 2.0 行动计划》(中华人民共和国教育部,2018b)提出,以智能技术为手段、以融合创新为目标、以智慧教育为先导理念。这份文件实际上为智能教育定了基调:智能教育作为智慧教育创新发展行动的途径。

本质上讲,智能教育是技术使能的教育:智能技术不但让学习环境更丰富、灵巧,也让机器在某些方面具有类人甚至超人的智能。有了智能技术的帮助,教师可以专注于擅长的情感类、创造类工作,这种人机协同的教学策略使得教师与机器的各自优势得以放大。借助于这两方面的优势,智慧教育将成为可能。智慧教育本质上是智慧教育理念引领的:先进的智慧教育理念决定了智慧教学法的模态,模态需要教师具备相应的教学,这些技能需要智能环境的支持才能得以实施。可以看出,智慧教育自顶而下贯通了中国传统哲学的"道—法—术—器"四个层级("道"主要为教育理念,"法"为教学方法,"术"为应用技能,"器"为技术条件),而智能教育自底而上走向"道"的境界(见图6)。

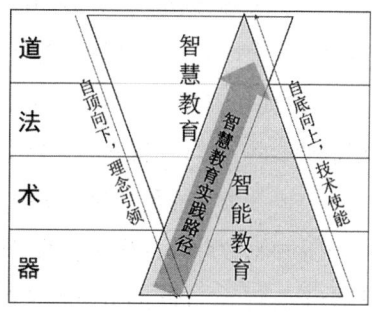

图 6 智慧教育与智能教育

当前,关于智慧教育理论体系的研究远远领先于实践应用。多数智慧教育实验学校只能攻关智慧教育的某一方面,甚至有些实验学校依然没有表现出智慧特征的迹象,原因之一便是技术条件的限制。这一事实说明,诚然智慧教育是自顶而下、理念引领的,但在具体实践时,却依然是自底而上、技术使能的。这与智能教育吻合,也是智能教育可作为智慧教育实践路径的基础。

作为智慧教育的实践路径,在"器"层级,智能教育可为智能环境的搭建提供智能技术的支撑,在"术"层级,可为智慧教学技能的施展提供智能机器助手;在"法"层级,可使深度学习方法作为新型智慧教学法,助力于智慧人才的培育。智慧教育祝氏定义提出了智慧教育的六大特性(祝智庭,2018),从这些特性看,智能教育作为实践路径,在第一层级主要面向"精准(彭红超等,2016;祝智庭等,2016)""个性"特性;在第二层主要面向"优化""协同"特性;在第三层主要面向"思维""创造"特性。

五、对智能教育的再反思

智能教育作为智慧教育的实践路径,不会自然而然地达到教育核心理念、观念的境界,它需要智慧教育的引领。这一理念与祝智庭团队一贯坚持的"技术促变教育而非引领教育"的理念一致。本团队将智慧教育定义为:智慧教育是通过人机协同作用以优化教学过程与促进学习者美好发展的未来教育范式(祝智庭,2018)。展开一点来说就是:智慧教育的真谛是通过构建技术融合的生态化学习环境,通过培植人机协同的数据智慧、教学智慧与文化智慧,本着"精准、个性、优化、协同、思维、创造"的原则,让教师能够施展高成效的教学方法,让学习者能获得适宜的个性化学习服务和美好的发展体验,使其由不能变为可能,由小能变为大能,从而培养具有良好的人格品性、较强的行动能力、较好的思维品质、较深的创造潜能的人才(祝智庭等,2012;祝智庭等,2017b)。

技术与教育的关系观点多样,其差异实质上出于对教育本质理解的不同。笔者在此提出教育信息化观念的三层框架:服务产业观、文化事业观与社会生态观。社会上流行的"互联网+教育""AI+教育"等口号,是典型的教育产业观——视教育为知识密集型服务产业,认为可利用技术实施精准教学与个性化服务。但教育不仅是服务业,更是社会文化事业,也是极其复杂的社会现象。想从外部强加技术促进教育是简单化的想法,因为"鸡蛋从外部打破是食物",那么改成"教育+互联网"或"教育+AI"是不是好点呢?笔者认为,这是教育信息化的初步认识,或者说是信息化1.0版的认识,具有了教育为体、技术为用的意识,懂得"鸡蛋从内部打破是生命"的道理了,可以属于教育的文化事业观。可惜,目前我国的信息化建设与应用还缺乏大教育观或社会生态观,导致正规教育与非正规教育分离、学校教育与社会教育脱节,所以国内虽有数百城市号称建设智慧城市,但能把大教育全面融合其中的寥寥无几。教育信息化2.0版的正确认识应该继承南国农先生关于

"现代教育思想理论×现代信息技术=现代教育技术"的理念(新浪博客,2012),提倡"教育×互联网=教育信息化"或者"先进教育理念方法×适用的信息技术=教育现代化",此公式凸显信息技术与教育融合创新的需要,也揭示了教育信息化的挑战性,因为只有当技术适用性>1且教育方法适当性>1时,总体成效才会>1,任何一方失当将导致教育信息化成效不尽人意甚至挫败;当某方达到远大于1的n倍甚至x次幂时,教育信息化的奇迹就出现了,这就是智慧教育追求的大目标。

目前来看,无论智能机器人如何发展,充其量只是"有知识没文化"的人类代偶,教育工作者应该是既有知识又有文化的主儿。因此,我们大可不必在人工智能浪潮面前惊慌失措,更没必要被商业炒作搞得神魂颠倒。

[参考文献]

[1] AI4ALL (2018). AI4ALL Education Programs[EB/OL]. [2018-05-12]. http://ai-4-all.org/education/.

[2] BBC (2015). Will a Robot Take Your Job? [EB/OL]. [2018-05-05]. http://www.bbc.com/news/technology-34066941.

[3] Binet, A., & Simon, T. (1905). New Methods for the Diagnosis of the Intellectual Level of Subnormals[J]. L'annee Psychologique, 12: 191-244.

[4] Cao, J., & Nishihara, A. (2012). Understand Learning Style by Eye Tracking in Slide Video Learning[J]. Journal of Educational Multimedia and Hypermedia, 21(4): 335-358.

[5] 陈凯泉,何瑶,仲国强(2018).人工智能视域下的信息素养内涵转型及AI教育目标定位——兼论基础教育阶段AI课程与教学实施路径[J].远程教育杂志,(1): 61-71.

[6] CODE. ORG. (2018). Hour of Code[EB/OL]. [2018-05-12]. https://hourofcode.com/cn.

[7] [美]戴维·珀金斯(2015).为未知而教,为未来而学[M].杨彦捷译.浙江:浙江人民出版社.

[8] DeAngelis, S. (2014). The Dawn of Cognitive Computing[EB/OL]. [2018-05-06]. https://www.enterrasolutions.com/blog/dawn-cognitive-computing/.

[9] 段青(2012).《基础教育信息技术课程标准(2012 版)》义务教育阶段基础模块内容标准解读[J].中国电化教育,(10):28-32.

[10] Decarr, K. (2016). Sesame Street, IBM's Watson Team Up for Early Childhood Tools[EB/OL]. [2018-05-05]. https://www.educationnews.org/technology/sesame-street-ibms-watson-team-up-for-early-childhood-tools/.

[11] Fox, C., Schaffhauser, D., Fletcher, G., & Levin, D. (2013). Transforming Data to Information in Service of Learning[R]. Washington, DC: State Educational Technology Directors Association (SETDA):7-8.

[12] [美] Gardner, H.(2018).多元智能新视野[M].沈致隆译.北京:中国人民大学出版社.

[13] Gardner, H. (2016). Intelligence isn't Black-and-White: There are 8 Different Kinds[EB/OL]. [2018-05-05]. http://bigthink.com/videos/howard-gardner-on-the-eight-intelligences.

[14] GOV. UK. (2016). Artificial Intelligence: Opportunities and Implications for the Future of Decision Making[EB/OL]. [2018-05-02]. https://assets.publishing.service.gov.uk/government/uploads/system/uploads/attachment_data/file/566075/gs-16-19-artificial-intelligence-ai-report.pdf.

[15] Gottfredson, L. S. (1997). Mainstream Science on Intelligence: An Editorial with 52 Signatories, History, and Bibliography[J]. Intelligence, 24(1):13-23.

[16] Haugeland, J. (1985). Artificial intelligence: The very idea [M]. Cambridge, Massachusetts: MIT Press:255.

[17] 核心素养研究课题组(2016).中国学生发展核心素养[J].中国教育学刊,(10):1-3.

[18] 华东师范大学出版社(2018).首部《人工智能基础(高中版)》教材发布,AI 教育进中学[EB/OL]. [2018-05-01]. https://mp.weixin.qq.com/s/D_NID9cR18JJ_S2THhFKuA.

[19] 贾积有(2018).人工智能赋能教育与学习[J].远程教育杂志,(1):39-47.

[20] IBM (2012). The Era of Cognitive Systems: An Inside Look at IBM Watson

and How it Works[EB/OL]. [2018-05-03]. http://www.redbooks.ibm.com/abstracts/redp4955.html.

[21] 科大讯飞股份有限公司(2018).手写文字识别[EB/OL]. [2018-05-02]. http://www.xfyun.cn/services/wordRecg.

[22] Knewton. (2017). Knewton Adaptive Learning: Building the World's Most Powerful Education Recommendation Engine[EB/OL]. [2017-03-19]. https://www.knewton.com/wp-content/uploads/knewton-adaptive-learning-whitepaper.pdf.

[23] Lipko, H. (2016). Meet Jill Watson: Georgia Tech's First AI Teaching Assistant[EB/OL]. [2018-05-07]. https://pe.gatech.edu/blog/meet-jill-watson-georgia-techs-first-ai-teaching-assistant.

[24] 刘泉宝,刘永清(1994).从思维科学看人工智能的研究[J].计算机科学,21(5):9-12.

[25] 卢家楣(2005).对情绪智力概念的探讨[J].心理科学,28(5):1246-1249.

[26] Miller, G. E. (1990). The Assessment of Clinical Skills/Competence/Performance.[J]. Academic medicine, 65(9): S63-S67.

[27] NSTC (2016b). The National Artificial Intelligence Research and Development Strategic Plan[EB/OL]. [2018-05-03]. https://www.nitrd.gov/PUBS/national_ai_rd_strategic_plan.pdf.

[28] O'Donnell, K. (1997). Endoquality: As Dimensões Emocionais E Espirituais Do Ser Humano Nas Organizações[M]. Brazil: Casa da Qualidade: 44-46.

[29] P21 (2017). Framework for 21st Century Learning[EB/OL]. [2017-2-21]. http://www.p21.org/our-work/p21-framework.

[30] 彭红超,祝智庭(2016).面向智慧学习的精准教学活动生成性设计[J].电化教育研究,37(8):53-62.

[31] 彭红超,祝智庭(2018).人机协同的数据智慧机制:智慧教育的数据价值炼金术[J].开放教育研究,2018,24(2):41-50.

[32] Redd, B. (2013). Data Standards in Service of Learning[EB/OL]. [2017-07-23]. https://www.ofthat.com/2013/06/data-standards-in-service-of-

learning.html.

[33] Salovey, P., & Mayer, J. D.（1990）. Emotional Intelligence［J］. Imagination Cognition & Personality, 9(6): 217-236.

[34] Searle, J. R.（1980）. Minds, Brains, and Programs［J］. Behavioral and brain sciences, 3(3): 417-424.

[35] Spearman, C.（1904）. "General Intelligence," Objectively Determined and Measured［J］. The American Journal of Psychology, 15(2): 201-292.

[36] Stanford University（2016）. Artificial Intelligence and Life in 2030［EB/OL］.［2018-05-07］. https://ai100.stanford.edu/2016-report.

[37] Sternberg, R. J.（1999）. Successful Intelligence: Finding a Balance.［J］. Trends in Cognitive Sciences, 3(11): 436-442.

[38] Taub, M., & Azevedo, R.（2016）. Using Eye-tracking to Determine the Impact of Prior Knowledge on Self-regulated Learning with an Adaptive Hypermedia-learning Environment.［A］.Springer: 34-47.

[39] UNESCO（2015）. Rethinking Education: Towards a Global Common Good?［EB/OL］.［2018-05-06］. http://unesdoc.unesco.org/images/0023/002325/232555e.pdf.

[40] UNESCO（2016）. Preliminary Draft Report of Comest on Robotics Ethics［EB/OL］.［2018-05-12］. http://unesdoc.unesco.org/images/0024/002455/245532E.pdf.

[41] 王亚飞,刘邦奇（2018）.智能教育应用研究概述［J］.现代教育技术,(1): 5-11.

[42] 新浪博客（2012）.南国农先生在2012年教育技术国际会议上的报告（全文）［EB/OL］.［2018-05-12］. http://blog.sina.com.cn/u/2166231255.

[43] 中共教育部党组（2015）.中共教育部党组关于教育系统深入学习贯彻习近平总书记在北京大学师生座谈会上重要讲话精神的通知［EB/OL］.［2018-05-16］. http://www.moe.edu.cn/srcsite/A04/s8020/201709/t20170911_314173.html.

[44] 中华人民共和国国家发展和改革委员会（2016）."互联网＋"人工智能三年

行动实施方案[EB/OL].[2018-05-02].http://www.ndrc.gov.cn/zcfb/zcfbtz/201605/W020160523579429905981.pdf.

[45] 中华人民共和国国务院(2017).新一代人工智能发展规划[EB/OL].[2018-05-03]. http://www.gov.cn/zhengce/content/2017-07/20/content_5211996.htm.

[46] 中华人民共和国教育部(2017).普通高中课程方案和语文等学科课程标准(2017年版)[EB/OL].[2018-05-02].http://www.moe.gov.cn/srcsite/A26/s8001/201801/t20180115_324647.html.

[47] 中华人民共和国教育部(2018a).高等学校人工智能创新行动计划[EB/OL].[2018-05-03].http://www.moe.gov.cn/srcsite/A16/s7062/201804/t20180410_332722.html.

[48] 中华人民共和国教育部(2018b).教育信息化2.0行动计划[EB/OL].[2018-04-18]. http://www.moe.gov.cn/srcsite/A16/s3342/201804/t20180425_334188.html.

[49] 中华人民共和国住房和城乡建设部(2012).住房城乡建设部办公厅关于开展国家智慧城市试点工作的通知[EB/OL].[2018-05-05].http://www.gov.cn/zwgk/2012-12/05/content_2282674.htm.

[50] 祝智庭(2014).以智慧教育引领教育信息化创新发展[J].中国教育信息化,(9):4-8.

[51] 祝智庭(2016).智慧教育新发展:从翻转课堂到智慧课堂及智慧学习空间[J].开放教育研究,22(1):18-26+49.

[52] 祝智庭(2018).教育呼唤数据智慧[J].人民教育,(1):29-33.

[53] 祝智庭,管珏琪,邱慧娴(2015).翻转课堂国内应用实践与反思[J].电化教育研究,2015,(6):66-72.

[54] 祝智庭,彭红超,雷云鹤(2017).解读教育数据智慧[J].开放教育研究,23(5):21-29.

[55] 祝智庭,贺斌(2012).智慧教育:教育信息化的新境界[J].电化教育研究,(12).

[56] 祝智庭,彭红超(2016).信息技术支持的高效知识教学:激发精准教学的活

力[J].中国电化教育,2016(1):18-25.

[57] 祝智庭,彭红超(2017a).深度学习:智慧教育的核心支柱[J].中国教育学刊,2017a(5):36-45.

[58] 祝智庭,彭红超(2017b).智慧学习生态:培育智慧人才的系统方法论[J].电化教育研究,2017b(4):5-14.

[59] Zohar, D. (2012). Spiritual Intelligence: The Ultimate Intelligence. London: Bloomsbury Publishing.

以指数思维引领智慧教育创新发展*

祝智庭　俞建慧　韩中美　黄昌勤

[摘　要] 智慧教育作为教育信息化2.0发展的新目标已经得到了共识,并成为推动信息化又一轮创新发展的新浪潮。随着人工智能技术的快速迭代更新,智慧教育作为教育信息化的高端形态,其中的各要素皆以指数级速率增长爆发,为智慧教育跃升为指数教育提供了机遇。因此,在指数思维引领下,智慧教育的创新发展成为新诉求。鉴于此,文章对指数思维深度融合智慧教育展开了理论探究。首先,概述了智慧教育的核心内涵与特征,并解析了指数思维创新需要摒弃零和思维、跳出线性思维、破解帕累托思维、强化多元思维。在此基础上,从顶层设计和适切性两个角度,贯穿文化智慧、数据智慧与教学智慧三大智慧来透析指数思维赋能的智慧教育,进而提出指数思维在智慧教育系统中的映射。最后,列举了若干颇具指数效应的学习方式与学习技术,旨在探寻指数思维在智慧教育中可为的创新,助力智慧教育的迭代优化,以期为智慧教育跃升为指数教育提供可行的设计思路和借鉴意义。

---

* 原载于《电化教育研究》2019年第1期。

[关键词] 指数思维;智慧教育;人机协同;思维创新;指数效应

一、引言

当前的世界教育变革风云迭起,教育信息化的推进已成为各国抢占教育发展的制高点。2018年教育部印发《教育信息化2.0行动计划》的通知中明确指出,教育信息化2.0行动计划可以引领推动教育信息化转段升级[1]。从该计划中"智慧教育创新发展行动"的发展定位和实施来看,体现了在教育信息化2.0时代,国家对发展智慧教育的生态考量和系统逻辑,有助于带动教育领域的创新发展。鉴于此,祝智庭教授提出了教育信息化2.0启程,智慧教育领航的实践路径[2]。

智慧教育必将是信息技术与教育深度融合。因此,智能技术支持下的智慧教育是教育信息化的新境界、新诉求。2017年,国务院发布《新一代人工智能发展规划》部署了智慧教育开展的相关工作[3]。2018年,推进智慧教育创新示范也被教育部列为工作要点。以上政策皆揭示了超级计算、移动互联网、大数据、脑科学等新兴理论与技术必将赋能智慧教育。2009年,Kurzweil与X-Prize创始人Peter Diamandis共同建立了奇点大学(Singularity University),发展理念是培养指数思维(Exponential Thinking),利用指数技术以应对在指数增长的科技下遭遇到的重要挑战[4]。指数技术就是基于计算能力、人工智能、传感器、机器人等聚合技术融汇多领域且改变世界的颠覆性技术,为世界带来指数级飞跃,并改变每个行业,教育领域也将迎来新机遇。因此,指数思维引领下缔造的智慧教育新生态,呈现出跨界融合、人机协同、群智开放、自主操控的新特征,使得智慧教育的创新发展迎来新的曙光。

然而,指数时代教育系统变得极其复杂,这对智慧教育的研究应用提出了很多新挑战。例如,如何在指数思维引领下构建智慧教育生态环境,并运用智慧教育理论、方法帮助教育多类型主体(教师、学生、管理者等)优化作业过程,且通过改革评价机制,促进学习者美好发展,乃是目前亟待破解的难题。对此,本文将梳理智慧教育的核心特征和内涵,并解析指数思维。基于此,我们考虑如何以指数思维引领智慧教育创新发展,提炼出多样化指数效应,为智慧教育跃升为指数教育提供可行的设计思路,助力智慧教育优化发展。

二、智慧教育的发展必须思维创新

创新是教育发展的灵魂。智慧教育作为未来教育发展的方向,涉及教育文化、教育观念、教育体制、教育内容等方面的创新,需要统筹兼顾,整体实施,协调推进[5]。随着智能革命席卷全球,面对智慧教育发展新诉求,如何在社会信息化大背景下,推动智慧教育的发展进程,解决当前教育发展难题(公平与均衡、优质与创新、个性与灵活),以思维创新、技术创新、教学法创新等落实智慧教育创新发展,思维创新为智慧教育的发展带来一种崭新的思考方式和洞察视角,成为智慧教育发展的引领方向[6]。因此,本文将从智慧教育的核心内涵出发,阐释智慧教育发展过程中涉及零和思维、线性思维、指数思维等创新的必要性。

(一)智慧教育的核心内涵与关键特征概述

信息化环境下智慧教育的真谛是通过构建技术融合的生态化学习环境,通过培植人机协同的数据智慧、教学智慧与文化智慧,本着"精准、个性、优化、协同、思维、创造"的原则,让教师能够施展高成效的教学方法,让学习者能够获得适宜的个性化学习服务和美好的发展体验,使其由不能变为可能,由小能变为大能,从而培养具有良好的人格品性、较强的行动能力、较好的思维品质、较深的创造潜能的人才[7]。以下将依据祝氏"智慧教育"定义中的数据智慧、教学智慧、文化智慧三个关键词语,阐释当前智慧教育的核心内涵和关键特征。

1. 数据智慧

作为技术赋能智慧教育的三大智慧之一——数据智慧,首先应侧重考虑教育中的人机协同问题,"人"指学生、教师等多类型教育主体,"机"指技术中的软、硬件等相关设备,从而实现数据向智慧的跃升。在具有"弱规则"特性的智慧教育领域中,数据智慧正是人机协同新型认知范式的重要体现之一,尤其需要领域专家洞悉或剖析数据智慧模式中隐含的教育因素,从而提供更优质的学习服务[8]。人机协同的数据智慧机制以理解力为纽带,主要包含数据跃升为信息的数据关系组织机制,信息跃升为知识的信息模式识释机制,知识跃升为智慧的知识原理派生机制三部分[7]。

在数据的关系组织机制中,包含目的切入、关系确立、数据塑形和意义表征四个环节。目标是对特定关系组织的数据进行描述分析与可视化表征,形成对数据本身意义的初步理解,即"觉而知"。在信息模式识释机制中,特征提取和信息模化偏向于机器处理,意义理解和模式解释强调人为理解。旨在辨别信息中内隐的模式并对其进行解释,即"知如何"。在知识的原理派生机制中包括专家端倪、价值判断、机器学习、决策生成共四个环节,目标是将形成的原理形式化为规则,表现为基于洞见的决策形成智慧的过程,即"知最佳"。

2. 教学智慧

智慧教育生态本质上是一种教法、技术、文化相互驱动的环境,借助技术的增能作用驱使教法走向教学智慧,促使学生知识、技能、能力、品行的均衡发展。

人工智能技术的出现,在获取与感知复杂多维教育数据、检测与评估动态教学过程、提供个性化学习服务、制定精准教学决策等方面呈现出不可估量的爆发式效应。显而易见,技术可"使能"智慧学习评估,可"赋能"学习服务生态。从学习者角度出发,在技术支持下将会获得适宜的个性化学习服务和良好的发展体验,从教师角度来看,教师能够施展高成效的智慧教学方法并开展基于核心素养的智慧评估,从而实现对21世纪智慧人才的培育,实现优质的教育[2]。

3. 文化智慧

文化乃是特定群体共有的理念、价值观或生活的准则,会深刻影响人们的待人处世、问题解决方式与制品创造。在祝氏"智慧教育"定义中,认为教育是一种观念形态文化现象。文化的生成是通过理念价值、行为方式和制品符号三个核心要素依次循环迭代的过程。在此过程中,理念价值渗透到不同的个体,个体基于已有知识经验,根据不同的情境需求,选择性地处理获得的理念价值;所获得的多个理念价值将通过模式识别与价值认同过程,抽象成为新型文化,以此实现对理念价值的传承与发展。理念价值的传承与发展实则是心智能量的流动,行为方式起到信息传递的作用,而制品符号的循环使用与演进则是物质循环的一种体现。映射到具体的教育领域,教学设计过程可看成是由理念价值经由行为方式形成制品符号(如教案、讲义、微视频等)的过程,而教学过程是由制品符号经由行为方式生成理念价值(学习者的理念价值)的过程,以此实现教育文化智慧的发展[2]。

(二) 影响智慧教育发展的思维方式辨析

思维(Thinking)乃是人的心理编程活动,思维方式(Mode of Thinking)好比编程算法(Programming Algorithm),而思维模式(Mindset,另有中译心态、心向等)则是人的心灵软件。常言道,"思路决定出路",思路是指某种确定的思维方式取向。虽然智慧教育的理想很美好,但践行智慧教育却会受到很多因素制约,首先是思维模式的影响。在此我们分析若干对智慧教育发展有较大影响的思维方式,这里所说的"影响"是双向的,有的带有阻碍性影响,有的具有促进性影响。

1. 零和思维(Zero-sum Thinking)

零和思维源自零和游戏,零和游戏又叫游戏理论或零和博弈,游戏者有输有赢,一方所赢正是另一方所输,而游戏的总成绩永远为零[9]。不言而喻,现阶段的教育也存在着随处可见的"零和"效应。在当前中国高考招生体制下,学生与家长投入较多的时间、财力与精力竞争清华北大等名校。这种现象最严重的莫过于北京海淀区的黄庄,这里驻扎了学而思、新东方等数十家课外机构,周末大量的家长将陪伴学生额外培训。就好比前排观众站起来的时候,后排观众也不得不这样做,校外培训也陷入了死循环的"剧场效应"。除此之外,"零和"效应也出现于当前的在线教育中。虽然我国面向课外辅导的在线教育发展得如火如荼,但是大多在线教学模式,还是一味地将"老师教授—学生练习"继续照搬到线上,以提分竞争为目标,将教育竞争的"剧场效应"从校内空间推广到网络空间。从上述分析可知,在"剧场效应"的强大作用力下,从学生个人、学校、家庭直到地方行政,都自觉或不自觉地掉进"零和陷阱"。如何消弭我国教育中的"零和思维",发展智慧教育范式,是现阶段亟须解决的关键问题。

(1) 蛋糕做大思路,增加优质资源供给

现阶段大多数教育模式属于消费侧互联网,优质资源聚集在少数学生身上,而大部分享受不到,尤其在偏远地区。那么,当前智慧教育创新需要做的就是供给侧的升级,增加优质资源的供给,不让任何一方的利益受到损害,促进优质资源的深度共享。

(2) 体制变革,从单轨赛跑到多轨适调

改变"唯分数论""一考定终身"的高考体制病态思维,变革当前的高考体制,从"唯分数"的单轨道评价体制向以"综合素质"为主的多轨道考核方式转变。比如:浙江省探索了一种"三位一体"综合评价招生模式,减少对基础知识的测评,更侧重于对问题解决、独立思考、批判性思维等综合素质能力的考核[10]。

(3)适性服务,个性发展

"因材施教"是教育千百年来追寻的目标。对于学生的个性化发展,由于每位学生的兴趣爱好、创造潜力等专属特质千差万别,因此在培养智慧人才时,需根据21世纪核心素养框架,利用信息技术为其提供自适应的服务,促进智慧人才的个性化发展。

2. 线性思维(Linear Thinking)

线性是数学中用来描述不同类型数之间关系的概念,指变量与变量之间的正比例关系,满足加和性原理,即在线性系统中部分之和等于整体。因此,本文认为线性思维是一种单向的、单维的、缺乏变化的思维方式。而教育本身是一个充满非线性关系的复杂生态系统,存在着各要素间的相互依赖、相互渗透、相互结合和相互制约等非线性关系,因此,不能以线性思维将教育的发展做简单化和粗糙化处理地相加,只注重某一要素的发展,追求教育发展的单一性、无限性。

从认知层面来看,一般而言教学成效与师生投入时间成正比,在知识接受学习情况下,只有短时(8—10 min)具有线性效应,时间过长效益会下降,究其原因乃是违反脑科学所致。然而,当进行探究性学习时,学生却可以自觉地持续投入学习,知识构建与迁移能力将得到最大化。英国知名媒体《经济学人》2012年发布的《学习曲线——国家教育成就的教训》报告中坦言,教育投入与教育产出之间的关联高度复杂,甚至可以说是一个黑箱[11],而在学生接受知识的认知过程中,认知不会随着时间的增加持续线性增加,因为线性思维违反了"学习曲线"规律。

从宏观层面来说,现阶段的教育一味注重对学生学习成绩的追求,认为只要学生的学习成绩增长,学生的能力也会跟着增长,这种线性思维导致了学生思路单一、缺少灵活性与发散性,严重影响智慧教育中的多元化发展。

因此,在处理当前智慧教育中的各种非线性关系时,必须从不同的层次和维度去认识教育的本质,比如根据人类的认知学习曲线科学用脑,改变"投入及产出"的学习方式,跳出线性的因果关系思维,积极引导教育跨越线性思维模式。因为,毫无理性地将复杂的教育生态关系"化曲为直",只会为智慧教育的发展带来更多的阻碍。

3. 帕累托思维(Pareto Thinking)

为了突破"零和思维",让教育变得"多快好省",可将经济学领域中的"帕累托改善"引入智慧教育。帕累托定律是19世纪20年代初意大利统计学家、社会学家、经济学家帕累托首次提出的。指的是资源分配的一种理想状态,假如一群人拥有一定的可分配资源,要从一种分配状态变革到另一种分配状态,在没有使任何人变坏的前提下,至少使得一个人变得更好[12]。

在智慧教育中,帕累托思维正与"对每一个学生负责"的教改理念不谋而合,这样的思维可以应用到具体场景中解决实际的教学问题,比如如何合理分配智慧课堂中有限的学习资源、师资力量等,以便最大化均衡课堂效益。从开发课程资源层面看,帕累托思维可解释为:有一种这样的课程资源开发利用状态,即在不减少其他任何学习者的学习效率和学习积极性的情况下,当前的课程资源开发还只是处在改进状态中,并且长期处于改进状态。从教师作为课程资源开发者来看,在资源开发过程中,一定要顺应21世纪智慧人才的核心素养要求,结合学生学习能力、教材、知识点等不同维度,将课程资源转化为最理想化的教学内容。

帕累托思维有积极的一面,也有其不足之处或局限性。帕累托思维原本属于"二八法则",在教育中,国家资源分配、师资分配中都存在此问题,这就完全不公平。因此,信息化如何破解公平难题,必须突破帕累托的"二八魔咒"。

4. 多元思维(Multi-thinking 或 Plural Thinking)

多元思维(或"复合思维")是相对于单元思维(只关心智商)。在教育领域中,布鲁姆将教育目标分为三元,但教育实践中只关注认知目标。斯滕伯格提出的三元智能论,包括智力成分亚理论、智力经验亚理论、智力情境亚理论。加德纳则从解决问题或创造产品所需要的能力出发,提出智能具有九种类型(严格讲,加德纳认为是八种智能):语言言语智能、数理逻辑智能、人际沟通智能、自我内省智能、音乐韵律智能、视觉空间智能、自然观察智能、肢体运动智能、存在智能。2016年,加德纳加入第十种智能:教学教法智能[13]。

在智慧教育(Smarter Education,SerE)的境域中,我们从智慧人才观出发,认为教育所关注的智能主要包括认知智能、情感智能、志趣智能等三类。认知智能与心理学领域的"认知"概念吻合,包括感觉、记忆、回忆、思维、言语、行为,是智力和能力的表现。协同、沟通、领导力等能力需要以情感为纽带,需要个体具备监控自身及他人的情绪或情感,并利用这些信息指导自己思想、行为的本领,称之为情感智能。善于研判、善于创造、富有想象力是智慧型人才的高阶本领,这种超越知识、经验的本领称为志趣智能[2]。

人类的最佳运思方式是多种思维兼用并举,互相反馈,各施其能,以全息思维来把握外部世界的全息内容;同时,针对多元思维,改革当前单一的评价体系也是重要的教育智慧发展的瓶颈之一。以此,造就一批具有高度抽象力、想象力和无穷创造精神的、思维能力全面发展的智慧性人才,才可能对社会文化演进与革新有贡献。

5. 指数思维(Exponential Thinking)

线性增长随着时间的推移产生一条稳定的直线,它的增长是常数的重复相加,与线性增长不同,指数增长是常数的重复乘法,这也是导致指数增长飞速的原因。因此,指数思维认为要想借助技术手段,解决最具挑战性的问题或应对未来的持续不确定(比如预测接下来会发生什么和什么时候发生),渐进式或线性思维已不能够解决它。正如雷·库兹韦尔在《奇点近在咫尺》一书中所提,技术的快速发展实际上正在加速社会各个领域的快速发展,这导致了意想不到的技术和社会变革。所以在技术呈指数级增长的过程中,人类必须摒弃大脑的默认模式——线性思维,应用指数思维为未来的指数世界发展提早做准备。

在智慧教育的人机协同文化思维中,文化的生成过程即是理念价值、行为方式和制品符号依次循环迭代的过程,通常将人机关系中的"技术"作为文化制品[8]。在智能时代,机器智能不仅是技术制品,甚至也是生成文化制品的贡献者。利用指数思维,借助人工智能、机器人、AR/VR等为代表的指数技术快速增长与融合,试行指数学习(Exponential Learning)方式加上体制机制创新,以便能够驾驭每一个指数时代的变化浪潮,从容地迎接智慧教育的未来发展,这也正与祝氏智慧教育定义的核心相契合——通过人机协同作用以优化教学过程与促进学习者美好发展。

三、指数思维赋能的智慧教育

智慧教育的核心是培养具有良好价值取向、较高思维品质和较强施为能力的人才,指数思维赋能的智慧教育全面升级教育的各个要素,破解资源、精力分配不均的困局,评估更趋向全程化、多元化、多维度、主体化以及结果可视化,为智慧教育的创新发展提供了助力,以期跃升为"指数教育"(Exponential Education)。有鉴于此,指数思维使能的智慧教育通过"指数技术"(Exponential Technology)构建智能环境、让教师能够施展高效的教学法,让学习者能够获得适宜的个性化学习服务和美好的发展体验。因此,我们将深入透析指数思维与智慧教育的契合点,辨析指数函数在智慧教育中的映射,从而构建基于指数思维的智慧教育机制。

(一)指数思维与智慧教育的契合

1. 基于指数思维的智慧教育顶层设计

智慧教育涉及多类型用户、富媒体资源、多元化评价以及个性化学习空间等诸多要素,通过系统论的方法,从全局的角度,厘清不同要素之间的内在联系与相互作用机制,以完成智慧教育的顶层设计。顶层设计是推动实践行动从起点走向终点的指导力,鉴于上述要素之间的关系不仅仅局限于线性关系,尤其是在教育数据的快速攒积,新兴智能技术的注入情境下,智慧教育生态更加错综复杂。指数思维具有立足未来、反观当下的特性,因此,根据指数思维和智慧教育深度融合带来的人机协同、跨界融合、群智开放等常态,本文对指数思维使能智慧教育展开自顶而下的顶层设计,如图1所示。

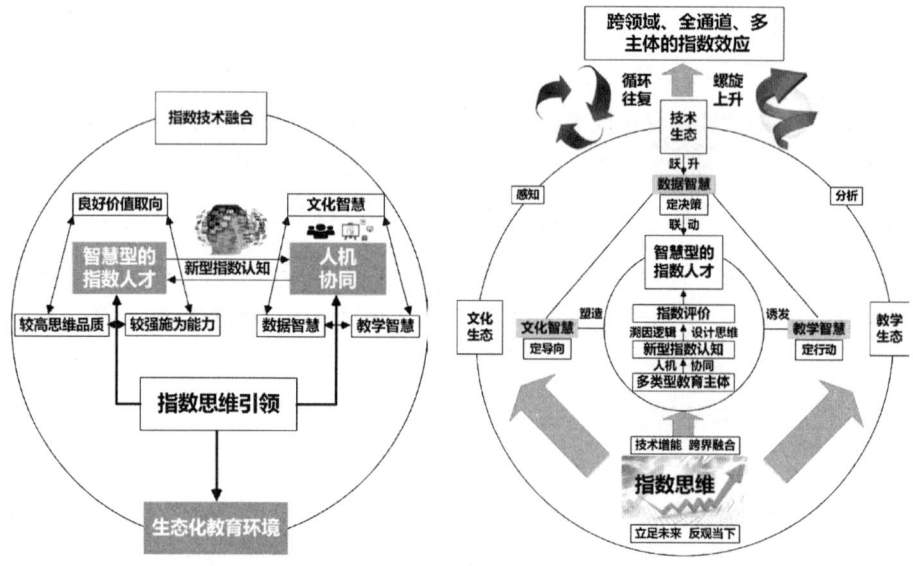

图1 指数思维与智慧教育深度融合的顶层设计

图2 生态化教育环境、人机协同认知及智慧型人才三者无缝流转

从图1可以看出,根据智慧教育的核心内涵与特征,指数思维对智慧教育的作用重点落在三方面:构建指数技术融合的生态化教育环境,培植数据智慧、教学智慧与文化智慧的人机协同新型指数认知,以及培养具有良好的人格品性、较强的行动能力、较好的思维品质、较深的创造潜能的人才,三者之间的无缝协同、流转如图2所示。

(1) 构建指数技术融合的生态化教育环境

技术增强的教育生态聚焦于面向线上线下的无缝整合与协同共进,对于发挥各教育要素机能、消除数据鸿沟、补偿情感缺失具有不可替代的良效。智慧教育需要一种专属的智慧学习环境,考虑到技术增强带来的指数效应,所以构建的生态化环境需体现以"体验为中心"、"服务为中心"、"学生为中心"和"数据为中心"的理念,从而围绕数据驱动、人机协同驱动,利用指数思维来赋能智慧教育。通过上述分析可得,智慧教育的生态化环境应在一定指数技术融合的智慧学习空间中,促进多协同教育主体与所在空间及空间中多样化资源(设备、设施、富媒体学习内容等)相互作用而形成的教法—技术—文化生态。

在指数思维的促变下,智慧教育生态化环境的能量流动也更加适时畅通。由于指数思维衍生的技术助力,教育各要素的升级不再以线性的速率前进,而是以指数级速率迭代更新,尤以文化智慧、数据智慧和教学智慧体现更甚。首先是通过智慧计算把文化中的价值作为心智能量感知成数据信息,进而在技术系统的支持下,能量从文化系统无缝转入技术系统。在技术系统中,对文化系统中感知的数据展开关于多类型教育主体的细粒度分析,可以有效地识别我们所倡导的微文化模式[8],利用微文化模式匹配教育各类主体的模式,理解教育主体的实时状态,包括异常行为、学习目标偏离等情况,从而形成相应的教与学行动智慧。通过以上的一系列转换,能量从技术系统进入了教学系统。在教学系统中,依据上述的文化智慧、数据智慧以及行动智慧,教育主体可以相应地对教与学行动形成适性的优化,该优化改善行动可以作为"信息传递"手段,进一步促成能量由教育系统流畅地转入全领域教育主体。至此,智慧教育生态化环境的能量经由指数技术与指数思维支持得以无缝流转、循环往复、螺旋上升。

(2) 培植数据智慧、教学智慧与文化智慧的人机协同新型指数认知

上述智慧教育生态化环境中能量流转正是为培植数据智慧、文化智慧以及教

学智慧奠定基础。指数思维理念下培植的是新生智慧,当越过智慧全面爆发的临界点后,智慧的更新与塑形呈指数级倍增,导致难以预测接下来将会发生什么,什么时候会发生。因此,深入明晰指数思维驱动下三大智慧的培植方式,我们在人机协同的数据智慧机制基础上[7],提出了培植人机协同的新型指数认知,有利于应对未来教育发生的各种可能。指数时代的人机共生,同样也需要恪守我们所提倡的"底线思维":人与机器各司其职,机器擅长的事情由机器高效完成,人类专长的事情由人类做,构建指数技术融合的人类命运共同体,达到人机优势互补的新生态。这一"底线思维"可以促进上述文化智慧、数据智慧以及教学智慧的良性调整和新发展,形成了三足鼎立之势。

人机协同的新型认知是三类智慧不断变化、协同配合、两两相关的三角动态关系,助推指数思维引导下三大智慧的指数跃升。具体讲,数据智慧使得文化智慧和教学智慧成为可能,文化智慧促进数据智慧和教学智慧得到发挥,教学智慧为数据智慧和文化智慧的有效运转提供必要基础。当然,三者之间的三角关系将会随着指数技术的更迭、人机关系的演进而一直处于变化中。为了深入理解三类智慧的培植,以知识为例具体阐述人机协同认知。指数时代,机器在指数技术的支持下已经能够存储指数级增长知识。在特定情境下,人不用分配过多的认知资源在知识记忆上,只需要根据实时情境抽取机器中最佳知识,使得数据跃升为数据智慧。基于此,联动多类型教育主体,诱发行动智慧,激发教学智慧的产生,造就知识可以跨领域、全通道、多主体的指数效应。文化智慧作为理念导向,融合数据智慧和教学智慧的全过程,造就人机协同的文化智慧。指数思维引领的文化智慧可以持续健康的发生,作为数据智慧和教学智慧的指引,从而形成文化智慧定导向、数据智慧定决策,教学智慧定行动的良性闭环。

(3) 培养智慧型的指数人才

发展智慧教育的重要目标就是培养智慧人才,从上述三类智慧的能量流转和指数认知培植角度看,指数时代的智慧型人才需要深度融合文化智慧、数据智慧和教学智慧,经过这三种智慧学习将最初文化中的理念价值高保真地转变为学生的才智品性。鉴于此,本文提出了培养适应指数时代的智慧型"指数人才"(Exponential Talents)的教育生态。

智慧教育超越知行合一，倡导思行合一的文化智慧，注重培植学习者的设计思维，并将良好的设计思维作为智慧型指数人才的核心素养。设计思维重在注意环境的不确定性、高度迭近且多种逻辑与道德共存等特性，需要有目的地将人类的兴趣、价值等相关属性纳入设计过程，以便为解决复杂创新性问题提供科学的方法[14]。指数时代，教育情境更加充满不确定性，需要多元教育主体有目的、有意识、有组织地对涉及多领域、多种可能的问题设计最佳解决方案。因此，把设计思维作为指数人才培养的落脚点，可以有效深度融合三类智慧，培养人才的全生命周期。文化智慧作为着陆点，首先把文化系统的能量转为教育风向标和导向，从而有利于指明教与学全过程的行动方向。在指数技术的撑持下，高效实现上述所剖析的三大智慧之间的无缝流转，数据智慧方面则由"知几无"的朦胧状态进化为"知最佳"的通透状态，教学智慧方面则通过行动智慧达成学习者高笃力的学习。经由以上一系列的三大智慧在人才培养体系中不断流动，促使教育主体的知识、技能、情感态度价值观皆达到指数级均衡良性发展。

此外，为了培养指数时代的智慧型"指数人才"，评价制度也要从根本上顺应指数评价，达到以评促学、以评促发展的指数人才培养成效。指数思维视角下，溯因逻辑和迭代思维完全吻合设计思维的评价理念，因此，可以用来推动智慧型人才的评价。溯因逻辑从数据智慧中提取出有关教育全领域利益相关者的假设或推测，据此推导出不同情境下不同教育主体可能的评价方案。因此，评价也要因人而异，因时而异，要植根于具体情境与问题中评价，评估预期目标或带来既定结果并加以反馈。基于迭代思维的评价重在塑造人才于不断变化的情境中能根据原有的解决方案适时优化更新，并切实展开进一步行动；由于指数技术对新知识的加入并没有可预见性，便无法预见何时迎来新知识、新资源，从而不能预料如何将其融入现有的解决方案中且不会造成人智商极大的冲突。因此，对于解决方案的迭代和流程，其评价及反馈要及时，缓解迭代性质明显减弱的难题，最终实现人才顺应指数时代，培养智慧型指数人才。综上所述，指数思维指引下设计思维和人才评价，有助于顺应指数时代培养具有良好价值取向、较高思维品质和较强施为能力的智慧型指数人才。

2. 指数思维引领下智慧教育的适切性

在智慧教育环境中，教育主体的全通道数据被收集形成教育大数据，迫切需要

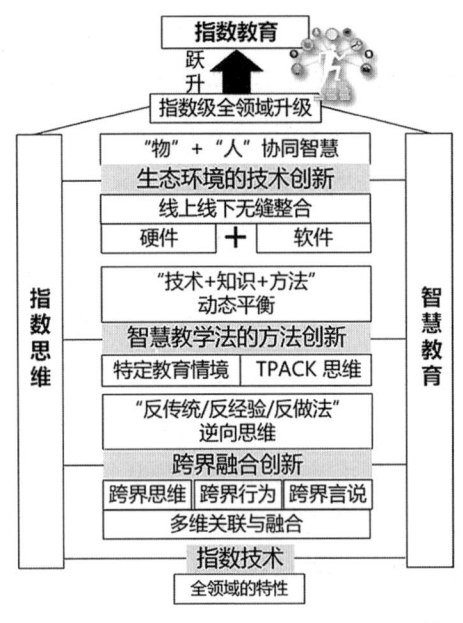

图 3 指数思维引领下智慧教育的适切性

"指数技术"(Exponential Technology)挖掘这些数据,以发现潜在模式和知识来支持智慧教育的创新发展。指数思维的本质是使用指数技术从多元多变的情境(文化智慧)数据中学习规律,自动发现模式(数据智慧)并用于预测(教学智慧)。因此,智慧教育作为教育的高端形态,通过指数技术的支持和指数思维的助力为深度理解教育主体的教育带来了新的价值与使命。指数思维作为智慧教育创新发展的适切性是确定无疑的,本文将从技术、教学、跨界三方面解读指数思维引领下智慧教育的适切性,如图 3 所示。

(1)支持智慧教育生态环境的技术创新

智慧教育生态环境旨在促使"物尽其用、各司其职",致力于消除数据"鸿沟",联通信息"孤岛"。智慧教育的智慧包括两方面:"物"的智慧和"人"的智慧,而技术支持的智慧教育生态环境正是利用指数技术具有全领域的特性,最大化地体现"物"+"人"的人机协同智慧。基于以上对智慧教育生态化环境的剖析,构建该环境要以技术作为支撑,创新面向线上线下无缝整合的智慧生态系统。根据我们之前提出的智慧教育生态系统[15],智慧教育生态环境主要包括线上线下全过程教育硬件系统和软件系统。

硬件系统的基础设备除了包括传统课堂中交互式电子白板、电子课本以及手持式终端等,还需基于智慧教育理念而新建的满足指数级变化的多类型教育主体教育环境,如动态感知互联互通式的网络系统、AR/VR 线上线下协同系统和设备等。以上设备的有效运作,是以各类资源为基础的。智慧教育生态环境中的资源经过不同参与群体的淘汰与优化,一直处于动态补充和更新中。基于以上基础设施和各类资源的构建,工具也成了智慧教育生态环境的必备要素之一。智慧学习环境中选择和使用各种工具应融合多学科特征、多类型教育主体、特定学习情境。

指数思维引领下,不管是工具、资源还是设施,都随着科学技术的发展而不断发展和更新。在一定程度上,工具类似于媒体,作为人体各功能器官的延伸,不断发掘教育主体的潜能,促使教育主体的智慧指数激增。

软件系统重在体现硬件系统智慧性的"灵魂"所在,是运行在硬件系统上的多类型、全方位服务,可以积攒教育全过程数据,是数据智慧的发生前提。软件系统的智慧性在指数技术的支持下,可以无创、实时感知教育主体的真实情境,进而多维度识别各类教育主题的状态,从而全方位提供多元评估。同时,教育主体可以自动获取过程性可视化数据,及时发现不足并调整学习策略,有助于在实践与反思的基础上完成知识的建构和智慧的养成。

基于上述智慧教育生态环境的构建,辅以指数技术,形成了新型的教育高级形态,实现合作型、建构型、交互型的智慧教育生态环境的二重境界。

(2)支持智慧教学法的方法创新

现阶段的智能化教学系统弱化了教师的参与,学习者自定步调则可以自主展开学习。从短期来看,智能化推送缓解了学习者信息迷航的困扰,但从长远的利益着想,过度倾向于系统的建议与推送,则缩小了学习者的知识面,阻碍了自我反省和智慧的增加,与指数思维理念完全背离。因此,纵然机器学习应用能实现一定程度的智能化和个性化,但教师为学生提供的情感互动、协同交互以及动态课堂的适时调整是机器学习难以突破的瓶颈。因此,正如上文所述的"底线思维",系统是为了辅助教与学,实现人机协同的智慧互补,促进教学法的方法创新。

在真正的教育情境中,数据具有大数据和小数据的特征,上述技术支持可以联结大数据和小数据实现智慧教学法的方法创新,以智慧教育为根本基石,以智慧教学法为催化促导。智慧教学法从教学—内容—技术以及三者交互部分(重叠)加以探讨。指数时代的智慧教学法在以下几个方面有所作为:个性化学习、赋能学习者、洞察学习的人机本质,有利于构建人机协同的学习共同体。教学法的智慧性体现在根据具体的教学情境,如教学目标、学习者的认知水平、教学场所的设施等因素,教师善于运用TPACK思维框架,构建学科知识,教学法和技术三者之间的平衡生态,以期通过智慧的、灵活的、富有张力的教学方法展开跨学科知识、多主体协同的教与学方式。

总之,智慧教学法要在指数思维的引领下平衡教与学关联各要素之间的复杂关系与权变关系,为提供人机协同智慧的最佳教学方法提供可能的思路。这本身就是一个充满智慧的反思、探索、发现的长期实践过程。

(3) 支持智慧教育与指数的跨界融合创新

指数时代出现了全新的整合逻辑和实现契机。基于指数技术的跨界需要对智慧教育的全要素进行升级、融合与重构,且由于指数时代的瞬变性需要利用反传统、反经验、反做法的逆向思维方式,把表面似乎无关的东西用未来的需求、内在逻辑和服务方式创造出一种新的模式,从而达到全方位无缝跨界融合。

支持智慧教育的指数级全领域跨界具有多维性、关联性与融合性,这些特征决定了跨界是人类知识进步与能力提升、科学发现和技术发明不可或缺的催化剂与推动力。用跨界融合推动智慧教育的指数级创新,包括支持与推动跨界思维以培养智慧的教育思维,通过跨界行为构建智慧教育行为,以跨界言说为背景与指向创设智慧教育言说三大方面。此外,指数思维指引下智慧学习场景也可以实现跨界提炼。指数技术支持下可以无缝实时完成场景分析,实现基于智慧教育的框架梳理和提炼跨区域、跨领域、跨群体的教育场景融合。

综上可知,从指数级增长的数据中,指数思维助力能够自动提取数据智慧,从而形成教学智慧,使得智慧教育迎来指数教育。正是二者的高度契合,使得指数思维可以作为智慧教育的核心支柱,撑持智慧教育培育智慧人才梦想。因此,指数思维应用于智慧教育是适合的,也是必要的。

(二) 指数思维在智慧教育中的映射

1. 智慧教育中指数思维的映射

基于上述指数思维与智慧教育契机的剖析,从宏观的角度对指数思维与智慧教育的契机有了一定的认识,本节将从微观的视角,以喻示方式阐述指数学习方程模型 $y = e^x$ 的指数思维如何作用于智慧教育。随着人工智能技术的指数增长,我们需要跳出线性学习方程 $y = x$ 为代表的线性思维,以典型的指数学习方程模型 $y = e^x$ 为基准的指数思维创新发展智慧教育,其中 y 为学习成效,x 为学习时间。图4分别表示了在指数思维与线性思维两种情况下学习成效的走势。

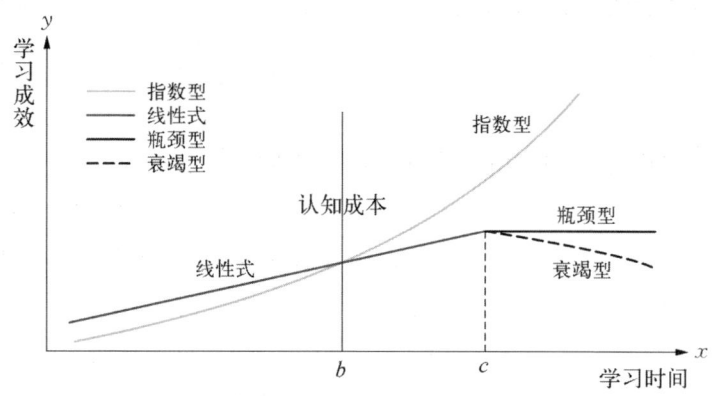

图 4 指数思维与线性思维两种情况下学习成效的走势

从图 4 中可以看出,开始之初,线性学习和指数学习模型的增长速率基本保持一致,属于线性式增长,但是当 $x=b$ 的时候,由于认知成本的因素,指数学习方程模型开始以指数级的速率连续性超越线性学习方程模型。因此,从数学的角度印证了智慧教育需要指数思维来引领创新。除此之外,还要特别强调的是在现实教育情境中,因为教育主体的认知投入具有时间局限性,所以学习成效的增长与学习时间投入并不成正比,往往到达某个点(如图中的 $x=c$ 点)后,学习成效会保持不变,出现了瓶颈型增长,甚至出现倒退的风险,导致衰竭型增长[16]。综上所述,智慧教育需要指数思维助力,若想获取超预期的学习成效,重点在于顺应指数技术的发展趋势,达到人机协同的指数认知。

在指数时代下,智慧教育的影响因素更加动态多变且纷繁复杂,为了更加贴合智慧教育的真实场景,指数思维的学习方程模型也需要随之发生变形。除了上述考虑两个因素的基础指数学习方程模型,还有更多复杂的指数学习方程来建模指数思维在智慧教育的映射,如 $y=me^x$、$y=e^{kx}$ 以及 $y=e^{k(x_1+x_2)}$ 等指数学习方程模型[17]。以具体的情境为例,在以往的传统教育中,学习程序性知识,比如临床医学,仅仅通过视频与文本等抽象的形式展开学习,在指数时代,可以提供 AR/VR 等泛在交互技术更加深入学习与体验,基于 AR/VR 的场景式教育则有助于学习成效的提升。反之,如果学习的是陈述性抽象知识,如数学中的鸡兔同笼问题,若提供过于具象化的技术,则会影响抽象思维能力的培养,致使遇到同类问题则依然不能解决,使得学习成效不进反退。从以上分析可以看出,不同的指数学习方程可以隐喻不同的智慧教育场景,所以,指数思维引领智慧教育的创新发展需要因境而异,因境制宜。

2. 智慧教育S曲线生命周期

从以上对指数思维在智慧教育中映射分析可以知晓,指数型增长是永远持续下去,无止境的。事实却并非如此,由于连续的技术革新所驱使,有些趋势可能会持续很长一段时间。Kurzweil以20世纪计算机领域的技术演进为例:机电、真空管和集成电路,当每一种技术耗尽潜力时,下一项技术便接踵而来,且相较于之前将会有突破性的进步,促进了各个领域的提升[18]。因此,本研究提出了指数思维引领下智慧教育的演进S曲线,如图5所示。

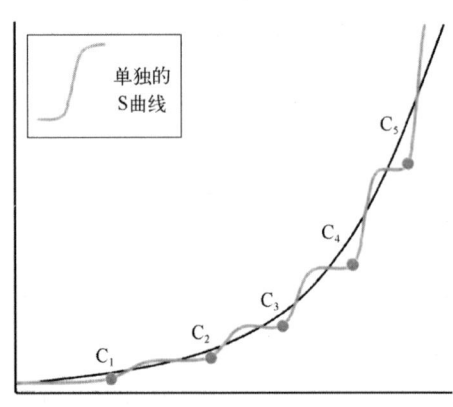

图5 智慧教育演进的S曲线

图5清晰地揭示了智慧教育的演进与技术的更迭相吻合,由一系列螺旋上升的S型曲线组成,且可以看成是技术发展所经历的三个阶段:初级阶段、中级阶段和平稳阶段。初级阶段的特点是增长缓慢,而中级阶段则呈爆炸式增长,最后的平稳阶段是随着技术的成熟而趋于平缓。这些S曲线重叠递进,可以发现两个规律:当一项技术增长缓慢时,就会有另一项新技术骤然崛起且加速发展;随着每一条新的S周期出现,达到高性能所需时间也越来越少。

如果以具体的教育情境为例,我们也可以发现一个有趣的现象,当学习者自主学习时,假设每一个学习者的学习内容序列都相同,则在社交媒体的支持下,少数的学习主体之间的交互可能会产生线性结果,一旦集聚到cMOOCs规模时,将不再是单个个体学习智慧的累加,而是造就了指数级爆发,在爆发临界点(如C_1,C_2,C_3,C_4,C_5)的前一刻学习主体不会感觉有所变化,一旦越过该临界点则会发生颠覆性的变化。比如迈步时,假设我们迈步的距离是呈指数增长的,到达10英里共需要30步,而前29步只有5英里,从而可以说大部分的路程是最后一步完成的,最后一步具有爆炸式的增长且发生在相对较短的时间内,而之前的任何一步都显得微不足道。

通过以上智慧教育的 S 型演进剖析,在指数思维引领下,指数级趋势的初期,教育主体往往意识不到变革即将来临,由于增长速度缓慢,很难与线性增长区别开来,具有欺骗性。因此,对指数级增长的期望似乎是痴人说梦。指数型增长先是欺骗性的,然后是爆炸性的,规划指数教育的未来总方针是:做好迎接惊喜的准备,因势而动。

四、智慧教育中指数思维可为的创新

通过以上指数思维在教育中映射的不同情景,为智慧教育跃迁至指数教育提供了可持续且较为科学的理论支撑。在智慧教育境域中,指数效应是指数思维所赋能的智慧教育价值倍增的教育现象。指数效应本质上属于乘数法则,正如蒙氏教育中对"良性乘数"的界定,也会产生价值倍增的爆发力。究其本质,祝智庭教授在《智能教育:智慧教育的实践路径》一文中揭示了只有当技术适应性＞1 且教育方法适当性＞1,总体效应才会＞1,任何一方失当将会导致智慧教育成效不尽人意甚至挫败;当某方达到远大于 1 的 n 倍甚至 x 次幂时,智慧教育的奇迹就出现了,这就是指数思维引领下智慧教育追求的大目标。因此,本文提出了智慧教育中指数思维可为的创新,并列举若干可能具有指数效应的学习方式与学习技术。

(一) cMOOCs:社交媒体支持群智发展的指数效应

社交媒体爆炸式的增长与互通性,打通了连接数字世界与现实世界的大门,促进了人与人之间的互联性,使得各行业的创新发展呈现非线性指数增长的趋势,带来的指数效应不可想象。社交媒体使得教育领域出现新的学习生态发展形态,多教育主体、多样化学习资源以及跨空间交互呈现指数级增长趋势,必将带来社交媒体支持学习的指数效应,其中典型代表当之无愧为目前人人关注的 cMOOCs(Connectivist MOOCs)。

cMOOCS 在社交媒体的支持下使得全球的优质资源全民共享,强调基于社会网络的知识与学习者之间的联通,侧重知识的构建与创造以及社会化学习。从教学模式看,cMOOCs 不局限于单一的教学模式,而是多样化的模式融合,其中以"翻转课堂"为代表的教学模式更是"社交媒体"支持下的典型应用。翻转课堂将知识学习过程的知识传授与知识内化两个阶段颠倒过来[19],以教师为中心的浅层学习(侧重知识的保留与获取),转变为以学生为中心的主动学习(强调应用多元思维对信息进行选择与评价,对知识进行创造与管理)。从资源共享角度看,cMOOCs 不是一种简单的单学科在线学习,而是一种网络优质资源分享模式,多学科的参与与介入为 cMOOCs 的发展提供巨大的空间。从教师专业发展看,cMOOCs 的发展也带来了教师职能的转变,教师自身的教学能力、信息素养等面临着巨大的提升空间[20]。

虽然当前全球 MOOC 课程完成率低,但不可否认,社交媒体提供的多类型教育主体开展跨领域、跨空间的诸如分享评论、沟通、参与协作等形式的交互,将为学习者群体智慧的发展带来明显的指数效应。

(二) 知识图谱:有意义关联学习的指数效应

有意义学习强调新知识与旧知识之间建立实质性的连结。随着互联网的发展,在智慧教育环境中,知识的快速更替呈现指数级的上升,后面的新知识内容与前面的旧知识内容大相径庭完全有可能。那么,如何将这些知识动态演变过程联系起来,知识图谱技术以其强大的语义处理能力和开放组织能力,帮助学习者在新旧知识之间建立指数级的"强联系",为互联网时代的知识化组织和智能应用奠定了基础。

知识图谱作为知识库的内容组织框架结构,将获取到的学习者数据分析反馈给已有的知识图谱,将各类资源链接到相应的知识图谱节点上,促进学习者的有意义学习,并且推荐个性化难度及节奏的课程资源,促进学习者提升学习效率和效果。我们一直致力于对在线教育中大量的配套资源、教辅书籍、讲义文本和讲座视频等进行数字化与知识标注,探索运用指数技术和算法构建具有知识间关联描述的知识库,建立知识主题群组,形成指数级别的群体智慧,构建与研究性学习相匹配的知识图谱。通过知识、知识主题与和教育资源的相关性分析,实现基于知识的教育资源分层融合;以教育资源为载体,描绘学习者在知识图谱上的学习路径,为学生也提供智能化、个性化的研究性学习服务[21]。

针对智慧教育中的个性化教育、因材施教等理念,其核心在于理解学生当前的知识体系,而这种知识体系依赖于所获得的数据,比如交互数据、评测数据、互动数据等。为了分析学生所处的知识结构与学习路径,则需要一个针对特定领域的概念知识图谱,以便于获取、更新动态的关联知识,而不再是静态的规则和事实。由此可见,知识图谱为学生的有意义学习产生不可估量的指数级效益,指导学生的个性化发展。

(三) 合作/协作学习:长板策略的指数效应

著名的木桶理论认为,一个木桶能装多少水,取决于最短的一块板。在合作/协作学习的智慧学习环境中,水桶容量隐喻为学习团队整体的综合能力,学习团队的整体能力是动态变化的,时刻在增加或者减少。按照木桶理论的原理,若将全部焦点聚焦在学生个体的"短板",将会限制学生的批判性思维与创新思维,严重抹杀学生的个性化发展,合作/协作效益也将会大打折扣[22]。因此,在智慧教育新范式中,短板理论早已破产,长板策略为智慧教育中的合作/协作带来了不可估量的指数效应。

为高效完成合作/协作学习任务,所需的学生能力各不相同,每个学生的时间与精力有限,因此,在智慧教育环境下,根据学生不同的个体特征与创新能力,选择对学生"长板"的进一步打造还是对"短板"的弥补,制定针对性的具体策略,以此形成多样化且独具特色的多元智能合作/协作团队。然而,可以快速弥补的短板并不是决定团队整体能力的关键决定因素,而是由学生个体的"长板"高度所决定。因此在培养学生合作/协作学习中的多维创新能力时,应该重视对长板的打造与整合,以此产生团队利益最大化的指数效应。比如创新能力在合作/协作学习过程中具有突出的天赋,花过多的时间打造长板,往往对整个团队合作/协作学习能力的提升具有突破性贡献。

将长板策略应用到智慧教育中的合作/协作学习场景中,其实质是从基于"短板理论"的弥补缺点、争取全面发展的常规教育,向基于"长板理论"的强化优点、鼓励个性发展的智慧教育的转变,这种转变将从根本上为合作/协作学习效益带来指数级的增长。

(四) 生成性学习:发现问题和培养创新思维的指数效应

生成性学习理论由美国教育心理学家 Merlin C. Wittrock 提出,强调学生主观能动性的培养以及动态生成学习环境的搭建,以便于学生根据原有的认知和呈现的信息材料与教学内容进行交互并完成意义建构[23]。这使得生成性学习理论不仅能够为学生带来更多探索未知知识的机会,而且培养了学生的创新性思维。

在智慧教育环境中,网络为学习者个体或群体搭建了知识分享平台。在这样的社会化网络环境中,以个体为起点,与相关领域的网络个体、网络群体形成学习共同体,实现知识在个人网络及连接网络的循环发展,通过这样的连接确保在各自的领域保持不落伍,最终实现信息知识的共享与创造(生成)[5]。如此结合个人兴趣参与到网络协作,将协助学习者探索未知的知识,以此促成智慧发展,使得学生获得的生成性知识效益最大化,群体信息聚合优于小组单个成员的结果。

生成性学习以问题为导向,多类型学习主体在不同的真实情境中探索问题、发现问题、解决问题的过程中,主动对知识进行个性化建构,对未知的事物和现象进行创新性理解与解释,将为培养学习者的创新能力产生明显的指数效应。因此,我们可以断言:解决问题是为了满足现在的需求,发现问题是为了创造未来的需求。

(五) 研究性学习:在本真环境中格物致知的指数效应

《现代汉语词典》中将"格物致知"解释为"推究事物的原理,从而获得知识"。将其应用到智慧教育中,强调学生的主动参与,要求教师不把已知结论或研究结果告诉学生,而是学生在教师指导下自主发现问题、探究问题、获得结论的过程[24],此过程不断加强学生的问题解决、创新等多元思维能力,以此达到研究性学习的指数效应。

研究性学习是一种情境学习方式,包括探究式学习、基于问题/项目的学习。通过"做中学"的学习方法积极参与到研究过程中,这将提高学习者的知识迁移技能项目的学习等,能够让学习者在做中学并迁移所学知识[21]。研究性学习的实施存在于"现实"与"虚拟"两维度情境中,在现实环境中侧重学生在本真的(Authentic)环境通过实地调研、观察等方式,与团队成员面对面进行沟通交流解决研究中的问题,而虚拟环境中,学习者通过网络查询相关资料,充分发挥网络优势,共同完成知识构建。因此,以指数思维为向导,开展基于"现实与虚拟"交叉环境的探究性学习,将会使学生所学知识和技能保持更长的时间。这也符合线性思维将限制学生认知成本的事实。

研究性学习强调学生以"积极情感"对所学知识的实际运用,以及在学习过程中的实践和体验，着眼于培养学生创新精神和实践能力，这将促使学生多元智能的形成，使得研究性学习的效果产生指数级效应。

（六）STEAM教育：整合策略和设计思维的指数效应

智慧教育的创新发展需要跨学科深度融合，STEAM教育为指数思维增能智慧教育提供了支点。指数思维的本质特征要求以点的形式展开扩散，并建立多样化的泛在交互，实现互联互通，从而产生指数级增长的指数效应。STEAM的跨学科、项目制、多社会群体等特性满足了多类型点的特性[25]，且各点之间的交互必须在真实情境中进行实践，无缝连接才能加强学科间的联系，借助整合策略和设计思维来提高学生的学习能力，最终达到指数效应。

整合策略是指面对相互冲突甚至对立的模式时不是简单地进行选择，而是能够进行建设性的思考，创造性地解决它们之间的冲突，不以牺牲一方为选择另一方的代价，而是以创新的形式来消除对抗，形成一个既包含已有模式的某些成分但又优于已有模式的新模式[26]。该种策略摒弃了零和思维中社会整体利益不会增加的缺陷，在寻求创造性解决方案的过程中，这也是唯一适用的工具，虽然错误不可避免，但整合思维者会不断尝试，通过多个不同的原型和几次迭代后得到创造性方案，再运用创成式推理从解决方案—结构—因果—凸显一路返回去验证，最终达到满意的解决方案。这一系列的整合过程体现了技术整合度、师资整合度和内容整合度，集聚了大量的参与群体智慧，不是线性累加的关系，促进了全过程每一流转环节的价值倍增，从而达到指数效应。

另一方面，STEAM教育重在设计思维的培育，与整合策略有着异曲同工之妙。设计思维也具有专属的问题解决思路，移情（同理心，找准需求）——学会发现真实问题（重新定义，找准问题）——头脑风暴（创意问题解决方案）——把脑子里的想法"拿"出来试错优化（学会试错）——公开展示（收集建议）[27]。从设计思维的问题解决思路来看，也满足点的多元性，且每一点也会继续分裂若干个点，产生一生二、二生三、三生万物的效应，且各个点之间会不断展开交流互通，都具有自主性，也终将产生指数效应。

统而言之，以整合策略和设计思维的STEAM教育把跨学科知识（公民科学素质教育、嵌入式课程、项目型课程、整合性学学科等）融合带到现实中，让多主体协同参与,用自己的力量创造改变,多类型参与主体的交互必将产生指数级价值,从而造就指数效应。

(七)基于核心素养的评估:能力导向价值观的指数效应

2012年,美国国家研究委员会发布的《为了生活和工作的学习:在21世纪发展可迁移的知识与技能》报告中,将深度学习定义为一个过程而非结果,其中以能力为基石的核心素养正是通过深度学习过程产生的学习成果。它强调以认知、自我、人际三方面为主的可迁移的知识与技能,既包括探究能力、批判性思维、审辨与创造思维等"认知性素养",又包括自我管理、组织能力、人际交往等"非认知性素养"。在智慧教育教学中,巧妙利用"能力导向"这一价值取向,对教育主体核心素养进行多维、全方位的评估,将会促进核心素养的提升,从而达到指数效应。

目前,我国大部分学校都是以成绩作为衡量学生的主要评估指标,部分走在教学改革前沿的学校也更侧重于批判性思维、问题解决等认知领域能力的评估,而忽视了自我管理与人际交往能力的发展。在智慧教育境域下,祝智庭教授提出了以"以测识学、以绘视学、以评辅学"为理念的智慧评估,它主要借助构量理论(Construct Theory)解读监测变量所表征的实质意义,借助数理统计解读监测数据的潜在价值,借助科学技术实现上述过程自动化、静默化,实现全程评估、深度挖掘与结果可视化[28]。因此,在推行中国教育教学改革发展时,要充分利用指数技术增能的智慧评估,发挥以核心素养为导向的引领作用,着重对高阶能力进行评估与测量,以促进核心素养评估由教育理念走向教育实践的进一步发展。除此之外,智慧评估所呈现出的全程化、多元化、多维度、主体化以及结果可视化等特性,也将使得智慧教育产生的教学效益最大化。

核心素养乃是深度学习产生的结果,以聚合的能力结构代替松散的知识集合,具有解决复杂问题、生成有用知识的持久活力。基于核心素养的教育评估对于教育教学改革与创新具有导向作用,因此,具有发展指数教育的巨大潜力。

五、结语

随着技术手段的发展,新兴技术与智慧教育的深度融合与创新发展是目前各界高度关注的领域。指数级增长时代悄然而来,也必将迎来指数思维缔造智慧教育的新生态。本文对智慧教育的核心内涵与特征进行了梳理,并解析了指数思维相关的一系列概念。随后,笔者从智慧教育的顶层设计与适切性两个视角,贯穿文化智慧、数据智慧与教学智慧三大智慧,深入辨析了指数思维使能的智慧教育。在此基础上,提出了指数思维在智慧教育中的映射意义。最后,探析了指数思维在智慧教育可为的创新,列举了多种可能具有指数效应的学习方式与学习技术,从而为指数思维引领下智慧教育的良性创新发展提供借鉴。然而,指数思维引领下必将衍生出一系列的指数技术,如何将指数技术融入智慧教育生态是我们后续要解决的首要问题。

参考文献

[1] 中华人民共和国教育部.教育部关于印发《教育信息2.0行动计划》的通知[EB/OL].(2018-04-25)[2018-06-17]. http://www.moe.gov.cn/srcsite/A16/s3342/201804/t20180425_334188.html.

[2] 祝智庭,彭红超,雷云鹤.智能教育:智慧教育的实践路径[J].开放教育研究,2018,24(4):13-24+42.

[3] 中国政府网.国务院关于印发新一代人工智能发展规划的通知(国发[2017]35号)[DB/OL].(2017-07-20)[2017-07-21]. http://www.gov.cn/zhengce/content/2017-07-20/content_5211996.html.

[4] KOROTAYEV A. The 21st century singularity and its big history implications: a Re-analysis[J]. Journal of big history,2018,2(3):73-119.

[5] 祝智庭.以智慧教育引领教育信息化创新发展[J].中国教育信息化,2014(9):4-8.

[6] 祝智庭,魏非.教育信息化2.0:智能教育启程,智慧教育领航[J].电化教育研究,2018,39(9):5-16.

[7] 彭红超,祝智庭.人机协同的数据智慧机制:智慧教育的数据价值炼金术[J].开放教育研究,2018,24(2):41-50.

[8] 祝智庭,孙妍妍,彭红超.解读教育大数据的文化意蕴[J].电化教育研究,2017,38(1):28-36.

[9] ZHANG Q, ZHAO D. Data-Based reinforcement learning for nonzero-sum

games with unknown drift dynamics[J]. IEEE Transactions on Cybernetics, 2018, 49(8): 2874-2885.

[10] 吕慈仙, 乐传永. 高校"三位一体"综合评价招生模式改革的分析[J]. 教育研究, 2014(1): 98-104.

[11] 熊建辉, 俞可. 国际大规模教育评估的影响力——以 PISA, TIMSS 和 PIRLS 为例[J]. 人民教育, 2014(2): 29-33.

[12] PATRICK M, WAGNER R E. From mixed economy to entangled political economy: a paretian social-theoretic orientation[J]. Public choice, 2015, 164(1-2): 103-116.

[13] SHEARER C B, KARANIAN J M. The neuroscience of intelligence: Empirical support for the theory of multiple intelligences?[J]. Trends in Neuroscience and Education, 2017, 6: 211-223.

[14] 陈鹏, 黄荣怀. 设计思维: 从创客运动到创新能力培养[J]. 中国电化教育, 2017(9): 6-12.

[15] 祝智庭, 彭红超. 智慧学习生态系统研究之兴起[J]. 中国电化教育, 2017(6): 1-10, 23.

[16] HWANG W Y, CHANG C B, CHEN G J. The relationship of learning traits, motivation and performance-learning response dynamics[J]. Computers & Education, 2004, 42(3): 267-287.

[17] MOON M K, JAHNG S G, KIM T Y. A computer-assisted learning model based on the digital game exponential reward system[J]. Turkish online journal of educational technology, 2011, 10(1): 1-14.

[18] ALIER M, CASANY M J. The need for interdisciplinary research on exponential technologies and sustainability[C]//International Conference on Technological Ecosystems for Enhancing Multiculturality. Spain: ACM, 2017: 85.

[19] 容梅, 彭雪红. 翻转课堂的历史、现状及实践策略探析[J]. 中国电化教育, 2015(7): 108-115.

[20] 王志军, 陈丽, 郑勤华. MOOCs 的发展脉络及其三种实践形式[J]. 中国电

化教育,2014(7):25-33.

[21] 张治,刘小龙,余明华,祝智庭.研究型课程自适应学习系统:理念、策略与实践[J].中国电化教育,2018(4):119-130.

[22] 方向,向佐军,盛群力.美国教育系统变革的十项行动——面向21世纪的学校重塑[J].外国教育研究,2015,42(7):58-67.

[23] 谢幼如,吴利红,黎慧娟,郭琳科,黄咏喻,肖玲,杨阳.智慧学习环境下小学语文阅读课生成性教学路径的探究[J].中国电化教育,2016(6):36-42.

[24] 张华.论"研究性学习"课程的本质[J].教育发展研究,2001(5):14-18.

[25] 祝智庭,雒亮.从创客运动到创客教育:培植众创文化[J].电化教育研究,2015,36(7):5-13.

[26] 王雪,王志军.多媒体课件中的信息加工整合策略的研究与设计——以初中数学课件"二次函数"为例[J].电化教育研究,2015,36(4):103-107.

[27] 林琳,沈书生.设计思维的概念内涵与培养策略[J].现代远程教育研究,2016(6):18-25.

[28] 祝智庭,彭红超.深度学习:智慧教育的核心支柱[J].中国教育学刊,2017(5):36-45.

智慧教室环境下的课堂教学结构分析*

管珏琪　陈渠　楼一丹　祝智庭

课堂教学结构变革是推进教育系统结构性变革的有效切入点;分析智慧教室环境下的课堂教学结构,有助于描述当前的典型设计、揭示技术应用本质。文章

* 管珏琪,陈渠,楼一丹,祝智庭.智慧教室环境下的课堂教学结构分析[J].电化教育研究,2019,40(3):75-82.

以16个智慧教室环境下的优秀教学课例为分析对象,采用视频分析法,微观分析教学活动系统要素,中观分析教学方法结构序列,从课堂教学环节、"教师—学生—技术"关系、"教师—学生—内容"特征、教学方法结构序列四个方面呈现可供实践参考的设计。分析结果显示,不同教学媒体在创建高低教学结构上各具优势,而技术在低结构教学实施中更能凸显其应用价值;面向真实情境的概念应用知识适用于低结构实施;不同的学科及课型中教学结构序列存在着差异,强调课堂生成的低结构教学实施成为智慧教室环境下高效课堂的实践方向。

一、技术发展与教学结构变革

(一) 技术发展对教学结构的影响

1. 教学结构要素种类的变化;
2. 教学结构要素数量的变化;
3. 教学结构要素比例的变化;
4. 要素间联结方式的变化。

(二) 教学结构变革的动因

1. 理念引领以谋求教学结构变革;
2. 问题驱动教学结构变革。

二、智慧教室环境下的课堂教学结构分析结果讨论

(一) 教学结构序列设计

在结构特征方面,低结构教学强调课堂生成,突出学生在学习过程中的主体地位,更适用于劣构领域知识,此时技术成为学生的学习工具;高结构教学则是面向良构领域知识,教师基于预设通过直接任务施以教学,技术主要辅助教师展示讲解。

观察地位特征时,高、低结构教学的地位应根据学科及课型、学习者特征等因素确定,但低结构实施中大都贯穿着教师的引导。

考虑时序特征,16个课例中未出现HH型结构序列,说明智慧教室环境下的

教学已不再是纯粹的高结构实施。HL 型结构序列先以教师主导的师生对话为主，再为学生提供自主思考的时间和空间，但此时的自主学习目标通常面向理解、应用、分析认知目标，重在理解词句、应用表达、体验分析内容，适用于语文阅读、英语听读课的课堂教学。LH 型和 LL 型结构序列中学生先进行探究活动，课堂对话内容是分析推理"为何""怎么样""可能会"等指向高阶认知目标的问题，课堂设计留白让学生亲历知识发现过程并且能够运用知识解决真实情境问题，两类设计适用于数学、科学探究课，能够凸显学生主体地位，实现师生、生生之间多元、更深度的互动。

（二）技术应用价值

技术从辅助教师展示讲解，到成为学生的学习工具，技术在低结构教学实施中更能凸显其应用价值，此时的教学更能触及学生内心世界以有效引发其学习体验，实现意义建构而促成学生发展。

三、结语

大班化教学过程中，教师无法了解每位学生的情况，学生也无法获取教师的即时反馈，课堂信息传输是单向的，此时的教学互动是低效益的；智慧教室环境下的课堂成为信息对称的教学空间，技术的参与使得师生之间的交互反馈建立联结，教学交互呈现出即时性、个性化。以往教学中不是每一位学生都有参与的机会，而智慧教室环境的技术丰富性及低结构教学中的技术参与性使得学生有思考的时间和空间，学生可以自主建构知识或解决问题。

> **智语连珠**

- ◆ 教学结构变革是信息技术整合于课堂的实质，改变原本知识单向传输的师生行为过程以提高教学质量，培养当下及未来社会需求的创新型人才是教学结构最为本质的变革。
- ◆ 技术在教育教学中的应用一直存在着"慢性"特征，并未能像医疗、交通、金融那般因技术带来的便利性而被人们广为应用,原因是技术给教育带来的便利性只是附加价值,为学生创建良好学习体验才是核心价值。

智慧教育新发展:从翻转课堂到智慧课堂及智慧学习空间*

祝智庭

翻转课堂(Flipped Classroom)将学习过程中的课内知识传授与课外知识内化两个阶段翻转过来(将"先教后学"倒置为"先学后教")。翻转课堂应用实践的一些共性:(1)在学习阶段方面,均将课堂外延至课前,有些学校甚至外延至课后;(2)在教与学活动方面,课前均为学习者提供微视频、自学教材等,要求学习者自主学习,并完成一定的练习,课中主要通过小组合作和师生互动解答疑难问题,并进行达标测试;(3)在技术支持方面,均借助微视频、学习平台和学习终端技术的支持;(4)在布局实施方面,学校领导均大力支持。

翻转课堂在信息化教学应用实践中无不迸发出绚丽的智慧火花,主要表现在:(1)自定步调学习,体现生本思想;(2)人机合理分工,双边优势互补;(3)采纳混合学习,优化学习策略;(4)注重人际协同,发挥集体智慧;(5)领导敏捷决策,革新有勇有谋。

智慧课堂是以崭新的智慧教育理念为指导,积极借鉴翻转课堂应用实践的成功经验,对翻转课堂进行重塑和升级:(1)突破视频微课的"效果天花板"走向智慧课堂,提升学习资源质量,制作互动数字课本;(2)突破翻转课堂的"效果天花板"走向智慧课堂,优化教法生态,循证评估,精准教学,开展创造驱动学习,创建智慧学习生态,教师任务由教学转向教习,提升教师信息化教学能力。

翻转课堂将课堂从课内延伸到课前甚至课后。而智慧课堂将课堂由课内延

---

* 祝智庭.智慧教育新发展:从翻转课堂到智慧课堂及智慧学习空间[J].开放教育研究,2016,22(1):18-26+49.

伸到课外,由物理环境延伸到网络虚拟环境,形成了智慧学习空间(smart learning space)。智慧学习空间就是在智慧学习环境下的学习空间。它允许学习者在任何设备上以任何形式接入时都可以获得持续的服务,可以获取随时、随地、按需学习的机会。它还能够感知学习情境(甚至是学习者所在方位和社会关系),通过深入发掘与分析记录的学习历史数据,给予学习者科学合理的评估,推送真实情境下的优质学习资源和最适配的学习任务,从而帮助学习者进行正确的决策,促进学习者思维品质的发展、行为能力的提升和创造潜能的激发。智慧学习空间的设计可从以下几点入手:(1)基于大平台建构开放服务模式;(2)基于大数据进行学习分析与评估;(3)提供个性化适需学习服务;(4)基于O2O架构搭建无缝学习环境;(5)建构生态化的学习资源。

从智慧教育的发展中,笔者对教育信息化、教育改革些许有点感悟,可归纳为如下四点:(1)科学探究发现真理;(2)技术应用实现价值;(3)创意设计提升价值;(4)文化取向影响价值。它们分别对应教育领域中"学习科学""教育技术""教师发展"和"教育文化"四个方面。其中第三点意义十分重大。

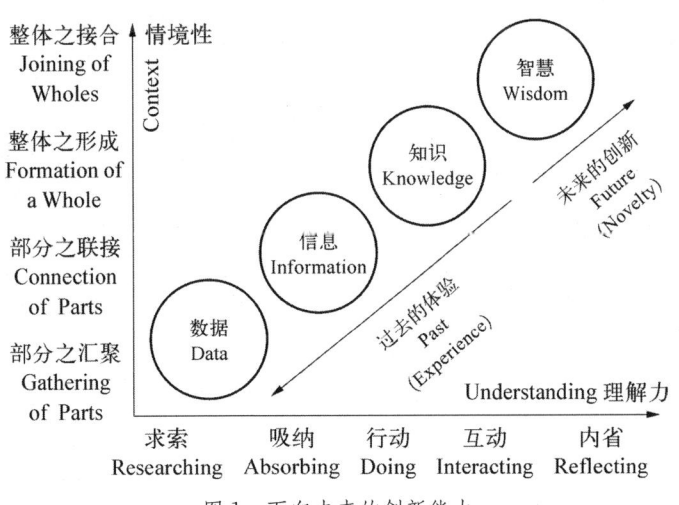

图1 面向未来的创新能力

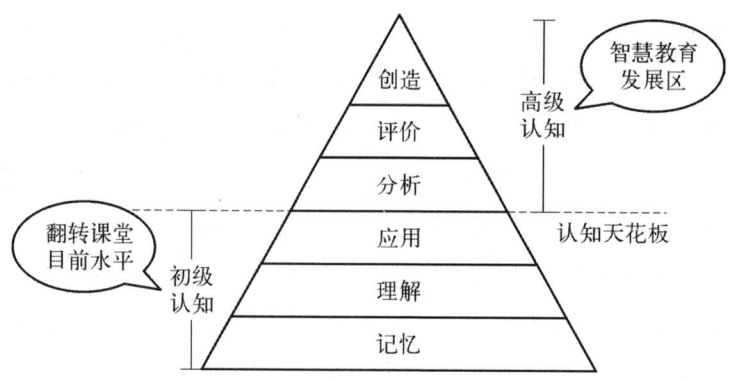

图 2　翻转课堂的"认知天花板"现象

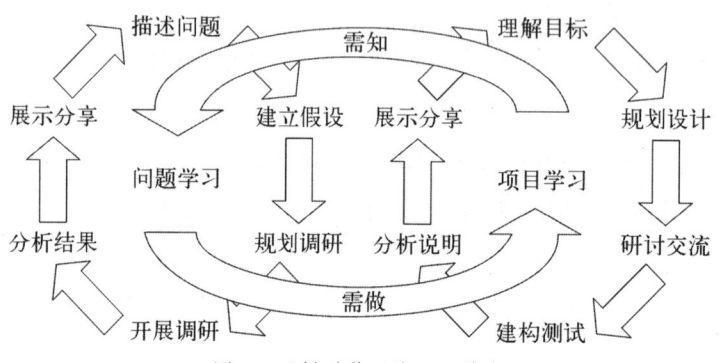

图 3　研创型学习的双驱效应

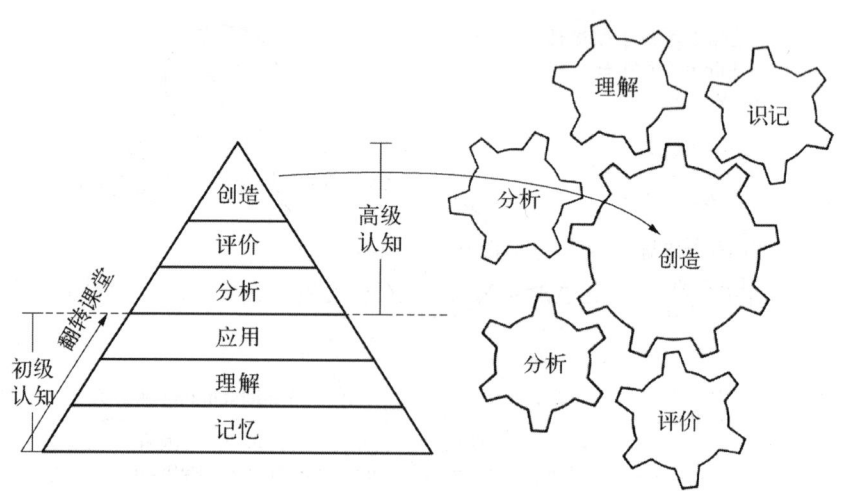

图 4　翻转课堂和智慧课堂发展的新思路

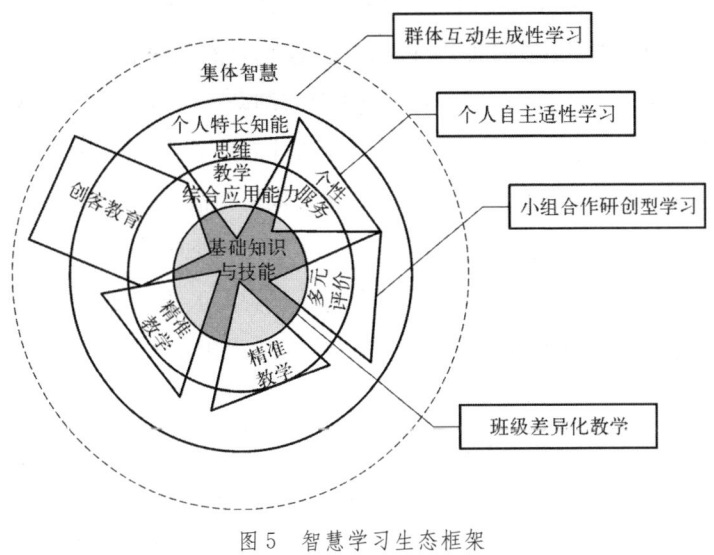

图 5 智慧学习生态框架

学习分析学：智慧教育的科学力量[*]

祝智庭 沈德梅

智慧学习环境的一个基本特征是：基于学习者的个体差异（如能力、风格、偏好、需求）提供个性化的学习诊断、学习建议和学习服务；并记录学习历史数据，便于数据挖掘和深入分析，数据结果用于评估学术过程、预测未来表现和发现潜在问题。因此学习数据分析成为智慧学习不可或缺的条件。

学习分析学（Learning Analytics，简称 LA）涉及科技和社会学科的多个学术领域，包括计算机科学、社会学、学习科学、机器学习、统计学，以及"大数据"。大部分学者认同如下定义："学习分析学是使用智能数据、学习者数据，以及分析模型来发现信息和社会性联系，并以此为依据进行学习预测和提供建议。"西门子

---

[*] 祝智庭，沈德梅.学习分析学：智慧教育的科学力量[J].电化教育研究，2013，34(5)：5-12+19.

(Siemens)于2012年对相关定义进一步提炼之后提出，LA是"关于学习者以及他们的学习环境的数据测量、收集、分析和汇总呈现，目的是理解和优化学习以及学习情境"。尽管各个定义在用词和着重点上存有细微区别，但基本都反映了LA的本质，即首先发现特定用户的需求，利用技术方法获取数据，分析数据，帮助教师、学生、教育机构等解读数据，并根据数据结果采取干预措施，从而达到提高学习和教学成效的目的。同时这些定义也指出，LA所用、所处理的数据是已经存在的、机器可读的"大数据"（Big Data），这些数据是不适合人工处理的。

学习分析学研究的缘起以及相关技术：第一个原因是大数据的出现。第二个原因则可以归结为在线学习或者教育技术的发展。第三个原因则与教育机构自身对数据的需求有关。第四，LA起源于其他几个已经相对成熟的领域，如商务智能（Business Intelligence）、网站分析（Web Analysis）、学术分析（Academic Analysis）、行动分析（Action Analysis）、教育数据挖掘（Educational Data Mining）、运筹学（Operational Research）以及社会网络分析（Social Network Analysis）等。

LA对智慧教育的重要性体现之一在于它可以使用大范围数据，回答关于学习和教学的不同问题。因此LA可以描述和解释过去的现象，不同学习风格、学习活动和成绩之间的相关性分析和预测模型有助于发现最适合特定学习风格学生的学习活动。LA可以将各方面的关于学生的分散式信息整合梳理，提供给教师，使其对学生有更可靠、更清晰的认识，在此基础之上采取的措施将更加有效。LA不止可以提供关于学生学习方面的信息，也可以用来评估某一课程、院系以及整个学校。它还可以提供信息给学生，以便学生自我评价学习过程和结果等。由此可见，LA的使用可以使得教育方法得以提升，促使教育向智慧教育方向发展。

格雷勒（Greller）和德拉克斯勒（Drachsler）根据他们对学习分析学现存文献的梳理，提出了具有六个维度的LA通用设计框架，即关益者（包括学生用户、教师用户等）、目标（包括使用数据的目的，如预测等）、数据（包括受限数据和公开数据等）、工具（分析数据的依据，包括教学理论等）、外部限制（如用户隐私）、内部限定（包括分析解读数据结果的能力等）。综合多种看法，艾利亚斯（Elias）认为电脑（软硬件技术）、理论、人员和机构构成了LA的四种技术资源，同时也成为LA的核心。

LA设计过程应该包括三个环节：首先是LA目标的确立；其次是LA本身的开发，主要是针对数据的操作、分析、呈现等；最后是干预。

表 1　LA 设计的开发维度

维度	目标	数据			干预
		理论基础	获取数据	处理分析　结果呈现	
维度	● 目标 ● 关益者	工具	● 数据 ● 限制	工具　　　　工具	关益者
例子	● 提高学生学习成绩 ● 学生、教师、研发人员、学校	● 学习科学 ● 教学法 ● 课程设计理论 ● 统计学 ● 相关文献 ● 算法 ● 数据挖掘	● LMS(学生互动信息、成绩测评等)和其他学生数据库 ● 隐私	● 描述性统计数字 ● 相关性分析 ● 回归分析 ● 社会网络分析 ● 网络分析法 ● 会话分析法 ● 内容分析法　资讯可视化	教育机构、研发人员、教师、学生

LA 以学习科学、教学理论、课程设计理论和已有研究结果为基础,选择学习者特点、网上交互活动频率等变量,分析并监测学生学习情况,评估教学活动教学质量,及时发现学习中存在的问题,从而保证智慧教育的实施。因此,学习分析学应该成为我国教育技术研究者特别关注的新领域。

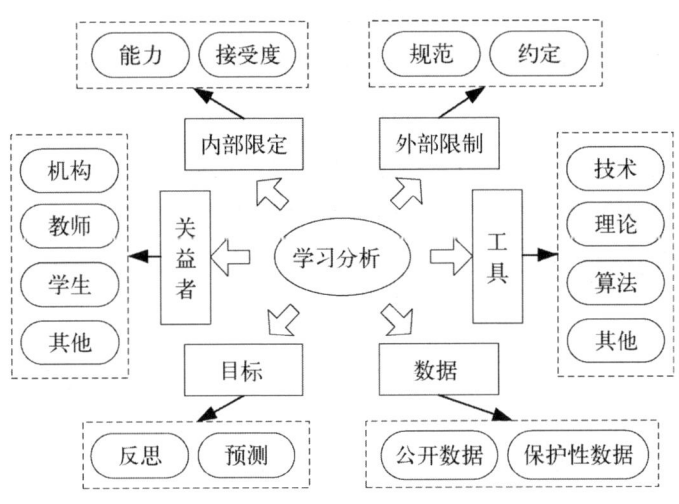

图 1　学习分析学的重要纬度

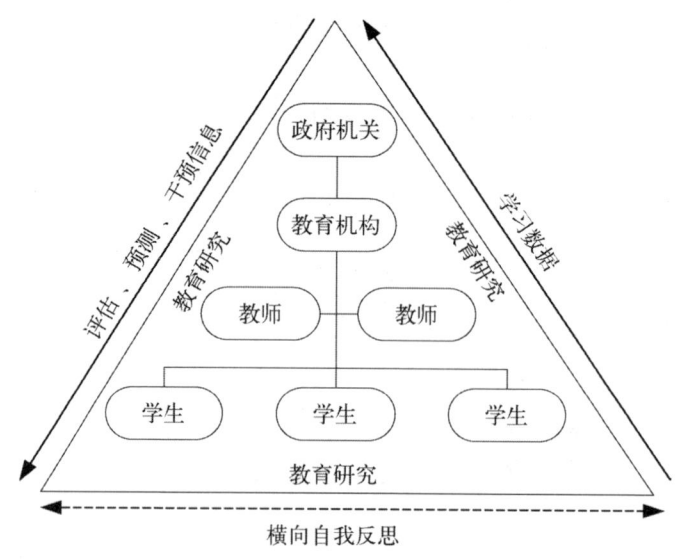

图 2　学习分析学关益者信息流向

> 智语连珠

- 智慧教育主张借助信息技术的力量，创建具有一定智慧特性（如感知、推理、辅助决策）的学习时空环境，旨在促进学习者的智慧全面、协调和可持续发展，通过对学习和生活环境的适应、塑造和选择，以最终实现对人类的共善。
- 智慧教育充分体现了"以学习者为中心"的思想，强调学习是一个充满张力而又平衡的过程，揭示了"教育要为学习者的智慧发展服务"的深刻内涵。
- 关益者之间使用学习分析信息，通过 LMS 获取学生信息，提供给教师；教师可以根据此信息制定干预措施或者调整教学策略等。
- 学习分析学利用原本隐藏的教育信息，提供给各个层次的使用者，通过分析比较学习信息和社会性交互模式，为学习者提供新的视角，同时提高组织性效率和效益。不仅有助于个体学生，对支持更高层次的知识流程的管理也有所裨益。
- LA 的终极目标是提高教学和学习成效，利用系统自动反应、半自动反应等干预方式，进行干预。

翻转课堂 2.0：走向创造驱动的智慧学习*

祝智庭　雷云鹤

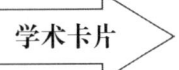

　　翻转课堂最早源于大学中的课堂教学实验,具体提法是 The Inverted Classroom、The Classroom Flip。国内翻转课堂实践基本可以概括为：学生在课前通过观看教师提前录制的微视频学习新的知识和概念,并完成预习作业(也称预学单或导学单);在课堂上,教师引导学生通过自主探究、小组合作等方式,完成知识的深度理解和应用。"视频微课"(其他相关的概念称法有微课、微视频、微课程等)与"翻转课堂"相结合的实践方式很快受到国内中小学教师的普遍认可。然而目前的翻转课堂,我们可以称之为翻转课堂1.0,其特点表现为：无论是课前还是课后,个性化学习还是集体交流,学生都以知识和技能的学习为主。因此,在智慧教育视域下,我们有必要把翻转课堂的理念从翻转课堂1.0深化升级为翻转课堂2.0。翻转课堂1.0虽然给了学生自主学习的机会,但主要是以教师布置的学习任务和要求进行教学的,从布鲁姆认知水平的发展水平来看,基本上是在最基础的记忆、理解层面上培养学生的能力,而翻转课堂2.0理念要求教育目标直接从"创造"入手,通过"自下而上"的认知提升和"自上而下"的思维创新,革新教育理念,关注学习思维,培养学生的创新素养和创造性思维能力,实现创造驱动的智慧学习,培养符合"大众创业、万众创新"社会背景的智慧型人才。

　　走向智慧学习,翻转课堂2.0提供了一条可选择的路径。翻转课堂2.0不是空中楼阁,它具备发展给养的智慧基石。知行合一的教育观是翻转课堂2.0得以存在的立论之本。翻转课堂2.0强调"创造",这是建立在知行合一教育观的基础之上,并与之一脉相承的。创造驱动的学习理论是翻转课堂2.0得以发展的立言之径。翻转课堂2.0对于学生高级认知能力的关注离不开认知学习理论和人本主义学习理论的支撑。创造学习的实践契机是翻转课堂2.0的立足之基。关于

---

* 祝智庭,雷云鹤.翻转课堂2.0：走向创造驱动的智慧学习[J].电化教育研究,2016,37(3)：5-12.

认知的跨文化研究发现,中国社会具有典型的集体主义特征,学生的思维方式是整体性的思维,这就要求学习内容具有内在关联性,满足学生对社会存在感的需求。学生独自学习包含知识点的一系列微视频时,未必能够自主构建出各个知识点之间的内在关系,因而国内翻转课堂的发展不能完全复制国外的成功经验。翻转课堂2.0要求学生的学习从创意设计开始,经过一系列的努力,以完成制品创造而结束。翻转课堂2.0对教与学的理念指导体现在两个方面,一是能够帮助教师明确形成以创新设计能力为主的教育目的,二是为学生描绘出以创意实现为目的的学习愿景。翻转课堂2.0结合了翻转课堂行为特征和席卷全球的以培养学习者创新能力见长的创客教育的设计理念,实现了对应于布鲁姆目标分类理论的自上而下与自下而上相结合的融合创新模式,衍生出一种创造驱动的靶向学习模型。

翻转课堂2.0理念突破了翻转课堂1.0遇到的认知天花板,实现了低级认知能力和高级认知能力之间的翻转,也实现了对于教学的重构,使得学生、教师、教学内容都发生了变化,也对学校产生了极大的影响。

基于翻转课堂中教学流程的逆序创新,翻转课堂2.0融入了"创客文化"关注创造力的思想,体现对翻转课堂的升级更新和深化应用。从创新特点看,翻转课堂1.0属于延续性创新的范畴;翻转课堂2.0则显现出更多破坏性创新的特征。从教学成效看,翻转课堂1.0是第一次逆序创新,具有"形变意义",再造教学流程,实现了教学方式的创新;翻转课堂2.0实现了第二次逆序创新,具有"质变意义",能够培养学生的思维品质和创新潜能。从教育价值来看,传统课堂所对应的标准化、同质化的人才培养模式必须进行改变;翻转课堂2.0重构育人模式,培养适应当前时代背景的个性化、多样化并具有创造潜能的人才,真正适应当前时代对教育提出的新要求和新挑战。从智慧教育的实现来看,翻转课堂2.0重点聚焦于创造能力、思维品质、行动能力的培养,其理念和理论框架将支持学生获得适合个人思维特征的发展路径,给学生带来美好的学习体验,为实现智慧教育提供了具体可行的方法论。

看图说话

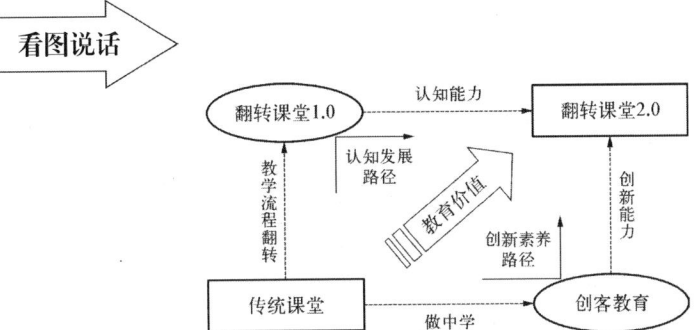

图1 翻转课堂2.0的发展路径

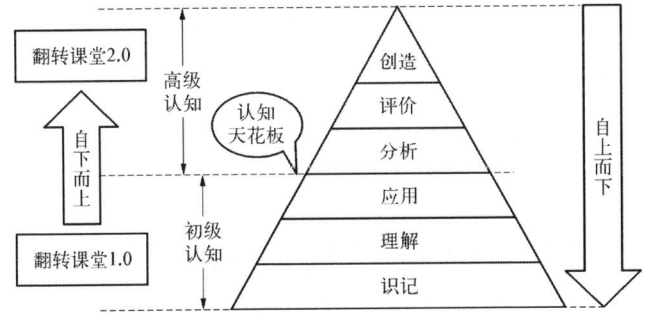

图2 翻转课堂2.0的创新实践图

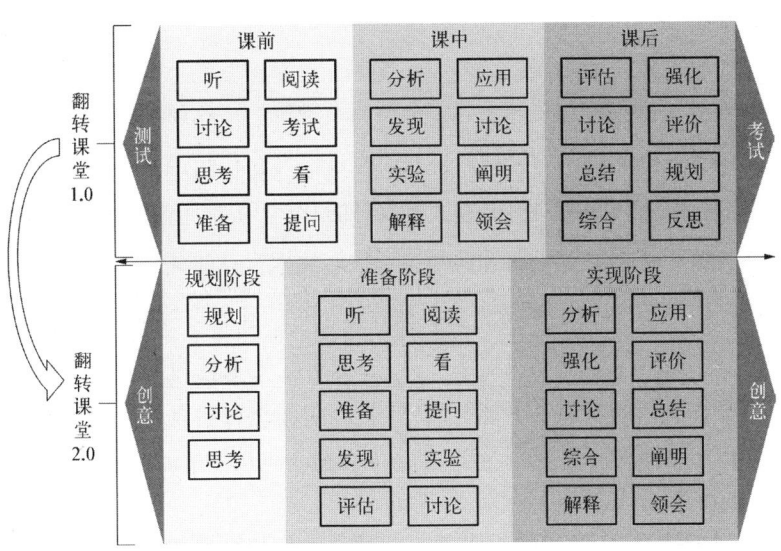

图3 翻转课堂2.0的行为变迁

> **智语连珠**
>
> - 事实上,"知是行之始,行是知之成"这种知行原本为一体的理念告诉我们:"知"要靠"行"之成方能获得。因此,当前基础教育需要关注三个层面:知、行、知行合一。
> - 工业 4.0 时代的制造业转型升级需要创新人才的支撑,而社会创新的原动力是学校教育中学生的创造性学习和创造性思维。
> - 从教学目标的达成(或学习成效)看,这种创造驱动的靶向学习,通过靶心(即创造)产生涟漪,依次波及评价、分析、应用、理解和识记等教学目标,泛出"涟漪式"的学习效果变化。

人工智能视域下机器学习的教育应用与创新探索*

余明华　冯翔　祝智庭

一方面,人工智能和学习科学相结合形成新领域——教育人工智能(Educational Artificial Intelligence, EAI),其核心目标是"通过计算获得精准和明确的教育、心理和社会知识形式,这些知识往往是隐式的"。知识以学习者模型、领域知识模型和教学模型等形式呈现,算法是获得这些知识的核心技术。目前,已有大量教育人工智能系统被应用于学校,这些系统整合了教育人工智能和教育数据挖掘(Educational Data Mining, EDM)技术(如机器学习算法)来跟踪学生行为数据,预测其学习表现以支持个性化学习。另一方面,以智慧教育引领教育信息化的创新发展,从而带动教育教学的创新发展,已成为信息时代的必然趋势。个性化学习作为智慧教

---

* 余明华,冯翔,祝智庭.人工智能视域下机器学习的教育应用与创新探索[J].远程教育杂志,2017,35(3):11-21.

育的核心要素,如何通过技术更好地支持和促进个性化学习的开展,已经成为智慧教育研究领域的诉求。机器学习作为人工智能领域最核心、最热门的技术,能够基于大量数据的自动识别模式、发现规则,预测学生学习表现,为满足智慧教育和个性化学习的需求提供了可能。

机器学习是通过经验或数据来改进算法的研究,旨在通过算法让机器从大量历史数据中学习规律,自动发现模式并用于预测。换句话说,机器学习即机器从数据中学习,其处理的数据越多,预测就越精准。机器学习的研究主要分为基于小数据和大数据环境下两类。一般而言,小数据指的是基于内存的数据,大数据是无法装载进内存的数据。如何从复杂、真实、凌乱和无模式的大数据中挖掘出对人类有用的知识,是目前迫切需要解决的问题,也是大数据时代下机器学习面临的挑战。机器学习方法的作用对象是教育数据,包括学习者与教育系统交互产生的所有数据,以及人口统计、情感、协作和管理数据等,这些数据源来自不同的教育环境。

机器学习一般作用于教育数据挖掘过程。教育数据挖掘涉及开发、研究和应用计算机方法在收集的大量教育数据中检测模式,是教育与数据挖掘的融合。其中,在数据解释部分,机器学习方法通过建立预测模型(Predictive Model)和描述模型(Descriptive Model)分析教育数据来发现模式和知识。预测模型通过已知的数据预测未知的数据,描述模型通过分析数据发现新的模式或结构。

目前,应用于教育领域的机器学习方法有很多,例如分类、回归、聚类、文本挖掘、异常检查、关联规则挖掘、社会网络分析、模式发现和序列模式分析等。其中,预测和聚类是目前最热门的。机器学习教育应用的利益相关者包括学习者、教育者、教育管理者、教育研究者和开发人员(课程或软件)等。其中主要目标体现在:支持学习者开展个性化学习,通过学习行为分析预测和可视化反馈,提高学习者的学习表现;支持教育者掌握整体和个体学生的学习情况,自动获得实时客观的教学反馈,促进教学表现的改善;支持教育管理者制定决策,提供客观全面的教育反馈;支持教育研究者和开发人员更精准地评估和维护教育系统和在线课程。机器学习教育应用主要集中在学生建模、学生行为建模、预测学习表现、预警失学风险、学习支持和评测以及资源推荐等方面。

基于智慧教育框架,对机器学习的教育应用提出以下建议:跨界方面——支持智慧教育与机器学习的融合创新,主要有机器学习与智慧教育的跨界融合、机器学习应用的教学场景提炼两方面;技术方面——支持智慧环境的技术创新,主要在教育大数据治理、数据标准化两方面;教学方面——支持智慧教学法的方法创新,主要在提升教师素养、提高教师参与上。

看图说话

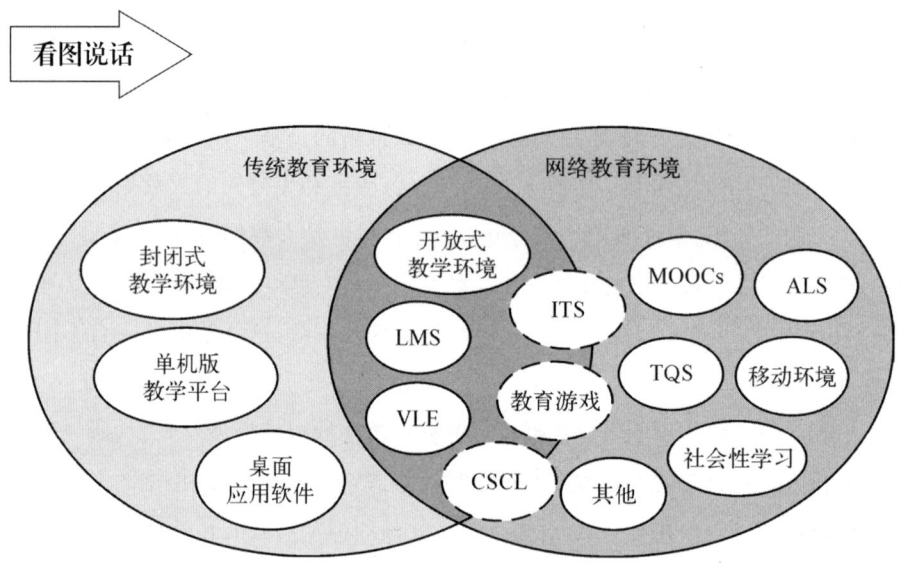

图1 智慧教育环境构成

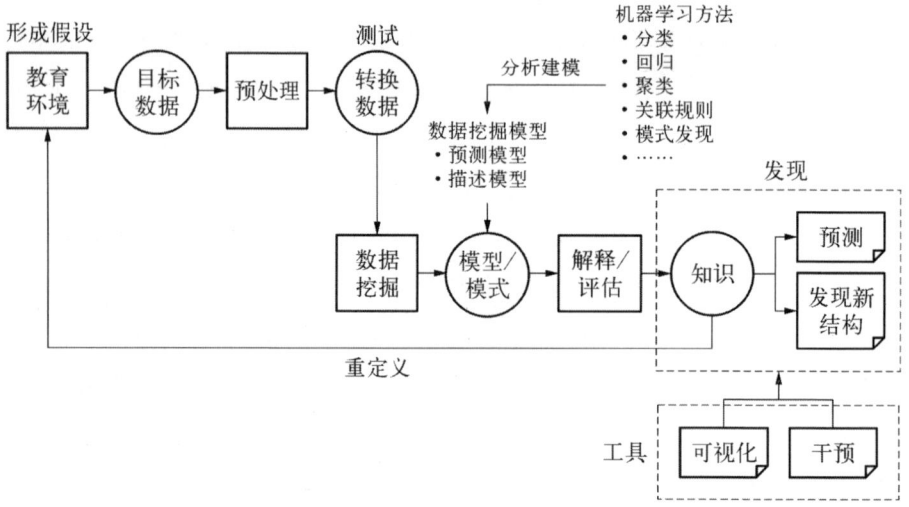

图2 教育数据挖掘和知识发现过程

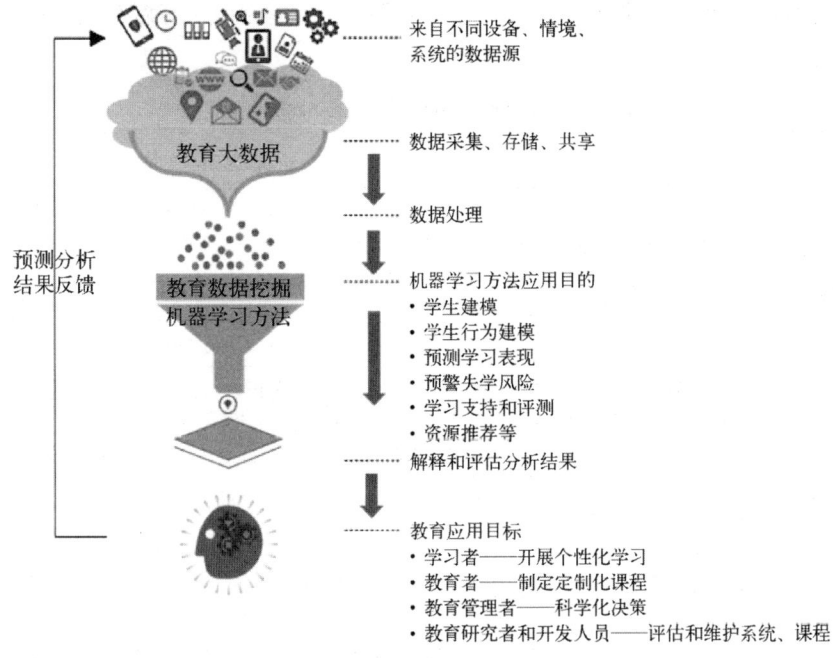

图3 机器学习教育应用概念

◆ 如果一直强调机器学习技术本身,而不直接面向教育应用提供整体的解决方案,随着技术壁垒越来越低,其教育应用的未来价值可能会越来越小。

解读教育大数据的文化意蕴*

祝智庭　孙妍妍　彭红超

目前,大数据在教育领域的应用主要存在以下问题。首先,在数据采集上缺

---

* 祝智庭,孙妍妍,彭红超.解读教育大数据的文化意蕴[J].电化教育研究,2017,38(1):28-36.

乏全面性；其次，在数据整合上存在技术难题；第三，是数据分析结果与实际应用的分离。

表1 教育数据挖掘与学习分析的应用领域

应用领域	待答问题	分析所需数据类型
用户知识建模	学生懂得了哪些内容（例如：具体技能与概念，过程性知识，高阶思维技能）	● 学生反应（正确，不正确，部分正确），答题迟疑时间，所需提示，试答次数，所犯错误 ● 学生练习过技能与练习机会 ● 学生绩效水平，从系统作业中推测出的或从其他来源（例如标准化考试）采集的
用户行为建模	学生行为模式对其学习意味着什么？学生动机被激发了吗	● 学生反应（正确，不正确，部分正确），答题迟疑时间，所需提示，试答次数，所犯错误 ● 在考察时段内学生在课堂/学校范围内的任何变化
用户体验建模	用户对其体验感到满意吗	● 学生对调查及问卷的应答 ● 学生在一系列单元/课程中的选择、行为及绩效
用户画像	用户该被归类到哪些群组	● 学生反应（正确，不正确，部分正确），答题迟疑时间，所需提示，试答次数，所犯错误
知识领域建模	给学习主题确定什么准确水平，划分哪些模块，模块之间如何编列	● 学生反应（正确，不正确，部分正确）与在不同粒度模块（相较于外部测度）的学习绩效 ● 某一领域模型分类法 ● 问题之间以及技能与问题之间的关联性
学习要素分析与教学原理分析	什么要素对促进学习是有效的？哪些学习原理起到良好作用？课程整体有效性如何	● 学生反应（正确，不正确，部分正确）与在不同详细程度模块（相较于外部测度）的学习绩效 ● 某一领域模型分类法 ● 问题之间以及技能与问题之间的关联结构
学生发展趋势分析	哪些变化与时俱进？变化如何发生	● 依据所感兴趣的信息观察变化（为了辨别发展趋势，通常至少需要在时间向度上的三个数据点） ● 收集的数据包括学籍、学段、修业状况、学生来源、先行学段连续多年数据
适调与个性化	可以给用户推荐什么后续行动？应该如何为以后用户改进体验？可以如何调节用户体验（尤其是实时情况下）	● 依据实际推荐的学习处方所产生的变化状态 ● 或需收集该用户的历史数据以及所推荐产品及服务的相关数据 ● 学生的学习绩效记录

濡化（Enculturation）是指个人对某种文化的适应，即一个人有意或无意地学习某种文化模式，并成为此文化群体一分子的过程。濡化的过程往往是和教育过程融合在一起的，在时间维度上体现出人类文明的传承关系。涵化（Acculturation）是指

不同文化体成员之间在空间维度上的互相渗透,即在多文化交流当中不同文化互相影响的过程。涵化作用可以视为本体文化的外力冲击,当冲击影响累积到一定强度时,往往促进本体文化发生进化嬗变或派生多种子文化或微文化。

在一个大的宏文化之下(Macro-culture),因为时间、空间、地域、性别、宗教、年龄、社会阶层的不同,往往会形成多种微文化(Micro-culture)。这些微文化互相影响,共同构成了宏文化的生态圈。组成一个宏文化的微文化越多样化,此宏文化便越具有活力。在传统时空当中,由于交通和通信的不便,濡化在教育的文化过程当中占主导作用,即文化的传播主要是通过同一个宏文化中自上而下的教育过程和个人对文化的适应。而在信息时代,由于互联网的产生使人类之间的交流前所未有的便利,不同文化体成员之间的交流互动大为增加,从而增强了涵化的力量,促使多样化微文化的产生,这就形成了涵化作用逐渐增强而濡化作用逐渐减弱的趋势。在涵化强力作用下产生的多样化微文化使教育过程变得更加复杂。

综上可知,随着信息化技术的发展,文化,即人们在生活中习得并共享的模式,与信息技术的融合在逐渐加强。一方面,信息技术的应用加快了全球化进程,强化了涵化的力量,增加了微文化的活力及复杂性;另一方面,随着技术壁垒的不断突破,简单易用的设备使文化元素在人机交互中扮演起越来越重要的角色。

大数据的中性特征,决定了它不具有任何的价值倾向,这使得关益者可根据不同的目的对同一教育大数据作出不同的解读,而这些解读并不一定都是明智的。因此,大数据需要文化中的理念价值的引领。另外,智慧教育强调的智慧是特定文化境域中的智慧,因为一种文化中的智慧决策,在另一种文化中可能会显得愚笨。信息技术支持的智慧教育与数字教育的最大区别也在于对文化中理念价值的重视。这两点使得教育信息化进入大数据时代后,教育对文化的诉求非但没有减弱,反而有日趋加强之势!在教育领域中,大数据文化可从层级结构和模式粒度两个维度解读。从层级结构来看,大数据文化与学习文化一样,具有三层结构:理念价值、行为方式和制品符号。从模式粒度来看,大数据文化可分为宏观模式、微观模式和个人模式三个不同层次的粒度,由宏观模式至个人模式即是教学的逐步个性化、精细化的体现。大数据在教育领域中的主要应用是学习分析和教育数据挖掘。教育数据挖掘关注如何从大数据中提取有用的信息,而学习分析关注如何优化学习。

个性化学习适配处方分为三个层级:班级层、小组层和个体层。个性化学习适配处方,也可融入现有的各种教学模式中,如精准教学、翻转课堂、创客教育等。

当然,在信息化技术与教育大数据为教育领域带来机遇的同时,也带来了风险与挑战。首先,教育大数据的应用使信息更具透明度,让学生和教师具有了更多的知情权。但与此同时,也让隐私泄露成了问题。其次,教育大数据的文化中,对文化与微文化模式的分析可以支持全局视野,使教育过程具有整体性和规划性。然而,对模式的分析与解读存在着困难与不确定性。第三,在教育大数据的应用中,自动获得的过程性数据可使评价更具公正性,以多维分类的形成性评估取代单调等级评估。然而,仅凭线上数据无法反映学习生活的全貌。

最后,大数据研究的应用推动了数据驱动的教育教学决策与管理流程革新。然而,我国教师的信息技术应用能力及信息化教学观念还有待提高,而师资队伍未就绪将影响大数据技术的实用价值。

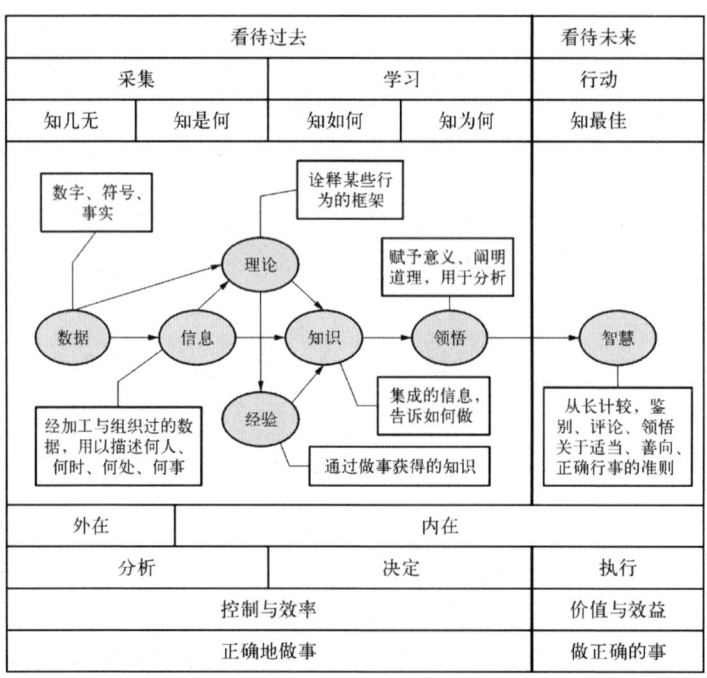

图1 数据智慧演进综合图解

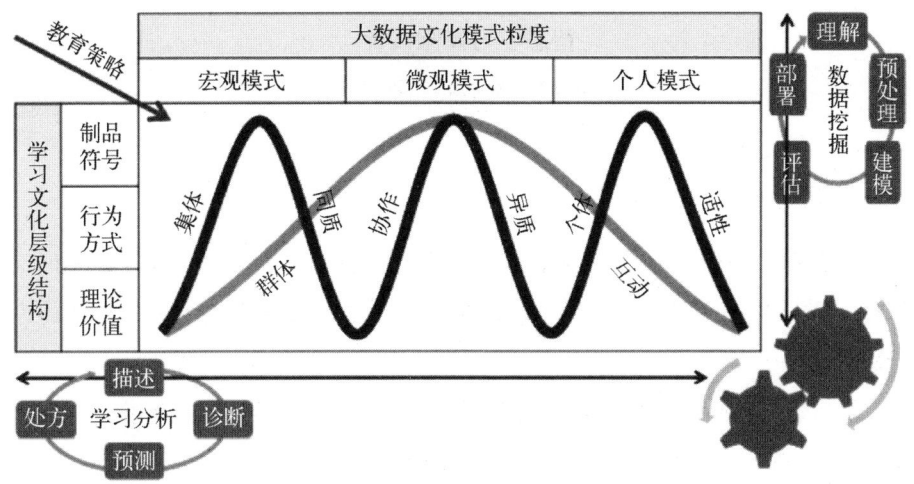

图 2 基于大数据文化的教育策略框架

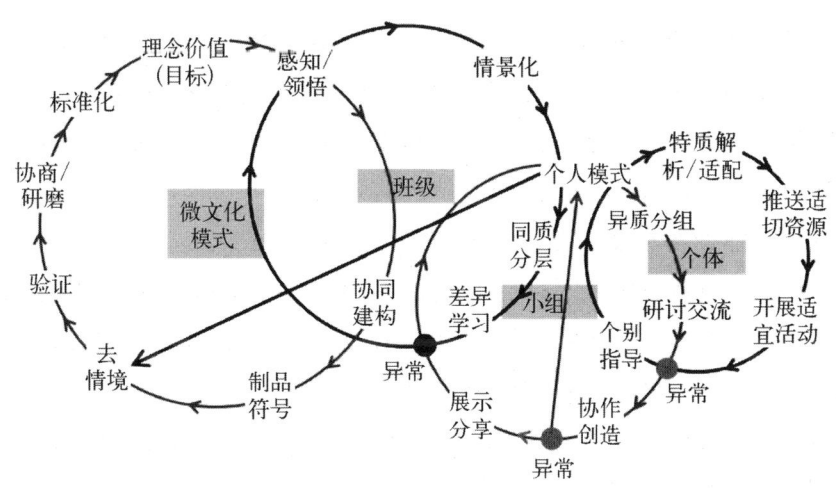

图 3 基于微文化模式的个性化学习适配处方模型

智语连珠

◆ 著名教育家顾明远先生曾在《中国教育的文化基础》一书中说:"教育有如一条大河,而文化就是河的源头和不断注入河中的活水,研究教育,不研究文化,就知道这条河的表面形态,摸不着它的本质特征。"

智慧学习体验设计*

冯翔　吴永和　祝智庭

智慧学习的研究目前主要集中在理念和特征上,在实践方面还缺少可用的设计指导模式。智慧学习体验设计为智慧学习的实践提供了一种具体的设计模式。

智慧学习体验设计的兴起:学习方式和理论的转变导致学习体验需求的产生;学习的消费特性的显现导致学习体验设计的出现。

智慧学习体验设计原则:自然地激发学习活动;发现学习情境并据此提供各类学习资源。

智慧学习体验设计的研究内容:关注元素是研究智慧学习体验关注的各种要素。包括感官层面、信息组织层面等。工程方法是研究智慧学习体验设计的过程方法,如UCDD(以用户为中心的设计与研发),教育设计研究方法等。评价体系则是对产品用户体验的评价与反馈,包括可用性测评等。支撑技术则是帮助实现针对设计元素的技术,如可视化、大数据、学习分析、感知技术等。

智慧学习体验设计的元素与主要关注点:我们将智慧学习体验界定为在泛在和群智环境中的入境学习,而智慧学习体验设计主要就是围绕个性、泛在化、入境化和群智性四个要素开展的工程设计活动。

智慧学习体验设计的关键技术:情境感知;基于本体的知识建模与推理;教育大数据与学习分析;社会化知识网络。

---

* 冯翔,吴永和,祝智庭.智慧学习体验设计[J].中国电化教育,2013(12):14-19.

基于预学习数据分析的精准教学决策

雷云鹤　祝智庭

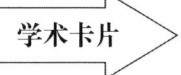

精准教学遵循三个重要原则：一是"学习者最清楚"原则，二是每日表现测量，三是学习者自记录和师生间分享结果。精准教学的研究者逐步总结出精准教学的四步成功法：即精准定位(Pinpoint)、每日绘图(Chart Daily)、改变(Change)、不断尝试(Try，Try Again)。

精准教学是一种高效的面向知识教学的方法，祝智庭教授等首先将信息技术引入精准教学，构建出信息技术支持的精准教学模式，通过精准确定目标、开发材料与教学过程、计数与绘制表现以及数据决策等环节，实现人机合理分工，使教师专注于教学设计与个性化干预，为学习者提供更为精准的学习服务，为教育信息化深化发展提供了一个突破点。

精准教学需聚焦精准定位分析的三个相关问题：预学习数据的精准挖掘、预学习情况的精准定位和基于预学习数据的精准教学决策。这三个核心问题形成了"挖掘→定位→决策"的逻辑递进关系。精准教学有两个特征：路径隐喻，递归迭代；聚焦目标与问题解决。

精准教学理念给我们的启示是：在教育信息化变革的过程中，高效的精准教学能够帮助师生完成学习行为(包括学习过程和学习结果)的高效记录和智能分析，通过人机合理分工，实现高效的知识学习。它在教育中可应用于以下四种情境：(1)二维数据模式：实现精准评价；(2)学习过程监测：学情筛查；(3)学习结果分析：错误订正机制；(4)学情综合评估：数据仪表盘。

它包含三类主要精准教学决策：一是确定教学从哪里开始(课堂教学基准点)；二是决定采取哪种教学策略；三是寻找精准教学决策干预的最佳时机。

信息技术支持下的精准教学则有效利用了信息技术的记录、收集和分析数据的便捷性，通过学习数据的有效挖掘、对学生在微视频与学习中的知识掌握水平

---

* 雷云鹤，祝智庭.基于预学习数据分析的精准教学决策[J].中国电化教育，2016(6)：27-35.

进行更准确的定位,并在此基础上实现精准教学决策,最终在预学习阶段后的课堂教学阶段实现精准帮学。

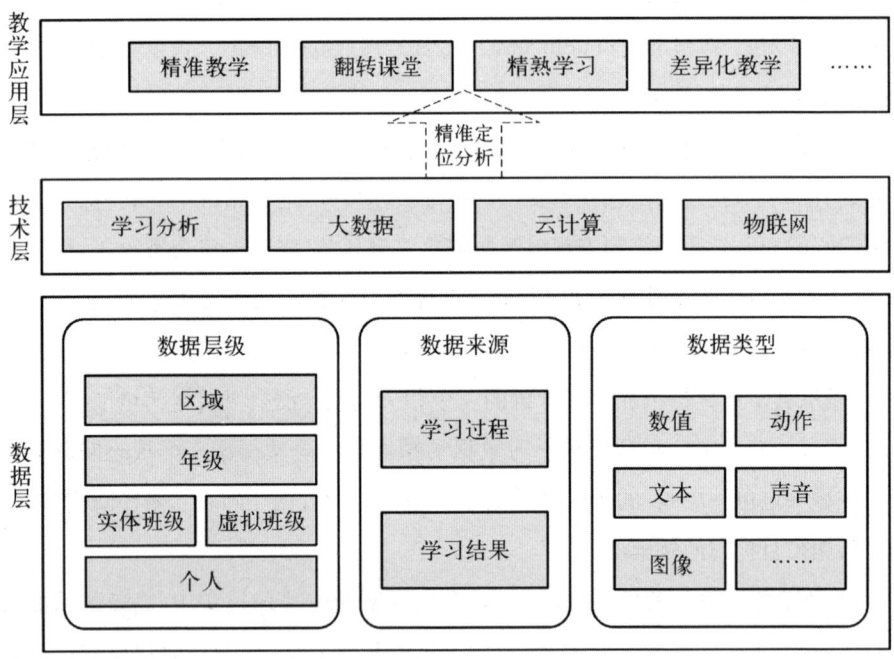

图1　信息技术支持的精准教学层级关系

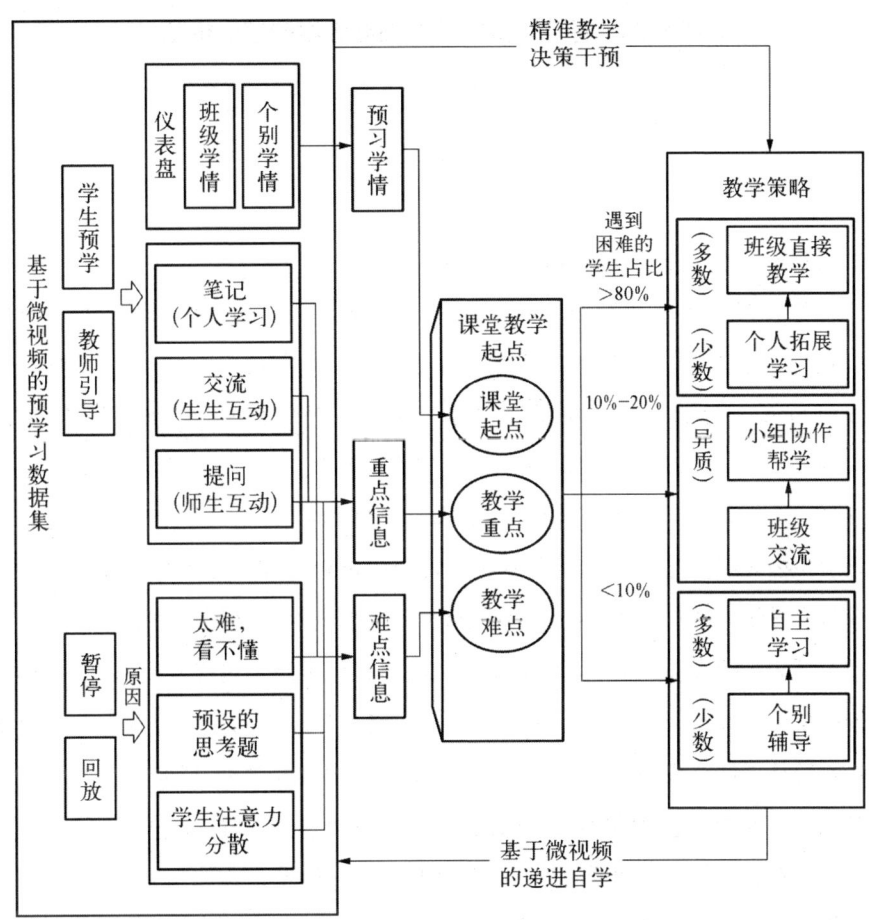

图2 "普陀J课堂"支持的精准教学决策路径

智语连珠

◆ 教师不能被海量的数据所蒙蔽,而应当充分应用海量数据中的基于精准数据模型的有价值信息,辅助精准教学定位,让教学决策和教学指导更精准、更聚焦。

以测辅学：智慧教育境域中精准教学的核心机制[*]

彭红超　祝智庭

以测辅学包含测量、记录和决策三大要素。

智慧教育实现培育智慧型人才的愿景是以学生的表现数据的测评为根基。这与精准教学的以测辅学核心机制不谋而合。精准教学以学习表现的流畅度(Fluency)为学生学习发展的主要指标。流畅度具有五大特征：持久性(Maintenance)、耐久性(Endurance)、稳定性(Stability)、应用性(Application)和生成性(Generativity)。智慧教育不仅关注知识技能的传授，而且更加注重能力品质的培育。由知识技能跃升至能力品质是质变的过程。这一质变背后蕴含的内部心理构念是统计学无法回答的难题。此外，学生在问卷或试题等测量工具中的反应数据所表征的实质意义，也是统计学无法回答的难题。这些实质意义的缺失，致使收集到的数据无法精准反映学生的空间能力是显然的。这类本质上的问题是数理统计无法解决的。而这类问题的解决是实现精准决策、精准辅助进而实现智慧型人才培育的基础和前提。因此，这是智慧教育必须解决的关键问题，也是智慧教育对精准教学以测辅学的核心机制提出的新诉求。

构念(Construct)是所要测量的心理属性的实质，因此，构念理论也称为心理属性的实质理论。本质上，构念与自然科学领域中的长度、质量等物理属性一样，是对所研究对象的某种特征或特征间关系的概念化的表征。而从数理统计的角度讲，构念可以看作是刻画或描述心理现象或活动的理论变量。心理构念是导致观测变量上的表现的原因(由因及果)，而观测变量上的表现可反过来推断心理构念(由果溯因)。对于构念理论，需要解决以下四个问题：构念的内涵和外延；构念的构成、维度或结构；不同构念水平的表现特征；不同构念水平的发展机制。

---

[*] 彭红超,祝智庭.以测辅学：智慧教育境域中精准教学的核心机制[J].电化教育研究,2017,38(3)：94-103.

精准教学的计量指标：流畅度。流畅度是指学习表现的"准确度"和"速度"。准确度有两个子指标：正确反应和错误反应。速度指标可衡量学习表现的敏捷性和流利度，因此，速度指标的引入使得测量所得的数据更接近学生的实际水平。

精准教学的记录技术：以绘视学。精准教学的记录指标：频率。精准教学的记录图表：课时标准变速图表。日常标准变速图表。

智慧教育境域中精准教学的主要任务是：判定学习是否发生；预判学习能否按期完成；如果不能完成，决策如何辅助。

精准教学的决策依据：变速线。精准教学认为学习是学生表现随时间的发展变化，在标准变速图中即为学习反应频率随时间的发展变化。这个变化通过两种方式表示：第一次测量的正确反应频率圆点与目标框间的连线，即最小变速线，用于课时变速图中；用一条贯穿于所绘制的反应频率的数据的直线表示的，这条直线就是发展变速线，用于日常变速图中。

精准教学的决策模型主要有三个维度：决策时机、辅助策略和以测辅学三要素。决策时机有三个，分别是事前、事中和事后。辅助策略遵循干预—反应模型，随着决策轨迹循环次数的增加，循证干预的强度将逐步增加，并且辅助也越发专业化、智能化。而以测辅学三要素维度规定了决策轨迹的每次循环需经历的"测量"、"记录"、"决策"三阶段和路径。

本研究以智慧教育新诉求为导向，结合心理与教育测量学中的构念理论，较为深入、全面地透析了精准教学"以测辅学"的机制与原理，包括测量时的"以测识学"的原理，记录时的"以绘视学"的原理和决策时的"以评辅学"的原理。以测辅学的具体操作步骤如下：(1)明确所测构念的实质含义及认知模型或过程；(2)解析认知模型或过程中蕴含的认知成分所对应的任务特征；(3)依据任务特征设计和标注测试任务；(4)用课时变速图记录课堂或教学片断中学生的表现；(5)每节课或教学片断后，用日常变速图记录学生在该节课或教学片断中最好的学习表现；(6)实时对(4)和(5)中绘制的表现进行决策，必要时给予相应的辅助。

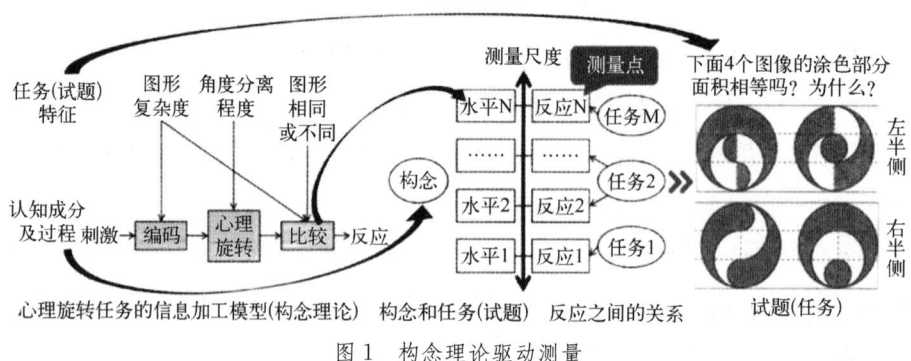

图 1　构念理论驱动测量

情境信息及其在智慧学习资源推荐中的应用研究*

余平　管珏琪　徐显龙　祝智庭

　　情境是一种信息，如果一种信息可以用来表征参与交互的实体（交互的参与者）的情形，那么这种信息就是情境。情境可以通过六个基本成分进行分析：约束（Constraint）、影响（Influence）、行为（Behavior）、本性（Nature）、结构（Structure）和系统（System）。将这些成分串起来，就形成了对情境的一种理解：情境是一些影响系统行为的约束，具有本性和结构。根据戴伊（Dey）对情境的定义，情境信息是针对不同实体的，三类主要相关的实体是：地点、人和事物（Things）。Dey将情境信息分为四个基本类型：标识、位置、状态（或活动）、时间。情境感知应用主要是感知情境信息，并根据情境信息调整应用的行为，而不需要明显

---

* 余平,管珏琪,徐显龙,祝智庭.情境信息及其在智慧学习资源推荐中的应用研究[J].电化教育研究,2016,37(2)：54-61.

的用户干预。

在建立情境模型时,首先确定应用相关的实体,我们称为情境相关的实体。我们参考IMS的学习设计(Learning Design)规范,一个资源推荐系统中的主要对象包括:学习者(包括个体和群体)、活动(对资源的使用活动)、内容、领域知识、环境和应用,我们将这些对象归为四类实体:学习者、学习资源、领域知识、学习环境。

确定情境相关实体后,第二步确定情境信息。情境信息可能是实体属性的一个子集,也可以是对现有实体属性的扩展:学习者情境、学习资源情境、领域知识情境、学习环境情境。我们将情境元素依据其内容特性分为三类:固定属性类元素、可变属性类元素、活动类元素。

情境感知系统一般包括两个层次:情境管理层和情境应用层。在封装的情境管理层中,包括情境获取、情境转换、情境聚合、情境推理以及情境注册与发现等五个主要模块。

情境感知在学习资源推荐中的应用。(1)推荐方式:基于内容的推荐、协同推荐、混合推荐;(2)情境信息在推荐系统中的应用:学习者情境,既可以用于基于内容的推荐,也可以用于协同推荐;学习资源情境和领域知识情境,更多用于基于内容的推荐;(3)学习环境情境主要是基于内容的推荐或协同推荐出资源的进一步过滤,是一种更加个性化的辅助手段。

该领域的相关研究还有待继续深入,主要研究问题包括以下几个方面:(1)基础数据集建设;(2)学习资源推荐的适当性;(3)情境的获取与共享;(4)情境信息的标准化。

智语连珠

- ◆ 技术本身将逐步从人们的视线中消失,以"透明"的方式为人们学习提供服务,而让人们可以更加关注于学习本身(而不是技术),这是智慧学习系统今后的一个发展方向。

智慧学习生态系统研究之兴起*

祝智庭　彭红超

数字学习生态系统的萌发是 TEL 阶段化发展的产物。可以看出,从第一代 TEL 系统就存在数据"鸿沟"与信息"孤岛"的问题。互联网的出现使得第二代 TEL 具备了同构数据的互联互通条件,生态学理论使得第三代 TEL 中异构数据的互联互通成为可能。消除数据"鸿沟"以及联通信息"孤岛"需从整体、系统的层面综合考虑,从系统架构到技术支持再到教学理念是协进演化发展的。

在数字学习中,数字生态系统(Digital Ecosystem,DE)是指学习和教学、了解数字学习基础设施和实施、辅助新学习工具设计的生态模式。而数字学习生态系统(Digital Learning Ecosystem,DLE)是数字学习融合生态学理念而形成的数字生态系统。具体讲,数字学习生态系统是由数字物种(学习过程中的工具、服务、内容)与用户群体(学习者、辅助者、专家)及其所在的社会、经济、文化环境相互作用形成的适应性的技术—社会系统,它具有开放性、松耦合、自组织、萌发性等特征。

数字学习生态系统中的数字物种和用户群体之间的关系可以借助信息模型来解读。数字学习生态系统具有两个小生境:教学小生境("同住"着教学者、辅导者和数字学习管理者)和学习小生境("同住"着学习同一课程、单元的学习者)。数字学习生态系统中的教与学过程(能量,Energy)即是借助交流工具和协作工具,内容信息(静态、动态)生成知识的变革过程。数字学习生态系统是一种线上学习系统,它需要考量界面的布局设计、信息架构、适航性、可访性等问题,特别是数字学习生态系统中平台、软件、工具的无缝集成问题。

智慧学习生态系统(Smart Learning Ecosystem,SLE)应为在一定的智慧学习空间(技术融合的生态化学习环境)中,学与教群体(学习者、教学者、管理者)与所在的空间及空间中的资源(设备、设施、工具、制品符号、内容等)相互作用而形成的教法—技术—文化系统。它具有四大设计原则:体验为中心、服务为中心、学生为中心

---

* 祝智庭,彭红超.智慧学习生态系统研究之兴起[J].中国电化教育,2017(6):1-10+23.

和数据为中心。智慧学习生态系统主要考虑学生、同伴、教学者、管理者、空间和资源之间的相互作用机制。考察这六个组分之间的相互作用,笔者提炼出六大机制:反馈机制、优化机制、协调机制、适配机制、扩散机制和聚合机制,与数字学习生态系统的相互作用机制不同的是,智慧学习生态系统的相互作用机制更偏向于共栖甚至共生。

智慧学习生态系统的体系架构需要考虑本地架构和云架构两方面的问题。本地架构是一种自治系统,它依据智慧教育的数据智慧、教学智慧、文化智慧理念促使文化中的理念价值"流入"学习者群体,其间教与学过程生成的数据存于数据仓储中。云架构采用云计算,为数据在自治系统间的"流动"搭桥铺路。本地架构兼容数字学习生态系统的无缝集成理念,能够为学习者创造人机协同的生态化的学习环境。它主要有三个空间组成:学生空间、学习空间(含物理空间、虚拟空间和二者的混合空间)和数据空间。云架构分为私有云、混合云、公有云三层架构。智慧学习生态系统中的云服务具有四类:设施即服务(IaaS)、平台即服务(PaaS)、软件即服务(SaaS)和数据即服务(DaaS)。

智慧学习生态系统体现三类智慧:文化智慧、数据智慧、教学智慧。从能量(SLE中的能量为理念价值)流动的角度看,文化智慧定"导向",数据智慧定"决策",教学智慧定"行动"。

本地架构中的能量流动所涉及的数据是自治系统内部的数据,这部分数据可通过平台、软件、工具的无缝集成实现互联互通。而对于自治系统外部的数据的互联互通,则采用基于云架构的数据中心和数据仓库实现。数据仓库的建设具有太强的功利性(有预设的应用目标),这不符合大数据方法的价值发现精神。大数据方法希望尽可能摄取各种来源的"粗数据",甚至暂时不知其用途,也得收藏起来,这就需要采用"数据湖(Data Lake)"的架构。对数据湖中的粗数据进行抽取和转换后,可以加载到数据仓库中。数据湖相比数据仓库所具有的两大优势为:可存储任意形式的原始数据,可满足未知需求。数据湖这种"存储一切数据、分析一切数据"的技术以及数据湖与数据仓库相连接的理念,为智慧学习生态系统基于数据的松耦合架构设计提供了新思路。

智慧学习生态系统建设与应用的挑战:教育混合云的数据部署问题;教师角色的精细化分工问题;如何通过元数据"打标记"实现各自治系统的数据互联互通或如何建构数据字典实现各自治系统的"互译",都是需要攻克的难题。智慧学习生态系统中,同样面临着原有自治系统的数据文件、应用数据库、主题数据库等数据环境向数据仓库、数据中心进化的难题,这也是实现数据松耦合必须解决的难题。

看图说话

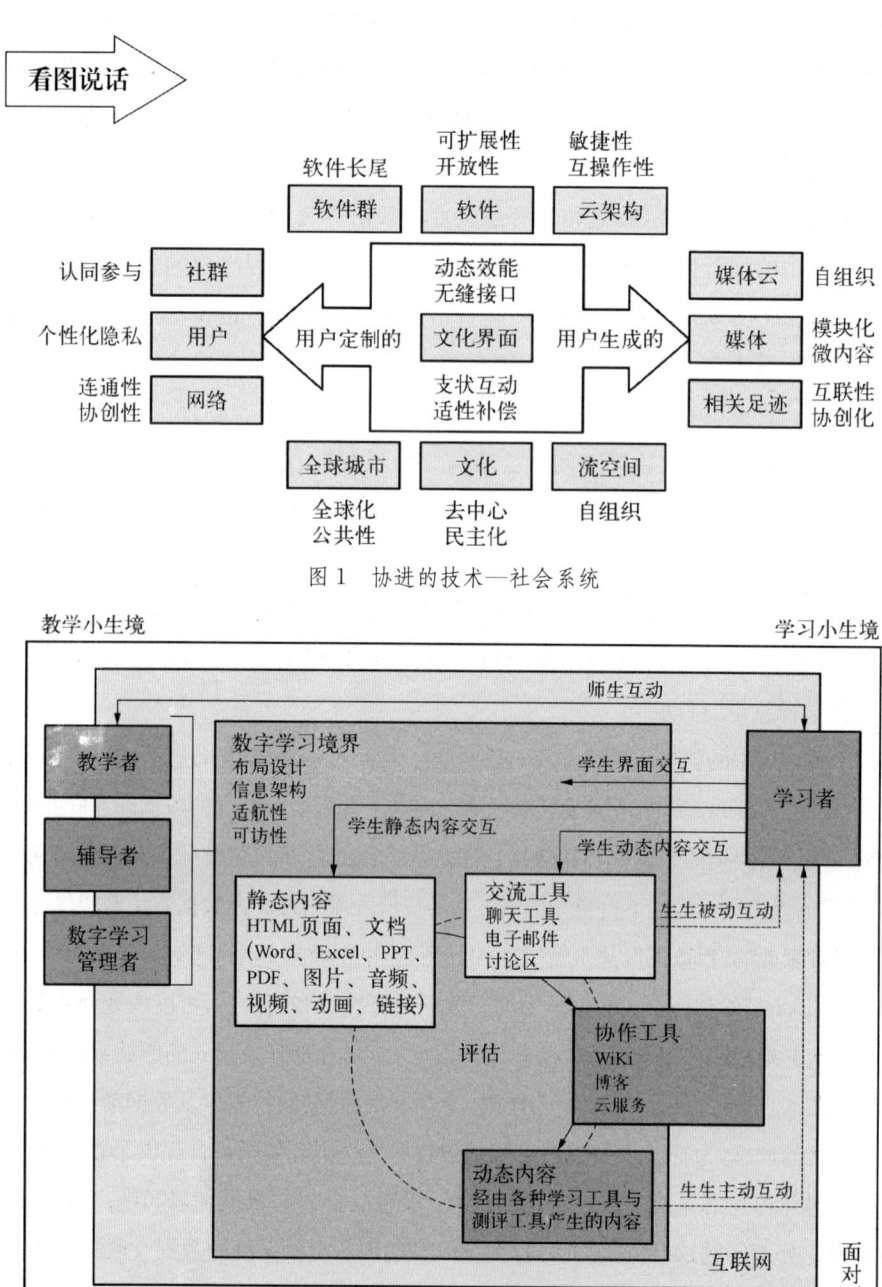

图1 协进的技术—社会系统

图2 数字学习生态系统的信息模型

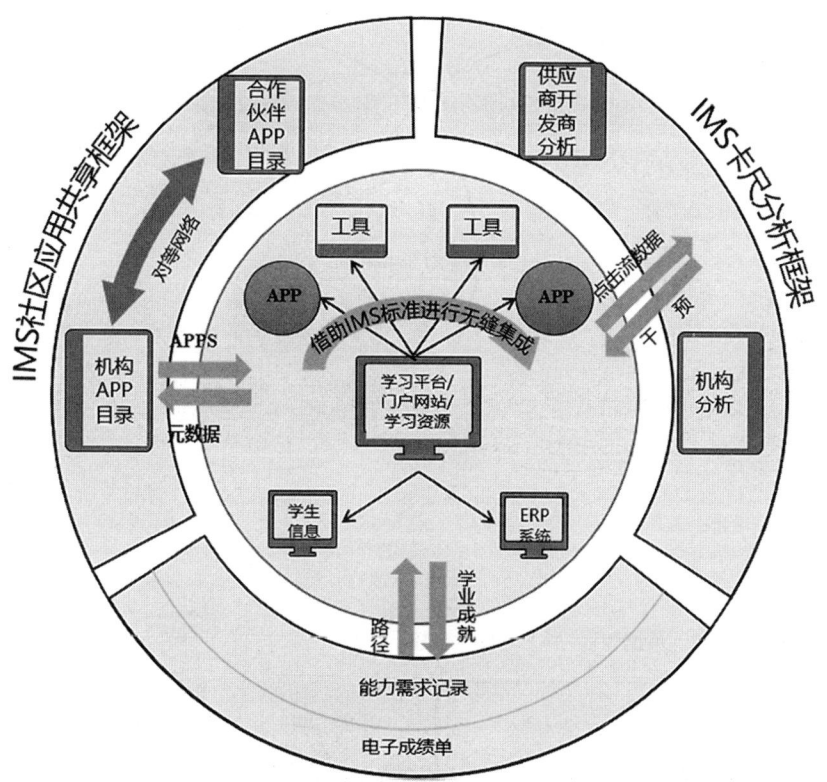

图 3　数字学习生态系统的无缝集成框架

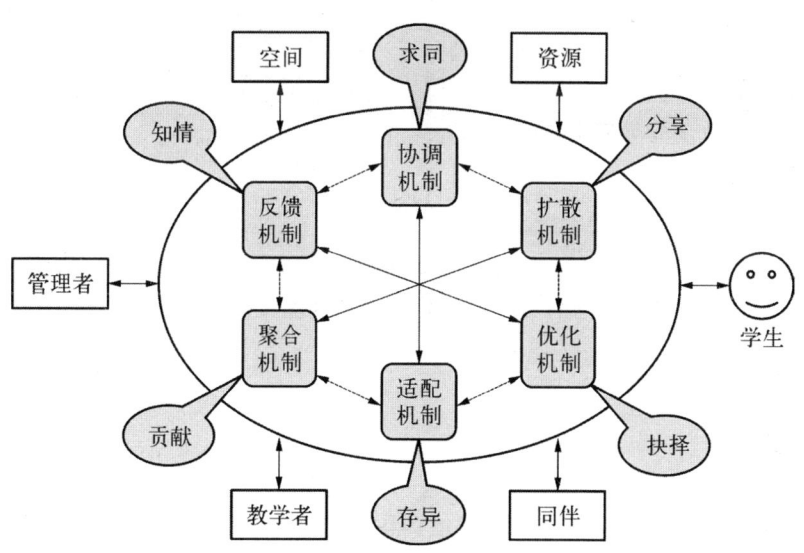

图 4　智慧学习生态系统的作用机制

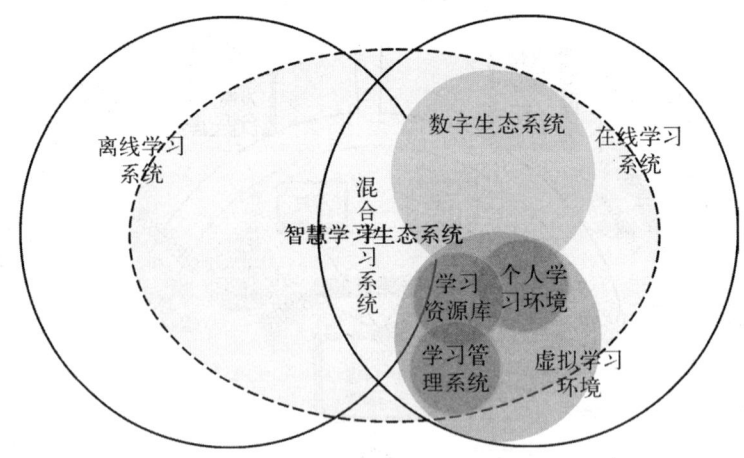

图 5　技术增强的学习系统图谱

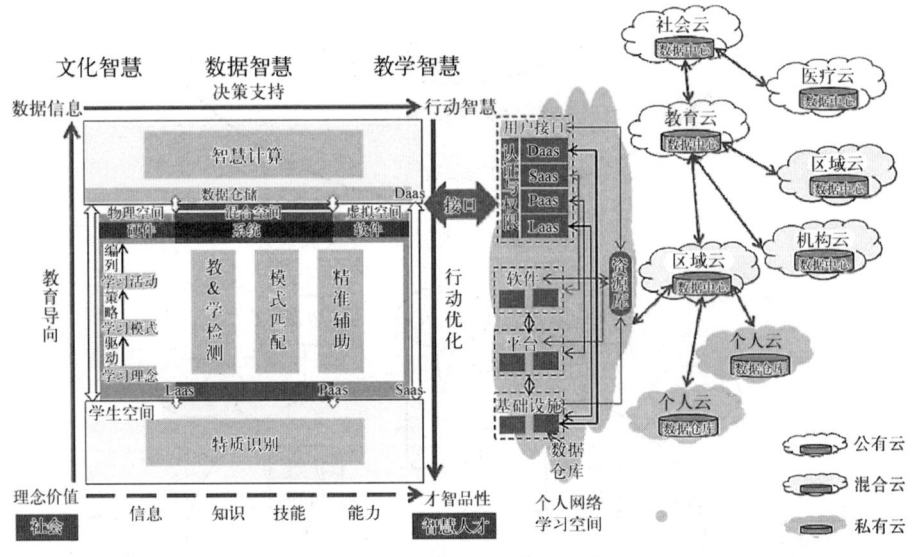

图 6　智慧学习生态系统体系架构模型

◆ 基于数据的松耦合将是教育信息化系统整合必由之路,这也是智慧教育（Smarter Education,SerE）必须攻克的难题。

◆ 从线上协作学习的角度看,生生相互作用(生生互动)是至关重要的,它主要有三类相互作用关系:共生、共栖和寄生。

智慧城市教育公共服务评价指标体系研制*

祝智庭　余平

　　本文研究的内容是在智慧城市整体框架下,智慧教育的建设与应用如何评价,因此评价不能局限于正规教育领域本身,需要将教育作为一项城市公共服务来考虑,而评价的出发点也在于教育服务是否能够惠民和便民,这是与传统的教育信息化评价的主要不同,即关注的内容和达成的目标不同。本文在分析智慧城市的特征、智慧教育的特征的基础上,通过文献研究、问卷调研和专家头脑风暴等方法,设计提炼了适合于智慧城市的教育领域应用评价指标体系。该体系由两级指标构成,其中一级指标包括学习环境、学习资源、用户体验、管理服务、系统建设和市民学习等六个维度,每个维度下设 6 个二级指标,既考虑了智慧城市建设以人为本的要求,也考虑了技术对智慧城市教育发展的促进作用。

　　就目前而言,智慧教育尚处于萌发阶段,所以我们从智慧教育系统建设角度,提炼出系统功能设计的六大需求:连通、感知、交互、适配、记录、整合。此外,智慧城市中的智慧教育还具有以下特征:面向大众、生态协调。本指标研制采取前瞻性与现实性相结合的策略:前瞻性指标用于引导智慧城市智慧教育系统设计,现实性指标侧重于智慧教育应用的技术性,适当兼顾人文性,依据我们提炼出的六大特征来设置指标与观测点。

　　智慧城市教育领域评价指标设计思路:从适应智慧城市评价的层面构建指标体系;以面向广大市民(包括学生)的服务评价为主,侧重便民、惠民、实用的要求;侧重客观性指标设计,兼顾主观满意度等指标;考虑城市特征;评价以相对宏观的

---

* 祝智庭,余平.智慧城市教育公共服务评价指标体系研制[J].开放教育研究,2017,23(6):49-59.

指标为主,以政府主导建设或城市范围内的规模应用为主。在用户体验方面,便利、精准、个性、优效是学习者的主观评价。

本指标体系在设计过程中也遇到不少问题,值得今后继续探讨,主要包括:(1) 基于不同的视角(教育管理、学校管理、教学实践等)对教育服务智慧化、便民化的评价需求是不同的,评价指标如何更好地覆盖不同利益相关者的需要,需要进一步思考;(2) 指标的定义和指标数据的可获取性需要在实践中进一步思考和研究;(3) 指标的前瞻性也需要进一步思考;(4) 指标体系与智慧城市其他指标的关联性。

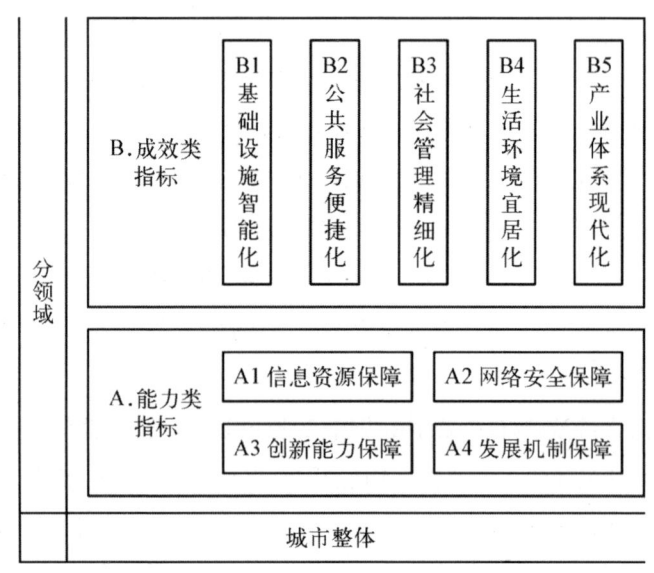

图 1 智慧城市评价指标体系框架模型

- ◆ 智慧教育首先代表一种先进的教育理念,也代表人们对未来教育的美好追求。所以,智慧教育只有较好,没有最好。换言之,智慧教育永远只有进行时而没有完成时。

◆ 智慧教育概念代表人们对于未来教育的美好追求,是科学性、技术性、艺术性、人文性的有机统一。

数字治理: 智慧学习新素养*

祝智庭　陈丹

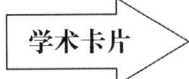

数字化数据治理工作组认为"数字治理"是一个相对全新的领域,术语也不够稳定,但是他们认为"数字治理"应该包括三个关键行为:治理(Curation)、归档(Archiving)和保存(Preservation)。DDC 的定义为:"从广义上说,数字治理是为了当前和未来的使用,对大量可信数字信息进行保持(Maintaining)和增值(Adding Value To)的行为。"DDC 的专家 Pennock 丰富了这一概念,他认为,"数字治理"也是在数字材料整个生命周期内对数据进行积极管理和评估的过程,它是数据再现和重用的关键。数字治理使得我们恢复对分散的和共享的数字资产(Digital Assets)的控制。

数字治理相关概念界定:内容治理(Content Curation);数据治理(Data Curation);数据管治(Data Governance)。

数字治理过程:在数字治理对象的整个生命周期内,都要对其进行描述呈现信息、对保存进行计划、共同体观察和参与、治理和保存等四大行为。而治理过程则分为八大步骤:概念化;创造或接收;评估与选择;吸收;保存行为;储存;访问、使用与重用;转换。与此同时,处理、再评估和迁移也是生命周期中偶尔会出现的行为。

数字治理工具:从数字治理工具使用者角度可以分为非专业的个体学习者和专业的数字治理者两类。在线数字治理工具有以下几种,Storify、Pearltrees、Pinterest、Scoop.it。

智慧学习对数字治理能力的要求:作为智慧学习的新素养,数字治理在受众

---

* 祝智庭,陈丹.数字治理:智慧学习新素养[J].电化教育研究,2014,35(9):9-17.

和功能方面与信息素养、知识管理存在着一定关系。作为学习者需要强化的能力结构;作为职业工作者高于信息素养的专业技能;作为组织机构设计政策机制、技术保障、队伍建设的必备基石。

学习者数字治理能力发展建议:数字治理能力培养融于数字化课程学习;数字治理能力渗透网络社交操作技能;数字治理能力助力于联通主义学习。

看图说话

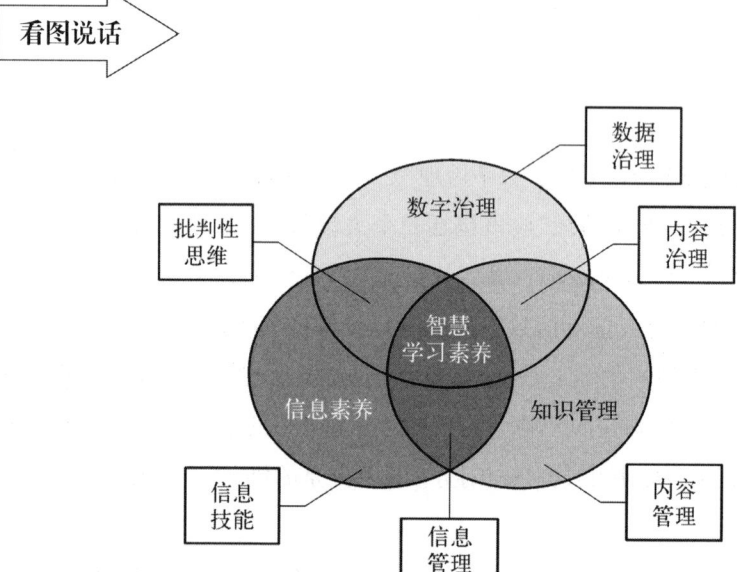

图1 数字治理作为智慧学习新素养

面向智慧教育的思维教学*

祝智庭 肖玉敏 雷云鹤

学术卡片

摘要:思维能力的培养一直是学校教育所有阶段都强调的教学目标。思维教

---

* 祝智庭,肖玉敏,雷云鹤.面向智慧教育的思维教学[J].现代远程教育研究,2018(1):47-57.

学的代表性研究与成果显示,思维教学的核心目标和智慧教育目标高度统一,都是培养智慧学习者。智慧教育中的学生思维是将聚合思维与发散思维进行有效整合的思维,是成长型思维。智慧教育中对学生思维的关注既超越了学科教学界限,又蕴含于学科教学活动之中。因此,智慧教育中的思维教学应以学生为中心的教学理念为起点,突破分科教学的设计局限,培养学生的高级思维能力,提升学生的认知参与程度。作为一种智慧教学法,面向智慧教育的思维教学是建立在综合分析智慧学习者的学习特征和性格特征基础之上的。学校教育需要为每个人的个性发展创造条件。智慧课堂中的思维教学只有从"教师为中心"转变为"以学生为中心",把学习的主动权交还给学生,才能为智慧人才的培育做好基本的课堂环境准备。

简而言之,智慧教育重点关注的是学生思维、行动和创造三个方面的发展。通过梳理智慧教育所关注学生思维的范畴和特征,我们可归纳其内涵:(1)智慧教育中学生的思维是有效连接行动和创造的中间桥梁。(2)智慧教育中学生的思维包含基本的思维技能,如记忆、理解、概括、归纳、推理,也包含更高水平的思维技能,如综合分析、评价、问题解决、创造等。(3)智慧教育中对学生思维的关注是既超越学科教学界限(如不限于单学科、跨学科、交叉学科和社会实践等),又蕴含于学科教学活动之中的教学理念。(4)智慧教育中学生的思维是将聚合思维与发散思维进行有效整合的综合思维。较之传统教学关注以分析能力为基础的聚合思维,智慧教育更重视促进学生创造能力发展的发散思维。从关系上看,智慧教育是对传统教育的反思拓展和延伸思考,两者(智慧教育与传统教育)并无严格划清的界限。(5)智慧教育中的学生需要具备充分发展的审辩性思维能力。审辩性思维可被视为对思考的再思考,具体说来有诸多不同界定。在综合多家理论的基础上,笔者认为:审辩思维首先是勘误,消除谬误(Fallacy,似是而非的逻辑过程);其次是优化问题解决方案,做出合理合情合法的判断与决策,提升其社会价值。我们暂时初步提炼出审辩思维的核心技能:质疑、分析、评鉴、推论、阐释、自我调整等。其涵义解读为:质疑,认知冲突并寻求多种选项;分析,论证问题、情境与意义;评鉴,评估与权衡多种选项;推论,依据准则做出合乎情理的判断与决策;阐释,形成对问题解决的新见解;自我调整,内化为自我认识并优化策略。(6)智慧教育中所强调的学生的思维是成长型思维,而不是固定式思维。(7)智慧教育中学生的思维包含元认识能力,即培养学生对个人认知能力进行计划、监控和评价的能力。(8)智慧教育的思维教学并不等同于思维训练,但无疑是建立在思维训练基础之上的。由此,智慧教育中的学生思维模型主要特征表现超越了分类课程的维度,并且超越了传统教育仅关注分析思维范畴的特征,进一步拓展到综合关注以分析思维为特征的聚合思维和包含创造思维的发散思维的全面维度,体现审辩思维的特征。

看图说话

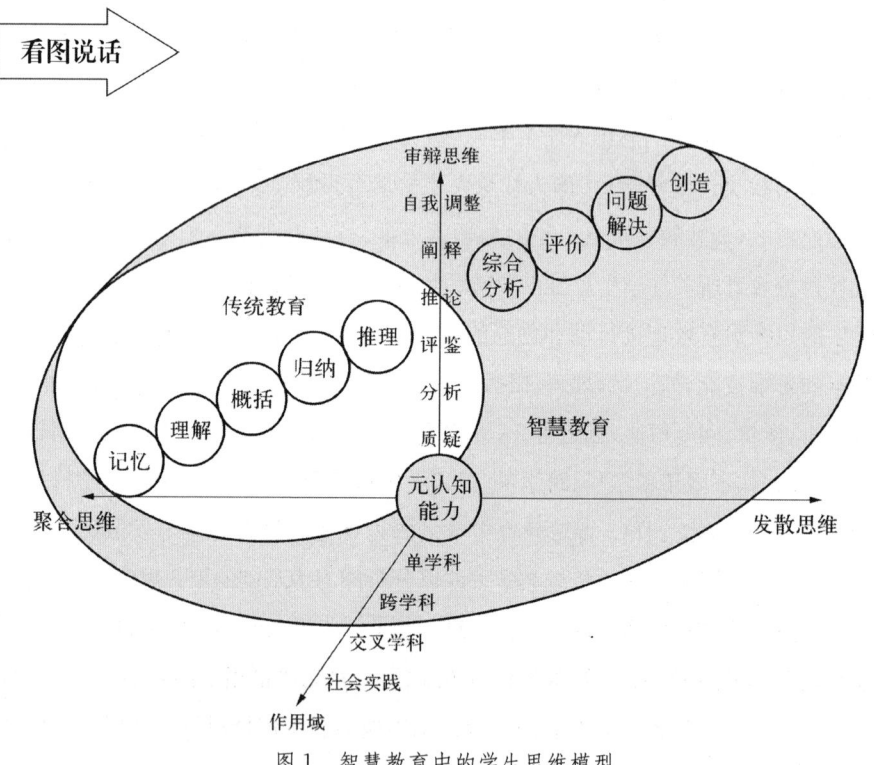

图1　智慧教育中的学生思维模型

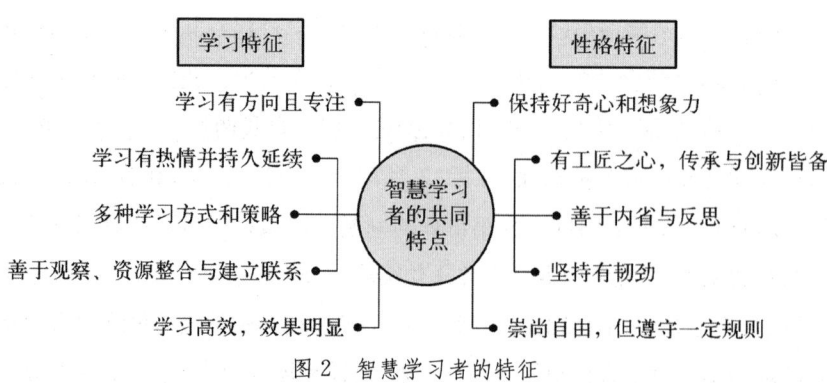

图2　智慧学习者的特征

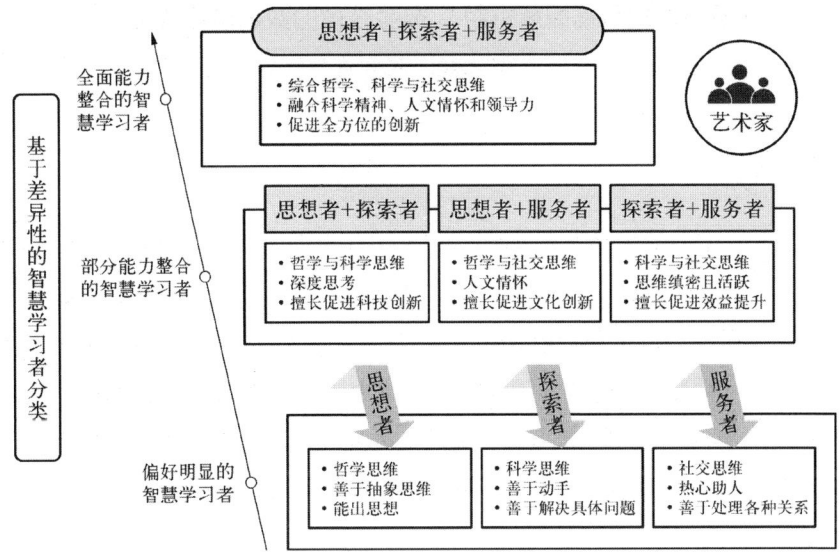

图 3 基于差异性的智慧学习者分类

智语连珠

◆ 从古今中外的人类智慧贡献者的特征来看,我们这里尝试着把智慧学习者分为四大类:偏好明显的智慧学习者、部分能力整合的智慧学习者、全面能力整合的智慧学习者和有可能完全独立、却又有可能和任何一类有交集的艺术家。

◆ 分科教学中的思维培养是当前智慧教育中思维教学的起点,但智慧教育中的思维教学不限于分科教学课堂,而是一种更高维度的、超越学科界限的教学目标和理念。

◆ 思维无处不在,它决定着我们观察环境、获取信息、体验生活和分享智慧等所有的行为,反映着我们如何与世界和他人相处,还监测着我们思想和行动的可靠性和合理性。

人机协同的数据智慧机制：智慧教育的数据价值炼金术*

彭红超　祝智庭

智慧教育中的数据分为大数据（Big Data）和小数据（Small Data）两部分，数据具有巨量、迅变、高速、多样、稀值等特性，常规的数据工具与统计方法无法获得与处理。小数据是小体量和特定属性的数据，它具有情感温度，机器算法无法处理此类问题。对此，祝智庭团队提出，在智慧教育中，大数据部分可借助机器智能的优势处理，小数据部分可借助专家智能的优势处理。这种人机协同的过程包含数据的关系组织、信息的模式识释、知识的原理派生三个阶段，即数据智慧机制的三个阶段。

数据的关系组织机制，共分为四个环节：目的切入、关系确立、数据塑形和意义表征。前两者偏向于人工处理，后两者偏向于机器处理。

信息的模式识释机制，共分为四个环节：机器方面为特征提取和信息模化，人工方面为意义理解和模式解释。

知识跃升为智慧的机制——知识的原理派生机制，共四个环节：专家端倪、价值判断、机器学习、决策生成。

知识的原理派生机制最终形成的原理形式化为规则，表现为基于洞见的决策（insight based decision-making），可简称为"智策"，此过程伴随着是否提供服务、何时提供服务、提供何种服务、如何服务等决策。至此，教育数据实现了向智慧的跃升，形成了极具可资行为的"行数据"（Actionable Data），这是从数据智慧转换为教学智慧的阀门。

---

* 彭红超,祝智庭.人机协同的数据智慧机制：智慧教育的数据价值炼金术[J].开放教育研究,2018,24(2)：41-50.

看图说话

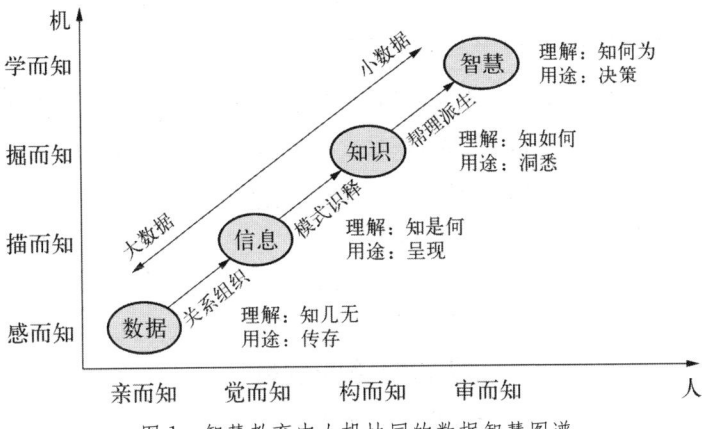

图1 智慧教育中人机协同的数据智慧图谱

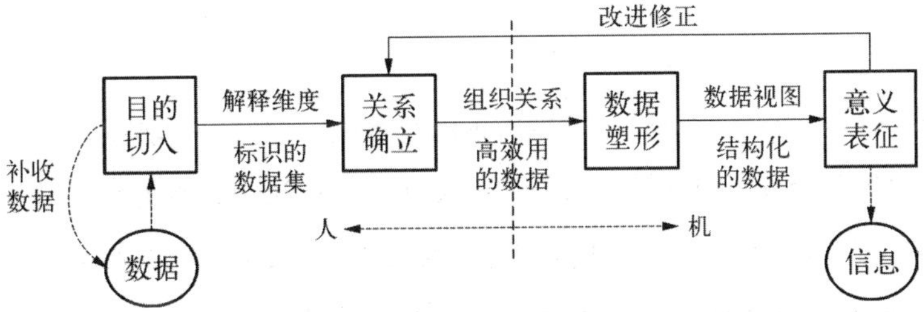

图2 数据的关系组织机制

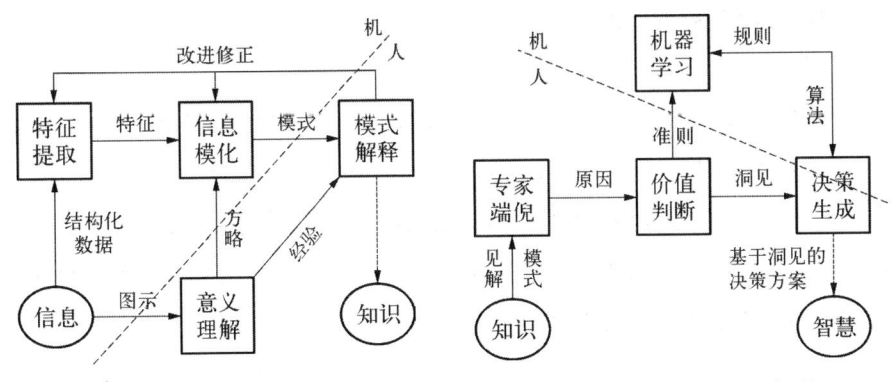

图3 信息的模式识释机制

图4 知识的原理派生机制

主题六 智慧教育

> **智语连珠**

- 大数据主要考量相关关系,小数据则转向考量因果关系,因此,数据智慧也是相关关系与因果关系融合的智慧。
- 从事物联通性角度看,数据是对"事物部分属性"的表征,而数据到信息、知识再到智慧的跃升,是"部分属性之联结、联结成为整体、诸多整体之联结"的过程。这是局部到整体、具体到抽象的过程。

解读教育数据智慧*

祝智庭　彭红超　雷云鹤

大数据的局限性日益显现,随后出现的小数据、全数据、快数据、行数据、关数据、巧数据等概念开始引起数据研究者的关注。我们认为大数据与小数据组成了集数据密集与智慧密集于一体的全数据;快数据、行数据、关数据、巧数据是大数据的四种新形态,它们从不同的角度突显大数据的潜在价值。

一、挖掘教育大数据的价值

大数据具有 6V 属性(Demchenko & Gruengard,2014):巨量(Volume)、高速(Velocity)、多样(Variety)、稀值(Value,价值密度低)、真实(Veracity)、迅变(Variability)。大数据作为一种信息资产或资源,具有超乎物质资源的特性:非竞争(non-rival)、可再生(renewable)、多用途(multi-purpose)。大数据技术的教育应用为教育数据挖掘与学习分析技术。

---

* 祝智庭,彭红超,雷云鹤.解读教育数据智慧[J].开放教育研究,2017,23(5):21-29.

二、寻找教学的小数据痛点

小数据是具有小体量(Volume)和特定属性的数据,这使它易于理解、便于访问、可操作性强,从而可以对日常事宜做出及时、有意义的反馈。小数据不同于大数据的地方在于:数据的体量、数据的种类和格式、数据的处理速度和数据的复杂度。小数据的教育应用可归于两点:教学设计和数据端倪。

三、构建全数据的教学策略

大数据与小数据结合形成的全数据,是数据密集(机器)与智慧密集(人类)的结合,是相关关系与因果关系的结合,是未来预测与过去解读结合的产物。在教育领域,大数据体现出机器智能的优势,小数据侧重于运用专家智能。大数据与小数据的有效结合,为人机协同的智慧教育提供了可能,也为我们引出一种发掘教育智慧的可行路径,即教学设计(小数据)→数据挖掘(大数据)→学习分析(大数据)→数据端倪(小数据)。

四、教育数据涌现四种新形态

为了便于理解各类教育数据,本文借助"小木屋隐喻"来说明:快数据可以看作是阳台,其价值易受外部因素的影响,且最易晒出教学的反馈情况;行数据可以看是屋梁,对教学智慧具有直接支撑作用;关数据可以看作是骨架,支撑、联通各类教育数据;巧数据可以看作是墙体,是数据特征、模式的集中体现;小数据可以看作是门窗,是数据驱动的教学策略的进出口和通气口。无论大数据还是小数据,均含有暗数据,它可以看作是地基,虽然处于黑暗状态,但价值潜能巨大。收集到的大数据、小数据,在未(能)萃取出所需的价值前,均可认为处于暗数据状态。在大数据、小数据的支撑下,教育智慧可以得到更好的体现,因此,可以将教学智慧看作是屋顶。大数据的四种形态分别是,快数据:教学反馈的加速器;行数据:教学分析决策的利器;关数据:教育信息化的黏合剂;巧数据:教育数据的显影液。

五、教育数据面临的挑战

如何照亮教育暗数据,如何解密教育数据的智慧。在教育教学、培训及学习中,挖掘大数据,关注小数据,照亮暗数据,整合快数据,转换行数据,挖掘关数据,提升巧数据,成为通过教育数据智慧的必经之路。因此,未来的研究主要关注以下几个问题:寻找并发掘特定教学场景下的教育数据模式;教育数据环境下教师角色的转型发展;教育数据背景下的(正式和非正式)学习方式。

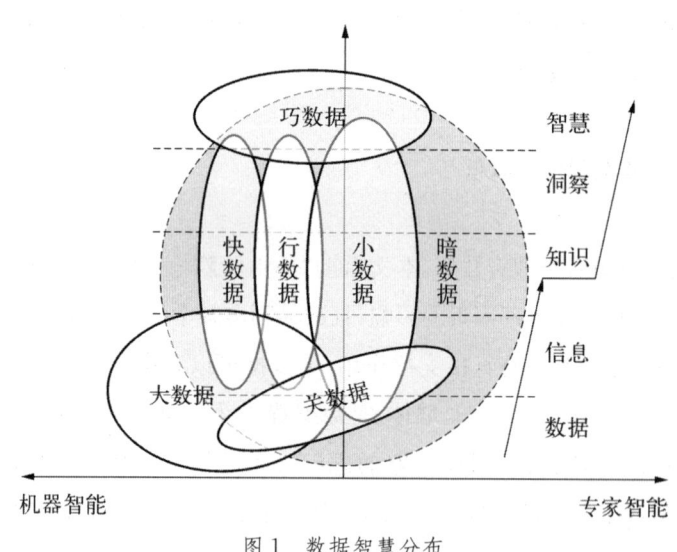

图1 数据智慧分布

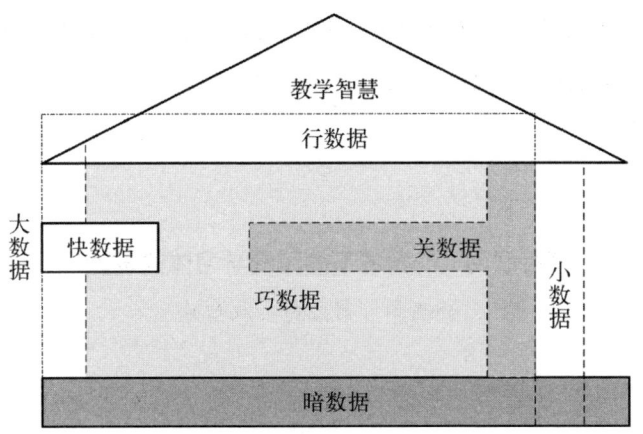

图 2　教育数据的小木屋隐喻

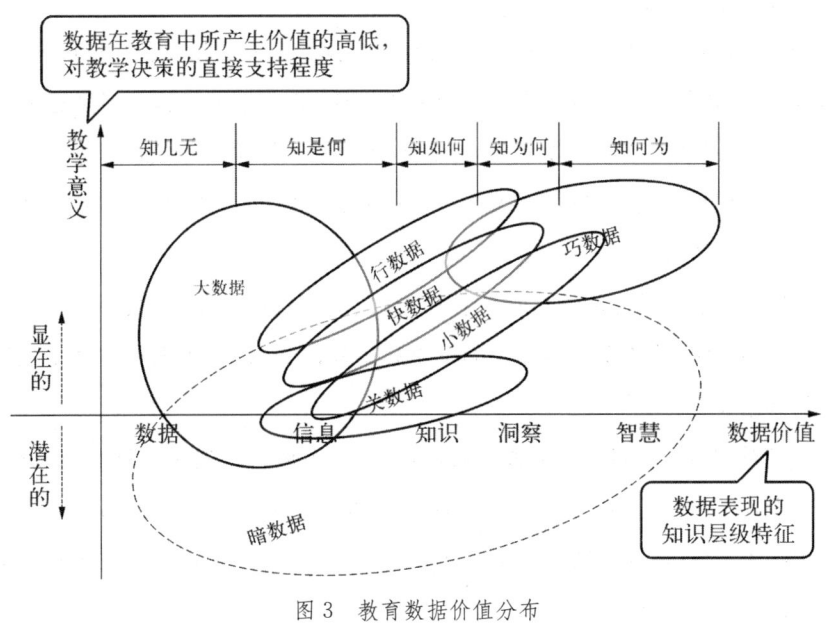

图 3　教育数据价值分布

> 智语连珠

◆ 本专业素有教育技术是"姓教"还是"姓技"之争。其实,相比这二者,教学设计更为重要,这直接关乎技术是否能够助力、增能教育,带来更富有成效的效果。

主题六　智慧教育　　887

◆ 教育数据智慧的获取,需依靠数据挖掘和有效应用,这要求教师增加一个新角色:数据科学家。

"互联网+"视域下的无缝学习体验设计*

余明华　彭红超　祝智庭

无缝学习整合了正式和非正式学习,强调体验学习的连续性。进一步分析可知,无缝学习的内涵是通过智能设备整合不同情境(物理性和社会性情境)下的学习过程(正式和非正式学习),实现学习的完整性;并在学习过程中灵活融入多种教学模式,支持多个学习任务的无缝转换,实现学习体验的连续性。笔者认为无缝学习主要包括无缝学习情境、无缝学习过程和无缝学习体验三个要素,并基于此构建了无缝学习的三层结构。

无缝学习强调学习的连续性的目标是,让学习者获得深度的、有意义的学习体验。其中,"深度"体现在对知识的反思和迁移;"有意义"体现在主动发现学习的价值和意义,渴望学习。

通过对体验和学习体验的概念解读可知,学习体验首先是一种学习过程,包括学习者在学习环境中外在亲历学习活动及其内在所形成的心理活动;其次是一种学习结果,包括认知和情感反应。目前强调学习体验的理论主要有体验式学习(Experiential Learning)和心流理论(Flow Theory)。

学习体验是无缝学习走向深度培育的核心要素,但不是一次性形成的,而是需要不断超越、反复深化的过程。

无缝学习体验设计框架:本能层、行为层、反思层。其中本能层是体验的初级层次,关注外在环境的感官刺激;行为层关注学习者亲历实践活动时的行为操作

---

* 余明华,彭红超,祝智庭."互联网+"视域下的无缝学习体验设计[J].电化教育研究,2017,38(11):19-25.

和感受,表现为外在环境对其行为的影响;反思层则关注学习者内部的认知活动和情感反应,包括学习者对所学知识的反思和迁移,以及在此过程中获得的积极、深层次的情感反应。

看图说话

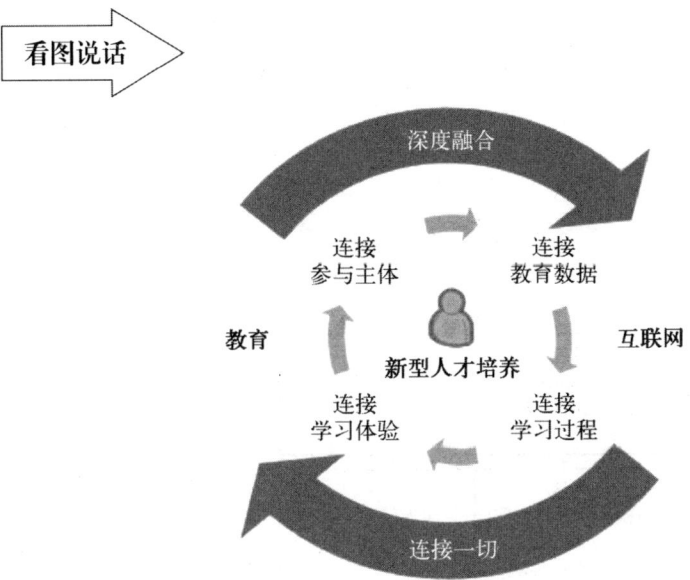

图1 "互联网＋教育"的内涵架构

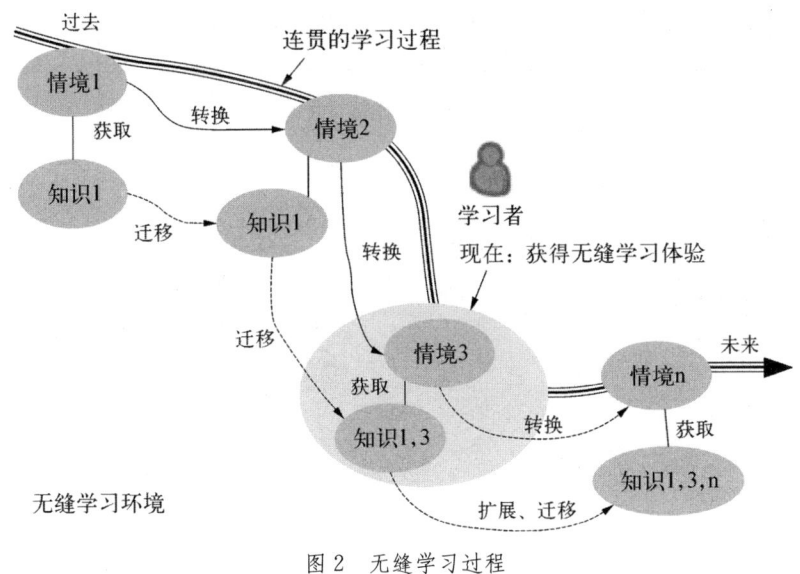

图2 无缝学习过程

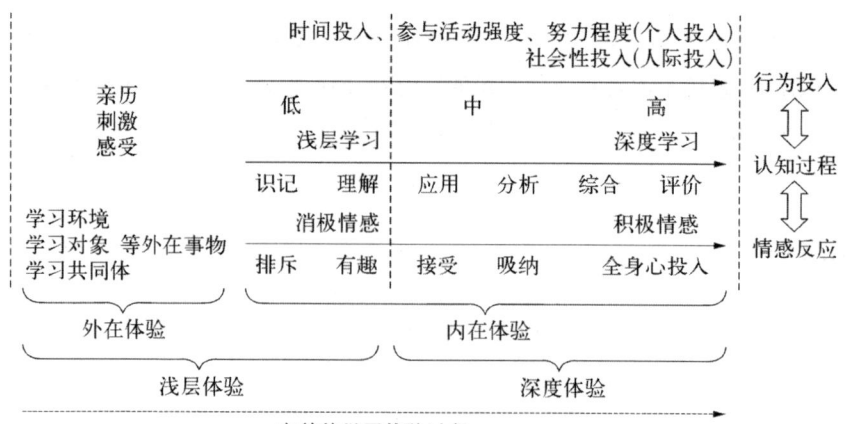

图 3 学习体验过程模型

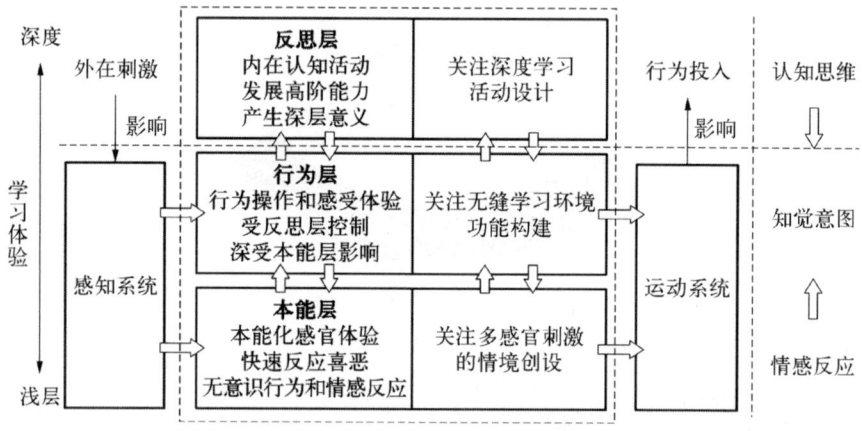

图 4 无缝学习体验设计框架

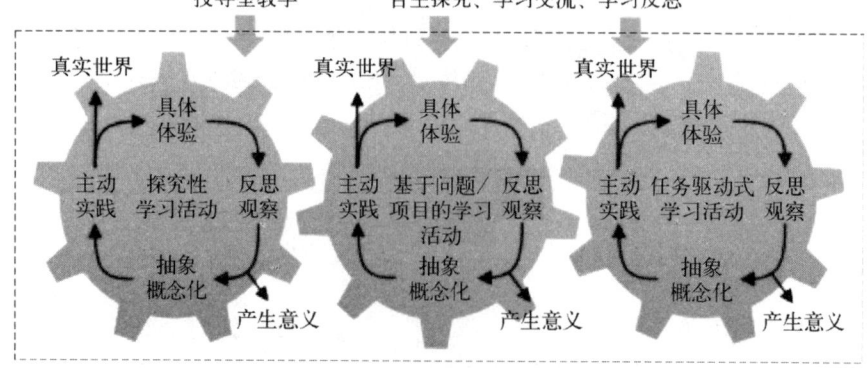

图 5 基于体验式学习周期的深度学习活动模型

人机协同决策支持的个性化适性学习策略探析

彭红超　祝智庭

　　大数据技术的兴起萌发了个性化适性学习的新型学习方式。研究从个性化学习与适性学习理念的对比中,解析出它的核心要素:个体特征、个人表现、个人发展、适性调整。

　　对于个性化学习、适性学习、差异化教学之间的关系,当前主流观点有两种:前者包含后者的包含关系(形似"回"型图);三者交叉重叠的相关关系(形似维恩图)。

　　从核心理念方面解析,个性化适性学习理论上可以有三种实现途径:通过个体特征方面的差异与变化适性调整教学;在途径一的基础上,结合当前个人表现方面的差异与变化适性调整教学;在途径一的基础上,结合个人发展愿景方面的差异与变化适性调整教学。

　　本研究从个性化学习与适性学习出发,介绍了一种融合二者的新型学习方案——个性化适性学习。具体讲,从这两种学习中解析出了个性化适性学习的核心要素:个体特征、个人表现、个人发展、适性调整;核心理念:通过技术赋能,实时监测学习者在个体特征、个人表现、个人发展方面的差异与变化,基于这些差异与变化及时地适性调整教学方略,从而实现有效教学。之后将"个性""适性"相结合而构建了个性化适性学习框架,并从人机协同理念的角度出发,详细论述了个性化适性学习的数据决策策略,构建了一种适性调整教学策略的方案谱系。最后,笔者提出个性化适性学习的实施可从学习者画像、能基发展、个人学习路径、柔性学习环境四个方面切入,并详细解读了一种面向精准教学的个性化适性学习实施策略。另外,本研究在探析个性化适性学习的同时,也窥探了人机协同在数据策略方面的机制与功用。

---

* 彭红超,祝智庭.人机协同决策支持的个性化适性学习策略探析[J].电化教育研究,2019,40(2):12-20.

> 看图说话

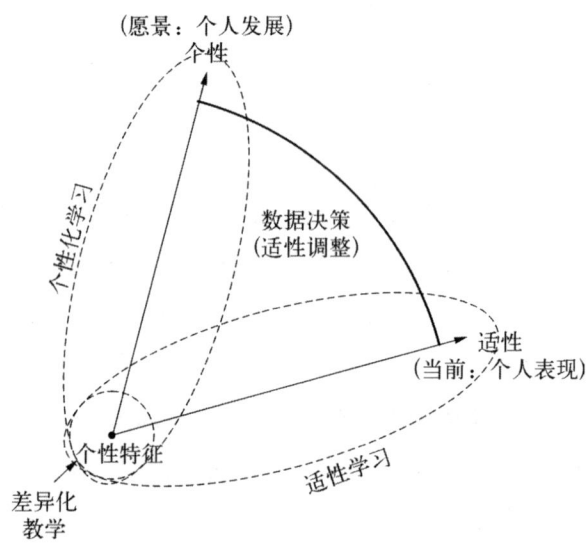

图 1　个性化适性学习框架

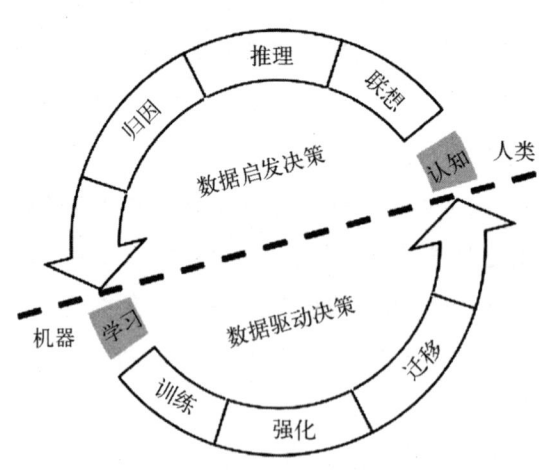

图 2　数据决策的协同优化模式

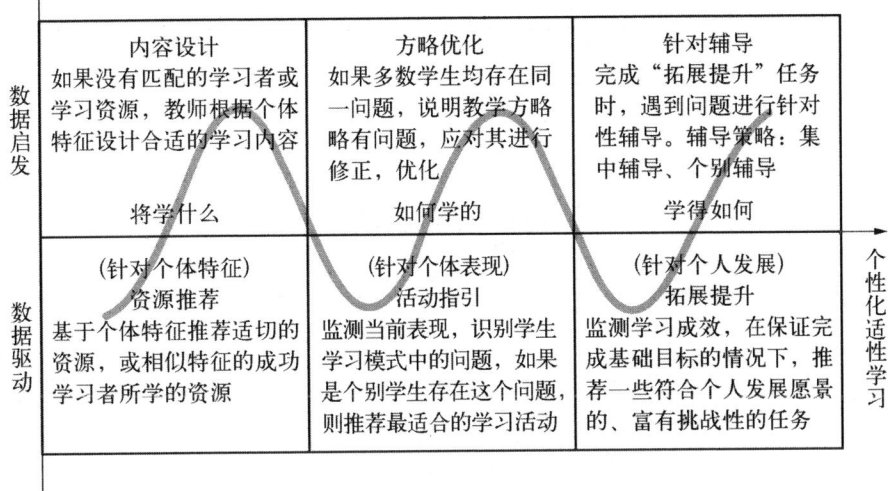

图 3 人机协同决策的适性调整教略的方案谱系

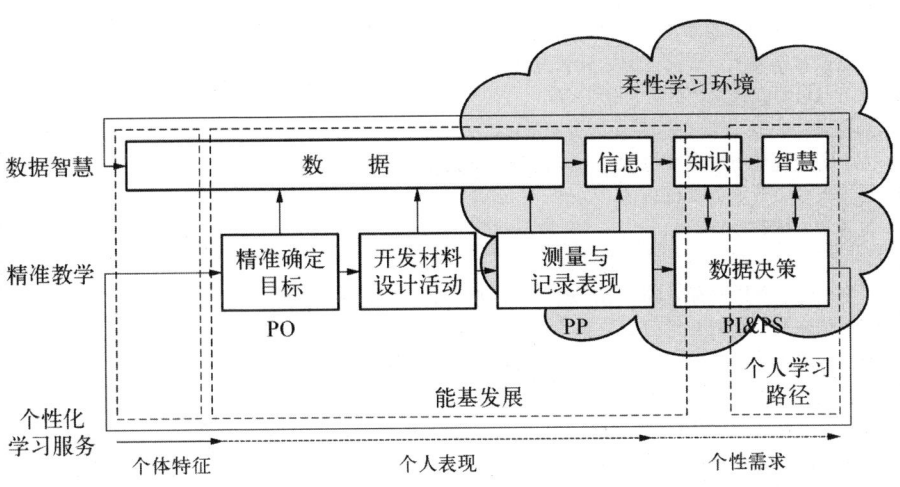

图 4 面向精准教学的个性化适性学习构建框架

> 智语连珠

◆ 到目前为止,鲜有技术是为教学而生的,技术追求的便利性并不是教育的核心诉求,教育追求的是促进人发展的有效性。

主题六 智慧教育 893

◆ 机器基于数据特别是教育大数据所作的决策以相关关系为基础,而非以因果关系为基础。即使本次决策带来了良好的结果,也不能充分肯定这一决策是有效的决策。

主题六　文章列表

论文精选
智慧教育：教育信息化的新境界 深度学习：智慧教育的核心支柱 教育信息化 2.0：智能教育启程,智慧教育领航 智能教育：智慧教育的实践路径 以指数思维引领智慧教育创新发展
论文评析
智慧教室环境下的课堂教学结构分析 智慧教育新发展：从翻转课堂到智慧课堂及智慧学习空间 学习分析学：智慧教育的科学力量 翻转课堂 2.0：走向创造驱动的智慧学习 人工智能视域下机器学习的教育应用与创新探索 解读教育大数据的文化意蕴 智慧学习体验设计 基于预学习数据分析的精准教学决策 以测辅学：智慧教育境域中精准教学的核心机制 情境信息及其在智慧学习资源推荐中的应用研究 智慧学习生态系统研究之兴起 智慧城市教育公共服务评价指标体系研制 教育信息化 2.0：智能教育启程,智慧教育领航 数字治理：智慧学习新素养 面向智慧教育的思维教学 人机协同的数据智慧机制：智慧教育的数据价值炼金术 解读教育数据智慧 "互联网＋"视域下的无缝学习体验设计 人机协同决策支持的个性化适性学习策略探析

索 引

发表论文

(CSSCI 216 篇 按时间顺序排列)

[1] 祝智庭.世界各国的教育信息化进程[J].外国教育资料,1999(2):79-80.

[2] 祝智庭.关于教育信息化的技术哲学观:透视[J].华东师范大学学报(教育科学版),1999(2):11-20.

[3] 周红,祝智庭.论网络化环境中教师素质的培养[J].中国电化教育,2000(1):49-51.

[4] 周红,董志澄,祝智庭.对掌握教学技能现状的调查与改革培养师范生的模式[J].中国电化教育,2000(4):33-35.

[5] 周红,董志澄,祝智庭.运用教育技术改革师范教育传统教学模式的研究[J].电化教育研究,2000(7):42-47.

[6] 祝智庭.教育信息化:教育技术的新高地[J].中国电化教育,2001(2):5-8.

[7] 顾清红,祝智庭.教育技术的后现代观[J].电化教育研究,2001(7):3-7.

[8] 祝智庭.网络教育技术标准研究[J].电化教育研究,2001(8):72-78.

[9] 张屹,祝智庭.信息时代全球化教育的知识结构[J].全球教育展望,2001(11):1-7.

[10] 祝智庭,李宁.英特尔未来教育:面向信息化教育的教师培训模式[J].全球教育展望,2001(11):17-21.

[11] 张屹,祝智庭.建构主义理论指导下的信息化教育[J].电化教育研究,2002(1):19-23.

[12] 林阳,祝智庭.国外因特网内容标记与过滤技术调查[J].电化教育研究,2002(2):31-36.

[13] 胡小勇,祝智庭.学习对象——网络教学技术的新理念[J].电化教育研究,2002(4):22-28.

[14] 张屹,祝智庭.应用现代管理思想确立现代远程教育质量管理原则[J].中国电化教育,2002(6):60-63.

[15] 甘永成,祝智庭.信息化教育中的知识管理[J].电化教育研究,2002(7):7-9.

[16] 甘永成,祝智庭.知识管理的绩效评估[J].科学学与科学技术管理,2002(9):24-28.

[17] 胡小勇,祝智庭.学习对象理念的发展历程[J].电化教育研究,2002(9):14-19.

[18] 张屹,闫寒冰,沈中南,祝智庭.透视我国网络教育技术标准(CELTS)体系[J].全球教育展望,2002,31(10):37-41.

[19] 祝智庭,孟琦.从美国博士学位论文元分析看教育技术研究趋向[J].电化教育研究,2002(12):47-50.

[20] 张屹,胡小勇,祝智庭.网络教育服务质量框架研究[J].中国电化教育,2003(2):68-72.

[21] 祝智庭,黎加厚.走向中国教育改革实践的英特尔未来教育[J].电化教育研究,2003(4):3-8+13.

[22] 张一春,祝智庭.知识管理技术与e-Learning资源库建设研究[J].电化教育研究,2003(5):53-58.

[23] 胡小勇,祝智庭.信息化视野中的教师教育[J].中国电化教育,2003(6):25-27.

[24] 胡小勇,祝智庭.可重用学习对象的分类法[J].电化教育研究,2003(8):9-12+17.

[25] 祝智庭.中国基础教育信息化进展报告[J].中国电化教育,2003(9):6-12.

[26] 祝智庭.高中信息技术课程标准实施中的变数与对策[J].全球教育展望,2003,32(9):11-12.

[27] 林阳,祝智庭.中国信息化教育安全防范体系现状研究[J].中国电化教育,2004(1):61-64.

[28] 顾小清,祝智庭,庞艳霞.教师的信息化专业发展:现状与问题[J].电化教育研究,2004(1):12-18.

[29] 胡小勇,祝智庭.面向基础教育信息化的产/事业互动发展观[J].中国电化教育,2004(2):8-11.

[30] 祝智庭,顾小清.论信息技术在基础教育新课程教学中的支持作用[J].全球教育展望,2004,33(3):47-49.

[31] 林阳,祝智庭.Blog与信息化教育范式转换[J].电化教育研究,2004(3):49-51.

[32] 胡小勇,祝智庭.技术进化与学习文化——信息化视野中的学习文化研究[J].中国电化教育,2004(8):12-16.

[33] 王炜,祝智庭.解析英国《ICT应用于学科教学的教师能力标准》[J].电化教育研究,2004(12):77-80.

[34] 胡小勇,祝智庭.问题化教学研究纵揽:理论与流派[J].中国电化教育,2005(2):18-22.

[35] 顾小清,祝智庭.教师专业发展的实现模式[J].中国电化教育,2005(3):5-8.

[36] 祝智庭,邓鹏,孙莅文.娱教技术:教育技术的新领地[J].中国电化教育,2005(5):11-14.

[37] 邓鹏,祝智庭.娱教技术人才培养框架[J].中国电化教育,2005(6):10-13.

[38] 郭莉,祝智庭.教育信息化的成本效益分析[J].电化教育研究,2005(6):15-18+37.

[39] 孙莅文,邓鹏,祝智庭.基于娱教技术的体验学习环境构建[J].中国电化教育,2005(7):24-27.

[40] 孙莅文,祝智庭.体验学习研究框架——与娱教技术结合的视角[J].中国电化教育,2005(9):24-27.

[41] 胡小勇,祝智庭.教学问题设计研究:有效性与支架[J].中国电化教育,2005(10):49-53.

[42] 祝智庭,王佑镁,顾小清.教育技术的实践场分析[J].电化教育研究,2005(12):7-11.

[43] 詹青龙,祝智庭.美国威斯康星州《信息技术素养》课程标准述评[J].中国电化教育,2006(1):85-89.

[44] 孙卫国,祝智庭.媒体素养教育:现代教育新理念——国内外媒体素养教育概览[J].电化教育研究,2006(2):18-23.

[45] 祝智庭,吴战杰,邓鹏.创意技术:教育技术的新境界[J].中国电化教育,2006(2):5-9.

[46] 王佑镁,祝智庭.从联结主义到联通主义:学习理论的新取向[J].中国电化教育,2006(3):5-9.

[47] 祝智庭,孟琦.教育技术实用学:诠释学习资源效用的新话语[J].电化教育研究,2006(4):3-6.

[48] 祝智庭,王佑镁,顾小清.协同学习:面向知识时代的学习技术系统框架[J].中国电化教育,2006(4):5-9.

[49] 祝智庭,顾小清.大型教师培训项目文化建设:英特尔未来教育的案例[J].教育发展研究,2006(8):13-17.

[50] 孟琦,祝智庭.学习资源应用的有效性研究方法——一种实用学分析取向[J].电化教育研究,2006(5):17-21.

[51] 甘永成,祝智庭.虚拟学习社区知识建构和集体智慧发展的学习框架[J].中国电化教育,2006(5):27-32.

[52] 孟琦,祝智庭.学习支持的实用价值:一个教师培训项目的案例分析[J].电化教育研究,2006(6):10-14.

[53] 李文昊,祝智庭.学习资源应用情境的建模:实用学的技术关键[J].电化教育研究,2006(7):9-14.

[54] 赵海兰,祝智庭.教育游戏的国际研究动向及其启示[J].中国电化教育,2006(7):73-76.

[55] 吴永和,马晓兰,祝智庭.基于中国网络教育内容分级标准的网页内容过滤体系研究[J].电化教育研究,2006(10):41-45.

[56] 胡小勇,祝智庭,王佑镁,顾小清.促进基础教育信息化发展的领导力研究

[J].中国电化教育,2007(3):19-22.

[57] 李君丽,祝智庭.基于新课改的发展性教学评价设计探讨[J].电化教育研究,2007(4):66-68+72.

[58] 祝智庭,王佑镁,吴永和.教育信息化系统建设的开放思维[J].开放教育研究,2007(2):21-25.

[59] 顾小清,林阳,祝智庭.区域教育信息化效益评估模型构建[J].中国电化教育,2007(5):23-27.

[60] 祝智庭,胡海明,顾小清.全球人人电脑运动与学习革命新浪潮[J].中国电化教育,2007(7):1-4.

[61] 江卫华,陈亚亚,祝智庭.基于FKMS系统的网络学习共同体的应用实例[J].现代远距离教育,2007(4):57-59.

[62] 孟琦,祝智庭.中小学课堂教学中技术应用的有效性研究元分析[J].电化教育研究,2007(9):89-93.

[63] 吴战杰,祝智庭.协进学习:关于e-Learning学习机理的统一信息观[J].中国电化教育,2007(9):20-24.

[64] 詹青龙,祝智庭.教师培训的新思路:培训课程活动化[J].教育发展研究,2007(22):31-34.

[65] 刘强,祝智庭.利用教法样式共享信息化教学经验[J].电化教育研究,2007(12):66-68.

[66] 罗红卫,祝智庭.网络英语教学的情感设计框架[J].外语电化教学,2008(1):14-18.

[67] 祝智庭,张浩,顾小清.微型学习——非正式学习的实用模式[J].中国电化教育,2008(2):10-13.

[68] 詹青龙,祝智庭,顾小清.信息技术教师专业发展新策略架构——"携手助学"项目的实践探索[J].中国电化教育,2008(5):14-19.

[69] 罗红卫,王佑镁,祝智庭.网络学习环境中的情感缺失研究——以开放英语教学中的情感体验为例[J].开放教育研究,2008(3):74-78.

[70] 张浩,祝智庭.一对一环境下的学习变革[J].远程教育杂志,2008(4):25-28.

[71] 祝智庭.设计研究作为教育技术的创新研究范式[J].电化教育研究,2008(10):30-31.

[72] 张超,祝智庭.在线学习者异步交互的拓扑结构研究——一种基于复杂网络模型的分析[J].电化教育研究,2009(2):59-63.

[73] 吴永和,何超,王腊梅,祝智庭.CELTS-43学习平台体系结构与服务接口测试的研究[J].现代教育技术,2009,19(3):102-106.

[74] 郁晓华,祝智庭.CSCL应用的新研究[J].中国电化教育,2009(5):25-31.

[75] 谢同祥,祝智庭.风险管理:教育信息化的新课题[J].现代教育技术,2009,19(6):23-27.

[76] 李文昊,祝智庭.班级社会网分析:一种观察课堂学习的新技术[J].中国电化教育,2009(6):10-13.

[77] 刘名卓,祝智庭.自导式网络课程的设计与开发[J].开放教育研究,2009,15(4):48-56.

[78] 祝智庭,钱冬明.第十三届全球华人计算机教育应用大会(GCCCE2009)综述[J].远程教育杂志,2009,17(4):3-5.

[79] 祝智庭,余平.OER典型项目的剖析研究[J].电化教育研究,2009(10):68-74.

[80] 王佑镁,祝智庭.协同学习技术系统及其多场学习效果研究[J].现代教育技术,2009,19(12):35-41.

[81] 余平,祝智庭.开放教育资源的版权与访问许可研究[J].开放教育研究,2009,15(6):42-47.

[82] 杨志和,顾小清,祝智庭.CSCL支撑技术的新发展[J].中国电化教育,2009(12):110-115.

[83] 郁晓华,薛耀锋,祝智庭.多触点技术的教育应用前景分析[J].中国电化教育,2010(2):107-110.

[84] 查冲平,顾小清,祝智庭.协同脚本与使能技术:一种协同学习实现方案[J].电化教育研究,2010(4):14-19.

[85] 查冲平,顾小清,祝智庭.基于协同学习的CSCL实现机制:协同脚本与使能技术[J].中国电化教育,2010(5):27-31.

[86] 赵厚福,祝智庭,吴永和.数字化学习资源共享的技术标准分析[J].现代教育技术,2010,20(6):66-69+74.

[87] 钱冬明,管珏琪,王佑镁,祝智庭.协同学习技术系统的套具设计[J].中国电化教育,2010(7):119-122.

[88] 祝智庭,黄景碧,王觅.教育技术研究国际动态透视[J].电化教育研究,2010(8):28-34.

[89] 刘强,祝智庭.教学设计的样式方法研究[J].电化教育研究,2010(12):12-15+19.

[90] 郭炯,祝智庭.教育技术视野下的职业教育课程开发方法研究[J].电化教育研究,2010(12):74-79.

[91] 刘名卓,祝智庭.网络课程可用性个案研究[J].开放教育研究,2010,16(6):81-88.

[92] 郁晓华,祝智庭.微博的社会网络及其教育应用研究[J].现代教育技术,2010,20(12):97-101.

[93] 郁晓华,祝智庭.CSCL中交互支持的新助力——多触点技术[J].电化教育研究,2011(1):64-68+73.

[94] 陈丹,祝智庭."数字布鲁姆"中国版的建构[J].中国电化教育,2011(1):71-77.

[95] 祝智庭.中国教育信息化十年[J].中国电化教育,2011(1):20-25.

[96] 查冲平,祝智庭,顾小清.协作脚本技术及其发展方向研究[J].中国电化教育,2011(2):114-118.

[97] 祝智庭,郁晓华.电子书包系统及其功能建模[J].电化教育研究,2011(4):24-27+34.

[98] 刘名卓,姜曾贺,祝智庭.视线跟踪技术在网络教育资源界面设计中的应用个案及启示[J].中国电化教育,2011(4):71-76.

[99] 黄景碧,祝智庭.教育信息系统分析设计的研究与实践——以DDEDSS系统为例[J].电化教育研究,2011(5):40-44.

[100] 祝智庭,贺斌.解析美国《国家教育技术规划2010》[J].中国电化教育,2011(6):16-21+38.

[101] 闫寒冰,祝智庭.大规模教师远程培训的"去专家化"实现——基于教育设计研究的成果实例[J].中国电化教育,2011(7):47-52+71.

[102] 张浩,钱冬明,祝智庭.电子阅读方式分类研究[J].中国电化教育,2011(9):25-29.

[103] 郁晓华,祝智庭.电子游戏教育评价的新视角:基于多元智能的设计[J].中国电化教育,2011(11):10-13+26.

[104] 于洁,刘名卓,祝智庭.Universal Design在教育中应用的现状与分析[J].全球教育展望,2011,40(11):61-65+49.

[105] 马立,郁晓华,祝智庭.教师继续教育新模式:网络研修[J].教育研究,2011,32(11):21-28.

[106] 罗红卫,祝智庭.语言教学领域教育技术发展:一个国际视角的考察[J].外语电化教学,2011(6):52-58.

[107] 郁晓华,马立,祝智庭.信息时代的教师继续教育:走有中国特色的"混合式"研修之路[J].中国电化教育,2011(12):54-59+64.

[108] 吴永和,陈丹,刘雪,祝智庭.学习、教育和培训领域的新技术与标准化——SC36国际标准组织第二十四届全会及开放论坛综述[J].开放教育研究,2012,18(1):68-74.

[109] 祝智庭,许哲,刘名卓.数字化教育资源建设新动向与动力机制分析[J].中国电化教育,2012(2):1-5.

[110] 祝智庭.教育技术前瞻研究报道[J].电化教育研究,2012,33(4):5-14+20.

[111] 祝智庭.教育信息化的新发展:国际观察与国内动态[J].现代远程教育研究,2012(3):3-13.

[112] 王佑镁,祝智庭.学习系统的知识时代回溯及其协同模型构建[J].教育研究,2012,33(6):112-117.

[113] 郁晓华,祝智庭.电子书包作为云端个人学习环境的设计研究[J].电化教育研究,2012,33(7):69-75.

[114] 苏小兵,祝智庭.数字化教学资源的需求和供给模式研究——公共产品的视角[J].中国电化教育,2012(8):78-82.

[115] 祝智庭,杨志和.云技术给中国教育信息化带来的机遇与挑战[J].中国电化教育,2012(10):1-6.

[116] 贺斌,祝智庭.学习环境给养设计研究透视[J].电化教育研究,2012,33(11):30-38.

[117] 闫寒冰,祝智庭,蒋敦杰.教师培训课程资源库运营模式的动力机制设计——来自C2C电子商务模式的启示[J].中国电化教育,2012(11):1-6+98.

[118] 祝智庭,贺斌.智慧教育:教育信息化的新境界[J].电化教育研究,2012,33(12):5-13.

[119] 魏非,祝智庭.价值导向的教师在线培训学习活动设计[J].电化教育研究,2013,34(1):102-108.

[120] 薛耀锋,祝智庭,陈汉军,陆李杨,王美.上海市中学数字化实验教学现状抽样调查与分析[J].中国电化教育,2013(1):88-93.

[121] 陈德怀,林建祥,吕赐杰,江绍祥,祝智庭,黄国祯,余胜泉,顾小清,陈文莉,黄龙翔,王其云.这个领域,如何认定好的学术研究[J].电化教育研究,2013,34(2):5-15.

[122] 祝智庭,管珏琪,刘俊.个人学习空间:数字学习环境设计新焦点[J].中国电化教育,2013(3):1-6+11.

[123] 郁晓华,雷云鹤,祝智庭,吴永和.变革理念下虚拟学具标准研制现状梳理与体系框架[J].现代远程教育研究,2013(2):68-75.

[124] 王觅,贺斌,祝智庭.微视频课程:演变、定位与应用领域[J].中国电化教育,2013(4):88-94.

[125] 祝智庭,沈德梅.学习分析学:智慧教育的科学力量[J].电化教育研究,2013,34(5):5-12+19.

[126] 郁晓华,祝智庭.基于个人学习环境的自主学习模型——层级式碎片化关联的设计视角[J].开放教育研究,2013,19(3):103-112.

[127] 余平,祝智庭.开放·版权·盈利——开放资源几个焦点问题研究[J].现代教育技术,2013,23(6):9-12.

[128] 钱冬明,管珏琪,祝智庭.数字教育资源共建共享的系统分析框架研究[J].

电化教育研究,2013,34(7):53-58+70.

[129] 吴永和,陈丹,马晓玲,曹盼,冯翔,祝智庭.学习分析:教育信息化的新浪潮[J].远程教育杂志,2013,31(4):11-19.

[130] 赵俊,闫寒冰,祝智庭.让标准照进现实——国内外教师教育技术相关标准实施的比较[J].现代远程教育研究,2013(5):51-59.

[131] 祝智庭,沈德梅.基于大数据的教育技术研究新范式[J].电化教育研究,2013,34(10):5-13.

[132] 祝智庭,陈丹.技术推动 协同创新——解析"红气球项目"引发的美国公立大学本科教育变革[J].开放教育研究,2013,19(5):12-19.

[133] 祝智庭,管珏琪."网络学习空间人人通"建设框架[J].中国电化教育,2013(10):1-7.

[134] 祝智庭,闫寒冰,魏非.观照MOOCs的开放教育正能量[J].开放教育研究,2013,19(6):18-27.

[135] 冯翔,吴永和,祝智庭.智慧学习体验设计[J].中国电化教育,2013(12):14-19.

[136] 刘名卓,祝智庭.微课程的设计分析与模型构建[J].中国电化教育,2013(12):127-131.

[137] 王娟,刘名卓,祝智庭.高校精品课程应用调查及其对精品资源共享课建设的启示[J].中国电化教育,2013(12):40-46.

[138] 祝智庭,管珏琪.教育变革中的技术力量[J].中国电化教育,2014(1):1-9.

[139] 余平,祝智庭.开放教育资源的内容可共享性相关标准研究[J].开放教育研究,2014,20(1):111-120.

[140] 祝智庭,贺斌,沈德梅.信息化教育中的逆序创新[J].电化教育研究,2014,35(3):5-12+50.

[141] 薛耀锋,苏小兵,贺斌,祝智庭.智慧实验:教育信息化的新阵地[J].电化教育研究,2014,35(4):31-36+42.

[142] 祝智庭,刘名卓."后MOOC"时期的在线学习新样式[J].开放教育研究,2014,20(3):36-43.

[143] 刘名卓,祝智庭.MOOCs教学设计样式研究[J].中国电化教育,2014(7):

19-24+33.

[144] 苏小兵,管珏琪,钱冬明,祝智庭.微课概念辨析及其教学应用研究[J].中国电化教育,2014(7):94-99.

[145] 余平,钱冬明,祝智庭.数字化终身教育资源结构、分类及标准研究[J].现代远程教育研究,2014(4):47-55.

[146] 胡海明,祝智庭.个人学习环境的概念框架:活动理论取向[J].开放教育研究,2014,20(4):84-91.

[147] 祝智庭,陈丹.数字治理:智慧学习新素养[J].电化教育研究,2014,35(9):9-17.

[148] 许哲,祝智庭.面向价值发现的学习资源描述方案:以LRMI元数据为例[J].中国电化教育,2014(11):59-68.

[149] 祝智庭,李锋.面向学科思维的信息技术课程设计:以高中信息技术课程为例[J].电化教育研究,2015,36(1):83-88.

[150] 祝智庭,孙妍妍.创客教育:信息技术使能的创新教育实践场[J].中国电化教育,2015(1):14-21.

[151] 祝智庭,孙妍妍.无缝学习——数字时代学习的新常态[J].开放教育研究,2015,21(1):11-16.

[152] 刘名卓,祝智庭.视频微课的实用学分析[J].开放教育研究,2015,21(1):89-96.

[153] 徐显龙,管珏琪,张峦,苏小兵,祝智庭.面向创新能力培养的中小学创新实验室建设与应用[J].电化教育研究,2015,36(3):70-76+106.

[154] 管珏琪,苏小兵,郭毅,祝智庭.电子书包环境下小学数学复习课教学模式的设计[J].中国电化教育,2015(3):103-109.

[155] 雒亮,祝智庭.开源硬件:撬动创客教育实践的杠杆[J].中国电化教育,2015(4):7-14.

[156] 祝智庭,管珏琪,邱慧娴.翻转课堂国内应用实践与反思[J].电化教育研究,2015,36(6):66-72.

[157] 徐显龙,管珏琪,钱冬明,祝智庭.我国中小学电子书辅的供需分析及发展对策[J].中国电化教育,2015(6):17-23+46.

[158] 祝智庭,雒亮.从创客运动到创客教育:培植众创文化[J].电化教育研究,2015,36(7):5-13.

[159] 雒亮,祝智庭.创客空间2.0:基于O2O架构的设计研究[J].开放教育研究,2015,21(4):35-43.

[160] 祝智庭,郁晓华,管珏琪,黄沁.面向"人人通"的学生个人学习空间及其信息模型[J].中国电化教育,2015(8):1-9.

[161] 祝智庭,闫寒冰.《中小学教师信息技术应用能力标准(试行)》解读[J].电化教育研究,2015,36(9):5-10.

[162] 管珏琪,Peter Riezebos,苏小兵,祝智庭.电子书包对学生学习体验与学习成绩的影响——以上海闵行区小学数学应用为例[J].中国电化教育,2015(9):56-62.

[163] 刘俊,祝智庭.游戏化——让乐趣促进学习成为教育技术的新追求[J].电化教育研究,2015,36(10):69-76+91.

[164] 祝智庭,李锋.教育可计算化的理论模型与分析框架[J].电化教育研究,2016,37(1):5-11.

[165] 祝智庭,彭红超.信息技术支持的高效知识教学:激发精准教学的活力[J].中国电化教育,2016(1):18-25.

[166] 郁晓华,黄沁,张莹渊,祝智庭.Cloud Card对个人学习空间建设的新启示[J].中国电化教育,2016(2):41-48.

[167] 余平,管珏琪,徐显龙,祝智庭.情境信息及其在智慧学习资源推荐中的应用研究[J].电化教育研究,2016,37(2):54-61.

[168] 祝智庭.智慧教育新发展:从翻转课堂到智慧课堂及智慧学习空间[J].开放教育研究,2016,22(1):18-26+49.

[169] 祝智庭,雷云鹤.翻转课堂2.0:走向创造驱动的智慧学习[J].电化教育研究,2016,37(3):5-12.

[170] 赵俊,闫寒冰,祝智庭.教师信息技术应用能力发展的可持续方略——学习生成的视角[J].电化教育研究,2016,37(4):121-128.

[171] 李新房,刘名卓,祝智庭.新兴技术在高等教育中的应用分析与对策思考——《2016地平线报告(高等教育版)》解读[J].教育发展研究,2016,36(7):

31-38+51.

[172] 雷云鹤,祝智庭.基于预学习数据分析的精准教学决策[J].中国电化教育,2016(6):27-35.

[173] 余平,祝智庭.终身学习电子档案技术标准比较与信息模型设计[J].开放教育研究,2016,22(3):107-115.

[174] 郁晓华,张莹渊,黄沁,祝智庭.基于Cloud Card的个人学习空间云架构[J].中国电化教育,2016(7):11-21.

[175] 彭红超,祝智庭.面向智慧学习的精准教学活动生成性设计[J].电化教育研究,2016,37(8):53-62.

[176] 李新房,刘名卓,祝智庭.基于连通主义的双联通教学设计模型(SCCS)研究[J].远程教育杂志,2016,34(5):83-88.

[177] 张家华,邹琴,祝智庭.基于Moodle平台的在线学习深度分析研究[J].电化教育研究,2016,37(12):46-51.

[178] 祝智庭,孙妍妍,彭红超.解读教育大数据的文化意蕴[J].电化教育研究,2017,38(1):28-36.

[179] 彭红超,祝智庭.以测辅学:智慧教育境域中精准教学的核心机制[J].电化教育研究,2017,38(3):94-103.

[180] 祝智庭,彭红超.智慧学习生态:培育智慧人才的系统方法论[J].电化教育研究,2017,38(4):5-14+29.

[181] 祝智庭,彭红超.深度学习:智慧教育的核心支柱[J].中国教育学刊,2017(5):36-45.

[182] 李凯,祝智庭.企业内知识关系与知识转移——知识共享动机的双因素理论调节效应分析[J].求是学刊,2017,44(3):53-59.

[183] 余明华,冯翔,祝智庭.人工智能视域下机器学习的教育应用与创新探索[J].远程教育杂志,2017,35(3):11-21.

[184] 李凯,祝智庭.论知识技术创新的价值向度[J].上海师范大学学报(哲学社会科学版),2017,46(3):34-40.

[185] 魏非,祝智庭.微认证:能力为本的教师开放发展新路向[J].开放教育研究,2017,23(3):71-79.

[186] 祝智庭,彭红超.智慧学习生态系统研究之兴起[J].中国电化教育,2017(6):1-10+23.

[187] 张家华,邹琴,祝智庭.学习分析视角下在线学习干预模型应用[J].现代远程教育研究,2017(4):88-96.

[188] 彭红超,陈林林,庞浩,祝智庭.创造取向的翻转课堂教学样式:理论与实践的桥梁[J].中国电化教育,2017(7):58-66.

[189] 李宝敏,祝智庭.从关注结果的"学会",走向关注过程的"会学"——网络学习者在线学习力测评与发展对策研究[J].开放教育研究,2017,23(4):92-100.

[190] 祝智庭,魏非.面向智慧教育的教师发展创新路径[J].中国教育学刊,2017(9):21-28.

[191] 祝智庭,彭红超,雷云鹤.解读教育数据智慧[J].开放教育研究,2017,23(5):21-29.

[192] 余明华,彭红超,祝智庭."互联网+"视域下的无缝学习体验设计[J].电化教育研究,2017,38(11):19-25.

[193] 李文昊,肖佳裔,祝智庭.全国教育信息化示范区校特征分析:智慧教育发展的视角[J].中国电化教育,2017(11):13-19.

[194] 魏非,闫寒冰,祝智庭.基于微认证的教师信息技术应用能力发展生态系统构建研究[J].电化教育研究,2017,38(12):92-98.

[195] 祝智庭,余平.智慧城市教育公共服务评价指标体系研制[J].开放教育研究,2017,23(6):49-59.

[196] 祝智庭,雷云鹤.STEM教育的国策分析与实践模式[J].电化教育研究,2018,39(1):75-85.

[197] 祝智庭,肖玉敏,雷云鹤.面向智慧教育的思维教学[J].现代远程教育研究,2018(1):47-57.

[198] 童世骏,徐辉,陈锋,瞿振元,丁晓东,高书国,程介明,李军,祝智庭,于志晶,高向东,袁振国.聚焦2035中国教育现代化(笔谈)[J].中国高教研究,2018(2):18-21.

[199] 管珏琪,祝智庭.电子书包环境下的课堂学习活动分析[J].电化教育研究,

2018,39(4):59-65+72.

[200] 彭红超,祝智庭.人机协同的数据智慧机制:智慧教育的数据价值炼金术[J].开放教育研究,2018,24(2):41-50.

[201] 张治,刘小龙,余明华,祝智庭.研究型课程自适应学习系统:理念、策略与实践[J].中国电化教育,2018(4):119-130.

[202] 管珏琪,祝智庭.技术丰富环境下学习力构成要素:一项探究设计研究[J].中国电化教育,2018(5):1-7.

[203] 孙妍妍,祝智庭.以深度学习培养21世纪技能——美国《为了生活和工作的学习:在21世纪发展可迁移的知识与技能》的启示[J].现代远程教育研究,2018(3):9-18.

[204] 李宝敏,宫玲玲,祝智庭.在线学习力测评工具的开发与验证[J].开放教育研究,2018,24(3):77-84+120.

[205] 徐显龙,李锡阳,顾小清,祝智庭.基于系统动力学的数字教育服务产业技术路线图研制[J].中国电化教育,2018(6):59-67.

[206] 刘名卓,祝智庭,童琳.教育信息化服务标准体系框架研究[J].现代远距离教育,2018(4):28-35.

[207] 祝智庭,彭红超,雷云鹤.智能教育:智慧教育的实践路径[J].开放教育研究,2018,24(4):13-24+42.

[208] 祝智庭,魏非.教育信息化2.0:智能教育启程,智慧教育领航[J].电化教育研究,2018,39(9):5-16.

[209] 祝智庭,管珏琪,丁振月.未来学校已来:国际基础教育创新变革透视[J].中国教育学刊,2018(9):57-67.

[210] 管珏琪,陈渠,祝智庭.信息化教学创新:内涵、分析框架及其发展[J].现代教育技术,2018,28(12):21-27.

[211] 祝智庭,俞建慧,韩中美,黄昌勤.以指数思维引领智慧教育创新发展[J].电化教育研究,2019,40(1):5-16+32.

[212] 彭红超,祝智庭.人机协同决策支持的个性化适性学习策略探析[J].电化教育研究,2019,40(2):12-20.

[213] 管珏琪,孙一冰,祝智庭.智慧教室环境下数据启发的教学决策研究[J].中

国电化教育,2019(2):22-28+42.

[214] 祝智庭,单俊豪,闫寒冰.面向人工智能创客教育的国际考察和发展策略[J].开放教育研究,2019,25(1):47-54.

[215] 管珏琪,陈渠,楼一丹,祝智庭.智慧教室环境下的课堂教学结构分析[J].电化教育研究,2019,40(3):75-82.

[216] 魏非,闫寒冰,李树培,樊红岩,祝智庭.基于教育设计研究的微认证体系构建——以教师信息技术应用能力为例[J].开放教育研究,2019,25(2):97-104.

学术著作

序号	作者	书名	出版社	出版年份
1	祝智庭,顾小清,闫寒冰编著	现代教育技术——走进信息化教育(修订版)	北京:高等教育出版社	2001
2	祝智庭,王陆编著	网络教育应用(第2版)	北京:北京师范大学出版社	2009
3	康宁,杨宗凯,祝智庭,蔡剑峰编著	技术推动学习	北京:外语教学与研究出版社	2011
4	祝智庭,李文昊主编	新编信息技术学科教学论	上海:华东师范大学出版社	2013
5	王其云,祝智庭,顾小清主编	教育设计研究:理论与案例	上海:华东师范大学出版社	2017
6	祝智庭主编	现代教育技术——走向信息化教育	北京:教育科学出版社	2002
7	祝智庭主编	信息教育展望	上海:华东师范大学出版社	2002
8	祝智庭译	面向学生的美国国家教育技术标准——课程与技术整合	北京:中央广播电视大学出版社	2002
9	祝智庭主编	现代教育技术——走进信息化教育	北京:高等教育出版社	2003
10	祝智庭,钟志贤主编	现代教育技术——促进多元智能发展	上海:华东师范大学出版社	2003

(续表)

序号	作者	书名	出版社	出版年份
11	祝智庭主编	信息化教育丛书	北京：教育科学出版社	2006
12	祝智庭,顾小清主编	信息化教学创新技术译丛	上海：华东师范大学出版社	2008
13	祝智庭,尚春光,郭炯编著	教育技术与教育创新——绩效评价的理论、系统与实践	北京：高等教育出版社	2011

教材编著

序号	作者	书名	出版社	出版年份
1	祝智庭参编	计算机辅助教学	北京：科学普及出版社	1989
2	祝智庭主编	多媒体CAI	沈阳：辽宁科学技术出版社	1997
3	祝智庭参编	多媒体CAI课件设计与制作基础	北京：电子工业出版社	1998
4	祝智庭参编	学校现代教育技术应用指南（上、中、下）	上海：百家出版社	1999
5	祝智庭主编	因特网教育资源利用	北京：高等教育出版社	2001
6	祝智庭编著	网络教育应用教程	北京：北京师范大学出版社	2001
7	祝智庭主编	普通高中课程标准实验教科书信息技术·选修1：算法与程序设计	北京：中国地图出版社	2006
8	祝智庭主编	普通高中课程标准实验教科书信息技术·必修2：多媒体技术应用	北京：中国地图出版社	2006
9	祝智庭主编	普通高中课程标准实验教科书信息技术·选修3：网络技术应用	北京：中国地图出版社	2006
10	祝智庭主编	普通高中课程标准实验教科书信息技术·选修4：数据管理技术	北京：中国地图出版社	2006

(续表)

序号	作者	书名	出版社	出版年份
11	祝智庭主编	普通高中课程标准实验教科书信息技术·选修5：人工智能初步	北京：中国地图出版社	2006
12	祝智庭主编	普通高中课程标准实验教科书信息技术·必修：信息技术基础	北京：中国地图出版社	2006
13	祝智庭主编	信息技术基础教师教学用书	北京：中国地图出版社	2004
14	祝智庭主编	算法与程序设计教师教学用书	北京：中国地图出版社	2004
15	祝智庭主编	多媒体技术应用教师教学用书	北京：中国地图出版社	2004
16	祝智庭主编	数据管理技术教师教学用书	北京：中国地图出版社	2004
17	祝智庭主编	人工智能初步教师教学用书	北京：中国地图出版社	2005
18	祝智庭主编	网络技术应用教师教学用书	北京：中国地图出版社	2005
19	祝智庭主编	教育技术培训教程（教学人员版·初级）	北京：北京师范大学出版社	2006
20	祝智庭主编	教育技术培训教程（教学人员版·中级）	北京：北京师范大学出版社	2008
21	祝智庭主编	信息技术学科教师高级研修教程	上海：华东师范大学出版社	2007
22	祝智庭,沈书生,顾小清编著	实用教育技术——面向信息化教育	北京：教育科学出版社	2008
23	祝智庭主编	信息技术——三年级上册	南宁：广西教育出版社	2008
24	祝智庭主编	信息技术——三年级下册	南宁：广西教育出版社	2008
25	祝智庭主编	信息技术——七年级上册	南宁：广西教育出版社	2008
26	祝智庭主编	信息技术——四年级上册	南宁：广西教育出版社	2009
27	祝智庭主编	信息技术——四年级下册	南宁：广西教育出版社	2009
28	祝智庭主编	信息技术——八年级上册	南宁：广西教育出版社	2010
29	祝智庭主编	信息技术——八年级下册	南宁：广西教育出版社	2010

(续表)

序号	作者	书名	出版社	出版年份
30	祝智庭主编	信息技术——七年级下册	南宁：广西教育出版社	2014
31	祝智庭主编	信息技术——五年级上册	南宁：广西教育出版社	2014
32	祝智庭主编	信息技术——五年级下册	南宁：广西教育出版社	2014
33	祝智庭主编	信息技术——六年级上册	南宁：广西教育出版社	2014
34	祝智庭主编	信息技术——六年级下册	南宁：广西教育出版社	2014
35	祝智庭主编	信息技术——九年级上册	南宁：广西教育出版社	2014
36	祝智庭主编	信息技术——九年级下册	南宁：广西教育出版社	2014
37	祝智庭,闫寒冰主编	技术改变教学：中小学教师信息技术应用能力培训课程导学	西安：陕西师范大学出版总社	2015
38	祝智庭,闫寒冰主编	如何说课＋如何备课＋如何评课全3册	上海：华东师范大学出版社	2017
39	祝智庭主编	信息技术·选修2：多媒体技术应用	北京：中国地图出版社	2017

承担项目

项目、课题名称	项目来源、属何种项目	项目时间	经费（万元）	承担任务
信息化促进新时代基础教育公平的研究	2018国家社科重大项目(18ZDA335)	2018.11—2021.10	60	主持
智慧教育的理论与应用研究	全国教科"十二五"规划2014年度课题国家一般课题(BCA140051)	2014.12—2017.12	20	主持
上海数字化教育装备工程技术研究中心持续研发项目	上海市科委(13DZ2280300)	2013.7—2016.6	300	主持
终身学习电子档案信息模型与技术标准	上海市教委(SJJ14001)	2014.1—2015.6	5	主持

(续表)

项目、课题名称	项目来源、属何种项目	项目时间	经费（万元）	承担任务
现代信息技术对教育教学的重大影响	上海市教委(D1304)	2014—2016	45	子课题
教育技术网课开发	上海电教馆	2010.1	12	总体设计
教育科研基础设施 IPv6 技术升级和应用示范项目"子项目——"下一代互联网教师教育创新支持系统应用示范"	国家发改委（项目编号：CNGI2008-121）	2009	20	
教师网联资源中心建设方案与免费师范生教育硕士培养体系规划项目	教师网联（北京师大代理）	2009.11	5	主持
中小学教学信息化专题研究	教育部基教二司	2009.12—2010.05	5	主持
多触点互动显示应用开发	台湾飞宏科技	2009.10	15	主持
教育技术培训网课开发	教育部师范司	2009.1	23.5	主持
区域教育信息化规划	深圳市福田区	2008.9	9.5	主持
教育信息化竞争力调研	中央教育科学研究所	2008.8	1	主持
国家基础教育资源服务体系架构与共享机制研究	国家教科学"十一五"规划教育部重点课题(DCA060101)	2007—2009	3	主持
中小学教师教育技术能力培训网络课程开发	教育部师范司委托	2006	30	主持
教育信息化理论与实践模式研究	国家教育科学"十五"规划重点课题	2002—2005	8	主持
高校教师教育技术培训标准	江苏省教委	2002—2005	3	主持
教育部—微软携手助学项目	国际合作	2004—2007	50	主持
新世纪课程与教学理论	国家文科基地建设基金	2002—2003	20	主持
现代远程教育关键技术（个性化多媒体课件制作系统）	教育部科技司	2001—2002	30	主持
教育部—英特尔未来教育教师培训项目	国际合作	2000—2005	100	主持

(续表)

项目、课题名称	项目来源、属何种项目	项目时间	经费(万元)	承担任务
现代远程教育技术标准研究	教育部科技司	2001—2003	40	主持
运用现代教育技术改革中小学教育的理论与实践研究	教育部高师教学改革基金+配套经费	1998—2000	2	主持
利用教育技术改革中学英语教育实验	教育部人文社会科学研究项目(专项)	1998—2000	2	主持
教育信息管理网站建设	教育部人事司	2000—2002	3	主持
教师培训网络课程《计算机辅助教学》	教育部师范司	2000—2001	15	主持
教育部—Intel合作未来教育项目	国际合作	2000—2005	80	主持
网络教学系统的通讯模型及其实验软件研究	国家教委留学回国人员科研基金	1997—1999	3	主持
研究生教材建设项目《现代教育技术》	上海市教委	1998—2000	2	主持
现代教育技术公共课建设	校教改基金	1998—2000	1.2	主持
教育信息网络中心建设	211重点项目	1999—2000	110	主持
教育硕士网络课程《现代教育技术》开发	学校	2001	2	主持

参与会议(部分)

年份	参加会议	承办单位	地点	成果
1987	全国计算机辅助教育学会成立大会	全国计算机辅助教育学会	上海	双语言有声课件开发系统BICODE
1991	全国计算机辅助教育学会第五届学术年会	南京理工大学	南京	超文本:一种组织课本的有效方法
1993	全国计算机辅助教育学会第六届学术年会	全国计算机辅助教育学会	北京	面向通讯的CAI系统模型 当前计算机辅助教育发展的一些问题

(续表)

年份	参加会议	承办单位	地点	成果
1995	全国计算机辅助教育学会第七届学术会议	华东师范大学	上海	计算机辅助教学的新进展——多媒体与教育
1997	全国计算机辅助教育学会第八届学术年会	华东师范大学	上海	CAI的概念、理论与技术：世纪之交的新视野
1999	全国计算机辅助教育学会第九届学术年会	西南大学计算机与信息科技学院	重庆	教育信息化与教育变革
2001	中国远程教育技术标准国际研讨会	教育部现代远程教育委员会	北京	网络教育技术标准国际考察
2001	全国计算机辅助教育学会第十届学术会议	全国计算机辅助教育学会	大连	建构主义理论指导下的信息化教学模式初探
2002	首届中国教育技术装备论坛	中国教学仪器设备行业协会	上海	信息化与标准化：教育技术的新机遇与新挑战
2002	第六届全球华人计算机教育应用大会暨全国教育信息化论坛	北京师范大学	北京	以整合的思想建构网络时代的师范信息技术课程
2002	第二届教育技术国际论坛	首都师范大学	北京	信息技术与课程整合
2003	第七届全球华人计算机教育应用大会	南京师范大学	南京	教育信息资源的本地化研究
2004	第三届"教育技术国际论坛"	吉林大学	长春	教育信息化标准研究
2005	全国计算机辅助教育学会第十二届学术年会	首都师范大学	北京	信息化环境下的企业培训系统的设计
2006	第十届全球华人计算机教育应用会议	清华大学	北京	基于任务的网络英语教学设计
2006	第十届全球华人计算机教育应用会议	清华大学	北京	关于教育游戏的定义与分类的探析
2006	第十四届国际计算机教育应用大会	北京师范大学	北京	"跨文化理解：利用技术有效促进学习
2007	国际教师教育研讨会	华东师范大学	上海	从文化角度探讨信息技术与教师教育变革
2008	第四届全国教育技术学博士生论坛	西北师范大学	兰州	微型学习：理念、环境与资源

(续表)

年份	参加会议	承办单位	地点	成果
2009	第五届全国教育技术学博士生论坛	教育部高等学校教育技术学专业教学指导委员会华中师范大学	武汉	云计算：教育信息化风险的解决之道
	第十三届全球华人计算机教育应用大会（GCCCE2009）	台北福华文教会馆	台北	华人世界数位合作与推广
	第八届教育技术国际会议	徐州师范大学	徐州	教育信息化建设的生态观
2010	第十四届全球华人计算机教育应用大会（GCCCE2010）	新加坡南洋理工大学	新加坡	协同学习系统支持深度知识建构：理论模型与使能技术
	中国远程教育大会	《中国远程教育》杂志社	北京	网络教育从转型到卓越的发展战略
2011	第七届全国教育技术博士生学术论坛	南京师范大学	南京	教育技术——未来与使命
	2011中国国际远程教育大会	《中国远程教育》杂志社	北京	数字化教育资源新发展
	教育信息化技术国际标准现状与展望：SC36国际标准组织及其第24届会议	法国	斯特拉斯堡	远程教育学习支持服务
2012	2012中国国际远程教育大会	《中国远程教育》杂志社	北京	"智慧教育"教育信息化的新境界
	首届技术促进教育变革国际会议	清华大学	北京	技术促进教育变革
	ISO/IEC JTC1/SC36（信息技术学习、教育和培训）第25届全会及工作组会议	韩国	釜山	中国电子课本和电子书包标准研究
2013	2013教育信息化暨电子课本与电子书包标准及应用国际论坛	全国信息技术标准化技术委员会国际标准化组织	上海	虚拟学具标准研制与设计开发
				职业教育智慧学习环境的设计及应用情景研究
				电子课本与电子书包标准规范、关键技术及应用创新的研究
	第九届全国教育技术学博士生学术论坛	河南大学	郑州	智慧教育：教育信息化的新境界

(续表)

年份	参加会议	承办单位	地点	成果
2013	2013中国学习与发展大会	中国教育协会、全国高等学校现代远程教育协会组、中国学习与发展联席会	北京	智慧教育：教育信息化的新境界
2014	第十三届教育技术国际会议	江南大学	无锡	全国中小学信息技术应用能力提升工程解读
2014	全国翻转课堂大会	山东昌乐一中	昌乐	
2015	第十四届教育技术国际会议	陕西师范大学	西安	创客教育：信息技术使能的创新教育实践场
2015	中国国际远程与继续教育大会	教育部在线教育研究中心、全国高校现代远程教育协作组、全国高校教育技术协作委员会	北京	中国教育开启互联网+时代
2015	第13届教育媒体国际会议（ICoME 2015）	东北师范大学	长春	数字环境下的智慧学习
2016	国际教育信息化会议	《中国教育信息化》杂志社、青岛市教育局、伟东云教育集团	青岛	融合创新知识分享
2016	第十五届中国国际远程教育大会	《中国远程教育》杂志社北京四中网校	北京	信息化促进教学变革与创新：走向智慧教育
2016	全国翻转课堂学术研讨	中央电化教育馆培训中心主办、昌乐一中	昌乐	从翻转课堂到智慧课堂
2017	国际教育信息大会	联合国教科文组织主办，青岛市教育局承办，伟东云教育集团	青岛	2030年教育议程下的教育信息化发展
2017	第四届中国智慧城市（国际）创新大会	中国城市和小城镇改革发展中心、智慧城市发展联盟与沈阳市人民政府	沈阳	转型、创新、发展
2017	2017世界物联网博览会智慧教育峰会	工业和信息化部、科学技术部、江苏省人民政府	无锡	智慧城市对接智慧教育建设
2017	2017TOWER教育创新大会	校长邦	上海	架起全球教育合作桥梁

(续表)

年份	参 加 会 议	承 办 单 位	地点	成 果
2018	2018年6月全国信息技术标准化技术委员会教育技术分技术委员会全体会议决议	全国信息技术标准化技术委员会 教育部科技司信息化处 教育部政法司综合处	北京	
	EduInno智慧教育大会	柳清教育科技有限公司主办	上海	智慧学习环境的构建与应用研究
	智慧教育国际研讨会	华东师范大学	上海	走向智慧教育时代的教育变革与创新
	中美中小学国际教育论坛	成都市教育局主办	成都	未来教育已来：国际基教变革新观察
2019	2019国家智能产业峰会智能制造平行论坛	人民共和国工业和信息化部电子科学技术委员会	青岛	"AI赋能、智联世界"